Consumer Behavior

工商管理经典译丛 · 市场营销系列
Business Administration Classics · *Marketing*

消费者行为学

〔第11版〕
Eleventh Edition

利昂 · 希夫曼 (Leon G. Schiffman)
约瑟夫 · 维森布利特 (Joseph Wisenblit) / 著

江 林 张恩忠 等 / 译

中国人民大学出版社
· 北京 ·

《工商管理经典译丛·市场营销系列》
出版说明

随着我国市场经济的不断深化，市场营销在企业中的地位日益突出，高素质的市场营销人才也成为企业的迫切需要。中国人民大学出版社早在1998年就开始组织策划了《工商管理经典译丛·市场营销系列》丛书，这是国内第一套引进版市场营销类丛书，一经推出，便受到国内营销学界和企业界的普遍欢迎。

本丛书力图站在当代营销学教育的前沿，总结国际上营销学的最新理论和实践发展的成果，所选图书均为美国营销学界有影响的专家学者所著，被美国乃至世界各国（地区）的高校师生和企业界人士所广泛使用。在内容上，涵盖了营销管理的各个重要领域，既注意与国内营销学相关课程配套，又兼顾企业营销的实际需要。

市场营销学是实践性很强的应用学科，随着我国企业营销实践的日渐深入和营销学教育的快速发展，本丛书也不断更新版本，增加新的内容，形成了今天呈现在读者面前的这一较为完善的体系。今后，随着营销学的发展和实践的积累，本丛书还将进行补充和更新。

在本丛书选择和论证过程中，我们得到了国内营销学界著名专家学者的大力支持和帮助，原我社策划编辑闻洁女士在早期的总体策划中付出了大量的心血，谨在此致以崇高的敬意和衷心的感谢。最后，还要特别感谢为本丛书提供版权的培生教育出版集团、约翰威立公司、麦格劳-希尔教育出版公司、圣智学习出版公司等国际著名出版公司。

希望本丛书对推动我国营销人才的培养和企业营销能力的提升继续发挥应有的作用。

中国人民大学出版社

译者序

作为市场的主体，消费者是营销研究的核心内容之一。在营销哲学不断演进、科技迅猛发展的今天，消费者已经成为营销业界、学界关注的重中之重。从内在的心理活动到外在的行为举止，消费者的一举一动都受到商家的密切关注。作为学者，我们有责任从理论的角度去研究消费者的心理与行为，为企业的营销实践活动提供指导。

消费者行为学的教材编写时刻跟随着瞬息万变的市场，学者们力图将最新的知识纳入其中，以飨读者。近年来国内涌现了一大批外版教材、专著和译著，从不同的视角展现了营销学者对消费者行为学科的诠释。我们在选择翻译教材时，考虑了很多因素，不求事无巨细，只为深入浅出，突出新颖的概念与做法，让读者一目了然。出于这样的目的，我们在初译时就选择了美国学者利昂·希夫曼、莱斯利·卡纽克和约瑟夫·维森布利特合著的《消费者行为学》。时至今日，该书已再版至第11版。在翻译第11版的过程中，我们深切地感受到了作者的苦心孤诣：用词精准、图文生动、案例贴切；篇幅虽有限，却能把握时代脉搏，突出重点。

再译此书，我们能够感受到作者在突出两个字："变"和"新"。所谓"变"是指时代的变化，主要是科技的日新月异。在以移动互联为生力军的互联网时代，厂商与消费者之间的沟通模式发生了翻天覆地的变化。具体表现在：沟通频率增加，消费者与厂商之间的互动越来越频繁——消费者时刻面对着来自厂商的信息轰炸，厂商也时刻盯着消费者的一举一动；沟通互动聚焦，厂商可以通过动态广告管理系统开展定制化营销满足消费者需求，消费者也可以通过社交媒体创造具有针对性的"媒体内容"影响商家和其他消费者的行为；沟通渠道多样，由广播到窄播，由电视到网络，由互联网到社交媒体和移动互联。在如此变化多端的消费时空中，传统的以不变应万变的做法无异于坐以待毙。我们需要做的是及时、快速、准确地了解消费者的所思所想，以在激烈的竞争中脱颖而出。所以，沟通，尤其是与消费者之间的沟通显得尤为重要，厂商在了解消费者的同时也要让消费者了解自己。营销不再是从厂商到消费者这一简单的路径，它是一种反复互动的循环。科技的发展既推动营销活动依循这一趋势发展，同时也为其实现提供了可能。

所谓"新"，是指概念新、数据新、案例新。新的概念是伴随着新的营销实践产生的，我们从营销实践中不断提炼新概念、总结新规律、形成新理论。新的营销概念不是凭空捏造的，也不是为了装点学科门面。营销概念的创新是为了更加准确地描绘变化了的营销新态势。在第11版中，作者秉承充分反映出媒体、娱乐和营销三者必然融合的这一跨越式发展的原则，引入了许多新的概念和理论。与此同时，为了让读者对营销概念和营销现象有一个比较具象的理解，作者更新了数据和案例，新增了多幅广告。最新的案例能够让读者看到旧理论的新应用，看到旧框架的新突破，将理论更好地同实践结合在一起。

再译此书也是为了向其作者之一——莱斯利·卡纽克教授致敬，她为本书的诞生和完善做出了巨大的贡献。尽管莱斯利·卡纽克教授已于 2012 年去世，但她对本书乃至整个营销研究的贡献是不可磨灭的。

为了帮助广大读者更好地学习和理解消费者行为学，本书特配备了教师指南、课程幻灯片、测试题集、自生成测试题软件（TestGen）、学习管理系统、视频库、DVD 等相关学习素材。读者均可以通过访问 www.pearsonighered.com/rc 获得以上学习资料。

《消费者行为学》（第 11 版）能够得以顺利翻译出版，与中国人民大学出版社编辑的帮助是分不开的，在此谨对她们的辛勤劳动表示衷心感谢。本书的翻译工作由中国人民大学商学院的江林教授、张恩忠博士主持，参与初稿翻译的有中国人民大学商学院的曾犁（第 1、2 章）、张勇强（第 3、4 章）、陈凤超（第 5、6 章）、马政（第 7、8、9 章）、朱国超（第 10、11、12 章）、官秀双（第 13、14、15 章）、卢健飞（第 16 章），最后由江林、张恩忠、张勇强、官秀双总校全书。消费者行为学是一门涵盖了社会学、心理学、行为学、社会心理学、营销学、经济学等多门学科的综合性、边缘性学科，涉及的学科领域和范围非常广泛，加之译者水平和时间有限，书中不当之处在所难免，在此恳请广大读者批评指正。

序　言

第 11 版的新特色

在修订这一版时，我们秉承的原则是充分反映媒体、娱乐和营销三者必然融合这一跨越式发展。就在不久之前，营销人员还在购买印刷和广电媒体中能够提供信息和娱乐内容的广告版面，而现在，消费者自己就可以“制造”媒体和媒体内容。在过去，营销人员利用媒体的“受众概况”来决定将广告投放到何处，而现在，动态广告管理系统会根据消费者的网络浏览行为进行广告的定制化投放，营销人员利用行为的目标市场选择以及借助调查公司来收集并分析消费者在社交媒体网站上的讨论。在过去，营销人员只能在有限的杂志或电视剧中购买广告位，而现在，则可以利用多样化广告交易平台购买广告位，利用预测性分析来评价广告的有效性。

- 新题材。在本版中，我们讨论了行为的目标市场选择、定制化产品和促销信息、预测性分析、聚焦“眼球”而非地理人口学群体、跟踪在线信息和分析网站访问量、评判口碑和在线意见领袖、消费者自创广告，以及如移动设备和 APP 广告等新媒体平台。
- 新技术和线上实践。在本版中，我们展示了美国消费者对新技术的使用和各个年龄段亚文化群体的线上实践。隐私泄露一度成为一个引起公众激烈争论的议题，我们通过图表展现了社会网络领导者如何收集消费者数据，并在伦理一章给出了相应的判断分析。
- 着重强调了本书最重要的方面，如 1978 年第 1 版的构想，即聚焦于理解消费者行为基础上的战略性应用。我们选取的案例以贴近实际为特色，且皆是广告商在经过国际艾菲奖——一个杰出的营销人员全球性组织——所认可之后而提交到网上的营销实践。每一章均以“实务”案例（包括一些营销管理人员的评论）开篇，正文中融入了以最新实证数据为基础的案例，并附以如何应用于营销实际的指南。
- 增加了关于感官音像输入、“实际的”和“理想的”产品相关态度、文化价值观的其他衡量方法，以及有关职业声望排名的实际数据和社会阶层的部分。
- 利用多种方式更新了以往对国外消费者的描述，包括更加广泛地覆盖跨文化分析，利用图表描述部分国家的消费者如何支配可用收入、美国商品的海外市场占有率和全球领先品牌概况。
- 最后，本书第 1 版是第一个利用印刷广告来图解消费者行为的教材（随后即被所有营销学教材所效仿）。本版中新增了近百幅广告图片。

章节更新：细节

第Ⅰ篇：消费者、市场营销人员与科技

第1章通过跨学科框架对消费者行为进行解读。描述了营销变革、重要的营销战略和市场营销人员的社会责任。详细阐述了科技对战略营销的革命性影响以及顾客价值、顾客满意和顾客维持三者之间的交互关系。最后介绍了消费者决策模型。

第2章描述了市场细分，包括人口统计学特征、社会文化因素和细分市场的心理依据。探讨了影响目标市场选择、行为细分、市场定位、产品和服务差异化的变量。

第1章：科技驱动的消费者行为

- 引例：保时捷、赛恩
- 科技丰富了营销沟通
- 行为信息和目标选择
- 互动性的沟通渠道
- 定制产品和广告信息
- 更优的价格和分销
- 科技与顾客满意和顾客维持
- 示例：科技产品持有情况；主要的线上活动；电子书阅读器对比；一家航空公司的顾客可盈利性级别；更新的消费者决策制定模型。

第2章：市场细分、目标市场选择和定位

- 引例：澳洲航空公司
- 行为的目标市场选择
- 网上浏览踪迹的追踪
- 地理位置和移动设备目标选择
- 消费者信息的“军备竞赛”
- 定位和再定位
- 示例：尼尔森的市场细分框架；绿色消费者细分市场；消费者的诉求；行为的目标市场选择
- 案例：保时捷

第Ⅱ篇：个体消费者

第Ⅱ篇考察了心理因素对消费者行为的影响。第3章讨论需求、动机和个性特征的影响。第4章探讨包括选择、组织和解读市场刺激在内的消费者感知。第5章描述学习过程和过往的购物体验如何影响随后的购买行为。第6章聚焦于消费者态度的构成、学习和战略应用。

第3章：消费者动机与个性

- 引例：加拿大阿尔伯塔省政府；朗白先生
- 示例：主要的心理需要在营销中的应用；创新型消费者的个性特征；高独特性需要的个体；物质主义消费者；强迫型消费者

第4章：消费者知觉

- 引例：McCain 炸薯条；亨氏番茄酱
- 示例：声音感觉输入和产品感知；价格/质量关系之谜；与消费者建立情感联系的品牌形象更新

第5章：消费者学习

- 引例：花生酱夹心巧克力士力架

第6章：消费者态度的形成和改变

- 引例：方形花生酱夹心巧克力士力架和士力架巧克力蛋
- 对象导向的态度模型和基于数据的应用
- “理想”、“概念”和“实际”态度在开发新橙汁中的作用
- 校友捐赠的自我归因理论的解释
- 案例：纺必适
- 案例：超快洗手液

第Ⅲ篇：沟通与消费者行为

第Ⅲ篇聚焦于沟通和说服。第7章涵盖了沟通要素和实现有效沟通需要克服的障碍。简要概括了广播沟通模型（植根于传统大众媒体）和窄播沟通模型（起源于新媒体，例如在线广告和社交媒体）。聚焦于信息的结构、说服诉求及其有效性。第8章探讨沟通渠道以及从印刷、广电媒体到社交媒体和移动广告的变更。探究在新旧沟通渠道中使用的市场定位方法、关键组织（例如谷歌和脸书）的作用和传统媒体的电子变革。第9章考察媒体可靠性、个人信息资源、消费者的参照群体、意见领袖的作用和线下线上口碑的动态变化。

第7章：说服消费者

- 引例：说服性广告诉求——Desley 箱包、家庭和平中心、*ALT* 杂志、高乐氏漂白剂
- 窄播和广播
- 传统媒体和新媒体
- 定制广告
- 信息有效性的测量
- 适时性广告诉求

第8章：从印刷、广电广告到社交、移动媒体

- 基于印象的目标市场选择
- 基于细分和基于“眼球”
- 实时竞价和数据整合公司
- 重新定向
- 谷歌的消费者追踪和定位
- 网页搜索广告、在线陈列式广告和移动广告
- 谷歌“有组织的结果”和“赞助空间”
- 收集消费者信息的权限
- 有效的社交媒体广告活动
- 自由社交媒体、付费社交媒体、额外社交媒体
- 消费者和移动广告
- 新媒体广告效果的测量

- 分析网站访问情况
- 评估社交网络内部的影响力
- 谷歌分析
- 尼尔森的跨平台测量
- 传统媒体的电子化趋势
- 网络视频短片、广告植入式游戏、品牌植入
- 示例：谷歌的广告收入；知名应用程序的权限数量；权限的类型；M&M's巧克力豆的吉祥物；广告页数的衰减度；有效的推特

第9章：参照群体与口碑

- 引例：金宝汤
- 社交网络口碑和品牌社区
- Klout指数
- 微博和推特
- 传播代理和病毒营销
- 处理负面传闻
- 新产品扩散
- 示例：成员性参照群体；比较性影响和规范影响；顺从者个性特征；产品显著性和参照群体效应；意见领袖和意见接受者的动机；时装界意见领袖的特征；意见领袖自我认定法范例题项；风险厌恶消费者的特征
- 案例：Keystone Light

第Ⅳ篇：社会和文化环境中的消费者

第Ⅳ篇考察社会和文化环境下的消费者。第10章考察作为消费单元的家庭和它在社会阶层结构中的地位。第11章描述文化以及它如何通过价值观、礼节和习俗展现出来。对如何测量文化价值观进行解读，并利用广告图解美国人的核心价值观和消费者的购买及特权。第12章描述亚文化如何从种族、宗教、地理位置、年龄和性别衍生出来。第13章对跨文化分析进行探讨，包括如何衡量海外营销机会和在全球市场中是否应该对商品和促销进行定制化。

第10章：家庭与社会阶层

- 引例：丰田奥瑞斯、雅力士、逸致、Avensis
- 父母类型和孩子的成长
- 实际度量家庭决策
- 职业声望在决定社会阶层中的作用
- 教育和收入之间关系的现有数据
- 美国社会阶层的丰富描述
- 示例：母亲的社会化类型；父母类型和消费者社会化；孩子发展为消费者的过程；儿童的三个市场；家庭决策的度量；职业声望排名；道德和职业；教育水平和相应收入；社会阶层的描述

第11章：文化对消费者行为的影响

- 引例：道奇，戴尔
- 洛基奇方法和说明性宣传主题
- 戈登个人和人际关系价值观调查

第 12 章：亚文化与消费者行为

● 引例：科勒的 Elevance

● 示例：年龄和信息来源；上网活动和 Z 世代、Y 世代、X 世代、“婴儿潮”一代；老年美国人的兴趣；退休后细分群体

第 13 章：跨文化消费者行为：国际视角

● 引例：百达翡丽，菲多利

● 跨文化领域问题的测量

● 全球营销中的语言和法律障碍

● 示例：全球领先品牌的介绍；描述主要国家和地区的消费者可支配收入支出情况的五个图表；日本的价值观和生活方式框架

● 案例：LG 移动

第Ⅴ篇：消费者决策、营销伦理和消费者研究

第 14 章将心理因素、社会因素和沟通因素整合进消费者决策模型，并对新产品采用过程进行探讨。第 15 章展现营销人员的社会责任和社会道德，特别是由新媒体普及引起的消费者隐私权被侵犯的伦理议题。第 16 章细解营销研究的步骤和消费者研究的研究工具。

第 14 章：消费者决策与创新扩散

● 引例：美国宝石学院，Advil

第 15 章：营销伦理和社会责任

● 引例：善待动物组织

● 消费者社会化的阶段；针对儿童的剥削型营销

● 被操控的营养标签

● 鼓励过度饮食及其他无益的消费

● 滥用消费者的隐私

● 隐性营销

● 消费者伦理

● 示例：不负责任的营销；规范儿童网络营销；营养标签设计；欺骗的或虚假的促销声明；煽动性营销；推广对社会有价值的事业；测量人们关于营销伦理意识和忧虑的量表

第 16 章：消费者研究

● 实务：迪士尼的索菲亚小公主

● 示例：消费者研究过程；深度访谈问题；筛选问卷；焦点小组讨论指南；投射技术；调查方法；问题措辞指南；态度量表；抽样的类型；定性研究和定量研究

● 案例：皮马航空博物馆

教师辅助材料

教师指南——教师指南包括案例大纲、讲义提纲、每章练习题的答案、对学生的追加练习和课程任务。本指南可以通过访问 www.pearsonighered.com/rc 获得。

测试题集——测试题集有超过 1 600 道题，其中包括多选题、是非题和论文写作题。对

每一个问题都附有正确答案、相关知识点、AACSB目录、课程学习成果和难度评分。该题集已通过专家评审，可以通过访问 www.pearsonighered.com/rc 获得。

自生成测试题软件（TestGen）——培生教育的自生成测试题软件可以通过访问 www.pearsonighered.com/rc 获得。本软件支持PC/MAC，并需要预先下载全部测试题。你可以手动或自动检阅测试题并有选择性地创建一份测试卷。你可以根据需要增加或调整题库问题。

学习管理系统——我们的自生成测试题软件可以在 Blackboard，WebCT，Moodle，D2L 和 Respondus 平台上自由切换。切换方法可以从“教师资源中心”获得。Respondus 平台的切换方法可以通过访问 www.pearsonighered.com/rc 获得。

课程幻灯片——课程幻灯片包括基本大纲和每章关键知识点。为了保证文件大小易于管理且易于通过邮件等方式实现在线分享，课程幻灯片选取了课本中的图表，但没有使用丰富的媒体形式。这样的设定也为更倾向于自己制作幻灯片的教师提供了便利。

视频库——用于展现重要知识点的视频是可以获得并使用的。

DVD——仅作教师课堂教学之用，主要包括与培生课本配套的视频等。

学生辅助材料

智慧课程——智慧课程课本主要为了满足想节省购买规定教材或推荐教材开支的学生。学生根据名称或作者挑选他们的电子课本并予以支付，即可获得课程期间此课本的使用权。学生利用智慧课程电子课本可以搜索特定关键词或页码、在线做笔记、打印包括讲义在内的阅读材料并对重要章节做书签以便日后复习。如果想获得更多关于智慧课程电子课本的信息或想购买，请访问 www.coursesmart.com。

致我们的家人、同事和朋友

在致力于将这本已经很成功的教材变得更加完臻的过程中，我们得到了来自家人和朋友的支持与鼓励。利昂·希夫曼希望感谢他的妻子 Elaine 以及他的子女和孙辈给予的支持，他们是 Janet Schiffman，David Schiffman，Nikke Schiffman，Blake Schiffman，Dana Sherman，Brad Sherman，Alan Sherman，Noah Sherman，Reid Sherman，Allison Sherman，Melissa Slominsky，Rob Slominsky，Jordyn Slominsky，Emily Slominsky。

约瑟夫·维森布利特感谢提供建议和支持的 Alan Pollack、新媒体战略方面的专家 Eyal Megged、参与合作研究的 Randi Priluck（佩斯大学）、在挑选广告方面提供建议的 Shira Libhaber 和他的妹妹 Ilana Wisenblit 及她的家人，他们是 Nir Wegrzyn，Daniel Wegrzyn，Maya Wegrzyn，Eli Wegrzyn，Saul Wegrzyn。

我们诚挚感谢 Marcy Schneidewind 在取得广告和展示物许可权方面的坚持和耐心。我们需要特别感谢多年挚友 Stanley Garfunkel，其在消费者行为方面有许多独特见解，还要感谢 Shannon Conlisk 的支持，感谢 Jenn Pascoe 为本书设计封面。

我们感谢我们的编辑 Stephanie Wall，专职项目经理 Jackie Martin，以及 Shyam Ramasubramony。

我们感谢在圣约翰大学托宾商学院的同事和朋友，尤其是院长 Victoria Shoaf、圣约翰大学营销系的 A. Noel Doherty 和全体老师，感谢他们给我们提供了一个温暖友好的研究、写作和教学环境。感谢西东大学斯德尔曼商学院院长 Joyce Strawser 和系主任 Steve Pirog。

向我们的朋友和同事致以特别感谢，他们是：霍夫斯特拉大学商学院的 Benny Barak，Barry Berman，Joel Evans，William James，Charles McMellon，Susan Caccavale 和 Elaine Sherman；佩斯大学鲁宾商学院的 Martin Topol 和 Mary Long；爱纳大学哈根商学院的 FredricaRudell；纽约市立大学巴鲁克学院的 Steve Gould 及其同事；蒙特克莱尔州立大学的 Mark Kay；纽约科技大学的 Deborah J. Cohn。

我们也向以下人士致谢：Ken Weinstein，Honeywell International；Hank Edelman，Kelly Smith，Patek Phillippe；Ross Copper，Gold n Fish Marketing Group；Lancy Herman，Mediamark Research；Moya Amateau，Ipsos Mendelsohn Research；Bill Carroll，Euromonitor International；Diana Schrage，Kohler Company；Mary Lee Keane and Erica Stoppenbach，Effie Worldwide；Helen Priestley，McCain Foods；Nir Wegrzyn，Brandopus，U. K. 。

我们特别向我们的消费者——使用本书及以前版本、学习消费者行为学并提供了许多有益回馈的学生和他们的老师表达诚挚谢意。

利昂・希夫曼

约瑟夫・维森布利特

目　录

第Ⅲ篇　沟通与消费者行为

第Ⅳ篇　社会和文化环境中的消费者

第Ⅰ篇　消费者、市场营销人员与科技

第1章 科技驱动的消费者行为

学习目标

1. 理解市场营销观念的发展、实施市场营销策略最重要的工具、价值和顾客维持之间的关系以及社会责任营销的目标。

2. 理解互联网和相关的科技怎样改进营销活动从而让商家和消费者都获益。

3. 理解顾客价值、顾客满意和顾客维持之间的关系，以及科技革新在有效的顾客维持战略和策略中所起的作用。

4. 理解消费者行为学的跨学科性质、消费者决策制定过程以及本书的整体结构。

引 例

营销（marketing）是指一切致力于创造、沟通、传递和交换对消费者、客户、合作者和社会具有价值的事物的活动、组织和过程。[1]* 我们将**消费者行为**（consumer behavior）定义为消费者在寻求、购买、使用、评价和处理他们期望能够满足其需求的产品和服务过程中所表现出的行为。市场营销活动的核心是寻找目前尚未被满足的需求，并针对这些需求提供相应的产品和服务。而消费者行为学关注的是消费者如何对将他们所能得到的资源（时间、金钱、精力）分配到与消费相关的事物上做出决定。这包括：购买什么，为什么购买，什么时候购买，在哪里购买，购买的频率，使用的频率，购买后如何评价和该评价如何影响以后的购买，以及如何处理这些产品。

比如，人们购买汽车是为了满足个人出行的需求。但是，人们所挑选的某种汽车产品类型不仅仅是由需求本身决定的，还涉及汽车以何种方式来彰显消费者的特质。因此，汽车市场的营销人员通过品牌和车型将他们所提供的产品加以区分，来迎合不同的消费者心理。如图 1—1 中保时捷博克斯特（Boxster）的广告语写道："未实现的梦想更为昂贵"，广告中的文字内容鼓励消费者去"追逐梦想而不是任之流逝"。保时捷意识到，许多人都梦想着拥有奢侈品，但即使他们能够负担得起高昂的价格，他们也会为购买奢侈品的行为感到内疚，常常想"噢，这太昂贵了"或者"万一我其实并不喜欢它呢?"这幅广告用一个简单的理由解决了这种心理冲突："实现梦想需要付出高昂的代价，但这些代价是值得的。"此外，广告还

---

* 为节省篇幅，将本书注释放于 www.rdjg.com.cn 网站，读者可登录该网站免费获取。——译者注

针对部分消费者在购买之后可能感受到的内疚向他们保证“驾驶保时捷博克斯特能够带给你千万种感受，而唯独后悔是不可能的”。最后，广告以保时捷公司的经典口号——“保时捷，无可取代”结束。

自我中心和力量是人们普遍的心理需求，市场营销人员常常在广告中以这一诉求来吸引消费者。比如，赛恩汽车广告就邀请潜在消费者来“掌控这辆车”。丰田公司将旗下的赛恩品牌用户定位为喜欢面对挑战、喜欢强大的感觉并且试图控制周围环境的人。定位的本质就是将产品利益和形象传达给潜在（或现有）消费者，让该产品在消费者心中脱颖而出而不是被看作和其他类似产品“差不多”。市场定位是营销活动中非常关键的一个组成部分，相关的内容将会在第2章和第4章进行详细阐释。

图1—1　保时捷：“未实现的梦想更为昂贵”

资料来源：Porsche Cars of North America.

从经济承受能力的角度来看，保时捷和赛恩选择了截然不同的目标市场，它们的定价相差非常大。然而，从营销目标的角度来看，这两家汽车制造商又拥有一个相同的出发点，都希望说服消费者购买自己生产的汽车。为了达成这一目标，每一个品牌的汽车都必须要在消费者心中树立一个独特的形象（或者知觉），并且能够对应他们的需求。保时捷在广告中告诉消费者：虽然这辆汽车非常昂贵，但是它能够实现你的梦想，所以它值这个价格。相比之下，经济适用型的汽车赛恩则鼓舞消费者们勇敢迎接个人的挑战。因为赛恩的目标市场是年轻气盛的消费者（甚至是自己购买第一辆汽车的消费者），他们很可能对未知的挑战做出回应。

虽然这两家公司定位于截然不同的细分市场，但是它们都采取了诱发（甚至主动激发）消费者尚未满足的心理需求这一策略，并且在广告中表达了它们对汽车购买者的心态的理解。与之类似，本书的目标也是让学生掌握消费者行为的构成和复杂性，作为他们今后继续学习营销产品和服务相关知识的基础。

本章将首先讨论市场营销观念的发展演变，旨在满足消费者需求的营销战略和企业社会营销。其次，将探讨互联网及其他新兴科技如何改进交易和营销过程并且使营销人员和消费者都受益。随后，将探究顾客价值、顾客满意、顾客维持和技术应用之间的关系，通过利用新技术的发展更加有效地实施顾客维持策略。最后，将讨论消费者行为学的跨学科性质、消费者的购买决策过程以及本书的整体结构。

1.1　市场营销观念

市场营销和消费者行为的研究都植根于**市场营销观念**（marketing concept）。这种观念认为，营销活动应满足消费者的需要、创造价值和维系消费者，公司应当生产它们认为消费者会购买的产品。比如，克莱斯科（Classico）生产的意大利面酱使用的原料与消费者自制面酱使用的原料相同。在图1—2的广告中，宣传语写道："我们和你用一样的做法"，以此向消费者表达购买该产品能够满足他们对意大利面酱的需求。市场导向的企业不会尝试说服消费者去购买生产出来的产品，而是生产消费者希望购买的产品，满足消费者的需求并将他们培养为忠诚顾客。现有的市场营销观念是从着眼于生产、产品和销售的几种经营理念中逐渐发展而来的。

图1—2　市场营销观念的一个例子

资料来源：© H. J. Heinz Co., L. P., used with permission.

生产观念（production concept）最早由亨利·福特（Henry Ford）提出，认为消费者对价格低廉的产品最感兴趣，故营销目标应保证价格低廉、生产高效和产品密集分销。在需求大于供给的年代，相对于产品的差异化，消费者更看重产品的可获得性，他们更愿意购买市场上提供的商品，而不是等待自己真正想要的产品出现。在这样的背景下，生产观念应运而生。20 世纪以前，只有富有的人才可以拥有汽车。因为当时的汽车全部由工匠手工装配，需要耗费相当可观的时间和财力来完成生产。20 世纪初，亨利·福特开始琢磨如何生产出普通美国人也能够买得起的汽车。他从 1908 年起以一个当时相当便宜的价格销售结实耐用的 T 型车，每辆仅售 850 美元。很快，他发现他生产的汽车在市场上供不应求，于是在 1913 年引入了流水线。这一新的生产方法使得福特公司能够以更快的速度和更低的价格生产出质量优良的汽车。到 1916 年，福特已经可以将 T 型车的价格降到每辆 360 美元，而产量则增加到了 1908 年的 100 多倍。[2]在短短的 8 年时间里，汽车就在美国普通民众中得到了普及，日后美国高速公路系统的快速发展以及城市郊区大型购物中心的出现都与之息息相关。

然而，亨利·福特称霸汽车制造业的辉煌并没有持续太久。1923 年，汽车市场受益于福特公司的大批量工业化生产仍然在高速成长，阿尔弗雷德·斯隆（Alfred P. Sloan）成为通用汽车公司的总裁和主席。他接手时，通用汽车虽然并购了多家小型汽车制造商，但推出的各种车型因缺乏清晰的市场目标而存在很多问题。斯隆将公司重组，并在 1924 年确定了公司新的产品策略——“不同的钱包，不同的目的，不同的车型”。而福特公司直到 1927 年还在生产 T 型车，固执地坚守着曾经为其带来成功的生产观念。这时的通用汽车已经可以大规模地生产多元化且物有所值的系列车型，包括高档型的凯迪拉克和经济型的雪佛兰。此外，斯隆还意识到，“服务顾客最好的方式是顾客喜欢的那一种”*。在市场营销观念诞生 30 年前，阿尔弗雷德·斯隆就抓住了营销的核心要素：消费者之间具有差异性，企业需要正确地识别这些差异，据此将消费者归为不同的群体（即市场细分），并为他们提供优质的客户服务。福特公司看起来是不可超越的行业先驱者，但在数年之后，通用汽车从福特公司手中夺取了很大一部分市场份额，成为美国最大的汽车制造商。[3]

随着越来越多的公司开始研究消费者的需求，想要提供相应的产品来使顾客满意，他们开始不加选择地提供越来越多型号的汽车。这是**产品观念**（product concept）的体现，认为消费者会购买那些质量最好、性能最佳、有最多种附加功能的产品。于是，产品导向的公司尽可能地提高产品的质量，并在技术允许的条件下尽可能多地添加新的功能，却并不考虑消费者是否真的想要这些功能。产品导向常常会导致**营销短视**（marketing myopia），即企业只关注产品本身而忽略产品应满足的需求。

出现营销短视的企业常常会忽略市场上重要的变化，“只看镜子中的自己而不看窗外的世界”。比如，20 世纪 80 年代的苹果公司将电脑软件和硬件捆绑在一起销售，而不顾市场上想要单独购买其一的顾客需求。苹果公司出售的软件只有安装在本公司售价昂贵的电脑上才能够体现出胜过其他操作系统的优越性能。与此相反，微软公司发布的 DOS 操作系统，虽然相比之下更低效也更难操控，却允许所有电脑制造商安装使用。大多数的消费者都选择购买安装了 DOS 操作系统的便宜电脑。在这之后的许多年里，苹果公司在软件市场上都算不上一个重要的市场参与者。苹果公司只着眼于自己的产品，却忽视了消费者想要分开购买电脑硬件和软件的需求。

---

* Alfred P. Sloan.

从生产观念和产品观念发展而来的是**推销观念**（selling concept），它主张商家应该将焦点放在销售它们已经决定要生产的产品上。推销观念假定消费者只有在被强力劝说甚至“强行推销”的情况下才愿意购买产品。这样的销售方式没有考虑消费者的满意度，他们在强力的诱导下购买了一些并不真正想要、需要或者低质量的产品，并且再也不会进行二次购买。同时，消费者的不满通常会转化为产品的负面口碑，抑制了潜在消费者的购买冲动。

营销观念的实施要求企业做好市场调研、市场细分、产品、价格、渠道和促销的营销组合等工作，提供客户价值，并最终达成长久的顾客满意和顾客群体维系。

消费者研究

消费者是复杂的个体，存在一系列心理和社会需求。不同消费者细分市场的需求和对需求的排序有着明显的区别。为了合理地设计产品、制定市场营销策略，市场营销人员必须要深入地研究顾客的消费行为。**消费者研究**（consumer research）代表了用来研究消费者行为的工具与过程（具体内容见第16章）。消费者研究是**市场研究**（market research）的一种形式，它利用信息将消费者、公众和市场营销人员联结在一起，发现市场机会和问题，以此来评价营销行为和营销策略的效果。市场研究过程包括：明确所需信息，设计信息收集方法，完成信息收集过程，分析结果，最后将有用的发现告知企业相关负责人。

市场细分、目标市场选择和定位

市场营销观念关注的重点是满足消费者需求。同时，认识到消费者行为的高度多样性，消费者行为研究者开始试图区分世界各地人们需求的差异性，找出其共通之处。比如，不论出生在哪里，我们都有对食物、养分、水、空气以及从自然界中获得庇护之所的共同生理需求。在我们出生之后，我们的生活环境、文化背景、教育经历都影响着我们的需求。关于获得性需求的一个有趣现象是：通常很多人会形成相同的需求。共同的需求和兴趣就会形成一个细分市场，这使得市场营销人员可以寻找到目标顾客，并通过专门设计的产品或者促销方式来满足这一细分市场的需求。市场营销人员也必须为产品树立合适的形象（比如，对产品进行“定位”），这样可以使每一个细分市场意识到这些产品能比其他竞争对手的产品更好地满足他们的特殊需求。这一战略框架的三大要素就是：市场细分、目标市场选择和市场定位。

市场细分、目标市场选择和定位是将消费者转变为顾客的基础。**市场细分**（market segmentation）是根据消费者共同的需要或特征将市场分为几个子市场。每一个子市场都代表具有与其他子市场完全不同的市场需要的消费群体。**目标市场选择**（targeting）是指企业选择一个或几个细分市场作为目标客户群，并且追踪他们。**定位**（positioning）是指商家为自己的产品、服务和品牌在消费者心中创造独特形象和标识的过程。这种形象要能区分竞争性的产品或服务，并能清晰地向消费者表达出这一独特的产品或服务能比竞争性品牌更好地满足他们的需求。成功的定位要重点传达产品所能提供的利益。因为几乎所有的市场上都存在着许多类似的竞争性商品，一个有效的定位战略必须传达独特的利益点。事实上，很多由市场营销人员引入的新产品（包括已有产品的新形式，如新的口味、大小等）之所以不能赢得较大的市场份额进而延续下去，就是因为它们被消费者看作“我也是”的产品，缺乏独特的形象或利益。

营销组合

营销组合（marketing mix），即 4P，包括以下四个部分：

1. 产品或服务：特征、设计、品牌和包装，也包括售后利益，如保修和退货政策。

2. 价格：价格单，包括折扣、补贴和付款方式。

3. 渠道：产品或服务通过特殊商店或无店面销售方式进行分销。

4. 促销：广告、销售促进、公共关系和用于建立对产品或服务的知晓与需求的各种销售努力。

社会责任市场营销

市场营销观念——满足目标客户的需求，从某种角度讲是短视的。一些能够满足顾客需求的产品对个人和社会具有危害性，另一些产品则可能造成环境恶化。消费者行为研究有助于理解消费者作出购买决策的原因和过程。而也有人认为，对于消费者行为的深入分析可能会被一些不良商家利用，通过其不道德的市场行为来达到商业目的。

当社会和谐的时候，所有的公司也都发展良好。所以，如果商家在制定营销策略的时候将企业社会责任考虑在内，将会有更好的发展前景。所有的市场营销策略都应该平衡社会的需求与个人或组织的需求。**社会营销观念**（societal marketing concept）是要求市场营销人员在追求自身商业目标、满足目标顾客需要的同时能够提高、保护、增加社会福祉的观念。遗憾的是，仍然有部分商家无视法律规定，销售一些具有潜在危害性的产品。旧金山地方检察院在加利福尼亚州起诉 Monster 饮料公司不顾可能存在的健康危害，向儿童推销含有咖啡因的能量饮料。这桩诉讼案表明，越来越多的城市、州和联邦机构为禁止营销和销售能量饮料正不断作出努力。美国能量饮料的市场已经快速地增长到了 100 亿美元。这些含有咖啡因和其他兴奋剂的饮料能让消费者感到“精神”。这桩诉讼案指控 Monster 公司无视公共医疗部门对高浓度咖啡因产品可能导致青少年大脑癫痫和心搏骤停的警告，向 6 岁的儿童推销它的饮料。美国食品和药品监督管理局（FDA）目前还没有针对能量饮料中咖啡因含量的明文规定。当局只有一个 20 世纪 50 年代生效的限制条件，规定在“可乐”类饮料中，咖啡因的含量不能多于每盎司 6 毫克。不过，FDA 目前正在考虑是否需要重新修订这一规定。[4]

社会营销观念认为，企业只有在一个更稳定和健康的社会环境中才能获得良好的发展，那些坚守市场道德、愿意承担社会责任的企业也更能够赢得和维持长久的忠诚顾客支持。因此，快餐店应该开发含有更多营养和更少脂肪、淀粉的食品；市场营销人员应该停止用鼓励过度饮食的方式向年轻人进行广告宣传；停止使用知名运动员来代言酒精和烟草类产品，因为年轻人通常更愿意将这些名人当作自己的行为榜样。那些在宣传中使用纤瘦得不可思议而且脸色苍白、性情孤僻的女性形象的广告主也值得三思，因为这可能在年轻女性中诱发饮食紊乱。当然，完全消除类似的做法是不太可能的，不过我们仍然可以努力尽量减少它们。

许多公司目前已经在它们的使命中加入了社会责任的承诺，相信营销道德和社会责任是高效组织的重要组成部分。它们认识到，承担社会责任的行为能够使企业在消费者、股东、金融市场以及其他利益相关者心目中提升形象。遵循伦理道德、承担社会责任的义务往往也是一笔简单划算的买卖，它们在建立起更佳企业形象的同时也能够取得更大的销售额。反之，一个缺乏社会责任感或者使用不道德营销手段的企业形象会对消费者的购买决策产生负面影响。比如，麦当劳就被一则广告攻击，说其可能引发心脏病。在这则由非营利组织——责任医疗医师委员会（Physicians Committee for

Responsible Medicine）拍摄的广告中，一名妇女在太平间对握着一个死去的男人痛哭。这个男人的手中握着一个汉堡。广告的最后，一道金色的拱门出现在男人脚边，上面写着“我曾经喜欢”，以此来影射麦当劳长久以来的口号“我就喜欢”。此时，广告旁白响起：“高胆固醇，导致高血压和心脏病。从今天起，做一个素食主义者。”[5]

华纳音乐集团（Warner Music Group）旗下一个运营流行音乐网上歌迷俱乐部的部门，因非法收集其网站上儿童用户的个人信息被判赔偿 100 万美元。美国联邦贸易委员会（FTC）裁定这家公司违反了《儿童在线隐私保护法》（Children's Online Privacy Protection Act）。这一法案禁止网站在未经监护人同意的情况下收集 13 岁以下儿童的个人信息。根据指控，四个流行音乐明星粉丝的网站非法收集了超过 100 000 名用户的信息。诉讼中提到，这四个网站明显“吸引了一部分年龄不到 13 岁的儿童”，但却“没有满足《儿童在线隐私保护法》的要求”。[6]当谷歌 2010 年首次公布使用谷歌地图导航的汽车时，也涉及了一些从家庭无线网络获取的敏感私人信息。谷歌称，信息收集是一个错误。但随后，联邦监管机构判决谷歌公司“故意阻碍和拖延”有关信息收集情况的调查，并向这位搜索巨人开出了高达 25 000 美元的罚单。[7]

很多非营利组织也将自己的使命确定为推进伦理道德事业的发展。它们付出了很多努力，比如呼吁保护动物的权利，对抗儿童肥胖和过度饮食，倡导清醒和专心驾驶，阻止药品滥用和致命疾病传播，鼓励为环境保护发声的行为等（见第 15 章）。图 1—3 就展示了著名的非营利机构——善待动物组织（PeTA）的一则广告。广告使用了一个名人的形象，呼吁人类和动物“共享一个地球”，不要虐待动物。我们也可以通过这样的做法来保护和改善自然环境。

图 1—3　*Pe*TA 倡导社会责任行为

资料来源：People for the Ethical Treatment of Animals (*Pe*TA).

1.2 科技加强消费者和市场营销人员之间的交换

假如你在一个陌生的城市里需要订一间酒店客房，你只需要拿出智能手机，通过谷歌搜索引擎进行搜索，找到附近酒店中评价排名最高并且带有“拨打”图标的一家。然后你点击这个图标，与酒店取得联系，就可以完成房间的预订。谷歌搜索靠这些就能赚钱。那个“拨打”图标被称作“点击拨打型广告”，当你拨通酒店的电话，酒店就会向谷歌支付广告费。科技在市场细分、目标市场选择、市场定位和维系顾客的传统市场营销组合领域正掀起一场革命。当消费者使用他们的电脑、手机、电子阅读器、平板电脑和其他电子设备时，他们为市场营销人员提供了能够非常有效地锁定目标市场的信息，这在互联网时代之前根本无法想象。通过这些，在线技术创造了一种“价值交换”。市场营销人员以信息的形式为消费者提供价值，提供更容易获得的定制商品、娱乐信息和其他内容，将他们从普通的购买者转变为复杂的顾客。同时，消费者在线上也通过“暴露自己”的方式为市场营销人员提供价值，使企业能够更加有效和准确地对自己的产品进行营销。换句话说，消费者用自己几乎无限的信息来“支付”网上看似免费提供的内容，而市场营销人员则对他们提供的信息进行收集、分析并用于锁定目标买家。

鉴于人们现在都习惯使用手机、平板电脑这样的设备来观看节目，广告商越来越倾向于在网上发布一些原创内容。传统电视和网络的界限正变得日益模糊。广告商也开始将他们在传统广告平台的预算转投向像脸书（Facebook）这样有着巨大用户群体的网站。不过很多广告商表示，他们担心不同的平台向市场发送太多的新信息会让每一个广告的受众比目前更加分散和稀少。[8]

网络允许消费者搜寻产品和服务的最低价格，为各种营销产品竞价。他们能够绕过分销渠道和中间商，任何时间都可进行全球购物。消费者还可以对不同产品型号之间的功能特征进行比较，或者通过社交网络找到和他们有共同兴趣点的消费者，彼此分享购物信息。在线沟通培养了一批复杂且挑剔的消费者，他们很难被吸引、满足和维系。现在的市场营销人员比过去所有任何时候都更加需要提供定制产品，为核心商品和服务增加附加价值，为每个细分市场的顾客准确提供他们需要的利益，更有效地确定商品定位。科技允许市场营销人员细化他们的策略，因为他们可以更加容易地定制产品和促销信息，实行更有效的定价和更短的分销渠道，并和顾客建立起更加长久的关系。市场营销人员还可以使用快速发展的技术追踪消费者，以此来识别市场机会、开发新产品或者改进和拓展现有的产品和服务。他们通过在网上追踪来收集消费者全方位的信息，邀请潜在的买家在他们自己的网站上注册，并将这些信息与线下的人口统计和生活方式数据结合使用（见第 2 章）。

下面是一个有关价值交换的例子。在亚马逊的网站上，消费者可以快速地找到书籍、阅读试读章节，并可以看到其他读者发表的评论。在网上下订单几分钟之后，他们就可以阅读所购买的书籍了（这和前往实体书店，找到厚厚的纸质版本，排队等待结账，然后才能将书带回家相比，情况大为不同）。同时，当消费者浏览亚马逊的网站时，亚马逊就记录下了消费者浏览路径的任何一点细节，包括他们浏览过的书、点开过的试读章节和评论，以及他们在每一个步骤中所花费的时间。这样一来，亚马逊就能够根据消费者的浏览记录为他们推荐个性化的书单，这有助于建立长期的客户关系。亚马逊还参与了“信息交换网络”，允许商家“跟随”消费者，在他们浏览其他网页的时候推送消费者曾经查看或者购买过的商品信息（见第 8 章）。

消费者已经接受了新科技

虽然很多人还认为只有年轻的消费者习惯于浏览网站，愿意在网上购物，对商家“暴露自己”，但事实却并非如此。正如图 1—4 所示，大多数美国人，不论年龄大小，都已经拥有了高科技产品。图 1—5 详细地展现了美国人使用网络的突出特点。[9]

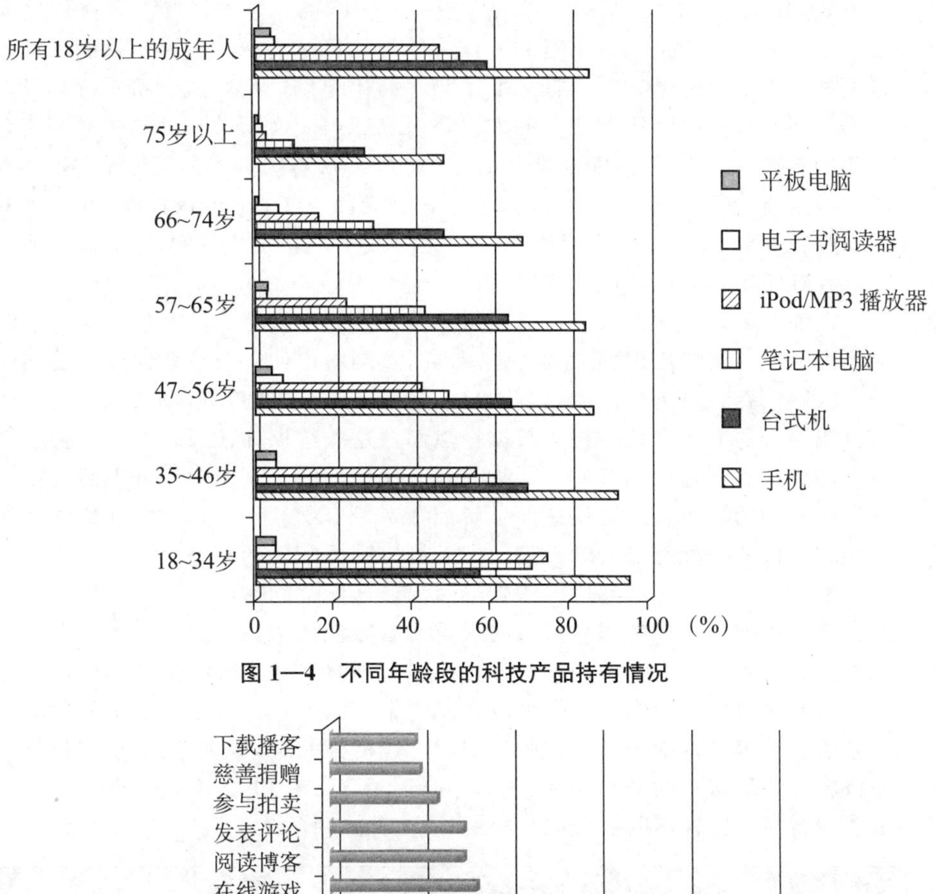

图 1—4　不同年龄段的科技产品持有情况

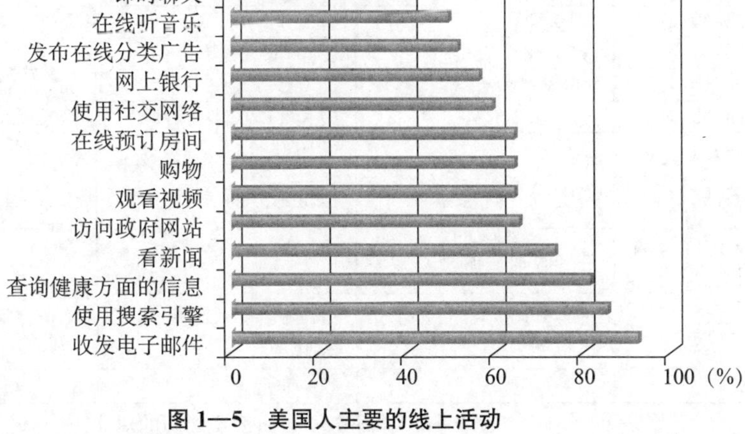

图 1—5　美国人主要的线上活动

行为信息和目标选择

在网络世界里，“信息交换”通过“cookie”（存储在网站上的看不见的代码）来专门追踪谁对哪些内容感兴趣。当一个人进行搜索时，假设是在cheapair.com网站上搜索9月份到巴黎的头等舱机票，这一行为就会被cookie记录下来，而cheapair.com网站则可以将cookie信息在eXelate或者BlueKai这样的交换网站上卖掉。同时，我们假设希尔顿酒店（Hilton）不打算用巨幅广告或者线下媒体传播促销信息吸引顾客，而是希望把最近出行的人作为他们的目标消费者。希尔顿酒店管理者登录交换网站，设定目标顾客的选择标准。为了简化起见，我们假设希尔顿只设定一个筛选标准，即9月份乘飞机到巴黎的人。登录之后，交换网站告诉希尔顿酒店有多少可供出售的cookie满足了它的筛选标准。下一步，希尔顿酒店和其他希望购买相同cookie的广告商竞价争夺所有权。[10] 如果希尔顿酒店赢下了这场拍卖，就可以在浏览器上安装这些cookie的广告；不管消费者什么时候上网，也不管他们在浏览哪个网站，都可以收到希尔顿酒店的广告推送。

在消费者第一次购买新产品或打算将老产品更新换代的时候，他们获取所需信息的能力由于网络的出现而大大增强。同时，网络也使得市场营销人员能够观测购买行为，获得消费者行为数据的真实信息。在网络时代之前，市场营销人员主要通过消费者自我报告的形式来获取行为数据。然而，这些数据往往反映的是消费者希望商家知道的信息，而不是他们真实的购物模式。比如，汽车制造商允许消费者在网上从零开始设计他们的汽车，由此快速地了解消费者最喜欢的颜色、功能和配件，并发现哪些功能和属性的搭配是最受欢迎的，然后推出同样配置的车型。

消费者在网上对产品进行比较的时候，他们会同时比较功能、型号、属性和品牌等因素。比如，选择数码相机时的最重要参数包括镜头、屏幕、像素、感光度、重量和画面处理能力。大多数商家都会在网站上同时出售多个品牌的相机，它们允许访问者将需要比较的几个型号和品牌放在同一个页面上，并可以点击按钮获得更加详细的产品信息。市场营销人员通过对消费者比较行为的观察，识别出直接竞争型的产品和消费者心中最重要的产品属性。图1—6展示了3种电子书阅读器的对比，图中模拟了消费者在线比较不同品牌产品时的一些可能选择。

	Novo	DeLonex	Tome
尺寸	3.9"×4.8	3.5"×4.9	4.0"×4.1
重量	7.8盎司	7.5盎司	8.6盎司
是否为触摸屏	某些类型是	否	全部是
屏幕分辨率	600×800	758×1 024	1 200×1 600
存储容量	8 GB	16 GB	16～64 GB
续航时间	最长8小时	最长11小时	最长12.5小时
在线书店	亚马逊	亚马逊	亚马逊和索尼
3G通话	指定服务商	指定服务商	所有美国服务商
是否支持海外使用	是（收取漫游费）	否	否
内容存储	对本机内容提供免费云服务	对本机内容提供免费云服务	免费存储书籍、通讯录、日历以及书签
价格	199美元	279美元	359美元

图1—6　不同电子书阅读器之间的对比

创新互动沟通渠道

传统的广告是信息单向传播的过程，商家在大众媒体上花费巨资把信息传播给大量的潜在买家。而广告的效果只能通过事后销量数据和购后市场调研来进行推测。与以往不同的是，电子信息沟通允许双向信息交换，消费者可以通过点击链接或者离开页面等行为对商家推送的信息做出即刻反应。因此，市场营销人员也能够立即测量出促销信息的有效性，不再需要依靠延迟的反馈（见第7章）。另外，很多美国的家庭现在都拥有电视机顶盒，允许消费者和广播公司之间进行双向沟通。很多有线电视公司正在实验一项新技术，允许消费者通过手中的遥控器选择只观看他们想要看到的广告。另外一个互动性的例子是超市通过扫描仪对顾客家庭日常用品的购买情况进行追踪，在顾客结账的时候就可以立即为他们提供个性化的优惠券。

互动性的另外一个方面体现在消费者可以在很大程度上设计促销信息。比如超级碗比赛期间，很多商家邀请消费者参与制作或者挑选当年的大赛广告，而不是像过去一样只是参考广告公司的意见。奥迪在 YouTubeAudi. com 上发布了3个版本的广告，让消费者自己来选择播放哪一个；福特汽车旗下的林肯品牌在推特上发起了一场营销活动，征集人们最难忘的自驾游故事。另一个例子是，三星在电视广告中使用了消费者在推特上的评论来讥讽苹果。广告场景中，人们一边在苹果商店的门口排队等候开门，一边相互讨论着新一代 iPhone 的特征。其中一个人说："我听说连接新的手机必须要使用适配器。"* 这时，另一个年轻的男人插话说："是啊，是啊。不过他们做成了最酷的适配器。"** 三星公司说，这则广告的构想来源于推特上很多对 iPhone 5 新特征的抱怨和调侃，例如如果 iPhone 用户还想使用原来的扬声器、充电器或者其他配件都需要适配器。[11]

技术创新有时迫使商家转而采取长期的市场营销策略。消费者现在可以通过使用先进的时间定位和记录设备来跳过广告。市场营销人员则直接在电视节目中植入广告内容。比如，一些百货商店成了时尚明星真人秀节目中的一部分。鉴于观众可以轻松地跳过广告，使得传统电视广告的价值锐减，以及数字影音和流媒体技术的快速发展，广播公司和市场营销人员做出很多调整，以上只是其中的一个例子。[12]

跨屏营销（cross-screen marketing）是指通过电脑、智能手机和平板电脑来追踪锁定消费者，进而商家根据观察到的消费者的兴趣爱好发送定制化的广告。一种新的软件可以帮助市场营销人员识别出某部手机和某台电脑是否为同一个使用者。这项新技术使广告商能够根据人们在上网时表现出来的兴趣，"推送"合适的广告到他们的手机上。在短短一年的时间里，美国的手机广告市场就从15亿美元增长到了41亿美元。虽然目前还只占到美国全部广告市场预算的2.4%，但是这项新的技术将会促进手机广告市场的持续增长。[13]

跨媒体平台的广告非常有必要。在尼尔森公司的一项研究中，大约有84%的智能手机用户和86%的平板电脑用户表示，他们在30天之内至少有一次一边看电视一边使用移动设备的经历。接近一半的移动设备拥有者在看电视的时候浏览过他们的社交网络。所以，在MTV音乐电视大奖直播期间，一位著名说唱歌手出现在百事的广

---

* Suzanne Vranica "Ads Let Viewers Be Mad Men," online. wsj. com, February 2, 2013; Suzanne Vranica, "Tweets Spawn Ad Campaigns," online. wsj. com.

** Suzanne Vranica "Ads Let Viewers Be Mad Men," online. wsj. com, February 2, 2013; Suzanne Vranica, "Tweets Spawn Ad Campaigns," online. wsj. com.

告中。与此同时，任何正在浏览 MTV 网站或者查看 MTV 手机应用的人，都可以看到这家饮料制造商的互动广告。这种同步广告覆盖就是为了吸引同时观看电视和上网或发送推特消息的消费者的注意力。[14]

定制产品和广告信息

奥克利（Oakley）是世界上最大的高端太阳镜销售商。这家公司推出了多种型号的眼镜，男款和女款都有，适合不同的生活方式和运动类型，甚至还有专门为亚洲人设计的眼镜。奥克利大多数款式的太阳镜都可以定制：消费者可以选择镜架的颜色（通常是抛光和非抛光两种）、镜片的形状和颜色、镜腿和奥克利商标的颜色，甚至可以将自己名字的缩写精致地镌刻在镜片上。此外，消费者还可以选择偏光和非偏光（光线减弱方式）的镜片。奥克利公司还生产不同型号的背包，消费者也可以为自己的背包选择主色和搭配的布料颜色，甚至可以选择包边、商标和拉链袋等配件的颜色。在耐克的网站上，买家可以挑选多种不同价格的运动鞋，通过改变颜色和特征将它们个性化（比如，一些型号的鞋允许消费者改变耐克商标和鞋带的颜色），并可以在鞋上印制个人的独特标识。研究人员指出，定制化的产品要求消费者清楚地知道和表达自己的偏好，并且能够将其投入到产品中去。这表明，“高涉入度”的产品（比如，非频繁购买或者价格昂贵的商品）最适合实行定制化战略。[15]

企业也会对广告信息进行定制。比如，一家在线药店会根据以前的记录，给不同的顾客呈现不同的初始页面。那些过去倾向于购买全国性知名品牌药品的顾客会看到根据品牌分类的页面；而那些经常购买促销药品或者普通品牌的消费者则会看到根据价格和折扣程度分类的页面。

更优的价格和分销

网络使得消费者比过去任何时候都能更加有效地比较价格。例如，当消费者逛百货商店的时候，他们经常使用手机来查询类似商品在其他商店的价格。这使得塔吉特和百思买这样的商店必须要根据其他竞争对手的网上报价来调整自己的定价。[16]部分商店和品牌已经开始使用技术设备而不是销售人员来跟顾客接触。一家化妆品制造商就在门店中安装了有触摸屏的电视机，用来展示完美的烟熏妆，让它不再是化妆师的独门绝技。另外一家商店允许消费者使用触摸板来选择试衣间的灯光和音乐（还设置了一个按钮以便他们求助）。[17]随着电子图书越来越多，苹果发布了新版本的 iBook 数字书店，它上面的高中课本几乎可以比纸质书减价 90%。[18]

市场营销人员很早以前就发现，消费者会在网上研究电子设备等昂贵的商品。但是现在，越来越多的消费者在去实体店购物之前会先上网搜索杂货、个人清洁用品、家居用品等较低价值的产品，希望找到最优价格。反过来讲，市场营销人员则开始使用一些先进的技术比如智能手机应用程序等，来锁定实体店里的消费者。[19]

除了更好的价格策略之外，分销的策略也在进步。包裹不可派送是在线零售商最为头疼的问题之一。针对这个问题，亚马逊在杂货店、便利店和药店中安装了名为亚马逊储物柜的大铁箱。这些铁箱就像虚拟门卫一样，可以接收和暂时储存包裹，等待消费者随后领取。[20]

一些意识到电子支付系统迟早会取代现金和信用卡的零售商已经开始开发手机支付系统，与谷歌或者手机制造厂商的类似产品进行竞争。[21]被视为女性“购物圣经”的《幸运》（*Lucky*）杂志，引入了一项可以为女性节省驾车成本和时间的服务。它上线了一个名叫 myLuckymag. com 的购物网站，读者可以在上面一站式购买十多个品牌的服装和配饰。[22]现在，很多网上商家还推出了“自动重复订购”功能，用来吸引在网上习惯性购买所需商品的顾客，比如纸制品和个人护理产品。

网络还帮助市场营销人员以低廉的成本提升顾客服务质量。一名纽约的餐厅服务员发现很难记住菜单上每道菜的所有原料。于是他给每道菜都拍摄了照片，开发了一个信息分类系统，设计了一系列的图标来提示可能的过敏食材和菜品温度，并建立了一个网站供餐厅的服务员浏览这些信息。很快，其他餐厅也开始订购这个系统来培训员工，完成在线排序，还把它作为内部的讨论区。[23]

像西夫韦（Safeway）和克罗格（Kroger）这样的大型零售商会根据购物者的行为为他们提供个性化的价格，鼓励他们多消费。如果数据表明消费者来自一个大家庭，他们给出的价格会促使消费者购买更大份的汰渍洗衣粉和博洛尼亚大香肠；如果数据表明消费者对价格不是非常敏感，他们就会向消费者推荐更贵的博洛尼亚大香肠。另外一个例子是，24 瓶装的 X 品牌纯净水对甲女士售价 2.71 美元，而对乙女士售价 3.69 美元。因为甲女士的资料显示，她喜欢 X 品牌，但却没有购买过 X 品牌的瓶装水。商家会鼓励甲女士多尝试 X 品牌的产品，并希望她之后会持续购买；而乙女士购买 X 品牌瓶装水的可能性却很小，所以商家给出的价格也高。一些商家还提供手机应用以方便购物者扫描商品。一旦消费者扫描商品，商家就可以通过会员卡号或手机号码来识别顾客，确定他们目前所在的位置，并通过这两点信息立即为消费者提供定制的电子优惠券。所以，如果一个顾客在婴儿产品区扫描了纸尿裤，商家就会根据数据库中他家婴儿大致的年龄，给顾客提供适合婴儿食用的配方奶粉和婴儿食品的优惠券。[24]

1.3　顾客价值、顾客满意与顾客维持

顾客价值（customer value）被定义为顾客感知到的利益（经济的、功能的与心理的）与用以获得这些利益所消耗的资源（金钱、时间、精力和心理）之间的比率。例如，在华盛顿的一家高档法国餐厅的一顿用餐，包括饮料，每人的费用可高达 300 美元。这里的就餐者可能会希望享受到奇特且可口的食物、完美的服务和美丽的装饰氛围。一些就餐者可能感觉就餐的收获超出了他们的期望，那么在他离开这家餐厅时，会感觉到这次的就餐体验值得他花这么多钱以及其他的资源（比如为了预订而等待一个月）。另一些就餐者则可能是来时期望过高，以至于离开时感觉很失望。另一方面，每年有数百万人到遍布全球几十个国家的麦当劳餐厅就餐，他们从连锁店主和雇员那里购买到的是标准化且并不昂贵的食物，而这些店主和雇员是经过了麦当劳公司的系统培训以传达麦当劳的四条核心标准：质量、服务、卫生和价值。顾客之所以反复光顾麦当劳，就是因为它们是保持不变的，顾客知道应该期望什么，他们能感到已得到了因他们所耗费的资源而应得的价值。

顾客满意（customer satisfaction）是顾客根据自己的期望，对产品或服务的性能的个性化认知。正如前面提到的，尽管昂贵的法国餐厅和麦当劳同属于餐馆行业，但是顾客对它们有着明显不同的期望。顾客满意是顾客期望的函数。当顾客的体验低于他的期望时（如在一家很贵的餐厅里，用过的餐具没有被很快地收走或者麦当劳提供的是冷的油炸食品），他将是不满意的。当他的体验与期望相匹配时，他是满意的。而当体验超出了他的期望的时候（如在昂贵的餐馆就餐过程中能提供

来自主厨的少量美味的食物，或者在麦当劳餐厅里提供设计良好的儿童游乐区），他将非常满意或是愉悦。

顾客维持

顾客维持（customer retention）策略能使企业切中顾客兴趣之所在，使得顾客留下来而不是转向另一家企业，从而将与消费者的单次交易发展成长期顾客关系。基于以下几个原因，赢得新顾客的成本要高于维持已有顾客的成本：

1. 忠诚的顾客购买更多的产品，他们构成了新产品和现有产品新型号一个现成的市场，并给公司提供了交叉销售产品的机会。长期顾客更可能购买附属产品和高利润的配套产品。

2. 长期顾客对公司的产品非常熟悉，他们是公司开发和试验新产品和服务的重要资源。

3. 忠诚的顾客对价格不是很敏感，也很少关注竞争对手的广告。因此，他们增加了竞争对手进入市场的壁垒。

4. 那些已经对企业的产品和流程很熟悉的已有顾客的服务成本要低些。“教会”新顾客一个商家的流程和销售政策是非常昂贵的。由于获得新消费者的成本只发生在顾客关系开始的时候，所以顾客关系维持得越长久，分摊下来的成本就越少。

5. 忠诚的顾客传播正面的口碑并为其他顾客提供参考。

6. 旨在吸引新顾客的营销努力是要耗费高成本的；事实上，在饱和的市场上也许不可能找到新顾客。[25]低顾客流失率会带来更高的利润。

顾客留存率和顾客忠诚度的上升使雇员的工作变得更简单也更令人满意。反过来，快乐的员工能够给消费者提供优质的服务和顾客支持系统，达到更高的客户满意度。

科技与顾客关系

科技通过让消费者参与品牌互动来改善顾客关系，提高顾客留存率。宝洁是世界上最大的美妆、个人清洁用品（比如香水、漱口水、牙膏以及女性用品）和家庭护理用品（比如家庭清洁用品、洗衣粉、非处方药品和一次性纸尿裤）的生产商。在它的网站上会针对旗下每个品牌的产品提供更有效的使用建议。比如，宝洁公司对于洗发水提供“头皮护理手册”；对于旗下的吉列刮胡刀片，提供全方位的面部护理和正确洁面建议；对于清洗剂，宝洁告诉消费者清洗白色和彩色衣物的方法、每种布料的适宜水温以及怎样去除不同材料上的污渍。亚马逊在给顾客的电子邮件中，根据顾客消费历史所体现出来的兴趣来为他们推荐新书。天然山谷（Nature Valley）——格兰诺拉燕麦棒的一个品牌——受到谷歌街景（Google Street View）的启发使用了一种新技术。在一个名叫天然山谷小道景观（Nature Valley Trail View）的网站上，近乎实时地播放着人们在大峡谷和其他国家公园中徒步旅行的视频。画面中没有任何有关销售的字眼，只有一个很小的天然山谷商标。市场营销人员的目的在于带目标消费者进入他们憧憬的一种生活方式，让他们参与到品牌中来，建立品牌认知和忠诚。[26]

科技能够带来价值增加的潜力几乎是无限的。教授可以使用网络社区和工具辅助课堂教学，允许学生们在任何时间、地点阅读文字和非文字的材料、案例以及完成作业。在线报刊可以根据读者的个人喜好来定制版面，为读者喜欢的话题加入过去相关报道的链接，可以在出现爆炸性新闻的时候通过电子邮件通知读者。在科技增加实体商品价值的案例中，最具革命性的是苹果 iTunes 商店。它有大量可供选择的软件，可以在网上编辑和发布内容。

研究人员发现了顾客与商家的两种关系：**情感联系**（emotional bonds）是指顾客对一个公司产生了高度的个人认同和依恋；**交易联系**（transactional bonds）是指顾客和商家之间形成的交易方式及构成部分。精明的商家一直在努力建立和顾客之间的情感联系。而科技，特别是社交媒体，是企业和消费者建立远超交易行为本身的情感联系所使用的最新、最普遍的工具。

社交媒体（social media）是人们在虚拟的社团及人际网络中创造、分享、交换信息和意见的途径。社交媒体依靠移动技术和网页技术，通过个体间和社团间分享、共创、讨论和调整用户设计的内容等方式，创造高度互动的平台。下面是几个关于使用社交媒体同消费者建立情感联系的例子。成千上万的消费者把他们用数码相机或者手机拍摄的照片上传到 Instagram 这样的社交网站上。因为人们花在阅读杂志广告和电视广告上的时间越来越少，所以市场营销人员提出了“生活方式广告”，即在广告中使用消费者自己拍摄的照片，以保证广告的内容和感觉对他们最具吸引力。有的时尚品牌根据消费者自己上传的图片制作电子版的广告；有些时装公司网站的首页不再雇用专业模特，而是让普通女性来展示公司的时装；有个设计师还发布了由 Instagram 照片组成的杂志广告。塔可钟（Taco Bell）推出 Locos 玉米饼时注意到很多人在 Instagram 上晒他们吃这种玉米饼的照片。这家连锁店通过努力获得了 Instagram 的许可，将这些照片用在了它的电视广告中，并且制作成了和 Instagram 一样的风格。很多市场营销人员认为，“自然生动”的照片比专业拍摄的效果更好。所以一些商家专门雇用“街拍”摄影师，在线上广告中用没有精心化妆、造型或者打光的普通人来取代专业的模特。

除了让消费者更多地参与到营销活动中，社交媒体还改变了市场中的搜索方式。许多企业都能够非常容易地收集到消费者的偏好信息，有时候甚至都不用专门去询问消费者。电视剧的编剧们在网上观察网友们对已播剧集的批评和幽默评论，根据观众的意见来重新调整剧本后面部分的故事线索。与之类似的是，由于电视广告价格昂贵，市场营销人员会尝试先在社交媒体上发布广告来测试效果。在最近的一次超级碗比赛前，市场营销人员邀请消费者参与创作和挑选当年大赛的广告。一家汽车制造商在推特上发起一项营销活动，请人们回忆他们最难忘的自驾游经历。[27]

在网络时代来临之前，菲多利公司（Frito-Lay）要开发一种新口味的薯片需要用到焦点小组座谈、市场调查、深度访谈等多种研究方法（见第 16 章）。而现在，这家公司通过脸书上的应用程序邀请用户为新口味提供建议，点击“我想要吃这个”的按钮来提交他们的偏好。部分结果显示，啤酒风味的洋葱圈口味薯片在加利福尼亚州和俄亥俄州很受欢迎，而吉事果口味薯片在纽约州最为流行。菲多利计划生产投票排名前三的口味的薯片，并且为每种口味的发明者设置了 100 万美元的大奖。菲多利也在海外市场开展同样的调查，于是在泰国开发了热辣螃蟹味，在塞尔维亚开发了腌黄瓜味。当沃尔玛想知道是否应该销售棒棒糖蛋糕机的时候，它研究了推特上的内容。沃尔玛发现，棒棒糖蛋糕——插在棒棒糖棍上的可以一口吃一个的小蛋糕——越来越受欢迎，而且经常有人讨论它们。雅诗兰黛旗下的 MAC 化妆品牌让社交媒体用户来投票选出希望重新上市的颜色色度。填充动物玩具公司 Squishable 在决定一个新玩具的最终造型前，也收集了脸书上的反馈意见。塞缪尔·亚当斯（Samuel Adams）则让用户在酵母、色泽和其他质量方面进行投票，以生产出一种新啤酒。[28]

情感联系和交易联系的比较

区分消费者购物时情感和交易的动机是为了更好地理解影响顾客满意度的因素，以维持顾客和建立长期的顾客关系。随着越来越多的消费者开始网上购物，了解在电子商务中影响购物满意程度的关键因素变得越发重要。相关研究已经发现了在线购物中决定顾客满意程度的一些因素[29]：

1. 适应：商家推荐的商品与消费者的需求相匹配；顾客可以订购定制产品；个性化的广告信息和促销活动；消费者感觉到自己是独特而有价值的。

2. 互动：消费者能够从不同的角度看待提供的商品；提供顾客能够快速找到所需产品的搜索工具；提供顾客能够轻松比较商品的工具；提供有用的信息。

3. 培养：消费者能收到购物提醒；为顾客的购买行为提供相关信息；对顾客的喜爱表示感谢；努力增加每个顾客的交易额；培养和顾客的关系。

4. 承诺：按时送货；积极处理出现的问题；便利的退货政策；关心消费者。

5. 关系网络：消费者可以在商家的网站上分享他们的购物经历；进行经历分享的有效网络；购物者从前景广阔的商家赞助的社区中获益。

6. 多样性：商家为大多数的购物需求提供“一站式”平台；网站能够满足购物的需求；商家有多个种类的商品可供选择。

7. 交易简便：商家的网站有清晰的导航；即使是新顾客也不需要很多帮助就能顺利完成购买；用户界面友好、交易迅速。

8. 参与：商家网站的设计吸引人；在网站上购物会令人感到愉悦；能感受到网站的魅力；在网站上购物让人感到很舒适。

9. 忠诚：很少考虑转到其他商家购物；有购物需求的时候多半都会打开这个商家的网站；喜欢浏览这个商家的网站；最喜欢的商家就是这一家。

10. 惯性：除非极度不满意，否则转到一个新的商家购物会让人觉得很麻烦；停止在某个网站上购物会感到非常困难；认为更换购物商家在时间、金钱和精力方面的转移成本都很高。

11. 信任：预期能够顺利完成交易；信任网站的表现；认为某个商家是诚实可靠的。

一些决定因素主要是受到情感的影响（比如参与和培养），而另外一些因素则来源于交易机制（比如多样性和交易的便利性）。一项研究分类并总结出了四种以交易和情感为基础的商家顾客关系。[30]表 1—1 将这个分类框架应用在亚马逊的顾客上。

表 1—1　　以交易和情感为基础的商家顾客关系

狂热顾客 高联结水平和高购买水平。买家和卖家之间相互配合，彼此适应，都希望在未来的交易中获益。高程度的承诺。如果亚马逊上某个商品售罄，狂热顾客愿意等待商品再次开售，愿意向人推荐这个商家：“我总是最先考虑亚马逊。”“它有我需要的东西。”“它的顾客支持政策是我所知道的商家里面最好的。”“它的政策至少和其他销售同样商品的商家一样好。”“我为了在亚马逊上购物专门准备了一张信用卡。”	**忠诚顾客** 频繁的购买者，但是缺少高度联结。“亚马逊很好。我经常在上面买东西，但是我也会搜索其他商家的价格。”他们在亚马逊上购物多是因为累积的承诺关系。他们可能拥有一张亚马逊的信用卡，购物可以积分也不收年费。出于对转换成本的考虑或者是没有其他合适的商家，他们会选择留在亚马逊。他们表现出的忠诚并不是因为情感依恋，而只是纯粹基于理性考虑的结果。他们一般不会主动向别人推荐这个商家。亚马逊应该促使他们做出情感承诺。

满意顾客	交易型顾客
高联结水平，但只是适度购物。购买经历超越了这些顾客的期望，他们感到满意，但是综合来看，他们却并不是大客户。“我不会经常购买这些产品，但是如果我需要购买，我会首先考虑亚马逊。它做得很好。”市场营销人员应该努力尝试让这些消费者喜爱这家商店，激励他们多购物。	低联结水平，非频繁购买。这类顾客对价格很敏感，也容易转向其竞争对手购买产品。对于他们来说，商品就只是商品本身，他们会从最低报价的商家处购买。对于不同的交易，他们会寻找不同的卖家。亚马逊需要保证他们能够感到满意，并且联系这些顾客进行确认。他们中的一些人可能会成为忠诚顾客或者满意顾客，并且最终成为狂热顾客。

商家与忠诚顾客的情感联系有时候会起到相反的作用，特别是在有社交媒体加入的情况下。第七世代公司（Seventh Generation）在推出新款婴儿湿巾的时候就面临着忠诚顾客评分暴跌的情形。它的新款产品更厚更湿润，并在上市的同时停售老款湿巾。亚马逊上如潮水一般的负面评价使得新款婴儿湿巾的评分在数周内就从5星跌到了2.5星。为了应对这次意外，公司不得不在网上重新销售老款和新款的洁净无添加婴儿湿巾。公司将盒装的老款湿巾快递给消费者并附上手写的道歉信，向失望的顾客退款，给顾客发邮件告诉他们老款的湿巾又重新上市了。[31]

顾客忠诚和满意

高度满意或者愉悦的消费者会持续购买同一个品牌和产品，他们会向周围的人传播积极的口碑，并很可能成为“永久的顾客”。相反，那些不那么满意或者感觉一般的消费者，要么立即转向其他的竞争者，要么等待其他商家提供更优惠的价格。而那些极度不满意的消费者则常常会散播夸张的负面评价。

一项被广泛引用的研究将顾客满意水平和顾客行为联系在一起，从而可识别几种类型的顾客[32]：

1. 忠诚型的顾客，属于完全满意，并且会持续购买的顾客。作为“信徒”的忠实消费者，其体验超出了期望，因而他们会向其他人传播关于公司的正面口碑。企业应该制定战略努力培养“信徒”。

2. 叛离型的顾客，指感觉中立的或者刚刚感到满足的顾客。一旦有其他公司提供更低的价格，他们就很可能会中止原来的交易。企业必须想办法提高叛离型顾客的满意度，将他们转变为忠诚顾客。

3. 消费恐惧型的顾客，有着负面的体验，他们会传播负面的口碑。企业应该采取措施来摆脱他们。

4. 质押型的顾客，指那些并不对消费感到高兴的顾客，但他们因为垄断的环境或者是低价格仍然与公司保持着交易关系。与他们打交道很难且耗费成本，因为他们总是在抱怨。企业应该不用理会他们的意见，例如拒绝受理他们的频繁抱怨等。

5. 唯利是图型的顾客，是很满意的顾客，但是他们从来就没有对公司真正忠诚，他们可能会因为别处更低的价格或一时冲动而背离公司，他们的行为不依循满意—忠诚的基本原理。企业应该好好研究这部分顾客，通过一些方法来强化满意度和顾客忠诚之间的联系。

顾客忠诚和可盈利性

关注顾客可盈利性的市场营销追踪来自每一顾客个体的利润，然后将他们归入不同的层次。比如，某个商家可能使用“顾客金字塔”将顾客分为四层[33]：

1. 白金层，包括消费量大的使用者，他们对价格不敏感且乐意尝试新产品。

2. 黄金层，包括的顾客也是消费量大的使用者，但他们不具有很大的盈利性，因为他们比上一层顾客具有更强的价格敏感性，他们要求更多的折扣且会从几个不同的供应商处购买。

3. 铁层，包括的顾客的消费量和盈利性并不利于公司提供专门特殊的对待。

4. 铅层，包括的顾客事实上是在耗费公司的成本，因为他们要求得到比他们的消费所给公司带来的益处更多的关注，从而束缚了公司的资源并传播负面的口碑。

市场营销人员必须认识到，消费者的价值并不一样。精明的商家会根据消费者在可盈利性上的排序，有选择地跟他们建立联系，而不是盲目地“努力保留顾客”。懂得顾客维持之道的企业全面地观察消费者的购买量和购买方式，根据他们的盈利性将其划分为不同的等级，并且为每个等级的群体制定不同的营销策略。比如，一些股票经纪人在他们的电话簿中标记高成交量交易者的号码，以保证他们的来电被优先接听。通过电话提供技术支持的时候，购买和注册了这家公司多种产品的消费者应该得到加急处理。很多纽约市的餐厅将重要顾客的信息存储在它们的电脑中。例如，其中一家餐厅知道：某著名的美食家习惯把汤盛在杯子中，喜欢喝装在一个大玻璃杯中加很多冰的蔓越莓果汁冰茶；某知名说唱歌手喜欢喝白勃根地葡萄酒；一位每周都光顾的食客喜欢吃面包的底面部分。餐厅还记录顾客们在庆祝特殊日子的时候喜欢坐的位置，他们偏爱软黄油还是硬黄油，百事可乐还是可口可乐，气泡饮料还是无气饮料。[34]与之相反，银行对待利润较低的客户更加苛刻。比如对那些很少使用信用卡、只在账户中存够刚好可以获得免费支票金额的客户，银行就不会为他们免除支票退回罚金和滞纳金。一些公司将那些即便被极力推销也仍然不太可能购买的顾客划分出来，不鼓励他们继续和公司交易，甚至可能将他们“驱逐”出去。比如，电视节目制作费用的不断上涨，使得付费电视公司更加在意如何保持住那些为它们提供了绝大部分营业额和利润的顾客。电视公司比以往更加仔细地挑选它们想要留下的顾客，即使这意味着失去一部分不那么有价值的客户。付费电视是一个已经成熟的市场，公司只能通过提高价格或者销售附加服务来增加利润。所以，那些不会接受数字视频录像机和宽带服务的低端顾客对公司的吸引力变得很小。[35]

图1—7描述了一家虚拟航空公司根据顾客的可盈利性做出的分类。表的最左边一列显示四个级别的舱位分别可以为公司带来的每英里利润；最上面的一行显示每一类顾客每年飞行的里程。12个格子分别代表了该航空公司根据顾客的飞行里程和乘坐舱位计算出来的期望利润。钻石级的顾客是那些每年至少乘坐头等舱飞行250 000英里的旅客，他们大约可以为公司带来100万美元的利润。翡翠级的顾客或者是那些习惯乘坐头等舱但飞行的频率不如钻石级高的旅客，或者是那些飞行非常频繁但一般选择商务舱的旅客。钻石级和翡翠级的顾客是航空公司利润最高的细分市场。航空公司为这类顾客提供免费的接送机服务，安排热情的服务人员跟他们问好并帮助办理登机手续，然后由接待人员将他们迎进贵宾通道。钻石级和翡翠级的顾客在乘机期间也会享受到贴身周全的服务，一旦航班降落，有专人帮助他们优先领取行李，并提前安排好将他们送往最终目的地。

		顾客每年飞行里程和相应的利润		
		至少 250 000 英里	至少 250 000 英里	至少 250 000 英里
飞机的舱位和相应的每英里利润	头等舱（4 美元/英里）	1 000 000 美元（钻石级）	600 000 美元（翡翠级）	400 000 美元（翡翠级）
	商务舱（2 美元/英里）	500 000 美元（翡翠级）	300 000 美元（宝石级）	200 000 美元（宝石级）
	高级经济舱（0.6 美元/英里）	150 000 美元（精英级）	90 000 美元（贵宾级）	60 000 美元（贵宾级）
	经济舱（0.3 美元/英里）	75 000 美元（贵宾级）	45 000 美元	30 000 美元

图 1—7 一家航空公司的顾客可盈利性级别

精明的市场营销人员会非常谨慎地处理顾客“降级”。比如，航空里程一般是按年计算的，如果一个钻石级或翡翠级的顾客在某年内的飞行里程没有达到该级别的要求，理论上他应该被“降级”。但是从顾客的心理角度出发，消费者会觉得短时间的限制让他们没有合适的机会来证明自己是有价值的顾客。研究人员认为，降低失去有价值顾客的风险远比把顾客在一个更高的级别中多保留 1 年或 2 年所多付出的成本重要。企业应该允许每个等级的消费者积极保持他们的等级，而不是仅仅简单地接受公司升级和降级的决定。比如，一些航空公司允许那些即将被降级的顾客购买那些他们“欠缺”的成交额（比如飞行里程）来维持他们的级别。[36]

宝石级的顾客也是一个可盈利的细分市场。他们较为频繁地乘坐商务舱，航空公司应该让他们尽量多地享受一些高规格的头等舱服务，但又不像钻石级和翡翠级顾客一样有那么多额外的权利。精英级和贵宾级的细分市场人数众多，他们大多数乘坐高级经济舱。航空公司应该在可能的时候让他们体验乘坐商务舱的感觉（如第 2 章开篇所描述的澳洲航空公司的四种舱位一样）。

衡量顾客维持

企业需要制定一系列的标准来衡量它们的顾客维持战略。研究者们建议用以下方法来衡量顾客维持：

1. 顾客价值：根据顾客的经济和战略价值来衡量他们的重要性并进行分类，这样，企业就可以决定是否为发展更深入的顾客关系投资，决定哪些顾客关系应该被特别对待或者哪些关系应该终止。

2. 留存率：年初的顾客中到年末还保持着交易关系的百分比。研究表明，当顾客留存率从 80%上升到 90%的时候，顾客关系的平均长度将从 5 年翻倍增长到 10 年。企业应该将不同产品和细分市场的这一比率进行横向比较并在不同的时间点上进行纵向比较。

3. 流失分析：寻找根本原因，而不仅仅是看表面现象。研究和过去的顾客交谈的细节；分析顾客的抱怨，将竞争对手的流失率作为标杆进行分析比较。

企业应该根据以上测量结果来制定和实施合适的顾客维持计划。顾客维持策略包括：改进员工的操作行为；认识消费者和员工的价值；调整公司的奖励机制和识别系统；建立“修补小组”来防止顾客流失事件的发生。企业还可以建立顾客转换壁垒。企业可以将一些产品和服务捆绑销售，只提供整体价格；也可以实行交叉销售（比如向目标消费者出售其他相关产品）和交叉促销（比如给一个已经购买过的顾客提供其他相关产品折扣或者促销优惠）；给常客提供优惠；对终止交易的行为处以罚款（比如对提前付清贷款收取罚金）。

内部营销

内部营销（internal marketing）是指组织对组织内部成员进行营销。行为和动机专家认为，只有当员工被雇主当作有价值的“内部顾客”对待时，员工才会为争取和保留真正的顾客“做得更多”。根据这样的观点，公司里的每一个员工、团队或者部门，既是服务和产品的供应者，也是消费者。在有效的内部营销中，每个员工都会为其他员工提供服务，同时也接受来自他人的优质服务。内部营销帮助员工认识他们工作的重要性，了解他们的工作如何与其他员工的工作联系起来。如果实施得好，员工将会站在消费者的角度来看待组织提供的产品和服务。总体来看，内部营销如同一个链条，每一环节的员工都像对待消费者一样对待其他员工。物流经理把顾客服务部门看作他的内部顾客；顾客服务部把现场工程师看作他们的顾客；研发团队把生产团队看作他们的顾客。这样的关系从自上而下和自上而下两个方向的组织结构上都说得通。

内部营销的目标是培养这样的员工：他们所做的远远超过职责要求——能够与顾客达成良好的契合，并创造出“魔力的瞬间”（迪士尼的词汇）将满意的顾客转变为真正狂热或者极度忠诚的顾客。和公司的使命“为人们带来快乐”一致，迪士尼的“男主人”和“女主人”（或者“演职人员”，但是从来不会用“雇员”一词）被培训表现出“具有侵略性的友善”。当一名演职人员在迪士尼奇幻世界看见一对父母给其他家庭成员拍照，就会主动上前帮忙，这样就可以拍出包括所有家庭成员的照片。迪士尼的目标是培养主题公园的重复游览者，事实上，超过70%的“客人”（不是“消费者”）都是回头客。迪士尼是消费者行为方面的专家：它真正地懂得了怎样使顾客感到满意和高兴，并创造美好的记忆使顾客与迪士尼之间产生情感联系。

当消费者体验到意想不到的优质服务，他们就非常有可能成为忠诚可靠的顾客。比如，在迪士尼奇幻世界一天的营业即将结束的时候，一对夫妇带着两个疲惫而又古灵精怪的小孩等待前往停车场的电车。这对夫妇脸上困惑的表情显示，他们已经忘记了停车位置的编号（根据迪士尼的统计，大约30%的客人都会出现这样的情况）。在没有被求助的情况下，一个迪士尼的演职人员主动走过来（实际上是经过专门培训的）向这对迷路的夫妇提供帮助。演职人员询问这对夫妇到达公园的大概时间，查询哪一个停车位在差不多的时间有车，然后告诉其停车的可能位置。毫无疑问，这对充满感激的参观者会记住这次服务，并将这个故事告诉他人。当然，这个演职人员能够有效地帮助顾客，和迪士尼引入的科技信息系统是分不开的——它使演职人员义无反顾地去帮助顾客，有效地实施“营销”公司的“顾客服务愿景”带给员工的内部营销项目。

1.4 消费者行为学的跨学科性

消费者行为学来源于四门学科。**心理学**（psychology）研究人类思维和行为的影响因素（比如，需求、个性特征、知觉、习得经验和态度等）。**社会学**（sociology）研究人类社会的发展、结构、功能以及存在的问题（最重要的社会群体分别是家庭、同辈和社会阶层）。**人类学**（anthropology）比较不同人类社会之间文化和发展的差异（比如，文化价值观和亚文化）。**沟通**（communication）是信息通过个人或媒体渠道传达或者交流的过程，也包括说服策略的运用。

消费者决策制定

消费者决策制定的过程，如图1—8所示，可以看作输入、处理和输出三个决策制定阶段。

消费者决策制定的输入阶段由两部分因素组成：企业的营销努力（产品本身、价格、促销以及在哪里销售）以及社会和文化环境对消费者的影响（家庭、朋友、邻居、其他非正式的和非商业性的来源、社会阶层、文化与亚文化）。这一阶段也包括企业和社会文化的信息传送给消费者的方法。

模型中的处理阶段关注消费者是如何作决定的。消费者所固有的心理因素（动机、知觉、学习、个性和态度）会影响输入阶段的外部因素如何作用于消费者对需求的确认、购买前的信息搜索以及对选择的评估。这些通过对选择进行评估的体验反过来也会对消费者已有的心理特征产生影响。

消费者决策制定模型中的输出阶段包括作出决策后的两项紧密相关的行动：购买行为与购后评价。

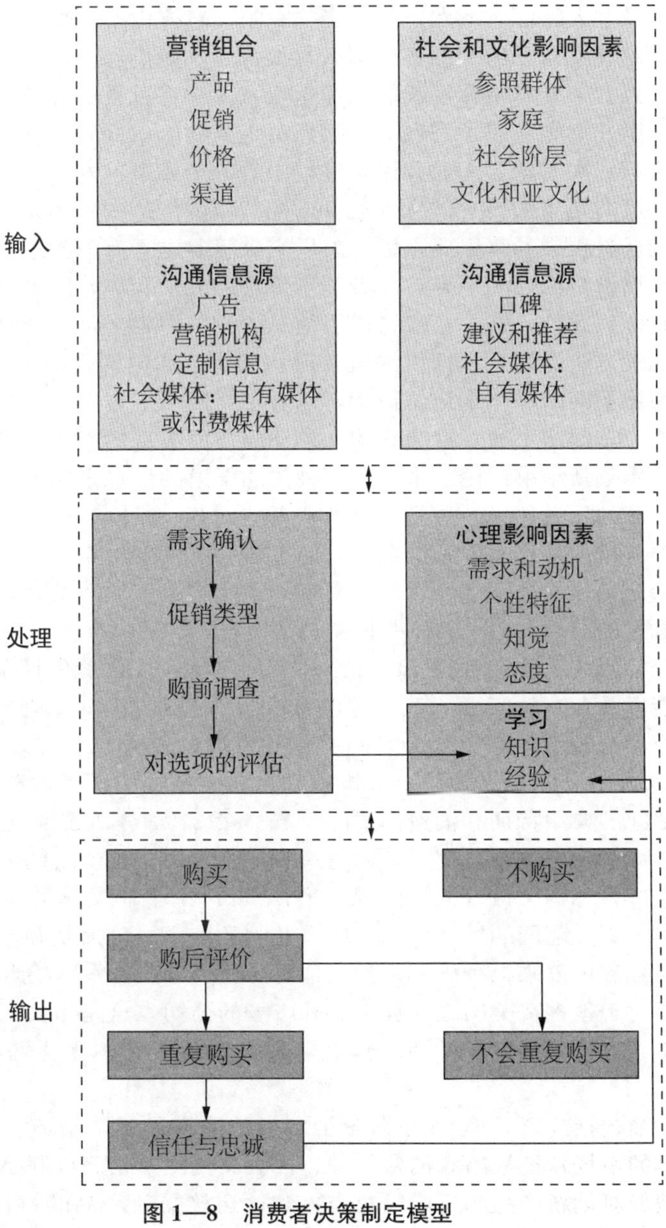

图 1—8　消费者决策制定模型

本书结构

第Ⅰ篇主要讲述了市场营销和消费者行为的基本情况以及市场营销战略的组成部分。第1章介绍了消费者行为学的基本框架，这是一门重点关注消费者相关活动的跨学科科学。这一章首先介绍了市场营销学的发展、重要的营销战略和市场营销人员的社会责任，然后阐述了科技对于市场营销的影响以及顾客价值、顾客满意和顾客维持之间的相互关系，最后引入了消费者决策制定模型，并简述了本书的结构。第2章讨论了市场细分的过程，其中包括人口统计变量、社会文化、消费心理等市场细分基础。这一章还探讨了目标市场选择的标准、行为定向以及提供区别于竞争对手的差异化产品。

第Ⅱ篇分析了消费者的个体心理因素对消费行为的影响。第3章讨论如何激发个人动机以及个人特征对消费行为的影响。第4章探讨了消费者的知觉，即个人如何选择、组织和理解自己周围的各种刺激。换言之，我们看待周围世界的方法影响着我们的购物模式。第5章阐释了我们怎样学习，怎样将过去的经验和行为应用于未来的购买决策。第6章则探讨了态度——我们对于事物的认知和评估怎样影响购买行为。

第Ⅲ篇依次讨论了沟通和说服过程中的各个要素：发送者、信息、媒介、接收者和反馈。反馈是用来提醒信息发送者，他们希望传达的内容是否被实际接收。第7章介绍了沟通过程中的每个要素以及怎样突破阻碍进行有效沟通。讨论了传统广播模型和新兴窄播模型沟通的差异。前者基于传统的大众媒体，后者则主要利用网络广告和新社交媒体。此外，这一章还讨论了信息的相关内容：信息的结构、说服方式和有效程度的测量方法。第8章探讨沟通渠道从印刷、广电媒体到社交、移动媒体的转换。讨论了使用不同的媒体来定位消费者以及主要网络广告工具（比如谷歌、脸书等）的作用。之后，提出了通过社交媒体和移动媒体所实现的市场营销活动，并以传统媒体的电子技术革新结束讨论。来源于两种沟通渠道的信息影响着人们的购买行为：一种是来自商家的信息；另一种是来自消费者的同辈、家庭、产品口碑和社会文化群体的信息。第9章从信息来源和消费者参照群体的可信度检查开始，描述了人们的性格特征，其中意见领袖是那些经常可以影响同辈购买决策的消费者，最后介绍了动态且具有战略意义的口碑营销，特别是网络口碑。

第Ⅳ篇研究了消费者所处的社会和文化环境。社会学是研究人类社会的发展、结构、功能以及存在的问题（最重要的社会群体分别是家庭、同辈和社会阶层）的科学。人类学比较不同人类社会之间文化和发展的差异（比如，文化价值和亚文化）。第10章以家庭作为消费单位，分析家庭在社会结构中所处的阶层，并探讨了不同社会阶层之间的典型特征和消费模式的差异。第11章分析了文化以及文化怎样体现在价值观、惯例和习俗中。这一章还进一步讨论了文化价值观的测量，总结了美国主流价值观在广告和购买偏好上的体现。第12章讨论了亚文化群体的概念。亚文化群体是指在一个更大范围的社会中，一些有共同的信念、价值观和习俗的群体。亚文化群体的身份标签可以来自种族、宗教、地理位置、年龄和/或性别。第13章分析了跨文化营销。对于很多在美国之外拥有海外市场的公司，这是重要的战略组成部分。这一部分讨论了进入海外市场的机会以及怎样在全球化和本土化两种产品战略之间进行选择。

第Ⅴ篇包括3章。第14章讨论消费者的决策过程，阐述了那些在第Ⅱ，Ⅲ，Ⅳ篇提到过的市场营销战略和消费心理、社会文化因素是怎样联系起来的。这一章还讨论了消费者对创新产品的反应以及个人和社会接受新产品的过程。第15章探讨了市场营销人员的社会责任和具有道德争议的行为，比如剥削型营销、隐性营销、煽动性营销。这一章也检讨了对消费者隐私的滥用，并列举了社会赞许性的市场营销动机和行为。第16章论述了消费者研究的方法论，包括定性研究和定量研究设计的区别。

小结

市场营销活动涉及一系列的机构，它们创造、沟通、传递和交换对消费者、客户、合作伙伴和社会有价值的产品和服务。消费者行为包括消费者在寻求、购买、使用、评价和处理他们期望能够满足其需求的产品和服务过程中所表现出的行为。消费者行为影响着市场营销人员怎样进行沟通，为顾客和社会提供有价值的产品；也解释了个体如何作出决策，为产品和服务花费他们可得的资源。市场营销和消费者行为的研究都植根于市场营销观念。这种观念认为，市场营销的本质是满足消费者需求、创造顾客价值和维持顾客群体。这种思路指导下的企业只会生产预期消费者会购买的产品。营销短视只关注产品本身而忽略了产品应满足的需要。营销组合（即4P）包括产品、价格、渠道（分销）和促销四个部分。市场细分、目标市场选择和定位是将消费者转变为顾客的基础。市场细分是根据消费者的共同需要或特征将市场划分为几个子市场的过程。目标市场选择是指企业选择一个或几个细分市场作为目标客户群并争取他们。定位是指商家为自己的产品、服务和品牌在消费者心中创造独特形象和标识的过程。社会营销观念要求商家在追求商业目标的时候，用一种能够保护、增加社会福祉的方式来满足目标顾客的需要。

科技彻底改变了营销组合、市场细分、目标市场选择、市场定位和顾客维持。当消费者使用他们的电脑、手机、电子书阅读器、平板电脑和其他电子设备时，他们为市场营销人员提供了能够非常有效地锁定市场目标的信息，这在互联网时代之前根本无法想象。由此，在线技术创造了一种“价值交换”：市场营销人员以信息的形式为消费者提供价值，提供包括更容易获得的定制商品、娱乐信息和其他内容。同时，消费者在线上也以“曝光自己”的方式为市场营销人员提供价值，使企业能够更加准确有效地为自己的产品进行营销。网络允许消费者搜寻产品和服务的最低价格，为各种营销产品竞价。他们能够绕过分销渠道和中间商，不限时间地进行全球购物。在线沟通培养了一批复杂且挑剔的消费者，他们很难被吸引、满足和维持。现在的市场营销人员比过去任何时候都更加需要提供定制产品，为核心商品和服务增加附加价值，为每个细分市场的顾客准确提供他们需要的利益，以及更有效地确定商品定位。科技允许市场营销人员细化他们的战略，因为他们可以更加容易地定制产品和促销信息、实行更有效的定价策略以及更短的分销渠道策略，同顾客建立起更加长久的关系。市场营销人员还可以利用快速发展的技术追踪消费者，以此来识别市场机会、开发新的产品或者改进和拓展现有的产品和服务。他们通过网上追踪来收集消费者全方位的信息，邀请潜在的买家在网站上注册，并将这些信息与线下的人口统计和生活方式数据结合使用。

顾客价值是顾客感知到的利益与获得这些利益所消耗的资源之间的比率。顾客满意是顾客根据自己的期望，对产品或服务性能的个性化认知。顾客维持切中顾客兴趣之所在，使得顾客留下来而不是转向另一家企业，从而将与消费者的单次交易发展成长期顾客关系。赢得新顾客的成本要高于维持已有顾客的成本。科技使商家能够维持更多数量的消费者，收集到高精度的购物偏好和购后评价信息。高度满意或者高兴的消费者会持续购买同一个品牌和产品，他们会向周围的人传播产品良好的口碑，并很可能成为“永远的顾客”。不太满意或者感觉一般的消费者，要么立即转向其他的竞争者，要么等待其他商家提供更优惠的价格。极度不满意的消费者则常常会散播夸张的负面评价。内部营销是组织对组织内部成员进行营销。

消费者行为学来源于四门学科。心理学是研究人类思维和行为影响因素的科学。社会学研究的是人类社会的发展、结构、功能以及存在的问题。人类学比较不同人类社会之间文化和发展的差异。沟通是信息传递或者交流的过程。

消费者决策制定的过程包括输入、处理和输出三个阶段。消费者决策制定的输入阶段由两部分因素组成：企业的营销努力以及社会和文化环境对消费者的影响。这一阶段也包括企业和社会文化的信息传送给消费者的方法。处理阶段关注消费者是如何作决策的。消费者固有的心理因素会影响输入阶段的外部因素如何作用于消费者对需求的确认、购买前的信息搜索以及对选择的评估。消费者决策模型中的输出阶段包括作出决策后的两项紧密相关的行动：购买行为与购后评价。

本书一共分为五篇。第Ⅰ篇概述了市场营销、消费者行为以及市场营销战略的组成部分。第Ⅱ篇分析了消费者的个体心理因素对消费行为的影响。第Ⅲ篇讨论了沟通和说服过程，新媒体的革命性影响，参照群体、意见领袖、口碑的作用。第Ⅳ篇研究了消费者所处的社会和文化环境。第Ⅴ篇包括消费者的决策过程、消费者对创新产品的反应、市场营销人员的社会责任和具有道德争议的行为以及消费者研究的方法论。

复习与讨论题

1. 简述消费者行为和市场营销观念之间的关系。

2. 一家公司打算引进新的电子书阅读器。从市场细分、目标市场选择和定位策略的角度给出建议。

3. 定义社会营销观念。讨论公司在理念和运营中融入营销道德的重要性。

4. 说明科技如何加强市场营销人员和消费者之间的交换。

5. 经常有人说消费者可以使用网上“免费”的内容。这些内容真的免费吗？为什么？

6. 讨论顾客期望和满意程度、感知价值、顾客维持之间的内在关系。为什么顾客维持至关重要？

7. 市场营销人员如何利用科技来提高顾客留存率，巩固企业与顾客之间的关系？

8. 讨论社会和行为科学在开发消费者决策制定模型中的作用。

实务练习

1. 列举两个你经常访问的网站，讨论它们可以（或许已经在做了）如何追踪你的行为，从而使市场营销人员能够更加有效地瞄准你。

2. 找出两个遵循社会营销观念的案例（一则广告和一篇文章）和两个违背或忽视社会营销观念的商业行为。简述你选择的案例。

3. 找出两个通过技术创新来加强顾客维持的案例并进行讨论。

关键术语

人类学（anthropology）
沟通（communication）
消费者行为（consumer behavior）
消费者研究（consumer research）
跨屏营销（cross-screen marketing）
顾客维持（customer retention）
顾客满意（customer satisfaction）
顾客价值（customer value）
情感联系（emotional bonds）
内部营销（internal marketing）

市场研究（market research）
市场细分（market segmentation）
营销（marketing）
市场营销观念（marketing concept）
营销组合（marketing mix，4P）
营销短视（marketing myopia）
定位（positioning）
产品观念（product concept）
生产观念（production concept）
心理学（psychology）
推销观念（selling concept）
社交媒体（social media）
社会营销观念（societal marketing concept）
社会学（sociology）
目标市场选择（targeting）
交易联系（transactional bonds）

第2章 市场细分、目标市场选择和定位

学习目标

1. 理解市场细分、目标市场选择和定位之间的关系；了解怎样选择最佳目标市场。

2. 了解市场细分依据，包括人口统计变量、消费心理变量、产品利益诉求以及与产品使用有关的因素。

3. 了解行为的目标市场选择及其在市场营销中的重要作用。

4. 了解如何进行产品定位、差别化和再定位。

引　例

市场细分、目标市场选择和定位是将消费者转变为顾客的基础。**市场细分**（market segmentation）是根据消费者共同的需要或特征将市场分为几个子市场。每一个子市场都代表具有与其他子市场完全不同的市场需要的消费群体。**目标市场选择**（targeting）是指企业选择一个或几个细分市场作为目标客户群，并努力争取他们。**定位**（positioning）是指商家为其产品、服务和品牌创造一个在消费者意识里具有区别性的形象。这个形象将商家的产品、服务和品牌与竞争对手相区分，并通过与目标受众的交流使其感知到商家的产品、服务和品牌更能满足他们的需要。

市场细分、目标市场选择和定位是三个相互关联并需要按顺序执行的步骤。比如，按照惯例，航空公司航班上的服务标准有三个等级：头等舱、商务舱和经济舱（或者客舱）。由于越来越多的乘客使用他们的常旅客积分从经济舱升级到商务舱或头等舱，航空公司明显降低了头等舱和商务舱的服务标准和舒适程度。这些变化使得非经济舱失去了吸引力。很多头等舱和商务舱的乘客放弃了在商业航空公司支付高票价购买头等舱或者商务舱席位，转而选择共同或单独包机，或者乘坐公务专机。一些航空公司开始意识到，传统的舱位——头等舱、商务舱和经济舱已经不再能吸引到三个有区别的消费者细分市场，于是它们重新打造了服务等级。图2—1展示了澳洲航空公司目前提供的四个等级舱位的服务。在新打造的服务等级中，头等舱旅客拥有一个近似小房间的私人空间；座椅可以完全伸直成为平坦的床铺；

可以享用设计精致的织品和毛巾；享用精美的食物，有多种可供选择的酒品或含酒精饮料；享受私人服务（一个乘务员只为两三名乘客服务）以及航班前后的便利服务。商务舱提供可以大幅度调节椅背的座位，座椅几乎可以放平成为床铺；可口的食物和饮料、专用的昂贵漫画集和个人护理用品礼包以及航班前后的服务。澳洲航空还从乘客中细分出了一类新市场：他们愿意为更宽座椅和更大的空间买单，却不愿意购买其他的附加服务，如可口的食物、免费的含酒精饮料和昂贵的美妆用品等。澳洲航空为这个新发现的细分市场量身定制了高级经济舱，提供更宽敞的座位和空间，座椅椅背相比普通客舱调整幅度更大。此外，澳洲航空还打造了全新的经济舱，提供更舒适的座位和航程中的自助点心。

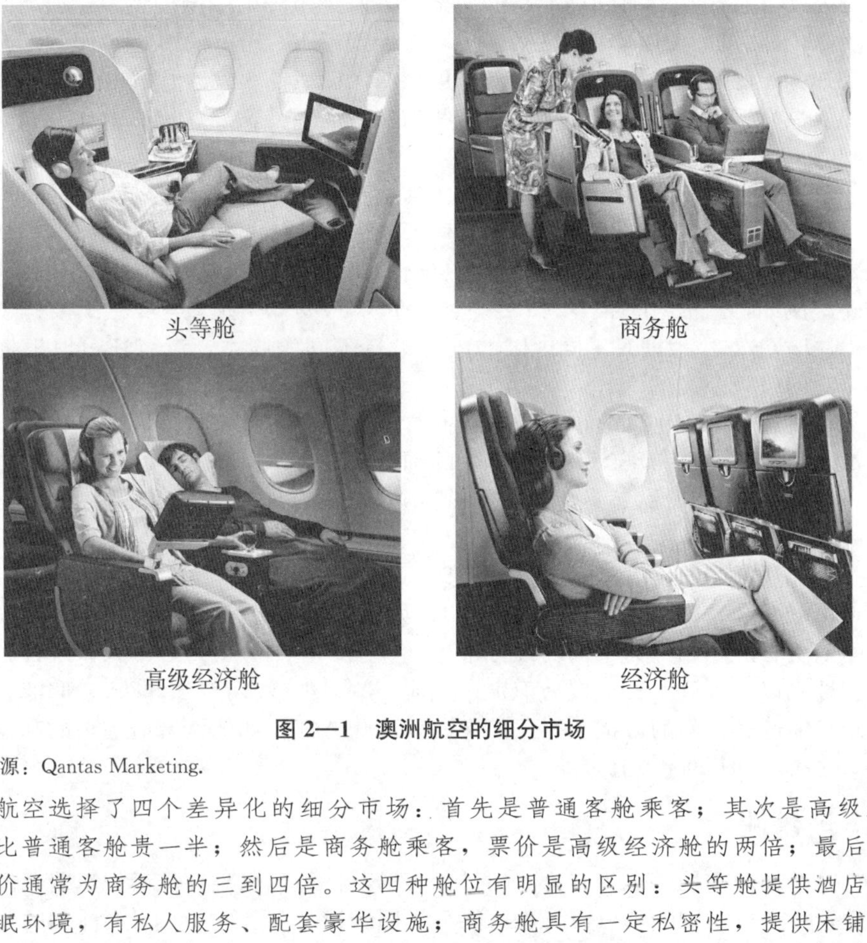

图 2—1　澳洲航空的细分市场

资料来源：Qantas Marketing.

澳洲航空选择了四个差异化的细分市场：首先是普通客舱乘客；其次是高级经济舱乘客，票价比普通客舱贵一半；然后是商务舱乘客，票价是高级经济舱的两倍；最后是头等舱乘客，票价通常为商务舱的三到四倍。这四种舱位有明显的区别：头等舱提供酒店般的隐私程度和睡眠环境，有私人服务、配套豪华设施；商务舱具有一定私密性，提供床铺和便利设施；高级经济舱有更宽的座椅和更大的空间，座位椅背能够下调；普通客舱则提供改良的座位和食物。

本章将介绍目标市场选择的标准和依据以及行为目标市场选择这一新兴战略，并讨论定位和再定位战略。

2.1　市场细分和有效的目标市场选择

所有的消费者都是不同的，他们有不同的需要、欲望与需求，有不同的背景、受教育程度和经历。所以，市场营销人员必须提供不同的产品来满足不同消费者或者不同细分市场的需求。比如，万豪集团致力于为游客提供酒店住宿，而不同的游客有不同的需求。因此，其旗下的 JW 万豪酒店打造舒适高雅的住宿环境，配套完备的设施和顶级服务；万怡酒店选择靠近城市商业区的便利位置，希望为商务人士提供高质量的住宿服务；费尔菲尔德客栈和套房酒店提供价格适中的房间；行政公寓则专门为长期出差的商务人士设计。和万豪集团一样，大多数针对消费者市场的公司都会为不同的细分市场提供不同的产品和服务。

对消费产品进行营销时，市场细分、目标市场选择、产品（或服务）定位是三个关键因素。它们让厂商利用产品的差异化来避免市场上的激烈竞争，产品的差异不仅表现在价格方面，还体现在风格、包装、促销诉求、分销方式以及服务标准上。尽管市场细分、制定目标市场战略伴随着更高昂的研发、生产、广告和分销费用，但是通过提供具有明显差异的产品来迎合某些消费者的独特需要，能赚取比大众营销多得多的利润。

市场营销者通常利用细分研究识别发布广告的最佳媒体手段。几乎所有的媒体——从脸书、谷歌、推特到传统媒体如电视、广播、报纸和杂志——都使用细分研究来判断其受众的性质，并公开发表自己的研究结果，以吸引正在寻找相同受众的广告商。例如，《纽约时报》（*The New York Times*）和《华尔街日报》（*The Wall Street Journal*）为世界不同地区的读者发行不同的版本，读者还可以根据自己的兴趣定制网络版杂志的内容。

在讲述如何识别细分市场前，我们首先要指出，并不是所有可以被识别的细分市场都是可行或者可获利的。一个有效的细分市场应该具备以下特征：可识别性，规模性，稳定性和增长性，可进入性，与市场营销者的目标和资源的一致性。

可识别性

市场营销者根据“市场细分变量”，如人口统计特征或生活方式，将具有不同需求的消费者群体划分为不同的细分市场。其中一些细分变量，如人口统计方面的（年龄、性别以及种族）相对较易识别；其他一些（如教育背景、收入、职业、婚姻状况等）只能通过提问的方式获得。但是，另一些特征，如消费者所追求的利益或者生活方式之类，则很难识别。

规模性

一个细分市场要成为有价值的目标市场，必须包含足够数量的消费者。值得注意的是，一个可识别的细分市场也可能不足以维持盈利。比如，运动体型的男士虽然有宽阔的肩膀，但是腰围却较小。他们购买套装的时候常常只能选择偏大的裤装（然后再将裤子改裁）。绝大多数美国服装品牌除了普拉达和杜嘉班纳（Dolce & Gabbana）一类的高级时装，都只生产适合普通体型男性的套装，而不考虑运动体型男士这一相对较小的细分市场。

稳定性和增长性

大多数市场营销者倾向于选择在生活方式和消费方式上相对稳定的细分市场（这些市场也更可能具有良好的前景和增长性）。他们都尽量避免进入“变幻莫测的”细分市场，这些市场中的流行趋势很难预测。例如，由十多岁的青少年组成的细分市场规模够大，也很容易识别其偏好和需要，他们有强烈的购买欲望，同时又有支付能力，而且很容易接触到。但是，问题在于等公司将某种正在流行的产品生产出来之后，这些年轻人对该种产品的兴趣也许已经减退了。

可进入性

一个有效的目标市场的第四个必要条件是具备可进入性，这意味着市场营销者必须能够以可以接受的成本与目标消费者进行有效沟通。随着杂志（包括电子版）的多样化、特别主题电视频道的出现以及新媒体的快速增长（比如在手机上推送广告），市场营销者可以通过更多的方式接触到独特的市场为其定制产品和促销信息。

不管是纸质版还是电子版，杂志和主要的报纸都是用来接触特定细分市场的最佳媒体之一。杂志重点关注某一特定领域的知识、爱好或者兴趣，这些领域包括旅行、科学、文学、艺术、家居、建筑、职业和所有可以想到的娱乐活动等。杂志和报纸大量的读者群体正是广告商希望接触到的有特定特征的消费群体。表 2—1 描述了一些主要杂志的读者情况。[1] 此外，《华尔街日报》的读者群体平均净资产达到 160 万美元：其中 31%的读者拥有超过 100 万美元的流动资产；50%的读者每月信用卡消费账单超过 1 000 美元；89%的读者会定期参观博物馆和古董展。广告商根据读者的情况来决定在哪里投放广告。比如，《华尔街日报》上经常出现歌剧和戏剧的广告，而教学巡游和豪华游轮的广告则会更多地选择《国家地理旅游者》。

表 2—1　部分杂志的读者简况

出版物	受众人数和家庭平均收入	性别	平均年龄	受教育程度	职业
《科学美国人》（*Scientific American*）	280 万人 9 万美元	70%为男性 30%为女性	47 岁	62% 为本科学历 31%为研究生学历 7%未知	52%为管理层 19%为决策人、高科技从业者 13% 为企业主、合伙人 16%未知
《国家地理旅游者》（*National Geographic Traveller*）	730 万人 7.2 万美元	55%为男性 45%为女性	42 岁	69%为本科及以上学历	31%为专业人士、管理层
《国家地理》（*National Geographic*）	670 万人（全球） 520 万人（美国） 6.8 万美元	56%为男性 44%为女性	45.6 岁	66%为本科及以上学历	27%为专业人士、管理层
《华尔街日报》（*The Wall Street Journal*）	9.11 万人 28.5 万美元	63%为男性 37%为女性	45 岁	100%为本科及以上学历	大多数是成功的企业主和投资人

资料来源：Based on www. scientificamerican. com/mediakit/assets/pdf/audience _ demoprofile. pdf wsjmediakit. com/downloads/gny _ audience _ profile. pdf? 12060903.

与市场营销者的目标和资源的一致性

即使细分市场满足了前面四个条件，也并不是每一个公司都有兴趣、有能力进入所有的细分市场。比如，澳洲航空提供四个等级舱位的服务；而西南航空公司仅仅提供一种舱位的服务，因为公司的经营目标是提供一种统一、经济、朴实无华的空中旅行。

市场细分标准的应用

为了说明如何利用这些细分标准来选择一个目标市场，我们假设佩里 & 斯威夫特（Perry & Swift）是一家投资管理公司，打算在已有的金融产品中增加一个新的对冲基金。这家公司确定，自己有足够的资源来推出新产品，并且新增对冲基金与公司的经营目标一致。由于对冲基金具有一定的风险性，对投资规模也有一定的要求，所以目标市场要选择具有较高资产价值的富有家庭。佩里 & 斯威夫特公司使用尼尔森 MyBestSegments 数据库的 P$YCLE 市场细分体系识别出了“金融精英”这个细分市场——他们是最富有的美国人，拥有大量的收益性资产。这一细分市场的消费者使用多种金融工具进行投资，比如股票、债券、共同基金、投资型人寿保险和房地产等，其中绝大多数投资都通过理财公司进行管理。在这个较大的市场中，尼尔森的系统还识别出两类更具体的细分市场：富裕群体市场和商业精英市场。表2—2说明了佩里 & 斯威夫特公司怎样使用这些标准来有效地选择这两个细分市场。[2]

表2—2 一个有效选择目标市场的例子

	富裕群体市场	商业精英市场
通过人口统计变量来识别细分市场	百万美元级资产，家庭收入平均为137 000美元，55岁以上，教育水平为大学本科或研究生。子女已经成年并组成了自己的家庭。	富有，家庭收入平均为101 000美元，45～64岁，教育水平为大学本科或研究生。子女离开家庭，在外求学。
这一细分市场能够盈利吗？	占2 659 000个美国家庭的2.28%。这部分消费者有多个股票经纪人和财务顾问。	占美国家庭的1.97%。这部分消费者经常交易各种投资工具。
这一细分市场足够稳定吗？	定期进行投资，投资组合中包括短期和长期的投资工具。	仍在工作，希望在退休之前积累更多的财富。
怎样与这一细分市场的消费者沟通？	居住在富有的郊区或者大城市的富人区。加入乡村俱乐部，阅读财经类杂志。	居住在富有的郊区或者大城市的富人区。参加赛马运动，阅读财经类杂志。
细分市场消费者的理财动机和目标	他们已经拥有了多样化的投资组合，不太愿意选择风险性的投资产品。他们的住房贷款已经付清，子女的教育也已经完成。他们比较可能将风险性投资作为孙子辈信托基金的一部分。	他们的孩子上昂贵的学校。他们希望能够支付孩子大学以及研究生阶段的教育费用。部分人还打算购入第二套住房。他们曾经完成过一些成功的风险投资。他们感觉自己还年轻，即使投资失利也有足够的时间去弥补。

资料来源：Based on selected data from MyBestSegments at claritas. com (May 2012).

如表2—2中展示的，公司在这两个细分市场上都可以获得盈利，佩里 & 斯威夫特可以选择两个市场或者其中的一个。我们假设佩里 & 斯威夫特只选择了“商业精英”这一个细分市场，因为这个市场的增长前景优于富裕群体市场：他们更加年轻，还在继续积累财富，主要进行长线投资；他们的投资动机和目标也决定了他们更愿意投资有一定风险的金融产品。相比之下，富裕群体市场则更喜欢风险较小的投资工具。佩里 & 斯威夫特公司可以使用尼尔森的邮政编码地理人口细分工具（有关这一工具的具体情况将在下一章中进行详细介绍），在全国范围内寻找有大量商业精英市场消费人口的区域。然后公司就可以雇用推销员、投放地方性广告，开始招揽顾客了。

2.2　市场细分的依据

实行市场细分战略首先要将产品市场划分为不同的群体，每一个群体内部成员彼此相似，具有明显异于其他群体的共同特征。通常，这些特征可以分为两个类型：行为和认知。

行为数据（behavioral data）基于事实，可以通过直接询问（或观察）消费者得到，再根据人口统计特征等客观、可测量的标准进行分类。行为数据包括：

1. 消费者固有特征，比如年龄、性别、婚姻状况、收入水平和受教育程度等。

2. 消费行为特征，比如购买产品的数量、进行休闲活动的频率或购买特定产品的频率。

认知因素（cognitive factors）是一个抽象的概念，需要通过心理和态度测量来识别，通常没有单一、通用的定义。认知因素包括：

1. 消费者的固有特征，比如个性特征、文化价值观、对消费行为和社会问题的态度等。

2. 消费态度和偏好，比如从产品中追求的效用以及有关消费的态度。

我们随后会逐一讨论市场细分的依据。但在实际应用中，市场营销人员会同时使用多种细分依据。比如，虽然对人口统计变量和生活方式（或者消费心理）这两种最常用的细分依据会分别进行讨论，但是根据消费心理所进行的分类中往往包含了人口统计变量。人口统计变量决定了消费者对于产品的需求（比如男性消费者和女性消费者购买的产品不同）和购买力（比如收入水平）；消费心理变量用来解释消费者作出购买决策的原因。例如，学生身份和有限的经济能力属于人口统计变量；而学生选择怎样用掉经济资源则事关他们的生活方式、价值观和兴趣。因此，一些学生会购买昂贵的设计师品牌的服装，另一些则选择在廉价、传统的服装店中挑选衣物；一些学生选择健身作为休闲，另一些则会去附近的夜总会。

人口统计变量

人口统计细分（demographic segmentation）根据年龄、性别、种族、收入和财富、职业、婚姻状况、家庭类型和规模、地理位置对消费者进行细分。这些划分依据是客观的、实证的，可以通过询问或观察轻易获得。市场营销人员可以根据这些人口统计变量将每个消费者归入一个界定清晰的类别中，比如年龄组或者收入范围。类似地，社会阶层的衡量也可以基于三个客观、可量化的变量——收入（赚钱的数量）、受教育程度（受教育的年限）、职业（根据职业吸引力计算出的得分）——计算出一个综合指标。同时，消费者的地理位置和邮政编码也能够比较容易地反映出其他人口统计变量的情况。

几乎所有的市场细分都以人口统计因素作为主要标准和依据，原因如下：

1. 人口统计因素相对于其他市场细分依据更能够精确地测量，而且是对人群进行分类的最简单和最具逻辑性的方法。

2. 就寻找和发现特定的细分市场而言，人口统计因素提供了最具成本效益的方法。这是因为大多数的二手数据，包括人口普查数据，都是以人口统计资料的形式发布的（例如，美国人口统计机构，各种媒体的受众群的档案资料）。

3. 人口统计资料能够使市场营销人员识别出由于人口年龄组成、收入或者地理位置的变动而带来的市场机会。

4. 许多消费者行为、态度以及媒体曝光模式都与人口统计学直接相关。例如，许多产品都有性别区分，对音乐的偏好是与年龄紧密联系在一起的。出于这个原因，当地的广播电台以各种不同类型的音乐来吸引不同年龄段的人群是一种经济有效的方式。休闲活动和兴趣爱好是一个人的年龄、受教育程度、收入以及接触的媒体共同影响的结果。

下面，我们将介绍一些在市场细分和目标市场选择中最重要的人口统计细分依据。

年龄

消费者对产品的需求随着年龄的变化而改变。年龄是产品和服务营销中的一个关键因素。例如，年轻的投资者——25～45岁的人，通常被建议积极地投资于成长型的股票，而年龄大的接近退休的人通常会更加谨慎，将资产中的一部分保有为债券形式（债券提供稳定和安全的收入），避免风险性的长期投资。年龄也会影响我们购买商品的先后顺序。例如，作为一名年轻的学生，你会说自己对“奢侈品”的定义和你的父母或者祖父母一样吗？最有可能的回答是不一样：你的父母特别是祖父母，可能会批评你所购买的高档运动鞋、设计师品牌衬衫和手提包、阿贝克隆比 & 费奇（Abercrombie & Fitch）牛仔裤以及其他很多东西“贵得不可思议”。

市场营销人员通常会依据消费者的不同年龄组细分市场。比如，高露洁的市场营销人员了解到，小朋友不太喜欢刷牙，除非刷牙能让他们为自己的成长感到骄傲。因此，高露洁将青春期前的儿童牙膏细分为四个市场，为每一个市场提供各自不同的牙膏产品。2岁左右的儿童可能为能够拥有第一支牙膏感到自豪；而当他们长到3～4岁，对自己新的成长感到开心，他们通常会想要一支与之前的“婴儿款”不同的新牙膏。所以，高露洁为2岁以下的宝宝设计了“我的第一支高露洁”牙膏；给2～5岁的儿童设计了“高露洁爱冒险的朵拉”；“高露洁海绵宝宝”、“高露洁流行歌星”牙膏则供5岁以上青春期前的儿童使用。[3]

18～34岁的消费者被称为“千禧一代”，很多商家都瞄准了这一市场。比如，当MTV的观众们逐渐长大，一些商家针对这一细分市场在网络上发起新的营销活动。定位为“原创运动鞋”的科迪斯（Keds），在一次市场营销活动中，邀请“千禧一代”将他们的创意画在该品牌的运动鞋上。[4]电影院在每个夏季都努力争取年轻观众，因为青少年和20岁出头的年轻人最喜欢去电影院，有时甚至还反复观看同一部影片。因此，在最近几年的夏季，好莱坞主要上映的电影都是广受这一年龄群体欢迎的电影的续集或前传（比如系列电影《哈利·波特》、《暮光之城》、《饥饿游戏》等）。[5]

虽然互联网常常被描述为一个“年轻的”媒介，但其实各个年龄段的消费者都会使用网络。只是不同年龄段的人网上的活动有所不同（如图2—2所示）。不出意外，随着年龄的增长，人们虽然也会坚持使用社交媒体和电子邮件，但上网的频率会逐渐减少。而特别出人意料的一点是，不同年龄群体之间的网络购物行为只有很小的差异。[6]

性别

很多产品和服务原本是仅为男性或者女性设计的，但是随着性别角色越来越模糊，在一些产品类型中，性别不再是一种准确划分消费者的方式。现在，杂志和电视广告越来越多地使用与传统相反的性别角色来描绘特定产品和情境。例如，当今社会

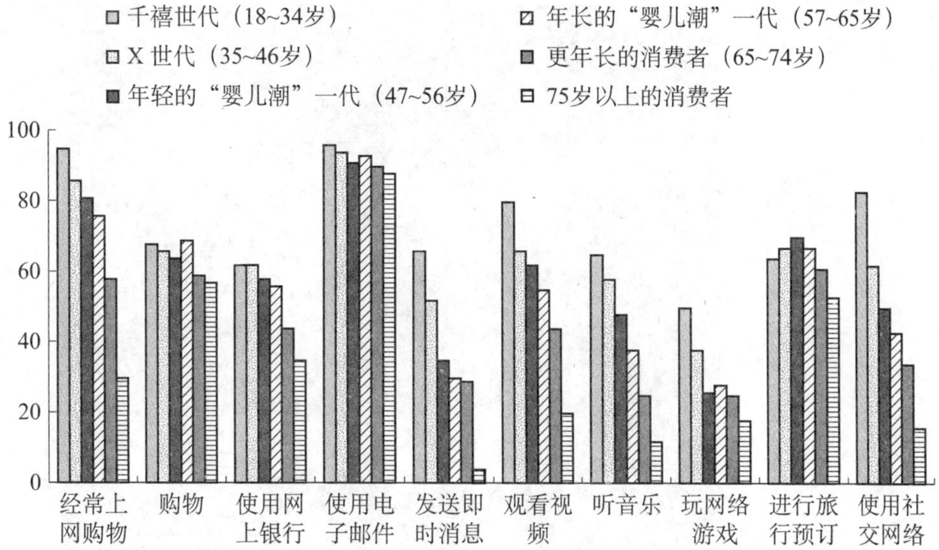

图 2—2　不同年龄群体的在线活动

资料来源：Based on selected portions of a report issued by Pew Internet (accessed May 2012).

中，越来越多的广告开始反映年轻父亲充当哺育小孩责任的角色。与此相反，一些公司也在传统“男性产品”市场上瞄准了女性消费者。比如，伏特加品牌梵高蓝（Van Gogh Blue）专门针对 25～44 岁的女性消费者发起了一个带有一定挑衅意味的营销活动，取名为“释放自己”。[7]还有其他一些营销活动为不同性别的消费者设计了不同的版本。菲多利公司把所有的高卡路里休闲食品进行改装使之对女性更具吸引力，并推出了 100 卡路里的包装。[8]有线电视频道 VH1 意识到很多广告面向的是 25～35 岁的女性，于是推出了一个名叫“暴徒狂妻”（Mob Wives）的真人秀节目来吸引她们。这个节目讲述了那些出生在或者嫁入著名犯罪集团家族的女性。[9]

传统上，女性是诸如染发剂和香水之类产品的主要使用者，而男性则是各种工具及剃须产品的主要使用者。但是现在，随着越来越多的男性开始使用去角质产品、爽肤水、须后乳液、清凉和修色面霜等，男士美妆已经成为一个快速增长的产品类别。过去，女性常常帮助男性购买护肤产品，而现在很多男性开始自己购买这些产品。由于男性通常在寻找美妆产品的时候会感到尴尬，很多百货商店为此重新设计了男士美妆产品区域。例如，这些商场现在在男士美妆产品区域换上很大的指示牌，避免男性消费者将男士和女士的美妆产品混淆。女士美妆产品通常放在柜台里面销售，并且有销售人员在旁边提供购买建议，与之不同的是，男士产品则一般摆放在开架上，因为很多男性都不喜欢和销售人员讲话。[10]调查研究显示，大约有一半的美国男性仍然不习惯使用洁面或护肤产品。于是，知名的面部以及身体护理品牌多芬推出了一条名为“多芬男士＋护理”的产品线，试图证明男性的皮肤也需要呵护。多芬力劝男性“停止折磨你的面部肌肤”，在广告中展示了男性的面部暴露在多种恶劣环境中的情况，比如过山车的狂风、小朋友的指尖、剃须刀伤害和雪球等。[11]

图 2—3 是一幅选择女性作为目标市场的广告。广告中说明，很多类似于女性无法自己更换机油等刻板印象已经不复存在了。

家庭和住户

大多数家庭都会经历一个相似的形成、成长以及解散的过程。在每一个阶段，家庭

图 2—3　吸引女性的广告和性别角色的改变

资料来源：Shell Oil Company.

单元都需要不同的产品和服务。比如，新娘通常是快乐和高消费的消费者。年轻的单身消费者需要为他们的第一幢公寓添置基本的家具设施，而他们的父母在终于完成培养孩子的任务之后，会重新为家里添置一些更加高级的精致家具。**家庭生命周期**（family life cycle）是指多数家庭都会经历的一系列阶段；对市场营销人员而言，每一个阶段都是重要的细分市场（具体见第 10 章）。研究发现，生命中重要的事件影响人们的消费行为，比如搬家、结婚、生育或者领养小孩、一个亲密家庭成员的死亡、职业的重大改变、护理年迈的亲属等。这些事件与年龄阶段结合在一起可以成为有效的市场细分变量。[12]

过去，大多数商家都瞄准了家庭消费单位。市场营销人员研究一个家庭中购买或使用某种商品的成员数量和角色，推测家庭购买决策者的媒体使用习惯，然后制定合适的市场策略。最近，市场营销人员开始注意到特殊婚姻状况的人群，例如未婚单身群体、离婚后的单身群体、单亲家庭群体以及双职工丁克群体。举例来讲，在城市里，一个人的家庭，特别是单个人的收入超过 75 000 美元的群体，更倾向于购买优质酒类饮品及啤酒、书籍、有机产品、新鲜的农产品，并在绿色市场或者食品专卖店而非传统超市购物。

社会阶层

在确定不同的细分市场时，收入一直是一个非常重要的变量，因为它决定了消费者能或者不能负担得起某种类型或品牌的商品。为了更加准确地确定目标市场，收入通常要与其他的人口统计变量结合使用。比如，高收入结合高年龄形成了“富裕老年人”细分市场。收入水平结合年龄和职业状况便出现了“婴儿潮”市场中广受欢迎的子群体——“雅皮士”（见第12章）。

受教育程度、职业以及收入是高度相关的：好的职业通常要求较高的教育水平；而与那些对学历要求较低的职业相比，好的职业也可以为求职者带来更高的收入和社会声誉。社会阶层可以作为一种市场细分的因素，通常通过将几种人口统计变量加权的形式进行衡量，这些人口统计变量包括受教育程度、职业以及收入等。**社会阶层**（social class）概念揭示了一种等级概念，处于同一阶层的个体一般拥有相似的社会等级，而处于其他阶层的成员，地位较这一阶层而言或高或低。研究发现处于不同社会阶层的消费者在价值观、产品偏好以及购买习惯等方面存在差异（见第10章）。

社会阶层的变化情况往往会对市场营销策略产生直接的影响。例如，世界上最大的日用消费品制造商和广告商宝洁正在为美国中产阶层经济状况的恶化感到担心，认为这将是一个长期存在的问题。宝洁公司定义的“中产阶层”是指年收入在50 000～100 000美元之间的家庭，其数量占到全部美国家庭的40%。这些家庭是宝洁公司的核心客户，但是随着他们的净资产在经济危机中缩水以及小孩教育费用的增长，中产家庭对于价格变得更加敏感。针对这种情况，宝洁和其他很多家公司一样，不顾对公司收益的负面影响，开发了很多低价的产品线。[13]在经济衰退时期，最富裕的人会避免被人看见在高档商店里购物，也会避免使用带有昂贵商店标识的购物袋。而在经济复苏之后，这些消费者又会重新开始购买非常昂贵的商品（比如尼曼高端百货店（Neiman Marcus）售价9 000美元的香奈儿（Chanel）外套，售价800美元的克里斯提·鲁布托（Christian Louboutin）女士皮鞋等），这些高档商品的价格也会随之上涨。[14]

种族

由于相同文化背景的人通常拥有共同的价值观、信念和风俗习惯，所以商家会根据文化传统和种族来细分市场。非洲裔美国人、西班牙裔美国人和亚洲裔美国人是美国最重要的亚文化细分市场（见第12章）。不同亚文化群体可能会对同一产品有相同的需求，但是市场营销人员也需要使用不同的营销策略。比如《时尚》（*Cosmopolitan*）杂志等媒体开始关注被大多数媒体长期忽略的拉丁裔女性细分市场。《时尚拉美版》（*Cosmopolitan Latina*）瞄准那些在美国出生，同时会说两种语言的拉丁裔女性；《时尚》杂志也为阿根廷、墨西哥和哥伦比亚地区的女性推出专门的版本。[15]与此类似，欧莱雅美国（L'Oreal USA）与Telemundo（一个美国的西班牙语电视网络）合作，为西班牙裔消费者建立了一个专门的网站。[16]

地理人口聚类

人们居住的地方决定了消费行为的某些方面。例如，气候能够决定人们穿衣的类型，大城市的时尚和穿衣风格与农村有很大的不同。本地的消费者相对于游客也有本质的区别。例如，一项研究调查了拉斯韦加斯的本地赌民，发现这个群体的赌博习惯与游客群体截然不同，而之前的大多数研究都只是关注了游客群体。[17]有时，气候的变化会形成新的细分市场。诸如冰川、珊瑚礁、冰原、热带雨林等奇异的景观随着气候的变化和其他因素正在逐渐被侵蚀。很多消费者愿意付超乎寻常的高价钱到这些地方旅游，以在这些壮美景色消失之前欣赏到它们的雄奇景观。在旅游业，这个细分市场叫做“末日旅游”。[18]另一个利用地理细分的极具创意的例子是绝对伏特加（Absolut Vodka），它在各主要城市引进限量版的伏特加酒，将城市的名字与品牌整合到一起（比如“绝对纽约”（Absolut New York）和“绝对芝加哥”（Absolut Chicago）），并把城市的著名特征植入广告（比如为绝对芝加哥做的广告中，瓶子上的商标被风吹下来了）。[19]一些商家将地区性的商品推广到其他地方。比如，Cheerwine 是一种深红色、高碳酸度、野生樱桃口味的酒。多年来，它只是在北卡罗来纳州由一个家族企业经营，在当地有一批忠诚的消费者。而现在，这家公司的管理层雇用了广告机构，计划在全美推广它的产品。[20]在酒精饮料行业，由于美国人对加味烈酒需求的不断上升，一些本地品牌也开始推出其他口味的品类。这些加味烈酒包括金馥力娇酒火红辣椒口味、杰克丹尼威士忌田纳西州蜂蜜口味、红鹿占边波本威士忌黑莓口味等。[21]

最常用的地理目标市场选择战略是**地理人口聚类**（geodemographics）。这是一种混合的细分方法，假定住址相近的人会具有相似的经济来源、品位、偏好、生活方式和消费习惯（正如俗语所说，“物以类聚”）。这一技术的主要商业应用是由尼尔森公司 MyBestSegments 服务提供的**以邮政区划为基础的市场潜在评级指数**（potential rating index by zip market，PRIZM）。市场营销人员可以根据邮政编码，在 PRIZM 系统的 66 个细分市场中对某一地区进行定位。大多数情况下，一个邮政编码区域的居民并不会全部属于同一个 PRIZM 细分市场。尼尔森的邮编查询系统可以列出美国每个地区属于各细分市场的人数比例。使用该查询系统时，输入居住地的邮政编码，就可以查到这个区域居民所属的细分市场特征和市场规模大小（claritas.com）。在 PRIZM 系统中，我们可以按照人口密度（城市区域）和富裕程度对 66 个细分市场进行分类，将它们归入生命阶段的某一类别。这些类别和典型的家庭演变阶段很相似（见第 10 章）。在最近几年中，尼尔森添加了两个新的市场细分工具：P$YCLE（根据家庭资产状况细分）和 ConneXions（根据家庭对于新技术的接受程度细分）。表 2—3 描述了尼尔森的市场细分框架。

表 2—3　　尼尔森的市场细分框架

名称	描述
PRIZM	针对家庭的市场细分模型，根据社会经济等级、消费行为、媒体使用模式，将消费者分为 66 个 PRIZM 细分市场。每一个细分市场都基于附近地区的收入、教育、职业和家庭价值观的资料获得一个社会经济排名（SER）。
城市化水平类别	将 66 个细分市场划分为 4 种人口密度类别：城市、郊区、附属城市、城镇和农村。
社会群体	根据 66 个细分市场的富裕程度和城市化水平进行归类。
生命阶段类别	将 66 个细分市场划分为以下几种生命阶段类别：青年时期（2 种）：35 岁或以下，没有小孩；中年，家里没有小孩。家庭生活阶段：有小孩居住的家庭。成熟时期（2 种）：55 岁以上；年龄在 45～64 岁，家里没有小孩。
生命阶段群体	根据 66 个细分市场的富裕程度和生命阶段类别进行归类。
P$YCLE	根据家庭经济状况和资产，将所有美国家庭划分为 58 个细分市场。
收益性资产（IPA）	58 个消费者细分市场可以分为 7 个 IPA 类别。分类依据首先是退休金账户、现金、活期存款、股票、货币市场基金以及其他流动性较高的资产，其次是生命阶段类别。

续前表

名称	描述
ConneXions	根据家庭对新技术的接受程度将消费者分为 53 个细分市场。这些细分市场分别是：高科技、中端科技、低端科技和无科技。这些细分也可以根据生命阶段类别再进行归类。

绿色消费者

对很多产品来说，绿色消费者都是有吸引力的未来市场，很多商家已经开始尝试开拓这一市场。一项研究将绿色消费者分为三类：

1. 环保激进者：又称“绿色”狂热者，是指那些将健康和可持续发展作为生活重点的人。他们不仅要求食品是有机的，还要求生产食物的农场减少水、能源的消耗和垃圾的产生。

2. 有机食客：他们正在意自己的健康，却不那么关心地球环境。

3. 节约者：为了省钱而尝试购买环保产品。[22]

另一项研究将绿色消费者划分为四类[23]：

1. 真正环保者：那些践行环保理念的人。他们劝说朋友使用环保产品，拒绝购买对环境造成负面影响的产品，他们会出于生态保护的原因改变产品选择，并且愿意牺牲个人利益来保护环境。此外，他们坚持认为，政府应该采取更多的措施来保护环境，教育孩子继承未来的环保事业；企业应该在进行环保产品营销的时候提高透明度。

2. 捐赠型环保者：他们为自己缺乏环保意识的购物行为感到内疚。有时，他们购买产品也会考虑对环境的影响。他们愿意牺牲经济利益来支持环保，但是并不愿意改变自己的购物习惯。

3. 学习型环保者：他们正在了解环境问题，但是还没有积极参与到生态保护的行动中去。他们采取那些较容易做到且不用改变消费行为的方式来支持环境保护。有时，他们购买产品会考虑对环境的影响，但是对环保主义者的主张持怀疑态度。

4. 非环保者：不关心野生生物和环保议题的人。他们既不会采取保护环境的行为，也不会对破坏环境感到内疚。虽然其中一部分人了解环境问题，但是他们仍然会购买不环保的产品，在购物时不会选择带绿色标识的商品，认为大型公司对环境造成的负面影响也是可以接受的。

还有一项研究将消费者分为不同深浅的绿色。其中最深的绿色代表那些为了帮助减缓全球气候变暖，愿意为环保产品支付溢价的消费者；最浅的绿色代表那些关心节约能源开支超过关心环境保护的消费者。表 2—4 描述了五类不同颜色深度的绿色消费者细分市场。[24]

表 2—4　根据颜色深浅划分出的绿色消费者细分市场

细分市场	环境保护态度	环境保护行为	市场营销策略
环保至上者（最深的绿色）4 300 万美国成年人	坚定不移地致力于环保事业和拯救地球，关心全球变暖。	环保产品的早期使用者（比如混合动力汽车、有机食品、环保清洁剂等），并且愿意为购买环保产品支付溢价。	要吸引这一类消费者，公司需要大力宣传企业社会责任，以获得消费者的信任并强化他们的行为。

续前表

细分市场	环境保护态度	环境保护行为	市场营销策略
核心环保者（第二深的绿色） 3 400万美国成年人	更加关心自己如何迅速地从环保产品中获益；能够理解环保议题。	当认为环保产品能够有益健康、提高自身福祉的时候，他们愿意支付更高的价格。	那些告知核心环保者环保行为如何帮助保护全球环境的信息。
时髦环保者 5 700万成年人最大的细分市场	不那么关心环保问题，但是愿意努力成为他人眼中的环保者。	不购买或者仅购买少量的环保产品。更可能购买炫耀性的绿色产品。	那些将环保品牌和有影响力的公众人物、符号联系起来的信息。鼓励时髦环保者通过社交媒体向亲人、朋友展示他们有多么环保。
经济环保者 5 300万美国成年人	非常关心节省钱财，却较少关心拯救地球。如果他们相信，从长期来看环保产品更省钱，他们就愿意购买更加昂贵的环保产品。	讨厌浪费任何东西；他们的行为受实用性的驱使（比如节约用纸、用电和旧物回收）。	宣传产品时强调经济性、耐用性和可反复使用等优点。
环保母亲 大约33%小孩在18岁以下的美国母亲	在考虑经济实惠的同时也在意社会责任，这能够在一定程度上保障家庭的福祉。	购买那些以环保的方式生产的产品，比如有机食品和绿色清洁剂。	说明他们的家庭和下一代如何从环保行为中受益。

资料来源：Maryam Banikarim, "Seeing Shades in Green Consumers," *ADWEEK*, April 19, 2010. Copyrighted 2013. Prometheus Global Media. 103046：913FO.

个性特征

很多消费心理因素都与个性特征或特质有关。通过个性测试（通常以展示给受访者问题或者陈述语句的形式）研究者可以判断一个人的性格并在市场细分中使用它（见第3章）。例如，开明的、通常在尝试新事物的时候比其他人感知风险低的消费者更容易成为**创新型消费者**（innovators）——当出现新产品时，他们更容易在其他消费者使用之前购买。因此，新产品的市场营销者必须找到这样的个体（同时也找出他们的人口统计特征、生活方式以及价值观），并在新产品上市的初期吸引他们购买。此外，个性测试如果发现创新型消费者在表现——一个人想要成为群体的中心的个性特征上得分高，对这一群体的促销方案就应该鼓励创新者向他人积极宣传这个新产品。表2—5描述了三个基于个性特征和网购态度的在线消费者细分市场。[25]

表2—5　三个网购细分市场消费者的个性特征

特征	细分市场1 小心谨慎，搜寻更多网购信息的消费者	细分市场2 认为网购有风险的消费者	细分市场3 思想开明，勇于接受网购的消费者
外向还是内向	内向，不爱与人交往	非常外向	内向，不爱与人交往
对网购的信任程度	保持怀疑，不信任网购	完全信任网购	适度信任网购

续前表

特征	细分市场 1	细分市场 2	细分市场 3
	小心谨慎，搜寻更多网购信息的消费者	认为网购有风险的消费者	思想开明，勇于接受网购的消费者
对网购的态度	反对	赞成并且感到愉快	赞成，但是不会感到愉快
对网购的风险感知程度	高	低	高
网购意愿	不愿意	非常愿意	有些愿意

资料来源：Based on Stuart J. Barnes, "Segmenting Cyberspace: A Customer Typology for the Internet," *European Journal of Marketing*, 41, no. 1/2 (2007): 71 - 93. Copyright © 2007, Emerald Group Publishing Limited.

心理图式、价值观和生活方式

在市场营销领域，生活方式称为**心理图式**（psychographics），包括消费者的活动、兴趣和观点。有关消费者的心理图式研究通常列出一系列的陈述，要求回答者指出他们对每一个陈述的同意和不同意的水平。研究的范围包括消费者的购物模式、对消费和/或社会问题的看法、价值观、爱好和娱乐活动等。因为几乎所有的心理图式概念都在一些特定研究范围之内，所以它们通常没有标准的定义（比如"积极的生活方式"或者"冲动购买者"、"绿色消费者"之类的消费者类型）。虽然如此，由于用途广泛，心理图式在市场细分中仍得到广泛使用，几乎是任何一种混合细分框架中的组成部分。表 2—6 是一个心理图式测量的例子。

表 2—6　　心理图式测量的例子

心理图式因素	典型陈述
价值观和目标*	归属感 生活中的乐趣与享受 良好的人际关系 自我实现 备受尊重
对生活的态度**	财产安全对我来说很重要 我会在将来取得更大的成就 我比较保守，而不是冒险 我宁愿在家里度过一个安静的夜晚也不愿意去参加聚会 社会地位是我生活中的一个重要部分
服饰与时尚**	我不管现在的流行趋势，只买自己喜欢的服装 朋友们常常向我咨询时尚建议 男人不会注意那些穿着马虎的女人
礼物赠送**	我通常只有在被人要求的时候才会送礼物 我希望礼物能够传达私人信息给接收者 礼物总是能很好地传递爱和友谊
掌控生活**	在很多人面前，我感到很难开口讲话 交朋友的时候我总会尽力维持关系 我喜欢决定自己的事情 其他人通常知道什么是最适合我的

续前表

心理图式因素	典型陈述
在线购物**	在在线商店注册账户需要的时间太长 网站界面是影响我购物决策的一个重要因素 我会将自己的网购经历告诉他人
娱乐活动***	玩成年人游戏（比如卡牌或者麻将） 参观画廊或博物馆 打猎或者射击 看电影 参加体育活动

* 使用从“非常重要”到了“非常不重要”量表。
** 使用从“非常同意”到“非常不同意”量表。
*** 使用从“经常”到“从不”量表。

价值观和生活方式（VALS）是将生活方式与价值观相结合的最受欢迎的方式。以马斯洛的需要层次理论以及社会角色概念为基础（见第 3 章），SBI 公司的研究人员创造了一套对美国人群进行一般划分的方法，称作价值观和生活方式体系（VALS™）。这套系统根据态度和人口统计的情况，将美国成年消费者划分为八个子群体（即细分）。图 2—4 描述了 VALS™分类体系；表 2—7 是对 VALS™的八个细分市场的详细描述。

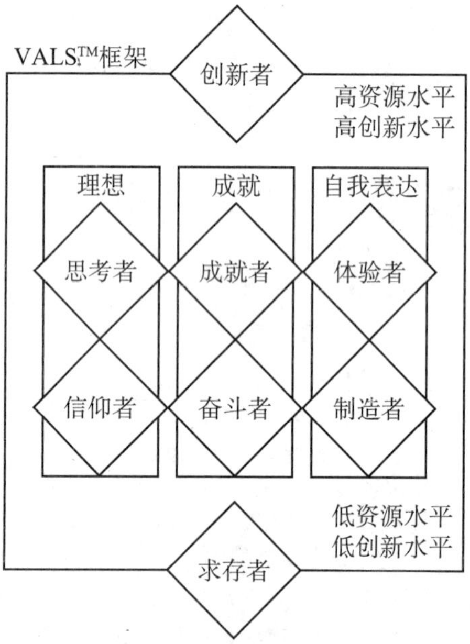

图 2—4 VALS™细分示意图

资料来源：Strategic Business Insights VALS.

表 2—7 VALS™细分市场描述

细分名称	动机和资源	人口统计情况	价值观和消费模式
创新者	丰富的资源；同时受到理想、成就、自我表达和自尊的驱动。	10%的美国人口。平均年龄为 45 岁。65%已婚。72%全职工作。	成功、老练、好奇。容易接受新的想法和技术，购买利基产品和服务。在意他们的品位和个性如何体现在消费中。培养出色的品位。

续前表

细分名称	动机和资源	人口统计情况	价值观和消费模式
思考者	理想驱动；有充足的资源。	11%的美国人口。平均年龄56岁。75%已婚。55%全职工作。	成熟、满足、安逸，重视规则和责任。受过良好的教育，见多识广，希望拓展眼界和开拓思路。实用型消费者，追求产品的耐用性、功能和价值。
信仰者	理想驱动；有一定的资源。	16.5%的美国人口。平均年龄为52岁。63%已婚。47%全职工作。	保守，遵循传统观念，优先考虑家庭、宗教和社区。墨守成规，以他们的住所、家庭和社会或宗教组织为中心。他们是可预测的消费者，选择成熟的产品，喜爱美国产品，具备品牌忠诚特质。
成就者	成就驱动；有充足的资源。	14%的美国人口。平均年龄为41岁。72%已婚。70%全职工作。	目标导向，以职业和家庭为中心。生活重点在家庭、宗教和工作。生活方式传统、政治观点保守、追求可预测性和稳定性。作为消费者，他们喜欢能向别人证明自己成功的产品。
奋斗者	成就驱动；有一定的资源。	11.5%的美国人口。平均年龄为28岁。34%已婚。52%全职工作。	时尚、喜欢玩乐、寻求他人的认可。没有足够的资源来实现他们的愿望，冲动购买一些时髦产品来模仿有钱人。缺少发展所需要的技能。
体验者	自我表达驱动；有充足的资源。	13%的美国人口。平均年龄为24岁。25%已婚。52%全职工作。	年轻、热情、冲动的消费者，追求多样化和刺激，享受新潮、另类和冒险。喜欢训练、运动、户外项目和社交活动。在时尚和娱乐产品上花费很大，在意表现得很“酷”。
制造者	自我表达驱动；有一定的资源。	12%的美国人口。平均年龄为46岁。68%已婚。59%全职工作。	用建造房屋、养育小孩和维修汽车来描述自己。注重实际和自足，以传统的方式生活，对于家庭生活之外的事情鲜有兴趣。与奢侈相比他们更注重价值，一般购买实用性产品。
求存者	没有强烈的主要动机；资源少。	12%的美国人口。平均年龄为70岁。45%已婚。13%全职工作。	过着狭隘的生活，常常觉得世界变化太快。关注安全和保障，在熟悉的环境中感到舒适。倾向于品牌忠诚和购买打折产品。作为一个群体，他们是大多数产品和服务的适度市场。

资料来源：Reprinted with permission of Strategic Business Insights；www. strategicbusinessinsights. com/VALS.

从左向右看图2—4，有三个动机：理想驱动（这个消费者细分群体以知识和原则为指导）、成就驱动（这个消费者细分群体寻找证明他们成功的产品与服务）和自我表达驱动（这个细分群体渴望社交或体育活动、多样性和冒险）。而且，这三种自我驱动的每一种都代表着不同的态度、生活方式和决策过程。从上向下观察图2—4，该图揭示了资源与创新的一种连续，即从高资源—高创新水平（在最上面）到低资源—低创新水平（在最下面）。这一系列的资源/创新（从最高到最低）范围涵盖心理、生理、人口统计，以及实物，还有消费者的能力，能力中包括消费者的受教育程度、收入、自信程度、健康状况、购买愿望以及精力水平，也有消费者尝试新产品的倾向。

八个 VALS™细分市场都包括 10%～17%的美国成年人口。例如，信仰者是最大的 VALS™群体，占美国成年人口的 17%。就消费者特征来说，八个 VALS™细分群体在某些重要方面有显著差异。例如，信仰者倾向于购买美国制造的产品，同时相关的消费习惯改变很慢。而在最上方的创新者则被新产品尤其是创新科技的产品所吸引。因此，如智能车内技术（比如全球定位系统）的制造商首先将产品定位于创新者，因为他们是新产品的最早使用者。VALS™广泛应用于商业计划，表 2—8 包括了其战略性应用的例子。[26]

表 2—8　　VALS™商业应用举例

应用类型	描述
一家无线设备生产商的新产品开发	使用 VALS，这家公司可以发现创造消费者价值的新机会，评估消费需求，从而识别出新产品的潜在市场。
某日本车在美国市场的定位	使用 VALS，这家公司更加深入地了解到消费者的产品认知以及目标市场情况，并据此推出了一个卓有成效的广告活动。
一家养老金账户公司的市场沟通计划	使用 VALS，这家公司识别出了那些偏好电子服务的顾客。通过研究他们的动机，公司开发出一个更高效的网站。
一家非营利机构的政策制定	使用 VALS，这个机构分析了环保主义者的动机，然后据此推出了针对特定群体的环保营销活动。

资料来源：Based on Strategic Business Institute.

利益细分

利益细分（benefit segmentation）是基于消费者在产品和服务中所追寻的利益种类而做的细分。消费者追求的利益代表了消费者未被满足的需求，尽管通常的观点是一个品牌带来的特殊和重要的利益能够导致消费者对品牌的忠诚。生产洗发水、香皂、牙膏等个人护理产品的商家提供多种产品来满足不同消费者的利益需求。高露洁是世界上最成熟的个人护理产品生产商之一，它的牙膏产品线是一个理解消费者牙齿护理和口腔卫生方面利益需求的典范。高露洁的网站上有一个“通过利益搜索”链接，牙膏产品被分为四种主要利益：（1）长久清新口气；（2）预防蛀牙和牙龈炎；（3）敏感性牙齿护理；（4）美白牙齿。例如，高露洁全效牙膏具有其他牙膏所没有的 12 小时抗菌功能；高露洁冰爽牙膏可以清新口气；高露洁专效抗敏牙膏专为牙龈敏感的人群设计；其他的高露洁牙膏分别提供美白牙齿、保护牙釉质、防止蛀牙、除牙垢、加入漱口水以及其他很多种消费者利益。此外，高露洁专业产品线还提供三种产品，分别是每日清洁、每日美白和每日修复，鼓励消费者每天刷牙 3 次。[27]图 2—5 中的 V8 广告就反映出了食用蔬菜这一产品的主要利益点。

一项研究调查了消费者在选择三种服务提供商时所寻求的利益：牙医、理发师、旅行社。研究发现，消费者对服务提供商的忠诚程度与他们认为自己能够获得的利益密切相关。[28]服务商可以根据这项研究来提高消费者的留存率。比如牙医要想增加患者的信心，可以加强术后联系，询问病人对于治疗流程是否有任何问题；也可以给患者发送邮件，推送内容为牙医参加专业会议或者媒体采访的媒体简报。另外一项研究通过分析银行顾客的利益诉求发现了和前一项研究相同的几种消费者利益。[29]表 2—9 总结了这两项研究中所提到的消费者利益。

图 2—5　V8 的消费者利益：食用蔬菜

资料来源：Campbell Soup Company.

表 2—9　顾客对于服务商的诉求（牙医、理发师、旅行社、金融机构）

社交利益	特殊对待利益	信心相关的利益
● 一进店立刻认出我，并且能够叫出我的名字。 ● 服务商真诚地对待我。 ● 让我觉得自己很重要。 ● 像一个私人朋友一样对待我。	● 不厌其烦地为每一个顾客寻找适合的服务。 ● 更注重顾客的特殊需求。 ● 服务商收取合理的费用；银行则提供更优的利率。 ● 出现问题的时候为顾客提供帮助。 ● 获得优先、快速服务。	● 服务商应该让顾客对优质、恰当的服务充满信心。 ● 获取有关服务的信息。 ● 告知顾客合理的期待。 ● 在服务过程中，焦虑情绪较少。 ● 服务商应该说服顾客：出现意外的风险很小。

基于媒体的细分

媒体种类在不断增加，市场营销人员必须研究消费者在使用这些沟通工具时所追求的利益，从而在媒体上更有效地投放广告。一项研究表明，消费者认为及时、可达以及免费是电子报纸最重要的特征，而传统的纸质报纸在写作风格、观点深刻和细节信息上更有优势。这些发现说明，报纸发行商应该将电子报纸和纸质报纸进行互补定位，而适合两种报纸的广告类型也有所不同。[30]另一项研究发现，汽车购买者为了缩短和经销商讨价还价的时间，会在网上收集有关信息而不再阅读纸质版的广告。[31]这意味着市场营销人员应该以不同的方式来接待使用过和没有使用过网络搜索的汽车买家。还有一项研究分析了移动电子设备使用者所追求的六种利益（见表2—10）。[32]另一项加拿大的研究识别出了三类不同的网购细分市场以及这些消费者的特征，如表2—11所示。[33]正如表中所描述的一样，市场营销人员应该研究消费者的人口统计情况和他们的网络使用模式，据此进行市场细分。

表2—10　　移动电子设备使用者所追求的利益

定位服务	通信服务	运动/娱乐服务	增值购物服务	财务服务
指示方向；定位所在位置；天气预报和新闻报道	发送和接收电子邮件、图片、短信；和陌生人聊天	获取体育相关信息；链接成年人游戏；在线赌博和游戏；下载音乐	比较价格；获取优惠券和折扣提醒；获取产品信息	网上银行；股票交易；填写保险损失报告；参与在线拍卖；购票；进行货币转换

资料来源：Based on Gillian Sullivan Mort and Judy Drennan, "Marketing M-Services: Establishing a Usage Benefit Typology Related to Mobile User Characteristics," *Database Marketing & Consumer Strategy Management*, 12 no. 4 (2005): 327-341.

表2—11　　网购消费者细分

特征	基本通信者	潜在顾客	社会奋斗者
占总人数比例	39%	39%	22%
性别比例	75%为女性	52%为女性	57%为女性
年龄	41%为35岁以下 41%为35～54岁 19%为54岁以上	31%为35岁以下 48%为35～54岁 21%为54岁以上	49%为35岁以下 31%为35～54岁 20%为54岁以上
收入	39%为49 000美元及以下 35%为50 000～74 000美元 26%为75 000美元及以上	40%为49 000美元及以下 23%为50 000～74 000美元 37%为75 000美元及以上	54%为49 000美元及以下 27%为50 000～74 000美元 19%为75 000美元及以上
网络使用	12.4小时/周	16.7小时/周	20.7小时/周
电子邮件次数	多	一般	一般
浏览次数	有时	多	有时
购物次数	有时	非常多	有时
博客次数	少	有时	非常多
聊天次数	少	少	非常多
观看视频次数	少	有时	非常多
下载次数	少	有时	非常多

使用率细分

使用率细分（usage rate segmentation）在涉及特定产品、服务以及品牌时，将消费者分为重度使用者、中度使用者、轻度使用者以及从不使用者。汤羹、洗衣粉、啤酒、狗粮等许多产品的市场营销人员发现，一小部分重度使用者消费了很大比例的产品。例如，大约25%的啤酒饮用者消费了啤酒消费总量的75%。由于这个原因，大多数啤酒制造商更倾向于将广告宣传活动定位于重度饮用者，而不是花费大量的金钱吸引中度或者轻度饮用者。这也解释了定位于重度饮用者的淡味啤酒的成功，其广告宣传建立在淡味啤酒比普通啤酒添加成分更少（因此可以大量饮用）的基础上。

定位于重度使用者是一种很常见的市场营销战略。它一定比定位于其他类使用者能赚取更多的利润。然而，因为在一个给定市场的所有竞争者都可能定位于同样的重度使用者，所以，试图吸引这样的消费者需要大量昂贵的广告。一些市场营销者倾向于定位于轻度和中度饮用者，他们对产品的偏好与重度使用者不同。例如，每一届超级碗比赛都有定位于美国啤酒重度饮用者的非常昂贵的广告。相反，在全食超市的啤酒部提供来自不同国家和小厂家的带有异域口味的不同品牌的啤酒。这些品牌通常只有最低限度的广告支持，却比畅销品牌价位更高。相比于超级碗广告定位的重度啤酒饮用者，全食定位于喝较少的啤酒但却有更独特的口味和更多可支配收入的消费者。

应用使用率的方法包括识别出直接影响使用行为的因素。例如，最近的一项关于超市消费者的研究发现了两个细分市场的消费者在使用率方面的不同，使用率是根据消费者每周到超市的购物次数来计算的。使用率被用来进一步考察消费者在这家店购物的理由、购物的花费水平、到店的次数，以及交通方式，如是从家里来的还是从单位来的，抑或仅仅是顺路。[34]

使用率和**产品知名度**（product awareness status）密切相关。产品知名度是指消费者对产品及其特性的知觉程度，以及他（她）是否会尽快购买。消费者对产品的意识程度、喜爱程度、是否打算购买，以及是否并没有意识到该产品、需要被告知产品的信息等代表了不同的定位机会。与此相关的另一个因素是**产品介入度**（product involvement），它反映出产品同消费者的个人相关程度（见第5章）。一项研究根据消费者对某种酒的“历史和背景”（如原产地）的不同介入度将其分成三类，并且发现这三类消费者对于酒的品牌和酒的购买知识显著不同。[35]

使用情境细分

使用情境细分（usage occasion segmentation）是一种根据使用产品的不同特定场合进行细分的策略。市场营销人员认识到，消费者会在一些特殊的情境中购买某些商品。比如下面这些陈述：

- “在儿子生日那天，我们会带他出去一起用餐。”
- “如果我的商务旅行时间超过一周，我就会选择套房酒店。”
- “我总是会在情人节为妻子买糖果。”

很多商家都选择特定的假期或者季节来推销商品。例如，生产明信片的公司强调不同的卡片适用于不同的情境，而且看上去适用于赠送卡片的情境每天都在增加（祖父母节、秘书节等）。花卉业和生产甜点的公司会在情人节和母亲节开展促销活动，珠宝业极力宣扬要将钻戒作为订婚的象征，而生产昂贵手表和钢笔的公司将产品包装成毕业礼物，在五六月份毕业季投入重金做广告。随着消费者网上购物数量的增长，金宝汤、卡夫、好时、家乐氏等一些著名的品牌都选择在新年来临之前在网上进行促销，因为消费者在新年之前的数周之内会花掉比平时更多的钱。[36]

2.3　行为的目标市场选择

行为的目标市场选择（behavioral targeting）是指向消费者发送个人定制化的促

销信息，并在合适的时机向他们传达高度相关的信息，它比传统的市场细分手段更加准确高效。这种方法的实施依赖于对在线浏览、当前位置和购买行为的追踪。

追踪网上浏览痕迹

对消费者网上浏览痕迹的追踪包括：

1. 记录消费者所浏览的网站。

2. 测量消费者对网站的参与程度（比如他们访问了哪些网页、访问时长、重复访问频率等）。

3. 记录网站访问者的生活方式和个性特征（从消费者博客、推特的内容以及脸书的形象中获取）。

4. 持续追踪消费者的购买行为、近乎购买的产品（比如删除已经放入购物车的商品）以及退货和换货的情况。

长久停留以及重复访问行为都显示出高度的产品介入度和强烈的购买意愿。利用网站的强大功能，市场营销人员可以对消费者的购买兴趣和购买意愿做出快速反应。比如，在某网上商店搜索数码相机的消费者可以选择根据品牌或者价格来显示产品。当他们再次访问该网站时，为了将网站访问者“转化”为购买者，网站上数码相机这一产品类别将根据消费者上一次访问时的要求进行排列。

地理位置和移动设备目标选择

智能手机和 GPS 设备为高效的市场定位创造了机会。比如，纽约百老汇剧院在演出当天，通过智能手机以折扣价格向经过剧院所在城区的出租车乘客销售未售出的座位。这是通过对出租车的 GPS 设备的位置追踪实现的。

消费者的移动设备给实体商店造成了一定的麻烦。消费者频繁使用比价软件——它允许消费者使用智能手机扫描实体商店内商品的条形码，然后联网查询，找出该商品的最低价格——形成了**展厅现象**（showrooming）。为了阻击比价软件，一些实体商店推出了**地理栅栏**（geofencing）应用。如果智能手机用户选择接受这种服务，他们在商场附近或者进入商场时，就会收到促销提醒。[37]

购买行为

很多商家现在都会做**预测性分析**（predictive analytics），即基于过去购买信息和其他数据，预测消费者未来的购买行为，并据此评价定制化促销信息的效果。预测性分析可以解决的问题包括：

1. 离开某个页面的时候，消费者接下来可能会看什么内容和页面？

2. 网页的哪些特征（以及哪些特征组合）更可能吸引消费者注册？

3. 网站的重复访问者具有哪些特征？为什么？

4. 什么因素促使访问者点击某个特定广告？

预测性分析通常特别注意发现消费者购买行为的重大改变，因为这往往预示着消费者正在经历一些人生的重要时刻，比如迎接婴儿的降生、筹备婚礼或者离婚等。在这些时期，消费者倾向于花更多的钱并且在购物的时候更加漫不经心。例如，塔吉特公司（Target）开发出了一个通过女性消费者购物模式的变化识别出早期孕妇的模型。图 2—6 描述了怎样使用这个模型向她推销各种婴儿用品。假设塔吉特有一名叫苏珊（Susan）的顾客，当她开始购买一些从未买过的商品时，塔吉特的预测性分析系统作出提示：苏珊的这些购买行为说明她怀孕了。根据这一点和其他很多信息，塔吉特接下来会给苏珊发送合适的促销信息并采取一些措施避免她发现信息收集过程。[38]

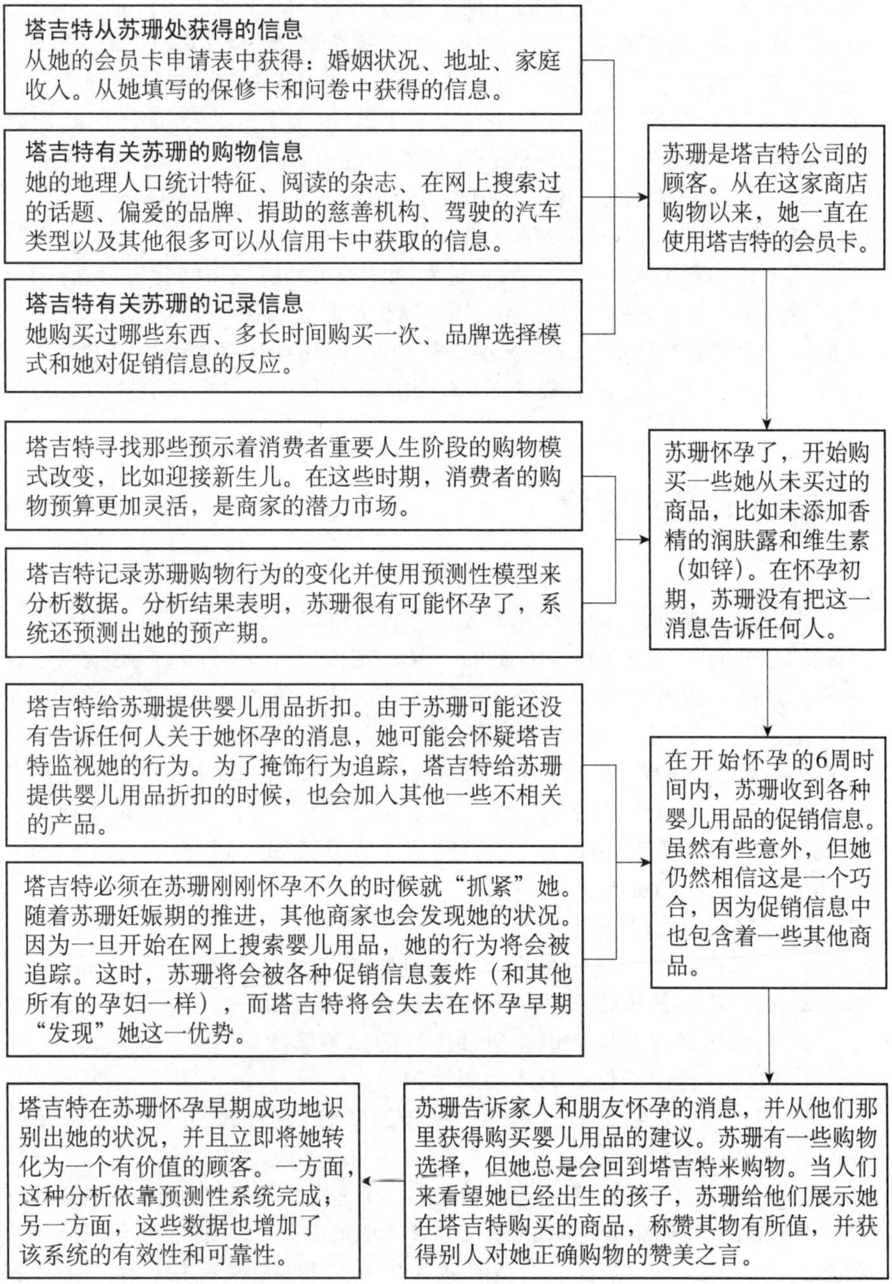

图 2—6　行为的目标市场选择

资料来源：From Charles Duhigg，“How Companies Learn Your Secrets，” nytimes. com February 16，2012.

信息的“军备竞赛”

收集和分析正确的信息是有效行为目标市场选择的基础。市场营销人员努力预测能够影响消费者购物行为的重要人生事件，也迫切希望发现有关消费者兴趣和在线社交网络的信息。由于消费者信息战略的重要性，商家们为获取越来越多的信息而进行着激烈的竞争。

公众几乎对安客诚（Acxiom）这样的公司一无所知，但是它们的数据库却“了解”绝大多美国成年消费者的任何事情，比如年龄、种族、性别、体重、身高、婚姻状况、教育水平、政治倾向、购物习惯、家族健康问题以及假日梦想等。公司从公共记录、消费者调查、信用卡信息以及其他一些渠道收集消费者的信息。安客诚公司的服务器每年处理超过 50 万亿条信息，其中包含全球大约 5 亿活跃消费者平均每人 1 500条的信息。此外，类似的公司还在快速开发越来越高级的方法来“挖掘”和完善数据。它们聘请来自微软、谷歌、亚马逊、聚友网（Myspace）的电子专家，整合来自各个平台的数据来预测消费者行为。[39]

网上市场营销人员通过 cookie 追踪和收集消费者过去的行为信息，据此来为他们定制广告。cookie 是安装在浏览器上的计算机代码，可以持续追踪消费者的网上活动。安客诚集合消费者在线下、线上甚至是移动设备上的信息，绘制出消费者的全方位的行为肖像。第 15 章将讨论在消费者不知情的情况下收集大量个人信息的伦理问题。

2.4 定位与再定位

在完成市场细分和目标市场选择之后，市场营销人员必须要说服潜在的消费者购买他们生产的产品而非竞争对手的产品。**定位**（positioning）是指商家在消费者意识里为其产品、服务和品牌创造一个具有区别性形象的过程。这个独特的形象就是产品的“定位”。产品定位是无形的，只存在于消费者的脑海中，它反映出市场营销人员希望消费者认知的产品和品牌形象（见第 4 章）。有效的定位能够在消费者心中建立起不同于其他竞争产品的唯一性产品知觉。大多数新产品的失败都是由于缺乏高效的定位。和其他竞争产品相比，它们只是让消费者感受到“我也是”，而不具有可以带来其他独特利益的优点。

定位过程包括以下步骤：

1. 定义产品或品牌的竞争市场，包括潜在购买者和竞争性产品。
2. 识别产品的关键属性，探索消费者对每个相关属性的知觉。
3. 研究消费者怎样认识竞争性产品的相关属性。
4. 决定目标市场偏好的产品属性组合。
5. 建立一个独特、有区别性、基于消费者价值的定位概念，传递产品属性能够带来的利益。
6. 创建一个强调产品利益和价值的定位描述，并用它来与目标消费者进行沟通。

生产同一类产品的不同品牌为了有效地区分彼此，通常都会强调各自提供的不同利益。这些产品利益体现在消费者认为相关和重要的产品属性中。对于像饮用水这样的产品来说，产品定位非常困难，因为所有品牌的产品物理属性完全一样。尽管如此，市场营销人员仍然提供了多种价格不一、定位有差别的矿泉水产品。表 2—12 列举了一些瓶装水品牌的定位、独特利益和售价。

表 2—12　瓶装水品牌的定位、广告利益和售价

品牌	描述	定位和独特利益	包装	售价
天龙（Tŷ Nant）	来自威尔士；获奖产品；与一些顶级酒店、餐厅有合作关系	时尚、高贵、吸引人的瓶身设计	钴蓝或者红色，设计高雅的玻璃瓶	2.50 美元

续前表

品牌	描述	定位和独特利益	包装	售价*
芙丝（Voss）	来自挪威；采自数百年来无污染的冰岩含水层	纯净	圆柱形的磨砂玻璃，有现代感、雕刻感的字体	3.50 美元
斐泉（Fiji）	来自热带雨林；生产商致力于环境保护	环保——“可放心饮用”	传统的玻璃瓶，印刷标签	2.50 美元
亚娜（Jana）	来自克罗地亚；源自地表深处的活水；纯净而平衡	最佳 pH 值**	传统的高瓶，印刷标签	2.25 美元
歌涛（GOTA）	来自世界最纯净的地下水源之一的阿根廷加拉尼含水层；形成于2亿年前的砂岩和低渗透性的岩熔玄武岩提供了丰富的矿物质	大自然的珍品；含有帮助保持年轻、健康、活力的矿物质	透明玻璃，非传统的透明玻璃瓶，印有黑色高雅的字体	3.80 美元

* 1升水的售价。

** pH 值测量液体的酸碱度。

成功的定位战略能够建立起一个差别化的品牌形象，帮助消费者作出购买决定。正面的品牌形象有助于提高消费者的忠诚度、增加消费者对今后品牌营销活动的兴趣、“预防”消费者接受竞争对手的促销。市场由于新产品的增加变得越来越拥挤，在众多竞争对手中建立和维持一个独特的品牌形象变得愈加艰难。

最常用的定位战略包括：保护伞定位、抢先定位、竞争性定位、关键属性定位和补缺式定位。必须要注意的是，这些战略并不是相互排斥的而是常常同时使用。

保护伞定位

保护伞定位（umbrella positioning）描述一个公司的提供物所普遍具有的优势的陈述或口号。有时，这些陈述甚至不会提到具体的产品。比如金宝汤的“汤是好东西”为所有的汤类产品促销，而没有提到金宝汤品牌。这个口号非常有效，因为该公司在汤羹行业中占据主导地位，大多数消费者听到“汤”的时候都会联想起金宝汤品牌。图2—7中金宝汤的广告使用“享受更多彩的人生”进行宣传，没有提到任何具体的产品属性。

多年以来，麦当劳大量的宣传口号都是保护伞定位的经典案例。例如，“今天你该休息了”（1971年），“没人能有麦当劳做得好”（1981年），“美食、家人和欢乐”（1990年），“欢聚欢笑每一刻”（2002年），以及“我就喜欢”（2003年）。其他一些例子包括耐克的“只管去做”（1998年发布），戴比尔斯（DeBeers）的“钻石恒久远”（20世纪40年代发布），麦斯威尔（Maxwell House）的每杯咖啡“滴滴香浓，意犹未尽”，福爵（Folgers）咖啡“成为起床的动力”等。而在航空业，美国航空（American Airlines）力求“做到最好”，联合航空（United Airlines）则追求“友善体验”。

抢先定位

这种定位方法强调品牌的独占性。比如，《纽约时报》“自命不凡”地定位于“所有适合报道的新闻”。有时，一些品牌认为更高的产品价格能够带来更高水平的独占性。比如，Joy香水被定位为“世界上最昂贵的香水”。虽然所有著名的香水售价都很高，但是没有其他香水制造商声称它们的产品是“最贵的”。第4章将讨论价格与质量的关系。

图 2—7　保护伞定位的一个例子

资料来源：Campbell Soup Company.

多年以来，欧莱雅的染发产品隐含着一个虽没有说明但却很明显的问题："我为什么要使用这个产品？"欧莱雅以定位陈述的方式给出了这个问题的答案"因为我值得拥有"（1971 年提出）。在女权主义时代，这一口号被认为是傲慢的，因为它暗示着只有对女性来说，外貌才会比工作和学识更加重要。因此，欧莱雅将它的定位口号改为"因为我们值得拥有"。这条新的宣传口号更加与时俱进，很快被翻译为其他各种语言。[40]第 13 章的内容将会讨论把品牌名称和广告主题翻译为其他语言的重要性。

竞争性定位

一些品牌会在定位陈述中提及竞争者的品牌。比如，安飞士（Avis）宣称"我们是第二，所以我们更加努力"，间接地说明赫兹租车公司（Hertz）是行业的第一品牌。七喜定位为"非可乐"，承认可乐占据着软饮料市场的主导地位。将公司的品牌和竞争对手进行对比，是一种非常高效的定位和区分方法。比如图 2—8 所示的康之选（Healthy Choice）广告：第一幅广告将康之选定位为一份比意大利多层三明治更健康的午餐；另一幅则选择了现成沙拉作为比较对象。

图 2—8　区别康之选与意大利三明治、现成沙拉

资料来源：(Left & Right) Reprinted with permission of ConAgra Foods, Omaha, Nebraska.

关键属性定位

基于重要属性的定位常常体现出产品的优越性。纸巾制造商 Bounty 最初定位为“更快擦净”（可能是针对其主要竞争对手 Viva），随后用了“一擦洁净”等。在经济低迷期间，Bounty 调整了它的定位，使用以下陈述来吸引节俭的消费者：“只要一张 Bounty，保证给你洁净”，“一张就足以保持洁净”，以及“厚实、超吸收的 Bounty 能够轻松快速清理，使你在每一天都得到更多”。[41]

一些商家认为消费者会利用品牌来表达他们的身份，于是，再定位产品把强调功能属性转变为强调产品与消费者生活方式的契合度。然而一项研究表明，这种方法是不可取的。因为消费者“自我表达”的需求不仅可以在该品牌的直接竞争对手那里得到满足，也能够被与该品牌不相关的其他类别的产品满足。[42]

补缺式定位

从语法上来讲，知觉不是一个实体物品，所以不能够被“占有”。在市场营销领域，补缺式定位是指一个还没有明确地与任何产品或者品牌产生联系的知觉概念。比如在纽约州，《每日新闻》（*Daily News*）专门报道耸人听闻的故事，读者多为没有接受过太多教育的群体。与此相反，《纽约时报》则雇用知名、可靠的记者来为受过良好教育的读者撰写文章。《长岛新闻日报》（*Long Island Newsday*）将自身定位为“处于新闻的尖端，走在时代的前列”，其目标读者理想的报纸既不像《每日新闻》那样“庸俗”，也不如《纽约时报》那样高深。

因为未填满或者未占有的知觉位置会给竞争者留下机会，精明的市场营销人员经常利用同一个品牌旗下的多种产品来尽量填满位置。比如，优能（Visine）最初只生产缓解眼球红血丝的眼药水。而现在，优能生产应对过敏、红血丝、疲劳和干涩等症状的多种眼药水产品。[43]佳洁士牙膏产品线包含能够提供多种不同利益的产品种类，比如除牙垢牙膏、预防龋齿牙膏、保护敏感牙齿牙膏、小苏打条纹牙膏以及儿童牙膏等。为了应对高露洁全效牙膏的巨大成功，佳洁士开发了一条新的产品线，取名为“佳洁士健康专家”。此外，佳洁士还有劲爽系列产品，宣称“为你的口腔带来惊喜”，“唤醒你的感官”，并能保持“持久清新口气”。[44]佳洁士每个系列的牙膏都提供膏体、啫喱、液体类型和各种香型供消费者选择。优能和佳洁士的市场营销人员都在研究各自的消费者，以找到那些能够为消费者提供所需利益的产品属性。优能和佳洁士提供能够满足不同消费者利益的产品种类来尽量多地填补知觉位置，这使得其他公司几乎不可能打入它们的市场。

产品定位要填补消费者心中的知觉空缺，而不是市场营销人员所认为的空缺。换言之，市场营销人员不应该看到镜中的自己，而是要看到窗外的消费者。例如，1967 年，一名在纽约市瑞金啤酒厂（Rheingold Brewery）工作的生物化学家发现（“看着镜子”）市场上没有针对节食者的啤酒，于是研制出了加布林格低卡路里啤酒（Gablinger's Diet Beer）。这个产品彻底失败了，因为重度啤酒饮用者消费了啤酒总量的 80%以上，而这个群体不那么关心节食问题。后来，米勒公司使用完全一样的啤酒配方推出了美乐啤酒（Miller Lite），定位为“更淡口味”的啤酒，获得了巨大的成功。米勒公司发现（“看向窗外”），重度饮用者需要的是可以让他们喝的更多，而不会产生饱腹感的清淡口味产品。这个完全一样的产品在定位成低卡路里啤酒的时候失败了，而定位成一款淡口味啤酒却赢得了成功。啤酒饮用者们只感知到第二种定位带来的产品利益。图 2—9 所示的广告中所展示了费奇（Fage）酸奶“不可思议的黏稠”，强调“黏稠和浓郁”是该产品的主要利益，并由此将费奇和其他“更稀薄、清淡”的美国酸奶品牌区分开来。

图 2—9 费奇酸奶的黏稠性：产品关键的属性，占领知觉的“空缺”位置

资料来源：FAGE USA.

再定位

再定位（repositioning）指商家对其产品、服务或品牌的区别性形象和特征进行战略性调整的过程。当产品原来的定位逐渐被人习惯，在消费者的心中不再显得突出的时候，公司就要考虑对产品进行再定位。类似地，如果消费者开始认为原来的定位变得无趣，市场营销人员也必须要更新品牌形象。市场上的很多竞争对手有时会在定位中强调同一种产品利益，这时，市场营销人员需要探索消费者看重的其他产品属性。比如，费奇希腊（Greek）酸奶现在的定位是“不可思议的黏稠”，乔巴尼（Chobani）（与费奇竞争的另一个希腊酸奶品牌）则宣传它的“正宗、纯正、享受”。假设有一个新的希腊酸奶品牌被定位为“正宗而浓郁”，而且这个新的品牌开始逐渐赢得市场，那么费奇和乔巴尼就必须要重新考虑它们的定位了。表2—13列举了一些保护伞再定位的例子。[45]

表2—13　　再定位的例子

公司	之前的定位	保护伞再定位
国际硬石餐厅（Hard Rock Café International）	公司的主要目标客户是内心叛逆的年轻人。公司用“你知道你是谁”的口号来吸引他们，称他们是“硬石”，让他们感受到自己“年轻的心”。	“来看秀”致力于让消费者相信，硬石餐厅、酒店和酒店赌场里总会有有趣的事情发生。
纽约彩票局（New York Lottery）	“参与才会赢。”“结果难料。”“好事发生在瞬间。”	“做好准备”告诉玩家他们可能马上就会赢，立刻感受到惊喜。“好事发生在瞬间”被用作口号。
黄尾袋鼠（Yellow Tail），一款澳大利亚进口葡萄酒	“为任何事开瓶”和“黄尾袋鼠，你赢了”向消费者传达了这样一种观念：对于不太懂葡萄酒年份和搭配的人来说，黄尾袋鼠是一种简便的选择。	“就这支”口号强化了之前的形象，它告诉消费者：这支酒是每日例酒的默认选择，适用于大多数场合。
纽约市公寓楼	用豪气的口号来展现魅力，比如一所公寓“不只是一个住所，更是一种态度”。	浮夸的论调和图片被“整洁的样式和心动的价格”这样的口号所代替。屋顶的私人塔房也被改成了普通的房屋顶板。
银行	在2008年的金融危机之前，银行大力推行房产抵押贷款，使用的广告语包括：“需要现金？用你的房子吧”，“借款的最佳来源？你的房产”。	许多人愤怒地指责银行不负责任地鼓动不理智消费（除了其他原因之外）。于是在金融危机后还不到一年的时间里，银行的广告主题就变成了“我们不可以携手继续了吗？”这些半道歉式的广告语向顾客表达“我们跟你一起赚钱，而不是从你身上赚钱”的观点。
红辣椒（Chili）餐厅连锁	关注食物本身，用慢镜头展示食物的特写。	关注餐厅的个性和价值并与顾客进行互动。比如，“从办公室中出来多走走吧，带上红辣椒餐厅6美元一份的午间套餐”。

资料来源：Stuart Elliott, “Choosing Between a Hard Rock and a Place,” 11. 22. 10 nytimes. com; Stuart Elliott, “It Only Takes an Instant, Lottery Ads Declare,” 5. 9. 11 nytimes. com; Stuart Elliott, “A Wine Brand Creates a New Theme to Help Spur Growth,” 8. 29. 11 nytimes. com; Vivian S. Toy, “Goodbye, Glitzy Condo Pitches,” 8. 20. 10 nytimes. com; Louise Story, “In Ads, Banks Try the Warm, Cozy Approach,” 6. 9. 09 nytimes. com; Andrew Newman, “Bold Commercials and Flavors Aim to Spice Up Chili's Brand,” nytimes. com, September 29, 2011.

产品和服务再定位的另一个理由是为了吸引新的细分市场。例如，通用汽车公司多年来一直试图告诉年轻的消费者，奥兹莫比尔（Oldsmobile）不是老年人的汽车。它尝试了新的定位，宣称“不是你父亲的奥兹莫比尔”。然而，由于该品牌“老一辈的汽车”形象已经深入消费者内心，这些努力并没有取得很好的效果。通用汽车随后停用了这个曾经获得巨大成功的品牌。

造成2008年秋季经济危机的一个主要原因是消费者过度进行房产抵押贷款。之前，美国人都盼望能够早日付清他们的房贷（烧掉抵押票据是美国的一种传统），将“二次抵押贷款”与绝望中的最后一根稻草联系起来。然而多年以来，银行市场营销人员试图将这种被负面看待的抵押贷款进行再定位。他们吸引消费者进行“净值贷款”，并将获得的资金用于自由开支。实际上，净值贷款正是二次抵押贷款另一种好听的说法。因为银行巧妙地将令人讨厌的二次抵押贷款再定位，所以消费者接受了这种说法，越来越不明智地开始大肆花费净值贷款。银行鼓励消费者利用他们房产的增值部分来借款，并为新制定的信用额度做这样的宣传：“你的房子里藏着25 000美元，让我们帮你找到它。”市场营销人员还将“净值贷款”的说法换成了“净值机会”，因为“贷款”意味着欠钱，而“机会”则更能与资源联系起来。随着市场信用额度的扩张，新的定位陈述变得越来越有煽动性，银行使用的宣传口号包括“贷款正在挤压你的钱包？挤回去！”“借款的最佳来源？你的房产”，“用最简单的方法从你的房产中变出资金”，“你为购房付出了很多，是时候享受它的回报了”，等等。二次抵押贷款的再定位取得了惊人的成功，从20世纪80年代至今，净值贷款的数额从10亿美元猛增至1万亿美元。[46]显然，在这一过程中消费者的需求得到了满足，但是这个营销战略同时也动摇了世界的金融格局。

知觉图

知觉图（perceptual mapping）根据相关产品属性，构建了代表消费者对竞争品牌知觉的图像型表格。知觉图向商家说明：（1）与竞争对手相比，消费者如何看待商家的品牌；（2）影响更改消费者品牌知觉的方向；（3）在“未拥有”的知觉区域内为新产品或品牌寻找市场空白。

构建知觉图的目的在于为产品和服务制定再定位战略和进行形象调整（比如消费者知觉）。图2—10展示了10个著名商场的知觉图。该图展示了一个假想调查的结果，研究消费者在以下两个维度上怎样看待这些商场：（1）“创新的”还是“传统的”；（2）“奢华的”（高端）还是“简朴的”（低端）。四个象限里列出了其他一些形容词用来描绘这些商场的特征。比如，消费者认为巴尼百货（Barney）是一个非常具有创新性、非常高端的商场，而且它的创新是与时俱进的。在地图上，巴尼百货处在一个独立的位置，与最近的竞争对手布鲁明戴尔百货（Bloomingdale）也有很远的距离。与此相反，消费者感知到的梅西百货（Macy's）和老海军（Old Navy）的形象类似——这两家商场没有显著的区别（注意这是一个假想的研究例子）。梅西百货的经理应该注意这个问题：消费者并没有准确地感知这家商场形象，实际上，梅西百货既不是很低端也没有过于传统。这意味着梅西百货的营销重点应该放在“纠正”这种形象，说服消费者梅西百货比老海军商场更加高端。这个研究的被试将莫德尔商场（Modell's）看作H&M的直接竞争对手；认为Gap和香蕉共和国（Banana Republic）这两个竞争对手在定价和创新两方面都中规中矩。这提醒管理层，这两家商场需要在消费者心目中有更加明晰的定位。此外，在波道夫·古德曼（Bergdorf Goodman）和萨克斯第五大道（Saks 5th）这两家高端商场的竞争中，萨克斯第五大道被认为更加传统。

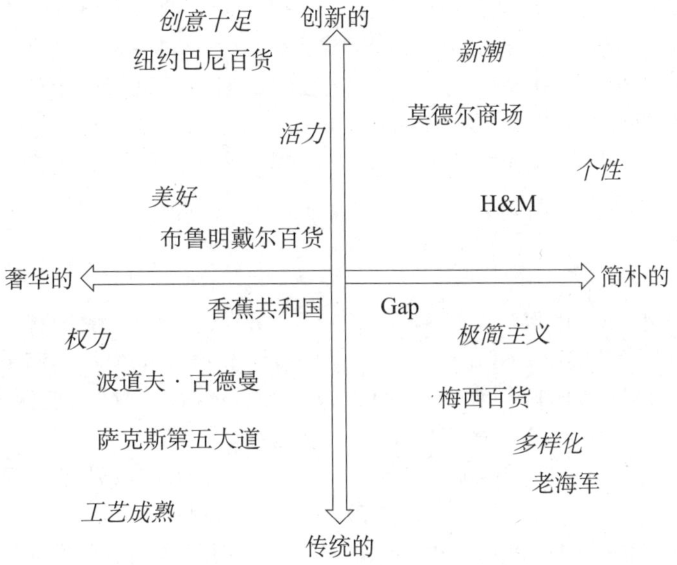

图 2—10　一些著名商场的知觉图

小结

市场细分过程将潜在消费者划分为多个不同的子市场。每一个子市场都代表着一类有共同需要或特征的消费者群体。目标市场选择是指企业选择一个或几个细分市场，并用特定的市场营销组合来努力争取他们。除了用于新产品开发，市场细分还对现有产品的再设计或再定位、营销诉求点构思以及广告媒体选择策略有所帮助。要成为可行的目标市场，一个细分市场必须要具有可识别性、规模性、稳定性或增长性、可进入性等特点，并且要与商家的目标和资源一致。

实行市场细分战略，首先要将产品市场划分为不同的群体，每一个群体内部成员彼此相似，具有显著区别于其他群体的共同特征。概括地说，这些共同特征包括消费者行为（比如购物频率）和消费者认知（比如对于新产品的态度）。市场细分依据包括人口统计变量、个性特征和消费心理、地理人口变量、产品利益、媒体使用习惯、产品使用率和产品使用情境等。

行为的目标市场选择，基于对在线浏览、当前位置和购买行为的追踪，向消费者发送及时和定制化的促销信息。行为目标市场选择能够在合适的时机向合适的消费者传达高度相关的信息，其准确度远远高于传统的市场细分手段。很多商家都会进行预测性分析，即基于过去的购买信息和其他数据，预测消费者未来的购买行为，并据此评价定制化促销信息的效果。收集合适的数据和进行战略性分析对于高效的行为目标市场选择非常必要。市场营销人员收集和使用消费者的兴趣爱好、个人生活、在线社交网络等信息来选择目标市场并为他们提供定制化的产品和促销信息。

在完成市场细分和目标市场选择之后，市场营销人员必须要说服潜在的消费者购买他们的产品而非竞争对手的产品。定位是指商家在消费者意识里为其产品、服务和品牌创造一个具有区别性形象的过程。这个独特的形象就叫做产品的定位。这个定位是无形的，只存在于消费者的脑海中，它反映出消费者所感知到的产品形象。虽然产品质量很重要，但是要取得最终的成功，准确的定位比产品的具体属性更加重要。有效的定位能够在消费者心目中建立起不同于其他竞争产品的唯一性产品知觉。大多数新产品的失败都是由于缺乏高效的定位。和其他竞争产品相比，它们只是让消费者感受到“我也是”，而不具备可以带来其他独特利益的优点。

再定位指商家调整其产品、服务或品牌在消费者心目中的区别性形象和特征的过程。在很多种情况下（比如市场上有很多竞争对手都在宣传同一种产品利益），市场营销人员会考虑对产品进行再定位。

知觉图是地图样式的示意图，用相关产品属性来表达消费者对竞争品牌的知觉。

复习与讨论题

1. 什么是市场细分？市场细分实践和市场营销观念之间有什么关系？

2. 市场细分、目标市场选择和定位之间存在什么关系？选择一种商品，试说明如何利用这三个概念来制定市场营销战略。

3. 成为有效的目标市场需要具备一些条件，依据这些条件向你的同学推销一种商品。

4. 讨论用人口统计变量作细分依据的优劣。可以同时使用人口统计变量和消费心理变量来进行市场细分吗？举出一个具体的例子。

5. 综合两种以上的市场细分依据，对以下产品市场进行细分并说明理由：（1）男士牛仔裤；（2）女士酒会礼服；（3）混合动力汽车；（4）电子书阅读器。

6. 有的市场营销人员认为，最符合市场营销观念的一种细分方法是根据产品利益进行细分。你同意这种观点吗？为什么？

7. 丽晶七海邮轮（Regent Seven Seas Cruises）和皇家加勒比国际（Royal Caribbean International）是两家旅游度假公司。访问它们的网页，描述这两家公司的目标消费者群体。说明每家公司可以怎样使用人口统计变量和消费心理变量来挑选出适合投放广告的电视节目和杂志。

8. 作为一家连锁健身俱乐部的市场营销人员，你怎样利用 VALS™ 细分工具来策划营销活动？应该选择哪些细分市场？在每个细分市场中怎样定位？

9. 从表 2—3 中选择一个框架，为以下任意一款产品至少找出两个合适的细分市场：（1）SUV 汽车；（2）退休理财计划；（3）液晶电视。

10. 说明市场营销人员怎样利用以下信息进行预测性分析：

a. 消费者浏览的网页。

b. 消费者对网站的参与程度（比如，访问过的网页、访问时长、重复访问频率等）。

c. 网站访问者和消费者的兴趣爱好、生活方式和个性特征（从博客、推特以及脸书的内容中获取）。

d. 消费者的购买行为、快要购买的产品、放弃的购物车以及退货和换货的情况。

11. 怎样细分愿意在网上订购奥克利太阳镜的消费者？简述你的答案。

12. 简述定位的几个步骤并选择一种商品具体描述。

13. 在同类别产品中，怎样利用消费者对产品某个属性的知觉进行品牌定位？

14. 产品利益细分和产品定位之间存在什么关系？

15. 为什么市场营销人员必须要对品牌进行再定位？举例说明。

16. 什么是知觉图？怎样利用知觉图对同类别产品的品牌进行定位？利用本章中眼药水和牙膏的例子进行解释。

17. 说明行为的目标市场选择和预测性分析之间的关系。

实务练习

1. 选择一种你经常使用的产品和品牌，列出该产品带给你的利益。在公开你的清单之前，找到一位使用同类产品但不同品牌的同学（最好选择异性），请他/她也列出产品利益。比较两份清单，讨论你和你的朋友在同一类产品中寻求的产品利益异同点。

2. 你的生活方式和你父母的生活方式是否存在显著差异？如果是，你们的生活方式在哪些方面有所不同？什么因素造成了这些差异？

3. 访问两个你熟悉的网站，记录你每一次点击的内容和模式、习惯的导航模式以及上网的时长。然后选择一种商品，简述市场营销人员怎样利用这些被记录的网站浏览数据来为你定制广告信息。

4. 当地一家健康食品餐厅的老板邀请你来描绘附近社区的家庭消费心理图式。设计一份包含 10 个题项的消费心理问卷来测量家庭外出就餐偏好。

5. 找到三幅针对三类消费者的印刷广告，要求每一幅都属于表 2—3 中所列出的 PRIZM，P＄YCLE 或者 ConneXions 这三个框架之一。简述你的选择。

关键术语

行为数据（behavioral data）
行为的目标市场选择（behavioral targeting）
利益细分（benefit segmentation）
认知因素（cognitive factors）
创新型消费者（innovators）
人口统计细分（demographic segmentation）
家庭生命周期（family life cycle）
地理人口聚类（geodemographics）
地理栅栏（geofencing）
市场细分（market segmentation）
知觉图（perceptual mapping）
定位（positioning）
预测性分析（predictive analytics）
以邮政区划为基础的市场潜在评级指数（potential rating index by zip market, PRIZM）
产品知名度（product awareness status）
产品介入度（product involvement）
心理图式（psychographics）
再定位（repositioning）
展厅现象（showrooming）
社会阶层（social class）
目标市场选择（targeting）
保护伞定位（umbrella positioning）
使用情境细分（usage occasion/situation segmentation）
使用率细分（usage rate segmentation）
价值观和生活方式（VALS）

案例

保时捷

"保时捷怎样为经典标识建立新的品牌关联"

主导机构：Cramer-Krasselt

辅助机构：Struck Axiom/Omnicom Media Group

战略挑战

美国豪华跑车市场是否已经岌岌可危？似乎没有人在经济形势尚不明朗的时候想要购买一辆跑车，公众舆论也不再允许分享对跑车的向往——更别说是对于跑车之王保时捷了。

这是 2010 年困扰着保时捷团队的问题。跑车大类市场份额减少了 56%，保时捷也面临着销售量的大幅降低。自 2007 年起，代表保时捷品牌核心和灵魂的经典标志性车型——保时捷 911 的销量已经减少了 54%。然而不只是 911 的销量在巨幅缩水，保时捷旗下所有两门跑车（包括 911、博克斯特和卡宴）的销售量也前所未有地降低了 58%。因此，作为保时捷的旗舰车型，911 丧失品牌关联、减少露面机会将会对保时捷的品牌认同产生重大的影响。

最主要的挑战在于：在富人阶层的消费者对每一次购买都需要反复斟酌以找出恰当理由的时期，如何销售出一件代表着成功和地位的产品。

其他一些因素使得这一情况变得更加糟糕。保时捷没有新产品可以用来制造话题。事实上，911正处于这一代车型的最后一年，而新一代911车型——Type 991已经正式公布，受到了保时捷狂热粉丝的热切期待。那些有兴趣购买新一代911的消费者在一旁等待新车发售，一些经销商也开始预订新车。为了达到颇具挑战性的销售目标，保时捷知道必须要接触其核心拥趸之外的消费者，在一大批人中建立品牌认知。他们中的很多人之前从未买过甚至没有考虑过购买保时捷。保时捷计划在不进行任何大型促销或者折扣活动的情况下销售目前这一代标价80 000美元起的车型，并且促销预算只有它最直接的竞争对手的一半。

目标

1. 改变品牌知觉：在经济形势比较严峻的时期，保时捷必须使911和其他中置引擎车型（博克斯特和卡宴）保持品牌关联性并物有所值。

2. 经销商引导销售：911的销量减少了54%，这说明人们甚至没有将保时捷纳入购物清单，而经销商也缺乏引导。保时捷必须要增加消费者的购买意愿，增加在其网站上"寻找经销商"的需求。

3. 销售：新一代911即将投入生产，保时捷需要加快现有这一代911的销售，最终将剩下的这些汽车售出。为了达到这个目标，保时捷必须要拓展促销受众，建立新的品牌关联；同时接触男性和女性，而且其中的很多人之前从未考虑过购买保时捷。

观点

保时捷公司认为，对于能够买得起保时捷的人来说，经济滑坡使得拥有一辆这样的汽车变得难以被舆论接受。人们害怕被周围的人视为麻木不仁，特别是那些经济状况不佳的邻居和朋友。因此，他们不想在路上开一辆耀眼的崭新跑车。

这个假设是不对的。潜在的顾客并不担心花钱，只是经济形势改变了他们怎样花钱。"我知道911，也很喜欢它。大约5年前，在我购买现在这辆梅赛德斯之前，我甚至还试驾过一次。它绝对是一辆很棒的跑车，但是它没有我想要的那种豪华感。感觉它不适合每天开——作为第三辆车，它是一个很好的选择，但却不是一辆日常用车"（引自一位顾客）。

购买保时捷并不是舆论不可以接受，而是个人认为不合情理。"如果我购买一辆保时捷，我什么时候会开它？""现在不是购买一辆周末玩具书的时候"（引自一位顾客）。在消费者心中，保时捷是彻头彻尾的跑车。

保时捷911的经典跑车认知使人们不愿意进入展厅，从而保留着过时的品牌形象。多年来，911的经典形象已经逐渐改变，然而就外观来说，并没有一处根本性的差异来提示这种改变。许多人仍然认为，这辆车更适合赛车，而不是日常驾驶。在他们的心中，这辆车的内置除了三个踏板和变速杆之外再无其他，驾驶起来笨重而难受。没有人想每天开这样的车，因此，他们很难说服自己花费超过80 000美元来购买保时捷。即使他们想要购买跑车，他们需要的也是一辆可以从容应对多种情况的车——由于他们心中的保时捷不是一辆这样的车，他们放弃了购买。这些消费者最终选择了不那么传奇但更加实用的豪华汽车，虽然他们说这是"折中的选择"。

保时捷研究发现，一直以来，很少有人知道911系列是为日常驾驶所设计的。它们并不贵重，相反，牢固而结实。该公司需要拓展保时捷911和中置引擎车型的驾驶场合，让人们知道，保时捷舒适、实用，适合每天驾驶。

好主意

保时捷是为日常驾驶而设计的顶级跑车，它让每一天的驾驶变得更加妙趣横生。

问题

1. 在阅读这个案例之前，你认为保时捷汽车更适合日常驾驶还是一些专门的场合？说明理由。

2. 自1931年诞生以来，保时捷品牌的核心就在于"出色的设计、传统和实用性"、"每日魔力"（everyday magic），营销活动应该怎样与这几点核心要素相呼应？

3. 这个营销活动计划需要对保时捷911进行再定位吗？说明理由。

4. 尽管没有明确提到，但这个营销活动选择了两个细分市场。是哪两个？解释你的选择。

5. 找到3幅“每日魔力”营销活动的印刷广告（网上可以找到），并评价它们的说服力。你是否认为其中有广告“不切实际”？请简述。

6. 保时捷应该怎样判断这个营销活动是否达成目标？

资料来源：Effie Worldwide，Effie Showcase Winners. Reprinted by permission. Porsche is a 2012 Silver Effie Winner. For information on Effie's programs for students，visit the Collegiate Effies at www. effie. org.

第Ⅱ篇　个体消费者

第3章 消费者动机与个性

学习目标

1. 理解动机、需要、目标的动态性以及它们如何形成消费者行为。
2. 理解动机理论及其在消费者行为领域的应用。
3. 理解如何识别和测量动机。
4. 理解个性的概念及其发展理论。
5. 理解创新意识和其他个性特征是如何影响消费者行为的。
6. 理解产品和品牌的人格化及其战略应用。

引 例

动机（motivation）是推动人们采取行动的内驱力。这种内驱力是个体以某种特定方式实施行为的原因。**需要**（needs）是人们对事物的欲望或要求，它导向一定的动机。人类的基本需要主要是生理上的，包括生存需要和安全需要。例如，当父母把自己的孩子送到学校时，他们会希望孩子处在一个安全的环境中。图 3—1 中的广告通过表现父母担心从校车上下来的孩子们的人身安全来提醒司机遵守交通规则。广告语“避免这种危险”能够督促司机在遇到红灯时停车以保证孩子们的安全。

个性（personality）是指决定或反映一个人对自己周围环境如何思考和反应的内部心理特征。通常来讲，消费者购买某个产品或者喜欢某个品牌主要是由于广告为这些产品和品牌赋予了有别于竞争对手的“人格”。**品牌人格化**（brand personification）是指在广告中赋予一个品牌以人的特征。许多消费者在表达对产品或品牌的看法和感觉时都会借助熟知的人类个性特征。比如，消费者通常把品牌看作“刺激的”、“精致的”或者“温暖的”。

拟人论（anthropomorphism）是指将人类的特征赋予到一个物体上，品牌人格化是它的一种形式。例如，朗白先生（Mr. Clean）是美国最受欢迎并且能够被立即认出的“人物”之一。宝洁公司采用该品牌和吉祥物对清洁用品进行市场定位，销售产品。该吉祥物诞生于 20 世纪 50 年代，一经推向市场便迅速成为畅销品牌。到目前为止，该吉祥物下属的产品线涵盖了洗浴、神奇擦除器、多面液体喷雾、清洁工具以及用于去除顽固污垢或者户外清洗的系列产品等。宝洁公司不断增加产品项目而消费者依然买账的原因在于消费者人格化了朗白先生——强力、持久、称职、可靠、友好。

本章首先讨论了消费者的需要和动机，然后对消费者的人格如何影响其行为进行了阐述。

图3—1 对安全需要的诉求

资料来源：Government of Alberta. Used with permission.

3.1 动机的动态性

动机是推动人们采取行动的内驱力。这种内驱力通过一种紧张状态产生，这种状态是未被满足的需要的结果。个体会通过行为有意识或者下意识地去缓解这种紧张状态，他们期望这些行为能满足他们的需要，并因此缓解紧张状态或者减轻他们所感受到的压力。是否能够真正满意依赖于所采取的行为。消费者的个人特征引导着他们希望达到的具体目标以及为达到目标所采取的行为。

营销的本质就是识别和满足需要。市场营销人员并不创造需要，尽管在很多情况下，他们努力让消费者更加敏感地意识到自己潜在的需要。美国森威公司（Savvy）根据其能满足的消费者的需要而不是根据公司的产品来确定自己的业务范围。因为消费者的基本需要不会改变，而满足其需要的产品却会发生改变。公司注重研发满足消费者需要的产品，能够确保公司在寻找新的有效解决方案方面走在前面。只有通过这种方式，公司才有可能在激烈的竞争环境或者恶劣的经济条件中生存和发展。相反，对那些依据产品确定业务范围的公司而言，一旦它们的产品被能够更好地满足消费者需要的竞争对手的产品所取代，它们就有可能遭受危机甚至破产。

例如，宝洁公司把自己的经营业务表述为"提供高质量和高价值的名牌产品或服务，改善全世界消费者的生活"*（需求导向），而非"公司销售洗涤剂、洗发水、尿布、家用清洁剂以及其他产品项目"（产品导向）。类似地，丽思卡尔顿酒店及度假村并不是提供住宿房间的，而是"呵护真诚，顾客舒适"，给顾客提供一种"愉悦感官、浸润幸

---

* Proctor & Gamble.

福、满足无法言说的需求与期待”* 的体验。图3—2描述了动机形成的过程。

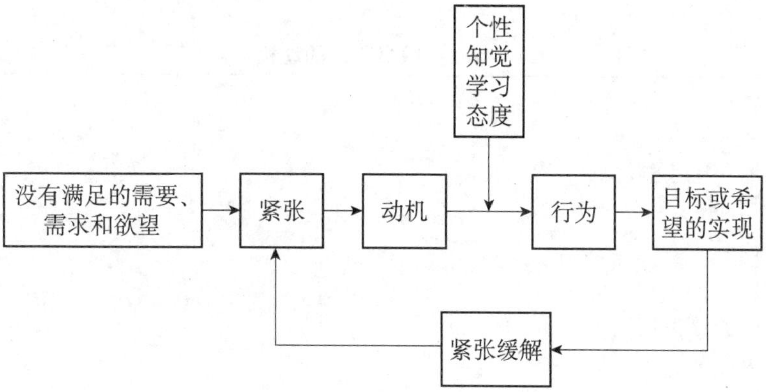

图3—2　动机形成过程模型

需要

人的需要包括两种类型。**生理需要**（physiological needs）是维系生物存在的内在的（生物的、本源的）动机力量，包括对食物、水、空气、保护身体免受外界环境影响和性的需要。

心理需要（psychological needs）是从父母、社会环境和与他人互动中学习到的动机力量，包括自尊、威信、情感、权力和成就。

这两种需要都会影响人们的购买决策。比如，所有的个体出于躲避风雨的需要会购买房子。然而，买房是后天习得的心理上的需要。一对在纽约金融区工作的年轻夫妇倾向于购买市中心的阁楼，因为他们没有孩子，想住在略显不同寻常的地方。通过现代化的装修，他们可以给朋友留下深刻的印象。然而，对60岁的夫妇而言，由于孩子已经离开郊区的家，他们则倾向于在管理完善而且附带游泳池、俱乐部以及其他康乐设施的社区买房。在这里，他们可以结识新朋友，一起进行社交活动或者旅游。

目标

目标（goals）是寻求动机行为的结果。所有的行为都是目标导向的。目标主要分为两类。**一般目标**（generic goals）是个体为满足生理和心理上的需要而追求的结果。**特定产品目标**（product-specific goals）是消费者所追求的结果，这种结果借由使用既有的产品或服务来达成。例如，一名学生告诉父母他想成为一名企业家，这是一个一般目标；而如果他想从斯坦福大学获得MBA学位，这就是一个特定产品目标。

随着技术越来越多地推动消费，市场营销人员开始对博主和线上评论者的动机产生浓厚的兴趣。这些个体的言行会影响其他消费者，因为相对于广告而言人们会认为来自其他消费者正面或负面的评论更加可信。事实上，许多博主影响了成千上万的消费者的消费观念，而且他们还会通过追踪回复人数来记录自己的影响力。如果能够对文章或者评论涉及产品的博主们产生一定程度的影响，哪怕只有一点儿，市场营销人员都会非常兴奋。因为了解博主的动机通常能够使市场营销人员在他们的写作内容上做文章。一项研究提出了撰写博文的三种动机：（1）表达自我；（2）记录生活（写日

* Ritz Carlton.

记）；（3）认同其他有影响力的博主。[1]表3—1汇总了消费者在脸书上分享信息的动机。[2]

表3—1 脸书用户的动机

分享信息
提供信息
分享对他人有用的信息
传递新闻
便利与休闲
感到愉快
同他人联系简单快捷
仅仅因为喜欢
打发时间
厌倦
无聊
其他人都在做
人际效用
遇到背景相似的人
遇到趣味相同的人
控制
想让别人为自己做些事情
告诉别人做什么
推广工作
推广自己所在的组织机构
推广个人工作

需要的唤醒

多数个体的需要在很多时候是“休眠”的。在具体的时间任何特定需要的唤醒都是由一些因素引起的，如个体生理状况的内部刺激，情感或认知的过程，或者外部环境的刺激。血糖的降低或者胃的收缩会激发饮食需要的意识。体温的降低会引发颤抖，并使个体意识到对温暖的需要。多数生理暗示不是自发的；但是，它们能引起缓解不舒服的紧张感的需要，直到需要被满足。例如，一个感觉冷的人可能会打开他卧室的加热器，并想要去买一件保暖的羊毛衫。

在认知的唤醒中，有时随意的思考能产生对需要的认知性的意识。一个贺卡公司的广告可能会提醒某个受众：她孙子的生日在下周，是时候出去购买礼物和生日卡片并准备生日聚会了。广告是唤醒需求的暗示。没有这些暗示，需要仍然是潜在的。创意广告唤醒了需要，也使得消费者心理产生不平衡。然后，消费者的目标变成了通过购买产品满足欲望、减少不平衡感。

目标的选择

通常来说，消费者会设定满足多种需要的购买目标。我们购买衣物不仅为了保护自我而且会在一定程度上考虑到是否端庄得体。另外，我们的穿着还满足了许多其他社会和个人的需要，比如被他人认可。不同需要的人可能会追求同一目标而相同需要的人则可能通过不同的方式实现自我满足。例如，两个均受成就需要驱动的人可能采取不同的方式满足这种需要：一个可能通过事业获取晋升和认可，另一个可能会选择跑马拉松。

对于任何给定的需要都有许多不同的、合适的目标。个人的目标选择依赖于他们的个人经验、身体能力、占主体地位的文化模式和价值观，以及在个体和社会环境中的目标的可实施性。比如，一个年轻的女性可能想让皮肤颜色更深一些，甚至变成棕褐色，然后想着通过晒太阳达到目的。然而，如果她的皮肤科医生建议她避免太阳光的直射，她可能用一种能使自己的皮肤变成棕褐色的化妆品来代替。目标必须既要被社会接受，又要有自身的可行性。如果化妆品公司没有提供在阳光下直晒的有效替代品，这位年轻女性就不得不忽视她的皮肤科医生的建议或者选择一个替代性的目标，比如没有晒成棕褐色的（但是没有损伤）看起来很年轻的肌肤。

正如需要一样，目标也可以分为积极的或消极的。积极目标是行为被引导的方向；因此，它经常被定义为**趋近目标**（approach object）。消极目标是行为被引导远离的方向，所以它被定义为**回避目标**（avoidance object）。因为趋近目标和回避目标都是被激发的行为的结果，大多数研究者将它们简单地定义为目标。考虑下面的例子。一个真心想接受高等教育的年轻人将进入大学视为积极的目标，从而大学等同于趋近目标。其他人则可能把错失进入大学的机会和遭到家人和朋友的批评视为消极目标，然而上大学可以避免以上的消极结果，所以对这类人而言，逃避批评是回避目标。

需要和目标的互相依赖

需要和目标是相互依赖的；无论缺少哪一方，另一方都无法存在。然而，人们经常无法像意识到他们的目标一样意识到他们的需要。例如，一个青少年可能无法有意识地认识到他的社会需要，但是可能会参加一个网上聊天群来结交新朋友。类似地，人们意识到他们需要购买某件东西，但购物时却会有不同的目标。一项研究显示，母亲和女儿的购买动机截然相反：母亲购物时目的性更强，而女儿购物更多是出于消遣或者社交原因。[3]另外一项研究提出了激发人们产生购物动机的几个因素[4]：

1. 挑选特定商品，比如去超市购买食品或者去五金店购买工具、材料等。

2. 消遣性购物，消费者没有必须要购买的产品，购物仅仅是为了享受逛商场的乐趣。

3. 特定行为，包括寻找感官刺激、购买礼物以及抢购便宜货等。

4. 特定需求，包括服务便利、商场气氛、品类新颖独特等。

需要从不会被完全满足

多数人类需要从不会被完全地或者永久地满足。如果人们实现了自己的目标，新的目标又会出现；如果目标没有实现，人们会继续为原目标努力或者制定另外一个目标来替代原目标。比如，一个人可能通过成为一个地方行政官员的助理来部分地满足权力需要，但是这种对权力的代理的感觉可能无法充分地满足她的需要；因此，她可能努力为州立法者工作或者干脆自己管理政府机构。在这种情况下，暂时实现目标并不能充分地满足权力需要，并且个人会更加努力地去更彻底地满足自己的需要。

旧的需要被满足，新的需要出现

一些动机论者相信需要是有层次的，并且当低层次的需要被满足时，新的、更高层次的需要会出现。[5]例如，一个很大程度上满足了自己的生理需要（如食物和住房等）的人会将他的努力转向通过参加政治俱乐部并支持他们的候选人来获取他的新邻居的接纳。一旦他有自信已被接纳，就会通过举办奢侈的舞会或建造一所更大的房子来寻求认可。

成功和失败影响目标

成功地实现自己目标的个体通常设立了新的和更高的目标；也就是说，他们提高了自我期望。这可以归结为，他们达到低层次目标的成功使他们对自己达到高层次目标的能力更加自信。相反，没有达到目标的人有时会降低他们的期望。因此，目标的选择常常受成功和失败的影响。例如，一个没有被医学院接受的大学三年级学生可能会试图成为一名牙医或者足医。

这些成功和失败对目标选择的影响对市场营销人员有战略性的意义。目标应该是合理的且可实现的；广告不应该承诺比产品所能传达的更多的东西。产品和服务经常用这样的标准来评估，即消费者期望和客观效用之间差距的大小和方向。因此，如果一个产品没有像它的广告"过度承诺"的那样达到不切实际的期望，即使它再好也不会被购买。类似地，如果一个产品的功效超过了消费者的期望，消费者愿意用比它承诺的更高的满意度去看待这个一般的产品。

当个体无法达到一个具体目标或其认为能满足特定需要的目标的时候，行为会被引导向一个替代目标。虽然替代目标可能没有原始目标那么让人满意，但是它足够清除不舒适的紧张感。原始目标的持续丧失将使替代目标承担原始目标的地位。比如，一个因为要减肥所以停止喝全脂牛奶的女人实际上可能会开始偏爱脱脂牛奶。一个买不起宝马车的人可能会确信他更喜欢一辆新款运动型日本车的外观。

沮丧与防御机制

沮丧（frustration）是追求目标过程中遭遇失败的感觉；而个体受挫时，为保护自尊而采取的认知和行为方式就是个人的**防御机制**（defense mechanisms）。无法实现一个目标经常会引起沮丧的情绪。每个人都因为对实现一个目标的无能为力而感到沮丧。阻止目标实现的障碍对个体来说也许是个人的（如身体或财力资源的限制），或者是物质或社会环境的阻碍（如一场暴风雨造成的期待已久的收获的推迟）。不考虑原因时，个体对沮丧情况的反应是不同的。有些人通过找到绕过障碍的方法解决，或者，当这个办法失效时，他们会选择一个替代目标。另一些人则不能很好地适应，并且认为自己没有能力实现目标是个人的失败。这样的人有可能采取一种防御机制来保护自我。

不同的人处理沮丧的方式也不一样。例如，一个年轻女性也许会渴求一个她无法负担的欧洲假期。能够应对这种情形的人会选择一个便宜些的去迪士尼乐园或国家公园的旅程。而不能应对的人会对她的老板发脾气，因为他没有付给她足够的薪水来过一个她喜欢的假期，或者她可能说服自己欧洲今年热得反常。后两种可能情形分别是**攻击性**（aggression）和**合理化**（rationalization）的例子，当人们无法实现他们的目标时，有时会采取防御机制来保护自我免于失败的感觉。其他的防御机制包括**倒退**（regression）、**回避**（withdrawal）、**投射**（projection）、**幻想**（daydream）、**认同**（identification）和**抑制**（repression）。对这些防御机制的描述见表3—2。这个防御机制的清单还远不够彻底，因为个体倾向于开发自己的方式来重新定义沮丧的情形以维护他们的自尊，减少失败带来的焦虑。市场营销人员在选择广告的诉求点和制作广告时要考虑到这些，即广告可以描述一个人通过使用宣传的产品减少某种特别的沮丧。图3—3中的广告诙谐地展现了处于沮丧情绪中的父母，由于他们在假期中并不能很好地放松有时会幻想孩子"消失"。广告词和画面中虚线框的部分告诉父母们：Ving Resorts是他们的"白日梦"实现的地方。

表 3—2　　防御机制

防御机制	描述和例证
攻击性	对沮丧作出反应时，个体可能会诉诸攻击性的行为企图保护他们的自尊。当一个网球运动员对比赛或者他的队友失望时将球拍“砰”地摔到地上就是这种行为的例子。同样的例子还有消费者对公司或者商场的联合抵制。
合理化	人们有时会这样解决沮丧，即为他们无法实现目标创造似乎有道理的理由（如没有足够的时间来练习）或者认为这个目标不值得追求（如“追求一局高的分数没那么重要”）。
倒退	个体可能会用幼稚和不成熟的行为对沮丧情形作出反应。例如一个想要砍价买东西的人会争夺商品，甚至撕坏别的购买者不放弃的衣服，而不是让别人买走。
回避	沮丧能够通过简单地从对这种情形的回避中得以解决。举个例子，一个在组织中很难赢得领导地位的人可能决定花更多时间在别的活动上或者简单地退出这个组织。
投射	个体可能将对自己的失败和无能为力的抱怨投射到其他事物或者人身上，以此来重新规划沮丧的情形。因此，丢掉一杆的高尔夫球手可能会抱怨他的高尔夫球俱乐部。
幻想	以自我为中心的思考是需要和情感占主要地位的思考，而很少和现实联系起来。类似的白日梦或者幻想能让个体没有满足的需要在想象中获得满足。例如，一个害羞和孤独的人可能会做浪漫爱情的白日梦。
认同	人们会下意识地认为他们觉得相关的人和情形是相同的，以此来解决沮丧的感觉。例如，生活片断广告经常描述这样的经典情形：个体经受了沮丧，然后通过使用广告中的产品克服了沮丧。如果观看者能够识别沮丧的情形，他就非常有可能采取所建议的解决方法并且购买广告中的产品。
抑制	另一种个体避免沮丧所产生的紧张的方法就是抑制未满足的需要。因此，个体会“强迫”需要离开他们的意识。有时，抑制需要会间接地证明自己。无法生育孩子的妻子可能在学校教书或者在图书馆工作；她的丈夫可能在男孩俱乐部里做志愿者工作。用社会可以接受的方式表现的被抑制的需要也叫升华，这是另一种防御机制。

图 3—3　幻想的诉求

资料来源：Ving Norgeas.

3.2 需要体系

多年来，心理学家和其他对人类行为感兴趣的人试图得到人类需要的完全的清单。多数人类需要的清单在内容上倾向于很多很长。关于具体的生理需要鲜有对立观点，但对具体的心理（即源于心理的）需要却有相当多的不同意见。

亨利·默里的心理需要清单

1938年，心理学家亨利·默里（Henry Murray）准备了一份详细的清单，列出了27种源于心理的需要。这项研究很可能是第一个对人类非生理性需要的系统研究。默里认为每种需要就其本身而言都是非常重要的，但是需要之间可能会相互关联、相互支撑甚至相互冲突。比如，过分的控制行为会让亲朋好友离你而去，此时拥有支配权力的需要就和依附的需要产生了冲突。默里还认为外在环境会对心理需要如何体现在行为上产生强烈的影响。比如，研究表明高成就需要的人往往倾向于选择更具挑战性的任务。而依附需要高的人往往是大型社会团体的一分子。他们会花更多的时间进行社会交往，与社会接触少会让他们感到孤独。

默里把心理需要分为五种：野心、物质、权力、情感以及信息等需要。后来，心理学家艾伦·爱德华兹（Allen Edwards）创立了进行自我测试的人格清单，成为人格特征研究广泛使用的工具。表3—3列出了默里和爱德华兹研究的几种需要的定义以及特点，这些需要都与消费者行为相关。

表3—3　　应用于消费者行为的心理需要

需要	特征描述	促销应用
成就：完成任务，成功克服障碍	努力比别人做得更好。	鼓励成功或者表达成功的广告（比如宣传教育）。
展示：让他人吃惊，成为焦点	在聚会上讲笑话或者说一些在别人看来机智的话。	广告中表达一个人的财产（比如豪车）会吸引人们的注意力。
依附：花费时间形成稳固的朋友关系或者依附关系	对朋友忠诚，和朋友分享，帮助朋友克服困难。得到他人的信任，别人愿意告诉你他们所遇到的麻烦。	传递人们享受在群体中的感觉的广告（比如度假或者购物的情境）。
权力/支配：控制、影响或者领导他人	谋求成为小组的领导者，指导监督别人的工作。	广告中表达事实或者象征性的支配权（成为总裁或者拥有一辆马力强劲的汽车）。
改变：寻找新的体验，避免重复	做一些新的不同寻常的事情，比如在一家新开的餐馆里吃饭，去未去过的地方旅行。	强调新颖、独特、打破常规的广告（比如旅行探险或者充满活力的休假）。
秩序：保持事物整洁有序	对事情的细节制定计划；设定每项活动的确切时间。	倡导节省空间、固定物体的设备（比如整理分隔衣柜、抽屉或者车库）。

马斯洛的需要层次理论

临床心理学家亚伯拉罕·马斯洛（Abraham Maslow）博士得出了一个被广泛接受的理论，这个理论研究了以人类需要的普遍层次概念为基础的人类动机。[6] **马斯洛的需要层次理论**（Maslow's hierarchy of needs）定义了五个层次的人类需要，并从低层次（源于生理的）需要一直到高层次（源于心理的）需要。这个理论假设个体在高层次需要出现之前，先寻求低层次需要的满足。长期未被满足的最低层次的需要能够激发个体的行为。当这个需要被“很好地”满足时，一个新的（更高层次的）需要又出现，激发个体去满足。当然，如果一个较低层次的需要再次丧失时（如口渴），它可能暂时又占据主要地位。

图3—4展示了马斯洛的需要层次。但是，根据这个理论，每层之间会有一些重叠，因为没有需要能被完完全全地满足。正因为如此，虽然当前占主要地位的需要下面的所有需要也将继续在某种程度上激发行为，但是首要的刺激物——个体内主要的驱使力——是没有被满足的最低层次的需要。

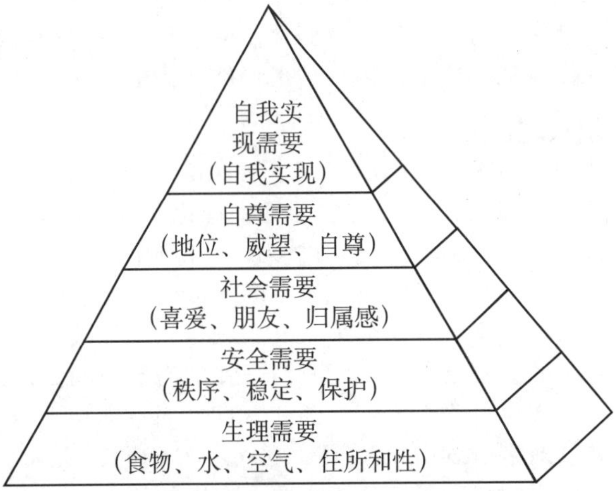

图3—4　马斯洛的需要层次

生理需要

在需要层次理论中，**生理需要**（physiological needs）是人类首要的和最基本的需要。这些维持生物生命必需的需要包括食物、水、空气、住所、衣服、性——所有这些源于生理的需要实际上以前被并列为最初的需要。

根据马斯洛的研究，当生理需要长期未满足时，它们占统治地位：“对一个极其饥饿的人来说，除了食物没有其他利益存在。他梦想食物，他记得食物，他渴望食物，他只对食物动感情，他只能察觉到食物，他只想要食物。”[7]

安全需要

在第一层次的需要被满足后，**安全需要**（safety needs）便成为个体行为背后的驱使力。这些需要不只有生理和安全需要，也包括秩序、稳定、规则、熟悉和对一个人生活和环境的控制。健康和健康护理的获得对安全考虑来说十分重要。储蓄、保险、教育和职业训练都是个体满足安全需要的方式。

社会需要

位于马斯洛需要层次的第三层次的**社会需要**（social needs）包括爱情、喜爱、归属感和被接受。

尊重需要

当社会需要或多或少地被满足后，马斯洛需要层次的第四层次开始起作用。这层涉及**尊重需要**（egoistic needs）。这些需要既可以采取内向的导向，也可以采取外向的导向，或者两者兼有。

1. **内向的尊重需要**（inwardly directed ego needs）反映了个体对自我接受、自尊、成功、独立和个人对工作的满意的需要。

2. **外向的尊重需要**（inwardly directed ego needs）包括对威望、声誉、地位和别人的认同的需要。

自我实现需要

根据马斯洛所说，多数人没有充分地满足他们的尊重需要，以至于没有到达第五层次——**自我实现需要**（self-actualization need）。这种需要涉及个体实现自己的潜力的欲望——成为任何自己能够成为的人。例如，一个艺术家可能需要在画布上表现自己；一个研究者可能努力想找到能治愈癌症的新药。一些大公司采用以激励为基础的促进措施来鼓励它们的高薪员工克服自己的不足，找到满意和自我成就感——让他们看待自己的工作，就像让他们成为“他们能成为的一切”。

对需要层次理论的评价

马斯洛的需要层次理论提出了五个层次的人类需要。当低层次的需要被满足时，高层次的需要就成为人类行为的驱动力。理论研究表明，实质上是不满意而不是满意，激发了行为。需要层次理论在许多社会原则中都得到了广泛的接受，因为它看起来反映了社会中许多人所具有的或被推断的需要。所假设的五个层次的需要包括了个体需要的多数清单。这个理论的最主要问题是它不能被实践检验；没有办法精确地在下一个更高层次的需要起作用前，测量现在的需要被满足得如何。而且，需要层次看起来与当代美国文化有非常紧密的关联（即它看起来既与文化也与时间关联）。在非西方国家里，马斯洛所划分的需要的顺序不尽相同。实际上，研究表明在一些国家里，安全、爱以及归属的需要处于需要金字塔的顶端。[8]

需要层次理论的营销应用

尽管有这些局限，需要层次理论仍然为市场营销人员提供了高度有效的框架。马斯洛的需要层次理论适用于市场细分和广告诉求的开发，因为有满足每个层次需要的消费品，还因为大部分消费者分享着多数的需要。例如，个体买健康食品、药物和低脂的产品来满足生理需要。他们买保险、预防性药物和家庭安全系统来满足安全需要。几乎所有个人护理和修饰性产品（如化妆品、口腔清洁剂、剃须泡沫），还有多数衣服，都是用于满足社会需要。高科技产品如电脑或者声讯系统，奢侈品如裘皮大衣、轿车或者昂贵的家具等，经常用来满足自我需要或尊重需要。研究生教育、与兴趣相关的产品、异国情调和富有挑战的冒险旅行等则是用来实现自我成就的。

广告及其他营销信息形式也可利用需要层次去定位产品——决定产品应当怎样被潜在消费者感知。需要层次是开发定位战略的多功能工具，因为在这个框架下，根据不同的需要对于同种产品也有不同诉求。例如，最近一项研究测试了不同征兵广告语所体现的招募年轻人员的需要。“你将无所不能”，“精英、荣誉、海军陆战队”这两条广告语获得了广泛的共鸣。大部分人不喜欢“我们需要你”、“与子同袍”这两条广告语。[9]显然，归属和自我实现的需要是人们参军的主要动机。

需要的三位一体

另一个梳理人类需要的框架是三位一体：对权力、从属和成就的需要（表3—3列出了这些需要，马斯洛的需要层次理论也涵盖了这些需要）。从个体角度考虑，每一个需要又都会对消费者动机产生影响。

权力

权力需要（power need）与个体控制其周围环境的欲望相关。它包括控制其他人和多种事物的欲望。这种需要看起来与自我需要有很大关联，因为当一些人拥有控制事物或人的权力时，他们的自尊也会随之增加。

从属

从属是一个被广泛认知和研究的社会动机，它能极大地影响消费者行为。**从属需要**（affiliation）（同马斯洛的社会需要非常类似）表明对友谊、被接受和归属感的欲望在很大程度上影响着行为。有高的从属需要的人倾向于在社会上依赖别人。他们经常选择自认为能得到朋友赞同的商品。在商业街闲逛的年轻人更多的是为了获得与别人在一起的满足，而不是有购物的需要。

成就

有强烈的**成就需要**（achievement need）的个体经常把个人成就看作自身的目标。有高成就需要的人倾向于更加自信、享受冒险、主动研究周围环境和提供有价值的反馈。货币奖励是对他们表现情况的一种重要的反馈。有高成就需要的人更喜欢这种情形，即他们能为找到解决方法承担个人责任。[10]正因为如此，对许多想要教育和影响消费者的产品和服务来说，高成就感是一种有用的促销战略。

3.3 动机的测量

动机是如何被识别的？它们又是如何被测量的？研究人员如何知道哪种动机对应着特定的行为类型？这些问题很难回答，因为动机是假设性的构建，即它们无法被实实在在地看到或触摸、控制、嗅到。由于这些原因，没有哪种单一的测量方法被认为是完全可行的。因此，研究人员通常依靠多种定性研究技术的组合来尝试测量多种动机是否存在和/或强度如何。比起单独使用一种技术，通过结合不同的研究方法——包括回答问卷与调查数据（如观点与行为的自我报告），以及焦点小组会议和深度访谈得到的见解（即发现潜在动机）——消费者研究人员能获得更多的关于消费者动机的认识。

自我报告

自我汇报式动机测量（self-reported measures of motives）是一种要求被调查者评判每一条书面陈述与其相关程度的测量方法。研究人员会礼貌地要求受访者回答问题时不必思考太多，因为受访者思考太多会明白测项的目的，进而做出不诚实的回答。如果这样的话，受访者的回答有可能是他们想要回答的而不是内心真实的想法。比如，如果一个受访者知道测项“当我的工作任务相当困难时，我尽量做到最好”的目的在于测量个人的成就需要时，她可能会选择“非常同意”，即便对她而言并非如此，但是她想让别人认为她是一位成就型的人。如果使用恰当，自我汇报式动机测量可以相当准确地评估人们的动机。

定性研究

受访者常常没有意识到他们的动机，或是当他们被直接提问时不愿泄露他们的动机。在这种情况下，研究人员运用**定性研究**（qualitative research）去探究消费者无意识的或隐藏的动机。许多定性研究方法也称为**投射技术**（projective techniques），因为它们需要受访者去解释没有明确意义的刺激，伴随对主题的想象或“投射”他们的潜意识，从而展露隐藏的动机。来自定性研究方法的发现高度依赖于训练有素和有经验的分析师；那些发现不仅代表着资料本身，也代表着分析师自己的看法。虽然一些市场营销人员担心没有硬性数据来客观证明调查的观点，但另外一些人确信定性研究能比定量研究展现出更多内容（见第 16 章）。表 3—4 列出了动机定性测量方法的主要类型及其应用。[11]

表 3—4　动机定性测量

研究方法	描述和例子
讲故事	这个方法包括让消费者讲述现实生活中的故事，这些故事要与研究中他们使用的产品相关。金佰利公司通过这种方法来研究父母对尿布的看法，结果发现父母认为尿布是与孩子发展的特殊阶段有关联的衣服。因此，如果孩子用尿布太久，父母就会忧虑和尴尬，因为他们将其看作教育孩子的失败。通过这些数据，公司引进了很成功的产品好奇拉拉裤（Huggies Pull Ups）——一种在美国尿布行业创建了新品类的产品。
字词联想	在**字词联想法**（word association method）中，被试用词语来表达反应，即在听到每一个词语后说出或者列出第一个进入自己脑海中的词。这种方法在研究消费者与现存的和正在发展的品牌名称的关系上有很好的应用。在句子完成测试中，受访者被要求在听到开放性的词组后完成一个句子（如“开敞篷车的人……”）。
主题统觉测试	由亨利·默里首创的**主题统觉测试**（thematic apperception test）是向被试展示图片，并让他们根据每个图片讲一个故事。例如，Clearasil 品牌原来使用的是一个女性照镜子的影像，伴随着字幕“有一个年轻人在照镜子并找脸上的粉刺”。研究人员发现年轻人认为他们的生活是快节奏和社交活跃的，脸上长了粉刺会突然扰乱他们生活的节奏。因此后来的广告描述的是一个男青年轻快地在一条街上走，然后在一个商场的橱窗前把粉刺挤破。他周围的所有事物都静止了。他使用的是 Clearasil，粉刺消失了，生活如常。
画图	视觉形象经常用于研究消费者对多种品牌的感知，并能用于开发新的广告策略。例如，当要求被试画一些关于典型的皮尔斯博瑞（Pillsbury）蛋糕使用者的图画时，他们画了些系着花边围裙的保守的胖女人。当他们被要求画一些关于杜肯·翰斯（Duncan Hines）蛋糕使用者的图画时，他们画的是苗条的、穿着高跟鞋和迷你裙的女人。这些结果为皮尔斯博瑞公司提供了重要的价值，让它考虑产品再定位的必要。
照片分类	在一项由倍得适公司（Playtex）（一家内衣制造商）的广告代理商所进行的使用照片分类方法的研究中，被试获得一堆描述不同类型女性的照片，被要求从中挑选那些描绘她们自己形象的照片。虽然许多被试自身很胖，而且穿着比较守旧，但是她们选择了看起来很瘦、穿着很好看和很独立的女性的照片。广告代理商建议倍得适停止在广告中强调其内衣的舒适性，而是设计一个新的形象来展示性感、苗条和胸部丰满的女人，并配上“苗条带来时尚”这样的口号。

资料来源：Emily Eakin，“Penetrating the Mind by Metaphor，” *New York Times*，February 23，2002，B9，B11；Ronald B. Leiber，“Storytelling：A New Way to Get Close to Your Customer，” *Fortune*，February 3，1997；and Bernice Kramer，“Mind Games，” *New York*，May 8，1989，33－40.

动机研究

动机研究（motivational research）已经成为“一种艺术”，涉及揭示消费者潜意识或者隐藏的动机的定性研究，而且动机研究逻辑上应该包括所有类型的探查人类动机的研究。动机研究是由欧内斯特·迪希特（Ernest Dichter）博士在20世纪五六十年代做的一项定性研究，目的在于揭示消费者的潜意识或者隐藏的动机。基于消费者不总是能意识到他们行动的原因这样的前提，动机研究试图发现涉及产品、服务或品牌使用中隐含的感觉、态度和情感。这个前提假设反映了弗洛伊德的人格心理分析理论。该理论认为无意识的需要或驱力（尤其是生物性驱力或者性驱力）是人类动机和个性形成的根本原因。

之前在维也纳做心理分析师的医生欧内斯特·迪希特于20世纪30年代晚期来到美国，他没有继续做临床心理分析师，而是在纽约一家知名的广告机构任职。他将弗洛伊德的心理分析技术应用到消费者购买习惯的研究中。在此之前，很少有营销研究关注消费者做了什么（即定量的描述性研究）。迪希特改造了弗洛伊德的心理分析技术，用于研究消费者的购买习惯。他运用定性研究方法找出消费者为何购买以及他们做了什么。市场营销人员很快被这个聪明、有趣并能经常使他们惊讶的关于消费者行为的解释迷住，尤其是当解释是基于性别时。例如，市场营销人员被告知烟草和对生命有益的糖果的购买是由于它们的性别象征，男人将敞篷车看作女主人的替代品，女人烤面包来满足她们繁衍的渴望。不久以后，几乎每个主要的广告代理商都聘用了精神分析师，用以指导动机研究。表3—5展示了迪希特和他的同事开发的四类产品的概貌。

表3—5　欧内斯特·迪希特构建的选择产品的个性概貌

产品	产品的潜意识含义
烘焙	迪希特将烘焙描述为一种女权和母性的表达，它能激发对母亲烤蛋糕时弥漫在屋子里的香味怀旧般的记忆。他说当烤蛋糕时，女人会下意识地和象征性地感受生产的行为，当把烘焙的东西放到烤箱里时，最多产的时刻就发生了。迪希特也坚持说当一个女人为一个男人烤蛋糕时，实际上是提供给他一个繁衍的象征。贝蒂·克罗克（Betty Crocker）的形象就是基于这个产品轮廓。
汽车	根据迪希特所说，汽车让消费者将他们想破坏的下意识的期望和他们对死亡的恐惧——人类精神的两个关键动力——转换成现实。例如，“在上面走”的表达起源于对权力的欲望，“我和那辆车擦身而过”反映了体验危险的欲望。基于这种观点，迪希特建议Esso公司（现在是埃克森公司）在促销它的汽油的优越性时应激发消费者对驾驶汽车的攻击性动机。“在你的油箱中放一只老虎”的口号就是这个建议的结果。迪希特坚称汽车也有个性，而且人们会对他们的汽车产生依恋，将它们看作同伴，而不是物体。这个概念蕴含在他的观点里，即男人将敞篷车看作女主人，将魔鬼看作妻子。
玩偶	玩偶在儿童社会化的过程中起到了重要的作用，而且通常是女孩子必备的玩具。家长选择具有他们想让孩子拥有的特点的玩偶，而且玩偶给家长和孩子都带来了欢乐。当美泰公司（Mattel）在1959年引进了芭比（Barbie）时，公司雇用迪希特作为咨询师。他的研究表明当女孩喜欢玩偶时，她们的母亲却憎恶玩偶完美的身体部分。迪希特建议美泰将玩偶营销为年轻时尚的模式，这种模式能反映母亲对女儿适当的、时尚的外表的欲望。广告运用的微妙主题告诉母亲，她们的女儿看起来对男人有吸引力比看起来很普通要好得多。

续前表

产品	产品的潜意识含义
冰激凌	迪希特将冰激凌描述为一种不费力的食品，不用嚼就能在口中融化，是一种丰富的象征，几乎可以说是一种人们想冰掉下巴时吃的食品。据此，他建议冰激凌的包装应该是圆的，显示没有数量的限制。

今天，动机研究包含了一系列定性研究方法和过程，已经成为消费者行为研究的良好基础。[12]它不仅包括了其他心理学派，还从社会学和人类学中借用了方法论和概念。定性消费者研究方法由焦点小组访谈、深度访谈以及一系列"问题和探索线路"组成，它们被大大小小的公司用于更深入地理解为什么消费者会产生某种行为。动机研究经常揭示出一些意料之外的消费者对产品或品牌的关注点，因此它的战略性用途之一就是为开展新的促销活动提供思路，用没有意识到的需要去吸引消费者的注意力。定性研究还能使市场营销人员在早期即可发现消费者对各种观点和广告宣传的反应，以避免因投放无效的和未经试验的广告而犯代价高昂的错误。此外，随着各种定性研究技术的应用，动机研究的成果为消费者研究人员提供了基本的洞察力，从而为在更大规模、更具代表性的消费者样本基础上开展定量营销研究提供了基础性框架。

基于迪希特以及其他动机研究学者的贡献，定性消费者研究从弗洛伊德和新弗洛伊德主义的概念拓展开来，不仅包括了其他心理学派，还从社会学和人类学中借用了方法论和概念。定性研究咨询协会（QRCA）就是通过跨学科研究消费者动机而建立的学术团体。QRCA 的成员由定性研究人员组成，他们定期为那些试图了解消费者的基本需要和动机的公司客户开展焦点小组访谈、一对一访谈或深度访谈。通过它的出版物和会议，QRCA 在理解消费者动机和消费者行为的方法论上已拓展了许多。

3.4 个性的本质及理论

个性（personality）是决定或反映一个人对自己周围环境如何思考和反应的内在心理特征。定义强调的是内在特征——将人与人相区别的具体特质、属性、特征、因素和态度。本章后面部分会阐述由这些根深蒂固的个性特征所构成的个性会影响个人对产品的选择：它们会影响消费者对市场营销人员促销的反应，以及何时、何地和如何购买与消费产品和服务。因此，识别与消费者行为相关的个性特征对一个公司市场细分战略的开发是很有用的。

个性的层面

心理学家对人类个性的研究并不统一。有些学者强调基因和早期的童年经历的双重影响；有些学者则强调广泛的社会、环境影响以及个性是随时间改变的；还有些学者倾向于将个性看作一个整体；另外一些学者则关注具体特性。总体而言，研究者就以下三点达成了共识：（1）个性反映了个体差异；（2）个性具有稳定性和一致性；（3）个性是可以改变的。

个性反映了个体差异

构成每个人的个性的内在因素是各种要素的组合，所以两个人的个性是不可能完全一样的。然而，许多人可能在某一个性特征上相似，尽管其他个性特征不同。例如，一些人可能被描述为高民族中心主义消费者（愿意接受国外制造的产品）；而另一些人则是低民族中心主义消费者（害怕或不愿购买外国制造的产品）。个性的有用性正在于此，我们可以根据一个或多个个性特征将消费者分类。因为属于特定细分市场的消费者在某一个性特征上得分较高而来自另外一个细分市场的消费者则在同样的个性特征上得分较低。

个性具有稳定性和一致性

一般而言，一个人的个性总是趋向稳定和一致的。事实上，有人这样评价自己的姐妹，“她从一出生就很关注自己的穿着”，这是个性稳定性和一致性的最好证明。个性的这两个特性是市场营销人员解释或预测消费者行为所反映个性的基础。虽然市场营销人员不能改变消费者的个性来适应产品，但是，如果他们知道影响消费者反应的个性特征，便可以诉求于目标顾客群的本质特征。例如，如果市场营销人员知道公司的某个产品会对消费者创新产生吸引力，那么他就可以通过广告宣传吸引创新型消费者。

个性是可以改变的

在某种情况下，个性是可以改变的。例如，一个人的个性可能因一些事件而改变，如孩子的出生、配偶的去世、离婚或升职。一个人的个性不仅会因突发事件而改变，改变本身就是一个渐进的成熟过程。“他成熟了许多，现在能够冷静地听那些与他不同的看法。”一个阿姨如是说她几年未见的侄子。

个性理论

这一部分将简要地介绍三种个性理论：（1）弗洛伊德理论；（2）新弗洛伊德理论；（3）特质理论。从众多的理论中只选取这三种理论，是因为这三种理论在研究消费者行为和个性时分别起了重要作用。

弗洛伊德理论

弗洛伊德理论（Freudian theory）基于如下假设：潜意识的需要或动机，尤其是性和其他生理动机，是人类动机和个性的核心。弗洛伊德理论的基础是通过收集病人的早期童年经历、对病人梦的解析以及他们生理和心理的调整等问题来揭示其本质特征。弗洛伊德基于自己的分析，认为人的个性是由三个互相转换的系统组成的：本我、超我和自我。图3—5展现了弗洛伊德三个互相转换系统之间的关系。

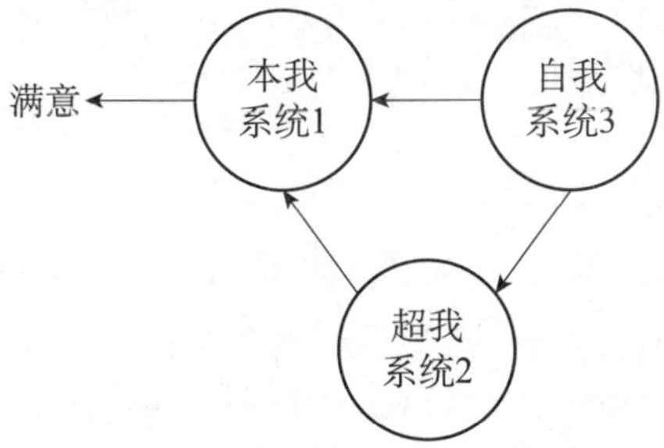

图3—5 本我、超我和自我关系图

本我（id）可以理解为充满原始和不可遏制动机（基本生理需要如口渴、饥饿和性欲）的“仓库”，为满足这些欲望而不计较方式。歌蒂梵巧克力（Godiva Chocolates）的广告（见图3—6）捕捉了伴随原始动机产生的神秘和令人激动的“力量”。

图 3—6　类似本我的原始驱动诉求：主角般的感觉

资料来源：Godiva Chocolates.

与本我不同，**超我**（superego）是人类内在社会道德和行为准则的集合。超我的存在是为了使个人行为符合社会要求，因而超我是约束或抑制本我冲动力量的“闸”。**自我**（ego）是有意识的控制，它扮演着平衡器的作用，在本我内在冲动和超我社会约束之间平衡。

除了详细解析个性的结构，弗洛伊德还强调个性的形成伴随着个人经历的从婴儿到孩童的不同发展阶段，这些阶段包括口部快感期、腔欲期、性器期、潜意识期和性生理发育早期。根据弗洛伊德理论，一个成人的个性决定于他如何处理每个阶段所出现的问题（尤其是前三个阶段）。例如，如果处在口部快感期的孩童其口部快感需要得不到满足，这个孩童就会停留在这个阶段，成年后的个性表现为依赖性高和过多的口腔活动（如不停地嚼口香糖和吸烟）。如果一个人停留在腔欲期，成年后个性特征中会表现出洁癖等。

新弗洛伊德个性理论

新弗洛伊德理论（Neo-Freudian theory）认为，除了弗洛伊德提出的概念之外，社会关系在人的个性发展中扮演着关键角色。一些同事不同意弗洛伊德的“个性主要是天生的且性是本能的”观点。这些新弗洛伊德主义者认为社会关系是个性形成和发展的基础。例如，阿尔弗雷德·阿德勒（Alfred Adler）认为人们致力于被他称之为生活风格的各种理性目标，还强调人们克服自卑感的努力（如努力获得优越感）。新弗洛伊德派的哈里·斯塔克·沙利文（Harry Stack Sullivan）认为，人们总是不断地与别人建立重要且有偿的关系，他非常关注人们减少紧张如焦虑的努力。

同沙利文一样，卡伦·霍尼（Karen Horney）也关注焦虑。她致力于研究父母与子女的关系，以及个人战胜焦虑的意愿的影响。霍尼提出可以将人分为三类：顺从型个体、好战型个体和独立型个体。[13]

1. **顺从型个体**（complaint individuals），指顺从他人以期得到他人喜欢或被需要或被赞赏等的人。

2. **好战型个体**（aggressive individuals），指喜欢与别人对着干的人，这些人喜欢表现，赢得他人敬佩。

3. **独立型个体**（detached individuals），指远离人群的人，他们希望独立，相信自己，自给自足，是个人主义者或责任规避者。

基于霍尼理论的个性测试（CAD），在消费者行为领域得以发展和应用。[14]最初的CAD研究揭示了大学生成绩与其产品和品牌选择模式之间的暂时性关系。高度顺从型学生喜欢以名字命名的产品如拜耳（Bayer）阿司匹林；好战型学生喜欢Old-Spice牌香体剂（www.oldspice.com）胜过别的品牌（可能是因为其男性诉求）；高度独立型学生喜欢喝浓茶（或许是为了显示不妥协性）。

许多市场营销人员会潜意识地应用新弗洛伊德理论。例如，将产品定位于将使用者标志为某个群体或赢得某个群体认可的市场营销人员可能是受到霍尼分类中独立型理论的指导。举例来说，想想一则面向一个顺从型个体的数码相机广告，由于顺从型个体特别希望被称赞和欣赏，因此这则广告会指出购买该数码相机会带来他人的称赞。而一则自行车手骑着黑色山地自行车顺着陡峭的山坡疾驰而下的广告会吸引好战性强的人。

特质理论

特质理论（trait theory）与弗洛伊德理论和新弗洛伊德理论所采用的定性研究（如个人观察、自己报告的经历、梦的解析、投射技术等）方法不同。该理论以定量分析或经验证明为导向，关注于分析测量个人的具体精神特点，即特征。特质被定义为任何区别于他人的相对持久的特点。特质理论者致力于构建个性测试或问卷调查来找出个人差异的特征。单特质个性测试（每次只测量一个个性特征如自信）专门开发用来研究消费者行为，这些量身定做的测试可以包括**创新**（innovativeness，接受新事物的开放度）、**物质主义**（materialism，消费者想获得物品的多寡和愿望的强烈程度）以及**民族中心主义**（ethnocentrism，消费者反对或接受进口商品的倾向）。

特质理论拥护者发现个性与消费者如何制定购买决策、选择购买和消费广泛的产品种类的关系远比购买与消费某个特定品牌的关系密切。例如，个性特质与是否经常吃坚果和果冻三明治的关系比与偏好的坚果品牌的关系更密切。市场营销人员对个性如何影响消费者行为非常感兴趣，因为这些知识能帮助他们更好地理解消费者，从而更有效地细分消费者以及针对那些对所传达产品或服务信息反应积极的消费者开展营销。下面介绍一些具有启示性的与消费者行为密切相关的特征。

3.5 个性特征和消费者行为

现在我们探讨个性特征与消费者行为之间的关系。首先，我们讨论个性特征同接受新产品之间的关系。接着，我们会就与该维度紧密相关的个性特征（守旧性、社会角色以及独特性需要等）进行分析。我们发现这些特征适用于所有消费者而不仅仅是新产品的创新使用者。最后，我们阐述了其他与消费相关的个性特征，比如最佳刺激水平（OSL）、感觉寻求、多样化或新颖性追求、认知需要、可视信息者与语言信息者、物质主义、专注消费主义、强迫消费行为以及消费者民族中心主义等。

消费者创新与创新意识

创新型消费者（innovators）是指最先尝试新产品、产品线延伸或者服务的人，因为他们对新的想法和行为持接纳态度。这些消费者对新产品或新服务的反应通常决定了新产品或服务的市场成败。创新型消费者对新产品抱有极大的热情：他们会告知别人自己的购买行为，向他人展示新产品，从而加快了市场对新产品的接受。而且，随着越来越多的消费者在线上谈论新产品，他们的创新行为也会增加。[15]表3—6列出了创新型消费者对高科技产品的观点。

表3—6　创新型消费者对高科技产品的观点

- 我不是一个品牌忠诚者；我总是寻找最好最新的技术。
- 当走进科技产品商店时，我往往会告诉店员产品如何而不是他们告诉我。
- 在购买新的科技产品之前，我的朋友们通常会向我咨询。
- 我喜欢购买和尝试最新的科技产品。
- 当我在经常光顾的科技产品商店里看到新东西时，我会忍不住体验一番。
- 我经常会对在别人看来颇新的科技产品感到厌烦并把它送给朋友们。
- 我经常浏览科技网站、博客以及社交网站以发现更新的技术。
- 我总是阅读报纸的技术板块并上网检索上面介绍的新产品。
- 每年我都会查询年度“假日礼物购买指南”，因为里面会介绍很多科技产品。

创新意识（innovativeness）是消费者愿意在了解新产品或服务后迅速使用它的程度。一项研究发现了四种激励消费者创新意识的动机因素：

1. 对新产品性能感兴趣的功能因素。
2. 使用新产品带来感觉上满意的享乐因素。
3. 想要通过追求新产品得到别人认可的社会因素。
4. 使用新产品带来精神刺激的认知因素。[16]

虽然前人对于消费者创新意识的研究已经将这种结构视作独立的个性特征，但近来根据测量高科技产品的结果，研究者开发出了一个包含三层人格的分层模型[17]：

1. 全球创新意识——独立于外在环境的创新特质；代表了创新意识的本质。
2. 专业领域的创新意识——规定了某个具体领域或产品类别的相对狭窄的创新概念。
3. 创新行为——接受改变和适应创新的行为或反应（比如第一个购买全新的或不同的产品或服务）。

正如所料，创新意识同网络和新技术使用之间有正相关关系。一项研究指出，在研究个性特征与网上创新行为时发现，网上购买者倾向于认为自己能够控制自己的未来，使用网络来收集信息，喜欢变化以及不惧怕不确定性。[18]一项研究发现网上银行和网络创新意识有正相关关系，但是更一般的创新意识则与包括使用网上银行的行为负相关，因而强调了专业领域创新意识的重要性。[19]一项研究发现消费者创新意识是影响品牌延伸的关键因素，因此公司在使用品牌延伸策略时应该考虑针对创新意识较高的目标消费者的营销策略。[20]一项研究发现在解释消费者购买行为时，消费者创新意识比其他因素（如价格感知、价值感知和价格差异化感知）发挥了更重要的作用。[21]

消费者守旧

教条主义（dogmatism）是用来描述消费者对与所持观点相反的不熟悉的新产品或新信息所表现出来的保守程度（相对于开放）。[22] 强守旧者对于不熟悉事物持排斥态度，并感觉不舒服和不确定。相反，弱守旧者会比较乐意接受不熟悉或相反的观点。一般而言，弱守旧者会喜欢用创新产品来代替原有的或传统的选择。

强守旧者比较能接受权威人物（名人或者专业人士）所做的新产品或新服务广告。而弱守旧者（常常是高创新者）比较能接受对事实上有什么不同的强调，产品能带来的好处，以及别的产品使用的信息。

联系守旧的概念，研究者发现表现出较高程度的开放性（类似于低程度的守旧者）以及对于情绪化信息的反应更加外向（与活力、抱负、冒险性、开朗等特质相关）的消费者，其购买态度和忠诚水平也较高。[23]

社会角色：自我主见型与他人支配型

自我主见型（inner-directed）消费者倾向于靠自己的价值观或标准来评价新产品，因而更有可能成为创新者；相反，**他人支配型**（other-directed）消费者则倾向于遵从他人指导来判断正误，因而成为创新者的可能性低得多。自我主见型消费者和他人支配型消费者对不同促销信息的反应是不一样的。自我主见型消费者喜欢强调产品特征和所能给使用者带来的好处（便于他们根据自己的价值标准评价产品）的广告；他人支配型消费者喜欢揭示产品得到社会一致认可（为了能够与大众保持一致，从大众处获得意见）的广告。图 3—7 中的广告展现了一个自我主见型的人正在野外探险。广告语“拓展训练，挑战自我”强调的就是自我主见。

图 3—7　自我主见型消费者的诉求

资料来源：Outward Bound.

独特性需要

许多消费者获取和展示所拥有的物品因为他们想与众不同。消费者的**独特性需要**（need for uniqueness）是个体通过产品将自己与其他人区分开以强化其个人和社会身份的需要。具有高独特性需要的消费者会更快地使用新的产品和品牌。他们宁愿违反常规和群体规范也要追求创新型产品避免选择主流产品。

理解该个性特征对时尚行业至关重要，因为穿衣的潮流和风格时刻在变。许多营销人员针对高独特性需要的目标消费群体采用提升自我独特性感知的营销手段。表3—7列出了高独特性需要消费者的自我陈述。

表3—7　一位拥有高独特性需要的年轻经理的自我陈述

- 旅游时，我总是会为自己搜集不同寻常的礼物。
- 当别人说我品位不同或者不一般时，我会很开心。
- 我会努力保持独特的个人形象。
- 一些朋友认为我在追求独特时会比较奇怪。
- 对我而言，引人注目和与众不同非常重要。
- 如果每个人都开始购买某个品牌的话，那么我不再继续使用该品牌。
- 与众不同是我的个人标志。

最佳刺激水平

最佳刺激水平（optimum stimulation level，OSL）用来衡量人们在个人经历中寻找的新奇性及复杂性水平和程度的个性特征。OSL水平高的消费者比OSL水平低的消费者更倾向于接受具有冒险性及新奇性的产品。研究发现高最佳刺激水平者比低最佳刺激水平者更愿意冒风险，尝试新产品，敢于创新，寻找与购买相关的信息，以及接受新的零售设备。[24]近来的一项研究对大学生对大众时尚服饰的选择（如一条经过特殊测量/剪裁和缝制的牛仔裤穿上去更贴身更好看）进行了调查，发现OSL受到两个因素的影响：学生体验新事物的开放性（“每个季节我都会试穿最新的衣服来评价我穿上这些款式的效果”）以及是否能突出个性（“我会尝试买那些与众不同的衣服”）。[25]

OSL同时反映了人们希望得到的生活方式刺激水平。例如，实际生活方式与OSL分数相当的消费者会感觉很满意；实际生活方式刺激没有得到满足的即实际生活方式比OSL分数低的消费者会觉得生活枯燥无味；实际生活方式刺激过度满足的即实际生活方式比OSL分数高的消费者会试图寻找平静或是放松。这表明消费者的生活方式和他们的OSL分数之间的关系会影响消费者购买产品或服务时的决策，以及他们如何管理和使用时间。例如，一个感觉生活枯燥的消费者即实际生活方式低于OSL分数的消费者会选择活动丰富、充满刺激的旅行；一个生活过于刺激的消费者会选择一次寂静、偏远、放松和令人精神焕发的旅行。

感觉寻求

感觉寻求（sensation seeking，SS）与最佳刺激水平相似，被定义为追求变化、新奇和复杂的感觉和经历，并愿意为此承担身体和社会风险的意愿。例如，高感觉寻求型男青年比低感觉寻求型男青年更喜欢重金属乐和参加冒险甚至危险活动。一项研究发现，高感觉寻求和创新意识强的消费者更愿意把自愿精神带入休假。[26]

多样化和新颖性追求

与最佳刺激水平相似的另一个特质是**多样化和新颖性追求**（variety and novelty seeking）。消费者追求多样化的类型主要包括[27]：

1. 探索性购买行为（如转换品牌以期找到更好的替代品）。

2. 替代性探索（收集一种新的产品或品牌的信息，深入思考甚至幻想自己购买了那种产品）。

3. 创新使用（将一个已经使用的产品用新的或创新性的方法使用）。

创新使用与高科技产品密切相关（如智能手机），有些产品提供许多特征和功能，另外一些产品仅提供有限的集中特征和功能。例如，一个高多样化追求消费者会选择购买最新的智能手机；而低多样化追求消费者可能会继续使用原来的手机。

认知需要

认知需要（need for cognition）用来衡量一个人对思考的渴望或喜欢程度的个性因素。高认知需要消费者对产品相关信息或描述广告反应强烈；低认知需要消费者更容易受广告的背景或次要因素如吸引人的模特或名人吸引。一项研究发现，广告中的产品信息诊断结论（如允许消费者评估产品质量和品牌差异的信息）会增加广告对于高认知需要的消费者的说服性。[28]沿着同样的思路，根据另一项研究，具有较低认知需要的消费者更乐意接受销售人员的推销，进而作出购买决策。[29]

认知需要也影响人们对网络的使用。更确切地说，认知需要与使用网络来获得产品信息、时事与新闻、教育与学习——所有带有认识因素的活动正相关。[30]其他研究发现具有较高认知动机的消费者为了能集中于他们所选择的线上产品，能够更好地过滤掉一些干扰信息，也更愿意去了解网络，而且与公司网站的额外互动能够增加低认知需要消费者的信息处理能力。[31]

可视信息者与语言信息者

研究发现，有人对文字敏感，更喜欢和接受文字信息；而有人对可视信息敏感，喜欢图形或可视信息作为信息来源。语言信息者喜欢书面或语音信息和产品而可视信息者更愿意接收图像信息源：

1. 物体可视信息者将印象作为一个单一的感知单位进行编码和处理。

2. 空间可视信息者则一块儿接一块儿地处理印象。

在物体可视信息处理上得分高的个体在空间可视信息处理上的得分低，反之亦然。更进一步说，尽管视觉艺术家在物体影像上的能力更卓越，但科学家和工程师在空间影像上更胜一筹。[32]

尽管大多数广告同时包含文字和图片信息，一些广告的可视性明显要比其他广告强。图3—8中的Yoplait广告吸引了大部分的可视信息者；该广告仅仅包含一幅富含脂肪的酸奶图，几乎没有任何文字。图3—9中的广告同时吸引了语言信息者和可视信息者；广告中包含了一幅引人注目的图片和许多关于产品的文字性信息。

消费者物质主义

物质主义（materialism）是一种人格特质，指个体沉迷于购买、炫耀非必需的奢侈商品的程度。一项研究表明，同美国相比，中国年轻（18～35岁之间）消费者的物质主义程度更高。[33]因此研究人员得出结论，中国的经济条件极大地得到改善，中

图 3—8　可视信息者的诉求

资料来源：Used with permission of General Mills.

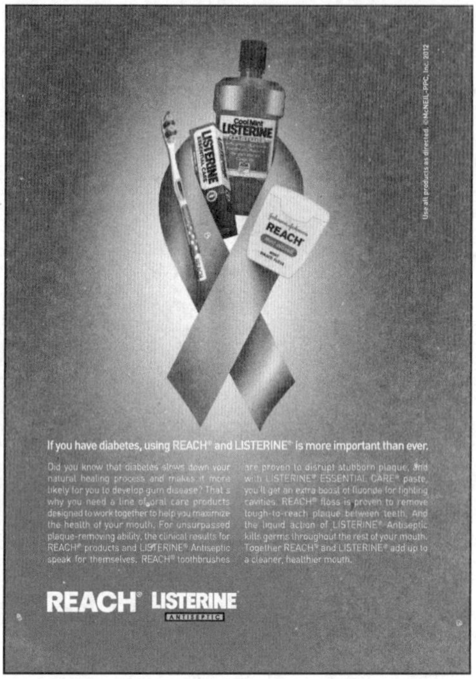

图 3—9　可视信息者和语言信息者的诉求

资料来源：Johnson & Johnson Healthcare Products.

国社会非常乐意接受物质主义。相反，由于美国经济不确定性增加，年轻的消费者变得更加保守。

物质主义程度高的消费者将物质财产视为身份的象征。他们非常看重获得和炫耀占有物；以自我为中心，而且自私；追求拥有很多占有物的生活方式；众多的占有物并没有给他们的生活带来更大的满足。[34]相反，物质主义程度低的消费者通常会和他人在一起。他们并不会将物质财产视为身份的象征，更喜欢追求体验、享受生活。一项研究发现吝啬型的消费者一般会比他们设想的花得少，因为花钱让他们感觉不舒服。相反，挥霍型的消费者不会因为花钱感到不舒服，他们通常会比设想的花得更多。[35]一项加拿大的研究表明在回忆做梦时，25%的人做的梦是关于买东西的。实际上，许多受访者会思考他们梦中的产品（有时甚至会搜索产品的信息），会把梦告诉别人甚至考虑购买所梦到的产品。[36]表 3—8 描述了物质主义消费者的选择特征。

表 3—8　物质主义消费者的选择特征

- 认为买东西非常重要。
- 喜欢寻找能带给他们快乐的东西。
- 深信“人在花下死，做鬼也风流”。
- 把穿戴和财产看作身份的象征。
- 相信自己比贫穷的人过得幸福。
- 享受分享新财产。
- 认为购买新东西是一件更重要的事情。

固着消费行为

在消费者行为背景下，**固着消费行为**（fixated consumption）指个体持续购买与其兴趣或爱好相关的物品，并将其向朋友或其他收藏者展示的行为。收藏爱好者的收藏范围从免费的物品比如世界各地的旅馆或餐馆的火柴盒到价值上万美元的玻璃镇纸、老式摩托车和汽车、艺术品以及百年陈酿。

固着消费者通常有以下特点：

（1）对某一物品或产品类别有浓厚或者狂热的兴趣。

（2）愿意为获得感兴趣产品的样品或产品目录而跑很远的路。

（3）为寻找所向往的物品或商品付出大量的时间、精力和金钱。

（4）竞拍中表现激进。

强迫消费行为

强迫消费行为（compulsive consumption）指消费者对买东西上瘾或失控的行为，这种行为经常对他们自身和周围的人造成破坏性结果。强迫消费行为的典型例子是不能自控的购物、赌博、吸毒、酗酒和各种各样的暴饮暴食。而且，在线购买的易得性让强迫消费行为更加普遍。事实上，过去的研究表明，至少有75%的强迫购买者是女性。[37]这些购物者经常购买一些他们不需要的或者几乎从来没有机会使用的商品。从市场和消费者行为的观点看，强迫消费行为可以纳入任何强迫性行为中，要控制或减少这些强迫性行为需要家庭疗法或医院治疗。研究表明信用卡的易得性加剧了强迫性消费行为，这一点在大学生中尤为突出。[38]市场营销人员必须确保他们的促销信息不含有鼓励强迫消费行为的暗示。表3—9列出了强迫型消费者的几个特征。

表3—9　　强迫型消费者的个性描述

- 进入商店后，拥有不可遏制的购买冲动。
- 经常购买自己不需要的产品直至分文不剩。
- 购物期间会强迫自己花掉剩余的钱。
- 认为别人如果知道自己的购买习惯会感到震惊。
- 购买自己无力承担的东西。
- 购物让自己感觉更爽。
- 故意开出会被拒付的支票。

消费者民族中心主义

民族中心主义（ethnocentrism）指个人对于是否购买外国制造的产品的倾向。有民族中心主义情结的消费者认为购买外国制造产品是不好的或错误的，因为这会给本国经济发展带来影响；非民族中心主义者则会客观地以产品本身的特性来评价外国制造的产品——产品究竟有多好？另外，一项美国“9·11”事件后的研究发现在“9·11”恐怖袭击事件或者其他自然灾害之后，美国一般民众的消费者民族中心主义有上升的趋势。[39]研究还发现，民族中心主义因国家和产品而不同。例如，墨西哥消费者比法国和美国消费者民族中心主义强；马来西亚消费者喜欢购买本国生产的零食、衬衫、内衣和腰带等，但却偏爱购买进口的太阳镜和手表。[40]其他研究表明美国老年人因战争残留记忆影响，拒绝购买德国和日本制造的产品；相应地，德国和日本老年人对美国制造的产品也持抵制态度。[41]

现在，由于营销国际化的原因许多消费者可能并不清楚某个产品到底是国产的还是进口的。例如，在美国卖的丰田汽车，一部分是在日本制造的，一部分是在美国生产的，另外一些则可能是同时在这两个国家制造的（在美国销售）。一些研究试图按照“国际化程度”或者“文化独特性的程度”对产品进行分类。一项研究显示，对某些消费者而言，“装配国”和“设计国”在他们的购买决策中发挥着重要作用。[42]一项在纽约市的商学院展开的调查测量了从绿茶到爵士乐等八种不同的产品是否在“全球化”程度上存在差别。[43]

市场营销人员通过在促销信息中强调本国生产主题（如美国制造、法国制造）成功地吸引了各国的民族中心主义消费者，因为这些消费者群体倾向于购买本国制造的产品。日本本田汽车公司通过告知消费者雅阁（Accord）轿车从美国出口到别的国家间接吸引了美国民族中心主义消费者，因为这强调了本田汽车的有些部分是美国制造的。然而一项跨越八个品类针对英国消费者偏好的研究发现，不同品类之间的国内外偏差（比如对在消费者定居国制造的产品的偏好）意味着，本国厂商不能总使当地消费者偏爱他们的产品而非进口产品。[44]而且一项研究表明，拥有知识少（对该产品了解较少）的消费者关于产品的态度，要比拥有知识多的消费者的态度表现得更为强烈。[45]一项近来研究中国消费者的报告显示，具有较高民族中心主义的消费者对于使用双语的标识和信息会表现出更低程度的偏好。[46]

个性和颜色

消费者不仅赋予产品和服务个性特征，还将个性和特定颜色联系起来。如可口可乐（www.coca-cola.com）选择红色为代表色，显示激情与活力。蓝色瓶装酒卖得很好，因为蓝色包装更能吸引女性消费者，事实上她们购买了大部分酒。黄色让消费者联想到新奇，黑色则是成熟的象征。鉴于此，希望树立成熟、高档或美好形象（如米勒啤酒出产的Miller Reserve），可使用黑色调的标签或包装。黑白颜色相结合的产品暗示着细心管理、精心设计和高科技。例如，耐克鞋主要使用黑色、白色以及少量红色，这种颜色组合能传递完美表现的感觉。许多快餐店都选用明亮颜色组合，如红色、黄色和蓝色是路边标识和店内装潢的主色，因为这些颜色让人联想到快速服务和廉价食物。相反，高档饭店则使用灰色、白色、棕色条纹，或者其他柔和、灰白或斑驳的颜色来反映优质和舒适的服务感觉。表3—10给出了一些颜色、它们的个性寓意以及相关的营销指导。

表3—10　　颜色与个性的联系

颜色	联想到的个性	营销指导
蓝色	受人尊敬、权威	• 美国人最喜爱的颜色 • IBM标识所使用的颜色 • 让人联想到苏打水 • 男人喜欢蓝色包装的产品 • 房屋不能漆成蓝色 • 低热量脱脂牛奶 • 蓝色杯装咖啡让人感觉口味温和
黄色	谨慎、新奇、温和、温暖	• 最惹眼 • 黄色杯装咖啡让人感觉咖啡较稀 • 交通停止 • 出售房子

续前表

颜色	联想到的个性	营销指导
绿色	安全、自然、放松、随意、生命力	·良好的环境 ·让人联想到蔬菜和口香糖 ·加拿大干姜艾饮料把无糖型包装从红色改成绿色和白色后销售额上升
红色	人性、活力、热情、激情、强壮	·使食物感觉更好吃 ·红色杯装咖啡让人觉得很浓 ·女人喜欢紫罗兰红 ·男人喜欢橙红 ·可口可乐"拥有"红色
橙色	力量、有支付力、非正式	·引人注意
棕色	非正式、放松、男性化	·天然棕褐色杯装咖啡给人感觉太浓了 ·男人喜欢棕色包装产品
白色	善良、纯洁、仁慈、干净、精致、精华、正式	·暗示着低热量 ·干净和健康的食物
黑色	成熟、权力、权威、神秘	·庄重的着装 ·高科技电子产品
金色、银色、铂金色	豪华、财富、庄严	·暗示着高价

资料来源：From "Color Schemes" by Bernice Kanner in *New York Magazine* 4/3/1989. Reprinted by permission of Bernice Kanner/New York Magazine.

3.6 产品和品牌人格化

在前面的章节我们介绍过品牌个性的概念。**品牌人格化**（brand personification）是指在广告中赋予一个品牌以人的特征。"品牌个性"为品牌提供了一种情感认同感，引发消费者对品牌的感情。例如在广告的反复宣传下，消费者会认为 Perdue 鸡肉代表着新鲜鸡肉；耐克是所有人都可以拥有的专业运动标识；宝马汽车具有追求完美的象征。品牌个性可以是功能性的（提供安全保障），也可以是抽象的（如所有人都可以开展专业运动）。一个独特的品牌个性可以将该品牌从同一品类中区分开来，让消费者产生积极的品牌态度、较高的购买意愿以及品牌忠诚度。

研究显示，在所用的营销组合因素中，营销沟通对于品牌个性的塑造发挥的作用最大。近来的一项研究调查了 64 个在美国的跨国公司为产品所设计的品牌个性。这项调查访问了这些公司的 270 个网站，包括美国、英国、法国、德国和西班牙的，并得出结论：品牌个性的 5 个潜在维度分别是活力、成熟度、情感、时尚和能力。[47]

拟人论（anthropomorphism）是指将人类的特征赋予一个物体，产品和品牌人格化是拟人论的表现形式。一项拟人化产品研究发现，消费者将物体拟人化的容易程度体现了产品是如何推向市场以及是否包括拟人的属性。产品作为人的形象推出但是缺乏人类的特点，这类产品与有更多人类属性的产品相比在吸引消费者方面不占优势。[48]一项研究探讨了品牌个性和人类两种性格特点的关系：

1. 依恋焦虑——人们对自己是否值得关爱的担忧程度。

2. 规避焦虑——依恋情境下，个人如何看待他人。

该研究发现，自尊程度高、对别人持负面看法的人（高依恋焦虑与高规避焦虑）喜欢刺激的品牌个性；而那些低依恋焦虑、对别人持正面看法（低规避焦虑）的人喜欢真诚的品牌个性。许多研究者建议市场营销人员在赋予品牌个性之前首先要弄清楚消费者的个性特征。[49]

许多消费者在表达自己对产品或品牌的看法和感觉时都会借助熟知的人类个性特征。因为市场营销人员已经通过反复的广告宣传有效地将产品赋予了人的特点。“M&M 人”（见图 8—4）的“有趣”这一品牌人格便是最好的例子。这个结论是基于一系列问题的回答统计出来的，如：“如果 M&M 巧克力花生豆是一个人，那他是什么样的人呢?”几十年来，“M&M 人”已经成为美国最受欢迎和认同品牌之一。一个深受消费者喜爱的自动咖啡机品牌 Mr. Coffee 很意外地在焦点小组访谈中发现消费者将它的咖啡机像人一样称呼为 Coffee 先生（“他能做出很好的咖啡”，“他有很多不同的型号和价位”）。经过认真思考，市场营销人员决定尝试建立人格化品牌，早期的研究还发现 Mr. Coffee 被公认为“可靠的”、“友好的”、“高效的”、“智慧的”和“机智的”。经过几轮焦点小组访谈，几种知名餐具洗洁精品牌被比喻成“工作狂人”和“精力旺盛的人”。在另外一项研究中，法国的年轻人（18～23 岁之间）认为可口可乐是友好的、富有创造性的、有魅力的以及优雅的（在众多特征之中）；正是这种知觉让人们对该品牌产生了信任、依恋以及承诺。[50]

一些消费者会变成“品牌狂热者”，与产品发展出一种类似于人际关系的情感。例如，发展出一种超越功能需要的关系。VW Beetle 车的拥有者会给自己的汽车命名，经常可以见到他们谈论自己的汽车，并运用感性的词汇去描述。另一个例子是哈雷-戴维森摩托车的所有者会努力获得一个哈雷文身。本文作者的一个朋友把处理垃圾称为“Garby”，把他昂贵的卡布奇诺咖啡机称为“Princessa”，对于咖啡机他通常会称赞其制造了大量泡沫却很少指责它产生的咖啡少。

图 3—10 是一个品牌个性框架图，该图反映了大量消费者研究所发现的品牌个性的结构和本质。由框架图可以看出品牌从 5 个维度（诚实、活力、能力、成熟和强韧）定义，在 5 个维度下有 15 个个性方面（如务实、勇敢、可信、高级和户外等）。如果仔细回顾品牌的各个维度和方面，会发现框架图所呈现的品牌个性正是许多消费品品牌所追求的。

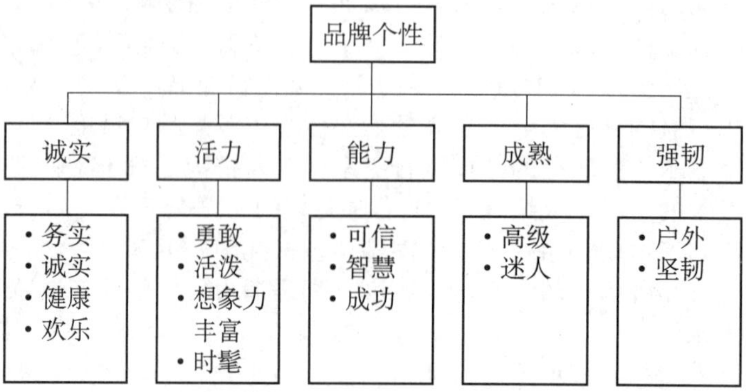

图 3—10　品牌个性结构图

资料来源：*Journal of Marketing Research*, 1997. American Marketing Association.

产品个性和性别

产品个性或表象人格常常赋予产品或品牌性别，如 Celestial Seasonings 的特雷西·琼斯（Tracy Jones）就拥有女性身份，而 Mr. Coffee 则是明确的男性身份。产品的性别随文化的变化而有所不同：在特定的文化里，消费者可能认为咖啡和牙膏是男性化产品，香皂和洗发水是女性化产品。近来研究还发现西班牙裔购买者会把人格特征与美国知名的零售商联系起来。在一些美国城市采用焦点小组访谈法时发现，西班牙裔消费者肯定会给零售商赋予人格特质。例如，沃尔玛就被描绘成追求细节、成功的商业女性；而老海军被描绘成友好的女性和花园；西尔斯则被描绘成一位开着豪车的绅士。[51]

产品个性和地域

在消费者头脑中很多品牌有很强的地域联系（如纽约盛产面包圈），这种地域联系通常可以加深消费者的印象、增加消费者对该品牌的喜爱程度。有趣的是，地域名称可以是人们熟悉的，也可以是鲜为人知甚至虚拟的。如费城奶油吐司，事实上这种吐司是伊利诺伊人生产的，但却使用了美国最大城市之一费城的名字。其实名字所指的地区是真实存在或虚拟并不重要，重要的是地名和名称形象是否增加了品牌的价值。虽然 Texas Best Barbecue Sauce 烧烤调料产于新泽西州，许多消费者还是将该烧烤调料与田纳西州联想在一起。类似地，墨西哥的 Old El Paso 沙拉酱畅销美国西南部，而该产品很有可能产于明尼阿波利斯；以双城（明尼阿波利斯和圣保罗）命名的沙拉酱却没有这样的好运气。

网站个性

许多消费者在上网过程中会对特定的网站产生情感上的依恋。一项最近的研究提出了网站的四种人格特征：（1）智能（可搜索、可理解、速度快以及内容精）；（2）趣味（多姿多彩、引人入胜、交互动态）；（3）有条理；（4）真诚（坦诚、实在）。[52]这些研究表明，将人格特征纳入网站设计中会让访客对网站产生积极的态度，增加访问量。

3.7　自我和自我形象

自我形象（self-image）是人们看待自己的方式。自我形象通常与消费者所购买的产品和服务相关，因为消费者通常会选择与自我形象一致的产品以加强自我形象。事实上，消费者在不同场合，与不同的人在一起时，行为会表现出不同。如一个人与父母在一起，或是在学校，或是工作，或是在展览馆，或是在夜总会与朋友相聚，所表现出来的行为就会不同。

每个人对自己是某类人的印象是由一些特征、技能、习惯、财产、社会关系、行为方式等组成的。个体自我形象同其他类型的形象和特质一样是独一无二的，是每个人个人背景和成长经历的结果。对个体而言，许多产品和品牌都有象征意义，因为这些产品和品牌形象同人们的自我感知是一致的。人们偏爱形象上可以加强自我形象的产品，回避那些与自我形象特点不一致的产品。一项最近的研究发现，食物消费同自我形象之间存在着非常有趣的联系。显然，随着美国人越来越胖，人们消费的食物量越来越多，许多肥胖的人认为自己的体重是正常的或者与平均水准持平。[53]

研究人员提出了自我形象的四个组成部分：（1）**实际自我形象**（actual self-image，消费者实际上是如何看待自己的）；（2）**理想自我形象**（ideal self-image，消费者想象中的自我形象）；（3）**社会自我形象**（social self-image，消费者认为别人对自己的形象的看法）；（4）**理想社会自我形象**（ideal social self-image，消费者希望别人对自己的形象的看法）。

在不同的消费背景下，消费者可能选择不同的产品来引导自己的态度或行为。例如，在购买日常用品时，消费者会受实际自我形象指导；而在购买显示或加强社会地位或角色的产品时，却受社会自我形象指导；涉及重要且坚定的个人目标或者期望（减肥或者自我感觉良好）时，人们的行为则可能是在理想自我形象或理想社会自我形象指导下进行。

自我形象概念对市场营销人员有着战略意义。例如，市场营销人员可以根据拥有相似自我形象的消费者进行市场细分，将产品或服务定位于这些自我形象的代表。这个战略与市场营销人员先评估细分消费者群的需要（产品的种类和所代表的消费者自我形象），再开发和营销满足上述标准的产品或服务相一致。内衣品牌Jockey就意识到了自我形象的重要性。

延伸的自我形象

消费者所拥有的物品可以被看作强化或延伸了他们的自我形象。例如，获得一条渴望的或者追求的具有“复古风”的李维斯牛仔裤可能会延伸或丰富一个女青年的自我形象。这个青年人现在可能会觉得她自己正变得更迷人、更时尚和更成功，因为她得到了一条追求的“复古风格牛仔裤”。研究人员发现拥有物可以通过以下几种方式来延伸消费者的自我概念[54]：

（1）实际地，通过使用该产品能完成某些工作，否则会很困难或不可能完成（如使用电脑来完成工作）；

（2）象征性地，可以让人感觉更好或更强大（如从雇主那里得到额外奖励，会自我感觉很好）；

（3）通过赋予地位或等级，如在稀有艺术品收藏家中，对于某一特殊作品的所有权；

（4）通过给后人留下宝贵的财富而感觉永恒。

改变自我形象

有时，消费者会希望改变自己而成为另一个自己或更完美的自己。衣物、装饰品或化妆品，以及所用的配饰（如墨镜、珠宝、文身，甚至美瞳）都能帮助消费者改变自我形象（使外表大变），因而改变自我。消费者往往通过使用改变自我形象的产品来塑造一个不同的自己，以展示自己的个性或独特性，或者使自己拥有或者符合某一类人的形象（如军人、外科医生、执行总裁或者大学教授）。

与自我形象和改变自我形象相关的是自大。自大作为描述人类特征的词汇，常常与自视甚高、自我利益为中心或者很欣赏自己的外貌或成就相联系。研究人员发现了自大的两种类型：（1）外表自大（对自己的外表给予过多的关注或者过于积极甚至过分的高评价）；（2）成就自大（对自己的成就给予过多的关注或者过于积极甚至过分的高评价）。他们发现这些想法与物质主义、化妆品的使用、衣着讲究和乡村俱乐部会员资格等有关。[55]表3—11列出了自大者的几个特点。从营销的角度来讲，这些特征表明自大者：（1）是保健品和美容产品行业客户；（2）喜欢包含吸引别人注意力的广告；（3）容易接受展示个人成就的促销广告。

表3—11　自大者的一些特征

- 总想看起来最佳。
- 总是关心自己的外在。
- 认为别人关注并且嫉妒他们的外貌。
- 认为别人认为他们很性感。
- 拥有个人成就。
- 想让别人高度赞许他们的成就。
- 认为自己是成功的典范。
- 认为别人希望像他们一样成功。

小结

动机是推动人们采取行动的内驱力。这一内驱力由一种不舒服的紧张状态所造成，这种紧张是需要未被满足的结果。个体具有的减少因需要引发的紧张的潜意识的动力产生了他期望能够满足需要的行为，并且能够带来更舒适的内部状态。人的需要主要有两类：生理需要是天生的，有些是后天形成的（源于生物的，主要的），只有满足生理需要才能维持生物性的生活。这些需要包括对食物、水、空气、保护身体不受外在环境伤害（衣服和住所）和性的需要。心理需要是从父母、社会环境和与他人互动中学习到的动机力量，包括自尊、威信、情感、权力和成就。目标是寻求动机行为的结果。人类所有的行为都是目标导向的，目的在于满足生理和心理需要。需要驱动人类的行为活动永不停止，因为：（1）人类的需要永远不会得到完全满足；它们会持续不断地推动人们努力达到或者保持满意。（2）当低层次的需要被满足时，新的、更高层次的需要会出现，引起紧张，诱发行为。（3）实现目标之后，人们会设置新的更高层次的目标。

人类有着相似的生理和心理需要。然而不同的个体，其心理需要的优先级别不同。马斯洛的需要层次理论提出了人类需要的五个层次：生理需要、安全需要、社会需要、尊重需要和自我实现需要。其他被广泛整合到消费者广告中的需要包括对权力、从属和成就的需要。

识别和“测量”消费者动机的方法主要有主观报告和定性研究两种方法。研究者经常同时采用这些技术来评估消费者动机是否存在或强度如何。动机研究及其拓展形式（一般称之为定性研究）的目的在于揭示消费者潜意识或者隐藏的动机。识别消费者的潜在需要和动机。

动机研究是探究消费者意识水平的定性研究。尽管有一些缺点，但对关注发展新的概念和新的吸引力的市场营销人员来说，动机研究仍被证明有很大的价值。对市场营销人员来说，定性研究在形成新想法和宣传文案诉求上意义重大。自我汇报式动机测量包含了一系列测量同受访者相关程度的书面陈述。

个性是决定或反映一个人对自己周围环境如何思考和反应的内部心理特征。虽然个性趋于一致，具有持续性，但个性会随时间或重大人生事件而改变。在研究消费者行为的理论中，有三种理论特别重要：弗洛伊德理论、新弗洛伊德理论和特质理论。弗洛伊德的精神分析理论为动机研究提供了基础，动机研究认为人类动机很大程度上是潜意识的，并且是产生许多消费者行为的原因。新弗洛伊德理论倾向于强调社会关系在个性的形成和发展过程中的基本作用。特质理论主要强调个性实证测量，依据具体的心理特征将人与人区分开来。

特质理论假定个人或多或少拥有天生的心理特质（如创新、寻找新奇、认同需要、物质主义等），并且这些特质可以通过专门设计的问卷或量表来测量。一些个性的特征与创新意识紧密相关：守旧性、社会角色（自我支配型和他人支配型）以及独特性需要等。这些特征以及其他与消费相关的个性特征，比如最佳刺激水平（OSL）、感觉寻求、多样化和新颖性追求、认知需要、可视信息者与语言信息者、物质主义、固着消费行为、强迫消费行为以及消费者民族中心主义等会极大地影响消费行为。理解它们有助于市场营销人员制定有效的说服策略。

消费者会给产品和品牌赋予人的特征。市场营销人员通过对这种产品和品牌人格化的研究，可以塑造消费者对促销信息的态度，加强消费者和产品之间的感情纽带。产品个性或表象人格常常赋予产品或品牌性别。在消费者头脑中很多品牌有很强的地域联系（如纽约盛产面包圈），这种地域联系通常可以加深消费者的印象，增加消费者对该品牌的喜爱程度。许多互联网的重度使用者会对特定的网站产生情感依恋。一些研究人员对网站的人格特征进行了探究。

复习与讨论题

1. 讨论“市场营销人员不创造需要；需要在市场营销人员之前就存在”的表述。营销努力能改变消费者的需要吗？为什么？它们能激发消费者的需要吗？如果能，应该怎么做？

2. 消费者既有先天需要，又有习得需要。举出每种需要的例子，并说明同样的购买行为如何满足其中一个或两个都满足。

3. 列出成为下列产品促销战略的有效基础的先天需要和习得需要：

a. 全球定位装置。

b. 能在线定制的太阳镜。

c. 智能手机。

4. 为什么消费者的需要和目标持续改变？有什么因素影响新目标的形成？运用需要和目标的概念介绍你所在高校的新项目。

5. 市场营销人员如何利用消费者追求目标的失败来开发对特定产品和服务的促销诉求？用具体例子说明。

6. 对下列产品运用马斯洛的需要层次理论中的某一层次来进行给定细分市场的产品定位和促销。简述你如何运用所选择的需要针对某一细分市场进行产品促销。产品有：电子书阅读器、昂贵的鞋以及度假村。

7. 应用马斯洛的需要层次理论进行市场细分和定位有什么优势和劣势？

8. a. 研究人员如何识别和测量人类动机？举例说明。

b. 动机研究和定性研究是不同的吗？讨论说明。

c. 动机研究的优点和缺点是什么？

9. 虽然消费者的可识别个性不可能完全一样，但个性还是时常用于消费者研究以识别和区分相当规模的细分市场，你如何解释这种现象？

10. 比较下列消费者个性理论的主要特点：弗洛伊德理论、新弗洛伊德理论和特质理论，并举例说明每种理论是如何用于解释消费者行为的。

11. 简述特质理论，并给出五个其应用于消费者研究的例子。

12. 研究发现，数码相机厂商所选目标市场上的主要消费者属于他人支配型的而且有很高的认知。市场营销人员如何利用该信息进行产品促销？

13. 描述最适合下列个性细分市场的营销信息，并举例：

a. 高度守旧消费者；

b. 内因指导型消费者；

c. 最佳刺激水平高的消费者；

d. 高认知需要消费者；

e. 可视信息消费者/语言信息消费者。

14. 购买外国制造产品的美国消费者与购买美国制造产品的美国消费者之间有个性特征的区别吗？市场营销人员如何使用民族中心主义量表进行市场细分？

15. 一个保健食品市场营销人员尝试着根据消费者自我形象来进行市场细分。简述市场营销人员怎么利用实际自我形象和理想自我形象实现市场细分。

实务练习

1. 寻找两个描述了两种不同防御机制（见表3—2）的广告并讨论它们的有效性。

2. 找出三个用来满足权力需要、从属需要和成就需要的广告，并讨论它们的有效性。

3. 找出两个激发消费者需要的广告实例，并讨论它们的有效性。

4. 访谈你的三个朋友，调查一下他们最喜欢的休闲活动。你的休闲活动是否跟你的朋友不一样？哪种个性特征可能解释这种异同？这种异同是如何产生的？

5. 找出三则基于弗洛伊德理论的印刷广告，讨论它们是如何应用该理论的。

关键术语

成就需要（achievement needs）
实际自我形象（actual self-image）
依附需要（affiliation need）
攻击性（aggression）
好战型个体（aggressive individuals）
拟人论（anthropomorphism）
趋近目标（approach object）
回避目标（avoidance object）
品牌人格化（brand personification）
顺从型个体（compliant individuals）
强迫消费行为（compulsive consumption）
幻想（daydreaming）
防御机制（defense mechanisms）
独立型个体（detached individuals）
教条主义（dogmatism）
自我（ego）
自我需要（egoistic needs）
民族中心主义（ethnocentrism）
固着消费行为（fixated consumption）
弗洛伊德理论（Freudian theory）
沮丧（frustration）
目标（goals）
一般目标（generic goals）
本我（Id）
理想自我形象（ideal self-image）
理想社会自我形象（ideal social self-image）
认同（identification）
自我主见型消费者（inner-directed）
创新意识（innovativeness）
创新使用者（innovators）
马斯洛的需要层次理论（Maslow's hierarchy of needs）
物质主义（materialism）
动机（motivation）
动机研究（motivational research）
认知需要（need for cognition）
独特性需要（need for uniqueness）
需要（needs）
新弗洛伊德理论（neo-Freudian theory）
最佳刺激水平（optimum stimulation levels，OSL）
他人支配型（other-directed）
个性（personality）
生理需要（physiological needs）
权力需要（power need）
特定目标需要（product-specific goods）
投射（projection）
投射技术（projective techniques）
心理需要（psychological needs）
定性研究（qualitative research）
合理化（rationalization）
倒退（regression）

抑制（repression）
安全需要（safety needs）
自我实现需要（self-actualization need）
自我形象（self-image）
自我汇报式动机测量（self-reported measures of motives）
感觉寻求（sensation seeking）
社会需要（social needs）
社会自我形象（social self-image）
超我（superego）
主题统觉测试（thematic apperception test）
特质理论（trait theory）
多样化和新颖性追求（variety and novelty seeking）
语言信息者（verbalizers）
可视信息者（visualizers）
回避（withdrawal）
字词联想法（word association method）

第4章 消费者知觉

学习目标

1. 理解知觉的组成要素及其在消费者行为中的作用。
2. 理解为什么消费者只处理外界传递的刺激中的小部分信息。
3. 理解消费者如何组织消费信息。
4. 理解消费者对刺激“附加”偏差的原因和方式及其对营销的意义。
5. 理解消费者意象的构成要素。
6. 理解消费者如何判断产品和服务的质量。
7. 理解消费者的知觉风险以及他们减少风险的方式。

引 例

知觉（perception）是个人选择、组织和理解外界刺激，形成对客观世界有意义的相互联系的图像的过程。可以将其描述成“我们如何看待我们周围的世界”。即使将两个人置于相同的环境条件、相同的刺激下，对这些刺激的识别、选择、整理和解释也是一个高度个体化的过程。它会因个体需要、价值观和期望的不同而呈现出很大的差别。

消费者是根据他们的知觉而不是基于客观的现实采取行动和作出反应。每个人所认识的事实都是根据个人的需求、欲望、价值观和经历所产生的个人现象。因此，对于市场营销人员来说，消费者的知觉比他们对客观现实的理解更为重要。如果消费者认同一个事物，即使它不是事实，这种认同也会影响他的行为和购买偏好。因为个人是根据他们所认知的事实来作出决策和采取行动，市场营销人员有必要理解知觉的概念和相关概念，以便确定影响消费者购买的因素。

20 世纪 70 年代以来，英国最大的冷冻薯条品牌 McCain 的名字一直印在一个黑色的长方形盒子上，目的是想告诉人们该品牌是冷冻技术的专家。正如现代化生活设备的代表——微波炉和吸尘器一样，该品牌也代表了技术在家务领域的进步。然而，随着人们开始关注食品的“来龙去脉”，McCain 必须让消费者了解食品加工背后的过程，保证 McCain 的薯条确实是将切好的土豆放在葵花籽油中制作而成的。这种宣传始于广告——“安全自始至终”，但这还远远不够。McCain 聘请战略咨询公司 BrandOpus 为其设计新的视觉形象。BrandOpus 公司的首席执行官说：“对 McCain 的品牌形象赋予新的含义是一个挑战。新的品牌形象将 McCain 从冷库的狭小空间转移到了纯天然健康食品供应商的广阔天地。”McCain 公司的营销总监评论说：“新的视觉形象把阳光作为品牌的标志，代表我们的产品源自健康温暖的大自然。”[1] 图 4—1A 给出了消费者对新旧品牌形象的不同感觉。图 4—1B 中，左边是旧包装，右边是新包装。

图 4—1A　McCain 薯片视觉识别

资料来源：McCain Foods Limited.

图 4—1B　McCain 薯片的包装

资料来源：McCain Foods Limited.

公司会定期更新它们的视觉形象。但是它们必须非常小心，因为改变太多或者太少都会让消费者的头脑陷于混乱。图 4—2 是亨氏番茄酱的新旧包装对比（左旧右新）。当今消费者希望获得健康食品，亨氏用一个带着枝叶的番茄取代了番茄酱标签上存在了数十年的绿色蔬菜。在保留“番茄酱”三个字字体不变的情况下，公司增大了“番茄”的字体。而且，亨氏对供应快餐店的小型番茄酱包进行了重新设计：新包装呈瓶状而且产品的视觉形象更加突出。亨氏在没有冲淡其形象的情况下，让其包装更具现代感；保持甚至增强了消费者对亨氏番茄酱的即视感。注意，“适合冰箱门”这句话并没有出现在包装上。早在几年前，冰箱设计分为好多种，并不是所有的品牌都能够恰好适合冰箱门。今天，适合冰箱门不再是一个特别的属性。

随后，我们会解释什么是**最小可察觉差**（just noticeable difference，JND）。所谓最小可察觉差是指品牌标识或者包装的改变必须在特定的范围之内，以确保消费者仍然能够立刻辨认出该品牌。亨氏的新标签刚好满足最小可察觉差。相反，一年之前可口可乐公司为了庆祝佳节，用雪白的易拉罐代替原包装。许多消费者抱怨说，节日包装与无糖可乐的银色包装非常相似，很容易将二者混淆。鉴于此，可口可乐公司立即换回了人们熟悉的红色易拉罐。亨氏公司的新包装满足了最小可察觉差，而可口可乐公司的新包装不满足最小可察觉差，二者的不同后果可见一斑。

图 4—2 亨氏产品的新旧包装

资料来源：H. J. Heinz Company.

4.1 知觉的要素

知觉是消费者的主观认知而非客观事实。改变主观认知非常困难，几乎是不可能的。例如，几十年来，希尔斯宠物食品（Science Diet）几乎都在专卖店出售而且价格非常高。公司声称自己的产品是经过科学论证的，含有丰富的维生素、谷物以及其他特殊配方。正因为如此，希尔斯宠物食品现在已经成为猫粮和狗粮市场上最大的厂商。然而，近年来，消费者的偏好发生了改变，宠物的主人开始购买与他们自己的饮食习惯相类似的宠物食品，比如纯天然有机食品。这样，希尔斯公司宣传的工艺营养就变成了一种累赘，销量也大幅下滑。对此，营销部门立即推出成分为羔羊肉、糙米、大豆以及苹果的新产品 Science Diet Nature's Best。但是消费者依然把希尔斯宠物食品看做人造产品而非纯天然，所以新产品的销量依然不佳。[2]

虽然消费者的主观认知无法改变，但是改变品牌形象或者**再定位**（repositioning）是必需的。例如，几十年来，雪佛兰把自己定位成美国的标志，其广告语是“驾驶雪佛兰，看遍美利坚”、“搏动美国”以及“棒球、热狗、苹果派与雪佛兰”。当通用汽车公司开始布局全球化策略时，雪佛兰就需要一个全新的广告语以建立一个统一的全球品牌知觉。公司尝试的第一条广告语是“深沉雪佛兰”，但这条广告语太过一般，不能让人感觉到兴奋。紧接着，通用汽车开始采用“发现新路标”这条广告语。公司认为该广告语让人感到刺激、灵动而且易于翻译成别国语言。[3]有意思的是，雪佛兰的品牌名称并没有出现在新广告语中。

初始的感觉输入并不能解释或产生大多数成年人所拥有的对世界的整体理解。事实上，对知觉的研究在很大程度上是在研究我们潜意识地将我们接受的初始感觉输入增加或减少以形成我们对世界的个人理解。人类社会每时每刻都充斥着嘈杂的刺激。感觉世界由几乎充满无限的相互独立的持续和微妙变化的感觉组成。根据感觉原理，当强烈的刺激袭来，人们潜意识里习惯了或拒绝了对大量刺激的接受。如不这样，我们置身其中的数以亿计的刺激将会把我们弄得完全糊涂，使我们对这个不断变化的世界失去方向感。然而，这样的情况并没有发生，因而知觉并不是单纯的接受。更确切地说，知觉是两种相互作用的感觉输入的结果，最终形成因人而异的基于个体经验的对世界的感知。其中一种输入是来自外界环境的客观刺激；另一种输入是个体根据以前经验所形成的个人倾向（如期望、动机和学习）。这两种完全不同的输入相互结合产生每个人独特的对世界的看法。因为每个人都是独一无二的，个体经验、需要、欲望、渴望和期望也是独一无二的，于是每个人的知觉也是独一无二的。这就解释了为什么世界上没有两个人的看法是完全一致的。

人们总是很挑剔地寻找他们曾经相识的刺激；他们潜意识地根据他们遵守和认同的心理学原则来组织刺激，以及通过个体的需要、期望和经验来理解这些刺激。我们将详细探讨知觉的三个方面：选择性、整体性和理解性。

感觉输入

感觉（sensation）是感觉器官对简单刺激（如颜色、光亮、声音、光滑度）迅速的、直接的反应。**刺激**（stimulus）是对任一感官的任一单位的输入。刺激包括任何感觉输入，诸如产品、包装、品牌名称、广告和商业促销等都是刺激（感觉输入）的典型例子。**感受器**（sensory receptors）是接收感觉输入的人类器官（眼睛、耳朵、鼻子、嘴、皮肤）。它们的功能是看、听、闻、尝和触。在评价和使用绝大多数消费品时所有这些器官都会单独或共同被调用。人类的感受性指的是感觉能力。感受性因个体感觉器官的强弱（如视力和听力），以及所接受刺激的强弱而呈现很大不同。例如，一个盲人可能比拥有正常视力的人的听力好，能够听到常人听不见的声音。图4—3中，米歇尔眼科中心（Mitchell Eye Centre）的广告幽默地表达了视觉模糊的影响。

图4—3　感觉输入：米歇尔眼科中心

资料来源：Alberta Eye Centre.

感觉本身取决于发出声音的环境的能量变化（如感觉输入不同）。一个完全空白或不变的环境，无论感觉输入强弱，都会让人几乎没有或很少有感觉。因此，一个住在曼哈顿商业中心闹市区的人对喇叭声、车胎爆裂声、火警警报声很少或几乎没有感觉，因为这些声音在曼哈顿很常见。在大量刺激输入的环境中，个体很有可能感觉不到微小的变化或不同的输入。因此，在交通拥挤的环境中喇叭声或多或少会被忽略掉。

然而，随着感觉输入的减少，个体对输入刺激的变化或强度变化的感觉能力明显上升，在刺激最小的情况下，个体可以达到最大感受性。这印证了俗话“静得能够听见缝衣针落地的声音”。人体器官通过调节自身感受来适应外界环境的能力，在需要时可以提供较高的感受能力，同时又能保护我们免受过强刺激所带来的伤害、破坏以及不相关噪音。

如今，大部分营销沟通运用了图像和声音。但是，气味和触觉在寻找目标消费者方面也表现出了相当多的机会。有两个美国人科学地向人们解释了气味如何与记忆相联系，并证实了气味在沟通中的重要性，他们的工作成果获得了2004年诺贝尔物理学奖。其他研究说明了香味在产品和商店选择中起到的作用。[4]例如意识到零售店中的香味能延长很多消费者的消费时间，使他们观察商品、排队等候、等待帮助的时间比实际时间看起来短，阿贝克隆比 & 费奇商店在设施中运用了浓烈的芳香。而且，当产品被嗅到之后，非气味性属性的记忆反而会上升。[5]

一项研究显示，触摸商品会影响其说服力，触摸可以作为一个具有说服力的工具。[6]另外一个增加感觉输入的方法是增加更多的商品，在现有空间上创造更多的声音。例如，当消费者不愿意掏腰包购买东西时：达乐公司（Dollar General）增加了标准货架的高度；百思买尝试支持运送较大型的产品比如自行车；而赛格威集团（Segways）用轻薄的电视机和体积小的话筒来填补多余空间。[7]

声音，与图像一样，可能胜过千言万语。如表4—1所示，许多公司在了解到消费者如何感知声音的音节和音量之后，投入大量资源进行产品和包装设计，使得它们能够传递正确的声音感觉输入。[8]

表4—1　　声音感觉输入和产品感知

产品	声音及其代表的消费者之意
Snapple饮料	消费者把流行音乐的声音作为产品安全的标志。当公司播放“咔”一声时，代表瓶盖的封塑被打开了。
VW Jetta汽车	关上汽车车门的“扑通”声是质量好坏的标志，公司会在广告中展示新车的车门声。
Mascara洗发水	消费者把打开封口时“咔嗒”声的持久与否作为判断质量好坏的标志。
眼影	打开粉盒时，“咔嗒”声越响亮代表质量越好。
卫生棉	意识到女人不喜欢打开无声的卫生棉包，宝洁公司重新设计了产品包装。
喷壶	喷壶嘴的制作方法几乎没什么特色，因为消费者只把声音小作为质量好的标准。

绝对感觉阈

个体能体验到感觉的最低水平称为**绝对感觉阈**（absolute threshold）。个体能否觉察到某个刺激的分界点就是个体对那个刺激的绝对感觉阈。举例来说，一个汽车司机能否注意到高速路前方某个广告牌的距离就是绝对感觉阈。两个在同一辆车里的乘客可能会在不同的时间（或不同的距离）注意到前方的广告牌，因而这两个人的绝对感觉阈是不一样的。在连续刺激下，如通过一条布满广告牌的公路，绝对感觉阈会相应地提高（感觉变得枯燥）。在满是广告牌的公路上行驶一个小时后，可以相信不会有任何一则广告让人印象深刻。因此，我们常说适应了热水澡，或是冷水澡，或是强光。当我们所置身环境的刺激越多，我们就会越少注意。在知觉过程中，我们用适应来指习惯于某种刺激，也就是说习惯了某种水平的刺激。**感觉适应**（sensory adaptation）是指已经习惯于某种感觉，对刺激的一定水平变得适应。

感觉适应让许多广告商头疼，感觉适应迫使它们不停地改变广告。这些广告商担心消费者会适应了目前的印刷广告和电视广告，从而不注意广告了；也就是说，广告不再提供能引起注意的足够的刺激输入。为了能在嘈杂的广告中脱颖而出，确保消费者注意到他们的广告，许多市场营销人员在努力增加感觉输入。当然，有时候市场营销人员的努力会适得其反。例如，美国联邦通信委员会（FCC）实施的准则要求有线电视运营商和电视台禁播比正常声音大的广告。[9]

再比如，由于消费者的抱怨，大多数百货商店已经撤掉了无处不在的香水喷雾。这些香水喷雾在商店过道里面已经存在几十年了。原因是商家认为消费者在闻到之后会购买香水。[10]

能够提高感觉输入的营销方式有很多，比如埋伏营销或者体验营销。

埋伏营销

埋伏营销（ambush marketing）是指将广告置于消费者没期望会看到且无法轻易避开的场所。[11] 例如，超市中印在鸡蛋上的品牌名称；出租车显示屏、地铁旋转门、医生办公室的检查台上的广告；在机场行李传送带上放置巨大的寿司广告；在机场安检时乘客存放个人物品的托盘上放置的广告；在干洗店盒子上放置的广告；在大城市中大型建筑物的侧面投放的广告。其他的出乎意料的广告投放地点有男厕所的小便池、小商店的松饼以及汽车引擎盖。拉斯韦加斯出售的公寓放置了混合茉莉花香的香草，甚至连男士剃须刀的手柄上都有香味。

体验营销

体验营销（experimental marketing）通过让消费者与品牌、产品或服务实际接触，让消费者体验产品带来的部分感官输入（例如气味），以建立消费者同产品之间的情感联系。例如，消费者在纽约时代广场近距离接触美国国家赛车联合会（NASCAR）的跑车；福特邀请车主参加聚会来观看、试坐甚至试驾新车；在冬季，卡夫食品公司在芝加哥的几个公共汽车站推广它的品牌 Stove Top，目的是向候车旅客传达产品的温暖的概念。

差别感觉阈

两个对象之间的可被察觉的最小差别，称为**差别感觉阈**（differential threshold）或**最小可察觉差**（just noticeable difference）。19 世纪的德国科学家恩斯特·韦伯（Ernst Weber）发现，对于两个刺激的差别感觉阈并不是绝对量，而是与第一次刺激强度相关的量。众所周知的**韦伯定律**（Weber's law）指出，第一次刺激越强，第二次刺激就需要更强才能被感知。例如，在经济低迷时期，消费者对价格非常敏感，即便是非常小的价格变动，消费者也会觉察到。然而，在这个时期，公司会感觉自己的利润空间受到挤压，因为消费者总是希望用较少的钱购买较多的东西。例如，假设一包 16 盎司全麦面粉的价格由 3.99 美元上升到 4.25 美元，大多数消费者都会注意到。因此，市场营销人员会保持价格不变，而将每包内容物的量降到 13.25 盎司。由于这种改变相对较小（低于差别感觉阈），大多数消费者并不会注意除非他们仔细观察包装。另外一个例子在经济低迷的时候也很常见。婴儿的尿布从每盒80片降到了72片；每罐16盎司的谷物降到了15.5盎司再到最后的14.5盎司；多力多滋（Doritos）薯片在两年之内包装容量减少了20%。有时，市场营销人员也会把小包装产品作为溢价产品进行促销。例如，卡夫推出了一款Fresh Stacks饼干，每盒比正常的包装少15%但价格却和标准包装一样。[12]然而，如果是每盎司石油涨了25美分，那么消费者肯定会迅速作出反应，因为这占了石油初始价格很大的比例。

差别感觉阈在定价中的应用

韦伯定律在市场营销中得到了广泛应用。制造商和市场营销人员致力于研究产品差别感觉阈的理由有如下两个：(1) 负面改变（产品质量降低或重量变小、价格上涨等）不引起消费者知觉（在差别感觉阈下）；(2) 让消费者感觉到产品的提高（更精美的包装、更大的型号、更低的价格）而不浪费（接近或略高于差别感觉阈）。

就产品更新来说，市场营销人员非常希望能满足或超越消费者的差别感觉阈；即他们希望消费者能感觉到产品的任何一个更新。市场营销人员使用差别感觉阈来判断产品更新的程度。低于差别感觉阈的更新是徒劳的，因为这些更新并不能得到消费者的注意而且会损害市场营销人员的信誉。比如，苹果公司推出一款新产品，声称拥有极佳的显示效果。然而很多消费者非常失望，因为显示效果的提升低于差别感觉阈而没有被消费者感知。而如果苹果公司推出的是视网膜屏幕，就会被认为是技术上的突破，因为这种提升显然要远高于差别感觉阈而且消费者感知到了。

差别感觉阈在标识和包装中的应用

市场营销人员常常希望在改变产品包装设计的同时又不会失去长期广告影响积累下来的消费者对产品包装设计的习惯认知。在这种情况下，市场营销人员通常是对产品包装做一系列小的改变，每个改变都低于消费者差别感觉阈，从而消费者感觉到的是连续产品间只有略微的改变。例如，通用磨坊公司的代表形象贝蒂·克罗克1936—1996年更新了7次（见图4—4）。但在更新过程中标志元素的改变相当微小，以维持消费者认知。

图4—4 通用磨坊公司的代表形象贝蒂·克罗克的不断改变

资料来源：Marcy Schneidewind/General Mills Marketing Inc.

施乐公司在近百年历史中多次更新其标识（见图 4—5）。但是，在差别感觉阈的理念下标识更新总是很小心，以免脱离消费者所认知的标识形象。

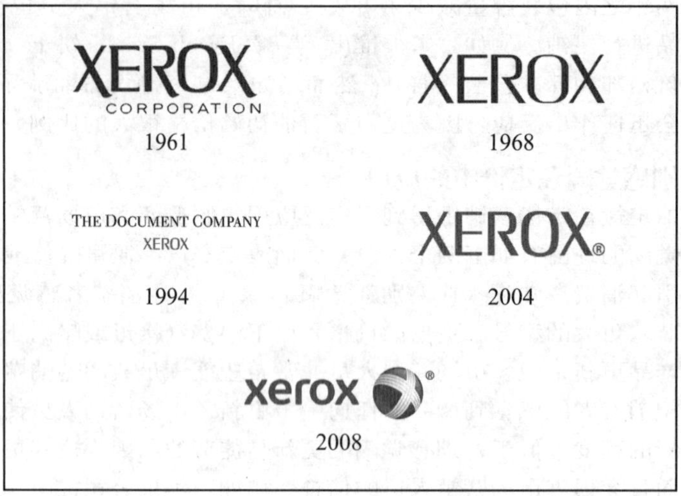

图 4—5　施乐公司标识的演变

资料来源：Xerox Corporation.

市场营销人员在推出新的标识时，如果不考虑差别感觉阈的影响，会引起忠诚客户的愤怒。比如：

1. 在推出新标识的几天之内，Gap 公司接到了顾客表达不满的投诉建议。公司立即改回了广受喜爱的标识。显然，新的标识极大地改变了 Gap 公司的视觉形象，超出了顾客的差别感觉阈。

2. 在 40 周年庆典上，星巴克公司从自己的标识上移除了"星巴克"三个字，只保留了一个更加时尚的绿色美人鱼。公司还宣布将在 50 周年和 60 周年庆典上进行两次标识更新。不论顾客如何抱怨，公司都将不会再使用旧标识。显然，尽管这种改变高于差别感觉阈，星巴克的管理层仍认为，随着时间的流逝，消费者最终会接受它。

3. 几十年来，果缤纷（Tropicana）优质的橙汁包装的品牌形象是一个上有草莓的橙子。紧接着，公司推出了新的标识——一大杯橙汁。很明显，这种改变是高于差别感觉阈的。消费者抱怨，他们不会在超市买到心爱的优质橙汁了，因为新包装同便宜的自有品牌非常相似。

阈下知觉

在第 3 章中我们讲到，人们会被潜意识所驱动而毫无察觉。人们同样会被刺激而没有意识到；也就是说人们会在没有觉察到的情况下接受和理解刺激。那些太弱或是太短的刺激很难看见或听见，但却足够被一个或更多的人体感觉器感知到。类似这样的过程叫做**阈下知觉**（subliminal perception），因为这些刺激超过了意识的底线，虽然这些刺激明显不在那些感觉器的绝对感觉阈下（高于意识界限的刺激在学术上称为有意识的知觉，并且常常用知觉来称呼）。

1957 年，在新泽西州一个汽车电影院里进行了名为"潜意识广告"效果的实验。实验中，"吃爆米花"和"喝可口可乐"的广告语会在电影荧幕上闪烁，这些广告语出现的时间非常短，以致看电影的人都没有注意到。为期 16 周的实验得出结论说，在这段时间里，爆米花的销售额增长了 58%，可口可乐的销售额增长了 18%，但是后来证明这些发现是假的。一个研究者发现潜意识刺激"可口可乐"能够引起人们口渴反应，却不能驱使人们喝可口可乐或是影响人们的行为。

虽然有很多学者和研究人员研究潜意识的作用，但是仍然没有证据表明潜意识广告能够说服消费者购买广告中的产品或服务。深入的文献回顾表明，阈下知觉不影响对产品的态度和消费行为，其影响只在人为设置的情况下才存在。[13]最近一项实验环境下的研究支持了这一结论。被试被告知在屏幕上有一组滚动的数字，同时屏幕上有IBM或者苹果（Apple）的标识。然后，被试参加一项创造性练习。潜意识看到苹果标识的被试比看到IBM标识或没看到标识的被试在创造性练习中的得分高。[14]一些人解释，一个品牌能使人表现得更好。比如，如果你穿一件冠军穿过的游泳衣，你会游得更快。另一些人认为，实验结果只能说明潜意识刺激会激发某些联想和动机，而不会导致不同的行为。但是稍微合理的解释是潜意识广告会减少反社会行为，如购物中心广播中的潜意识反偷盗信息能减少偷盗，但是没有线索说明这样的广告能提高消费者的购买这一自愿、快乐的社会行为。

近年来，有少量市场营销人员在影响消费行为时利用潜意识信息。例如，1995年，迪士尼受到指控，称在其电影《阿拉丁》（Aladdin）中，主角小声唱到"是好孩子就脱掉衣服"；在《狮子王》（The Lion King）中，卷起的灰尘形成了字母"S-E-X"（性）。通常很难在这样的指控操纵中分辨事实与虚构。科学研究程序测试潜意识方法的研究结果并不支持潜意识信息能说服消费者购买的结论。评价潜意识说服的效果时，当说到性诉求广告时，大部分研究人员的观点是"你看见的是你想要的"，即消费者可以在任何场合看见他想要看见的东西。这可以归结为知觉的整体观点：人们总是看他们想看的东西（或是他们被驱使去看的东西）和他们期望看到的东西。

4.2 知觉的选择性

消费者在理解刺激他们的环境时会潜意识地呈现选择性。个体会注意一些事情、忽略一些事情或者回避一些事情。事实上，人们只接受外界传递的刺激中的一小部分。举例来说，假设有一个在超市中的妇女，她置身于超过3万个不同颜色、尺寸、外形的产品中，周边有300多个跟她一样在超市中行走、寻找、观看、讲话的消费者，她本人会闻到来自水果、肉类、展示样品等的味道，听到超市里的广播通知、音乐，看到烹饪展示，并感受很多其他刺激。然而她却能习惯性地走到她常去的位置，挑选到她需要的产品，付账然后离开。她的这一系列活动都会在很短的时间内完成，并不会失去对周围世界的把握。这是因为她表现出了知觉的选择性。

什么样的刺激会被选择取决于除刺激本身以外的两种因素：(1) 消费者过去的经历影响了消费者的期望（他们想看什么、接受什么、准备做什么）；(2) 他们当时的动机（他们的需要、欲望、兴趣等）。上述每个因素都会增加或减少每个刺激被感知的可能性。

刺激的本质

营销刺激包括大量影响消费者感知的因素，如产品的本质、产品的物质属性、包装设计、品牌名称、广告和商业促销（包括广告诉求、模特的选择和性别、模特的造型、广告的规模、摄影技术）、广告和印刷品的定位以及评论氛围。同背景环境对比明显的广告非常容易引人注意。在印刷广告中使用空白背景来衬托产品的耀眼画面，在商业广告开头不使用任何音乐，出现在意想不到的地方的广告，都与背景形成了鲜明对比以实现差别化和吸引消费者注意。

一般来说，对比是刺激最引人注意的属性之一。广告制作者通常使用极其引人注意的设备来实现最大的对比，从而渗透进消费者感知画面。有一则佳洁士的广告就很好地说明了如何运用对比。其画面之所以能够产生对比是因为樱桃和咖啡都变成了白色，佳洁士牙膏的效果就显而易见：吃樱桃或者喝咖啡会把牙齿弄脏而佳洁士牙膏可以帮助清理污垢。还有其他一些能够产生对比的形式，比如出人意料或者不同寻常的画面。

出人意料或者不同寻常的画面同样会吸引人们的注意力。来自公益组织——儿童保护基金（Children's Defense Fund）的一则广告讲述了从长期来看政府削减用于儿童的经费可能带来的后果。其中的一个画面是一个顶着女童头像的孕妇，意思是说削减一个贫困家庭小女孩每年4 000美元的医疗、食物开支可能会迫使其辍学；然后，受教育程度低可能会导致女孩早孕，这将花费纳税人更多的钱，因为青少年怀孕让政府开支更多。另一个画面是一名在监狱中服刑的文身青年，他的头像却是一名男婴的脸。这幅广告告诫我们：现在取消义务教育的投入会使青少年犯罪的概率上升39%。而关押少年犯每年花费纳税人的钱将会是教育投入的3倍。广告将孩子的脸和成年人的身体结合在一起可以产生更大的震撼效果，极大地吸引人们的注意力。[15]

期望

人们常常只看到他们期望看到的东西，他们期望看到的东西又是基于熟悉的东西、先前的经历，或是个人倾向（期望）。从市场营销角度来说，人们倾向于根据他们的期望来感知产品和产品的属性。一个曾被朋友告之某个教授有趣且充满活力的学生在上那个教授的第一堂课时，很有可能认为那个教授就是那样子；一个看宣传栏上介绍的很恐怖的电影的青少年一定会认为那部电影恐怖。有时，与期望严重冲突的刺激往往得到比那些与期望相符合的刺激更多的注意。一项研究发现亲自下厨的人比没有下厨的人对饭菜的评价高一倍。[16]这个研究结果对许多“亲手制作”的产品非常有参考意义。市场营销人员在进行产品促销时应该强调顾客参与方面，因为这些表述可能会增加顾客满意度。

多年来，一些市场营销人员在与性完全不相关的产品广告中使用赤裸裸的性诉求，他们坚信这些广告能够引起消费者的极大注意。然而，使用不相关的性诉求广告往往导致广告目标流产，因为广告观看者往往只记住了广告的性诉求方面如性暗示或模特，却没有注意到广告中的产品或是品牌名称。尽管如此，还是有很多广告商在广告中使用色情元素来增加广告的吸引力（第7章将讲述广告中的性诉求）。

动机

人们倾向于感知他们需要或是想要的东西：需要越强烈，就越容易忽略掉环境中与需要不相关的刺激。一个想要购买手机的学生一定比那些对自己的手机很满意、不想购买的学生更容易去关注和仔细阅读与出售手机有关的交易和供应信息。一般来说，消费者会呈现对感兴趣和与需要相关的刺激较强的注意力；而对与这些需要没有关系的刺激漠然。个体的知觉过程可以调试到使个体倾向于环境中对个体重要的刺激。饥饿的人更容易注意到食物广告；性压抑的人可能在别人没有同样感知的广告中感知到性诱惑。

市场营销人员认识到将产品瞄准目标顾客需要的重要性。例如，通过市场调研，市场营销人员能够分辨出消费者对于某类产品的理想特征，或者消费者认为自己的需要与某类产品有什么联系。然后，市场营销人员就可以根据消费者的需要将消费者细分，并针对每个细分市场改变广告重点，从而达到使每个消费者群都认为产品能满足自己的需要、欲望和兴趣的目的。

选择性知觉

正如本章前面叙述的，消费者对周围环境刺激的选择基于消费者的期望和动机的相互作用。这些因素相互作用产生了四个与消费者知觉密切相关的概念。**选择性曝光**（selective exposure）是指消费者主动寻求他们感到愉悦或合意的信息，主动避免他们感到痛苦和危险的信息。他们也总是选择性地将自己曝光于能够使自己更加明智地制定购买决策的广告信息。

消费者在给予商业广告注意力上也呈现出极大的选择性。**选择性注意**（selective attention）是指消费者根据其对商业刺激物的注意作出大量的选择，对那些能够迎合他们的需要和兴趣的刺激物增强关注，对那些与自己的需要无关的刺激物减少关注。因此，消费者会注意满足他们需要的广告，不关心不感兴趣的广告。人们对于所感兴趣的广告、信息的传递方式以及广告媒体的选择都是因人而异的。有人比较关注价格，有人关注外观，还有人关注社会接受度。有人喜欢复杂和内涵丰富的广告信息，有人喜欢简单的图表。

知觉防御（perceptual defense）是指消费者对于他们发现的心理上感受到威胁和损害的刺激物所产生的潜意识的屏蔽，甚至刺激有时已经发生。因此，在同一刺激水平上，相对于一般刺激而言，人们更难感知到威胁或者损害。在某些场合，消费者甚至会曲解与自身需要、欲望和信念不一致的信息。增加感觉输入的量是抵消知觉防御的方法之一。例如，由于吸烟者已经不再注意香烟包装上的禁烟文字，加拿大法律规定烟草公司在香烟包装上标注禁烟图形，其中一个图形是受损的大脑，警告吸烟导致中风，另一个图形是瘸腿的吸烟者，警告吸烟导致机能丧失，并配有相应的文字说明。

消费者可以通过简单地阻断刺激进入意识来保护自己不受嘈杂刺激的影响。他们这样做是自我保护的本能，是人类抵御周围泛滥的信息的盾牌。诸如 TiVo 和回放电视设备的广泛流行使得消费者可以轻松跳过无聊的商业广告，从某种程度上说，这也是一种知觉阻断方式。

4.3　知觉的整体性

人们并不是孤立地、单独地看待他们从外界选择接受的感觉刺激；相反，他们会把这些信息分组，形成一个统一的整体。因而，即使对于最简单刺激所感知到的特征也是作为那个刺激所属整体的部分功能来看待的。知觉的组织性将复杂的世界简化成个人能够理解的简单世界。关于知觉的整体性的理论在心理学上统称**格式塔心理学**（Gestalt psychology，Gestalt 是德语，意为外形或形式）。知觉的整体性包括三个基本的概念：主角与背景、分组、完整。

主角与背景

主角与背景（figure and ground）是指刺激物本身（例如主角）和其出现的环境

或情境（例如背景）之间的相互关系。如前文提到的，与环境对比强烈的刺激更容易引起消费者的注意。音乐必须大声或是温柔，颜色必须明亮或是暗淡。最简单的图形由主角和背景组成。主角相对于背景更加引人注意，因为主角是准确定义的、实实在在的、处于最前面的。背景通常是模糊的、不确定的和连续的。将主角与背景区分的边界通常是为了更加突出主角，更加明确主角。我们以听音乐为例：在洗澡时听音乐；什么都不干，只是听音乐。当我们洗澡时听音乐，音乐就是背景，跟在做其他活动时听音乐没有什么区别；但在后一种情况下，音乐就成了主角。主角通常会被给予更多的知觉，因为主角相对重要；对比之下，背景处于次要地位，相对就不重要了。

先前的经验会影响主角与背景的感知模式。例如，2001 年 9 月 11 日世贸中心大楼遭到恐怖袭击。在那之后不久，我们中的一位作者偶然看到了汉莎航空公司（德国航空公司）的广告。广告是从下往上进行拍摄的，画面中一架喷气式飞机穿梭于两座高耸的玻璃大厦之间。观众脑中所想的可能是两座玻璃大厦（背景）以及飞机撞向玻璃大厦的可能性而不是品牌和飞机（主角）。当作者把这个广告给学生看时，许多人表达了同样的想法。很明显，主角和背景本末倒置是“9·11”事件的结果。

广告商不得不仔细研究它们的广告设计，以确保让消费者注意到的刺激不是背景而是主角。背景音乐不能淹没马车的叮当声；背景不能将消费者的注意力分散掉。印刷广告商通常将希望引起消费者注意的地方与背景形成鲜明对比，确保达到效果。加拿大牙科协会的一则广告解释了人们为何不能注意到牙龈疾病，但是牙医却可以。牙龈是环绕“主角”的“背景”，而“主角”是不易被发现的牙龈疾病。除非你是一名牙医，否则牙龈发病时你很难轻易地将主角和背景区分开来。某些情况下，主角和背景之间的模棱两可可能是故意为之的。在一则著名的绝对原味伏特加的印刷广告中，主角（酒瓶的形状）就没有很好地同背景区分开来。这样就相当于给了观众一个搜索酒瓶形状的任务，增加了观众的参与度，吸引了更多的注意力，从而产生了更好的广告效果。

图 4—6 中的女人是主角—背景本末倒置的另外一个例子。你认为她有多大年龄？再仔细看一下。她既可以是 20 岁出头也可以是年逾 80 岁，这取决于你如何感知主角与背景。市场营销人员必须提前测试广告，避免由于主次不分给消费者带来困惑。

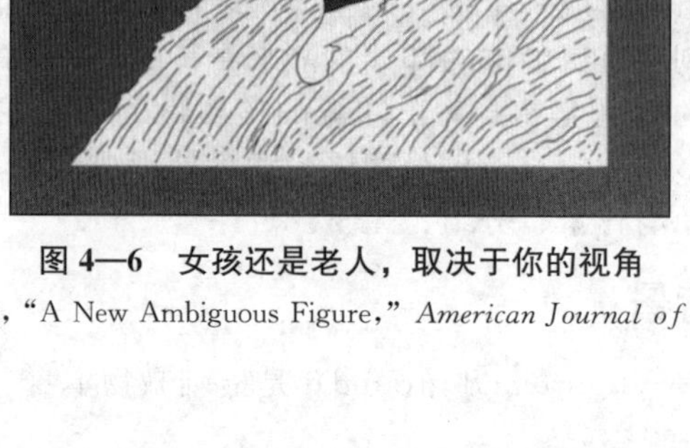

图 4—6　女孩还是老人，取决于你的视角

资料来源：E. G. Boring，“A New Ambiguous Figure，” *American Journal of Psychology*，Vol. 42 (3)，(July 1930)：444.

模糊主角和背景的界限

根植于主角和背景概念，**植入广告**（product placement）作为一种营销技巧，是指商家将产品（即主角）融入到电视剧集、电影或其他娱乐内容中（即背景），或围绕产品设计娱乐内容。[17]运用这种技巧做广告的主角产品和作为背景的电视节目或电影通过以下方式结合在一起：

（1）演员使用产品，如“幸存者”（Survivor）或者“美国偶像”（American Idol）节目。

（2）情节中融合了产品，如《欲望都市》（Sex and the City）电视剧的插曲以名为 Absolut Hunk 的新品伏特加为中心。

（3）将产品与角色联系起来，角色也是产品的广告代言人。

最近一项研究发现，电视节目中的植入广告会在十分喜欢此节目的观众中产生负面情绪，但不那么喜欢此节目的观众更可能对品牌产生积极的态度。[18]因此，广告商在利用植入广告时一定要小心。

通过使用“时移”设备，诸如数字录像机（DVR）（比如延迟现场直播 15 分钟）、高级遥控器的“跳过广告”选项，消费者在不断努力地规避电视广告。为应对这一现象，广告商转而使用与节目内容融为一体的植入广告迫使消费者了解产品。百威啤酒拍摄了一个叫做“The Big Time”的真人秀栏目，把百威的标识印在了参赛选手的衣服上。凯马特（Kmart）创办了一个叫“First Day”的少女在线秀节目，要求所有的参赛选手都必须着凯马特公司的工服。三家最大的商场——萨克斯第五大道、梅西百货以及 H&M 创办了一个名叫“Fashion Star”的全美真人电视秀节目。节目中，由在它们商店买衣服的消费者当评委，来对立志成为时尚设计师的参赛选手进行打分。[19]这些做法表明，不论消费者如何努力地去逃避广告，精明的市场营销人员总是可以不着痕迹地将主角（推广的信息或者标识）同背景（节目的内容）之间的界限抹去，把广告曝露在消费者的面前。

分组

分组（grouping）是个体趋向于自动地将刺激分类以形成统一的图像或印象。个体感知到的刺激是成组或成块的，而不是独立的小单元信息，以便于大脑记忆和回忆。市场营销人员可以利用分组原理来暗示消费者的某些需要与他们的产品是相联系的。例如，有这样一则茶广告：一个年轻男子和一个年轻女子在一个有着火炉的美丽房间约会。整个基调在分组心理作用下让人将喝茶与浪漫、舒适和冬季里的温暖相联系。

大多数美国人都能记住和背出自己的社会保障号码，因为他们不是将那 9 个数字拆开单独记忆，而是将数字分成三组记忆。类似地，可以将电话号码分成三组记忆——区号、前三位数字以及后四位数字。另外，几十年前美国人都将五位数的邮政编码作为一个组记忆；当邮政编码新增加了四位数字以后，美国邮政局（U. S. Postal Service）面临着如何让美国人记住新增号码，在他们的邮政编码记忆组中增加一个组的挑战。

分组对超市中的产品摆放有重要意义。例如，作为店内营销活动的一部分，Vlasic 将泡菜产品从原来的过道移到了汉堡和面包的附近。[20]超市内部，可口可乐系列产品的摆放同样是一个经典的例子。公司通过将不同容量的可口可乐放在与之相关的食品旁边，创造了不同的“交互点”。例如，把可口可乐产品摆在沙拉罐附近或者放在外卖食物的柜台旁边。

完整

完整（closure）是人们将感知的信息碎片组合成一个完整画面或感觉的本能。个体有完整的需要，如果个体感知到这一刺激是不完整的，他们会不由自主地去探索它的完整含义。如果接收到的信息是不完整的，他们会有意识或者潜意识地去补充缺失的部分。如果对广告信息的理解需要更多更完整的脑力资源，消费者也会花时间去理解广告以满足自己对完整的需要。引诱完整需要的广告例子包括：（1）要求消费者解读词汇（高乐氏（Clorox）广告列出了一些产品意想不到的用途，经过解读之后有"狗碗"、婴儿的"橡皮环"等）；（2）给出图片，要求消费者为其命名；（3）让消费者补充完整缺失字母的单词；（4）要求消费者做连线游戏，比如将穿不同风格衣服的人同他们的职业连接起来。

这种完整需要对市场营销人员有非常重要的启示。在促销信息中使用不完整的信息时，消费者在完整需要驱使下会去填完信息，这会让消费者深刻了解促销信息。在类似的例子中，广告商发现它们可以通过在电台广播中播放电视广告的声音达到非常理想的广告效果。因为熟悉产品电视广告的消费者会努力回忆听到的电台广播中的广告声音；他们的完整需要使得他们在脑海中回放了电视广告的内容。

4.4 知觉的理解性：刻板印象

前面的讲述强调知觉是非常个人化的现象。人们选择性地感知他们所受到的刺激，根据心理学原理来组织这些刺激。对这些刺激的理解也是非常独特的个人现象，因为人们的理解是基于各自根据过去的经历、他们所能想象到的可行解释以及他们在理解时的动机和兴趣所形成的期望。

刺激通常是很模糊的。有些刺激会因能见度很低、看见的时间太短、噪声太大或是持续变化而很微弱。当刺激极其模糊时，个体会将其按照能够达成个人需要、愿望、兴趣等的方向来理解。这就是第3章中所讲到的投射实验的理论基础。投射实验向被试提供的是模糊的刺激（如不完整的句子、不清晰的图片、没有标题的卡通人物或者墨点），要求被试回答他们的理解。一个人是如何描述模糊的图形，或者他赋予墨点的意义，反映的不是刺激本身的意义，而是被试的个人需要、欲望和渴望。通过对模糊刺激的理解，被试能够发现很多关于自己的信息。

刻板印象（stereotypes）是个体对于刺激含义的偏差理解。当面对这些刺激时，个体会将偏差理解附加到他们的所见所闻并形成扭曲印象。几年前，贝纳通公司（Benetton）在一则广告中展示了一个白人和一个黑人被手铐铐在一起的情景，这则广告是贝纳通强调种族和睦相处运动系列广告之一。但是这则广告却激起了公众的极大不满，因为人们将画面理解成一个白人逮捕了一个黑人。显然，这样的理解是刻板印象造成的。画面中并没有任何暗示说是那个白人逮捕了黑人，也非其他的情况。市场营销人员必须意识到可能的刻板印象，因为这些印象反映了人们的期望，也影响了随后如何感知刺激。

萨博汽车的一则广告就是一个试图消除刻板印象的绝佳案例。显然，萨博发现许多消费者（可能是瑞典消费者）把他们的汽车等同于德国制造的豪车（可能是由于萨博和宝马的外形很相似)。其广告语“Nicht German”意思是“不是德国车”，广告画面中的文字表达的是：“我们没有不尊敬巴伐利亚邻居的意思。毕竟，德国豪车是世界上最好的车之一。但是在瑞典，萨博汽车是为了另一群人而存在的。”* 然后，广告详细描述了车的具体特点。

很多因素会触发刻板印象。一般来说，人们沿袭陈规主要是这样可以让感觉输入的过程变得简单快捷。例如，孩子们从小受到的教育就是在公交车上要将座位让给老年人，因为在我们的印象中老年人身体孱弱已成定式。然而，在其他情形下，比如一名年老的运动员可能会拒绝接受让座甚至有一种被侮辱的感觉，因为他们觉得把所有的老人都看做孱弱的是一种不敬。类似地，我们经常会把影视武打明星看做“武林高手”，可能不愿意观看他们主演的浪漫喜剧。我们必须知道，刻板印象会或好或坏地简化一个形象。因此，当经过一家刚刚开业的 H&M 店时，我们立刻就会知道它出售价格合适的时尚服饰。在这种情况下，刻板印象的作用是积极的，是先前购物经历和 H&M 积极正面形象的结合产生的结果。

触发刻板印象的主要因素是身材相貌、描述性概念、第一印象和光晕效应。

身材相貌

无论人们有没有意识到两类人是否相似，都倾向于将某些具有类似特征的人跟与这类人相似的人联系在一起。鉴于此，印刷广告和电视广告模特的选择对于广告说服力的影响就显得至关重要。一般来说，迷人的模特比相貌平平的模特更能说服消费者，更能影响消费者的态度和行为。相貌英俊的男士比相貌一般的男士更容易让人感觉成功。但是，不加考虑地利用吸引人的模特不会增加广告效果。因而市场营销人员必须在广告产品和模特身材外貌能够赋予产品的美丽上加以权衡。例如，极其吸引人的模特在美化类产品（如珠宝、口红和香水）等方面显现出更大的权威性；而在解决问题类产品（如治疗粉刺和去头屑产品）方面就没有多大的效果。图 4—7 中，SPY MUSEUM. ORG 的广告用大标题“看起来像没用”以及被认为是间谍的人的画像（尽管他们“看起来并不像间谍”）讽刺那些以貌取人的做法。他们打破了多数人对间谍的印象。

产品的外观会影响消费者的判断。一项研究表明，橙汁颜色的细微差别影响了味道感知以及三种不同甜度的区别，并且出人意料的是，这些不同比品牌和价格对味道感知的影响更大。[21] 包装的形状对消费者印象有很多影响，也影响了消费者期望。因此，冰激凌的包装总是圆的，因为圆形被认为是充足的。一项实验调查研究了消费者如何从平面广告中理解产品表面的质地，每一则广告都包括以下不同形式三种物体中的一种：猫，日落，抽象画。研究发现毛发蓬松的猫传达了柔软、昂贵的质地，而彩色的猫则传达了柔软、彩色的质地。在日落的影像中，温和的日落表现了柔软、昂贵、彩色的质地，而路边的日落传达了不柔软、非彩色、便宜的质地。[22]

描述性概念

文字信息可以反映刻板印象。比如，在食物上选择精美名字（比如“多汁意大利海鲜肉”）的消费者很容易认为这些食物比拥有一般名字（比如“海鲜肉”）的相同食物更好吃，更吸引人。再如，一般的说法“他开车像个真正的男人”暗含着快速、好

---

* Saab ad copy.

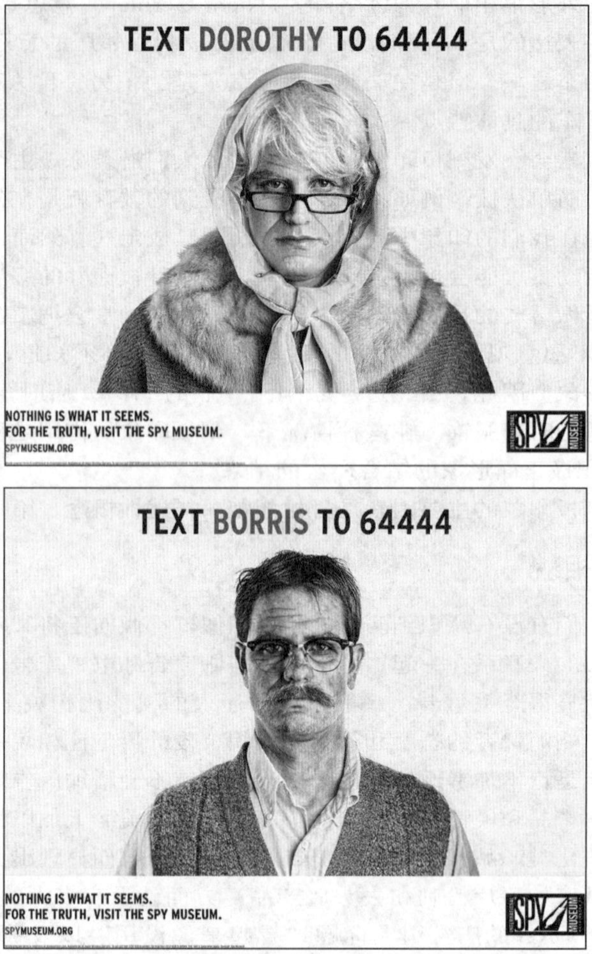

图 4—7　刻板印象：间谍长什么样？

资料来源：(Top & Bottom) International Spy Museum.

斗甚至鲁莽等意味，而“他开车像个女人”则说明这个司机很软弱。

因为服务具有抽象、不具体的特性，虽然与众不同的品牌名字对所有的产品和服务都很重要，但消费者对特定名字的联想对服务营销也具有重要意义。比如，联邦快递（Federal Express）和提供健康服务的 Humana 公司都是很好的名字，因为它们与众不同，便于记忆，并与它们提供的服务相关。另一方面，短寿的品牌 Allgeis 结合了联合航空、赫兹、希尔顿和威斯汀酒店的概念，试图创造一种公务旅行的概念，但最终失败，因为它没有向消费者表达所提供的服务的信息。[23]

广告商表达具有说服力的信息时，必须小心运用有声刻板印象和“共同智慧”。比如，性别角色刻板印象认为年轻的男性对解决问题有技能导向，年轻女性则对人际关系与社会和谐有社交导向。最近有研究关注青少年对含技能性（如吃一块会使你变得强壮）和社交性（如吃一块会使你拥有更多朋友）台词的广告的态度。研究发现未成年人对性别角色刻板印象因素没有更多的关注。[24]

第一印象

第一印象是持久的，常言道：“你永远不会有第二次机会塑造第一印象。”因为第一印象是持久的，在一个产品还没有完全成熟前就将其投放市场对其成功的可能性是致命的打击；对产品优点的后来了解，即使是真实的，也常常会被消费者以前的第一印象给覆盖掉。一个零售商将芦荟叶的图片和词语“芦荟”标在床垫表面，消费者的第一印象会认为芦荟是床垫响声的来源，零售商很难消除这种第一印象。[25]

光晕效应

光晕效应（halo effect）是建立在事物的一个或几个积极特征上的评价。从语言学角度而言，光晕是指光、荣誉和光荣。因此在营销学中，光晕效应是指具有市场威望的产品会影响同一名称下的其他产品。例如，喜欢保时捷的消费者可能愿意花很多钱购买同品牌的太阳镜及其他饰品。历史上，光晕效应主要用于描述人们仅从一个或少数几个角度来评价一个本应该从多个角度评价的事物或人（如一个人被认为可靠、善良和高贵，仅因为他说话时看着你的眼睛）。消费者行为研究人员扩展了光晕效应的内涵，将对某个需要多方面评价的物体（如产品线）仅用一两个方面的评价（如品牌名称或是形象代言人）来代替。由于有了更加宽泛的定义，市场营销人员利用光晕效应将某个产品线的品牌延伸到另外一个产品线。**许可**（licensing）就是典型的光晕效应的商业应用。制造商和分销商都争相将它们与某个知名品牌联系起来以获得持久的认同和地位。

随便借用某个品牌或产品的光晕效应会带来灾难性的后果。例如，为了提升JW万豪连锁旅馆的品牌形象，万豪公司收购了纽约市一家名为Righa Royal的高级酒店，并将其更名为JW万豪纽约。当新名字的牌匾悬挂起来后，公司发现很多到纽约来就一定入住Righa Royal酒店的高级顾客取消了房间预订，因为他们不想同事找他们时发现他们住的是万豪酒店，这对他们来说是有失身份的。公司随即恢复了Righa Royal的名称，而将JW万豪名称小写放在下面。[26]

4.5 消费者意象

消费者意象（consumer imagery）指消费者对产品品牌、服务和品牌的所有要素的知觉，以及消费者如何评价商家所提供的物品。产品和品牌对消费者而言都是有象征意义的，消费者会根据这些意义与自己的自我形象感知相比较。下文将探讨消费者对产品、品牌服务、价格、产品质量、零售商和制造商所感知到的形象。

品牌形象

商家对有效**定位**（positioning）所期望达到的效果是其产品、服务和品牌能创造一个在消费者意识里具有区别性的形象。这个形象将商家的产品、服务和品牌与竞争对手区分开来。许多新产品之所以失败，是因为它们给消费者传递的信息是“我也是”，而没有向消费者提供优于竞争对手产品的特点或独特价值。市场营销的精髓是创造能有效满足消费者需求的产品。然而，随着在同一品类下可以有效满足消费者需求的品牌越来越多，消费者在购买过程中主要依赖品牌形象和利益诉求进行决策。而且，在当前竞争高度激烈的市场环境中，创建并保持独特的品牌形象非常困难。例如，作为市场上第一款智能手机，黑莓是一个非常成功的产品，在市场中占有重要地位。然而，消费者认为其他新上市的智能手机比黑莓更好玩，黑莓主要适合商用而不适合个人使用。显然，黑莓必须扩展它的诉求以在智能手机领域保持竞争力。[27]

比如，对于洗衣服而言，消费者需要的直接、明显的优点是将衣服洗干净。但是市场营销人员利用表达清洁能力的不同方式和产品的特殊特点来区别洗涤剂的品牌。去除衣服污垢的方式（满足需求）才是企业承诺的品牌利益。品牌利益及其传递给消费者的方式越独特，被感知的品牌形象同其他竞争对手区分开来的可能性越大。一个独特的品牌形象能够带来更高的消费者忠诚度，消费者会选择持续购买该品牌，既不会尝试也不会投向其他品牌。表 4—2 给出了几个洗涤剂品牌的利益诉求和期望被感知的品牌形象。[28]

表 4—2　　几个洗涤剂品牌的利益诉求

品牌	品牌利益	利益诉求
Ecos	环境友好	由 Earth Friendly Products 公司制造，有三种香型（木兰和百合香，薰衣草香，柠檬香），宣称比竞争者有更高的性价比，含有大豆纤维的柔顺剂和纤维素增亮成分。
Caldrea	甜蜜豌豆洗涤剂	这种洗涤剂很温和，但去污能力很强，尤其适合婴孩和儿童衣物。它经过皮肤专家测试，含有从植物中提取的油脂和表面活性剂。
Cheer	防止磨损	宝洁的织物清洁护理的 9 个品牌之一，可以防止脱色、染色和织物磨损。产品为粉状或液体，含有或不含漂白剂。
Ivory Snow	温和单纯	宝洁生产的 Ivory Snow 柔顺洗涤剂，承诺温和去污，单纯清洁。
汰渍（Tide）	"最适合织物洗涤和护理"	这是宝洁生产的在美国销量最好的洗涤剂。它的定位是宝洁开发的 30 种产品的全面定位（见第 2 章），在这一定位下每一产品都承诺有独特的优点。比如，含有漂白剂的超级汰渍（Ultra Tide with Bleach，氯漂的一种替代），温和汰渍（Tide Downy，温和、清新的选择），基本汰渍（Tide Free，"没有染料、香精，无须担心"）。

品牌形象必须及时进行更新。消费者会对长期存在的产品感到乏味，尤其是当新的替代品推出时。Sweet' N Low 是人造甜味剂的先驱，但是近年来却不得不面对新产品的竞争。图 4—8 中展现了该公司如何利用广告（能为大众识别的颜色）传达一个更加有趣的艺术形象。其他品牌形象更新的例子注重的是在产品和消费者之间建立情感纽带（见表 4—3）。[29]

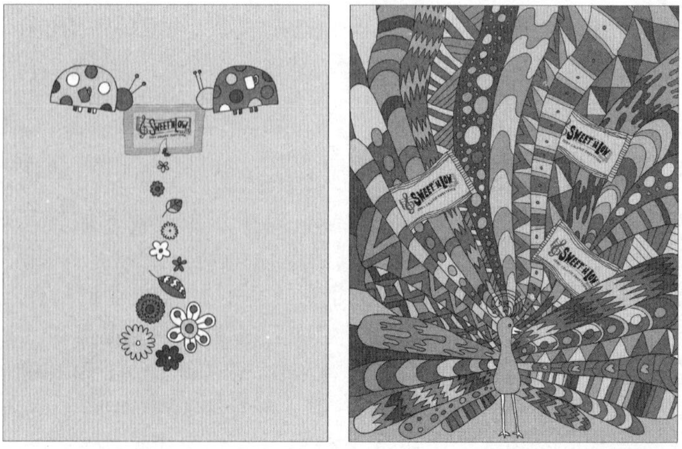

图 4—8　Sweet' N Low 采用更"有意思"的包装传递更多乐趣和更加逼真的形象

资料来源：(Left & Right) Cumberland Packing Corporation.

表 4—3　　更新品牌形象以建立消费者和品牌之间的情感纽带

品牌	主题	广告宣传
戴尔	“如虎添翼”	注重把技术人性化处理，让消费者思考如何使用产品而不是介绍产品技术的细节。
StarKist Tuna	“对不起，查理”（重新改编）	重新改编品牌原来的广告语“对不起，查理”。用怀旧的主题“抚慰消费者”，以此来唤起消费者对吉祥物和主题曲的记忆。
桂格麦片（Quaker Oats）	“加油，前进”	反映了美国人积极开拓未来的乐观心态和坚定决心。它歌颂追梦者，目的在于鼓舞消费者。该主题也与公司的广告“桂格的力量浸润于每一件产品之中”非常契合。
乐事薯片	“幸福如此简单”	描绘了生产马铃薯的农民如何制作薯片。他们真诚、单纯和坦率。广告的创意是让消费者认为乐事薯片是一种食物而不只零食。广告运动主题的“幸福如此简单”，网站上图片的特征是“快乐展示”。
谷歌	通过怀旧让消费者参与其中	谷歌采用 20 世纪六七十年代的经典电视广告，展示了网络广告如何吸引人、鼓舞灵魂而非呆板地宣传产品。例如，1972 年，“Hilltop”上播放的可口可乐的广告中，合唱团齐唱“给他人买一杯可乐，让我们永远在一起”。谷歌的广告要求消费者在全世界范围内通过移动客户端和自动售货机给他们素未谋面的朋友发放免费可乐。
莫特果汁（Mott's）	“集思广益”	目的在于把 6 岁以下孩子的妈妈聚集起来，邀请她们在专门的网站上分享自己照顾家庭的经验。
殖民地威廉斯堡	“成为故事的一部分”	广告重现了令人神往的 18 世纪弗吉尼亚的生活，注重“参与互动”，试图发挥游客的积极作用。

资料来源：Mark Hachman，“Dell's ‘More You’ Ads Mean a Renewed Consumer Push，” 7. 5. 11 online. wsj. com；Stuart Elliott，“Google Remixes Old Campaigns，Adding a Dash of Digital Tools，” 3. 8. 12 nytimes. com；Stuart Elliott，“In New Ads，Stirring Memories of Commercials Past，” 1. 12. 12 nytimes. com；Stuart Elliott，“Sit Under the Apple Tree With Me，Juice Brand Asks，” 6. 7. 10 nytimes. com Stuart Elliott，“Promoting a Potato Chip Using Many Farmers，and Less Salt，” May 25，2010，nytimes. com；Stuart Elliott，“So，Virginia，What's the Story，” nytimes. com February 1，2010.

包装形象

除了产品名称、外形、特征以外，包装也能传达品牌的形象。比如，汰渍洗衣液宣称可以清除污渍，用带有把手的橙色塑料瓶表达产品的重量，因为消费者会将重量与去污能力联系起来。另一方面，全新的汰渍全面护理产品，宣称带有清新的早晨、多雨的春天的气息，它运用带有比其他汰渍更浅的橙色的轻巧包装，并且把手有一定的角度，与推广的优点一致。Ivory Snow 的包装物为白色的没有把手的圆形，暗示洗涤剂可以放在洗衣机里，建立了品牌的温和去污的定位。

气味的感知和不同香味的联系因人而异。因此，很难表达香水的形象。对香水的购买者而言，产品的自然特征和质量的具体表现只有包装，包装的成本占总成本的 50%以上。最近一项研究选取包装的遮体设计，每一种都代表一种不同的、突出的品牌形象。对每种包装类型而言，研究还选取了与消费者相联系的品牌个性特征。图 4—9 中是包装类型的一般形象以及与之相关的感觉。[30]

包装	量大	对比	自然	细致	无明显特征
外形	 Shutterstock.	 Aksenova Natalya/ Shutterstock.	 Ergin/Shutterstock.	 Bruce Rolff/ Shutter.	 Shutterstock.
感知到的区别因素	粗犷，并非精心制作的。	不和谐的外形，不规则的设计。	和谐，原型。	柔和、圆润、细致，引人注意。	简单、明了、谨慎，但是不能与其他包装相区别。
品牌的个性特点	较弱的刺激、精致性和较强的野性。	较强的刺激和野性，缺乏必要的能力（如竞争力）。	真诚和精致。	较强的竞争力和精致性，较强的野性。	低的真诚、刺激和野性。

图 4—9　对香水瓶的知觉

资料来源：U. R. Orth and K. Malkewitz, "Holistic Package Designs..." *Journal of Marketing* 72 (May 2008): 64-81.

服务定位

与制造业不同，服务业市场营销者在定位和营销服务时面临着许多特殊的问题。因为服务是无形的，形象就成了将服务企业区别于竞争对手的关键因素。因而，市场营销的目标是使消费者将服务形象与品牌名称联系起来。许多服务市场营销者研发了向消费者提供可视形象和有形形象的营销策略，这些策略包括将汽车等运输工具涂上特别的颜色，餐馆提供纸板火柴，酒店提供印有酒店名称包装的香皂和洗发水，以及种类繁多的其他特制品。许多服务公司在广告中使用它们自己的员工以及光顾的顾客作为广告模特（有形展示），以区别于竞争对手。

服务环境的设计是服务定位战略很重要的组成部分，服务环境会明显地影响消费者的印象，例如，许多以追求变化、技术导向的 Y 世代为目标市场的商店明显提高了店内的感官刺激，包括现场调音师、昏暗的灯光、有香味的环境、嘈杂的超现代音乐、平板电视和现场模特。一些苹果专卖店为了留住苹果用户坚持 24 小时营业，即使他们不来购买产品。而且，商店里配备长桌椅和电子产品，提供无线上网服务，以便让苹果用户可以做他们的工作并与其客户进行交流。近期一项研究显示，商店环境的刺激水平应与购买者的期望相符，以免对感知产生过度刺激或刺激不足。[31]

知觉价格

知觉价格（perceived price）是消费者对于他从购买中可以获得的价值的认知。例如，消费者对快餐的价格感知较低，在美食餐厅的价格感知较高，因而可认为从两者得到相同的价值即是公平的。但是，大多数理性消费者认为每人 500 美元（纽约城内有几家这样的餐厅如此收费，并且不包括酒水价格）的用餐消费不理性，因为他们不知道消费多少餐饭才与这 500 美元等值。

消费者如何感知价格（高、低或合理）对消费者的购买意图和购买的满意度有巨大影响。假设这里分析价格的公平性感知。消费者往往在意别的消费者对同样产品的花费（如富人、经常坐飞机的人、俱乐部成员等），有些市场营销人员使用价格歧视战略，许多消费者对此认为是不合理的或不合法的。没有人在知道旁边座位的人只花了自己所付价格的一半就得到那张电影票或机票后还会开心。价格公平性的知觉会影响消费者对产品价值的知觉，最终影响到他们的购买意愿。研究还发现价格公平性的知觉对消费者满意度有极大的影响，卖家应该避免剥削买家，并预先估计到消费者感到受剥削后的负面情绪。[32]

宣传减价产品能够强化消费者对价值和节约支出的感知。由于消费者参考价格的作用，不同模式的减价广告会产生不同的效果。**参考价格**（reference price）是指消费者在比较价格时使用的任何基础价格。参考价格可以是外生的，也可以是内生的。广告商会借用一个较高的外生价格作为参考价格（如在别的地方的售价）来衬托自己产品的低价，说服消费者这是很合算的交易。内生价格指的是消费者头脑中记忆的价格。内生价格在影响消费者对产品的评价、对广告宣传产品的价值感知，以及广告中所使用外生参考价格的可信度上发挥着重要的作用。可是，消费者内在的参考价格改变了。例如，低成本制造带来的竞争使得平板电视的价格急剧下降，消费者对平板电视的参考价格也随之下降，人们不再认为平板电视只是少部分人买得起的奢侈品。

参考价格是很复杂的问题，也是研究的焦点。一项研究发现，期望价格对已有产品类别的参考价格影响大于公平价格，公平价格决定了消费者对新产品类别的参考价格。[33]另外一项研究显示，限时销售的参考价格（比如原价 599 美元，现在起三天内以 359 美元销售）比单独使用的技巧更能产生优惠价格和商店感知。[34]另一项研究说明了消费者对折扣感知的右侧效应。当消费者发现销售原价有相同的左侧数字（如 23 和 22）时，如果右侧数字小于 5，消费者会认为折扣更大。因而，消费者对认为从 23 降到 22 的折扣比从 19 降到 18 更有价值。[35]而另一项研究表明，价格折扣会马上引起购买者的意愿，降低消费者未来的参考价格。[36]一般而言，同样是 10 美元的折扣，用在价值 20 美元的产品上要比在价值 60 美元的产品上更具吸引力。然而一项研究发现，当消费者考虑自己的参考价格时，事实可能恰恰相反。[37]这些研究表明，市场营销人员在提高产品价格时，必须非常谨慎地考虑消费者的参考价格。

消费者自然会认为市场上的产品卖价比他们感知的公平价格高。如果推广的参考价格在消费者可接受的价格范围内，则被认为是可信的。如果推广参考价格超过接受范围，则不被认为是有效的参考点，反而会对消费者评价和广告商的信用造成负面影响。消费者遇到与预期大为不同的价格时会发生认知失调（见第 6 章）。消费者为此会寻求更多的信息以解释高价，或者因为距离上次购买此种商品已有一段时间而认为期望价格不现实。表 4—4 描述了消费者面对意想不到的高价时如何处理认知失调的情形。[38]

表 4—4　　消费者对意想不到的价格的反应

消费者遇到意想不到的价格

↓

消费者用以下模型之一减少失调

↙	↓	←
寻求协调一致的信息	改变态度	轻视
↓	↓	↓
评估其他供应商 评估替代产品 计划搜索更多信息	更新价格预期 ↓ 将高价归于： （1）产品质量 （2）产品信息的更新 （3）产品性质 （4）普遍的价格上涨	降低其重要性： （1）金钱 （2）储蓄和消费 （3）省钱 （4）好交易 （5）公平定价 （6）价值
↓ 从其他零售商或替代产品寻求协调一致的信息，或维持失调		
↓ 改变态度、轻视或维持失调	↓ 减少失调	↓ 减少失调

资料来源：J. Lindsey-Mulliken "Beyond Reference Price..." *Journal of Product and Brand Management* 12 nos. 2/3 (2003): 141. Emerald Publishing Group.

4.6　质量知觉

消费者通常根据他们认为与产品有关的信息来判断产品或服务的质量，有些信息是与产品或服务本身相联系的，是内部线索，另外一些信息是产品或服务之外的，是外部线索。这些信息单独或共同构成消费者对产品或服务质量的感知。

产品质量

内部线索（intrinsic cues）是影响消费者对产品质量感知的产品物理属性（如型号、颜色、口味）。在某些场合，消费者使用产品的物理属性（如冰激凌或蛋糕的口味）来判断产品的质量。消费者倾向于相信他们是根据产品自身的信息来评价产品质量的，因为这样会让他们相信自己对于产品的判断（无论是积极的评价还是消极的评价）都是基于产品本身的理性或者客观的判断。例如，经过调研发现消费者想看到并且非常关心肉片的形状之后，Hillshire Farm 品牌重新设计了肉片的形状。新包装设有一个透明的窗口来展示产品，还有一个浅浅的类似浴盆样的容器，因为当消费者看到肉片整洁地呈扇形散开在容器中时，会认为肉的质量非常好。[39]

然而很多情况下，事实并非如此，消费者更多的是用**外部线索**（extrinsic cues，产品外部的（例如价格、促销或包装）线索）来判断产品的属性。例如，虽然许多消费者声称他们是因为产品的口感而购买某个品牌的产品，但实际上他们大多数无法在蒙上眼睛的情况下凭口感将该品牌的产品挑选出来。一项研究表明，果汁的颜色比果汁的真实口味和品牌更能决定消费者辨别果汁口味的能力。该项实验的被试认为紫色或葡萄色的果汁饮料的口感是酸的；橙色的果汁饮料是甜的、可口的、清爽的。许多研究表明包装会影响消费者对产品的感知。比如一项研究表明，当每份爆米花的量增大时，不喜欢爆米花口味的消费者和喜欢这种口味的消费者都会买更多的商品。[40] 另一项研究比较了对商店品牌和制造商品牌的服务感知的区别，研究发现导致感知差异的因素有消费者对商店的感知和影响质量的外在因素。[41]一项实验研究人们在两种价格水平和两种消费情形下对虾和奶酪质量的判断，研究发现对高介入度的消费者而言，价格感知对质量感知有正向影响；另外，优雅的环境会影响人们对食物的质量感知和食用时的快感。[42]

消费者会根据非产品本身的信息如价格、品牌形象、制造商形象、零售商形象甚至产地来判断产品的质量好坏，尤其是对没有消费经历的产品。比如，美国的冰激凌生产商哈根达斯（Häagen-Dazs）成功地塑造了没有实际意义的斯堪的纳维亚名字。康涅狄格州制造的斯米尔诺夫伏特加（Smirnoff Vodka）的成功可能是源于所谓的俄罗斯名称。一项研究发现，酒的地域是影响消费者对酒质量感知的最重要的决定因素，纳帕谷（Napa Valley）和索诺玛（Sonoma）在美国葡萄园中具有最强的地域形象。[43]

测量质量知觉的方式有很多种。图 4—10 展示了测量品牌奢侈（该概念通常与感知质量相联系）知觉的量表，该表可以用来测量品牌的实用以及享乐元素。[44]

非个人导向感知			
凸显性	显著的	___ : ___ : ___ : ___ : ___ : ___ : ___	值得注意的
	著名的	___ : ___ : ___ : ___ : ___ : ___ : ___	精英的*
	买得起的	___ : ___ : ___ : ___ : ___ : ___ : ___	非常贵*
	为了炫耀财富	___ : ___ : ___ : ___ : ___ : ___ : ___	为了舒适
独特性	相当独特	___ : ___ : ___ : ___ : ___ : ___ : ___	非常独特*
	贵重的	___ : ___ : ___ : ___ : ___ : ___ : ___	有价值的
	稀有的	___ : ___ : ___ : ___ : ___ : ___ : ___	不寻常的
	唯一的	___ : ___ : ___ : ___ : ___ : ___ : ___	不一般的
质量	工艺的	___ : ___ : ___ : ___ : ___ : ___ : ___	制造的
	高档的	___ : ___ : ___ : ___ : ___ : ___ : ___	奢华的*
	最好的质量	___ : ___ : ___ : ___ : ___ : ___ : ___	好质量
	世故的	___ : ___ : ___ : ___ : ___ : ___ : ___	原始的
	优越的	___ : ___ : ___ : ___ : ___ : ___ : ___	较好的
个人导向感知			
享乐主义	精美的	___ : ___ : ___ : ___ : ___ : ___ : ___	雅致的
	吸引人的	___ : ___ : ___ : ___ : ___ : ___ : ___	迷人的*
	惊人的	___ : ___ : ___ : ___ : ___ : ___ : ___	令人难忘的
扩展自我	领导性的	___ : ___ : ___ : ___ : ___ : ___ : ___	有影响的
	很有力量的	___ : ___ : ___ : ___ : ___ : ___ : ___	一般有力量的
	奖励的	___ : ___ : ___ : ___ : ___ : ___ : ___	高兴的
	成功的	___ : ___ : ___ : ___ : ___ : ___ : ___	受欢迎的

图 4—10　测量品牌奢侈知觉

*表示该项反向评分。

资料来源：F. Vigneron and LW Johnson，"Measuring Perceptions of Brand Luxury," *Journal of Brand Management* 11，No. 6 (July 2004)：484. Reproduced with permission of Palgrave Macmillan.

服务质量

对于消费者而言，判断服务的质量比判断产品的质量要难很多。这是因为服务具有以下特性：服务是无形的，服务不具有一致性，服务不能保存，服务的消费与生产是同时进行的。由于无法像比较竞争性产品质量那样直接比较竞争性服务的质量，消费者如何在众多服务中选择呢？实际上，消费者会依赖于别的替代线索如外在线索信息来评价服务的质量。例如，观察医生所在办公室和诊疗室家具的质量，墙上悬挂的证书数量，接待人员是否令人愉悦，以及护士的专业程度，这些因素都会影响消费者对医生服务水平质量的总体评价。最近一项研究发现，网上约会服务通常不能满足用户的期望，因为潜在的约会者想筛选体验属性（如友善），而网上约会服务提供者只能让用户运用可搜索的属性（如收入）来进行筛选。研究也发现运用“虚拟约会”（提供有形的服务线索）能提高用户对网上约会服务的满意度。[45]

服务的实际质量每天都是不一样的，因服务人员和消费者的不同而不同（如食物、等待服务、理发甚至同一个教授所教的学生），市场营销人员尝试将服务标准化以保持质量的一致性。服务的标准化往往又是以牺牲服务的个性化为代价，而后者正是许多消费者看重的。

产品首先要制造出来，然后被出售，接下来才是被消费；服务则不同，服务先是被出售，然后服务的生产和消费同时进行。一个有缺陷的产品很有可能在到达消费者之前就被工厂的质量检测部门发现了；而有缺陷的服务在制造时就被消费掉了，从而根本没有纠正的机会。例如，一次不完美的理发所带来的发型效果很难弥补，正如对一个服务人员产生了粗鲁或是粗心大意的印象后就很难改变。

在需求高峰期，服务的互动质量常常会下降，因为消费者与服务人员都感到忙碌和压力。因而如果不对需求高峰期的服务质量给予一致性保证，消费者对该服务的印象就会变糟。有些市场营销人员尝试改变消费需求，以使需求能在时间分布上更均匀。例如，有些餐馆会向晚上7：00前就餐的顾客提供较高的折扣。

最广为接受的研究服务质量的体系所基于的假定是：消费者对服务质量的评价是由消费者对服务的预期与消费者对实际得到服务的评价/感知间的差距的大小和方向决定的。[46]例如，一个刚毕业的高中生被一个非常有名的大学录取，她在上这个大学的初级市场营销课程时，对同班同学的平均智力和能力水平、课堂讨论的丰富度、教授的知识和沟通技巧等都有一定的预期。学期结束时，她对该课堂质量的评价基于开学时的预期和学期末的课程感知间的差距。如果课程比她的预期差，那么她就会认为自己得到的服务质量差；如果课程比她的预期好，那么她会认为通过该课程可获得高质量的教学经历。

这些期望源于消费者听说的相关评价，她过去的经历，服务广告及销售人员所作出的承诺，备选服务的可获得性，以及其他诸多因素。基于以上因素，消费者在接受服务前对服务的期望的总和叫做预期服务；一旦消费者在接受服务后对服务的评价超过预期服务，则会认为该服务是高质量的，并会形成较高的消费者满意度，较高的重复购买率，以及良好的口碑。[47]市场营销人员不应该对不能切实做到的事情给予承诺，因为这样的承诺会增大消费者的预期，如果所提供的服务比较好但不够突出，消费者对服务产生低质量感知的可能性更大。

服务品质测量量表（SERVQUAL scale）专门用于测量消费者对某种服务的预期与实际得到服务间的差距。量表测量这些差距时涉及两个因素：

1. **结果维度**（outcome dimension）主要关注核心服务的有效传递性，比如你所乘坐的航班是否将你送达目的地？

2. **过程维度**（process dimension）主要关注如何传递核心服务，即雇员的响应度、精确度、处理顾客的感受度，以及服务的有形方面。比如航班的工作人员是否有礼貌，善解人意？你的航班是否延误？是否错过了转机？

过程维度向服务人员提供了超出而不仅仅是达到消费者预期的机会。例如，虽然亚马逊网站同其他网上书店竞争对手提供的核心服务（结果维度）是一样的，但它能通过先进的数据库为顾客推荐产品，拥有运输跟踪系统，让顾客预订数月后出版的图书，无论订阅多少均免运费，从而为顾客提供了更好的过程维度，因而亚马逊网站使过程维度优势超越顾客预期。

价格/质量关系

请看图 4—11 中的 6 件 polo 衫。哪两件 polo 衫的价格最高？写下它们的号码。然后翻到本章的注释［48］，不要看其他 polo 衫的信息，只需要记下所选 polo 衫的商店和设计师。[48]现在再看这两件 polo 衫，你是否仍旧认为它们是最贵的？再选择两件其他的 polo 衫，重复该实验。

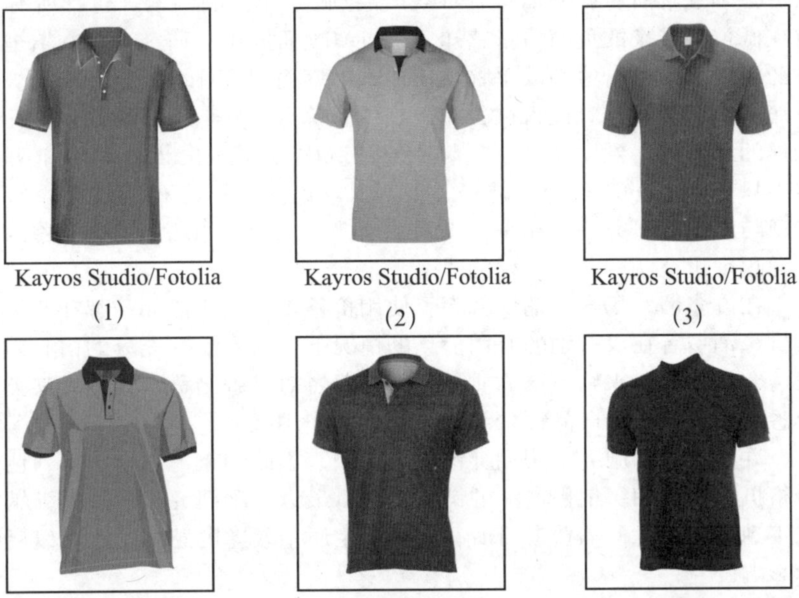

Kayros Studio/Fotolia (1)　Kayros Studio/Fotolia (2)　Kayros Studio/Fotolia (3)

Dofmaster/Shutterstock (4)　branchecarica/Fotolia (5)　Sjgh/Shutterstock (6)

图 4—11　哪件 polo 衫的价格最高？

我们假定你选择了（2）和（3）。看完附注之后，你发现（2）是由保罗尼莫（Polonimo）设计并在梅西百货出售。而（3）由伯托利安尼（Bertoliani）设计，在 Camicia（纽约 Soho 区的一家时尚服饰店）出售。现在你已获取了三条信息（感觉输入）——polo 衫的图片、所在商店以及设计师的名字。一想到 Camicia，你就可能会在头脑中将它同 Soho 区的其他时尚服饰店联系在一起，而且伯托利安尼的名字同样会让你想起穿着时尚、装束完美、体格健美，喝着浓浓咖啡的罗马男人——这种画面你在很多广告中都见过。现在，你认为（3）的价格是最高的，也是最时尚的。然而，尽管你的同学最开始也选择了（2）和（3），但他却认为在梅西百货出售的保罗尼莫设计的polo衫是最贵的。

你第一眼仅仅看到了polo衫的图片（感觉输入）而没有任何其他信息。然后，商店和设计师的名字（更多感觉输入）决定了你对polo衫的印象如何。形成所选polo衫的印象是你对三条视觉书面信息的主观解读。你的同学对同样的信息有着不同的看法这并不奇怪。在学完本章内容之后，你会明白其中的原因和机理——感知在消费者行为中发挥了非常关键的作用。本章注释［49］给出了“哪件polo衫的价格最高?”的答案。[49]

产品的感知价值实际上是产品的感知利益（或质量）与感知代价——为得到产品所付出的金钱和非金钱代价——的比较结果。当消费者依靠价格来判断产品的质量时，就形成了**价格/质量关系**（price/quality relationship）；简而言之，消费者认为价格越高产品质量越好。根据价格/质量关系进行判断的消费者实际上会认为一个知名的品牌（因而更贵）意味着好质量，而不是直接从价格判断。因为价格被认为是质量的表现，一些产品广告强调高价来证明其质量。市场营销人员必须明白，有时候低价格会被认为是劣质。与此同时，消费者根据价格和品牌名称来评价产品的声誉和象征价值，根据更加具体的产品属性比如性能和耐用度来判断其整体表现。因而市场营销人员必须理解所有影响消费者对某产品/服务评价的因素，包括所有适当的信息，以解决低价所带来的负面质量感知。最近一项研究中，研究人员在给被试安慰性的假止痛药后，人为电击他们的手腕，让被试为疼痛程度评级。有一半的被试被告知他们的止痛药2.5美元，其他人被告知得到的止痛药10美分。事实上，所有的被试都得到同样的药片。得到“高价位”药片的被试中有85%的人认为疼痛明显减轻，而另一组中只有61%的人认为有减轻。很明显，消费者愿意相信较贵的药片更有效；这个发现与之前的研究一脉相承，表明了消费者认为常用药不如有品牌的药有效，虽然从化学角度讲这两种药是一样的。[50]

在许多消费场合，消费者除了使用价格，还利用诸如品牌和购买地点来评价产品质量。消费者在没有别的有用信息的情况下，或是没有充分的信心制定购买决策的时候，会使用价格来判断产品质量。当消费者对品牌名称，或是对某类产品、购买商场熟悉后，价格作为产品评价和购买依据的作用减弱。

许多产品和服务采用捆绑销售（比如，不同的钢笔组合、系列芭蕾舞表演的票），价格折扣使得捆绑销售产品的销售上升。最近一项研究显示，捆绑销售折扣会导致意想不到的结果，使消费者对所有产品产生质量较差的感知，这对以后的单独销售有负面影响。[51]

有时候，价格/质量感知是同个人幸福感相关的。在一项研究中，研究人员要求某博客的读者列出他们买过的10种最贵的东西，同时列出10种给他们带来最大幸福感的东西。一些产品如游艇和奢华的婚礼等并不是一分钱一分幸福。但是，两个清单依然有高度的重合。许多人把住房、高等教育、度假以及昂贵的电子产品同时列入了两个清单。[52]

零售商店形象与质量感知

零售商店有自己的形象，这些形象能影响消费者对产品的质量感知，以及在哪儿购买产品的决策。商店形象产生于商店售卖的商品、品牌和价格、服务的水平、商店的硬环境和氛围，以及典型顾客（通常可以从停车场中的车辆看出来）。最近一项研究表明，对商场有积极印象的消费者不会对商场的信用作出负面评价。[53]

产品类别的多寡和经营范围也影响零售商店的形象。例如，食品杂货店不愿意减少产品的种类，因为它们担心较少产品分类的形象会减少顾客光顾商店的意愿。另一方面，全食——一个规模相对较小的连锁超市——通过精挑细选保留比传统超市类别少的产品而获得了较高的利润。全食出售有机食品（通常认为是健康食品），其中大部分产品是从家庭式生产者手中采购的；所有产品都经过检验，不含人工添加剂等；而且全食拒绝所有的高脂肪食品。虽然产品种类比一般超市少，全食仍然取得了高于一般超市的利润。显然，全食提供独特利益比出售产品种类丰富更能在消费者头脑中产生良好的形象。然而，由于全食的价格明显要比其他超市高，消费者给它取了一个外号——“钱食”，这让公司很难获取新的消费者。公司已经计划成立销售低价产品的店面，但是首先必须清除自己在消费者心目中的高价印象。很不幸的是，这（昂贵）已经成为全食公司的招牌。[54]

消费者同时利用品牌、商店形象和价格作为产品质量的评价指标。当品牌和零售商店形象联系起来时，不那么理想的形象会被提升。当低价商店展现一个高价位形象时，商店的形象就会提升，而品牌形象则会降低。因此，著名设计师产品的营销者经常试图控制产品售卖的货架。同时，高档商店向折扣店销售剩余的昂贵货品时，会根据与生产者的合约，撤下产品的设计标签。

价格折扣也会影响零售商店的形象。给很多产品提供经常性小额折扣的商店更容易被认为是“折扣店”，没有为少量产品提供大额折扣的商场高档。这对零售商制定定位战略有很大的启示。在激烈的竞争下，经常性大量销售会导致不理想的商店形象改变。例如，位于纽约市的 Lord & Taylor 原本定位为一家高档百货公司，过多的广告以及过道中的打折商品使它的高档形象受损，顾客群发生变化。市场营销人员必须考虑某些产品的降价对消费者感知的影响。不合理的价格促销会引起混乱，也会对消费者对于商场的感知造成负面影响。

制造商的形象与质量感知

消费者意象从价格感知、零售商店形象一直延伸到制造商。拥有良好形象的制造商发现它们所推出的产品比一般受欢迎或是谈不上受不受欢迎的制造商所推出的产品更易被消费者接受。消费者也会将某种态度和制造商联系起来。比如，苹果公司被认为与其他个人用品公司不同。瑞士制造的天梭表（Tissot）被认为更平常、更实惠，然而劳力士（Rolex）和百达翡丽（Patek Philippe）制造的手表则被认为是昂贵、地位的象征。

形象广告（institutional advertising）是一种设计用来提升公司整体形象而非特定产品形象的广告。例如，西门子的广告语“未来的世界需要持久的答案”配合着外海的风力发电机画面。广告把公司的形象定位成创新、前瞻以及对社会负责，具有战略意义。靠近海岸的美国社区居民如果对西门子的态度是积极的，他们就不会介意自己一出门看到的是西门子的风力发电机。反之，他们会认为西门子“入侵”了自己的家园，甚至会阻止公司将风力发电机设在那里。

虽然有些市场营销人员提出产品和服务广告比企业广告更能提升企业形象，但是另一些人认为这两种广告（产品广告和企业广告）是公司整体沟通计划中互补和完整的组成部分。沃尔玛曾被指不公平地使用劳动力、存在性别歧视，是导致中美贸易失衡的主要原因，当其声望受到玷污时，公司发布广告称“沃尔玛与每个人共存”。另外，公司管理人员在电视节目中与社会团体和环境官员对话，以减少负面影响。[55]一个消费者权益团体策划了一个广告活动，质问“耶稣会在哪里购物”，宣称有信仰的人节假日不应该在沃尔玛消费，因为沃尔玛给员工低工资和低福利，利用外国童工，这使得沃尔玛再次陷入困境。这个广告也说明了对耶稣的“光晕效应”[56]的应用。

在第2章以及前面对再定位的论述中，我们讨论了银行的广告是如何导致不负责任的消费，进而引发了2008年美国次贷危机的。从那之后，许多银行的广告将自己塑造成“温暖舒适”的形象。例如，一些广告语试图传递这样的信息：“储蓄更有趣”，“一个更加美好的银行”，以及“我们一起赚钱而不是投赚你的钱”等。[57]另一方面，网络上病毒式的信息会对公司形象产生严重的负面影响，这种影响几乎是立竿见影。例如，当死者的家属控诉肇事司机开车心不在焉时，Progressive汽车保险公司站在了肇事司机而不是投保人（被害司机）的立场上。Progressive公司这样做的目的是为了避免支付死者家属75 000美元的赔偿。死者的一位家属将这件事写在了博客上。这条信息像病毒一样蔓延到了整个互联网。网上对该公司的做法一片声讨，公司的很多客户甚至威胁要取消投保。[58]

4.7 知觉风险

消费者时常需要决策购买什么产品和服务，以及在哪里购买等。因为这些决策的结果往往是不确定的，消费者在决策时或多或少会感觉到有一定的风险。**知觉风险**（perceived risk）是当消费者不能预见购买决策的后果时产生的不确定性。知觉风险的类型包括功能、身体、金钱、心理和时间上的风险。这个定义解释了知觉风险的两个方面：不确定性和结果。

消费者所感知到的风险程度、对风险的容忍程度都是影响其购买策略的重要因素。我们必须强调的一点是消费者受他们感知到的风险影响，而不管这个风险是否真实存在。没有被感知到的风险——无论其发生概率有多大，或是有多危险——都不会影响消费者的购买行为。风险感知是信息呈现方式的函数。例如，一项研究发现，在评价处方药时当副作用被描述为“一般”或者“很小”时，消费者会高估副作用的实际效果。然而，当广告诱发正面情绪，消费者参与到更加细微的产品风险信息评价时，会使用它来判断产品的功效和其他属性。[59]

在大多数情形下，消费者的知觉风险是多个因素的函数。消费者在制定购买决策时感知到的主要风险类型如下：功能风险、身体风险、财务风险、心理风险和时间风险（见表4—5）。

表4—5　知觉风险的类型

类型	定义	举例
功能风险	产品不能像期望的那样发挥作用。	电子书阅读器能够使用一天而不用充电吗？
身体风险	产品给使用者以及周围人可能带来危害的风险。	未经高温杀菌的有机奶真的安全吗？（许多州禁止未杀菌的牛奶而绿色超市却在出售就是因为它是有机产品。）
财务风险	产品根本不值得所花费的代价的风险。	新型的且更便宜的液晶电视监控器会不会6个月之内就上市呢？
心理风险	一个糟糕的购买决策会导致消费者的自我形象受损。	如果邀请朋友用我已使用5年的音响设备听音乐会不会让我尴尬？
时间风险	花费很多时间寻找到的产品并不能像期望的那样满足效用的风险。	我需要把商场再逛一遍吗？

知觉风险的差异

消费者对风险的感知因个体、产品、环境以及文化的差异而不同。所感知风险的多少取决于消费者。有些消费者在许多不同消费场合都感知到很高的风险；有些消费者则只感知到低风险。例如，对于青少年风险感知的研究发现，从事高风险活动（如高速花样轮滑）的消费者比不从事高风险活动的人知觉风险低。高风险感知者又被描述为**狭窄产品类别者**（narrow categorizers），因为他们将他们的选择局限在少量安全选择中。他们宁愿放弃很好的选择也不会冒险去作一个可能糟糕的选择。低风险感知者被描述为**宽泛产品类别者**（broad categorizers），他们倾向于在相当宽泛的产品类别中选择。他们宁愿冒险作一个可能糟糕的选择也不会缩小选择的范围。

个体对风险的感知因产品类别的不同而不同。例如，消费者在购买 LED 电视机时感知到的风险（如功能风险、财务风险、时间风险）比购买高清电视机时感知到的风险大。因为相比高清电视机而言，到目前为止 LED 电视机属于技术较新、性能未得到证实的产品。

消费者的知觉风险也会受购买地点的影响。最早的时候，许多消费者认为网上购物具有很大的不确定性。近年来网上销售的迅速增长表明，在正向经历和口口相传的基础上，消费者在网上购物时感知到的风险比以前小很多。显然，知觉风险的减少是由于更好的技术使得购买者可以更多地从不同角度检查网上产品的细节。最近的一项关于网上银行的研究表明，大多数消费者愿意使用网上支付（大部分是为了应付最后期限以免过期被罚款），但这种意愿取决于他们对于网上支付系统的安全性的风险感知。[60]研究也发现高信任度可以减少消费者在电子化市场中的知觉风险。[61]其他两项研究发现，网站上的产品信息数量会影响消费者的知觉风险和满意度，同时风险知觉、满意度、回访意愿、购买意愿以及决策过程之间的关系也会受到影响。[62]

消费者个性化地开发出他们自己的减少风险的策略。具体方法见表 4—6。

知觉风险这一概念对引进新产品有很多启示。因为高风险感知消费者比低风险感知消费者更难以购买新产品或是创新产品，市场营销人员向这些消费者提供能够减少风险的说服性策略就显得尤为重要，如知名的产品品牌（有时可以通过授权获得）、声誉良好的零售商、信息性强的广告、媒体的正面报道、中立方的测试、免费派送的试用品、退款保证等。而且，消费者可以利用在线资源来降低知觉风险。他们可以通过互联网上提供的有关产品的详细特征、价格以及所有可提供产品的等级对产品进行比较。

表 4—6　消费者如何减少知觉风险

方法	具体描述
收集信息	消费者会收集信息：消费者会通过口碑交流（从朋友、家人以及他们看重的人那里）、销售人员以及大众传媒收集有关产品和产品类别的信息。如果感知到的购买风险很高，他们会花大量时间思考购买决策，并且收集更多关于产品选择的信息。
保持品牌忠诚	消费者会对某个曾经试用且满意的品牌保持忠诚，减少购买新的或是没有购买过的品牌。高风险感知消费者品牌忠诚度也很高，他们很少购买新产品或新品牌。
依赖品牌形象	如果消费者对某个产品没有购买经历，他们会倾向于选择一个喜欢的或知名的品牌。消费者通常认为知名品牌要好一些，且其质量、可靠性和使用有保障。

续前表

方法	具体描述
依赖商店形象	如果消费者没有关于某产品的其他信息，则会信任拥有良好声誉的零售商，他们相信零售商在选择零售产品时就精挑细选了。商店形象暗示了产品是经过检验的，如果对产品不满意有权得到售后服务、退货或是换货。
购买最贵的产品或品牌	正如在价格/质量关系中讨论的那样，消费者会认为最贵的产品很有可能是质量最好的产品。

小结

知觉是个人选择、组织和理解外界刺激，形成对客观世界有意义的相互联系的图像的过程。知觉对市场营销人员有着重要的战略意义，因为消费者是根据他们的知觉而不是基于客观的现实进行决策的。个体能体验到感觉的最低水平称为绝对感觉阈，两个对象之间的可被察觉的最小差别，叫最小可察觉差或差别感觉阈。消费者会感知到更多超过他们意识水平的感觉刺激；一些较弱的刺激也会在意识水平之下（阈下知觉）被感知到。研究结果认为阈下知觉不会影响消费者的购买决策。

消费者对周围环境刺激的选择基于消费者的期望和动机的相互作用。人们通常会感知他们需要或者想要感知的而屏蔽不需要、不喜欢或者痛苦的刺激。选择性知觉的内容包括：选择性曝光、选择性注意以及知觉防御。除了刺激本身以外，什么样的刺激会被选择取决于两种因素：（1）消费者过去的经历影响了消费者的期望（他们想看什么、接受什么、准备做什么）；（2）他们当时的动机（他们的需要、欲望、兴趣等）。上述每个因素都会增加或减少每个刺激被感知的可能性。

消费者会根据格式塔心理学的基本原理把获得的知觉信息分组以形成一个统一的整体，其主要内容包括：主角与背景、分组以及完整。每个概念都对理解消费者行为有着重要意义。主角是指刺激物本身，而背景是指主角出现的环境或情境。因为消费者非常痛恨广告信息所以他们会想方设法进行规避。市场营销人员总是尽力抹去主角同背景（节目的内容）之间的界限，以使广告在影视节目中显得不那么突兀。商家经常将产品（即主角）融入到电视剧集、电影或其他娱乐内容中（即背景）。个体感知到的刺激是成组或成块的，而不是独立的小单元信息，以便于大脑记忆和回忆。人们本能地将感知的信息碎片组合成一个完整画面或感觉（个体有完整的需要）。如果个体感知到这一刺激是不完整的，就会不由自主地去探索它的完整含义。

对刺激的理解是非常独特的个人现象，因为人们的理解是基于人们根据过去的经历、他们所能想象到的可行解释以及他们在理解时的动机和兴趣所形成的期望。刻板印象是个体对不同刺激含义的偏差理解。当面对这些刺激时，个体会将偏差理解附加到他们的所见所闻上并产生扭曲印象。触发刻板印象的主要因素是身材相貌、描述性概念、第一印象和光晕效应。

如同个体对自己有感知形象一样，消费者对产品和品牌也有相应的感知形象。这些对产品或服务的感知形象（产品/服务如何定位）在决定产品的成败方面可能比产品的实际属性更加重要。被消费者感知为独特和良好的产品和服务形象比那些形象不清晰或是错误的产品/服务赢得购买的机会大很多。消费者意象的主要构成要素包括品牌知觉、包装知觉、服务知觉以及价格知觉。

消费者通常根据他们认为与产品有关的信息来判断产品或服务的质量，有些信息是与产品或服务本身相联系的，是内部线索，另外一些信息是产品或服务之外的，是外部线索。这些信息单独或共同构成消费者对产品或服务质量的感知。在缺乏直接经验或其他信息时，消费者会根据价格来判断产品的质量好坏。消费者如何感知价格（高、低或合理）对消费者的购买意图和购买的满意度有巨大影响。消费者同时依靠内在和外在参考价格来判断产品的价格是否公道。经过专家的科学验证，我们可以准确判断产品和服务质量的高低。但是，如果消费者并没有感知到产品的质量和价值，不论是否有客观证据，他们都不会购买该产品。

由于决策结果的不确定性，消费者在产品选择的过程中通常会感知到风险。大多数情况下，消费者的知觉风险是多种因素的函数，这些因素包括功能风险、身体风险、财务风险、心理风险和时间风险。消费者在减少知觉风险时有以下选择：收集产品信息，忠诚于熟知的品牌，购买知名品牌的产品，从知名的零售商手里购买，购买最贵的商品，以及通过退款保证、承诺保障和买前试用来获得保障。知觉风险概念对市场营销人员非常有用，因为它能通过在新产品推广活动中采用减少风险的策略来增加消费者对产品的接受度。

复习与讨论题

1. 感觉适应是如何影响广告效果的？市场营销人员如何克服感觉适应？

2. 讨论绝对感觉阈和最小可察觉差的区别。哪一个对市场营销人员更重要？为什么？

3. 对于产品——能量补充棒和高档润肤霜，描述在（1）成分和材料价格上涨时和（2）竞争加剧时，市场营销人员该如何将最小可察觉差知识应用到产品的包装、定价和促销信上。

4. 阈下知觉广告有用吗？解释你的观点。

5. 广告商应如何使用对比来使消费者注意到它们的广告？广告与登载广告的媒体间缺乏对比会增强还是减弱广告的效果？在使用这些战略时，有哪些道德考虑？

6. 主角—背景关系对印刷广告和网络广告各有什么作用？构建主角—背景关系是如何帮助或影响广告信息传递的？

7. 为什么市场营销人员有时被迫再定位？举例说明你的理解。

8. 为什么服务质量比产品质量难以判断？

9. 解释外在线索与内在线索在以下产品或服务质量感知中的作用：

a. 酒。

b. 餐厅。

c. 液晶电视。

d. 大学教育。

实务练习

1. 查找三则使用本章所讲到的引起消费者注意的刺激因素的平面广告。针对每则广告分析和评价所使用刺激因素的效果。

2. 解释选择性知觉。举出你在看在线广告或印刷广告时，与你的关注风格相关的一两个选择性知觉因素。

3. 选择一家使用同一品牌名称生产不同版本的相同产品的公司（不要使用本章中所讨论过的例子）。访问这个公司的网站，准备一份产品清单和每个产品提供给消费者的利益。所有这些利益都是可信的吗？它们能够说服消费者去购买产品的不同版本吗？给出相关解释。

4. 结合本章中解释消费者对服务质量评价的概念评价本学期的这门课程。

关键术语

绝对感觉阈（absolute threshold）
埋伏营销（ambush marketing）
宽泛产品类别者（broad categorizers）
完整（closure）
消费者意象（consumer imagery）
差别感觉阈（differential threshold）
体验营销（experiential marketing）
外部线索（extrinsic cues）
主角与背景（figure and ground）
格式塔心理学（Gestalt psychology）
分组（grouping）
光晕效应（halo effect）
形象广告（institutional advertising）
内部线索（intrinsic cues）
最小可察觉差（just noticeable difference, JND）
许可（licensing）
狭窄产品类别者（narrow categorizers）
知觉价格（perceived price）
知觉风险（perceived risk）
知觉（perception）
知觉防御（perceptual defense）
定位（positioning）
价格/质量关系（price/quality relationship）
参考价格（reference prices）
再定位（repositioning）
选择性注意（selective attention）
选择性曝光（selective exposure）
感觉（sensation）
感觉适应（sensory adaptation）
感受器（sensory receptors）
服务品质测量量表（SERVQUAL scale）
刻板印象（stereo types）
刺激（stimulus）
阈下知觉（subliminal perception）
韦伯定律（Weber's law）

第5章 消费者学习

学习目标

1. 理解消费者行为情境中学习包括的要素。
2. 理解行为学习、经典条件反射、刺激类化的作用以及新产品开发和品牌化的区别。
3. 理解工具性条件反射与强化的目标和方法。
4. 理解观察学习在消费者行为中的作用。
5. 理解信息处理的要素，包括获取、存储和提取与消费相关的信息。
6. 理解消费者决策制定框架的认知学习。
7. 理解消费者介入和被动学习以及它们对购买决策的影响和促销沟通信息的维持与回忆。
8. 理解如何测量消费者学习的结果。

引 例

学习（learning）是指个体获得可应用到将来的购买或消费行为中的知识和经验的过程。例如，当一个人看见士力架巧克力广告的时候，脑海中会浮现出什么？对于熟悉士力架的消费者而言，看到广告后往往会想到香浓可口、令人满意的巧克力以及享用时的愉悦感受。与很多成功企业一样，士力架的生产商玛氏公司总在努力扩展它的产品线并寻求新的目标市场。图5—1中的两则广告介绍了玛氏的一种新产品——方形花生酱夹心巧克力士力架。这些广告把目标锁定在花生酱的喜好者身上，向他们传达这样的信息：如果你喜欢花生酱和巧克力，那你也会喜欢士力架和它的花生酱夹心巧克力。一般来说，花生酱产品的包装（如杯装、罐装）都是圆形的，就像小轮子一样。通过与圆形包装的对比，玛氏巧妙地告诉喜欢花生酱的人去尝试士力架方形包装的新款花生产品。玛氏聪明地将这种新产品命名为"方形花生酱夹心巧克力士力架"，以告诉消费者花生酱夹心产品不仅可以是圆形的，还可以以方形出现。

什么能使教学变得有效？首先是教师的可信度。学生在听他们认为学识渊博的人讲课的时候显得更加热情。在士力架的例子中，玛氏被人们认为是一家值得信任并能创造受人喜欢的产品的公司，消费者会注意到这一点并相信它的广告。其次，消费者更可能从有趣的、吸引人的信息中学习。就像那些更有学习动力的学生一样，相对于枯燥的课堂，他们能从具有卓越沟通技能的老师那里学到更多的知识。因此，几乎所有的广告战中都会有不同的广告传达相同的信息，正如士力架的两则广告所展示的。这两则广告建立在消费者对花生酱产品的喜爱基础上，同时，借用了一个著名运动员在从球队转会时的口号——“我要把我的天赋带到另一支球队”。

图 5—1 士力架广告体现的消费者学习

资料来源：DOVE，M&M'S，the M&M'S Character and SNICKERS are registered trademarks of Mars，Incorporated. These trademarks and advertisements are used with permission. Mars，Incorporated is not associated with Pearson Education，Inc.

学习的第三个要素是重复。在广告中，重复意味着运用不同的形式和广告渠道来不停地重申广告的核心思想。玛氏公司已经开始为新方形花生酱产品在多种媒体上重复投放广告，而且可以推测，正如这里展示的两则广告一样，更多传递相同信息的广告形式也会得到运用。

强化，是学习的最后一个要素，这涉及奖励那些尝试新产品的消费者。对他们而言，这种奖励就是从享用方形花生酱士力架产品中获得的愉悦感，这种感受等同甚至超越了单独享用花生酱或者巧克力棒士力架的愉悦感。

接下来，我们将讨论学习的基本要素并将它们运用于市场营销战略的开发，使消费者可以尝试和继续购买新产品。本章最后将总结讨论测量消费者学习经验效果的方法。

5.1 消费者学习的要素

学习是个体获得可应用到将来的购买或消费行为中的知识和经验的过程。**消费者学习**（consumer learning）是一个不断发展变化的过程，在这个过程中消费者从实际经验、观察以及同他人的互动中获得知识，新获得的知识将会影响其未来的行为。这个过程包括对市场刺激物（如包装、产品颜色、促销信息等）的简单、反射性的反应，也包括购买复杂、昂贵的产品时学习抽象概念以及制定购买决策的过程。

并不是所有的学习过程都是有意获得的。尽管很多学习都是有意的（例如，它是由对信息的有意搜索获得的），但大多数的学习是偶然的，是意外获得的。比如，一些广告可能会引发学习——如图 5—1 的两则广告中同一熟知品牌名称下的新产品——学习并不是有意获得，打算购物的消费者会寻找并细心阅读其他广告。学习包括四个基本要素：动机、线索、反应和强化。

动机

发现消费者的动机是市场营销人员的首要任务，然后市场营销人员要努力教育消费者如何通过特定的产品和品牌来满足他们的需要。为满足需要将导致动机产生，并刺激了学习。比如，想通过骑自行车来保持健康和娱乐的男女都被激励去学习有关骑车的知识并随时练习。他们会寻找有关自行车的价格、质量与特性等信息，了解哪种自行车最适合自己。他们还会阅读报纸上有关自行车的文章，在网上搜索有关骑车或爬山的激情假期信息。相反，对骑车不感兴趣的人，很可能忽略所有有关这项运动的信息。目标事物与消费者相关或者介入的程度，决定了他们寻找产品或服务的信息的动机水平，也就是潜在的学习投入。

线索

线索（cues）是直接驱动行为的刺激。一则包含有骑自行车的异国情调的旅游广告可能是对自行车爱好者的线索，他们可能突然认知到他们需要一个假期。这则广告就是一个线索（或刺激物），它提出了一个满足消费者显著动机的特定途径。在营销中，市场价格、款式、包装、广告和产品陈列都可以被设计成劝导消费者通过购买特定产品来满足需要的线索。

只有当线索与消费者期望相符时，它才会引导消费者动机。因此，市场营销人员必须提供能够匹配和满足这些动机的线索。比如，消费者希望设计师设计的衣服昂贵并且在高档商店销售。为此，高级时装设计师应该只在高档商店销售服装，并且只在高档时尚杂志上做广告。如果市场营销人员想要用线索充当刺激物来引导消费者的话，营销组合的每个方面都需要起到加强其他方面的作用。

反应

在消费者学习的情境下，**反应**（response）是一个个体对驱动或者线索作出的回应。即使反应不是外在的，学习也会发生。汽车制造商对消费者不断给予提示并不一定产生购买行为。然而，如果某制造商成功地在消费者头脑中形成了有利的形象或特殊的汽车款式，当消费者准备购买时，很可能会考虑这家制造商或特定款式的汽车。

反应并不与需要一一对应。实际上，如第 3 章讲到的，一种需要或动机会引起一系列的反应。比如，对于满足锻炼身体的需要，除了骑自行车还有很多途径。线索提供了一些方向，但是消费者会意识到很多种线索。消费者怎样反应取决于先前的学习；也就是说，取决于先前的相关反应是如何被强化的。

强化

强化（reinforcement）是一种奖励——愉悦、享受或其他利益——消费者从购买和使用某种产品或服务中获得这种奖励。对市场营销人员而言，遇到的挑战是如何持续为消费者提供有益的产品和服务以强化他们未来的购买行为。例如，如果一个人第一次光顾一家餐馆，喜欢那里的食物、服务、氛围，并觉得所花的钱物有所值，那么顾客就得到了强化，并可能再次到该餐馆用餐。如果他变成了常客，餐馆的主人应该进一步对他的持续光临进行强化，比如，赠送他免费的饮料，在他光临时认出他。当然，因为食物和服务的质量是强化顾客继续光临的关键因素，所以质量必须保证。相反，如果一个顾客对餐馆食物和服务的质量很失望，感觉被欺骗，就没有发生强化。由于缺乏强化，顾客不可能再次光临该餐馆。

图 5—2 将学习的四种基本要素运用到宝洁公司引入纺必适（Febreze）空气清新剂的过程。纺必适的最初定位因为没有遵循消费者学习的原则，而导致产品效果很差。而当它的产品与消费者学习的原则保持一致，进行再定位之后，产品销量明显改善。[1]

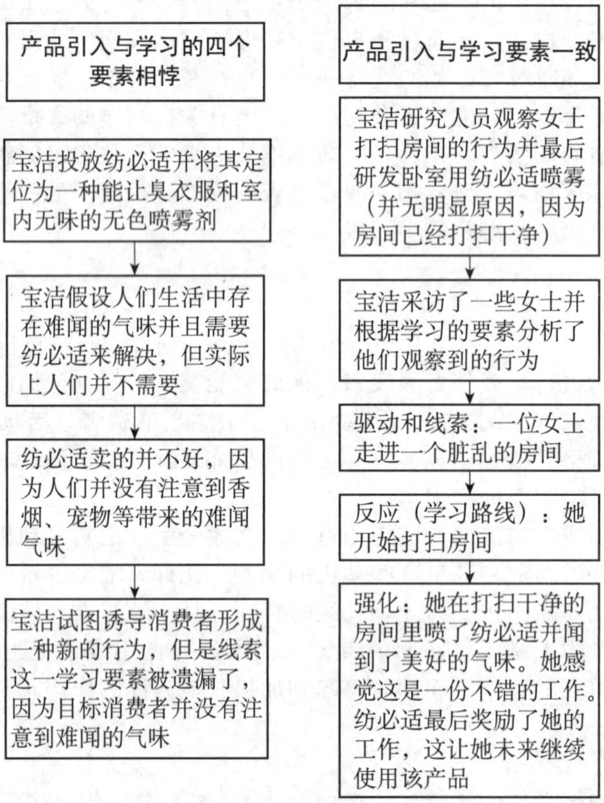

图 5—2 宝洁公司的纺必适

资料来源：Charles Duhigg, "How Companies Learn Your Secrets," nytimes. com February 16, 2012.

并不存在唯一、通用的理论来说明人们如何学习。大体上，存在两种学习模型：行为的和认知的。接下来，我们将描述这些理论以及它们在消费者行为中的应用。随后，我们将解释消费者如何存储、保存、提取信息、认知学习以及学习如何被测量。

5.2 经典条件反射

行为学习（behavioral learning）有时称作**刺激—反应学习**（stimulus-response learning），因为它们建立在受特殊外部刺激和已发生学习并可观察反应的假设基础之上。行为理论并不与学习过程相关，因为它们伴随着学习的输入和输出；也就是说，在这里刺激是消费者从环境中选择的和可观察行为结果的。经典条件反射、工具性（或操作性）条件反射和观察（或建模）学习是三个与市场营销有重要联系的行为理论。

经典条件反射（classical conditioning）被认为是对通过重复影响和强化建立起来的情况作出反应的一种“膝跳反射”（或自动的）。比如，如果泰勒（Taylor）的朋友赞许他那双昂贵的普拉达皮靴，泰勒就有可能会省钱再去买一双普拉达帆布鞋。而当他在杂志上看到普拉达的广告时，他又会马上回想起他朋友的赞许并对自己和自己此前的购买行为感到满意。俄国心理学家伊万·巴甫洛夫（Ivan Pavlov）最先提出了条件反射的概念。巴甫洛夫认为，当和另一个导致已知反应的刺激配对的刺激单独使用时，如果产生同样的反应，条件学习就会发生。他通过狗的条件学习实验来解释他的理论。这些狗非常饥饿并且吃东西的欲望非常强。在实验中，巴甫洛夫摇响铃然后迅速将肉放到狗的舌头上，这种做法使狗分泌唾液。在多次重复同样的行为之后，它们开始用同样的方式反应，也就是说，它们听到铃声也会像对肉作出的行为反应一样分泌唾液。

将巴甫洛夫的理论借鉴到人类行为中，考虑下面这种情形：你在读高中的那几年时间里，总是和你最好的朋友在每天晚上 7 点看你最喜欢的电视剧。电视剧总是先播放它的主题曲。后来你和你的好朋友去了不同的大学。当你在新的宿舍住下来，晚上 7 点你又打开电视看你最喜欢的电视剧，此时熟悉的电视剧主题曲响起。你会立马想起你的朋友并且为一个人独自看电视感到难过。因为想起一个现在已分开的好朋友而难过，这是很自然的人类本能反应，是一种**无条件反射刺激**（unconditioned stimulus，在特定环境下自然而然发生的刺激）。而且，在你还没有每天晚上和朋友一起看电视剧之前，电视剧主题曲只是一个既不会诱发行为也不会唤起情感的中性刺激。而随后当你独自一人看电视剧的时候，同样的主题曲却触发了你独特的反应——感到难过，此时它已经成为一个**条件刺激**（conditioned stimulus，在重复中建立的与特定事件或情感相关的刺激）。每当听到主题曲的时候你会感到难过，这就是一种**条件反射**（conditioned response，对条件刺激的反应）。这种条件刺激的重复作用使得音乐引发了难过的感觉。你在过去的几年时间里和朋友一起看电视剧时，总是在相同的时间听到相同的主题曲；相反，如果你只是偶尔听到这一主题曲，它就不会引发难过的感觉。图 5—3A 和图 5—3B 描述了巴甫洛夫经典条件反射模型和另一相似的例子。

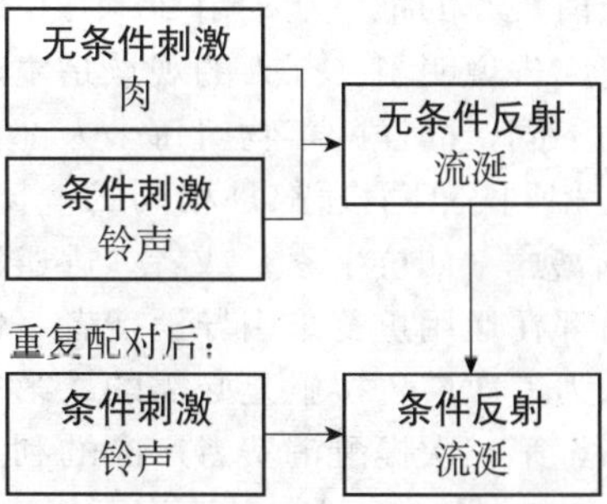

图 5—3A　经典条件反射

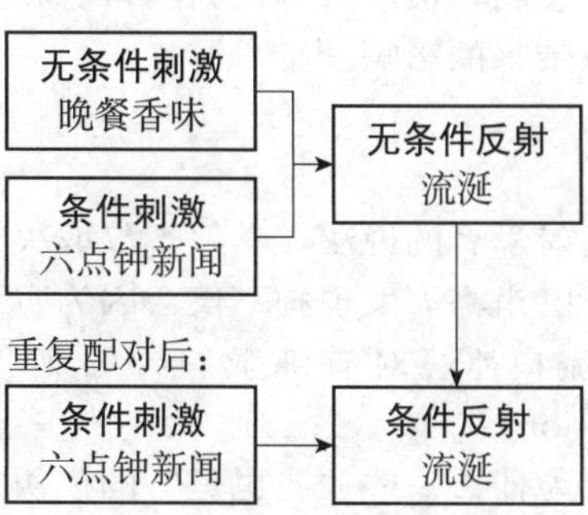

图 5—3B

关联学习

当代行为科学家将经典条件反射视作那些允许消费者期望和预测环境中的各种事件之间联系的学习。经典条件反射被看作**认知关联学习**（cognitive associative learning）——不是获得新的映象，而是获得关于世界的新知识，这不仅仅是一种条件反射行为。从这个角度看，消费者应该被视作信息搜寻者，他们利用事物之间的逻辑和感知的联系，通过先入为主的观念，形成一个对世界的复杂认识。

重复的作用

在广告中，**重复**（repetition）是品牌和需要满足之间关联形成的关键。例如，拥有健康的牙齿和良好的口腔卫生是人类本能的需要（无条件刺激），于是许多消费者将这种需要和"佳洁士"一词相关联。为什么呢？原因就是经过50多年不计其数的重复广告营销，消费者每当看到或听到"佳洁士"这一名字的时候就会联想到这种最先推出的产品，因为它能够保持消费者的口腔卫生和牙齿健康，免于细菌或疾病的侵蚀。"佳洁士"就是一个条件反射刺激，而消费者形成的这种关联性就是一种条件反射。不仅如此，消费者还会把所有以佳洁士品牌名称推广的各种牙膏、牙刷、洁牙粉、牙线和漱口水等都与"佳洁士"联系起来。无论是这种条件反射刺激还是条件反射本身都是消费者一遍遍听到、看到佳洁士广告的结果，也就是不停地重复。

重复可以增强条件刺激和无条件刺激之间的联系并减缓记忆的衰退。尽管如此，研究指出那些帮助维持的重复次数应该有一个限制。虽然某些过度学习（例如，重复那些不是必须学习的行为）有利于记忆，但在某种程度上个体会对大量的接触感到厌倦，注意力和记忆力会减弱。这种效应称为**广告疲劳**（advertising wearout），市场营销人员重复相同的广告主题的时候，往往通过在广告中运用掩饰性的变化来应对广告疲劳。另一个例子是，汇丰银行（HSBC）将自己定位为"环球金融，地方智慧"。有一项名为"不同价值观"的推广活动由20则以"不同的价值观将世界变得更富裕"为中心的广告组成。广告说明了一个人的观点是主观的，反映的是个人的价值观，因此由于文化和观点的不同，同样的事物对每个人都会有不同的意义。广告中用来解释这个观点的物品各不相同，但主题都是相同的。比如，广告中的药瓶可以代表"阻止"（如维生素）、"治愈"（如抗生素）或者"逃避"（如非法物质）。

虽然所有广告商都在运用重复来引导消费者，但对重复到什么程度不存在一致意见。一些营销学者认为三次广告接触是必需的：第一次使消费者认识产品，第二次向消费者展示相关产品，第三次提醒消费者产品的利益。这种接触模式被称为**三次击中理论**（three-hit theory）。另一些研究者认为可能需要进行11～12次重复才能实现这三个目标。一项研究表明，被消费者认为与自身相关的邮件广告对他们学习和态度的影响远大于接触次数带来的影响。[2]

刺激类化

根据经典条件反射学者的说法，学习不仅取决于重复，而且取决于个体进行类化的能力。举例来说，巴甫洛夫发现狗不仅会因为听到铃声而流口水，在听到刺耳的钥匙或硬币声时也会流口水。对有细微差异的刺激作出相同的反应称为**刺激类化**（stimulus generalization）。

刺激类化解释了为什么一些"我也是"的模仿产品会在营销领域获得成功：消费者把他们通过广告看到的原始产品和这些模仿产品混淆了。这也解释了为什么自有品牌的制造商试图使它们的产品包装看起来与全国性品牌领先者的产品包装十分相似。它们希望消费者将领先者的产品包装和自己的产品包装混淆，并且买它们的产品而不是领先者的。

刺激类化在品牌和产品线管理中存在四种战略性应用：产品线延伸、产品形式延伸、家族品牌以及许可。[3]

产品线延伸

产品线延伸（product line extensions）是在已经建立的品牌上嫁接相关的产品项目，因为他们知道当新产品和一个知名并值得信任的名字联系在一起时，这个新产品更容易被接受。[4]大多数消费者会把饮用蔬菜汁和吃蔬菜联系在一起，因为它们都能补充维生素、提供抗氧化剂和免疫系统因子。

尽管大多数消费者会把 V8 和蔬菜联系起来，但他们并不会把汤和 V8 品牌联系在一起。金宝汤公司（V8 品牌生产商）为什么非要引入图 5—4 中的汤类产品来影响消费者长期建立的认知呢？消费者每次购买 V8 蔬菜汁的时候，他们都能得到刺激，因为蔬菜汁喝起来很不错而且他们在享用一种健康的食品。每当含有 V8 品牌的新产品做广告时，消费者都可能把新产品和此前他们多次享用 V8 蔬菜汁的美好经历联系起来，这其中包含消费者从 V8 品牌感知到的核心的健康利益。在学习的作用下，消费者会把他们已经知晓的 V8 品牌知识应用到新的产品中并可能进行尝试。这种 V8 产品线的延伸在相同的品牌名称下营销不同的产品，也是一种家族品牌的形式。

图 5—5 中展示了两种朗白先生产品在同一品牌名称下的产品线延伸的例子，这一品牌自 20 世纪 50 年代就成为一个畅销品，并且在消费者心目中树立起了一个强壮、坚决、能干、独立和友好的“人”的吉祥物形象。

图 5—4　产品线延伸：V8 汤

资料来源：Campbell Soup Company.

图 5—5　朗白先生的产品线延伸

资料来源：Proctor & Gamble.

产品形式延伸

产品形式延伸（product form extension）是在同一品牌名称下提供不同形式的相同产品。例如，李施德林（Listerine），一个液态漱口水的领导品牌，引入了李施德林口袋包（Listerine Pocketpacks）——一款固态形式的产品；高乐氏漂白水（Clorox Bleach）——作为最受认可的服装护理品牌之一，自上市以来的几十年里一直只销售液态产品，而基于其品牌优质产品的全球认可度，公司开始引入漂白凝胶产品。

家族品牌

另一个从刺激类化中衍生的战略是家族品牌，即公司所有产品都使用同一个品牌。例如，金宝汤公司一直通过在其金宝汤的商标下添加新的食品来完成产品线扩展，如大份、简装、适合儿童的低钠汤；金宝汤超级面包房速冻食品；番茄汁等。

许可

许可（licensing）实际上是指将一个非常著名的品牌用于另一个制造商的产品。设计者名、制造者名、名人名、公司名甚至卡通人物名都可以出租给许多产品，使这些被者能获得迅速认可，并能使这些产品获得某种潜在的质量。一些成功的许可者包括丽诗加邦（Liz Claiborne）、唐美·希绯格（Tommy Hilfiger）、卡尔文·克莱恩（Calvin Klein）以及克里斯汀·迪奥（Christian Dior）。这些品牌包括的产品范围非常广泛，从床上用品、鞋、行李箱到香水。[5]

一些公司也许可它们的名字以及商标用于相关产品的制造商。例如，歌蒂梵巧克力许可它的名字给歌蒂梵利口酒。公司有些时候出租它们的名字也纯粹是为了促销：例如标语“永远的可口可乐”（Always Coca-Cola）就被印在衣服、鞋、咖啡杯上等，但实际上这些产品并非由可口可乐公司生产。

只要这个公司在所有产品延伸时都保持一个高质量形象和定位，不同的产品应用同一个名字——包括产品线和产品形式延伸、家族品牌和许可——就可以增强这个品牌的知名度。如果不这样做，将有可能影响消费者对该品牌所有产品的信心和评价。一项研究显示，包含不同产品的品牌更容易成功地进行品牌延伸；研究也证实了消费者对品牌延伸所产生的反应与这些延伸产品提供的显著利益直接相关。[6]

刺激辨别和产品差异化

刺激辨别（stimulus discrimination）是刺激类化的一个相反方面，指根据感觉到的差异，从相似刺激中选择一种特殊刺激的能力。定位战略的核心目标就是希望消费者能够区分（或辨识）众多相似的产品（如相似刺激），从而在头脑中形成一个独特的品牌形象。因此，市场营销人员提供说服性信息的目标就是有效地向消费者传达其品牌的独特利益，并希望他们能够把其产品和竞争者的产品区分开来。而那些模仿者则不是这样。它们往往是一些不知名的品牌或者店面品牌，其营销者希望消费者会混淆自己的产品和那些良好定位的产品从而一视同仁。市场领导者的目标就是让消费者相信并有能力区分（或识别）它们的产品和模仿者的产品。

许多产品差异化战略是为了把自己的产品与竞争对手的产品区分开来。区分点在于那些与消费者相关的、有意义的以及有价值的一些特征。一旦刺激辨别发生了，那么市场领导者的地位就很难被推翻。原因是由于市场领导者经常在市场上处于第一的位置，并且长时间“教导”消费者（通过广告或是销售），从而在一个特定的产品类别下将其品牌视作最佳选择。苹果是产品差异化突出的例子。它早期的广告清晰地阐释了苹果创新产品所表达的与众不同、卓尔不群的思维方式。这些广告的宣传语就是“大世界，思不同”（Think Different），广告通过描述诸如阿尔伯特·爱因斯坦（Albert Einstein）、吉姆·汉森（Jim Henson）这样著名的天才人物成功诠释了这一口号，这些人可以创造性地思考问题，并且用他们的想法了改变世界。

经典条件反射理论为许多营销实践提供了理论支持，它为不断通过重复、刺激类化和刺激辨别来影响消费者行为提供了依据。然而，尽管许多消费者行为通过关于不同品牌独特属性的反复宣传已经基本成型，消费者还是会不断重复购买相同的品牌，因为他们可以获得持续的奖励。强化（或奖励）在学习中的作用将在接下来的部分讨论。

5.3 工具性条件反射

工具性条件反射（instrumental conditioning），或称**操作性条件反射**（operant conditioning），是基于这样一种观点，即学习要经过一个试错的过程，并且具有一些由特定的反应或行为产生的积极经验（强化）所导致的习惯。与经典条件反射理论一样，工具性条件反射需要刺激和反应之间的一个联结。然而，在工具性条件反射理论中，导致最值得奖励反应的刺激是已学习过的。例如，消费者通过在许多商店购物学习到在哪个商店可以买到他们喜欢的款式的衣服，并且衣服的价格他们可以承受得起。一旦发现某个商店的衣服能满足他们的需求，他们就很可能只在这家商店购物而不会去其他商店。每一次在这家令人满意的商店购买一件喜欢的衬衣或者毛衣时，他们对这家商店的忠诚度就得到强化，而且他们很可能成为重复购买者。

美国心理学家斯金纳（B. F. Skinner）构建了工具性条件反射的模型。斯金纳认为，多个体学习发生在相应的环境中，这种环境使个体选择恰当行为得到奖励。从消费者行为角度看，工具性条件反射理论认为消费者行为学习是通过一个试错的过程的，在这个过程中，某些购买行为得到的结果（例如，奖励）比其他购买行为更加令人满意。一次令人愉快的经历"操作性"地引导个体去重复某种特定的行为。

与巴甫洛夫一样，斯金纳也是通过研究动物建立起他的学习模型。一些小动物，诸如老鼠、鸽子，被放在"斯金纳箱"里。如果它们的行为表现和斯金纳预期一样，例如压下控制杆或者叼起钥匙，他就会用食物奖励它们。斯金纳和他的许多拥护者做过很多关于这个学习模型的有趣的事情，包括教鸽子打乒乓球，甚至让鸽子跳舞。从市场营销的角度看，消费者在找到适合他体型的牛仔裤（如强化）之前试过了几个牌子和款式的牛仔裤，这时，这个消费者就在进行操作性学习。可以推测，这个消费者会继续购买最适合他的某个品牌。工具性条件反射模型如图5—6所示。

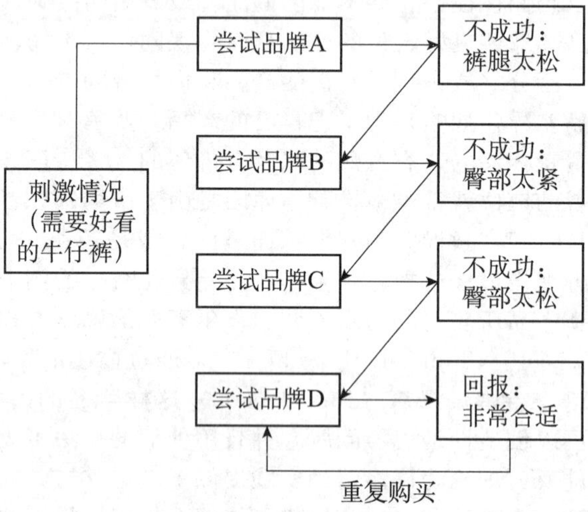

图5—6　工具性条件反射模型

强化行为

斯金纳把影响反应重复可能性的强化分为两种类型。第一种强化类型叫**正强化**（positive reinforcement），它是通过奖励某种特定的行为从而增强这种行为反应在相同或类似情景的可能性。例如，一个小孩在路过冰激凌店时得到了一个冰激凌并且从吃冰激凌中获得了愉悦，那么每当他路过这个冰激凌店的时候他都会去索要冰激凌。**负强化**（negative reinforcement）则是由于某种令人不愉快的刺激消除而使得在相同或相似情境下某种特定行为反应的可能性增强。例如，一个小女孩感冒了但她讨厌吃药。她的妈妈说服她服用了Advil后她的感冒症状消退了（或者令人不愉快的刺激消失）。那么下一次她感冒的时候，这个小女孩很可能愿意服用药片，甚至可能会主动要求服Advil。因此，头痛药物营销者举例说明令人难受的头痛症状就是利用负强化，牙刷营销者展示牙齿坏了的人是如何经受孤独煎熬的同样也利用了负强化。在上述每一个例子中，消费者都被鼓励购买广告所宣传的产品，以避免广告所展示的糟糕情况或消除不愉快的刺激。

不管是正强化还是负强化，都可以用来引出所期望的反应。尽管如此，设计用以激励行为的负强化不能被误解为惩罚。例如，收到一个超速驾驶罚单和交罚款就不是负强化，而是为了避免未来再次超速驾驶所设计的惩罚。如何运用惩罚是很棘手的问题。例如，司机可能会认为交罚款只是为不良行为和继续超速驾驶买单，他明显相信每一次超速驾驶，只是需要为此交个罚款而已。因此，除了交罚款，超速驾驶的司机还要被扣驾照分数，如果他们超速驾驶的次数过多他们将会彻底失去驾驶权（当然也包括超速驾驶的机会）。一个经常被引用的研究发现，当看护中心对迟到接孩子的父母罚款 3 美元时，迟到实际上增多了，因为父母认为罚款是迟到的代价。[7]惩罚使得接孩子迟到合法化，反而鼓励了努力要减少的迟到行为。

消退和遗忘

消退（extinction）是指已习得的反应不再受到强化，刺激和预期奖赏之间的联系消失的现象。当消费者对一家店（如一家餐厅）提供的服务不再满意时，连接刺激（那家餐厅）和期望的满意的联结不再被强化，消费者就不会再次光顾。当行为不再被强化时，也就是“不再被学习”了。

值得注意的是消退和遗忘是有区别的。用餐者曾经很喜欢某家餐馆，但是他们很久没有光顾这家餐馆以至于忘记了曾经有多么享受在此用餐的感觉，他们的行为不再被学习并不是因为缺乏强化，而是因为他们的行为缺乏“使用”。**遗忘**（forgetting）往往与时间的流逝联系紧密，这就是我们所知道的衰退的过程。市场营销人员可以联络停止购买他们产品的消费者，并通过向他们提供能够说服他们重新购买其产品的诱因来克服遗忘。

顾客满意和维持

聪明的市场营销人员通过不断地提供高质量的产品来强化消费者的满意度。市场营销人员必须确保提供最好的与价格相符的价值，同时避免使消费者对于产品的期望上升到超过产品本身可提供的价值。公司不应该假设更有吸引力的价格和多样化的产品线会让顾客更加满意。相反，与顾客建立私人联系、提供多样化产品线和具有竞争力价格的公司有更好的强化作用，可以得到顾客的满意和再次光顾。多数经常性的消费项目都是基于这样的理念，消费者使用服务的次数越多，得到的奖励越大。另一种强化的形式是奖励推荐其他顾客给供应商的顾客。一项研究发现尽管奖励使推荐增加，但是奖励的大小对推荐的可能性并没有影响。另外，对于与商家有紧密联系的现有顾客，奖励的激励不会增加推荐的可能性。[8]然而，有几项研究还发现当存在激烈的市场竞争的时候，满意的顾客会变得优柔寡断和不再忠诚。[9]

强化计划

产品质量必须保持在高水平，而且要保证消费者在每次购买产品时感到满意以强化其行为；但是附加的奖励并不需要在每次交易时提供，因为偶然的奖励也可以带来强化使消费者再次光顾。例如，航空公司可能偶尔让旅客在机舱门口升舱，在这里，这种可能得到奖励的概率就是一种持续光临的强化和诱因。

心理学家把强化计划分为三种类型：连续强化、定比强化和变率强化。在**连续强化**（continuous reinforcement）计划下，每一次交易后都要提供奖励，比如消费者常常可以在饭后得到免费的饮料或者水果拼盘。**定比强化**（fixed ratio reinforcement）计划则是在产品或服务的每个“第 N 次”使用时才给予强化（比如，每个第 3 次）。例如，一个零售商可能每隔 3 个月给信用卡持有人赠送信用卡购物优惠券，当然，优惠的额度是信用卡持有人在上一季度消费中的一定比例。**变率强化**（variable ratio reinforcement）计划对消费者的奖励是随机的。赌场也是在可变比率基础上运营。人们把钱放进老虎机（程序设定以可变比率给予玩家金钱赔付）的投币口，希望能赢得大奖。可变比率容易引发渴望得到的行为，并且一定程度上抗拒消失；很明显，对于很多消费者而言，他们希望好运永远相伴。其他变率强化计划的例子如乐透、彩票、抽奖、竞赛等，都要求特定的消费者行为与其相适应。

行为塑造

在期望的消费者行为发生之前的强化作用称为**行为塑造**（shaping）。行为塑造提高了特定的期望的消费者行为发生的可能性。例如，零售商明白必须先把消费者吸引到它们的商店，然后才能期望这些消费者在它们那里购买大量的商品。许多零售商做了一些初步的强化鼓励消费者光顾它们的商店。例如，零售商把一些为了招揽顾客而削价出售的商品卖给大约前100个光临的顾客，这样那些顾客就很可能在店里购买大量的商品而不只是那些折扣商品。零售商通过刺激目标客户消费的行为来提高期望的消费者行为发生的可能性。汽车经销商知道，为了卖出新车型，它们必须先要鼓励消费者参观它们的汽车展厅，然后试驾汽车。它们希望试驾能够最终形成购买。许多汽车经销商在运用行为塑造的一些原则，它们通过提供一些小额货币性或其他礼物鼓励消费者参观展厅和试驾，并给予下订单的顾客折扣券。它们运用多步骤的行为塑造来实现期望的消费者学习行为。[10]

密集学习和分布学习

前面已经讲过，时机对于消费者学习具有重要影响。一个学习计划是应该延伸到一段时间内完成，即**分布学习**（distributed learning），还是应该集中在很短的时间内，即**密集学习**（massed learning）？这个问题对于正在制定媒体广告计划的广告商来说很重要，因为大规模的广告会促进比较多的初步学习，而分布式计划则常常使学习持续一段比较长的时间。如果广告商需要广告产生瞬间影响（例如介绍一款新产品或者对竞争者的闪电攻击进行反击）的话，它们通常利用集中式计划去抓住消费者。然而，如果目标是经常性的长期重复购买的话，分布式计划会更合适。通过采用经常性的广告重复，分布式计划常常能达到促使消费者长期学习的效果，同时可以在一定程度上阻止消失。

5.4 观察学习

观察学习（observational learning），**或建模**（modeling），是指个体通过观察他人的行为以及这种行为的结果来学习的过程。这种学习方式的发生，必须要有强化的作用。例如，乔（Joe）是乘车通勤族，她发现越来越多的人在乘车时使用电子书阅读器，所以她也决定买一个试试，如果不满意她可在30天内退货。之后乔认识的并且每天都会见到的那个售票员称赞了她的这次购买并且问了阅读器的相关问题。乔的购买行为是观察学习的结果。因为售票员的称赞强化了乔的购买行为（也因为乔喜欢这个不错的阅读器），乔决定留下这个阅读器。

广告商意识到了观察学习在它们选择广告中要塑造的模特时的重要性，不管这些模特是名人还是无名小卒。如果一个女孩看到广告所描述的社会成功是因为使用了某种洗发水，那么她就会购买这种洗发水。如果她的哥哥（或者弟弟）看到广告中展示的健美运动员在吃惠特斯（Wheaties）麦片——“冠军的早餐”——他也会购买这种早餐。事实上，观察学习是今天许多广告的基础。能够为目标受众识别的广告模特通过使用广告所宣传的产品而在相同的困境或问题中取得积极的成果。孩子们从他们的父母、姐姐和兄长那里学到了许多社会行为和消费行为。他们模仿所看到的被奖励的行为，并期望在采用相同行为时受到相同的奖励。图 5—7 中乐鲜（Ragu）的广告就表现了一个小孩从他的祖父那里进行观察学习。

图 5—7　享用乐鲜是一种乐趣：从祖父到外孙的观察学习

资料来源：Unilever.

5.5　信息处理

相当一部分学习通过消费者的思考和问题的解决进行。有时候我们能立刻解决一些与购买相关的问题。有时候，我们需要收集信息并且认真评估我们学习的内容。这种方式的学习，叫做**认知学习**（cognitive learning），它包括对数据的有次序的心智处理过程而不是对刺激的本能反应。因此，我们在解释认知学习之前，先来描述信息处理的结构和组成部分（见图 5—8）。

人类的大脑会处理它所接收的信息。消费者处理关于产品特征、品牌等方面的信

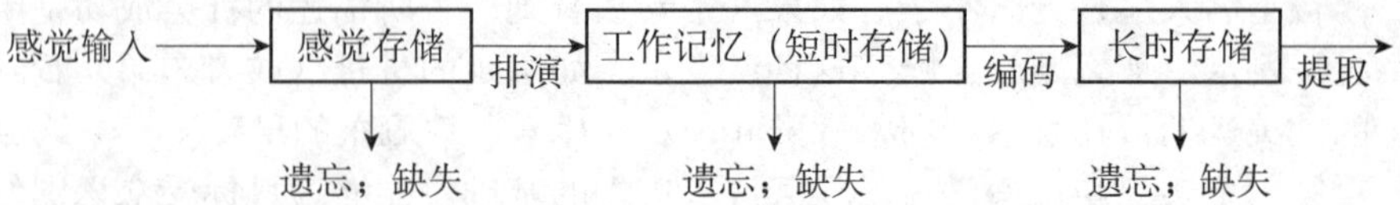

图 5—8　信息处理

息，并在不同品牌之间作出比较，或者把这些因素结合起来考虑。相关产品属性和可替代品的数量和复杂程度将影响到信息处理的强度和程度。高认知能力的消费者获得更多产品信息和把各种产品特性的信息更好地加以整合的能力明显比低认知能力消费者强。

消费者在产品类别方面经验越多，利用产品信息的能力就越强。在相同产品类别内进行的新购买决策中，消费者越熟悉该产品类别就越会提高认知能力和促进学习。信息处理的构成包括信息存储、信息保持和提取。

信息存储

人类记忆在信息处理中处于中心地位。信息处理是分阶段进行的，在信息存储的地方存在三个有序的“存储单元”：感觉存储、短时存储和长时存储。

感觉存储

感觉存储（sensory store）将所有感觉输入只保存 1～2 秒的大脑部位，如果没有对感觉输入进行即时处理，则全部遗失。所有的数据都通过感觉到达我们的大脑，尽管如此，感觉并不像照相机一样传递整张图像。每种感觉都得到片断的信息（诸如味道、颜色、形状和香味），平行传递到大脑。在很短的时间里，大脑对各种感觉进行同步处理进而得到单一图像。由于消费者经常受到周围环境刺激的攻击并且下意识地把很多我们“不需要”或者用不着的信息舍弃掉，因此，对于市场营销人员来说，这意味着尽管使消费者的感觉存储获得信息相对比较容易，但是要让他们留下持续长时间的印象很难。而且，研究表明大脑自动并且下意识地运用价值判断把所有感觉贴上“标签”，不管感觉是积极的还是消极的；这种评估，加上认知第一微秒形成的初始感觉，往往会持续到进一步的信息处理。这可以解释为什么第一印象倾向于保持长久和市场营销人员把不成熟的产品引入市场是冒险的。

短时存储

在**短时存储**（short-term store）阶段，信息被处理并只持续很短的时间。任何在刚要拨电话号码时就忘了刚才在电话簿所查的电话号码的人都可以理解信息在短时存储中持续的时间有多短。如果信息在短时存储中经历过**心理排演**（rehearsal），即在心里默默地重复信息，它就被转化为长时记忆。这个转化过程花费 2～10 秒。如果信息没有经过心理排演而被直接转化为长时记忆，那么它会在 30 秒以内丢失。短时存储的信息数量限于 4～5 个对象。

最近一项有趣的实验说明了短时存储的过程。一个研究者走向行人并开始问路。正当行人开始回答的时候，两个工作人员搬着一扇大门从研究者和行人之间走过；这扇移动的门让藏在后面的另一个人与研究者实现了位置互换。结果只有一半的行人发现了他们在和另一个人说话。[11]

长时存储

相较于信息只持续几秒钟的短时存储而言，**长时存储**（long-term store）可以在相对较长的时间内保持信息。尽管人在几分钟后就可能忘记已经被转化为长时记忆的信息，但信息在长时存储里可持续几天、几周甚至几年。一项对三个世代的汽车消费者的研究发现，人们对汽车最早期的记忆和体验决定了汽车品牌对他们的意义，影响了他们日后对品牌的偏好。[12]

信息心理排演和编码

从短时存储进入到长时存储的信息数量依赖于**心理排演**（rehearsal）所给予的信息数量。对于一项信息输入的心理排演失败，不管是重复信息还是把它同其他数据相联系，都会造成记忆淡化甚至信息丢失。信息可能因为注意力的争夺而丢失。例如，如果短时存储同时从感觉存储那里收到许多输入，短时存储的记忆容量可能下降到2～3条信息。

心理排演的目的是把信息存储为短时记忆，以便于一段时间后对该信息进行**编码**（encoding）。编码指的是选择一定的词汇或图像来重现一个已接收到的事物的过程。市场营销人员经常借助品牌符号来帮助消费者对品牌进行编码。例如，家乐氏公司（Kellogg）把老虎托尼印在它的冷冻麦片包装上；绿巨人公司（Green Giant Company）的标识是快乐的绿巨人；戴尔电脑把公司徽标中的“e”旋转过来，以便让人们快速记住它的名字；苹果公司则拥有时尚、与众不同的标识。

处理和记忆图片信息比接收文字信息更省时间，但这两种信息对事物在人脑中构成一个整体的形象都很重要。接收图片信息比接收文字信息更省时间，但这两种信息对事物在人脑中构成一个整体的形象都是很重要的。相比只有一张不带文字说明的图表广告，同时拥有文字和图表说明的广告更容易被记住。营销者意识到几乎每则广告都需要包含一些说明。在一项研究中，消费者被要求记忆广告。研究结果发现广告记忆的目标会增加消费者对内容、图片、品牌设计的注意。品牌学习的目标会增加对内容的注意，但抑制了对图像设计的关注。结论是，文字主导的广告可以激发品牌学习，图像主导的广告能激发广告欣赏。[13]

某种商品的广告播出时，人们对该商品的编码是和该广告所在的或是相关的电视节目相关联的。一些节目要求观众把大部分的认知力投入其中（例如一个戏剧性的事件和一个临时的谈话节目），当观众把更多的认知力投入节目本身而不是广告时，他们存储和编码由商品传达的信息就相对少了。这表明，当商品广告处于或连着一个生动的电视节目时，需要更少认知力来处理的商品广告的效果更佳。当观众被一个电视节目深深地吸引时，他们对与这个电视节目相关的商品广告的反应更为积极，同时也有更强的购买意向。与相关信息的近期接触也有助于编码。一项研究发现广告活动开始前的宣传有助于随后对品牌的回忆。[14]

当消费者面临过多的待接收信息时，他很难对所有信息都进行编码和存储，**信息超载**（information overload）就发生了。例如，在几个强势品牌同时进行大量促销的产品类别中，消费者要从广告中记忆新品牌的产品信息是很困难的。当消费者在有限的时间内接收到大量的信息时，也会出现认知疲劳。这种信息超载的后果是让消费者的头脑陷入混乱状态，导致更少的购买决策。

信息保持和提取

信息并不仅仅是被封存于长时存储中被动等待唤起，随着批量的新信息被接收以及新的信息连接被建立，这些信息常常被不断组合和重组。例如，通过某商品的广告代言人这个信息连接，可以使消费者记忆中的商品和商品名称有效地激活。

产品信息的存储是以品牌为基础的，而消费者理解新信息的方式也与已有的信息组织方式相一致。一项研究证明，品牌印记仅仅表明了品牌的特性，它在品牌利益促进消费者学习和保持品牌信息之前就形成了。[15]研究表明品牌的“声音象征”（有一种理论认为读音表达一定的含义）和“语言特性”（如不寻常的拼写）会影响品牌名称的编码和记忆。[16]

信息保持的一个关键组成部分是**组块**（chunking），指由消费者重新编码熟悉的、较大量信息的加工过程，它会导致消费者回忆起相关的信息。市场营销人员已经研究了消费者能处理的信息的种类及数量分组。他们发现当广告中提供的信息分组与消费者的参照信息分组不一致时，消费者对信息的记忆就会下降。同时，产品类别知识水平较高的消费者往往比产品类别知识水平低的消费者更能接受产品目录中复杂的信息分组。

提取（retrieval）是我们从长时存储中重新获得信息的过程，它经常由外部线索引发。例如，当我们在商店里或电视上看到一个产品时，会自动提取大脑中存储的已有信息。如果这个品牌很独特且做过大力宣传，或者我们使用它的经历很难忘，信息提取会比其他不那么抢手的品牌快。一些科学家运用医学中的脑成像技术来研究信息提取。例如，当人们观看赛车比赛时，他们的奖励中心被激活。在一个与软饮料相关的实验中发现，大脑中不同的两块区域在活动。当喜欢可口可乐和百事可乐的人被蒙眼品尝两种品牌的饮料时，他们大脑中的奖励系统被激活。被试随后被问到更喜欢哪种饮料，并在作答后被告知他们所喝饮料的品牌。在那个时刻，他们大脑中品牌忠诚所在的记忆区域被激活，并推翻了得知品牌之前所产生的偏好。也就是说，如果他们所说的更喜欢的品牌并不是他们本来的常规品牌，他们会根据在蒙眼品尝中的结果改变观点。[17]

出乎意料的信息要素只有在和广告信息相关时，才能增强消费者对广告的保持力。例如，一则耐脏、易清洁地毯的广告展现了一幅这样的画面：一对着装优雅的夫妇在一家华丽的餐厅里就餐，男士却漫不经心地往地毯上扔食物、花朵，还有瓷器。演员的优雅和高档的环境与发生的事件形成了强烈的反差与对比，而同时广告传达出来的信息仍是和产品高度相关的：所有的脏乱物都可以轻易地清除，地毯上连一点污渍都没有。由于这则广告极富戏剧性，当消费者后来看到任何该广告的要素时，都很容易想起或者提取它。然而，出乎意料的线索和不一致的线索并不一样。尽管消费者会注意到包含与产品不一致线索的广告，但是他们往往并不会记住它们。例如，一则印刷广告展现了一幅这样的画面：一个裸体的女人坐在一个家具上，这个广告无疑是很能吸引读者的注意力的，但这无助于提高产品或广告商的被记忆能力或以后的信息提取，因为广告中的裸体对于真正要传递的广告信息而言是不相关的。在一项实验中，要求被试依据记忆或实际刺激在四种甜点中选择，研究发现依据记忆的产品选择更多地由情感决定（比如对美食的渴望），依据刺激的选择是在仔细的考虑（比如理性饮食的需求）后作出的。[18]

在一个产品种类中，竞争性的广告数量越多，回忆起所有广告中的品牌诉求的概率就越小，因为消费者被太多竞争性广告困惑而很难从中提取信息。在这种条件下，广告可以作为竞争品牌的提取线索而起作用。例如，消费者会相信那个长期运作并一直备受关注的电视广告中塑造的永备劲量兔（Energizer Bunny）形象就是为金霸王（Duracell）电池广告打造的。

5.6 认知学习

认知学习（cognitive learning）指当遇到需要解决的问题时，个体通过对信息进行有次序的心智处理来完成学习过程。不同于行为学习对刺激的本能反应，认知学习涉及对信息深思熟虑的心理处理过程。认知心理学家致力于动机和心理过程在一个期望行为产生中的作用，而不是对一个特定刺激产生的即刻反应。

当一个人有了目标，并且必须搜索、处理数据以作决策或解决问题时就产生了认知学习。长期以来，消费者研究人员一直认为所有消费者在完成购买决策时，都经历了一系列复杂的心理和行动阶段。这些阶段从认知阶段（接触信息）到评估阶段（偏好、态度形成），再到行动（购买），最后到最终评价（采用或拒绝）。例如，一个寻找超薄全自动相机（目标）的消费者必须在众多的品牌和型号中选择（问题解决）。消费者首先要了解不同型号相机的特点（暴露在形成认识的信息中），然后形成偏好和对不同选择的评价，最后决策买哪一型号，以及不买哪一型号（拒绝）。

图 5—9 中佳洁士保健牙膏的广告就是基于认知学习的。我们假定贝（Betty）蒂按照牙医的建议，每六个月洗一次牙，她牙齿上的牙垢和斑痕可以定期清除。然而，随着年龄增长，她的牙龈变得敏感，偶尔会疼痛。在她常规洗牙时，她的牙医告诉她，她的牙龈会偶尔出现炎症，并建议她使用特殊的牙膏来缓解这种状况。在此之前，贝蒂总把牙膏当做一种普通日用品，认为所有的品牌都是相似的，在购买时会选择任意有售的品牌。但是，听了牙医的建议，她现在面临一个新的问题和未满足的需要——寻求一种特殊的须防牙龈炎的牙膏。当她看到佳洁士的广告后，尽管佳洁士保健牙膏价格更贵，她还是开始使用它。最后，她的牙龈不再疼痛，她的牙医也称赞她拥有完美的口腔卫生。贝蒂实现了认知学习的过程：发现问题，寻找解决方式，从广告中获得佳洁士的益处并最终开始坚持使用其产品，这让她从痛苦中解脱并反过来强化了已经学到的东西。

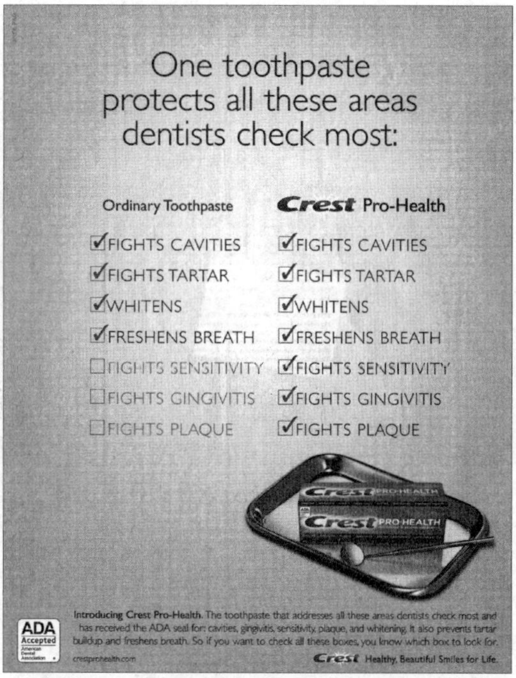

图 5—9　认知学习：佳洁士保健牙膏

资料来源：The Proctor & Gamble Company.

研究者们提出了很多模型来解释为什么消费者会采用同样的有序的问题处理过程（见表 5—1）。虽然不同的模型运用不同的概念设计描述的顺序，但从本质上它们都遵循了表中最左侧一列的三个一般有序阶段。

表 5—1 认知学习模型的阶段

认知学习各个阶段	三元态度模型	爱达模式（AIDA）	创新采用	创新决策制定
知识	认知	注意	知晓	知识
评价	感受	兴趣和需求	兴趣和评价	说服
行为	意向	行动	尝试和采用	决策和确认

5.7 消费者介入和半球偏侧化

最初，营销学者认为复杂的信息处理对所有购买行为都是适用的，无论产品价格高低。后来，人们意识到很多购买行为，尤其是日常的采购，并不涉及广泛的信息处理和评价。和高相关度、搜寻导向的购买行为相反，这些购买行为具有最小的个人相关度。这种理解引出了消费者介入的概念化和研究。

消费者介入（consumer involvement）是指产品或购买与消费者的个人相关程度。如果一个购买行为对某消费者而言是很重要的（或感知到风险），那么这个购买行为将是**高介入购买行为**（high-involvement purchases），它会引起深入的问题解决和信息处理过程。在这个设定前提下，一辆汽车和一瓶去屑洗发水的购买都可能是高介入的购买：因为汽车将导致明显的财务风险（对大多数人而言），洗发水则导致明显的社会风险（对一些人而言）。低介入购买行为是那些对消费者而言不是很重要的购买行为，与消费者的相关度较低，也不会导致明显的风险，最后引起的是有限的信息处理。

消费者介入的测量

消费者介入有很多概念和测量方式。在市场调研文献中，介入有多种定义，包括产品介入、品牌介入、广告介入等。由于介入没有统一、明晰的概念，其测量方式也各异。一些测量方法运用认知因素进行测量，比如买家消费的重要性和知觉风险；而另一些方式关注介入的行为方面，认为产品信息的获取和评价可以用来测量介入。最合理的测量方法是使用自我管理调查来评价消费者对特定产品或产品类别的认识和行为，运用这一方法评价的介入被认为是连续的（而非离散的）。例如，一个测量电子书介入的量表可能需要回答者用五级**语义差异量表**（semantic differential scales）表达他们的态度，即两极配对的形容词，如重要—不重要，相关—不相关，令人激动—不令人激动，无价的—不值钱的，有趣的—枯燥的，等等。

消费者介入的战略应用

市场营销人员希望消费者能介入消费，并认为自己的品牌是独特的。许多研究表明，高介入产品的产品类别以及对特定品牌知觉的优越性上的高介入会形成品牌忠诚。[19]由于对于高介入消费者没有明确的划分，许多研究调查了个人特征与介入的关系。例如，研究者发现了种族和介入之间的关系。研究显示对西班牙裔的识别在低介入产品广告中被优先考虑，但在高介入产品中则没那么重要。[20]

研究表明促销信息出现的情境对介入也有重要的影响。一项研究发现，观看体育节目时，高介入的消费者比低介入的消费者能更好地回忆起其中的商品广告。[21]另一项研究则发现游戏介入度能够影响品牌记忆。最初不熟悉游戏的玩家，在学习试玩的过程中成为高介入度玩家并能够回忆起很多植入到游戏中的品牌。当他们成为有经验的玩家之后，随着介入度的降低他们能够回忆起的植入品牌也减少了。[22]很多营销者开始在网站上运用化身——动画的、虚拟现实的人物形象。这种化身是有效的，研究发现这是因为它们吸引消费者并让他们学习和介入到产品和服务中。一项研究发现，一个有吸引力的销售化身对中等程度的消费者产品介入是有效的，但专家化身对高产品介入消费者更加有效。[23]除了不断增加的产品和品牌介入，营销者还必须把消费者介入扩展到广告中；他们可以运用感观吸引、特殊刺激、签约代言人以及大量网络创新技术来提升促销的说服力。

高介入消费者更可能致力于与产品和品牌的长期关系，介入水平的提升又增强了这种紧密联系。增加消费者与产品的个人相关性的最佳策略，同现代市场营销自身的核心概念是一致的：提供给消费者重要的利益，差异化与竞争对手的产品，改进产品并增加消费者相关利益（尤其是随着竞争加剧）。

半球偏侧化

半球偏侧化（hemispheric lateralization）理论（**裂脑理论**（split-brain theory））起源于 20 世纪 60 年代的医学研究；它的假设前提是：人类的大脑分为两个不同的半脑，两个半脑一同工作，但掌控不同的认知类型。左半脑是人的语言中枢，是人脑线性的一面，负责读、写以及逻辑处理。右半脑处理空间感知和非语言概念，它是非线性的，是想象和愉悦的来源。换一种方式来说就是，大脑左半球是理性的、活跃的和现实的，而右半球是感性的、隐晦的、冲动的和直觉的。有人认为电脑可以仿照左半脑完成一些时序函数，我们需要在制定商业决策时进一步激发更有想象力的右半脑。[24]图 5—10 中美国航空公司的广告精确地描述了裂脑理论。

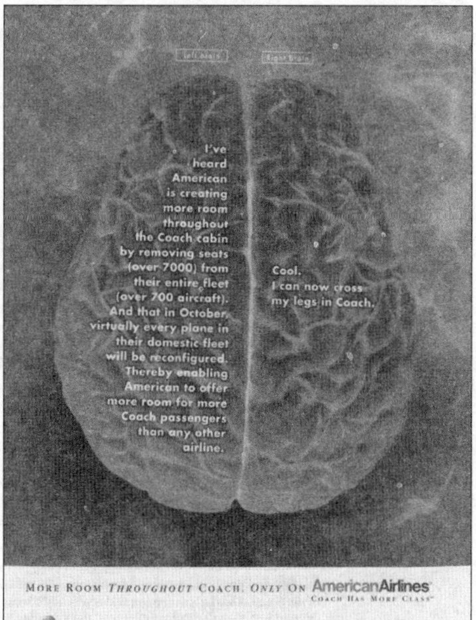

图 5—10　半球偏侧化

资料来源：American Airlines.

被动学习

一位先驱性的消费者研究专家将半球偏侧化理论应用到了看电视上。他提出了这样的理论：当消费者在电视上看到广告时，他们总是被动地处理右脑图片化的信息。[25]研究者认为由于电视上的信息主要以视频图像的形式出现，所以看电视往往被视为一个右脑活动，涉及对屏幕上图像的被动、整体性信息处理。他将电视归类成一种低介入的媒体。认知学习的核心是消费者深思熟虑某种购买，收集和评估可以应用的信息，形成对备选方案的态度并最终制定购买决策的过程。根据这些模型，行为总是遵循信息的认知处理过程。相反，**被动学习**（passive learning）认为重复地向消费者展示电视广告这种低介入的信息处理，能够引发消费者在信息处理和态度转变之前的购买行为。

与电视媒体相反，报纸上印刷的语言型静态信息的处理发生在左半脑。因此，平面媒体被视为高介入媒体。于是印刷广告的信息处理过程发生在左半脑，这与表5—1中描述的认知学习阶段一致。相比较而言，由动态的图像信息构成的广告完全由观众的右半脑进行处理，其介入度最低。

右半脑的被动信息处理过程是与经典条件反射理论一致的。通过重复出现，使产品在消费者头脑中形成一个生动的图像（比如一个与众不同的、独特的包装），然后再引起消费者购买广告中的品牌。根据这个理论，在面对低介入媒体与被动学习时，广告的不断重复是形成购买行为的关键因素。这种思路也提示商家简短的（15秒或20秒）频繁重复的电视广告是最有效的。右半脑信息处理强调了广告视觉内容的重要性。电视广告中的强烈视觉效果和店内陈列有助于消费者产生对品牌的熟悉感并形成购买行为。图像提示能更为有效地引发消费者对产品的回想和提高知名度，而文字提示（左脑处理的信息）将引发消费者的认知活动，促使消费者对产品的优点和缺点进行评价。

5.8 消费者学习的结果和测量

对许多商家来说，市场份额和品牌忠诚消费者的增加是进行消费者学习的目标，这两个目标是相互依存的：品牌忠诚的顾客是一个稳定和不断壮大的市场份额的核心，占有较大市场份额的品牌相应地拥有较大的忠诚购买群。商家通过促销设计努力让消费者知道它们的品牌产品能够最好地满足消费者的需要。因此，商家必须测量消费者在多大程度上理解了促销中的信息。最流行的消费者学习测量方法包括识别和回忆测量以及对品牌忠诚的态度和行为测量。

识别和回忆测量

识别和回忆测量的目的是判断消费者是否记住了所看到的广告，他们所能读懂或看懂以及回忆起内容的程度。识别测试是建立在**辅助性记忆**（aided recall）基础上的，而回忆测试则建立在**非辅助性记忆**（unaided recall）基础上。在**识别测试**（recognition test）中，向消费者呈现一则广告，然后问是否看过或记得其中的重点部分。在**回忆测试**（recall test）中，消费者则被问及是否看过某本特定的杂志或看过某个特定的电视节目，如果是的话，是否能回忆起所看到的任何一个广告、销售的商品、做广告的产品、品牌以及它们的任何突出方面。

例如，**斯塔奇读者广告研究**（Starch Readership Ad Study）根据三个标准来评价杂志广告的效果：是否注意到广告，是否把广告和品牌相联系，以及是否介入广告（也可界定为否读了大部分广告内容界定）。那些积极回应的读者随后被展示之前出现的每一则广告，广告中的品牌名称被隐去，然后读者将被问及测量识别和回忆的问题。研究结果包括被标记的广告，标签反映了注意到广告、把广告和品牌联系起来以及阅读最多内容的读者的比例。当与同类型产品的广告、竞争对手的广告和商家自己此前的广告比较其斯塔奇测量分值时，广告客户就能测量出广告的效果。他们还评估了阅读广告后消费者购买的意图和口口相传的可能性。一项运用斯塔奇读者评分的研究证明，消费者从选购消费品（如高价位的衣服和配饰）的广告中获得的信息多于从利品（如低价的日常消费品）广告中获得的。意外的是，对于那些价格昂贵、耐用，需要收集大量信息的非经常购买商品，即搜寻产品，同样只获得很少的信息。这些结果说明市场营销人员在推广搜索商品时可能没有给予消费者足够的信息。[26]

品牌忠诚

品牌忠诚（brand loyalty）衡量消费者购买特定品牌的频率，是否会转换品牌及如果发生品牌转换，频率是多少，以及消费者愿意定期购买特定品牌的程度。对于商家而言，高品牌忠诚度是消费者学习最期望的结果，它表明营销者已经有效地引导了消费者的特定行为（如一直购买其品牌）。营销者赞同品牌忠诚有两个组成部分——对品牌的行为和态度——并且二者都必须进行测量。态度测量着重于消费者对品牌以及未来购买意向的总体感觉。行为测量则是基于可观测的实际行为，诸如购买数量、购买频率和重复购买等。表5—2列出了品牌忠诚顾客的关键特征。[27]

表5—2　品牌忠诚顾客的特征

1. 他们坚持购买自己了解和信任的知名品牌。
2. 他们相信继续选择这种品牌会简化他们的生活。
3. 他们会让朋友去尝试其他品牌的产品，只有在确认这种产品真的很好后才会转换品牌。
4. 他们不会因为标新立异而去购买其他不同的产品。
5. 他们把喜欢的品牌当做朋友，并且愿意维持这种“友谊”。
6. 他们相信不去购买新品牌可以省钱。
7. 他们认为自己是“品牌忠诚顾客”。

信奉工具性条件反射理论的行为学家相信，品牌忠诚产生于最初的产品试用，这种试用行为通过满意得到强化，导致重复和连续购买。相反，认知学习理论研究者相信消费者会进行广泛的问题处理、信息收集以及对备选方案的评价，这些认知过程最终形成强烈的品牌偏好和重复购买行为。然而，消费者行为研究者认为，如果某消费对在某个产品类别的众多品牌都可以接受，那么他不太可能成为品牌忠诚顾客。因此，营销者必须通过差异化让自己的产品从竞争中脱颖而出，这样消费者就不再愿意认为其他品牌是可以接受的了。

品牌忠诚的程度取决于三个因素：（1）个人风险厌恶的程度或多样性寻求；（2）品牌的声望和替代品牌的可行性；（3）社会团体的影响和同伴推荐。存在三种类型的品牌忠诚：

1. **贪婪的品牌忠诚**（covetous brand loyalty），指消费者并未持续购买某品牌产品，但仍然对某品牌存在很强烈的依恋和喜爱。

2. **惯性品牌忠诚**（inertia brand loyalty），指消费者出于习惯和便利持续购买同一品牌，而非出于任何感情因素。

3. **高度品牌忠诚**（premium brand loyalty）指通过持续的重复购买建立起的对品牌的高度依恋和认可。[28]

对特定产品类别的低介入会导致习惯性购买而并不存在品牌情感维系（如惯性品牌忠诚）。消费者很少甚至感知不到品牌间的差别，他们重复购买某一品牌的原因只是熟悉和便利。高度品牌忠诚代表了真正对品牌忠诚的消费者。他们认同品牌，不太可能转换到其他品牌，并且可能会跑很远去购买相同品牌的产品（例如，如果这家超市售完了这种品牌的产品，他们会开车去其他的商店购买）。

品牌资产

高品牌忠诚度会大大增加一个品牌的货币价值。而**品牌资产**（brand equity）则反映了品牌名称的固有价值。该价值来源于品牌忠诚的基础：消费者对品牌优势的知觉，使用品牌产生的社会声望，以及消费者对品牌的信任和认可。

对于很多长期以来广泛推广的品牌，它们获得了足够的知名度和消费者品牌忠诚，这会形成高品牌资产。由于新产品开发成本的逐渐上升和新产品开发的高失败率，许多公司更喜欢通过家族品牌和产品线延伸的形式来使它们的品牌资产发挥优势，而不是引进新产品。品牌资产使新产品更易于被接受，也更容易被批发商分配期望的销售空间，并形成一定的溢价。品牌资产对低介入购买来说是最重要的，例如日常购买和几乎不对认知信息进行处理的低值消费品。在这种情形下，最重要的营销策略就是运用连续的广告阻止消退和遗忘的发生。

品牌名称是提供消费者产品和服务的商家最宝贵的资产。苹果、可口可乐、金宝汤、迪士尼、谷歌、贺曼（Hallmark）和索尼都是知名品牌。这些品牌名称已经成为全球的“文化象征”，并在竞争中占有强大的优势。一些研究表明，拥有最高资产价值的品牌包括：航空公司——阿拉斯加/地平线航空（Alaska/Horizon），夏威夷航空（Hawaiian），达美航空（Delta），联合航空（United）；豪华轿车——梅赛德斯-奔驰（Mercedes-Benz），宝马，雷克萨斯，讴歌（Acura），英菲尼迪（Infiniti），保时捷（Porsche），奥迪（Audi）；运动服——安德玛（Under Armour），耐克，哥伦比亚（Columbia）；家用清洁剂——来苏水（Lysol），高乐氏和朗白先生。[29]

小结

学习是个体获得可应用到将来的购买或消费行为中的知识和经验的过程。消费者学习是一个不断发展变化的过程，在这个过程中消费者从实际经验、观察以及同他人的互动中获得知识，新获得的知识将会影响未来的行为。这个过程包括对市场刺激物（如包装、产品颜色、促销信息等）的简单反射性的反应，也包括购买复杂、昂贵的产品时学习抽象概念以及制定购买决策的过程。学习的基本要素包括动机（或驱动）、线索、反应和强化。

行为学习（又叫刺激—反应学习）认为学习是作为对外部刺激的可观察到的反应而发生的。行为学习强调学习的输入和输出，即消费者从环境中选择的刺激和它导致的行为结果。存在三种行为学习的形式：经典条件反射、工具性（或操作性）条件反射和观察（或建模）学习。

经典条件反射（也称巴甫洛夫条件反射）是在重复机制作用下，由条件刺激引发非条件刺激发生的行为学习形式。经典条件反射在消费者行为中的战略应用包括关联学习、重复、刺激类化和刺激辨别。

工具性学习理论认为学习是通过反复试验发生的，在这一过程中积极的结果（如报酬）会导致重复的行为。积极的和消极的强化都可以用来激励所期望的行为。强化方式可以是连续强化或定比强化、变率强化。大量的重复会比分散的重复产生更多的初始学习；然而，分布学习（如传播）的强化方式下，学习通常持续时间更长。

观察学习（或建模）是指个体通过观察他人的行为以及这种行为的结果来学习的过程。广告商意识到观察学习在它们选择广告模特时的重要性，不管这些模特是名人还是无名小卒。能够为目标受众识别的广告模特通过使用广告宣传的产品在相同的困境或问题中取得积极的成果。

人的大脑会处理它所接收的信息。消费者处理关于产品特征、品牌等方面的信息，并在不同品牌之间作出比较或者把这些因素结合起来考虑。相关产品属性和可替代品的数量以及复杂程度将影响到信息处理的强度和程度。相比低认知能力消费者而言，高认知能力的消费者能够获得更多的产品信息，更好地整合各种产品特性的信息。记忆的要素包括感觉存储、短时存储（或工作记忆）和长时存储。记忆的过程包括心理排演、编码、存储和提取。

认知学习指当遇到需要解决的问题时，个体通过对信息进行有次序的心智处理来完成学习过程。不同于行为学习对刺激的本能反应，认知学习涉及对信息深思熟虑的心理处理过程。认知心理学家致力于动机和心理过程在一个期望行为产生中的作用，而不是对一个特定刺激产生的即刻反应。本书中讨论了几种认知学习模型。

介入理论假设人们在不重要的情况或与他们不十分相关时进行有限的信息处理，高度相关的情况下进行广泛的信息处理。半球偏侧化（裂脑）理论认为电视是一种引起消极学习的低介入媒体，而印刷媒体和交互式媒体鼓励更多的认知信息处理。

消费者学习的测量包括识别和回忆测量。品牌忠诚包括对品牌的态度和实际行为，且二者必须是可测量的。对市场营销人员来说，研究消费者学习的主要原因是教育他们自己的品牌是最好的，并促进其品牌忠诚。品牌资产代表品牌名称的固有价值，这种价值来源于品牌忠诚基础：消费者对品牌优势的知觉、使用品牌产生的社会声望以及消费者对品牌的信任和认可。

复习与讨论题

1. 经典条件反射理论和工具性条件反射理论的原理是怎样运用到营销战略开发过程中的？

2. 描述一下，就学习而言，在什么情况下家族品牌是好的策略，什么情况下不是。

3. 露得清（Neutrogena）是一家因“皮肤科医生推荐”它的护肤品而知名的化妆品公司，它为男性引入了一条新的剃须产品线。这家公司是如何用刺激类化来营销那些产品的？工具性条件反射理论在这种营销条件下适用吗？如果适用，是怎样适用的？

4. 哪一种学习理论——经典条件反射理论，工具性条件反射理论，观察学习理论或认知学习理论——能够对以下消费行为作出最好的解释？解释你的选择。

a. 买一提六瓶装的加得乐（Gatorade）水。

b. 喜欢在 Diesel Store 买衣服。

c. 第一次购买一部电子书阅读器。

d. 买一辆新车。

e. 转换移动电话服务商。

5. 定义以下记忆结构：感觉存储、短时存储（工作记忆）和长时存储。讨论这些概念是怎样运用到广告策略中的。

6. 信息过载如何影响消费者理解一则广告和将它存储到他的记忆中的能力？

7. 讨论低介入媒体和高介入媒体的区别。你会怎样运用半球偏侧化的知识来设计电视广告和印刷广告？

8. 为什么在衡量品牌忠诚时态度和行为测量很重要？

9. 品牌忠诚和品牌资产之间的关系是什么？这两种观念在营销策略开发过程中起什么作用？

10. 市场营销人员是怎样用识别和回忆的测量来研究消费者学习的程度的？

实务练习

1. 假设你是“消费者行为学”课程的指导教师，你在努力使同学们积极地参加课堂讨论。你是怎样使用强化方法来达到你的目的的？

2. 参观一家超市，你能辨别出市场营销人员在包装的什么地方将刺激类化或刺激辨别的理论运用到包装设计中吗？解释这些例子并和你的同学分享。

3. 寻找两则广告：一则针对左半脑，另一则针对右半脑。解释你的选择。

关键术语

广告疲劳（advertising wearout）
爱达模式（AIDA）
辅助性记忆（aided recall）
行为学习（刺激反应学习）（behavioral learning（stimulus-response learning））
品牌资产（brand equity）
品牌忠诚（brand loyalty）
组块（chunking）
经典条件反射（classic conditioning）
认知关联学习（cognitive associative learning）
认知学习（cognitive learning）
条件反射（conditioned response）
条件刺激（conditioned stimulus）
消费者介入（consumer involvement）
消费者学习（consumer learning）
连续强化（continuous reinforcement）
贪婪的品牌忠诚（covetous brand loyalty）
线索（cues）
分布学习（distributed learning）
编码（encoding）
消退（extinction）
家族品牌（family branding）
定比强化（fixed ratio reinforcement）
遗忘（forgetting）
半球偏侧化（裂脑理论）（hemispheric lateralization（split-brain theory））
高介入购买（high-involvement purchase）
惯性品牌忠诚（inertia brand loyalty）
信息超载（information overload）
创新采用（innovation adoption）
创新决策过程（innovation decision-making）
工具性条件反射（操作性条件反射）（instrumental conditioning（operant conditioning））
学习（learning）
许可（licensing）
长时存储（long-term store）
低介入购买（low-involvement purchase）
密集学习（massed learning）
动机（motivation）
负强化（negative reinforcement）
观测学习（建模）（observational learning（modeling））
被动学习（passive learning）
正强化（positive reinforcement）
高度品牌忠诚（premium brand loyalty）
产品形式延伸（product form extensions）
产品线延伸（product line extensions）
回忆测试（recall tests）

识别测试（recognition tests）
心理排演（rehearsal）
强化（reinforcement）
重复（repetition）
回应（response）
提取（retrieval）
语义差异量表（semantic differential scale）
感觉存储（sensory store）
行为塑造（shaping）
短时存储（工作记忆）（short-term store (working memory)）
斯塔奇读者广告研究（Starch Readership Ad Study）
刺激辨别（stimulus discrimination）
刺激类化（stimulus generalization）
三次击中理论（three-hit theory）
三要素态度模型（tri-component attitude model）
非辅助性记忆（unaided recall）
非条件刺激（unconditioned stimulus）
变率强化（variable ratio reinforcement）

第6章 消费者态度的形成和改变

学习目标

1. 理解态度是什么、怎样形成以及其在消费者行为中的作用。
2. 理解三要素态度模型和它的应用。
3. 理解多属性态度模型及它在转变消费者态度中的应用。
4. 理解如何通过凸显特定的需要改变消费者的态度。
5. 理解认知精细化在转变态度中的作用。
6. 理解在认知失调和融合对立态度中如何实现行为先于态度。
7. 理解人们为一些事件分配因果关系并将这些知识应用到消费者行为。

引 例

态度（attitude）是一种习得的倾向，使人针对给定的对象表现出一贯的喜欢或不喜欢的行为。在消费者行为领域，这个特定的对象可以是某种产品、品牌、服务、价格、包装、广告、促销媒介或者产品零售商以及消费的其他方面。

态度可以从直接的产品经历中学习获得，也可以从**口碑**（word-of-mouth）、大众媒体以及其他消费者接触到的信息源获得。态度反映了对态度标的或喜欢或不喜欢的评价，驱动消费者是否购买这种特定的产品或品牌。消费者会购买他们喜欢的产品；因此，市场营销人员必须确保消费者在购买之后能维持这样的态度，只有这样他们才会继续重复购买同样的产品。

市场营销人员在引入新产品时总是努力让消费者形成积极有利的产品态度，其目的就是让消费者能够去尝试、喜欢并持续购买新产品。其实这并不容易，因为人们总是不情愿接受陌生的事物，起码在一开始是这样的。建立消费者对新产品积极态度的一种方式就是利用消费者已经喜欢并且经常购买的产品。例如，图6—1中描述的方形花生酱夹心巧克力士力架这一新产品就是首先定位在喜欢花生酱的消费者身上。这则广告告诉那些喜欢杯状花生酱夹心产品的消费者，他们会更喜欢这种裹着巧克力的方形花生酱产品。

另一种影响态度的方式是将其与社会或文化事件相关联。例如，士力架巧克力蛋（SNICKER Egg）的广告就将其产品与复活节彩蛋相关联（见图6—1）。有趣的是，广告中宣称士力架要把圆蛋形状从复活节剔除，并以“复活节，只有更满意”的标语结束，意在告诉消费者士力架巧克力蛋可以助兴复活节。这则广告也是“满意士力架”主题系列广告的一部分。

图 6—1　士力架广告影响消费者态度

资料来源：(Left & Right) DOVE，M&M'S，THE M&M'S Character and SNICKERS are registered trademarks of Mars，Incorporated. These trademarks and advertisements are used with permission. Mars，Incorporated is not associated with Pearson Education，Inc.

6.1　态度及其改变

作为消费者，我们每个人对产品、服务、广告、互联网、零售商店以及其他事物都有许多不同的态度。无论何时我们被问到是否喜欢一种产品（如黑白双色曲奇(Black and White cookies))、一项服务（如美国航空公司)、一家零售商（如 J. Crew)、一家直复式销售商（如亚马逊)，或是一句广告词（如“士力架，让你满意”）时，我们都在被要求表达我们的态度。通过对消费者态度的学习，市场营销人员可以确定消费者是否会接受提出的某种新产品概念，还可将其用于测量为什么目标顾客对公司新推出的促销主题没有更多赞许的反应，或者用在了解目标顾客对新提出的公司包装设计的改变会作何反应。例如，耐克和锐步（Reebok）经常评估了解消费者对运动鞋的功能性和美学设计的态度。它们还定期测量消费者对它们最新广告和其他营销信息的反应，以此来形成和改变消费者的态度。态度是一种认知并且不易被观察，研究者可以通过提问或从行为中作出推断来界定态度。例如，如果一个研究者从询问中发现一个学生经常从 iTunes 上购买嘎嘎小姐（Lady Gaga）的唱片，研究者就可以推断这个学生喜欢嘎嘎小姐，对她持有积极的态度（对 iTunes 也如此）。

态度是直接针对对象的，如产品、产品类别、品牌、服务、促销信息、网站、媒体、零售商以及其他事物。需要指出的是，尽管态度一般会导致行为，但它并不是行为的同义词。有时候，态度反映对态度对象的一种喜欢或不喜欢的评价，并不一定导致行为发生。态度可以驱使消费者形成一种特定的行为，也可以使消费者抵制某种行为。

消费者习得态度

消费者可以形成新的态度，也可以改变已有的态度。对于消费者重复购买的满意品牌，他们对该品牌下的新产品也常常形成积极的态度。尽管如此，消费者也常常试着购买新产品以及不同的品牌。如果他们认为所购买的品牌满足或超过他们的预期，他们就有可能把这种满意发展成喜爱的态度。总体而言，消费者获得有关产品或服务的信息越多，就越有可能形成对这个产品或服务的态度，无论是肯定的还是否定的。然而，如果产品与消费者不相关，他们并不会认知处理任何可用的信息。此外，消费者一般使用有限的可用信息。通常，只有两到三个关于产品的重要信念可能决定态度的形成，而不太重要的信念在态度形成中并没有什么作用。因此，在广告中应该集中介绍产品或服务有别于竞争者的几个关键特质，避免展示过多的特质。

消费者如何形成他们对“事物”最初的总体态度？例如年轻的成人是如何形成对恒适（Hanes）内衣或 CK 内衣的态度，如何形成对 J. Crew 或 Gap 休闲装的态度，以及如何形成对安妮·克莱因（Anne Klein）或布克兄弟（Brooks Brothers）正装的态度？还有，到哪里买这些衣服？他们会在沃尔玛、西尔斯、萨克斯第五大道或是诺德斯特龙（Nordstrom）购买吗？他们的家人、朋友、崇拜的名人、大众媒体广告，甚至所处的文化圈会对他们是否购买每一种服装产生什么样的影响？为什么一些态度可以持续很长时间而其他的却常常变化？市场营销人员必须清楚这些问题的答案，才能去影响消费者的态度。接下来，我们讨论在决定消费者对市场对象态度中扮演重要角色的态度来源和因素。

态度形成的来源

个人经验、家人、朋友、媒体、网络和（不断增加的）社交媒体深深地影响着态度。形成对产品的态度的主要方法就是消费者试用和评价产品的直接经验。认识到直接经验的重要性，市场营销人员试图通过提供优惠券、免费试用以及其他诱因来让消费者试用新产品。如果消费者尝试了新产品并且很喜欢，他们就会形成肯定的态度并且可能会再次购买。除了个人经验，家庭因素也对人们最初与消费相关的态度产生重要影响。例如，如果一个孩子在做了好事之后会得到甜食或糖果作为奖励，那么在他长大之后也会保留对甜食的喜爱（和肯定态度）。

市场营销人员越来越多地使用在线广告影响小众、专业化的利基市场消费者的态度，因为新技术让他们能够对广告信息和一些产品进行定制化。线上市场营销人员可以根据消费者的人口统计、心理统计和地理统计信息来确定他们的目标顾客，为其提供个性化产品（如为左撇子设计的手表）并传递包含其独特需要和欲望的信息。线上目标市场营销能够比其他媒体更有效地形成消费者对产品的态度，这是因为线上促销信息强调了精准微型细分市场的需要，而传统的大众媒体则广泛地向细分市场投放促销信息，有许多消费者对广告的产品并没有需要或并不感兴趣。研究表明，比起那些只通过促销信息获得的态度（如未经过产品试用形成的态度），通过个人经验（如产品使用）获得的态度更持久，也更能抵抗竞争者的信息。

个性因素的作用

个性特征显著影响态度的形成过程。例如，具有高**认知需求**（need for cognition）的人（如那些渴望获得信息和乐于思考的人）更有可能在回应包含大量细节性产品相关信息的广告时形成肯定态度。相反，具有低认知需求的消费者更可能在面对另一类广告时形成肯定态度，这类广告中会塑造有吸引力的模特或名人，或其他关于广告对象的次要线索。消费者对新产品的态度尤其受与个体创新性相关的个性特征影响。

态度与行为一致性

相似的态度常常导致相同的行为。然而，尽管态度具有一致性，但它并不是永久不变的。它很少改变，却也常常变化。通常，我们期望消费者的行为与他们的态度相符合。例如，如果一位墨西哥消费者宣称他更喜欢日本汽车而不是韩国汽车，那么当他要更换现有汽车时，我们会预期他购买日本汽车。然而，环境因素常常破坏态度与行为的一致性。例如，这个墨西哥消费者可能因为支付不起他所喜欢的日本汽车转而购买韩国汽车代替。在这个例子中，支付能力就是一种“情境”因素。

态度产生于一定情境中

态度在一定的情境中产生并受一定情境的影响。在这里，“情境”指的是在某一特定时刻，影响态度和行为之间关系的事件或环境。情境可以使消费者的行为方式和他们的态度不一致。例如，如果玛格丽特（Margaret）每次在防晒霜快用完的时候都选择购买其他不同品牌的产品，那么她更换品牌的行为可能反映了她对用过的品牌的消极态度。事实上，她购买不同品牌的原因也可能是为了省钱而每次只购买便宜的产品。每种猜测都是可能的。如果爱德华（Edward）每次出差都住在汉普顿饭店（Hampton），我们也许会错误地推测他对汉普顿饭店持一种特别偏爱的态度。但事实上，他可能只是觉得汉普顿只是可以接受，其实他更喜欢希尔顿或者万豪。然而，由于他自己做生意并且每次出差都花自己的钱，那么他也许认为汉普顿已经“足够好”。

消费者对某一目标会有不同的态度，而这些态度与某一特定的情境相符合。例如，当斯科特（Scott）要把他的旧旅行车换掉的时候，他在考虑买一辆新的 SUV，这样就可以接送孩子或者周末和朋友舒适地外出活动。然而，当他想到每天驾驶 SUV 开 30 英里上班会很费钱的时候，他开始重新考虑他的购买目的。后来他和同事聊天发现，同事对自己的那辆福特翼虎混合动力 SUV 的公里油耗感到很满意。斯科特最后买了一辆福特翼虎，这样他既可以节省油钱，又可以载孩子或和朋友周末外出活动。

在研究态度时，必须考虑行为发生时的情境，否则就会曲解态度与行为之间的关系。表 6—1 列举了一些可能影响消费者态度的情境。

表 6—1　　影响态度的情境案例

产品/服务	情境	态度
劲量电池	飓风将来临	“我知道飓风来了就会断电，所以我最好准备些电池。”
Mini Cooper 汽车	购买一辆新车	“油价如此之高，于是我把 SUV 换了，买一辆每加仑汽油跑 30 英里的车。”
Cheerios 麦圈	高胆固醇	“他们一直宣传 Cheerios 麦圈的胆固醇含量很低，应该是真的。”
《华尔街日报》	手中有零钱	“我需要决定是把钱投入股市还是购买基金。”
达美航空	朋友的单身派对	“我朋友的单身派对在拉斯韦加斯，我想到那里去。”
麦斯威尔咖啡（Maxwell）	需要保持清醒	“昨晚约会到很晚，但是今天早上还有很多工作要做。”
Stouffer 外卖	想在家吃晚饭	“我厌倦每晚都出去吃饭。”

6.2　三要素态度模型

研究者尝试构建了一些模型用于解释态度如何影响行为。首先，我们研究三要素态度模型，然后描述介绍多属性态度模型。**三要素态度模型**（tri-component attitude model）认为态度可以分为三个主要成分：认知要素、情感要素和行为意图要素（见图 6—2）。

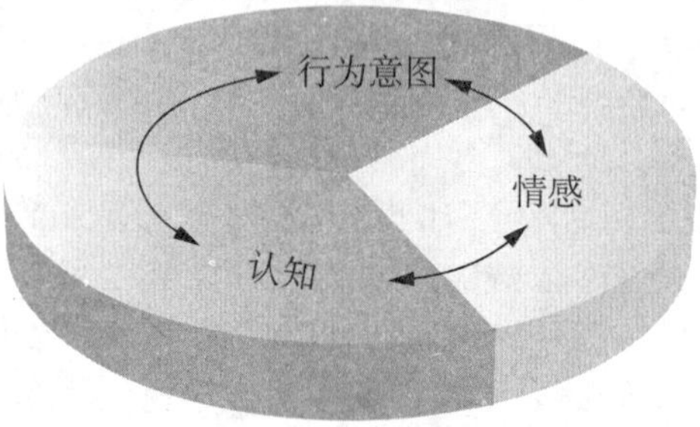

图 6—2　三要素态度模型

认知要素

认知要素（cognitive component）由人们的认知组成，即人们从直接经验或其他多种信息来源获得的对态度对象特质的知识和知觉。这种知识和知觉一般表现为信念的形式；换言之，消费者相信态度对象拥有或者并不拥有某种特定的属性。表 6—2 是一个假想的消费者对两种电视屏技术的信念。

表 6—2　　对两种电视屏技术的信念

产品属性	液晶电视	3D 电视
可视角度	右边图像些微消失	各个角度都很好
屏幕反射程度	较小	适中

续前表

产品属性	液晶电视	3D 电视
动态模糊	可以忽略	可以忽略
色彩饱和度	非常好	较好
遥控器易用性	他和朋友一起看电视时朋友用起来很方便	他朋友的电视已经买了 3 个月，还是不能脱离开手册单独使用
与有线公司的 DVR 的兼容性	他朋友说连接电视和 DVR 用了 15 分钟	他朋友打电话让有线公司的工作人员来帮忙连接电视和 DVR

情感要素

情感要素（affective component）反映了消费者对态度对象的感情和情绪，这种感情和情绪被视为一种评价，因为它们是一个人对态度对象直接的或总体的评价（如消费者对态度对象作出的“喜欢”或“不喜欢”、“好”或“不好”的评价的范围）。

满载情感的经历也可以说是充满情感的状态（如快乐、悲伤、害羞、厌恶、生气、悲痛、内疚和惊喜）。这些以及其他的情感状态会增强或扩大体验自身和对体验的回忆。例如，如果一个人在购物中心购物的时候感到格外高兴，那么他会花更多的时间在那里购物并且回想在那里度过的美好时光。另外，他也会推荐他的朋友来这个购物中心。表 6—3 是消费者对某产品感情和情绪的测量。

表 6—3　测量消费者对雅男仕须后水的情绪和情感

在过去的 30 天中您得到了一个试用雅男仕须后水（Aramis Aftershave）的机会。我们希望您能确定在经过 30 天的试用之后面部得到了怎样的改变。对于下面这些词，我们希望您在与面部感觉相符合的地方打“√”。

	完全符合				根本不符合
放松	□	□	□	□	□
有吸引力	□	□	□	□	□
紧绷	□	□	□	□	□
平滑	□	□	□	□	□
柔软	□	□	□	□	□
干净	□	□	□	□	□
光彩	□	□	□	□	□
更年轻	□	□	□	□	□
恢复活力	□	□	□	□	□
换新	□	□	□	□	□

表 6—4 展示的是另一个测量，通过语义差异量表测量一个人对某对象的情绪（语义差异量表是由一系列有两极的形容词组成（如好/坏、喜欢/讨厌）连续量表）。很多研究者认为一个人的态度可以通过这样的测量直接获得，因为这些量表大致反映了人们对态度对象的认知信念和情绪。

表 6—4　测量消费者对雅男仕须后水的态度的语义差异量表

与其他须后水相比，雅男仕须后水是：								
清爽的	[1]	[2]	[3]	[4]	[5]	[6]	[7]	不清爽的
芳香的	[1]	[2]	[3]	[4]	[5]	[6]	[7]	不芳香的
令人愉快的	[1]	[2]	[3]	[4]	[5]	[6]	[7]	令人不愉快的
有吸引力的	[1]	[2]	[3]	[4]	[5]	[6]	[7]	没有吸引力的

行为意图要素

行为意图要素（conative component）反映了一个人对态度对象可能采取特定行动的可能性。在消费者研究中，行为意图要素常被看作对消费者购买意愿的解释。购买意愿量表用来评估消费者购买一件产品或采取某种行为的可能性。表 6—5 是一个购买意愿量表的例子。有趣的是，比起那些没有被问到购买意愿问题的消费者，被问到过购买意愿问题的消费者更有可能购买他们给出肯定评价（如“我将会买这个”）品牌的产品。这个结论给我们的启示是，一个积极的品牌承诺以这种对购买意愿问题给出肯定答案的形式，积极地影响实际品牌购买。

表 6—5　购买意愿测量

下面哪句话能够准确地描述下一次您购买须后水产品时会买雅男仕的可能性？
____我肯定会买
____我可能会买
____我不确定是否会买
____我可能不会买
____我肯定不会买
在下个季度中您有多大的可能性购买雅男仕须后水？
____非常有可能
____有可能
____不确定
____不可能
____非常不可能

改变消费者的态度

改变消费者的态度是一种重要的市场营销战略。市场领导品牌的目标是维持和增强消费者现有的肯定态度，以使他们不会受竞争者独特产品的诱惑和其他为赢得他们而提供的刺激物的诱惑。相反，对于一些行业，如洗衣粉行业，汰渍是领导者；运动鞋行业，耐克是领导者，市场竞争者常常试图改变忠于市场领导者的消费者的态度并试图使他们转换品牌。

要改变消费者对产品和品牌的态度并不容易，因为消费者常常抵触那些挑战他们固有态度和信念的事物，并且通过增强他们预先存在的态度的方式来解释一些含糊的信息。[1]有两种主要的转变消费者态度的策略：转变态度对象的整体形象或者依靠某种特殊的产品属性。接下来，我们将讨论第一种战略。在后面一节，在解释多属性态度模型的时候我们会重点强调第二种战略。

转变产品信念

转变信念以改变消费者态度的战略侧重于转变品牌自身的信念或感知。这是到目前为止大多数广告的诉求形式。广告不断地提醒我们，它们的产品拥有“更多的”、“更好的”甚至是“最好的”重要产品属性。例如，一则卡夫的 Miracle Whip 广告宣称它可以比美奶滋（mayonnaise）做出更好吃的火鸡三明治。为了证明，它可能指出 Miracle Whip 比美奶滋味道更好并且只有其一半的脂肪含量。

要想利用一条信息改变态度就必须有足够的说服力并且重复很多遍，只有这样才可以战胜在态度建立初期形成的天然的抵制力量。

转变品牌形象

转变品牌形象战略就是试图改变消费者对品牌的整体评价。市场营销人员在采用这一策略时，往往运用一些综合性的陈述形式来将其品牌与竞争者区别开。这类陈述的例子包括“这是最大的品牌”或“这是被他人效仿的品牌”。一则 AT&T 公司的广告为了凸显其品牌形象，在品牌名称下没有提供任何关于产品或服务的提示。其广告语“重新考虑”旨在改变那些在技术面前感到不知所措的人的态度，同时用“使用我们的产品做你想做的”来增加消费者对技术的信心。[2]另一个例子是，很多广告都用“新开始”这一广泛认可的标语来撑起一个品牌的整体形象并唤起消费者兴趣。

改变消费者对竞争品牌的信任度

另一种改变态度战略就是改变消费者对竞争品牌或产品类别的信任度。例如，E-clipse 口香糖的广告就作出了一个令人注目的声明，它宣称其产品比其他品牌都好，“其他的大多数口香糖都只是使口气清新，而我们可以杀掉引起口臭的细菌”。图 6—3 中 Aleve 的广告与泰诺（Tylenol）持相反态度，驳斥了多吃药能更有效缓解痛苦的观点。类似地，Lysol 消毒湿巾（Lysol Sanitizing Wipes）的广告对整个竞争产品类别表达了消极的态度。其广告中表明 Lysol 的竞争对手的纸巾产品会传播细菌，而 Lysol 产品可以有效杀菌。Aleve 的广告是一个**对比广告**（comparative advertising）的例子，而 Lysol 描述了**全面信息**（two-sided message）（见第 7 章）。

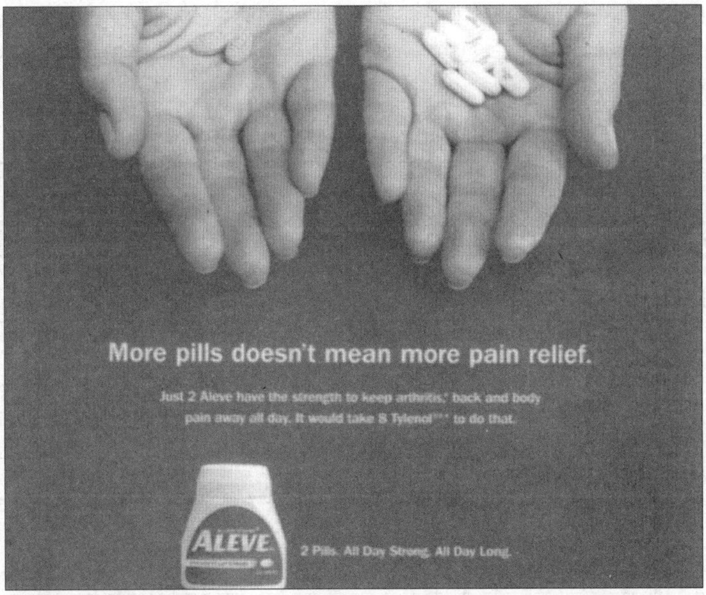

图 6—3 改变一种观念：“更多的药片并不意味更多痛苦缓解”

资料来源：Bayer Healthcare LLC.

6.3 多属性态度模型

多属性态度模型（multi-attribute attitude model）将消费者态度视为对某一态度对象关键特质的评估的函数。我们首先讨论对象导向的态度模型以及产品特质属性在改变消费者态度和新产品开发中的作用。接下来，我们分别讨论行为导向的态度模型、尝试消费模型理论以及广告导向的态度模型。

对象导向的态度模型

对象导向的态度模型（attitude toward object model）认为消费者对一个特定产品的态度是以下两种因素的函数：

1. 这种产品在多大程度上具有（或缺少）一组给定的产品特质属性。
2. 每种特质属性对消费者的重要性。

换言之，消费者一般对一些品牌持偏爱的态度，他们相信这些品牌在他们认为重要的特质属性上比其他品牌表现更好，同时消费者对一些品牌持不喜欢态度，他们认为这些品牌在那些特质属性上没有达到预期的标准。[3]

为了证明这个模型，在一项研究中，96 个市场营销专业的学生对三款智能手机品牌——iPhone、黑莓和 Android 的 11 个属性（见表 6—6）进行了评分。评分的结果反映了这些学生认为各个品牌在多大程度上具有某种特质属性以及每种特质属性的重要程度如何。随后，研究者用每个属性的评分乘以其重要性的权重得到手机的分数。例如，“持久电池寿命”被认为是手机最重要的特质属性（评分为 3.77 分，满分 5 分），而 iPhone 在这一属性的评分（2.64 分）高于其他两个品牌，这也让 iPhone 的总评分更高。在三个品牌中，只有黑莓配有实体键盘，也因此它在这一特质属性上评分最高（3.34 分），但是这一特质属性在重要性评分上仅排倒数第二（1.9 分），这也降低了黑莓的整体评分。

表 6—6　　对象导向的态度模型应用

特质属性	属性重要性	iPhone		黑莓		Android	
		属性表现	表现×重要性	属性表现	表现×重要性	属性表现	表现×重要性
持久电池寿命	3.77	2.64	9.952 8	2.34	8.821 8	2.31	8.708 7
高清屏幕	3.1	2.62	11.222	2.15	6.665	2.97	9.207
声控命令	1.8	3.49	6.282	2.25	4.05	2.61	4.698
无线数据传输载体	3.52	3	10.56	2.62	9.222 4	2.48	8.729 6
承运人无需长期合同	2.43	1.79	4.349 7	1.66	4.033 8	1.95	4.738 5
高质量相机	3.12	3.51	10.951 2	2.07	6.458 4	2.84	8.860 8
相机具备闪光	2.98	3.44	10.251 2	2.62	7.807 6	2.83	8.433 4
高分辨率摄像功能	2.52	3.3	8.316	1.93	4.863 6	2.67	6.728 4
外部无限数据存储	2.72	2.82	7.670 4	2.36	6.419 2	2.52	6.854 4

续前表

特质属性	属性重要性	iPhone		黑莓		Android	
		属性表现	表现×重要性	属性表现	表现×重要性	属性表现	表现×重要性
实体键盘	1.9	1.16	2.204	3.34	6.346	2.18	4.142
手机支持多任务处理	3.36	3.38	11.356 8	2.57	8.635 2	2.72	9.139 2
合计			93.116 1		73.323		

从合计得分可以看到，回答者相信 iPhone 远比另两款手机好——但我们必须指出的是，这样的感知并不一定能反映真实情况。例如，我们假定事实上黑莓手机的屏幕分辨率比 iPhone 的更好，尽管消费者相信 iPhone 可能拥有更好的屏幕。正如我们在第 2 章里讨论市场定位时提到的，最关键的是消费者如何感知这种产品。因此，鉴于这个研究的结果（假定的），黑莓手机的市场营销人员应该在广告中宣传它的屏幕分辨率以更正消费者对其产品的错误知觉。

市场营销人员常常将对象导向的态度模型运用到宣传和促销中，从而朝着有利于广告品牌的方向改变消费者的态度。他们往往通过增加新的产品属性、改变消费者对属性的知觉以及在研究消费者偏好后开发新产品等策略来实现消费者态度的改变。

增加一个属性

增加一个产品或品牌属性意味着增加一个以前忽视的产品属性，也可以增加一个象征进步和技术革新的属性。例如，为了增加以前被忽视或不知道的属性和特质，广告中可能通过指出酸奶比香蕉（一种富含钾元素的水果）更富含钾。对于想要增加钾摄取量的消费者，酸奶和香蕉的对比可以强化他们对酸奶的态度。

另一种增加属性的方式是创新。例如，一种瓶装威士邦沙拉酱（Wish-Bone® Salad Spritzer™）提供了一个打气装置使消费者可以在沙拉上倒出调味汁，这可以使消费者更精准地控制要倒多少调味汁。有时候，减少一种产品特质属性也可能利于改变消费者态度。例如，通过对消费者的研究，一些个人护理产品的市场营销者开始提供无香味或不含酒精的产品。

改变消费者知觉的属性重要性

在讨论利益细分（见第 2 章）的时候，我们指出了不同的品牌如何为消费者提供不同的利益并据此进行市场定位。例如，提到头痛药时，市场可分为阿司匹林（如拜耳）、对乙酰氨基酚（如泰诺）和萘普生钠（如 Aleve）。个人护理产品的市场营销者在提供稍有不同的狭义利益时常会推出几款相同的产品，以更好地获得和维持市场份额。高露洁为了迎合具有敏感牙龈的消费者，推出了 12 小时预防细菌、清新口气、去除异味以及缓解牙齿敏感性等多种系列产品。

有些公司发现了大多数消费者很少或从未注意的产品属性并在广告中对其进行描述。显然，都乐（Dole）发现一些购买预先包装水果的消费者并没有意识到其他的品牌产品并不在 100%果汁中浸泡。图 6—4 中的广告的目的就是利用消费者的无意识性来对都乐产品进行差异化。

开发新产品

市场营销人员常常将对象导向的态度模型运用于新产品的开发。例如，纯果乐打算在其产品线中增加一种新产品。公司的市场营销人员确定了四种影响消费者对橙汁

图 6—4　改变一种属性的重要性：真正的水果需要真正的果汁包装

资料来源：Reckitt Benckiser.

产品态度的决定性因素：果肉浓度、甜度、味道强度和颜色。随后，纯果乐公司开展了一个三阶段的研究：

1. 运用图 6—5A 中的量表，研究者让经常饮用橙汁的消费者在四个属性维度上描述他们理想的果汁。

	1	2	3	4	5	6	
无果肉	□	□	□	□	□	□	大量果肉
不甜	□	□	□	□	□	□	很甜
味道很淡	□	□	□	□	□	□	味道很浓
暗橙色	□	□	□	□	□	□	明亮的橙色

图 6—5A　语义差异量表

2. 事实上，纯果乐并不能生产这种“理想”的果汁，因为它不能提供一个有竞争力的价格。相反，对这些回答者评估出来的这种“概念”，果汁公司倒是可以进行销售。这种“概念”果汁和理想的果汁很像，但是不完全一样。

3. 纯果乐最后生产出了新的“实际”的橙汁产品，并请消费者进行品尝和评估。正如图6—5B中显示的，相比“理想”果汁，这种“实际”的果汁产品有太少的果肉并且太甜，但二者的味道几乎是一样的。在颜色方面，尽管纯果乐没有匹配理想产品或概念产品，公司在实际的产品中改善了外观颜色以使之更接近理想产品。这些结果表明纯果乐必须通过减少甜度和增加果肉来改变“实际”产品，从而更好地匹配消费者的偏好。

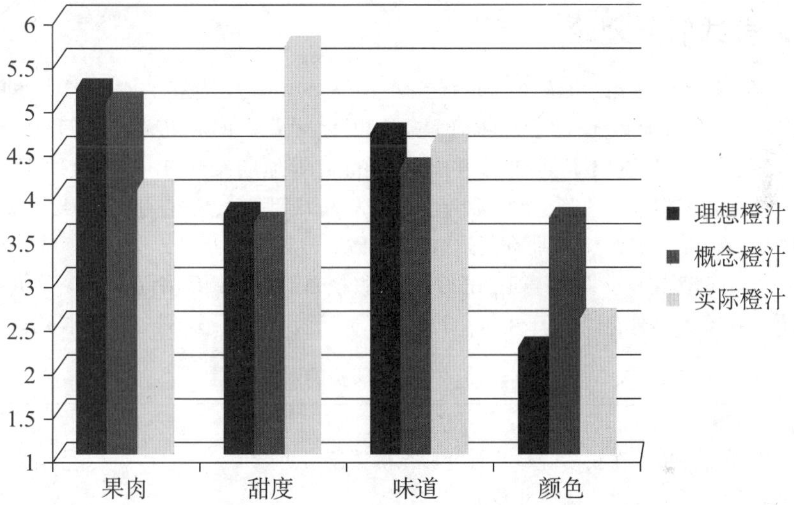

图6—5B　“理想”、“概念”和“实际”橙汁对比

行为导向的态度模型

行为导向的态度模型（attitude toward behavior model）是用来获取个体对行为或有关对象的行动的态度，而不是对对象本身的态度。运用行为导向的态度模型来理解消费者有时候要比对象导向的态度模型更好用。例如，一个准备购买汽车的消费者可能喜欢雷克萨斯汽车（对特定对象持积极的态度），但是可能并没有做好准备或有足够的意愿来购买一辆如此昂贵的品牌汽车（对与该购买对象关联的行为持消极的态度）。

在中国台湾的一项研究检验了消费者对网络购物这一表现（或行为）的态度，并且发现这些态度反映了九种期望的利益：（1）效率和时髦；（2）购物便利；（3）信息丰富；（4）多样和安全；（5）服务质量；（6）送货速度；（7）主页设计；（8）选择自由度；（9）名称熟悉程度。[4]

理性行为理论

就如三要素态度模型一样，**理性行为理论**（theory of reasoned action，TRA）也是认知成分、情感成分和行为意图成分的结合。此外，研究者在测量意愿水平之前，必须先测量影响个人行为意愿的主观规范。主观规范是评价人们对与其相关的其他人（如家人、朋友、室友、工作同事）如何看待将要发生的行为的反应，也就是对他们是否喜欢将要发生的行为的反应。例如，如果一个大学生想去文身，她首先会考虑她的父母或男朋友是否会同意这一行为，她对其他人观点的考虑就构成了她的主观规范。

有两种因素构成了主观规范产生的基础：个体将归因于其他相关者的规范信任度和个体顺从相关者偏好的动机。[5]为了准确地理解主观规范，研究者们同时测量了这两种因素。例如，前面例子中想要文身（或购买行为）的学生的主观规范包含了对下面问题的回答：(1) 谁是与她相关的人（如她的父母和男朋友）？(2) 她如何考虑与她相关的每一个人对她文身行为的回应（如"母亲认为文身使人看起来太像坏人，但是男朋友喜欢"）？(3) 顺从与她相关的人的偏好在她的决策中具有多大的影响程度？换句话说，她是否有足够的动机顺从与她相关的人？

尝试消费理论

尝试消费理论（theory of trying-to-consume）描述的是这样一种情况：尽管个体面对的个人和环境障碍会妨碍预期结果的出现，但积极的态度依然会引导行为的发生。表6—7中给出了消费者可能遇到的阻碍预期结果出现的两种阻碍类型：

1. 个人阻碍，如一个消费者正在试图买到一条价格在50美元以下的能够与西服相配的领带，或者想减肥但喜欢吃曲奇饼干。

2. 环境阻碍，如事实上正好与西服搭配的领带价格超过50美元，或消费者意识到他不能继续吃曲奇饼干并同时减肥，因为没有味道不错的低卡路里曲奇饼干。[6]

表6—7　　尝试消费的潜在阻碍

个人阻碍
"我希望我的指甲在我举行婚礼时能够长得更长一些。"
"我将努力到生日时瘦两英寸腰围。"
"我要试着在我们的纪念日时得到巴菲特音乐会的门票。"
"我要试着在我生日的时候能够跑5英里。"
"我要把我锻炼的次数从每周三次增加到每周五次。"
"今天晚上我不去餐馆吃甜点。"
环境阻碍
"只有参加球赛的前500名观众能得到球队的帽子。"
"对不起，你预订的捷豹汽车不是昨天从英国进口入港的。"
"我们的仓库里只有两箱梅乐酒，你最好今天来一趟。"
"很抱歉，我们不能接待你。因为停电了，所以我们要关闭加油站。"

研究人员还研究了那些消费者尝试消费失败的情况，并指出了他们这么做的两种原因。首先，这些消费者没有识别出全部可用的消费选择。其次，他们可能愿意选择自我牺牲或延迟满足。[7]

广告导向的态度模型

广告导向的态度模型（attitude-toward-the-ad model）认为消费者在听到或看到广告时所形成的各种感觉，将显著地影响他们对广告中品牌的态度。

有一项针对在美国的亚洲移民和印第安人的研究，探索了他们对12种广告的态度和对做过广告的6种不同产品的购买意愿。研究发现对广告的态度和对广告中产品的购买意愿之间存在正相关关系，也就是说，如果消费者喜欢一个广告，那么他们就有更大的可能性购买这个广告中的产品。[8]另外一项研究是在保加利亚和罗马尼亚

（欧盟最近的两个新成员国）研究消费者对广告的普遍态度。研究发现这两个国家的消费者对推广广告的机构（作为市场工具）比用来推广产品和服务的实际广告态度更积极。此外，在保加利亚，广告的主要用途是获得信息，而在罗马尼亚，广告最大的用途是娱乐价值。[9]

6.4　改变消费者态度的动机功能

有时候，市场营销人员必须改变消费者对其产品、公司或营销实践的消极态度。通常，这些消极的态度并非由产品或促销不好所致，而是因为一些难以控制的情况。例如，几年前，美国食品和药品监督管理局（FDA）建议孕妇或哺乳期的妇女以及儿童少吃金枪鱼罐头，因为这种鱼体内存在生物富集的汞元素形成的神经毒素。随后，金枪鱼罐头的三个主要品牌——大黄蜂（Bumble Bee）、Chicken of the Sea 和星琪（Starkist）的消费量大幅下降。这三个竞争品牌随后委托一家广告公司来转变消费者对金枪鱼罐头的消极态度。广告系列的主题就是“奇妙的金枪鱼”，通过电视和在线广告、印刷广告、数码屏、海报以及体育馆和健身房发布的材料等，广告幽默地表现了吃金枪鱼的乐趣。在网上，“tunathewonderfish. com”网站描述了食谱和“金枪鱼喜爱者”的古怪性格，并通过诸如“金枪鱼有益身心”、“健康饮食的一部分”、“伟大的路要走”等系列标语唱出了对金枪鱼食品的称赞。这些信息是特意设计出来以恢复消费者对金枪鱼食品的信心，并告诉他们吃金枪鱼不仅是健康的，而且充满了乐趣。产品的市场营销人员知道消费者是喜欢金枪鱼罐头的，但他们之所以犹豫是因为那些针对相对小部分细分人群（如孕妇）的信息，这些信息对很多消费者产生了消极的影响。[10]

隐藏在人们态度背后的原因（或动机）称为“功能”。通过改变隐藏在人们态度背后的原因（或动机）来改变态度的方法称为**功能方法**（functional approach）。[11] 据此，态度可划分为四种功能：实用功能、自我防御功能、价值观表达功能和知识功能。

实用功能

实用功能（utilitarian function）认为消费者的态度反映了品牌所提供的效用。当一个产品是有用的或曾经帮助我们完成了某些工作，我们对它的态度就会倾向于喜爱。一种改变对产品偏爱态度的策略就是向人们展示他们以前没有注意到的产品实用性。图 6—6 中 Lysol 湿巾的广告说明了其产品为何比纸巾更实用。

自我防御功能

自我防御功能（ego-defensive function）认为消费者态度的形成是为了用安全感和信任取代内在的怀疑情绪。例如，很多消费者相信餐馆或沙拉吧提供的午餐沙拉是健康的而不会使人变胖。图 6—7 中，康之选（Healthy Choice）广告反驳了这种观点，它幽默地宣称这种沙拉会使人变胖；而康之选，将产品定位在“诚实标签的健康午餐”。对诚实的引用也暗示其他产品并没有正确标榜自己。

价值观表达功能

价值观表达功能（value-expressive function）认为态度反映了消费者一般的价值观和信念，营销人员可以创作支持或反驳这些观念的广告。例如，很多有营养意识的消费者相信制备的沙拉很健康并且热量很低。除了对自我防御功能的诉求，图6—7中的广告还反驳了制备沙拉很健康且有营养这一错误观念。

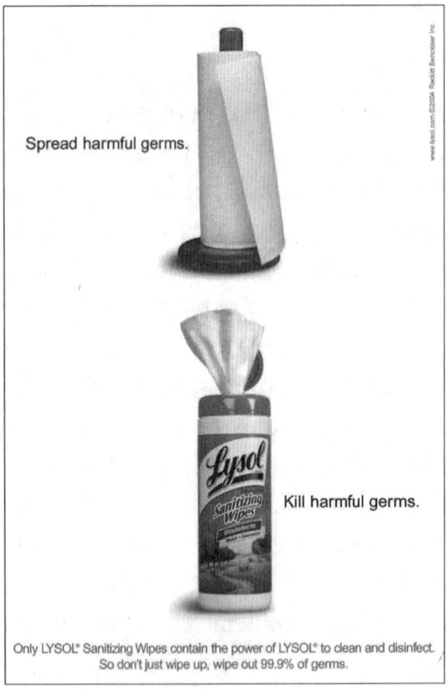

图6—6　基于实用功能的诉求：纸巾会传播细菌而Lysol湿巾可以杀菌

资料来源：Lysol® is a registered trademark of Reckitt Benckiser Inc.

图6—7　自我防御和价值表达功能的诉求：如果你发现你的裤子不再合身，你还仍然相信制备沙拉里热量很低吗？

资料来源：Reprinted with permission from ConAgra Foods, Omaha, Nebraska.

知识功能

知识功能（knowledge function）认为人们态度的形成是因为他们有强烈的需要去认识和理解他们接触的人、事件和其他事物。因此，很多公司将广告定位在消费者“需要知道”的基础上。于是，市场营销人员常常通过向消费者提供他们并未意识到的事实来试图朝更有利于品牌的方向改变其态度。例如，一条关于过敏药的广告可能使用柱状图来说明它比其他领先的过敏药品牌缓解过敏症状效果更好，并以此彰显其产品的优越性。图6—8中V8蔬菜汁的广告就是基于对知识功能的诉求，它向消费者提供了一个他们可能并不知道的事实，即大多数美国人蔬菜摄入量不够。

将公益对象或原因与品牌相联系

另一种影响态度的方式是将态度与社会或文化事件相联系。例如，图6—1中的

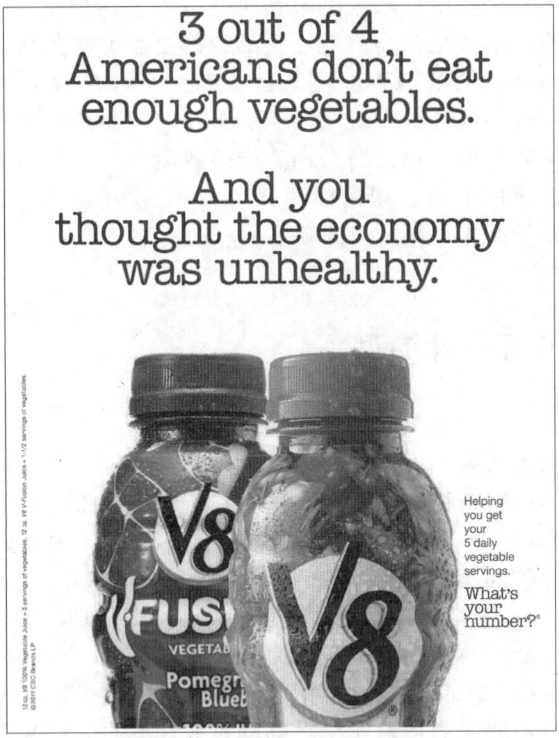

图 6—8　基于知识功能的诉求：大多数美国人的蔬菜摄入量不足，但你可以

资料来源：Campbell Soup Company.

广告将士力架与复活节彩蛋的怀旧记忆相联系；图 6—9 中美则（Method）洗涤剂的广告则将其产品与生态环保这一公益事业相联系，它嘲讽了那些使用大型有害环境器皿的主流洗涤剂产品。

图 6—9　美则洗涤剂与关心生态相联系

资料来源：© Method products，Inc：advertising agency：Droga5.

关于品牌—公益事业联系的最新研究是关于“公益事业”和“赞助商”的关系。一项研究发现，不管是公益事业还是品牌都受益于两者的联盟，一个不被人熟知的公益事业比高知名度的公益事业更获益于和一个好品牌的联系。[12]另外一项研究则表明，如果公司赞助商不详细说明它们从事公司—公益事业或者产品—公益事业联盟的动机，则消费者会形成自己对公司、产品或服务与公益事业联系的动机的看法。[13]这意味着赞助商应该主动告知目标消费者赞助活动的原因，而不是让消费者自己去猜测，因为猜测的结果可能并不正确。

6.5 精细可能性模型

精细可能性模型（elaboration likelihood model，ELM）是指态度的改变可以借由两种不同的说服路线（中心说服路线和外围说服路线）中的任意一种实现，利用不同路线对信息进行处理的认知精细化过程是不同的。中心说服路线和外围说服路线分别反映了**扩展的问题解决**（extensive problem solving）和**有限的问题解决**（limited problem solving）（见第14章），并分别与高介入和低介入购买行为（见第5章）相一致。精细可能性模型的前提是认为消费者在考虑与态度对象特别相关的购买时，会认真评价这种特定产品优缺点；相反，如果这种购买行为与态度对象仅存在很小的相关性或重要性，那么消费者就只会进行非常有限的信息搜索和评估（或很少的认知精细化）。因此，对高介入购买行为，中心说服路线可能是更有效的市场营销战略，因为它要求的认知处理能力较强。而对于低介入购买行为，要求相对较少思考和认知处理的外围说服路线可能更有效。在这种情况下，由于消费者缺乏足够的认知努力，学习的发生需要通过重复、对视觉线索的被动处理和整体性知觉。高介入的消费者会运用基于属性的信息来评估品牌，而低介入的消费者则会运用更简单的决策规则。在对高介入的消费者进行营销时，说服性信息论点的质量在消费决策中将起到更重要的作用，而不是促销信息中的比喻或意象。

说服路线对促销有重要的启示。例如，市场营销人员更可能以中心路线形式处理（对信息有目的的处理）对比广告（见第7章），而以外围路线形式处理（更少的信息精细化和对广告中其他因素的反应）非对比广告。一项研究证实了消费者产品介入度与客观产品知识水平的相关关系：相比享乐型产品，在实用型产品中这种关系更强；相反，在享乐型产品中，消费者主观产品知识水平与产品介入度的关系要比在实用型产品中强。[14]假设主观产品知识是对广告中图像信息解读的结果（外围说服路线），而客观产品知识则是广告提供的实际信息的结果（中心说服路线），市场营销人员在选择中心或外围说服路线的产品促销方式时必须考虑产品的实用性程度。[15]

中心路线用于当消费者评估态度对象的动机或能力较强时；也就是说，因为消费者积极寻找与态度对象自身有关的信息而使态度发生改变。当消费者愿意尽力理解、学习和评价与态度对象有关的信息的实用性时，学习和态度改变就通过中心路线发生。[16]

与之形成对比的是，当消费者的动机和评估能力较低时（如低介入度），学习和态度的改变就通过外围路线发生，此时消费者对态度对象自身的信息未加关注。在这种情况下，态度改变往往是诸如优惠券、试用装、漂亮的背景、高级的包装、名人认可的激励等间接刺激物的结果。研究指出，在一些低介入度的情况下，直接或间接的刺激物在最初都可以激发同样的态度。然而，直接刺激物具有更强大的“持久性力量”；也就是说，随着时间的流逝它所产生的态度比间接刺激物更持久。另外，对品牌知识少的消费者来说，广告中使用术语和事实数据会使他们对品牌和广告有更好的态度，因为中心路线在其中发挥了作用。[17]

6.6　认知失调和融合对立态度

到目前为止，我们的讨论保持在传统的（和理性的）观点，那就是消费者在采取行动之前发展他们的态度（如“在你做事之前要清楚你要做什么”）。然而，有些理论对“态度先于行为”的观点进行了反驳。具体说来，认知失调理论和归因理论就对行为为什么有时候会先于态度以及怎样先于态度提出了不同的解释。

认知失调（cognitive dissonance）发生在当消费者对一个信念或态度对象持有矛盾的想法时。[18]例如，当一个消费者作出一个购买某项重要且价格昂贵的产品的承诺时，如为一套新房子或一辆昂贵的汽车付款时，他就开始因为想到没被选择的产品（“被留在后面的”）的独特性能和优秀品质而产生认知失调。当认知失调在购买行为发生后产生，我们就称它为**购后失调**（post-purchase dissonance）。由于昂贵和重要的购买行为常需要作出妥协，即在相似的选项中选择（如同一社区里相似的房子），购后失调常在这种情况下发生，并让消费者对其行为（购买决策）产生不好的感觉。因此，市场营销人员必须确保这些消费者能够转变对自己行为的态度而接受自己的行为以消除这种对立的认知。[19]

在购后失调的情况中，态度改变往往是已经发生的行动或行为的结果。紧跟着购买而产生的思想矛盾和信息失调将是诱导大多数消费者改变态度的主要因素，而态度的改变就会使他们与自己的购买行为相协调。市场营销人员必须帮助消费者降低因为放弃某些产品选项而产生的不愉快的感觉，这是购后失调理论中与市场营销战略相关联的前提。消费者可以通过几种方式来减少他们的购后失调：

1. 决策合理化。
2. 找到支持自己选择的广告（规避导致失调的竞争者的广告）。
3. 试着向朋友“推销”某品牌的优良品质（如“消费者成为推销人员”）。
4. 找到满意的拥有者以使自己放心（如访问购房所在社区的其他房主）。

假设一个年轻人在杂志上看到“如何使两个月的薪水成为永恒”这个广告标题后为他的女朋友买了一枚订婚戒指。因为这项购买很昂贵，这位未婚夫有可能会经历购后失调，而这则广告可能会消除他的矛盾，因为它告诉这个年轻人虽然订婚戒指很昂贵，但新娘会用一生来珍惜它。

研究者已经发现了不同类型和不同水平的失调行为。一项关于消费耐用品的研究发现了三种不同的消费者细分：高度失调细分、低度失调细分和“考虑购买需要”细分。[20]正如此前描述的，消费者可以自己试着消除认知失调。另外，市场营销人员可以通过特定的广告来强化消费者决策以帮助他们消除失调。例如，称赞他们的明智，作出强有力的保证，增加更多更有效的与购买相关的联络（如真正的地产经纪人与新房买主的购后联络）以及完成产品订单时提供更多关于产品的细节信息。在消除失调时，个体间的联络要比广告更有效。多项研究显示，大多数购买者相信广告商总是在促销中夸大产品。[21]还有一项研究也认为失调可能是由零售商的销售人员造成的，因为消费者认为他是被"劝服"购买的。相反，有经验的销售人员可以通过提供信息和安全感来减少失调，甚至可以将消费者变成忠诚顾客。[22]

融合对立态度

有时转变态度战略可以融合两种态度之间存在的或潜在的认知冲突。例如，乔治（George）是一个忠诚的主教派，同时也是一个活跃的共和党人，他在社会问题上很保守。在一次总统选举中，共和党候选人信仰另一宗教，明显要比乔治激进。于是乔治的态度开始产生冲突：他想给自己的党派投票，但是他不喜欢这个候选人。他面临着一个两难的局面并有三个选择：（1）弃权，尽管他此前从未弃权过；（2）投票给民主党候选人，但这是完全不可接受的；（3）形成对共和党候选人更积极的态度以投票给他。在作为委派代表参加共和党会议、与其他委派代表沟通、聆听完演讲甚至同共和党总统候选人短暂会面之后，乔治认为毕竟候选人对社会问题的立场更与其个人相关，便开始对候选人信仰的宗教变得不那么关心。因此，乔治作出与此前行为一致的投票选择来融合他对立的态度。

事实上，政府的官员发现很多其他的共和党人拥有和乔治参会前一样的感受，他们雇用市场营销顾问来采取措施改变这样的态度。这些顾问告诉委派代表怎样通过看似无意的、自然的交流清除他们对候选人的质疑。同时，在回忆中展示的候选人的演讲和影片包含了消除对立态度的巧妙诉求和线索。从本质上看，这些措施同有经验的市场营销人员在相似情境中运用的策略非常相似。当然，乔治和很多其他相似的、最初拥有对立态度的人一样，他们并没有意识到在会议中发生的这种战略性沟通。

6.7 分配因果关系和归因理论

作为一种联系松散的社会心理学原理，**归因理论**（attribution theory）试图解释人们如何根据自己和他人的行为来为一些事件找到原因（如责备或奖励）。[23]换句话说，一个人会说："我愿为美国红十字会做出贡献，因为它的确帮助了很多在困境中的人"，或者是"他试图劝说我购买一台LED电视而不是3D电视，因为他会得到更多的佣金"。在归因理论中，潜在的问题是为什么："为什么我要这样做?""为什么她想让我换个牌子?"为自己或他人的行为作出判断的过程是理解态度形成和改变的重要因素。

很多公司赞助社会公益活动和事业，因为他们希望消费者能够将他们的这种努力归因于真诚的关怀。研究结果表明，赞助商与公益活动越匹配，消费者的归因结果可能会越好。也有证据表明，当消费者感觉到公司在为了生产更好的产品或者提供更好的服务做额外的努力时，消费者愿意奖励努力度高的公司（比如，他们会愿意支付更多或者给产品更高的评价）。[24]

自我知觉归因

自我知觉归因（self-perception attribution）反映了人们对过去的行为和态度形成因果关系时看待自己的方式，包含内部归因与外部归因。假设布拉德利（Bradley）刚刚第一次使用了流行的电脑视频编辑软件，并且当他把去南美洲旅行的视频展示给摄影俱乐部的成员时，大家都非常认可。当听到赞美声时，他对自己说"我拥有视频剪辑的天赋”。他的想法就反映了一种内部归因，因为他认为取得这样的结果是自己的功劳（如他的能力、技术和努力）。相反，如果布拉德利把这次成功的展示归因于一个用户友好的视频剪辑系统、其他会员的协助，或者只是“运气”，那他就是进行了外部归因。在外部归因中布拉德利可能会想，“我能够做这样完美的视频真是初学者的好运”，而在内部归因中他会认为“这些画面这么好是因为我的缘故”。

市场营销人员在促销中可以运用内部归因，也可以运用外部归因。例如，视频剪辑软件的广告应该努力说服用户把成功的软件应用进行内部归因。如果他们把图片的质量归因于他们自己的技术而不是软件的能力，那么他们很可能会继续购买它新的版本。或者，如果用户将其成功进行外部归因，他们会把它归因于“初学者的好运”，由于这与软件本身无关，他们可能不会再购买更新和更高的版本。研究显示对内部归因的诉求能够说服消费者考虑购买广告中的产品。[25]

根据**防御归因**（defensive attribution）原理，人们通常把成功归因于自己（内部归因），而把失败归因于其他的外部事件（外部归因）。因此，促销信息应该鼓励消费者将成功归因于他们自己，并向他们保证广告产品会一直让他们如此。类似地，那些希望让人们放弃或克制某些社会所不期望的行为的说服性信息应该诉求于内部归因。图6—10中OMG的广告宣传语“留意信息”坦率地告诉了那些边开车边发短信的司机，他们引起的灾祸是因为他们自己的行为（内部归因）而不是外部因素（如交通状况、路况）。

图6—10 发短信和驾驶事故的内部归因

资料来源：©American Academy of Orhopaedic Surgeons.

逐步升级技术

逐步升级技术（foot-in-the-door technique）认为让个体先认可一个小请求，有利于让个体同意一个大请求。这种方法的基本原理是通过认可一个小请求来建立请求者和被请求者的联系。在满足了某个适当的请求后，被请求者出于以下几个原因而可能会满足更大一点的请求。首先，被请求者不想让请求者失望，因为他感到请求者是与自己有联系的。其次，被请求者可能已经对请求者的目标产生了兴趣。正如此前讨论的，认知失调理论表明人们倾向于发展某种态度来迎合先前的行为。人们对一些较小请求的顺从以及接着对更重要的请求的顺从是基于这样的前提，即个体会关注他们的前期行为（如对较小请求的顺从）并且会认为自己是那种通常会答应他人请求的人（也就是内部归因）。例如，一个已经为迈克尔·J·福克斯帕金森研究基金会（Michael J. Fox Foundation for Parkinson's Research）捐赠了25美元的人比一个一开始就被要求捐赠100美元的人更可能再捐赠100美元。最初25美元的捐赠请求成了一种"逐步升级"，它为更重要的请求铺平了道路。

对逐步升级技术的研究集中于了解某种刺激物（如各种各样的优惠券）如何影响消费者的态度及其随后的购买行为。它揭示出不同大小的刺激物会产生不同程度的内部归因，进而导致不同程度的态度改变。例如，试用没有刺激物的品牌或重复购买某品牌的个体更有可能通过他们各自的行为推断他们对这个品牌持肯定的态度（如"我买这个品牌是因为我喜欢它"）。相反，使用免费试用装的个人不太可能改变态度而忠于这个品牌（"我用这个品牌是因为它是免费的"）。

与我们所期望的相反，最优惠的刺激物并不总是产生积极的态度转变。如果刺激物太大，市场营销人员就是在冒消费者把他们的行为外部归因于刺激物而不会改变他们的态度并且不会在以后重复购买这个品牌的风险。因此，最有效的是适当的刺激，也就是它要介于能够刺激最初的购买，同时能鼓励消费者将他们的良好使用经验归因于自己并且发生积极的态度改变这一范围之内。[26]

与逐步升级技术相反的是**逐步降级技术**（door-in-the-face technique），这种方法是先向他人提出一个大的、昂贵的或者很高的要求，在对方拒绝之后，紧跟着提出一个次要的、更现实的、花费少的要求。在特定的条件下，这比逐步升级技术更有效。[27]

对他人的归因

除了了解人们为什么会对自己的行为进行归因，了解他们如何对他人进行归因也同样重要。前面已经介绍过，每一次消费者对"他人"（如家庭成员、朋友、推销员、航运公司）的语言或行动问"为什么"时都与归因理论相关。举例来说，当一个推销员说话的时候，消费者会确定这个推销员的动机是不是为了消费者的最大利益。如果他将推销员的动机视为对自己有利，那么他就会回应他的好意。否则，消费者就会拒绝这个推销员的劝说转而去买别家的产品。例如，假设一个消费者在亚马逊的网站上订购了一款佳能数码相机。由于这个消费者马上要去旅行，她愿意支付联邦快递的次日送达服务，而不是亚马逊免费的五天快递到货。如果这个相机的包裹没有按期到达，这个消费者就有两个可能的归因对象，她可以责备亚马逊网站（它没有及时地送出产品），另一个是联邦快递公司（没有及时地把产品送达消费者），或者两个公司都责备（双重失误）。而如果这天的天气很差，她也许会把这次失败的经历归因于坏天气而不是亚马逊或联邦快递。

对事物的归因

研究者也对消费者对事物的归因进行了研究，在市场营销领域，这些事物指的是购买的产品或服务。特别地，当消费者希望找出产品达到或没有达到他们预期的原因时，他们可能将这种产品的良好或不令人满意的表现归因于产品本身、他们自己、其他人、某种情境或是这些因素的组合。沿用此前的例子，当布拉德利成功剪辑了一段旅游视频，他可以把这次成功归因于软件（产品归因）、他自己的技能（自我的内部归因）或是一个帮助过他的摄影俱乐部成员（外部归因），或者三者都有。

分析自我归因

在人们对产品的性能或他人的语言和行动进行归因之后，他们常常企图确定他们的归因是否正确。例如，有以下两种情境：（1）一个校友正在考虑为自己拿到 MBA 学位的学校捐一大笔钱；（2）一个业余摄影师正在考虑购买一台新的昂贵的照片打印机。两种情境都需要花很多钱，而且他们考虑的事情表明两个人进行了最初的归因：这个校友相信这笔捐赠能够改善 MBA 项目的声誉和发展，而这个摄影师相信这台打印机会提升她的作品质量。这两个人都可能寻求对最初归因的进一步强化，研究者确定了他们在这个过程中可能考虑的三个因素：独特性、超越时间和变化的情境一致性和舆论一致性。表 6—8 解释了这些因素并描述了业余摄影师和校友假定的考虑。[28]

表 6—8　　回顾自我归因

情境	独特性	超越时间和变化的情境一致性	舆论一致性
一个校友正在考虑为母校的 MBA 项目捐钱	我的贡献有多独特？会不会有其他人捐赠更多？如果我捐款了会不会成为委员会的成员？	我有定期捐赠的支付能力吗？如果学校请求特殊捐赠（如建一个新的学生中心）的时候我有能力捐献那些钱吗？	如果我询问我的朋友，他们中的大多数会赞成我做出这次捐赠吗？他们的观点还会改变吗？
一个业余摄影师发现用最新的惠普打印机打印出的摄影作品效果更好	我是唯一发现这个显著差异的人吗？或者还有其他人也注意到了这一点吗？	惠普打印机的优越性会在其他照片中体现出来吗？或者这种优势主要是这张特殊的照片展示的？	如果我询问我的朋友，他们中的大多数会认为我用惠普打印机打出来的作品看上去更好吗？或者只有一部分人可以注意到差别？

小结

态度是一种习得的倾向，将使得针对给定的对象表现出一贯的喜欢或不喜欢的行为。在消费者行为领域，这个特定的对象可以是某种产品、品牌、服务、价格、包装、广告、促销媒介或者产品零售商以及消费的其他方面。态度可以从直接的产品经历中习得，也可以从口碑、大众媒体以及其他消费者接触到的信息源获得。态度反映了对态度对象喜欢或不喜欢的评价，它会驱动消费者是否购买这种特定的产品或品牌。消费者会购买他们喜欢的产品；因此，市场营销人员必须确保消费者在购买之后能维持这样的态度，只有如此他们才会继续重复购买同样的产品。

态度通常与它们反映的行为是相对一致的。然而，尽管态度具有一致性，它并不是永久不变的；它很少改变，却也常常变化。态度在一定的情境中产生并受一定情境、事件或环境的影响，这些情境会影响态度和行为之间的关系。个性特点会显著影响态度的形成过程。

三要素态度模型认为态度可以分为三个主要成分：认知要素、情感要素和行为意图要素。认知要素由人们的认知组成，即人们从直接经验或其他多种信息来源获得的对态度对象特质的知识和知觉。情感要素反映了消费者对态度对象的感情和情绪，这种感情和情绪被视为一种评价，因为它们是一个人对态度对象直接的或总体的评价。行为意图要素反映了一个人对态度对象可能采取特定行动的可能性（如消费者的购买意愿）。

多属性态度模型将消费者态度视为对某一态度对象关键特质的评估的函数。多属性态度模型包括对象导向的态度模型、行为导向的态度模型、理性行为理论、尝试消费理论和广告导向的态度模型。多属性态度模型可用于增加产品属性、改变消费者感知的属性重要性和开发新产品。

根据消费者的动机来转变消费者态度的方法称为功能方法，它将态度划分为四种功能：实用功能、自我防御功能、价值观表达功能和知识功能。将品牌与大众喜欢的对象相关联同样能够转变消费者的态度。

态度的改变可以借由两种不同的说服路线中的任意一种实现，这取决于消费者进行信息处理时认知精细化的程度。中心说服路线要求扩展的问题解决和认知处理，一般用于消费者高介入度和在购买中感知到大量风险的情境。外围说服路线要求相对有限的问题解决和认知处理，常出现在相对不重要的购买中。

在大多数情况下，态度总是先于行为并指导行为。然而有时候，消费者可能先做出行动并随即形成对已经发生的行为的态度，它往往引发对态度对象的对立想法。由于昂贵和重要的购买行为（如购买新房）常需要妥协或在相似的选项中选择，购后失调常在这种情况下发生。市场营销人员必须确保这些消费者能够转变对自己行为的态度而接受自己的行为以消除这种对立的认知。

人们会为一些事件、自己的行为以及他人的行为找到原因。人们建立的先前行为与随后发展的态度之间的因果关系反映了他们如何看待自己（如责备或奖励）。为了改变与消费相关的态度，尤其是对那些要求消费者自我参与的产品，市场营销人员必须理解人们如何对他人和事物归因以及他们怎样自我归因。

复习与讨论题

1. 说明情境因素如何影响态度与行为之间一致性的程度。

2. 态度是一种以特定方式习得的反应倾向，为什么市场营销人员不只测量购买行为而忽略态度呢？

3. 利用三要素态度模型说明一个人对游玩迪士尼乐园的态度。

4. “尼古丁贴片”（一种帮助人戒烟的装置）的市场营销人员应如何运用尝试消费理论？利用这个理论，确定市场营销人员需要注意的两个目标市场并解释如何做。

5. 说明谷物类早餐的产品管理者如何利用：（1）改变品牌信任度；（2）改变竞争品牌的信任度；（3）改变相关特质评价；（4）增加一个特质等方法改变消费者的态度。

6. 一个大型城市的交通部门计划推出广告，目的是让人们从使用私家车转变到使用公共交通上来。给出这个部门使用以下战略改变消费者态度的例子：（1）改变基本动机功能；（2）改变对公共交通的信任度；（3）使用自我知觉理论；（4）使用认知失调理论。

7. 一个受欢迎的电脑制图软件的市场营销人员应该让消费者进行内部归因还是外部归因？说明你的选择。

8. 一个大学生刚刚购买了一个苹果 iPad。什么因素将会使这个学生经历购后失调？这个学生将如何克服这种失调？该 iPad 的销售商如何帮助这个学生减少失调？iPad 制造商如何发挥作用？

实务练习

1. 找出两幅广告画，一幅使用情感，另一幅使用认知要素。讨论这两个广告的三要素构成模型。为什么每个市场营销人员在每个广告中都使用不同的部分？

2. 在本课程开始之前，是什么因素影响你对这门课的态度？课程开始之后，你的态度有没有发生改变？如果有，为什么？

3. 描述一个你在看过一个产品广告之后对新产品形成态度的情境。描述一个在你对一个产品或品牌形成态度的过程中个人因素起作用的情境。

4. 找出对态度四个功能都有使用的广告。描述每则广告是如何增强现有态度或改变某种态度的。

5. 回想当你选择了一所大学时的情境。在你作出决定之后有没有经历认知失调？为什么？如果你的确经历了认知失调，你是怎么克服的？

关键术语

态度（attitudes）
行为导向的态度模型（attitude-toward-behavior model）
对象导向的态度模型（attitude-toward-object model）
广告导向的态度模型（attitude-toward-the-ad models）
归因理论（attribution theory）
中心说服路线（central route to persuasion）
认知要素（cognitive component）
认知失调（cognitive dissonance）
对比广告（comparative advertising）
行为意图要素（conative component）
防御归因（defensive attribution）
逐步降级技术（door-in-the-face technique）
自我防御功能（ego-defensive function）
精细可能性模型（elaboration likelihood model，ELM）
扩展的问题解决（extensive problem solving）
逐步升级技术（foot-in-the-door technique）
功能方法（functional approach）
高介入购买（high-involvement purchases）
知识功能（knowledge function）
有限的问题解决（limited problem solving）
多属性态度模型（multi attribute attitude models）
认知需要（need for cognition）
外围说服路线（peripheral route to persuasion）
购后失调（post-purchase dissonance）
自我知觉理论（self-perception theory）
语义差异量表（semantic differential scale）
理性行为理论（theory of reasoned action）
尝试消费理论（theory of trying-to-consume）
三要素态度模型（tri-component attribute model）
全面信息（two-sided message）
实用功能（utilitarian function）
价值观表达功能（value-expressive function）
口碑（word-of-mouth）

案例一

宝洁

纺必适“快乐呼吸活动”

主导机构：葛瑞广告（Grey）

战略挑战

纺必适曾经在同类产品中让人耳目一

新，但是竞争者之后赶了上来。

在1998年，纺必适以一种革命性的创新产品进入了空气清新剂领域。它不只是单纯地清新空气，它独特的方案实际上可以消除纺织品异味并使之变得清新。纺必适成为消除异味的知名品牌并取得了较大成功。当认识到某种好的产品机会，竞争者很快引入了能够提供相同利益的相似产品进行回应。“品牌健康”（Brand Health）机构提供的数据显示，宝洁已经失去了它独特的定位优势。公司曾经一度“拥有”消除异味的独家品牌，但是现在它只能和竞争者佳丽（Glade，在市场份额上的行业领导者）和安悦嘉（Airwick，拥有第三位的市场份额）共享这一市场。

空气清新品牌变得难以区分。

随着竞争者扩张提供纺必适类似的产品，整个行业开始变得混乱。任何产品创新都会被复制，而市场营销努力也会被立即还击。产品开始更加相似，产品特征变得难以区分。几乎所有的广告都描绘通用的图像，在理想化的世界里展示空气清新的美好感觉。过度的广告稀释了宝洁的营销努力，让人们不再能够将其与竞争品牌区分。

质疑的消费者停止相信品牌的宣称，纺必适的增长也开始下降。

研究发现，公司的受众（那些希望家里一直能够保持干净和清新的25～65岁的居家妈妈）开始怀疑这个行业的广告。因为越来越多的更便宜也更低端的品牌做了同样的广告，但是它们并没有做到承诺的那样，这导致消费者不知道该相信哪家品牌，于是开始怀疑所有的空气清新产品。人们认为所有的品牌都夸大其词，并选择购买低价的产品。纺必适的成本比它的竞争者高出近三倍，这让它很难再继续维持销售。

目标

1. 用一种消费者可以铭记的方式来恢复他们对纺必适消除异味能力的信任。

2. 在纺必适品牌和广告中形成共鸣。

3. 重新确立纺必适品牌的独特性。

观点

人们对难闻的气味的反应要远比对美好的气味的反应强烈。

销售讨论组重申了宝洁的受众需要，他们希望能通过保持干净、整洁和清新来创造一种“舒适之家”的感觉，他们很在意任何异味破坏这种氛围。恶臭不仅会让他们感觉不舒服，还会引发他们对这种令人不愉快的气味的强烈反应，这反映出他们对不干净的厌恶。宝洁意识到，致力于问题本身而不是解决方式更能帮助纺必适从其他品牌中脱颖而出。

我们闻到的要比我们看到的更重要。

家庭采访让宝洁公司更深刻地认识到纺必适在创造“舒适之家”氛围中所应扮演的角色，他们发现了更具影响力的视角：在判断房间是否舒适时，一个凌乱的家可能依然很干净，但是一个有味道的房间则不可能感觉干净。一个回复者的评论恰如其分地总结了这个问题：“当你走进一个并不吸引人的房间，你可以闭上你的眼睛，但你却不能停止呼吸。”

嗅觉为实。

从对商店里顾客的观察中发现，消费者常常在从货架上取下产品后进行试喷。这暗示了初次产品体验对消费者品牌选择的影响具有至关重要的作用。

好主意

让真正的消费者能够进行直接产品体验，从而证明纺必适可以使几乎最肮脏的地方闻起来不错，不管那里看上去怎样。

问题

1. 将知觉理论运用于案例所列的三个观点中。

2. 案例中的三个目标是为了对纺必适进行再定位吗？解释你的答案。

3. 宝洁公司如何确认它已经实现了活动目标？

4. 在YouTube网站上，你会发现几则商业广告，它们宣称把好主意“再现生活”（brought to life）。描述其中的三则广告并讨论它们说服的有效性。

5. 有几款纺必适的产品已经进入市场（febreze.com）。将利益细分概念运用于其中三种产品。

资料来源：Effie Worldwide，Effie Showcase Winners. Reprinted by permission. Febreze is a 2012 Bronze Effie Winner. For information on Effie's programs for students，visit the Collegiate Effies at www. effie. org.

案例二

卫宝/联合利华亚洲公司

"超快洗手液"

主导机构：Lowe Lintas and Partners

目标市场

所选的三个市场——印度、沙特阿拉伯和巴基斯坦——之所以对联合利华最重要，是因为它们的规模和增长机会。如果联合利华不在这些市场"开火"，那它就不会成为一个能在全球洗手液产品市场立足的公司。

印度：在联合利华所有市场中规模最大且最有价值。卫宝（Lifebuoy）是一个印度固体肥皂品牌，但是这个品牌最接近的竞争者却占有整个洗手液行业过半的市场份额。

沙特阿拉伯：中东地区最大的市场，在那里联合利华要面对一个成长更快的强大竞争对手。

巴基斯坦：印度次大陆第二大市场，在那里联合利华有两个强大的竞争对手。

战略挑战

在以上三个国家，抗菌洗手产品被广泛使用，但是那里有多年来家喻户晓的抗菌洗手液品牌。

为了说明消费者需求以及产品效果知识对这种产品的重要性，让我们考虑一下阿根廷。由于猪流感的爆发，公众信息劝说人们用肥皂洗手但却没有指定抗菌皂。因此，消费者会怀疑抗菌皂的必要性。

由于卫宝洗手液的定价较高，它被期望能够吸引高收入消费群。但这不是一个容易的问题，因为在印度，这个品牌的固体肥皂在低收入人群中很流行。

在这三个市场中，每一个市场中的竞争者都提供了强有力的抗菌方案。消费者会把这些产品感知为"细菌杀手"，它们可以提供持久的保护。

在巴基斯坦、印度和沙特阿拉伯，卫宝必须创造一个崭新的形象。作为一个全新的、高价格的洗手液产品进入者，它不会很容易地取代主导竞争者。

在这三个国家中，联合利华的目标市场是那些有可能成为洗手液用户的高收入妈妈，它希望能说服她们在她们的家庭使用卫宝洗手液。这些妈妈一般都有4～12岁的小孩，他们现在用的都是竞争者品牌。在卫生保护问题上，这些目标妈妈相信她们的家庭应该使用最好的产品且不希望妥协。这给了联合利华逐步升级的机会。如果公司能够说服这些目标妈妈卫宝可以提供最好的保护，那么它就有机会取得重要的市场份额。

目标

1. 增强高收入细分市场（由一个社会阶层分类指数界定）对卫宝的偏好。

这一效果可以由联合利华委托的零售审计代理机构提供的消费者家庭面板数据进行追踪。

2. 建立卫宝品牌的独特主张，并将它与竞争者进行差异化。

这一效果可以通过对消费者的定量研究追踪实现，在沟通过程进行至少一个月后测量他们对信息的记忆。

观点

通过实验室研究，联合利华宣称卫宝比其他竞争者产品能够更好地杀菌：它甚至可以杀灭更多的细菌。

在消费者研究中，当将这个实验室的研究结果展示给消费者后，消费者表示难以置信。无论是否能够证明，消费者都表示不愿意做出购买预算。就在此刻联合利华意识到想要同时进一步打败竞争对手并不可行。

这个实验室实验还显示，联合利华的产品能够比竞争产品杀灭更多的细菌，而研发科学家还发现卫宝能够比竞争产品更快杀灭细菌。事实上，联合利华洗手液能够用10秒钟消灭手上的细菌，而其他所有洗手液则需要足足1分钟。

这令人感到兴奋，但是联合利华不想再犯与此前同样的错误，它不能只用事实和数据来进行产品定位。公司不是单纯的这样宣称（洗手液杀菌更快又怎样?），而是开始进一步寻找从消费者角度设计的宣称。而在对儿童习惯的观察中，公司发现了“新大陆”。

通常，儿童在做他们不喜欢的事情（如吃蔬菜、做作业等）的时候表现得急急忙忙或很懒惰。在洗手时，他们也是如此。对于孩子而言，洗手是一件不必要的令人讨厌的事情，他们总是想越快越好，想尽快结束。

因此，无论任何人宣称他们的产品能够杀灭多少细菌，在儿童的习惯面前这都将不起作用，因为他们总是匆匆忙忙地洗手。

一则“超快洗手液”的广告以儿童行为这一视角为基础，不仅从全新的且相关的视角为卫宝诠释了仅用10秒钟杀灭细菌的宣称，而且填补了竞争者产品在细菌防御薄弱环节的空缺。这种更快的时间参数和儿童习惯的有机结合，成功地将消费者脑海中仅防御细菌的竞争者击退。

好主意

卫宝超快洗手液：仅用10秒即可消灭99.9%的细菌——因为孩子们总是匆匆忙忙，尤其是在洗手的时候。

问题

1. 设计一则电视广告（或分镜头脚本）和一则印刷广告，让好主意“再现生活”。

2. 联合利华为什么不使用关于杀菌的事实性信息（如实验室测试结果）来差异化卫宝与其竞争性品牌?

3. 联合利华是如何运用定性和定量研究（见第16章）来开发卫宝产品的市场定位的?

4. “卫宝”这一名称是否有效地传递了产品的核心利益？为什么?

5. 久而久之，联合利华是否应该在卫宝的市场定位中将“更多杀菌”和“更快杀菌”的宣称结合起来?

6. 市场竞争者不太可能会让联合利华轻易抢走除菌洗手液产品的市场份额。那么它们应该如何回击联合利华?

资料来源：Effie Worldwide，Effie Showcase Winners. Reprinted by permission. Superfast Handwash is a 2012 Bronze Effie Winner. For information on Effie's programs for students, visit the Collegiate Effies at www. effie. org.

第Ⅲ篇　沟通与消费者行为

第7章 说服消费者

学习目标

1. 理解沟通的构成要素和说服效果以及有效沟通的障碍。
2. 理解广播媒体和窄播媒体的区别。
3. 理解如何有效地设计说服性信息。
4. 理解广告诉求的有效性和局限性。
5. 理解如何测定广告信息的有效性。

引 例

沟通（communication）是指传达或交流信息的过程。在消费者行为的情境下，它是指通过媒体（交流渠道）将信息从发送者（信息源）传递到接收者（消费者）的过程。除了发送者、接收者、媒介和信息这四个要素之外，沟通的第五个基本要素是**沟通反馈**（communication feedback）。沟通反馈可以告知发送者信息是否被准确地接收。发送者使用文字、图片、符号、代言人和说服性诉求对信息进行编码，接收者必须按发送者预想的方式对信息进行解码（见图 7—1）。

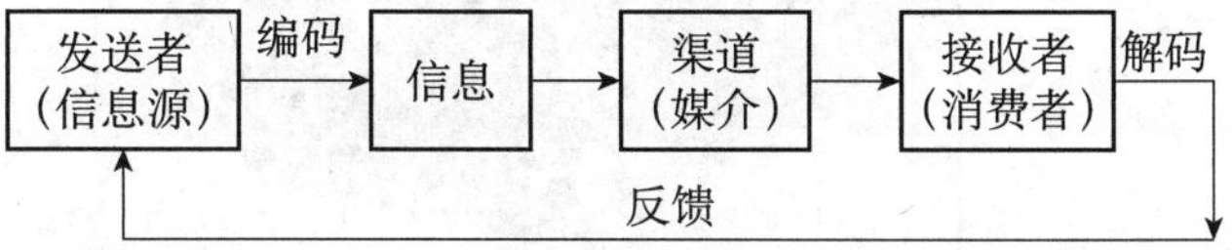

图 7—1 沟通模型

市场营销人员（信息发送者）在向消费者（信息接收者）发送信息时有不同的说服性诉求可供选择。使用广告诉求的过程也是对信息进行编码的过程。图 7—2 至图 7—5 中的广告代表四种典型的说服性诉求。图 7—2 使用幽默诉求说明 Delsey 箱包非常轻。在广告诉求中，幽默使用得最为广泛。图 7—3 中的广告描绘了恐惧的景象，规劝家庭暴力受害者在境况变得极为糟糕前，及时寻求帮助（图中的炸弹代表暴力的拳头）。恐惧对抑制诸如吸毒和分心驾驶等消极行为是非常有效的。图 7—4 中的广告展示了一个相对缓和的性诉求。性诉求能够吸引注意力，但必须保证正确使用。因为如果使用不当，性诉求会分散消费者对广告中产品的注意力。图7—5的广告比较了添加高乐氏漂白剂和只使用洗涤剂洗衣效果的差异。

我们首先讨论沟通的构成要素以及有效沟通的障碍。接着，展示两个媒体沟通模型——广播和窄播。然后，解释说服性信息的正确结构并讨论最有名的广告诉求的优缺点。发布广告以后，市场营销人员必须检测广告的效果（采用的主要是本章前半部分讨论的方法）。

图 7—2　幽默诉求：Delsey 箱包

资料来源：Delsey.

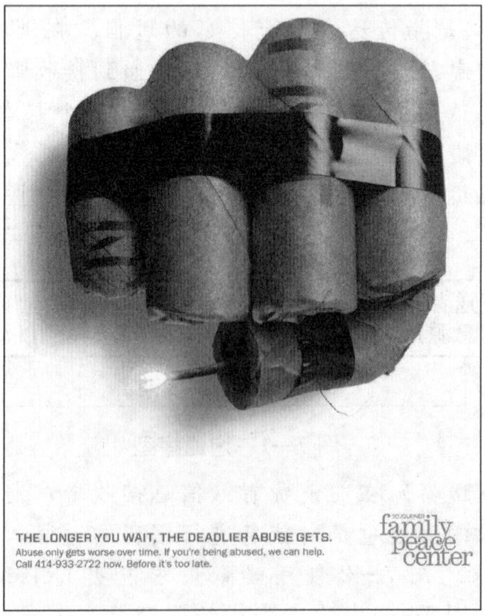

图 7—3　恐惧诉求：家庭和平中心

资料来源：Photo copyright Curtis Johnson.

图 7—4　性感诉求：*ALT* 杂志

资料来源：Egmont Hjemmet Mortensen.

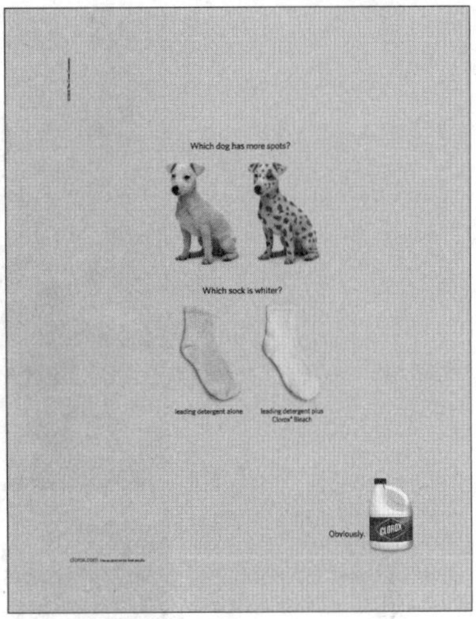

图 7—5　双边信息

资料来源：The Clorox Company.

7.1　沟通过程

沟通可以是**非人际沟通**（impersonal communications）或**人际沟通**（interpersonal communications）。在营销中，非人际沟通的信息源皆来自组织（包括营利性组织和非营利组织）。这些组织通过营销部门、广告、公关公司或者发言人设计并传递自己的信息。这些信息的目标受众或者说信息接收者，通常是组织希望告知、影响或说服的一个或多个群体。而人际沟通的信息发送者可以是**正式信息源**（formal sources，例如，实体或虚拟零售商店中的推销员），也可以是**非正式信息源**（informal sources，例如，消费者面对面或通过电子媒介进行交流的同伴）。影响人际沟通效果的关键因素是信息源的可信度，也就是信息接收者在多大程度上信任信息发送者。人际沟通的信息源对消费者的购物模式有重要影响，而且信息发送者被感知到的诚实性和客观性对信息的被认可度有重要影响（见第 9 章）。

同大众媒体的非人际沟通相比，人际沟通的主要优点是可以通过语言和非语言的形式立即得到反馈。有经验的演讲者非常留意反馈并会根据观众的言行及时调整演讲的内容与方式。

及时的反馈是保证人员推销效果的关键因素，因为它使得推销员的宣传方式能满足消费者的需求。类似地，教授会对课堂上因为发短信而漫不经心的学生予以警告，也可以突然停下讲课，坚决要求发短信的学生离开教室并声明课上讲的内容会出现在考试内容里。图 7—6 中，英国航空公司的广告就说明了人际沟通的重要性。

在消费者行为方面，信息发送方可能是向消费者传递广告的市场营销人员也可能是向其他人介绍产品的消费者。本章主要讨论市场营销人员作为信息源的情况，第 9 章讨论消费者通过**口碑**（word-of-mouth）传递信息的情况。**媒体**（media）是沟通的渠道。**传统媒体**（traditional media）是非个人化的交流渠道，一般分为印刷媒体（报纸、杂志、公告牌）和广播媒体（广播、电视）。受众接收到同样的（单向）信息且无法与信息发送者进行互动。**新媒体**（new media）是指在线渠道、社会网络和移

图 7—6　人际沟通的重要性

资料来源：British Airways.

动电子设备等。这些媒体要比传统媒体先进得多，因为市场营销人员可以通过新媒体向消费者发送定制化的消息并能立刻收到反馈。这些反馈能向市场营销人员表明广告是否有效。第 8 章对这两种媒体进行了讨论。

沟通障碍会影响消费者理解信息的准确性。最突出的两个因素是选择性曝光和心理噪声。

选择性曝光

选择性曝光（selective exposure）是指消费者对广告信息选择性地加以注意。消费者会仔细阅读自己感兴趣的广告而忽略不感兴趣或与自己无关的广告。另外，技术的发展使消费者可以严格控制自己与媒体的接触。如今的消费者可以控制大众媒体的展示，他们在广告开始时利用电视机的暂停功能避开商业广告，在广告结束时迅速回到节目中。如果观众录下电视节目在空闲时间观看，也能有效避开广告。报纸和杂志的在线读者可以自主编辑阅读的内容并过滤掉网页广告。同时，卫星广播也使人们可以避开广播中的广告。此外，来电显示、自动应答机、政府的“禁止拨打”名单及其他设备让消费者能有效地避开电话营销活动。

心理噪声

正如电话杂音会有损信息的接收，类似竞争性广告信息或者思想干扰等**心理噪声**（psychological noise）也会影响信息的传递效果。如果观众在节目间隙面对九条连续的、混乱的商业广告信息，他们可能无法接收或记住任何内容。类似地，一个管理者如果在开车时构思部门会议，那么他会全神贯注地进行构思而听不到商业广播。举个更熟悉的例子，如果一个学生总想着周六晚上的约会，那他可能听不到教师的提问。

市场营销人员可利用多种战略来克服心理噪声：

1. 反复曝光广告信息（通过重复或者丰富广告诉求）来帮助消费者克服心理噪声，方便信息接收。

因此，一定数量的重复是必要的（见第5章）。丰富诉求的方法在广告中也能见到，如用举例和广告文案来强调同一观点。为了丰富广告诉求，市场营销人员现在常常将促销信息植入电子游戏、电影、电梯、超市地板甚至公共休息室中（见第4章**埋伏营销**（ambush marketing）的内容）。

2. 广告文案编写人员常用对比的方式来攻克心理噪声和广告混乱（见第4章）。对比包含了信息本身的特征，而且会吸引额外的关注。这种包括了特征描述和未知结果的战略，增加了感官接触的数量（比如颜色、气味和声音等），并利用测试性的信息诉求获得更多的关注。

3. 信息技术的发展使市场营销人员能够统计网站的访问量，并从中推测出人们的偏好和兴趣，进而设计和传递更加个性化的促销信息。

当然，要确保促销信息能脱颖而出并被目标受众正确地接收、解码，最有效的途径就是进行准确的**定位**（positioning），创造独特的销售主题。如果广告能使观众相信该产品很独特，而且能比竞争者的产品提供更高的价值，那么该广告信息就比竞争者的广告信息更容易被正确接受。

7.2 广播与窄播

对传统媒体也就是广播媒体（或大众媒体）而言，接收方从营销人员处收到的是相同的单方向信息（接收方无法向信息源发出反馈）。与之形成鲜明对比的是，新媒体属于**窄播媒体**（narrowcasting），市场营销人员发送信息的方式具有以下特点：

1. 定址化，可以直接传达给特定人群或小规模受众而不是全体消费者。

2. 定制化，根据消费者上网数据和其他方面的信息进行分析，包括消费者住址（根据IP地址和移动设备GPS定位获得）和电子设备服务器里的浏览记录。

3. 交互性，大多数窄播媒体会根据消费者的行为（点击链接和条幅广告）发送相应的信息。

4. 接收者反应可测量性，与传统媒体相比，新媒体可以更加准确、及时地获得沟通反馈。

已经使用了几十年的传统媒体和沟通模型正在发生本质的改变。广告商对如今的广播媒体不满意的原因在于：广告受众的规模越来越小而且分散；看电视广告的人越来越少；消费者可以很容易地避开商业广告；大量的广播广告被传达给了对产品并不感兴趣的消费者。广告商抱怨尼尔森的评分既没有准确反映美国的人口结构也没有充分监测到电视节目的观看情况。有线电视运营商意识到它们有更准确的监测收视情况的方法但也担心客户的隐私问题。在失去大量观众后，电视网络意识到继续依靠收取高额广告费播放免费节目的模式（该模式自1950年就开始运行）是不可行的。电视网络、有线电视运营商和广告商一致认为新的沟通模型应该针对对产品感兴趣的小众消费者，并且能提供互动、有诱惑力的促销信息。总之，在技术的推动下，沟通正经历着前所未有的变化，传统媒体正在融入新媒体或被新媒体所替代。

定址广告

很多读者可能都在亚马逊购买过产品，在 Netflix.com 租过电影或电视节目，或者在 eBay.com 上进行过交易。这些超前的在线零售商会通过分析其用户的购买行为（包括消费者对已购买产品的评价）来为单个用户提供量身定做的购买推荐。因此**定址广告**（addressable advertising）是由发送给特定消费者的定制化信息构成的。这些信息是基于市场营销人员对消费者以往消费行为的观察和分析获得的。

数据整合者（data aggregators）（见第 8 章）使用用户浏览器、谷歌、雅虎和脸书上的数据建立可供市场营销人员设计不同广告的模型，该模型是消费者人口统计变量和过去广告接触的函数。[1]一项研究表明，消费者支持可以互动的网站，因为他们感到自己收到的是定制化的信息并且可以在购买后及时联系卖方，比如和卖方的销售代表聊天。[2]

例如，手机广告越来越受欢迎，因为手机是定制化广告的理想平台。一家电视网络公司联合社交网站公司招收被试参与了一项定址化和基于本地化广告的实验。[3]一家出版社开始通过手机发布与教育相关的内容。[4]几家无线服务运营商联合广告公司通过降低收费率和其他的方式奖励同意在手机上接收广告的消费者。[5]随着手机和其他无线沟通设备数量的增长，移动广告成为大多数广告商广告计划的一部分。

推特（以短消息服务著称）使广告商能够根据用户的爱好发送消息。比如，一家卖软饮料的公司向推特上的职业球迷发送付费广告。推特能够通过分析用户对球员和实况解说员的关注度以及相关信息的转发率确认其是否为球迷。[6]电视广告商现在能够根据观众人口统计变量、天气的变化、销售目标以及竞争对手的活动对广告投放进行调整。比如，温迪快餐的广告就是根据天气的变化进行调整的。在某些地点的观众会看到红辣椒版的广告或者霜冻版的广告。当气温高于 60 华氏度时，温迪快餐会展示霜冻版的广告；当气温比较低时，温迪快餐会展示红辣椒版的广告。[7]几乎所有的网络报纸都允许读者只选择阅读他们感兴趣的内容。

拥有大量与观众相关数据的有线电视运营商，正在放弃大部分基于用户地理位置的广告以及让所有消费者都接收相同广告的方式。比如，狗粮广告只会推送给家里养狗的消费者。一家公司正尝试对电视观众进行远程监控并根据观看节目的内容推断观众的年龄和性别，还可使用普查的数据和企业的数据进行深入的分析。然后，有线电视公司就能把定制化的广告发送给消费者。[8]

7.3 设计具有说服力的信息

信息（message）可以是文字的（书面的或口头的）或非文字的（照片、示例或者符号），也可以两者皆有。广告信息是信息发送者想要传递给信息接收者的观念、思想、态度、形象或其他内容。广告商可以是个体或者组织。在设计说服性信息之前，必须首先明确信息传递的目标，为信息选择一种合适的媒体，并以与媒体和目标群体相匹配的方式对信息进行编码。说服性信息的目标主要包括：创造对一种服务的认知、刺激一种产品的销售、激励（或是阻止）特定行为、吸引顾客光顾、减少购后失调、创造一种亲切的或有利的形象或者是这些目标的结合。

信息源（信息发送方）必须按目标受众能够准确理解的方式对信息进行编码。市场营销人员通过文字、图片、符号、代言人和特殊的渠道对信息进行编码。信息受众会根据个人的经历、特征和动机对信息进行解码。为了能使目标受众准确理解信息的含义（成功解码），信息发送方必须清楚地知道自己在说什么（信息的目的）并了解目标受众的个人特征。根据**认知学习**（cognitive learning）模型（见第5章），对广告信息的接触会激发购买欲望并最终导致购买行为。另外，人格特征会影响一个人对不同促销诉求的反应（见第3章）。

设计信息时营销人员必须考虑的决策包括选择图片、创作广告文案、使用正面还是反面信息框架、选择片面信息还是全面信息以及选择广告展示的顺序。

图片和文本

有图片的信息要比单纯的文本信息更有效，正如我们经常说的“千言未若一图”。Mistique纸巾的广告就主要以视觉而不是语言的形式来展示产品的功能和效果（见图7—7）。

图7—7　非语言沟通

资料来源：SR Foils and Tissue Limited.

许多研究已经发现了视觉信息和语言信息之间的交互作用以及在吸引消费者注意力方面的相似性。一项研究表明视觉复杂程度在这方面起着重要作用。当包含密集的知觉特征和精细的创造性设计时，广告的视觉复杂程度是比较高的。研究发现特征复杂程度会给消费者的品牌注意力和广告态度带来消极影响；设计复杂程度会增强消费者对广告的注意力和广告的可理解性，增进消费者对广告的积极态度。这项研究表明市场营销人员必须评估广告的视觉复杂程度并利用评估结果增强广告的吸引力。[9]

有时候，市场营销人员也会受相同的经济、社会和文化因素的影响并在他们的广告文案中使用相似的短语反映这些情况。比如，考虑到日益忙碌的生活、日益复杂的技术以及不确定的经济状况，许多市场营销人员在广告中使用“简单”、“轻松”、“诚实”和“清楚”这些词。一个新品牌的橙汁以“朴实的橙色”命名；麦当劳的广告是“健康早餐中的简单乐趣”；一家银行的广告是“当没人为此收费时，储蓄是件简单的事情”；象牙肥皂的广告是“保持纯洁、干净和简单”。[10]

信息框架

市场营销人员是应该强调使用特殊商品所带来的好处即**正面信息框架**（positive

message framing），还是强调不使用商品所带来的损失即**反面信息框架**（negative message framing）呢？研究人员认为，合适的信息框架是由顾客态度、顾客个性特征和产品自身所决定的。例如，一项研究发现，低认知需求的人更容易被反面信息框架影响。[11]另一项研究表明，强化某一目标的信息（正面框架）对拥有独立自我形象的个人（例如，那些认为自己具有独特个性的人）更具有说服力；那些具有依赖特征的自我形象的人（例如，通过他人对自己的评价来认识自己的人）会觉得强调回避目标的信息（反面框架）更可信。[12]一项关于疾病检测产品的广告的研究指出，正面框架的趣闻轶事信息不如反面框架的信息具有说服力。[13]另一项近期研究发现，当信息接收者不能处理广告中的信息时，反面框架的信息说服力较强；而当信息接收者能够处理广告中的信息时，反面框架的信息说服力就弱一些。[14]

片面信息和全面信息

市场营销人员应该宣称他们的产品是同类产品中的唯一，即使用**片面信息**（one-sided message），还是应承认竞争产品的存在，也就是使用**全面信息**（two-sided message）？一些市场营销人员只强调其产品积极的因素而假装竞争根本不存在。但是，当竞争真的出现并很容易被察觉时，这样的广告将失去消费者的信任。图 7—5 中的广告就提供了一种全面信息。另一个例子是 Ultra Dawn（一种餐具清洗剂）的广告，其广告声称其产品的清洗效果是其他产品的两倍，广告中提到了竞争但没有提到竞争产品的名字。“我无法相信它不是黄油！”是一种黄油替代品的广告，广告中描述了产品特征并经常以“我无法相信它不是黄油，你能吗？”的问题结尾。图 7—8 中的广告提供了全面信息，因为它指明了竞争对手（黄油和其他品牌的黄油替代品）但没有提到竞争对手的名字。

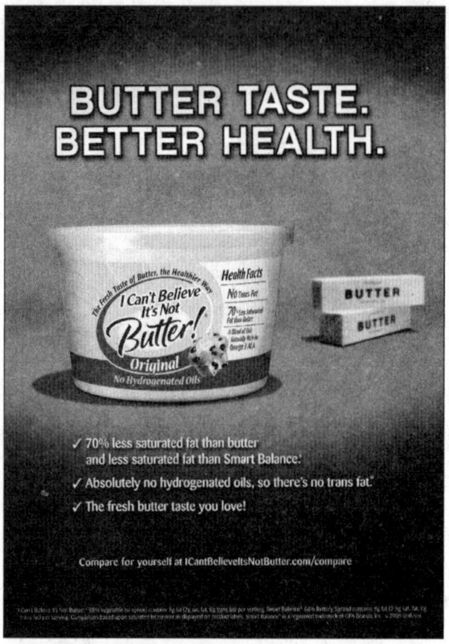

图 7—8　一则全面的信息：我无法相信它不是黄油（一种黄油替代品）

一个广告宣传的可信程度通常会在以下情况下得到提高：放弃宣称某些产品的特征要优于相关的品牌；不宣扬自己的产品是万能的。举例来说，一则男性生发产品广告可能声称：临床测试得出结论，使用该产品的用户有一半人的头发明显变得浓密，有 1/3 的人头发只是稍微长了点，还有 1/6 的人没有任何效果。承认产品不是完全有效反而提高了广告的可信度。

在广告中应该使用片面信息还是全面信息也取决于目标受众的特征以及竞争情况。如果受众是友善的（例如，他使用广告商的产品），他一开始就喜欢信息发起者的定位或者他不太可能听到攻击该产品的言论，那么一个片面（支持性）强调有利信息的广告更有效果。如果受众是挑剔或不友好的（例如，他使用竞争者的产品），而且受过良好的教育，那么他很可能得到关于产品的负面信息，则全面的（反驳的）信息会更有用。全面的广告信息比片面的广告信息更加可信，因为它们承认了广告产品存在的缺陷。在消费者愿意看到竞争者的负面反驳时或消费者对于品牌的态度是消极的，全面的信息效果会更好。

顺序效应

你的广告在最开始的时候播放效果好，还是最后播放更好？传播学研究者发现，信息的展示顺序会影响受众的接受能力。在电视中，第一个播出的广告记得最清楚，而在中间播出的广告记忆效果最差。当两个相互竞争的信息相继出现时，关于哪个位置更有效的证据就有点互相冲突了。一些研究者发现，第一个展示的材料能取得更好的效果，也就是**首因效应**（primary effect）；而其他人发现，最后展示的材料效果更好，也就是**近因效应**（recency effect）。杂志社认识到了这种顺序效应，因此对在杂志封面、封底、封二做的广告收取更多的费用，而杂志内页广告费就较低，因为前者更突出，记忆效果也更好。

广告中描述产品优点的顺序也很重要。如果观众的兴趣不高，那么最重要的优点必须第一个展示出来以引起观众的注意。但是，如果观众的兴趣很高，就没必要激起好奇心，产品的利益可以按升序排列，最重要的放在最后。当人们喜欢的消息和不喜欢的消息同时出现时（比如在一份公司年报中），把有利的消息放在最开始的位置通常可以使人们更能容忍不利的消息。这也能使人们更好地接受和理解完全信息。近期一项研究显示，在信息的开始处显示品牌名称能增强品牌联想和信息说服力。[15]

7.4　说服性广告诉求

许多研究者研究了市场营销人员可以使用的促销诉求以及影响广告说服效果的因素。比如，一项研究表明信息诉求在高介入度的情况下非常有效，而积极情感诉求在低介入度的情况下更加有效。研究还表明不同的促销诉求应该用在现有品牌的延伸而不是新品牌上。无论是消费者处于低介入度还是高介入度的情况，不同促销诉求在新品牌上都要比在品牌延伸上效果的差异性更加显著（见第 5 章）。[16] 另一项研究表明除了代言人和诉求的特征，人们的**认知需求**（need for cognition，NFC）（见第 3 章）在消费者对广告的反应中也起着重要作用。一个人的认知需求越高，在处理广告信息时就越不可能关注外围因素（比如代言人的魅力），从而更易受广告本身促销诉求的影响。[17]

最常用的广告诉求是：对比、恐惧、幽默、性和适时性。

对比广告

对比广告（comparative advertising）是一种经常使用的营销策略，是商家宣称它们的产品优于广告中的竞争品牌的一种广告形式。竞争者可能在广告中明确说出，也可能并未言明。一些评论认为，对比广告以牺牲自身品牌的代价帮助消费者记住了竞争品牌。然而，对比广告的广泛运用表明，市场营销人员相信对比广告能对消费者的品牌喜好度、购买意图和实际购买行为起到积极的作用。对日益挑剔的消费者而言，对比广告能够引发较高程度的认知过程，创造更佳的记忆效果，还常常被认为比非对比广告表达得更加清晰。

很多研究都调查了对比促销的许多方面。一项研究在考察了各种不同对比信息（积极的、消极的和适度消极的对比信息）后发现，只要广告中的消极因素是可信的或者由于一些因素而显得中性，它们就会很有效。[18]另一项研究则揭示了由性别原因导致的消费者对对比广告反应的差异：对比广告常常能更有效地提升男性而非女性对品牌认知的介入度。对于女性消费者，她们认为对比广告暗藏操控消费者的企图，因此她们会降低购买该产品的可能性。[19]此外，另一项研究显示促进型消费者（如那些重视前景或购买产品的积极效应的人）与保守型消费者（这些人更在意因某种因素的存在或缺少所造成的消极影响，如对安全的影响），对信息的回应并不相同。在对比广告中，反面框架能使保守型消费者对广告品牌产生积极的看法，同时对竞争品牌产生负面印象。而对于促进型消费者，正面框架更能使其对广告品牌产生正面印象，但并不能影响其对竞争品牌的看法。[20]

有相当多的人很关注对比广告对消费者的误导问题，联邦贸易委员会（Federal Trade Commission）甚至颁布了一些限制公司活动的法律法规。一些消费者权益保护者还提出研究一种方法来衡量对比广告对消费者的误导程度。此外，对比广告可能会引发法律纠纷。尽管法律要求公司提供支持对比广告的“合理证据”，但对这些证据进行判定是很难的事情。

比如，潘婷就曾指控多芬在一则广告中声称自己的护发素要比潘婷的护发素效果更好。在两家公司都出示了自己的证据（一项证据指明了干发和湿发之间的区别）之后，多芬被强令停止在广告中鼓吹自己产品的护发效果。AT&T 公司曾起诉维珍移动，因为维珍移动在一次广告中利用一张地图声称自己的 3G 网络比 AT&T 公司的覆盖率更高。AT&T 公司没有直接就广告展开争论而是对广告中的地图进行了质疑。AT&T 公司声称自己根本就没有在地图中的白色区域提供任何服务而不是仅仅没有提供 3G 网络服务。金宝汤公司发起一项活动声称自己的汤是精心熬制的，而 Progresso 公司的汤是用调味料调制的。Progresso 公司针锋相对，也发起类似的广告活动。双方吵到了美国国家广告协会（National Advertising Division），美国国家广告协会建议双方同时撤销广告活动。[21]

恐惧诉求

恐惧是市场营销沟通中经常使用的一种有效诉求。研究者发现恐惧诉求的强度和说服能力之间存在负相关关系，即强烈的恐惧诉求很可能比温和的恐惧诉求效果要差。对于这种现象已经有了多种解释。对高相关话题（例如吸烟）的强烈恐惧诉求会导致个体经历认知不协调，这种不协调将导致消费者拒绝按照广告要求去做或拒绝接收广告信息。因为放弃一个令人轻松舒适的习惯很难，所以消费者更倾向于拒绝威胁。他们通过一系列方法来达到这个目的，包括否定它的有效性（“没有真实的证据证明吸烟会导致癌症”），相信自己能不受疾病的影响（“癌症不会发生在我身上”）。或者采用另一种方式来掩盖真正的解决方法（“只要我吸烟时使用过滤嘴就能保证安全”）。因此，市场营销人员必须使用合理的而非极端恐惧的诉求，还要认识到恐惧诉求并不总是合适的。例如，在全脂、低脂和脱脂产品上附上信息标签比附上警告标签更有效果。同“癌症不可能发生在我身上”的心理状态相一致，恐惧诉求经常用于过度自信的年轻人。

强烈的恐惧诉求经常用于说明开车时打电话、发短信以及酒驾的危害。在一项研究中，更多的女性表示恐惧诉求会改变自己分心驾驶的行为，希望能够和广告中分心驾驶的受害者进行约谈。更多的男性建议使用法律手段制止分心驾驶的行为。[22] 图7—9中的广告使用非常生动的图片来表现恐惧诉求。一项研究发现，强烈生动的恐惧诉求对陌生事物的影响要比熟悉的事物大。对于被试非常熟悉的事物，在信息中加入弱程度的恐惧诉求会增强不合理行为被感知到的严重性。事物被感知到的严重性和发生概率会显著影响人们的行为意愿。[23]

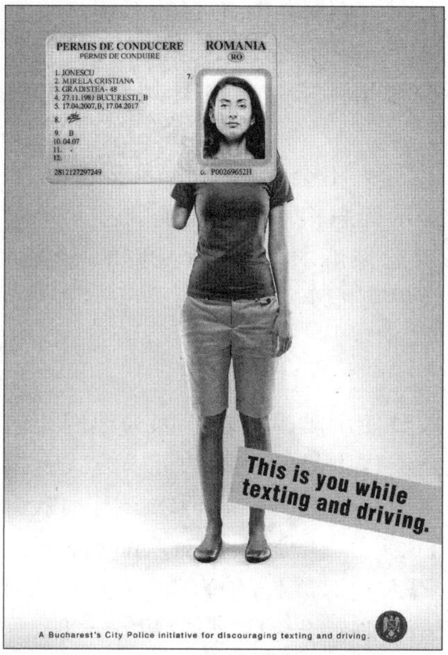

图7—9　恐惧诉求：制止分心驾驶

资料来源：Bogdan Nestor-Art Director，Zazvan Soare-Copywriter，Razvan Capanescu-Creative Director.

恐惧诉求在禁毒广告中十分常用。如果能够同时指明吸毒的社会危害和对吸毒者身体的侵蚀，这类广告会更加有效。但是对热衷于寻求感官刺激的人而言，恐惧诉求并不十分有效（见第3章）。一个狂热的感官刺激寻求者吸毒的可能性更大，而且不容易受具有恐吓性的禁毒信息影响，因为他们认为自己会长命百岁。男性和女性对恐惧诉求的回应也不尽相同。一项为期5个月针对高中生的调查显示：近期可能发生的、有损外貌的恐惧诉求（如黄牙和口臭）对劝说男性停止或减少吸烟更为有效；而有损长期健康的恐惧诉求（如在年老时患上癌症）对女性来说则更具说服力。[24]

很多广告通过令人恶心的图片激发恐惧诉求，比如酒驾事故中支离破碎的躯体、被吸烟摧残的肺的特写镜头以及被毒品损坏的牙齿和大脑。一些研究表明，在恐惧诉求中加入恶心的因素能够增强信息的说服效果。[25] 然而，对恶心的描述有可能产生相反效果。比如，在一项抵制过度消费软饮料的活动中，纽约市的健康中心在广告中展现了一个因为喝软饮料而变得很胖的人，并声称一个人如果每天喝一杯苏打水，一年后将会胖10磅。这则广告后来被撤销了，因为很多人反映广告内容太恶心了，另一些人则声称糖和肥胖之间的关系并没有得到科学验证。

根据对广告中恐惧诉求的研究，市场营销人员应该做到以下几点：

1. 理解目标受众对恐惧诉求的反应以及过去的经历。例如，那些已经按照广告要求行动但还没有完全改变的人和那些已经完全改变的人对恐惧诉求的反应是不同的。类似地，不同年龄、不同亚文化群体的人对恐惧诉求的反应也是不同的。另外，那些试图改变自己的行为但最终失败的人和第一次尝试改变的人反应也是不同的。

2. 意识到恐惧诉求的反作用。当一些人暴露在鼓励他们放弃坏习惯（比如抽烟）的恐惧诉求下时，他们可能感到非常气愤并立刻抽根烟表示抗议。

3. 意识到行为的改变是一个漫长而复杂的过程。因此不同阶段的人对恐惧诉求的反应也是不同的。

4. 要研究多大程度的恐惧诉求既能够鼓励人们采取行动又不会引发过度的焦虑，因为过度的焦虑会引起人们对信息内容的抵制。

5. 决定要采用理性的还是感性的恐惧需求。

6. 制定长期重复恐惧诉求广告的计划。但同时还应意识到，重复频率过高会降低广告的可信度。

7. 接受一些上瘾的人不会回应恐惧诉求的现实。比如，许多重度吸烟者和酗酒者对精确、生动的警示标志根本没有反应。

8. 考虑可以替代恐惧诉求的方法。例如，奖励性诉求和幽默性诉求在抵制一些特定行为时起到的效果可能更好。

幽默诉求

许多市场营销人员使用幽默诉求，因为他们相信幽默诉求可以提高广告的接受度和说服效果。幽默是广告中最常使用的诉求方式。据估计，80%的广告都使用幽默诉求。因此，幽默是最值得研究的广告诉求。对幽默诉求的相关研究结论如下：

1. 幽默能吸引注意力，增强人们对产品的喜爱程度。

2. 幽默不会妨碍人们对广告的理解，并且在有些情况下还会有助于理解。

3. 幽默并不总是增强广告的说服效果。比如，一项研究表明幽默实际上有可能使认知过程偏离品牌的核心竞争力。[26]

4. 与产品相关的幽默要比与产品无关的幽默更加有效。

5. 幽默对现存产品的效果要比对新产品的效果更好，对已经产生积极态度的消费者效果更好。

6. 幽默对低介入度产品的营销效果要比对高介入度产品的营销效果好。

7. 幽默诉求的营销效果会受人口统计变量的影响。

8. 幽默诉求的营销效果和受众的个人特质有关。比如，高感官刺激追求者要比低感官刺激追求者对幽默诉求的接受度更高。[27]

近期一项研究开发出了一种衡量个人**幽默需求**（need for humor，人们寻求、参与和享受娱乐的倾向性）的方法。研究发现，这些认知因素可以有效地解释消费者对幽默广告的反应。[28]而另一项研究发现，当幽默被看穿时，消费者对广告的记忆就会被削弱，这种反向效应在对幽默需求较低的人身上尤为明显。[29]但如果广告中的幽默十分有趣且与产品密切相关，广告就更容易被记住。[30]将产品植入幽默电影场景中会唤起人们积极的情绪，但是后续的购买决策则会受到许多其他变量的影响。[31]

幽默可以使市场营销人员想出具有创意的广告但有时候也会适得其反。例如，乐鲜意大利面设计了一则广告用来增强消费者对产品的感情依赖。这则广告没有聚焦在产品本身的效用上而是突出了产品可以舒缓童年尴尬记忆的能力。在广告中，一个小男孩进入了自己父母的卧室，旁白说道："父母还在床上，但是现在才 8 点。这也是父母告诉你进屋前先敲门的原因。"广告然后切换到小男孩吃意大利面的情景，旁白总结道："你需要乐鲜，因为成长是艰难的。有了乐鲜，成长没问题。"大多数消费者认为广告富有创造意并且很有趣，但也有人批评广告中影射到了性。[32]

双关语

双关语是指具有双重意思的幽默语言。例如，摩尔（Moore）涂料的广告是"For those who know more"——"more"和"Moore"同音。双关语的广告大部分出现在社交网站尤其是脸书上，而不是传统媒体上。[33]**斯塔奇读者广告研究**（Starch Readership Ad Study）（见第 5 章）的数据显示消费者更愿意阅读使用双关语的广告。[34]

双关语也可以用于比喻。例如，查克·诺里斯（Chuck Norris，空手道世界冠军、电影演员）用自己的名字代言了艾居乐（Era）（比汰渍定价低的清洗剂品牌）的清洗剂广告。广告口号是"查克·诺里斯无所畏惧地参加了很多战斗"。[35]

性诉求

印刷媒体、电视和网络上有很多色情广告。广告商用裸露和性吸引注意力，并且促销信息经常包含很多大胆直白的与性有关的图片。从时装、香水之类的产品到清洗剂、啤酒、汽车和旅游服务，情色广告无处不在。

在网络上，市场营销人员对性诉求的使用要比在杂志和电视上更加创新和大胆。例如，新西兰航空公司在 YouTube 上播放的关于安全的视频就描绘了一群裸露的乘务人员，这些人只用涂料在身体上画出了制服的样子（比如男性的领带和女性的丝巾）。Zappos（一家网络零售商）在广告中将裸露和技术结合起来。广告展现了纽约的裸体模特，其中一则广告展现了一名骑着踏板车的裸体女模。另一些广告则展现了从事日常事务（比如慢跑、叫出租车、在公众场合玩飞盘）的裸体模特。在 Zappos 的网站上，访问者被邀请给网站上的裸体模特搭配服装。[36]

毫无疑问，性诉求广告能够吸引消费者的注意力，但几乎没有研究证明这类广告能鼓励购买行为。性诉求广告会分散消费者对信息内容的注意力并且会干扰对信息内容的理解，尤其是当信息量比较大时，这种现象会更明显。因为相比文字内容，人们会更加关注广告中具有视觉冲击力的性因素，所以消费者对广告信息的认知过程很可能是不完整的。另外，裸露可能对产品信息产生消极影响。

对性诉求的接受度因人而异。例如，一项研究识别了两个会影响消费者对性诉求广告反应的心理构念。第一个是"性的自我建构"，指的是一个人对性的自我认知。人们对性的概念源于过去的经历并会影响人们对性诉求广告的反应。第二个是"感觉寻求"，指的是对新奇、刺激事物的追求（见第 3 章）。这项研究表明感觉寻求者对性诉求广告会产生积极的反应，而性的自我建构只起到了一定的作用。[37]另一项研究表明外向的人对性诉求的接受度更高，所以这类广告不应该针对内向、保守的消费者。[38]很显然，市场营销人员在利用性诉求时必须谨慎，因为不是所有的消费者都会产生积极的反应，有的消费者甚至会感到被冒犯了。

性诉求广告对消费者的吸引力起于性，止于性。如果一个性暗示或暴露的图片与广告的产品无关，那么这一性诉求几乎不能影响消费者的购买意图。这恰好揭示了性诉求广告的潜在风险：广告商可能仅仅将消费者的注意力停留在"性"上而不能有效说服消费者。在使用性诉求促销产品时，广告商必须保证产品、广告、目标受众以及性主题和元素的运用都保持协调一致。举例来说，男性及女性香水广告都常常在广告中使用浪漫和充满性暗示的视觉符号，暗示使用这种香水会带来意义深远或香艳的爱情经历。

适时性诉求

2008年9月爆发的金融危机对广告业产生了重大影响。例如，一个健身俱乐部的广告提醒消费者要“不断努力在这变革的时代中过上健康的生活”；某连锁餐厅促销低价套餐的广告幽默地表示：“帮华尔街渡过难关是别人的事。可到底谁会帮你渡过难关呢？”[39]许多百老汇歌剧广告强调对未来的美好期望[40]；其他一些市场营销人员则不再强调产品的高贵特别，转而在广告中将产品塑造得价格合理而实惠[41]；在一个购物中心的广告宣传活动中，有许多广告不再强调可以购买的产品，而是列出了消费者在购物中心可以参与的各种新鲜有趣的活动，比如用舌头接雪花等[42]；最后，万圣节的广告通过“省到吓到你”的诉求，显示出了经济困难时期的特征。表7—1就列举了美国经济低迷期使用过的广告主题。[43]

表7—1　美国经济低迷时期的广告诉求

目标	广告主题
重塑对银行的信心	幽默：“我们喜欢摩根大通银行并不只是因为银行里有很多钱。”
使人们在经济低迷时期感到愉快	快乐：美国银行：“充满机会的银行”；可口可乐：“传递快乐”；西联汇款：“没问题”；百老汇的广告承诺在“困难时期”会有“快乐的时光”，并预测未来生活会更美好。
吸引变得更加理智的消费者	宣传产品经济适用的属性而不是奢侈享乐的属性。不使用购物指南。
吸引不愿意买房的消费者	最初，一则纽约公寓的广告声称“买的不仅是一个地址，更是一种生活态度”，并展示了英俊漂亮的年轻人在外就餐和打桌球的情景。在经济低迷时期，市场营销人员宣传的是房地产的“经济性和舒适性”，并描绘了儿童去当地市场买果汁和老人出门遛狗的情形。
“舒适营销”：怀旧诉求	使用老式的主题、特征和诗歌唤醒消费者过去快乐的回忆，以促进消费者的购买。告诉消费者他们购买的是能经受住时间考验的产品，让消费者放心。
鼓励并不富裕的消费者重新粉刷装修房屋	销售涂料：市场营销人员没有选择向人们展示粉刷墙壁和室内的情形，因为这类广告会让人感觉粉刷是件繁琐无聊的事情。相反，市场营销人员试图告诉人们涂料是一个人想象力和情感的延伸。比如，一则广告表示：“对一些人来说，墙壁是展现想象力的画板，而只有合适的色彩才能实现人们对艺术的追求。”

资料来源：Stuart Elliott, “Ads That Soothe When Banks Are Failing,” nytimes. com, October 7, 2008; Stuart Elliott, “Down Economic Times Elicit Upbeat Consumers,” nytimes. com, March 10, 2009; Vivian Toy, “Goodbye, Glitzy Condo Pitches,” nytimes. com, August 20, 2010; Patricia Cohen, “Marketing Broadway: Selling Hope for a Song,” nytimes. com, December 10, 2008; Andrew Newman, “Using Appeals to Emotions to Sell Paint,” nytimes. com, June 7, 2010; Stuart Elliott, “In New Ads, Stirring Memories of Commercials Past,” nytimes. com, January 12, 2012.

7.5 信息有效性的测量

因为营销沟通通常是用来说服目标受众以期望的方式行动（比如购买特定的品牌、给特定的候选人投票），所以沟通效果是通过信息接收者的反应进行测量的。因此信息发送者必须及时准确地获得反馈。只有通过反馈，信息发送者才能判定信息是否有效地被接收。**沟通反馈**（communication feedback）是人际沟通和非人际沟通的重要组成部分，因为它可以使信息发送者对信息做出调整以确保信息得到正确的理解。

同大众媒体上的非人际沟通相比，人际沟通最主要的优点是可以通过语言和非语言的形式获得即时反馈。即时反馈是使人员推销如此有效的因素之一，因为销售人员可以通过即时反馈调整自己的宣传口吻以满足消费者的需要。有经验的演讲者非常留意观众的反馈并能根据观众的反应对演讲及时做出调整。类似地，学生上课注意力不集中时，老师会通过宣称"考试会出这部分内容的题目"来刺激昏昏欲睡的学生。

及时获得反馈对非人际沟通的主体也非常重要，因为他们可以据此对信息进行调整以确保信息获得正确的理解并到达目标受众。同人际沟通反馈不同，大众沟通反馈很少是直接的；相反，大众沟通反馈通常是被推断出来的。信息发送者从目标受众的行为中推断信息的说服力，比如信息接收者购买（或不购买）广告中的产品、续订（或不续订）杂志、支持（或不支持）政治候选人。另一种公司从大众媒体上寻求的受众反馈是**顾客满意度**（customer satisfaction）。公司力图通过电话咨询和网络的方式发现并迅速改正产品存在的问题以保持自身的品牌形象。

市场营销人员会测定沟通的**说服效果**（persuasion effects），即信息是否被正确地接收、理解和描述，以及**销售效果**（sales effects），即营销活动的信息是否产生了预期的销售量。另外，广告商会通过从咨询公司（比如尼尔森）购买的数据测定**媒体曝光效应**（media exposure effects）并进行受众调查以确定哪些媒体和电视节目的受众数目更多（见第8章）。

虽然零售商通常能够根据广告中产品的销售活动评估早报广告的效果，但是大众媒体的销售效果是难以评估的。一个广泛用来测定食品和包装产品广告效果的方法是通用产品代码（UPC）。超市扫描数据可以和其他来源的数据（比如媒体和促销信息）结合起来测定广告、特定促销和销售之间的相互关系。

生理测量法（physiological measures）追踪人体对刺激物的反应。比如，眼球追踪是利用摄像机追踪视线在商品货架间的移动并测定被试对哪些品牌给予了更多的注意力。另一种方法——脑电波分析，是通过监测大脑的电子脉冲信号测定被试对广告中不同组成部分的注意力程度。脸部肌电图通过追踪脸部肌肉的电学反应和微小活动来测定不同类型的商业广告所激发的感情。

态度测量法（attitudinal measures）评估消费者对信息的认知，包括他们对信息的介入度。例如，在剧院的环境下播放电视节目和商业广告并让观众用手中的投票器表明自己对播放内容的感兴趣程度。在自我管理式研究中，市场营销人员使用**语义差异量表**（semantic differential scales）和**李克特量表**（Likert scales）（见第16章）检测广告效果并确认消费者是否喜欢营销信息并正确理解了信息的内容。

市场营销人员必须测定哪些广告被目标受众记住了。除了第5章讨论的**回忆测试**（recall）和**识别测试**（recognition）（比如斯塔奇读者广告研究），研究者还使用**隔日回忆测试**（day-after recall tests）——电视观众和广播听众在观看和收听节目一天之后再接受采访。参与者被要求描述记忆中的广告信息。消费者对广告信息和主题的回忆越清晰，说明广告的说服效果越好。

小结

沟通是信息通过媒介（或渠道）从发送者传递到接收者的过程。除了四个基本的构成要素——发送者、接收者、媒介和信息之外，第五个基本的构成要素是沟通反馈，反馈可以告诉发送者，信息是否以理想的方式被接收了。发送者使用文字、图片、符号、代言人和说服性诉求对信息进行编码，然后接收者对信息进行解码。沟通可能是非人际的或人际的。非人际沟通是由公司通过营销部门、广告和公关公司以及代言人传递的信息构成的。人际沟通的发送者可能是正式的信息源（比如真实和虚拟零售店的销售人员）或非正式的信息源（比如消费者通过面对面和网络沟通的同龄人）。影响人际沟通说服效果的关键因素是消费者对信息源的信赖程度。

媒体是信息沟通的渠道。传统媒体是广告商最初使用的沟通渠道，一般包括印刷（报纸、杂志、广告牌）和广电（广播和电视）两类媒体。新媒体是指网络渠道、社交网络以及移动电子设备。这些媒体要比传统媒体先进得多，因为它们允许营销人员向能够立即反馈的消费者发送定制化的信息。

影响消费者对信息理解准确性的两个重要障碍是选择性曝光和心理噪声。选择性曝光是指消费者选择性地注意广告信息。心理噪声主要以竞争性广告信息和思想干扰的形式呈现，会影响促销信息的接受度。

传统媒体是广播媒体（或大众媒体），由从市场营销人员到所有受众的单方向信息渠道组成，消费者无法向信息源发送反馈信息。新媒体是窄播媒体，市场营销人员可以根据消费者的网络浏览数据发送定址化、定制化的信息。定址化广告由发送给特定消费者的定制化信息组成。这些信息大多是依据对消费者以往购物经历的观察和分析所得。

市场营销人员在设计信息时必须考虑的决策包括选择图片、创作广告文案、使用正面或反面信息框架、选择全面或片面信息以及决定展示顺序。有图片的信息要比纯文本信息更有效。正面信息框架强调使用特定产品的好处。反面信息框架强调不使用特定产品的坏处。片面信息只展示要宣传的产品；全面信息则告知竞争产品的存在。首因效应表明最先被展示的内容要比后续内容更容易被注意并且更具有说服效果。近因效应则表明最后被展示的内容要比之前的内容更容易被注意并更具说服效果。

有很多类型的促销诉求可供市场营销人员选择，但使用最广泛的是对比广告、幽默诉求、恐惧诉求和性诉求。对比广告是一种经常使用的营销策略，市场营销人员宣称其品牌产品在整体或某一特性上比其竞争者的产品更加优越。一些评论认为，对比广告以牺牲自身品牌的代价帮助消费者记住了竞争品牌。然而，对比广告的广泛运用表明，市场营销人员相信对比广告能对消费者的品牌喜好度、购买意图和实际购买行为起到积极的作用。恐惧诉求也是在营销沟通中经常使用的诉求。一些研究者发现了恐惧诉求的强度和劝服能力之间的负相关关系，即强烈的恐惧诉求很可能比温和的恐惧诉求效果要差。

幽默是使用最广泛的诉求方式，因为很多市场营销人员相信幽默能增强沟通的说服效果。幽默能吸引注意力，增强产品的受喜爱程度，加深消费者对广告的理解。与产品相关的幽默要比与产品无关的幽默更有效。幽默对现存产品的效果要比对新产品的效果更好，对已经对产品产生积极态度的消费者效果更好。双关语是一种文字游戏，通常包含具有幽默性的双重含义。

性诉求广告能够吸引消费者的注意力，但研究几乎没有证明这类广告可以鼓励购买行为。性诉求广告会分散消费者对信息内容的注意力，干扰消费者对信息内容的理解，尤其是当信息量比较大时，这种现象会更明显。在使用性诉求促销产品时，广告商必须保证产品、广告、目标受众以及性主题和元素的运用都保持协调一致。很多适时性诉求广告出现在2008年9月金融危机之后，这些广告包含了专门针对经济困难时期的信息。

市场营销人员需要测定沟通的说服效果（信息是否被正确地接收和理解）以及销售效果（营销活动中的信息是否产生了预期的销售量）。广告商会通过从咨询公司购买数据测定信息的曝光效应和说服效果并进行受众调查以确认哪些媒体和电视节目的受众数目更多以及消费者记住了哪些广告。生理测量法追踪人体对刺激物的反应。态度测量法评估消费者对信息的认知，包括他们对信息的介入度。语义差异量表和李克特量表用来测定消费者对广告信息的喜爱程度、理解程度以及广告信息的说服效果。研究者还使用隔日回忆测试——电视观众和广播听众在观看和收听节目一天之后再接受采访，参与者被要求描述记忆中的广告信息。

复习与讨论题

1. 解释人际沟通反馈和非人际沟通反馈之间的差异。市场营销人员应该怎样获得并使用两种反馈？

2. 列举并讨论沟通过程中心理噪声的效果。市场营销人员应该使用什么策略克服心理噪声？

3. 讨论传统媒体和新兴媒体的主要差异。

4. 比较广播和窄播，解释为什么市场营销人员从广播媒体转向使用窄播媒体和定址化营销。

5. 市场营销人员应该怎样构建并传播定址化广告？选择一种产品或服务进行阐述。

6. 市场营销人员在印刷广告中应该使用更多的文字信息而不是插图吗？给出你的解释。

7. 你认为应该对哪些观众使用对比广告？为什么？

8. 广告中使用幽默诉求的优缺点是什么？

9. 为什么市场营销人员在广告中要谨慎使用幽默诉求？怎样才能做到？

10. 性诉求比其他诉求更有效吗？举例说明。

11. 如何用沟通反馈测定说服效果和销售效果？

12. 一款新车的市场营销人员想使用态度测定法和隔日回忆测试评估在超级碗比赛中发布的广告的效果。公司应该怎样做？

实务练习

1. 找出两则印刷广告：一则使用片面信息，另一则使用全面信息。你会使用本章的哪种测量方法评估每则广告的效果？为什么？

2. 找出使用以下广告诉求的广告：恐惧、性和幽默。在课堂上讨论这些广告的说服效果。

3. 观看一个小时的电视节目以及节目中的商业广告，并且不做任何记录。一天后，列举出你还能记住的商业广告信息。对每个商业广告，确认以下几点：（1）使用的信息框架；（2）信息是全面的还是片面的。讨论在选择性曝光和心理噪声的情境下你能记住哪些信息。

关键术语

定址广告（addressable advertising）
埋伏营销（ambush marketing）
态度测量法（attitudinal measures）
认知学习（cognitive learning）
沟通（communication）
沟通反馈（communication feedback）
对比广告（comparative advertising）
消费者介入度（consumer involvement）
消费者满意度（customer satisfaction）
数据整合公司（data aggregators）
隔日回忆测试（day-after recall test）
编码（encoding）
正式信息源（formal source）
非人际沟通（impersonal communications）
非正式信息源（informal source）
人际沟通（interpersonal communications）
李克特量表（Likert scale）
媒体曝光效应（media exposure effects）
信息（message）
窄播（narrowcasting）
认知需求（need for cognition）
幽默需求（need for humor）
反面信息框架（negative message framing）
新媒体（new media）
片面信息（one-sided message）
说服效果（persuasion effects）
生理测量法（physiological measures）
定位（positioning）
正面信息框架（positive message framing）
首因效应（primacy effect）
心理噪声（psychological noise）
回忆测试（recall test）
近因效应（recency effect）
识别测试（recognition test）
销售效果（sales effects）
选择性曝光（selective exposure）
语义差异量表（semantic differential scales）
感觉寻求（sensation seeking）
斯塔奇读者广告研究（Starch Readership Ad Study）
时移（time shift）
传统媒体（traditional media）
全面信息（two-sided message）
口碑（word of mouth）

第8章 从印刷、广电广告到社交、移动媒体

学习目标

1. 理解基于印象（眼球）的目标市场选择相对基于细分的目标市场选择的战略性优势。
2. 理解谷歌的目标市场选择能力和广告能力以及对消费者和市场营销者的价值。
3. 理解社交媒体的动态性以及相对于其他媒体的战略和促销优势。
4. 理解消费者怎样使用社交媒体以及消费者对移动广告的反应。
5. 理解如何测量传统媒体和社交媒体的广告效果。
6. 理解印刷和广电媒体的电子化趋势。

8.1 基于细分与基于“眼球”

技术对营销最具战略意义的影响是使公司能够更加准确和高效地选择目标消费者，实现**基于印象的目标市场选择**（impression-based targeting）（见图 8—1）。广告商通过对在线消费者的特征分析进行**实时竞价**（real-time bidding），以获得同这些消费者接触的机会。被接触的消费者称为一个“眼球”或“印象”。基于印象的目标市场选择为广告商制定竞拍价格，通过实时竞价的方式让广告商能够在正确的时间、正确的地点到达正确的消费者。专业的公司（通常称为数据整合公司）能够为广告商的竞拍提供机会。

在新的目标市场选择技术出现之前，随着传统广告媒体（报纸、杂志、广播和电视等）的兴起，电视网、杂志和报纸开始向市场营销者出售广告版位，使市场营销者能够有机会接触人口统计变量和心理变量符合目标市场的消费者。**基于细分的目标市场选择**（segment-based targeting）是指广告商针对媒体（例如杂志或电视节目）的广告位价格事先进行谈判协商，而这些媒体的受众大部分（并非全部）符合广告商想锁定的潜在顾客群体特征。几十年来，在支付了预期协商的价格之后，竞争产品（相似产品）的市场营销者可以把广告放在相同的电视节目和杂志上。在这种模式之下，广告商会把广告的

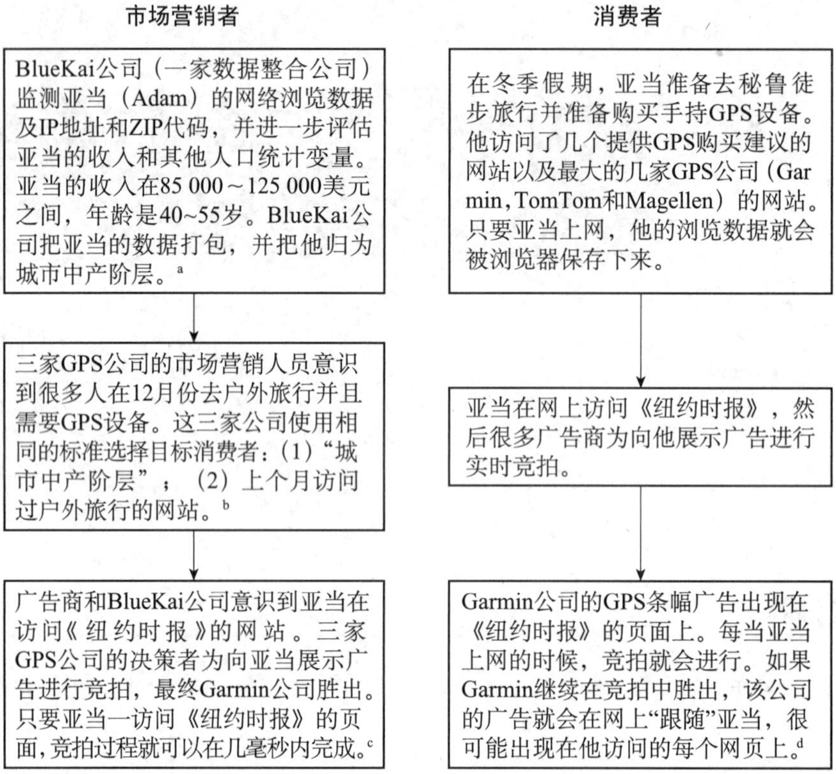

图 8—1　基于印象的目标市场选择

注：a. BlueKai 公司有成千上万的消费者档案，并提供许多不同的数据服务。许多数据整合公司提供给广告商的服务是不同的而且数据模型差别很大。BlueKai 不会向广告商提供消费者的真实姓名，但会提供符合标准的匿名消费者的浏览数据。

b. 三家公司的目标消费者不可能完全一样。档案集内容丰富，可供成千上万的广告商竞拍。

c. 实际上，成千上万的广告商都为“印象”竞拍，并不仅限于 GPS 厂商。竞拍的单价是几美分，并且一般是按千人成本的方式定价（CPM）。

d. 广告对亚当的“跟随”可能持续较长时间，也可能持续时间比较短，主要取决于广告商之间的竞争程度。

创造性而非媒体因素看作影响广告说服效果的关键因素。

相比之下，数据整合公司可以根据网络浏览数据构建起消费者概况并确认特定产品的潜在消费者。接着，广告商为网上这些合适的“眼球”进行竞拍。因为是基于消费者的网络浏览数据，所以数据整合公司不知道消费者的名字，但是可以根据浏览数据对消费者进行识别。因此数据整合公司会向广告商提供浏览数据，并且每份浏览数据都代表一个“印象”。如图 8—2 所示，脸书创造的网络“印象”数量遥遥领先。[1]

基于印象的目标市场选择的优点

基于印象的目标市场选择相比基于细分的目标市场选择有以下几个优点：

1. 使用基于细分的促销方式的广告商实际上会支付多余的广告费用，因为有部分消费者即使看到广告也不会购买产品或者不会转化成潜在消费者。除此之外，这些消费者对自己不感兴趣的产品的广告不会产生反应。意识到基于细分的促销方式的缺

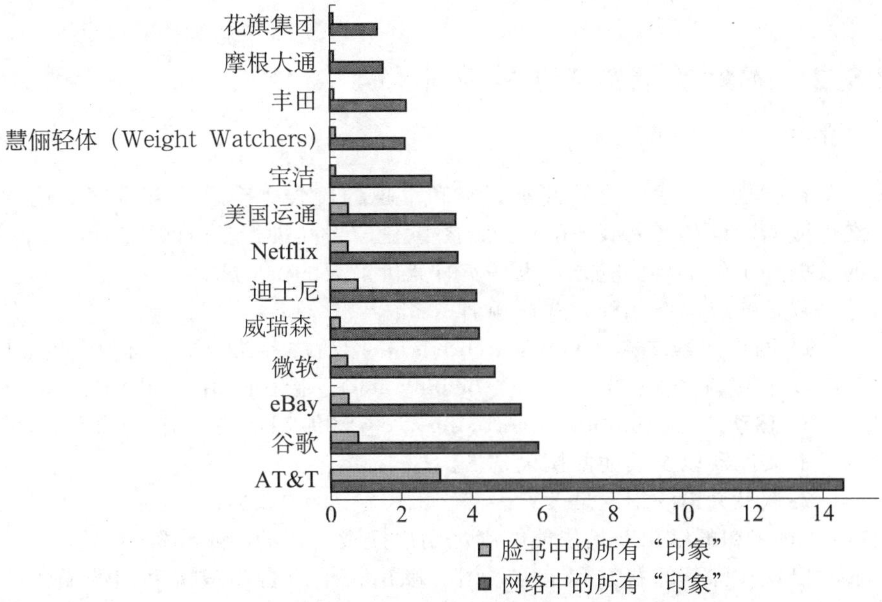

图 8—2　网络和脸书的“印象”

点后，约翰·沃纳梅克（John Wanamaker，1838—1922，广告版位交易的先驱之一）曾说：“我知道我的广告费有一半被浪费掉了，但我不知道是哪一半。”基于印象的目标市场选择使市场营销人员能够确认哪部分广告投入是浪费的，只向有可能成为潜在消费者的人投放广告。

2. 传统媒体发送的信息往往是“一刀切”的，而且是单向的，消费者无法进行互动和反馈。相比之下，基于印象的广告的接收者能够对广告图片进行处理，能够点击链接获得更详细的产品信息，还能够进行品牌的比较。

3. 根据沟通模型，消费者对广告的反应代表了反馈，也是对广告效果的测量。传统媒体广告的反馈是滞后的而且通常作用不大。比如，测定在超级碗比赛中投放的昂贵的百事可乐广告的效果是不可能的。广告商不可能知道有多少消费者因为看了百事的广告购买了百事可乐或随后会购买。相比之下，消费者对基于印象的广告的兴趣可以通过广告的点击情况、在网站上的停留时间以及重复访问的频率还有其他方式（稍后讨论）测定。

4. 消费者可以很容易地通过时移技术跳过电视广告。实际上，广告商一直在为此苦苦挣扎，一些电视频道甚至拒绝播放宣传相关电子设备的广告。[2]研究者发现，有些人属于“追剧狂”，这些人会录制整季的电视节目，然后一集接一集地看这些没有广告的节目。[3]

基于印象的广告可以在网上“跟随”消费者并时刻宣传他们感兴趣的产品。**重定向**（retargeting）是指消费者已经在线观看过的针对特定产品的广告，会在消费者用同一台电脑上线时重复播放给消费者。例如，当一个消费者在亚马逊上搜寻登山鞋时，相关的浏览数据就会存储在他的浏览器里。当该消费者（或使用该电脑的另一个消费者）访问其他网站时，他就会看到登山鞋的广告。[4]

8.2 谷歌的消费者追踪和定位

谷歌是使用最广泛的搜索引擎和卓越的广告平台。大部分网民使用谷歌搜寻答案、搜索网址和产品服务的信息。谷歌是广告商进行基于印象的目标市场选择的最大的数据和定位工具供应方，也是实时竞价最大的供应方。

谷歌通过以下几种方式接触消费者：

1. **网页搜索广告**（web-search ads），指消费者在线搜索行为产生的广告。

2. **在线陈列式广告**（online display ads），指在网站上的固定横幅广告。

3. **移动广告**（mobile advertising），指将促销信息发送到消费者的手机、iPad、电子书阅读器以及其他便携设备上。

谷歌最突出的用途是搜索引擎。网民输入问题之后，电脑屏幕上就会显示两块内容："有组织的结果"是指能够满足用户搜索需要的网站和资源的链接。"赞助空间"，通常出现在屏幕的右方和上方，由谷歌出售给广告商或赞助商的横幅广告组成。例如，消费者准备在母亲节购买鲜花，在搜索引擎里输入"鲜花"，网页上就会出现和鲜花有关的链接，告诉消费者哪儿可以买到。距离消费者比较近的鲜花卖场最有可能出现在第一页，因为谷歌可以通过IP地址识别消费者的邮政编码。但是，在电脑屏幕的右侧，消费者会看到在广告版位竞拍中胜出的鲜花卖场的横幅广告。母亲节鲜花的销售量要高于平时，网页上的横幅广告可能只会宣传主要的鲜花分销商，比如1-800-FLOWERS。因为只有这些大的分销商才会在母亲节昂贵的广告版位竞拍中具有竞争力。

每当潜在消费者点击了受赞助的横幅广告，广告商就会支付谷歌一定的费用。这些费用可能从几美分到几美元不等，取决于广告信息被搜索的频率。广告商的点击成本也取决于该广告是否被相同用户重复点击过（对网络广告效果的测量会在本章后面讨论）。

谷歌的另一个收入来源是YouTube（为谷歌所有）和成千上万非谷歌网站上的图片和视频广告。谷歌还运营着购物网站，零售商能通过支付一定的费用在该网站上展示自己的商品。[5]图8—3描述了谷歌的广告收入来源，正如所描述的，大多数收入来源于消费品的市场营销者。

8.3 消费者和社交媒体

社交媒体（social media）是指人们在虚拟的社团及人际网络中创造、分享、交换信息和意见的途径。社交媒体依靠移动技术和网页技术，通过个体间和社团间分享、共创、讨论和调整用户设计的内容等方式，创造高度互动的平台。[6]然而，即使在"新型"、"非传统"的社交媒体上，一些传统的营销符号仍在使用。比如，市场营销人员在网络上展示公司的"吉祥物"，因为他们认为消费者会像在其他媒体上一样同社交媒体上的吉祥物建立起密切的关系。图8—4展示了M&M's巧克力豆的吉祥物。该吉祥物在印刷和广电媒体上已经出现了几十年，最近几年也出现在社交媒体上。

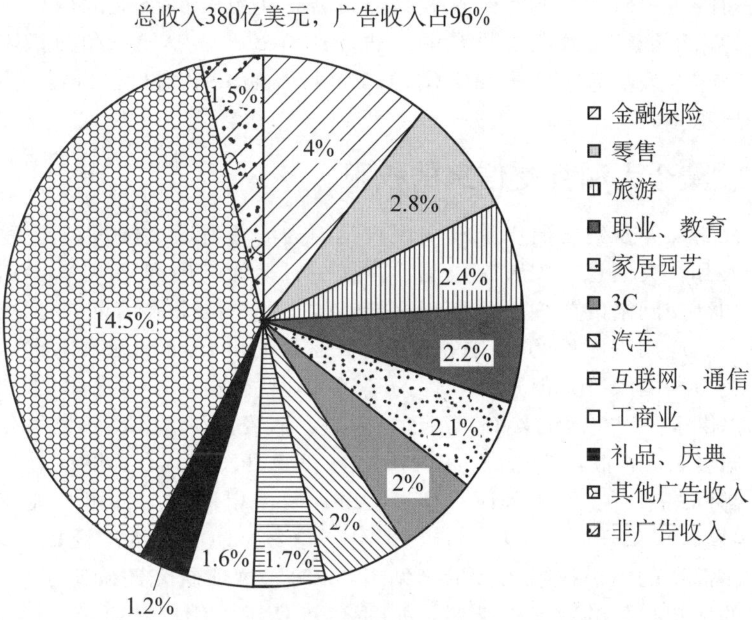

图 8—3　谷歌的广告收入

图 8—4　红色 M&M's 吉祥物

资料来源：DOVE，M&M'S，the M&M'S Character and SNICKERS are registered trademarks of Mars，Incorporated. These trademarks and advertisements are used with permission. Mars，Incorporated is not associated with Pearson Education，Inc.

社交媒体的构成包括以下几个要素：

1. 消费者概况，包括消费者告诉其他人的关于自己的信息（年龄、个性和爱好等）。

2. 朋友，指社交网络中值得信赖的成员。他们可以发布帖子，这些帖子允许特定成员阅读。社交网络允许用户密切关注他们的朋友在网上的一举一动（发布新图片或更新简介）。

3. 社交网络中的组群，能够帮助用户找到爱好相似的人。

4. 社交网络成员能够通过“讨论版”相互交流，并且允许成员发布图片、音乐、视频短片或其他趣闻。

5. 消费者能够自由选择同朋友分享的信息以及从其他人那里接收的信息。尼尔森公司的一项研究表明大约 1/3 的消费者认为社交网络上的广告是很讨厌的。然而，26%的人更能够接收朋友推荐的广告，还有 26%的人表明他们不介意在社交网络上因为公布个人信息被广告商定位，还有 17%的人感到自己同社交网路平台上的广告品牌息息相关。[7]

收集个人和社交信息的权限

社交媒体营销之所以能够实现，是因为消费者通过便宜甚至免费的应用程序提供了个人和社交信息。安装在电脑、智能手机上的应用程序（App）是电子游戏、网络资源和社交网络的门户。应用程序能够收集用户的个人信息并把这些信息提供给程序开发商。应用程序件的使用说明了免费信息的重要性（见第 1 章）。例如，脸书提供了“免费”的服务，但是用户也为其间接地“付费”了。这里的“付费”是指人们向脸书提供了关于自己的爱好、活动、观点、消费、友谊以及社交联络的数据。脸书用这些数据吸引广告商，广告商可以利用这些信息开发出具有高度针对性的促销信息。[8]

与网络上所有应用程序一样，脸书需要获得用户的许可才能使用收集到的数据。《华尔街日报》开展了一项调查，得出了脸书上使用最为广泛的应用程序以及每个应用程序需要的用户权限的数量（见图 8—5）。这项研究还确定了最受欢迎的应用程序需要的用户权限的数量和类型。如图 8—6 所示，用户被要求提供四种信息：

1. 基本权限，包括姓名、身份识别、性别、照片、人口统计变量以及朋友列表。
2. 用户权限，指用户在电脑上安装应用程序的要求。
3. 朋友权限，指用户分享朋友（使用相同的应用程序）信息的要求。
4. 敏感信息要求，包括对用户相对隐私的信息和观点的提问，比如政治或宗教信仰，甚至包括性别取向。比如，一款名为 Between You and Me 的应用程序就询问用户和他们朋友的性别取向；其他询问式的应用程序经常会提问一些具有挑逗性质的问题，比如“你朋友的屁股可爱吗？”[9]（确保权限的伦理行为准则将在第 15 章讨论。）

社交广告的最优实践

市场营销者关注消费者的互动以及社会交流，并使用收集到的信息在社交网络中更有效地推广产品。比如，胡椒博士（Dr. Pepper）每天在自己的脸书主页上发布两则信息。公司发现粉丝喜欢泼辣的俏皮话，比如“如果爱上你是错的，我们情愿错下去”，不喜欢关于价格和促销方面的信息。根据该发现，公司会发布一些粉丝乐意和其他人分享的信息。罗塞塔公司（Rosetta）在自己的脸书主页上会针对不同的目标群体发布各种各样的信息。尽管公司的主要目标市场是需要学习外语的旅行者，但公司发现当宣传语言学习能够满足精神需要的功能时，消费者的反应很积极，因此，罗塞塔公司就在偶然间发现了一个新的细分市场。

大多数品牌现在都有官方的推特和脸书主页。很多公司发现消费者很高兴能够收到公司管理层的推特信息，尤其是当这些信息鼓励消费者分享自己的消费体验时。一些公司发现中心化的社交媒体沟通是不切实际的，所以公司训练自己的雇员在一定的指导方针下参与同消费者之间的沟通。戴尔为雇员开设了社交媒体大学并且有一个可以对社交沟通进行扫描的指令中心。戴尔使用收集到的信息提升产品，创作相匹配的促销信息。在高度规制化的行业，比如金融业，就算雇员已经接受了相关培训并严格按照规则办事，公司对雇员的社交沟通也是非常敏感的。因此，农民保险集团（Farmers Insurance Group）开始时允许代理人自由运营自己的脸书主页，现在也对

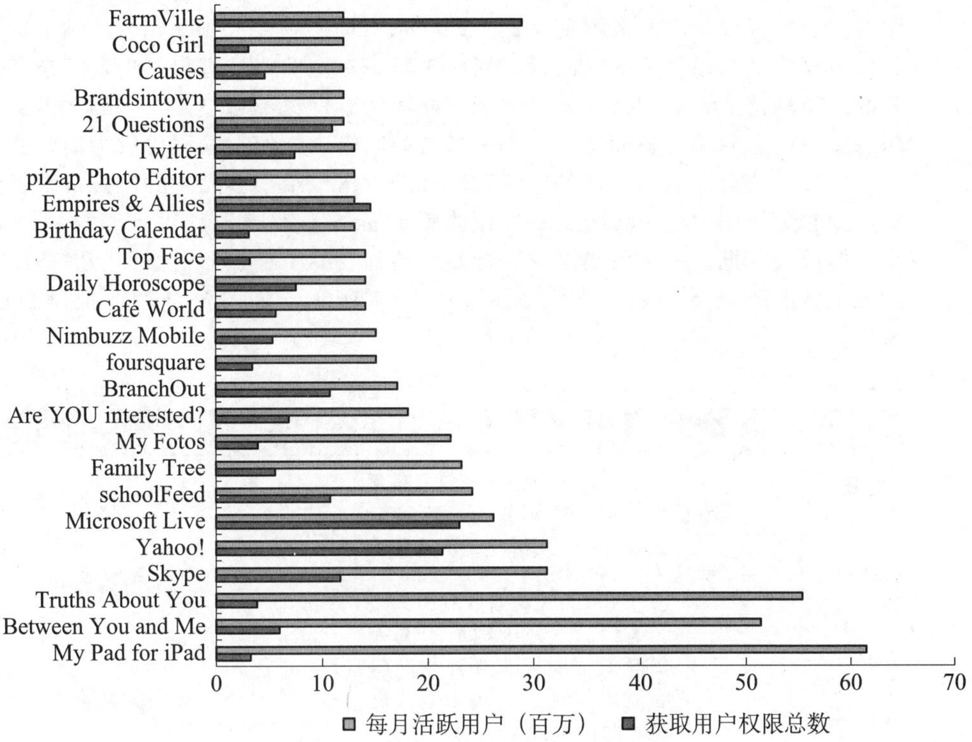

图 8—5　知名应用程序的权限数量

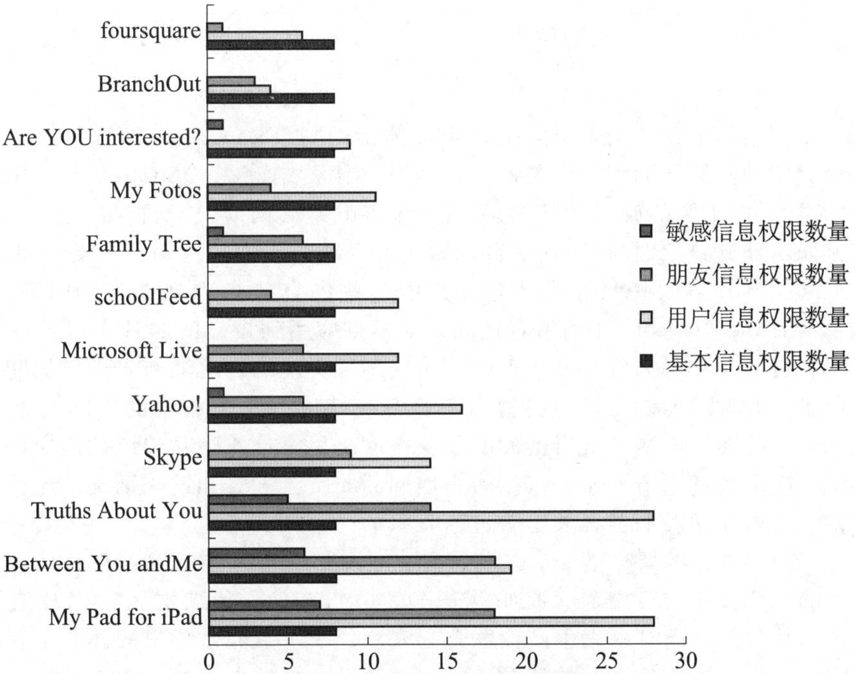

图 8—6　权限的类型及许可数量

脸书主页上代理人的言行进行监控。如果代理人在脸书主页上讨论同保险无关的金融服务，农民保险集团的监察部就会立即联系代理人并要求删除相关的帖子。[10]

公司的推特账号是关键的社交媒体工具，对这些账号进行管理是复杂而且具有风险的。市场营销者的推特账号允许用户向消费者发送不超过140字的文本。尽管对于乐意接收信息的消费者而言，这是一条有效的渠道，但它同样也成为消费者抱怨的场所。另外，公司雇员不合适的应答和黑客的攻击也给很多品牌的声誉带来了损失。例如，麦当劳使用“#McDStories”作为话题标签，推广为其供应原材料的农民的故事。但很快，批评人士就借助这一标签来传播食品中毒、体重增加、虐待动物以及员工卫生状况不佳等信息。[11]因此，如表8—1所示，公司要合理地控制自己的推特账号。[12]

表8—1　　有效的推特

推特发送方	粉丝数量和推特内容	推特写手
全食超市	超过200万消费者收到了问题的处理方法和答案。跟随者每周讨论一次解决相关问题。	来自公司主要账号的作者以及不同分店的私人账号。
西南航空	超过100万旅行者收到了相关促销信息，处于困境中的人获得了帮助。消费者的抱怨也很快得到了解决。推特反映了西南航空轻松幽默的文化氛围；但有时，在紧急事件中，社交媒体危机也会改变推特的风格。	一个来自公司客户关系管理部的10人团队处理公司账号。
百思买	账号有大约40 000个粉丝。有专业雇员解答技术性难题。	经过培训的几千个雇员专门回答消费者的问题。

精明的市场营销人员会把社交媒体促销同iPhone应用结合起来。例如，一家葡萄酒营销商的目标消费群是回声潮世代。该营销商在iPhone应用上开发了一款名为“旋转无极限”的旋转酒瓶游戏。[13] 许多市场营销人员允许消费者参与品牌的设计。例如，《时尚》杂志允许消费者成为广告活动照片中的主角；消费者可以在YouTube上同朋友分享这些照片或视频，其中一些内容还会出现在纽约时代广场的电子屏上[14]；InStyle.com让消费者把名人的发型应用到自己的照片上；另一个网站允许消费者自己设计手提包。许多电影公司使用社交网络告诉消费者他们的朋友已经看过电影了，并询问他们是否也打算观看。社交媒体另一个成功的实践就是鼓励传播。例如，一些网站告知消费者他们的朋友在网店里看过衣服并建议他们应该也来店里看一下。在消费者点击了相关链接后，他们的朋友会被告知这一情况。这种来来回回的告知就有可能激发消费者关于看过的衣服的讨论。

很多网站都要求消费者进行投票。比如，一家航空公司的网站要求消费者对最喜欢的无线技术进行投票（比如Wi-Fi），并告知他们投票的人数以及他们朋友中投票的人数。几家高端手表生产商联合起来制作了一款非常昂贵的体验手表，最初目的是引发一个关于高价手表的话题。促销该产品的唯一方式是让手表狂热者在博客中发表关于这款手表的博文。[15]然而，社交媒体上激进的广告可能会适得其反。例如，沃尔玛在脸书上购买了5 000万个广告播放权，并将这些广告投放于用户的脸书主页，许多消费者对此感到厌烦并要求移除这些广告。[16]

大多数消费品公司将社交媒体和广告活动结合在一起。知名品牌——比如可口可乐、大众汽车、AT&T、丽兹饼干（Ritz Crackers）和《男性健康》（*Men's Fitness*）——都会把广告受众引向自己的推特和脸书主页上，有时候利用的是基于云计算的高端广告平台。例如，一则清洁用品的广告说："洁净的东西闻起来更好"，并要求用户用鼠标点击图标。当用户用鼠标点击图标时，他们就会进入公司的脸书主页。[17]一些小的不知名品牌没有足够的资源在全国范围内投放广告，因此会积极地利用社交媒体提高曝光率。[18]社交媒体的发展改变了存在已久的营销惯例。为了能让消费者对超级碗广告产生足够的关注度，很多广告商在比赛开始前两个月的圣诞节就发布了预热广告。[19]在非营利营销方面，在一场史上最严重的飓风灾害期间，运输公司广泛地使用社交媒体安抚乘客并向他们告知灾害情况。[20]

社交媒体的另一个特点就是只接触年轻消费者。然而，不同年龄的用户数量差异正迅速变小。在某一年，使用社交网络的55～64岁年龄段的用户只占9%，但两年之后这一比例提高到43%。[21]

有效的社交媒体活动应该具备以下几点：

1. 社交媒体广告活动必须和传统媒体广告活动一同策划。

2. 市场营销者必须考虑到社交媒体的受众面很广（比如消费者、零售商以及和公司合作的其他商业组织），并因此提高广告预算。

3. 公司执行人员应该密切关注消费者"点赞"的情况并挖掘、利用消费者在脸书上的数据为产品寻找新的商机（有时会和其他公司合作开发新的产品）。

4. 私下写推特的老板们加强了公司品牌和消费者的联系。

5. 应该鼓励员工写推特，但是同时应该对员工在推特上的沟通行为进行合理的管制。[22]然而，研究表明很多CEO都不喜欢使用推特。[23]

社交媒体沟通渠道

有多种类型的社交媒体渠道[24]：

1. **自由社交媒体**（owned social media），指商家控制的在线沟通渠道。

2. **付费社交媒体**（paid social media），指商家付费使用的在线沟通渠道。

3. **额外社交媒体**（earned social media），指非自有媒体、不受商家控制、独立的在线媒体渠道。

一般来讲，使用付费社交媒体的时候，广告商（比如沃尔玛）只有在用户点击了广告后才会向社交媒体实时发送广告、提前支付费用。

使用最广泛的社交信息平台有：

1. 鼓励消费者互动的博客和微博平台（比如推特），这些平台上的信息同人与人之间的交谈类似。

2. 社交网络，比如脸书、Myspace等。

3. 微件、游戏以及其他可供下载的应用程序。

4. 手机（随后讨论）。

大多数公司同时使用多种平台。[25]

8.4 消费者和移动广告

移动广告（mobile advertising）将促销信息发送到消费者的手机、iPad、电子书阅读器和其他便携设备上。最初，移动广告在其他国家尤其是欧洲和东南亚的发展程度要远远高于美国。然而，一项报告表明美国公司在移动广告上的投入比其他国家移动广告的领导者的投入要大。最近一年，全球广告商在移动广告上的投入超过64.3亿美元，其中美国投入23亿美元，日本投入17亿美元。然而，移动广告仍然只占世界全部广告份额的1%。移动广告增长的主要原因是越来越多的人使用智能手机和其他移动网络终端设备，比如平板电脑和电子书阅读器等。[26]移动广告应该同社交网络上的动态广告区别开来。社交网络上的动态广告是指弹窗广告，比如广告商对广告版位付费后，脸书就会向用户发送相关广告。[27]

消费者对移动广告的反应

因为移动广告属于新兴信息媒介，所以理解消费者对移动设备的使用和对移动广告的反应是很重要的。一项研究表明移动设备向用户提供了四种类型的价值：

1. 金钱价值：移动设备产生的金钱价值要超过非移动沟通设备产生的金钱价值。
2. 便利价值：节约时间和金钱成本、提高效率，使生活更加方便。
3. 情感价值：使用移动设备时会感到轻松和愉快。
4. 社交价值：被他人认可，给他人留下深刻印象。

研究结果表明，消费者在使用移动设备时获得的价值越大，就越有可能使用移动设备购买商品、传播口碑。[28]

消费者对移动广告的反应存在跨文化差异。对日本男性的研究表明移动广告会产生高效的口碑。对欧洲消费者的研究表明跨文化差异会影响移动广告的效果。对韩国消费者的研究表明他们对移动广告的态度主要取决于操作界面的便利性和内容的可控性。对中国消费者的研究表明易操作性、被感知到的功能以及信任感是影响移动广告接受度的关键因素。此外，研究者还发现移动“广播”在日本、德国和韩国的使用率和移动设备以及相关娱乐、社交应用的接受度呈正相关关系。[29]

语言和文本广告来源对移动广告中产品的消费者购买意愿有重大影响。研究者发现被高度信赖的知名公司可以使用娱乐化的语言，但声誉和可信度相对较差的公司则应该使用严肃、明确的移动广告。[30]

移动广告的优缺点

移动广告的大样本数据表明：

1. 移动广告市场营销者仍然坚持把大部分钱投入到搜索引擎广告上。**搜索引擎广告**（search advertising）会将在线广告置于搜索引擎的搜索结果页面上。

2. 市场营销者一直在创作那些有趣的、能够提供奖励并向消费者提供有用信息的广告。

3. 随着智能手机的屏幕变得越来越大，市场营销者开始使用会占用整个屏幕的移动广告。

4. 一些移动广告的市场营销者会在消费者意想不到的地方插入广告，为的是克服消费者对促销信息的规避。比如，脸书和推特把广告投放到电子数位沟通中。Kindle电子书阅读器会显示当地服务的促销信息，而不管用户是否在使用设备。

5. 尽管大多数广告商都明白消费者厌恶横幅广告，但许多广告商仍然在移动设备屏幕上使用这类广告，因为其价格相对便宜。[31]

另一项越来越出名的营销实践是开发一种技术，这种技术能够使广告商将消费者在电脑上的搜索行为和手机联系起来。比如，谷歌会根据消费者在家用电脑上的搜索向消费者的手机发送相应的促销信息。[32]同时，移动广告也有其局限性：第一，智能手机的屏幕相对较小。第二，像处理电脑浏览器数据一样处理手机应用程序的数据在技术上是不可能的。因此，市场营销人员不能像对待消费者使用电脑上网的行为一样对消费者的手机使用情况进行追踪并最优化广告的投放。[33]市场营销人员还意识到大多数消费者是不愿意在手机上接收广告的。

尽管存在局限性，移动广告仍有一项突出的优点——它能锁定用户的地理位置并提供有针对性的促销信息。比如，一个消费者正在开车，车上有GPS移动导航设备（安装在智能手机上）。这时他收到了几英里外高速公路旁一家商店的促销信息。该消费者回应了促销信息并在商店里用信用卡购买了商品。此时，人口统计变量以及手机使用情况等消费者数据会立刻存入数据库。随后，这名消费者会收到致谢的电子邮件并被询问未来的购物计划。把这些数据和成千上万对移动广告产生回应的其他消费者的数据综合起来进行分析，市场营销人员就能够明白哪些类型的消费者会对移动广告产生反应。另一个例子是最近iPhone和亚马逊的联合投资。iPhone和iPad用户可以通过特殊的软件浏览并购买亚马逊（和其他大型零售商）的商品。另外，iPhone用户还可以对在店内外看到的商品拍照并上传到亚马逊网站上。亚马逊可以将这些照片和现有的商品进行匹配并给消费者提出相关建议。[34]另一个例子也能显示出网络和移动媒体的销售优势，而这一优势主要源于消费者可以定制化自己的消费。一家大型唱片公司在美国超过一半的销售额是通过网络下载实现的，消费者可以通过iTunes购买单首曲目而不是唱片集。[35]现在纽约的出租车都配备了电子显示屏，通过GPS定位可以显示所经过商店的商品信息。[36]还有一个例子是，一家公司将手机分发给大学生并收取优惠的话费，但前提是这些学生同意在手机上接收广告。[37]

移动广告平台不止一个。比如，谷歌和苹果就提供移动设备应用程序上的广告空间。[38]一些电视广告会显示条形码，消费者用手机扫描这些条形码就会立刻获得产品信息。[39]因为在手机相对狭小的屏幕上搜索商品、输入信用卡号可能会很麻烦，所以很多零售商对移动网站上的搜索引擎进行了简化。[40]谷歌甚至开发了一款名为“Google Goggles”的应用，消费者可以利用这款应用对物体（比如电影海报）拍照，在不输入任何字的情况下通过搜索引擎获得更多相关信息。[41]还有些零售商使用移动应用帮助消费者搜寻商品并通过扫描商品进行支付。在伦敦和韩国的一些地铁站，消费者可以通过扫描海报上商品的条形码进行购买，随后可通过快递收到商品。[42]一家网球服生产商使网球比赛的队员能够通过手机预订定制化的服装并能在赛后从体育馆直接领取衣物。[43]还有一个关于手机促销的例子：一家餐馆能使订餐的消费者通过手机视频“看”到餐厅厨房的烹饪情况。[44]

消费者的未来是什么？

对未来进行预测是比较困难的。然而，显而易见的是社交媒体正逐步和移动设备结合在一起，而且人、产品和信息的交互正逐步趋于电子化而不是实体化。例如，“近场通信”就是一项新技术，可以使智能手机通过无线且不用Wi-Fi联系起来。显然，这使朋友、市场营销人员和消费者之间的信息沟通更快、更便捷。一些人甚至预测会出现“移动社交网络”。因为在线搜索结果正逐渐改变购物决策，为了能向消费者的电子设备及时、准确地传递促销信息，公司之间的竞争也变得越来越激烈。能够向我们提供实时促销信息的小配件（比如内部嵌入商场导航地图的眼镜）会广受欢迎，而且将变得越来越便宜（比如“谷歌眼镜”）。[45]总之，我们将会通过移动设备持续收到关于生活和消费的方方面面的信息。

8.5 测定媒体广告的效果

只有经过精心策划才能产生有效的广告。因此，广告商应该通过以下步骤策划社交媒体的广告活动[46]：

1. 明确活动的目标和战略。

2. 检验可用的广告平台并决定哪些可用来实现目标。

3. 通过内外部资源创作活动内容。

4. 确定社交媒体上的广告定价模型，这和传统印刷、广电渠道的广告定价模型有很大的区别。然后，根据定价模型确定广告投入。

5. 测定广告的效果。

第7章讨论的测量方法评估的是消费者对促销信息的关注、喜爱和记忆程度，但并没有讨论广告是否会引发实际的购买行为。绝大部分市场营销人员会通过销售数据推断广告诱发的购买行为，这样做基本不可能确认促销信息和购买行为之间是否存在因果关系。相比之下，在社交媒体上做促销，信息发送方可以通过电子程序对接收方的反应进行及时、准确的监控。然而，即便这样，一些广告商还是撤回了投放在脸书上的广告，因为仍无法准确地确定广告是否提高了销售量。[47]

使用最为广泛的测量网络促销效果的方法是分析网站的访问情况、社交网络内的用户影响力以及信息受众的人口统计变量。[48]更专业的测量方法包括谷歌分析以及尼尔森的跨平台测量。

分析网站访问情况

分析网站访问情况的市场营销人员通常会监测以下几个指标：

1. 绝对造访人次：网站访问者的绝对数量。基于网址的用户概况也会受到监测。

2. 单一访客成本：投放的广告总成本除以访客绝对数量。

3. 回访频次：在一定时期内平均每个用户回访网站的次数。

4. 停留时间：平均在网页上停留的时间。

5. 综合浏览量：用户在网站平均浏览过的网页数量。

6. 互动率：同广告和应用进行互动的访问者比例。

7. 访问者活动：访问者访问网页时的各种活动，比如参加竞赛、参与问卷调查、兑换优惠券、玩游戏、发表评论、发送信息、邀请朋友、下载和上传资料等。

8. 同会话相关的数据：包括参与会话的访问者数量、会话过程中点击的相关链接的数量、第一个帖子和最后一个帖子之间的时间间隔以及帖子之间的平均时间间隔。

9. 访问者人口统计变量：（1）检测目标受众是怎样浏览网站的以及哪些人的介

入度最高；（2）评估广告内容是否与受众相匹配以及是否把很多受众转化为购买者；（3）明确提高销售率和降低广告展示成本的方法。[49]

评估社交网络内部的影响力

例如，一个人在推特上的影响力是通过以下方法测量的：粉丝数量、粉丝的粉丝数量、推特的更新率以及推特的转发率。

推特用户也分为几种类型：名人的粉丝很多但自己主动关注的人很少；健谈者粉丝的数量和自己关注的人的数量几乎相等；垃圾邮件发送者关注他人的目的是尽可能多地发送信息。

谷歌分析

谷歌分析（Google Analytics）是谷歌提供的一种服务，该服务通过收集和分析以下数据对用户进行分类并评估网站效果：

1. 追踪访问者的来源：推介、搜索引擎、展示广告、点击付费广告、邮件以及其他电子链接（比如，PDF 文本内的链接）。

2. 消费者登录初始页面后的行为：访问其他网页、下载文件、注册以及其他行为。

3. 网站访问者的地理位置以及访问持续的时间。这种方法也可以对访问者类型进行细分。

谷歌分析能够使市场营销者测定网站和促销活动的效果，进一步预测广告活动对消费者行为的影响。另外，谷歌分析的电商服务能够追踪销售活动和业绩，给市场营销者提供网站的交易、收入和许多其他商业信息。市场营销者也能确认表现较差或没有实现运营目标（比如将访问者转化为用户、激励重复访问、使用户注册）的网页、链接以及促销信息等。

媒体曝光度测量

自 19 世纪中期大众媒体广告产生（最初是在报纸和杂志上），广告商逐渐意识到很多促销信息被传递给了对产品不感兴趣的消费者，而且精确地测量大众媒体广告的促销效果是不可能的。**媒体曝光效应**（media exposure effects）能够测量接收到曝光信息的人数及其特征。消费者调研公司评估有多少消费者接收到了信息并建构接收者的信息概况。从事此类业务最大的公司就是尼尔森。最初，尼尔森监测的是电视收视情况，但现在会在消费者同意的情况下监测消费者的媒体曝光和消费方面的信息。

其他许多公司也会监测消费者的媒体和广告曝光率。例如，comScore 公司会监测网络流量和网页访问量，同时也会对手机上的移动广告进行追踪。MRI 公司会向杂志出版商提供发行量数据以及读者概况（性别、年龄中位数、家庭收入等）。阿比创市场调研公司（Arbitron）会测量广播听众的数量。

广播公司、出版商和网站运营商会通过测量媒体曝光度确定目标受众的数量以及收取的促销信息费用。然而，人们对这些测量结果的准确性存在争议。例如，多年以来很多广告商都反映尼尔森的数据无法准确代表少数派，媒体公司也抱怨尼尔森无法准确测定使用时移设备的消费者的情况。最近，一家网站估计自己的月访问量会达到 180 万人次，然而 comScore 公司的估计结果却只有 42.1 万人次。存在这种分歧的主要原因是我们无法准确测量工作场所的网络使用情况并且消费者会删除一些关键的浏览记录。很多人相信构建更好的追踪系统对网络广告的发展非常关键。[50]

尼尔森的跨平台测量

媒体曝光度测量的是接收到信息的消费者数量，并提炼出消费者的信息概况。从事相关业务最大的公司是尼尔森和阿比创。尼尔森现在拥有很多关于消费者媒体曝光度和消费情况的数据。阿比创主要以监测广播听众的相关情况而出名，最近将业务扩展到**便携式个人收视记录器**（portable people meters）上。便携式个人收视记录器内部装有 GPS，消费者可以将其别在腰带上并全天携带（可因此获得现金奖励）。设备监视消费者接收到的音频编码（比如电视、广播节目以及店内广播等），捕捉消费者接收到的屏幕图像和书面材料（比如广告牌和其他户外媒体、杂志、报纸和网页等）。晚上，这些设备会被接入终端并把数据传到阿比创公司。最近尼尔森和阿比创公司合作将 PPM 技术应用到跨平台效果的测度上以和使用相似技术的新兴公司进行竞争（比如 comScore 公司）。[51]

8.6 传统媒体的电子化趋势

印刷、广电媒体是单方向的沟通，所有受众从市场营销者处接收的是相同的单方向信息。报纸、杂志、电视和广播媒体使用的是基于细分的目标市场选择。因为每个人的个性、特征、爱好、需求、经历和知识都不尽相同，广告信息发送方会根据包括媒体曝光在内的相关因素将受众划分为同质化的群体。发送方为每个细分群体创作特定的信息并发送到相关目标群体可以看、听和阅读的特定媒体上。对市场营销人员来说，开发出能够同时满足所有受众的营销信息是不可能的。划算的媒体选择是能够将广告商的消费者概况同媒体的受众概况紧密地匹配在一起。大多数广告商会选择多媒体策略：一个媒体承担主要的广告活动，其他媒体提供辅助。

报纸和杂志

报纸的受众面很广。然而，对特殊消费者来说，报纸并不怎么合适。报纸广告的设计和印刷效率很高，但生命周期比较短。报纸广告的信息较为杂乱，因为很多当地服务商和大卖场都参与竞争。然而，特定促销的兑付和销售量的及时测度使得市场营销者能够快速获取反馈信息。广告成本取决于广告版位的大小和报纸的发行量。本地企业一般付得起报纸广告，而且全国性制造商可以和本地企业联合发行报纸广告。然而，小型零售商没有足够的资金开展传统媒体广告，因而会通过网络广告进行促销。电子广告行业的大佬，比如脸书和 Groupon，就会争夺这些小企业的广告份额。[52] 据估计，2014 年，本地企业会在网络促销上投入广告总预算的约 10%（也就是 350 亿美元中的 31 亿美元）。[53]

杂志可以接触到特定的地理位置、特定的人口特征和拥有特定兴趣爱好的消费者群体。相比报纸，杂志的目标定位更加精确，广告的视觉质量也很高。针对特定兴趣爱好的杂志是高度可信的。杂志信息的生命周期比较长而且可以通过传阅提高广告曝光率。同时，广告的制作需要更长的前置时间，而且很多杂志都无法保证广告在杂志内的位置。杂志广告的反馈通常是滞后的，而且一般是通过斯塔奇指数进行测量（见第 5 章）。广告费率取决于页面成本，而页面成本又取决于杂志的发行量，顶级杂志的广告费率比较高。最近几年，杂志广告衰退得很快。如图 8—7 所示，最近一年杂志广告的衰减程度相当大。[54]图 8—8 描述了主要杂志上广告页数的衰减。[55]

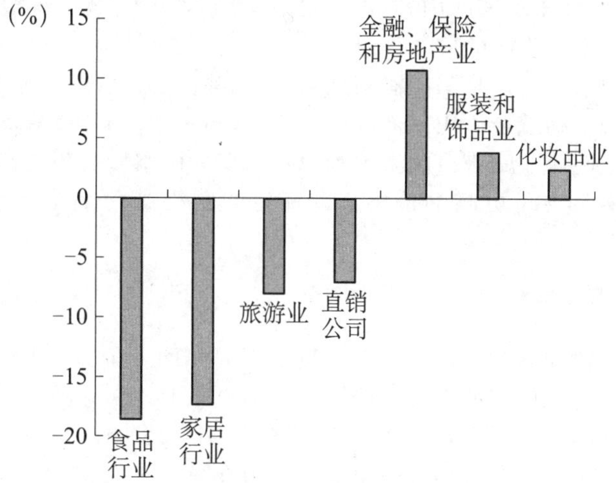

图 8—7　2011 年主要行业杂志广告页数的衰减度

资料来源：Based on http：//www. nytimes. com/interactive/2009/01/30/ business/20090201 _ metrics. html (accessed 1. 14. 13).

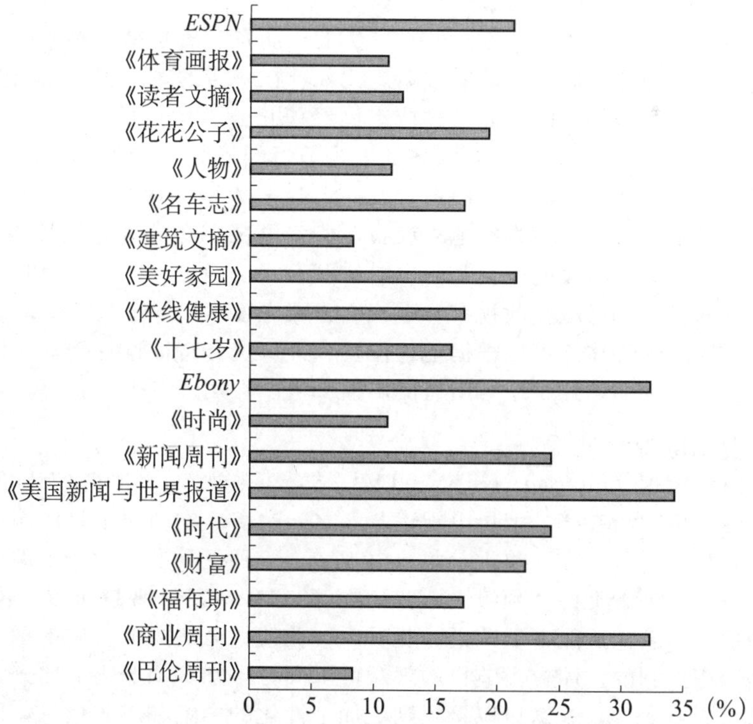

图 8—8　过去三年知名杂志广告页数的衰减度

资料来源：Compiled from data listed at：Stuart Elliott，"Magazine Ad Pages Fell 3.1% in 2011，With a Weak End to the Year，" Media Decoder nytimes. com January 10，2012.

尽管大多数杂志和报纸还是印刷版的，但几乎所有的报纸现在都提供网络版，而且很多杂志决定放弃印刷版。网络报纸和杂志根据读者的兴趣提供定制化的版本。例如，《纽约时报》和《华尔街日报》的读者不需要在众多页面里寻找自己感兴趣的内容。他们可以订阅网络版，网络版会直接提供读者感兴趣的主题、链接和相关信息；《体育画报》关于足球的内容可能会包括过去赛事的电子链接。另外，广告商可以向不同的读者发送不同的广告信息。

杂志网络版通常是与印刷版捆绑在一起进行收费的，但网络版的制作成本已经提高了。例如，高端杂志出版商康泰纳仕（Condé Nast）就提高了印刷版和网络版的捆绑价格，这使得印刷版订阅者要为以往免费的网络版支付更高的价格。然而，数据显示消费者愿意支付更高的价格，选择订阅网络版的消费者续订率要比其他消费者高 25%。[56]

电视和广播

网络电视和有线电视的观众数量很大。然而，很多电视节目（尤其是网络电视）的观众在人口统计特征、支付能力、生活方式上存在异质性。网络电视几十年以来都是最受欢迎的广告平台，因为市场营销者在上面发布的信息能够获得消费者的关注和情感共鸣。然而，在激烈的竞争之下，市场营销者必须设计简短的广告并重复播放。另外，电视广告的反馈是不精确的而且市场营销者也无法确定哪些广告提高了销售量。因为电视观众数量大且多样，市场营销者意识到许多人对广告中的产品并不感兴趣或不可能转化为潜在消费者。另外，高级录制设备和时移设备完全可以使观众避开电视广告。

电视广告的创作和投放是非常昂贵的，而且随着越来越多的传播方式的出现，一些主要的电视广告商正在改变战略。比如，在一年的时间里，通用汽车（超级碗比赛的最大广告商之一）因为高昂的成本已经停止投放类似的广告——这些广告 30 秒就要花费 380 万美元。[57]另外，大多数电视节目的目标受众在 18～49 岁之间，这些人中有 2 510 万人每天看电视。但最近几年，这一人数下降了。[58] YouTube 和 Netflix 的诱惑也使很多人放弃了有线电视设备，付费电视观众的人数因此逐渐下降。[59]电视网络必须允许黄金时段的电视节目可以在网上同步播出（比如其他时区的奥运会比赛），尽管这样做会降低电视收视率和电视广告曝光度。[60]

广播的优势在于可以根据地理位置和人口统计特征选择受众，而且广告的前置时间比较短。现在，几乎全球所有的广播都可以在网上获得。

互动电视

互动电视（interactive TV，iTV）结合了电视节目和网络互动的优点。互动电视可以通过用户与有线、卫星电视运营商之间的双向沟通将节目传输至用户的电视、电脑或者移动设备。iTV 将被动收看电视变为一种更具参与性、个性化和更有活力的活动。例如，观看类似“顶级大厨”（Top Chef）节目的观众可以为参赛者投票并立刻看到投票结果，还能下载菜谱、观看后台花絮甚至购买节目中展示的产品，所有这些都是远程控制的。体育类节目的观众可以同时得知多项赛事的比分、数据统计和比赛结果。通过 iTV，观众可以接收到更加个性化的内容和广告信息，而通过点击广告上的链接，他们能得到更多的相关信息。[61]一项研究表明，互动式横幅广告显著降低了播放广告期间观众调换频道的概率。[62]

一些有线电视公司可以使用定位技术根据收入、种族、性别和家中是否有孩子或宠物向特定的消费者发送广告。iTV 可以称得上是最先进的新媒体，因为市场营销人员可以利用它发送个性化的广告、与消费者进行互动（这样就能增加消费者对信息内容的介入度）并有效测量信息的说服力和营销效果。

户外媒体

户外媒体（out-of-home media）在户外受控且不怎么拥堵的环境中向消费者传递广告信息。这种类型的媒体既包含新型促销工具，也包括经过新技术改造的传统媒体。例如，**受控式广告屏**（captive advertising screens）就将促销信息放置在消费者消磨时间（通常不希望看到广告）的地方，例如电梯、电影院、零售商店、餐馆、酒吧、健身房、大学校园和交通运输工具等。

具有互动功能的电子公告栏和显示屏被放置在车站、大型活动场所以及商店内。电子公告栏能够提供促销信息并利用内置摄像头对路过的人拍照，并把这些人定位为目标消费者。这些消费者将会被授权，可以把相关保密信息发送给朋友或上传到网上。[63]

环境媒体广告（ambient advertising，experiential advertising）通过让消费者与产品实际接触，或让消费者体验产品带来的部分感官输入（例如气味），刺激消费者的产品感官体验。

比如，卡夫食品公司曾在芝加哥及其他一些美国北方城市建立了温暖的公交车候车亭，并向消费者传达"如果吃饼干，就会觉得温暖"的信息。[64]据估计，最近一年市场营销者在电子户外媒体上的投入是 20 亿美元，下一年有望增长 12.5%。[65]

品牌植入

品牌植入（branded entertainment），亦称**产品植入**（product placement），是将产品植入娱乐内容中，或根据要推广的品牌设计娱乐内容。品牌植入最早可以追溯到 20 世纪 50 年代。那时，公司通过赞助最受欢迎的电视节目获得将自己的产品陈列在显著播出位置的权利。自那之后，成千上万的产品或品牌被植入到电影和电视节目中。近年来，由于消费者回避广告的能力增强，广告商在品牌植入方面投入的资金显著增加，并开始在电影和电视之外的媒体中植入产品。显然，市场营销人员认为他们可以通过将品牌与娱乐节目的融合（见第 4 章）建立起强大的品牌认知，因为消费者无法回避这些广告。很多被打上娱乐标签的节目实际上都是通过在消费者与品牌之间建立起的情感联系来推销产品（如电视剧《学徒》（The Apprentice）、电视节目"顶级大厨"和"幸存者"以及其他一切被"改头换面"的节目）。产品有时也会出现在新闻节目主持人的身前或者对话节目中。但是一些广告商和立法者已开始批评这些品牌植入行为（与品牌植入相关的道德问题将在第 15 章详细讨论）。[66]据估计，全球范围内，公司每年都在品牌植入上投入 250 亿～300 亿美元，其中美国公司投入最多。

除了在电视和电影中进行品牌植入，如今的市场营销者还会自主制作网络视频短片（webisodes）（如在网上播出的以该品牌产品为中心的娱乐短片）以及**广告植入式游戏**（advergaming）（如在家庭电视游戏和网络游戏中植入品牌）。一项研究表明，广告植入式游戏可以全面提高品牌回忆率。然而，重复玩相同的植入式游戏对提高品牌回忆率没有影响，而且对品牌态度有消极影响，说明消费者已经感到了厌烦。[67]

小结

随着传统广告媒体（报纸、杂志、广播和电视）的兴起，电视网、杂志和报纸开始向市场营销者出售广告版位，使市场营销者能够有机会接触人口统计变量和心理变量符合目标市场的消费者。然而，通过这些媒体到达的受众要比广告商的目标消费群更大更复杂，而且包括对产品不感兴趣的消费者。相比之下，在高级追踪技术的支持下，数据整合公司可以根据网络浏览数据建构起消费者概况并确认特定产品的潜在消费者。广告商为网上这些合适的“眼球”进行竞拍。

基于细分的目标市场选择是指广告商预先协商好媒体（杂志和电视节目）广告版位的价格，这些媒体的受众很大程度上符合（但不完全符合）目标市场的特征。基于印象的目标市场选择是指广告商通过对在线消费者的特征分析，进行实时竞价，以获得同这些消费者接触的机会。被接触的消费者称为一个“眼球”或“印象”。基于印象的目标市场选择通常会在网上“跟随”消费者并持续发送这些消费者感兴趣的产品的信息。重定向是指消费者已经在线观看过的针对特定产品的广告，会在消费者用同一台电脑上线时重复播放给消费者。

谷歌是应用最广泛的搜索引擎和卓越的广告平台。消费者使用谷歌接触到的广告有三种类型：（1）网页搜索广告（消费者在线搜索行为产生的广告）；（2）在线陈列式广告（网站上的固定横幅广告）；（3）移动广告（将促销信息发送到消费者的手机、iPad、电子书阅读器和其他便携设备上）。

谷歌最突出的用途是搜索引擎。网民输入问题之后，电脑屏幕上就会显示两块内容：“有组织的结果”是指能够满足用户搜索需要的网站和资源的链接。“赞助空间”（通常出现在屏幕的右方和上方）是指谷歌出售给广告商或“赞助商”的横幅广告。每当潜在消费者点击了受赞助的横幅广告，广告商都会支付谷歌一定的费用。这些费用可能从几美分到几美元不等，取决于广告信息被搜索的频率。

社交媒体是指人们在虚拟的社团及人际网络中创造、分享、交换信息和意见的途径。社交媒体依靠移动技术和网页技术，通过个体和社团分享、共创、讨论和调整用户设计的内容等方式，创造高度互动的平台。社交媒体的结构包括消费者概况、社交网络中的朋友和组群、社交网络成员之间的交流以及选择性加入和选择性退出。

社交媒体营销之所以能够实现，是因为消费者通过便宜甚至免费的应用程序提供了个人和社交信息。安装在电脑、智能手机上的应用程序（App）是电子游戏、网络资源和社交网络的门户。应用程序能够收集用户的个人信息并把这些信息提供给程序开发商。社交媒体渠道可以分为多种类型：自由社交媒体、付费社交媒体和额外社交媒体。社交媒体广告活动必须和传统媒体广告活动一同策划。营销者必须考虑到社交媒体的受众面很广（比如消费者、零售商以及和公司合作的其他商业组织），并因此提高广告预算。公司执行人员应该密切关注消费者“点赞”的情况并挖掘、利用消费者在脸书上的数据用来为产品寻找新的商机。

移动广告将促销信息发送到消费者的手机、iPad、电子书阅读器和其他便携设备上。移动广告能够确认消费者的地理位置并提供相关促销信息。随着智能手机的屏幕变得越来越大，营销者开始使用会占据整个屏幕的移动广告。一些移动广告营销者会在消费者意想不到的地方插入广告，以克服消费者对促销信息的回避。社交媒体正逐步和移动设备结合在一起，而且人、产品和信息的交互正逐步趋于电子化而不是实体化。

广泛使用的测量网络促销效果的方法是分析网站访问情况，包括绝对造访人次、单一访客成本、回访频次、停留时间、浏览的网页和点击的链接的数量、访问网页时的行为、访问者的人口统计特征等。也有对社交网络内部用户影响力的测度。

谷歌分析是谷歌提供的用来评估网站效果以及对用户进行分类的一项服务。谷歌分析能够使市场营销者测定网站和促销活动的效果，进一步预测广告活动对消费者行为的影响。市场营销者也能确认表现较差或没有实现运营目标（比如将访问者转化为用户、激励重复访问、使用户注册）的网页、链接和促销信息。媒体曝光效应测量的是接收到曝光信息的人数及其特征。广播公司、出版商和网站运营商会通过测量媒体曝光度确定目标受众的数量以及收取的促销信息费用。售卖媒体曝光数据的公司开发出了便携式个人收视记录器。便携式个人收视记录器内部装有GPS，消费者可以将其别在腰带上并全天携带（可因此获得现金奖励）。设备监视消费者接收到的音频编码（比如电视、广播节目和店内广播等）并捕捉消费者接收到的屏幕图像和书面材料（比如广告牌和其他户外媒体、杂志、报纸和网页等）。

传统的印刷和广电媒体已经发展出了更高级的形式。报纸的受众面很广。然而，对特殊消费者来说，报纸并不怎么合适。报纸广告的设计和印刷效率很高，但生命周期比较短。本地企业一般付得起报纸广告，而且全国性制造商可以和本地企业联合发行报纸广告。杂志可以接触到特定地理位置、人口特征和拥有特定兴趣爱好的消费者群体。相比报纸，杂志的目标定位更加精确，广告的视觉质量也很高。针对特定兴趣爱好的杂志是高度可信的。杂志信息的生命周期比较长而且可以通过传阅提高广告曝光率。尽管大多数杂志和报纸还是印刷版的，但几乎所有的报纸都提供网络版，而且很多杂志决定放弃印刷版。网络报纸和杂志根据读者的兴趣提供定制化的版本。另外，广告商可以向不同的读者发送不同的广告信息。

网络电视和有线电视的观众数量很大。然而，很多电视节目（尤其是网络电视）的观众在人口统计特征、支付能力、生活方式上存在异质性。另外，高级录制设备和时移设备完全可以使观众避开电视广告。互动电视结合了电视节目和网络互动的优点。互动电视可以通过用户与有线、卫星电视运营商之间的双向沟通将节目传输至用户的电视、电脑或者移动设备。iTV将被动收看电视变为一种更具参与性、个性化和更有活力的活动。

其他形式的媒体并未完全采用新技术，但也处于革新和发展之中。户外媒体在户外受控且不怎么拥堵的环境中向消费者传递广告信息。这种类型的媒体既包含新型促销工具，也包括经新技术改造的传统媒体。环境媒体广告通过让消费者与产品实际接触，或让消费者能体验产品带来的部分感官输入（例如气味），刺激消费者的产品感官体验。品牌植入将产品植入娱乐内容中，或根据要推广的品牌设计娱乐内容。市场营销者还会自主制作网络视频短片（如在网上播出的以该品牌产品为中心的娱乐短片）以及广告植入式游戏（如在家庭电视游戏和网络游戏中植入品牌）。

复习与讨论题

1. 从战略角度分析，为什么基于印象的目标市场选择要优于基于细分的目标市场选择？

2. 描述谷歌在网络广告中的地位。

3. 列举并描述四种社交媒体比传统媒体优越的地方。

4. 比较以下测量方法的优缺点：谷歌分析、媒体曝光度效应以及尼尔森跨平台测量法。

5. 列举并描述移动广告的两种优势和两种劣势。

6. 为什么网络电视和杂志的广告业务在衰减？

实务练习

1. 准备两张户外媒体的照片并在课堂上展示，并讨论户外媒体的效果如何。

2. 列举并描述五个你在电视节目和电影中看到的品牌植入例子。

3. 下载并使用一种应用程序，并根据本章讨论的权限类别对你使用该应用程序时遇到的权限进行分类。

关键术语

广告植入式游戏（advergames）
环境媒体广告（ambient advertising，experiential advertising）
应用程序（apps）
品牌植入（产品植入）（branded entertainment（product placement））
受控式广告屏（captive advertising screens）
数据整合公司（data aggregators）
额外社交媒体（earned social media）
谷歌分析（Google Analytics）
基于印象的目标市场选择（impression-based targeting）
互动电视（interactive TV，iTV）
媒体曝光效应（media exposure effects）
移动广告（mobile advertising）
在线陈列式广告（online display ads）
户外媒体（out-of-home media）
自有社交媒体（owned social media）
付费社交媒体（paid social media）
便携式个人收视记录器（portable people meters）
实时竞价（real-time bidding）
重定向（retargeting）
搜索引擎广告（search advertising）
基于细分的目标市场选择（segment-based advertising）
社交媒体（social media）
时移（time shifting）
网络视频短片（webisodes）
网页搜索广告（web-search ads）

第9章 参照群体与口碑

学习目标

1. 理解参照群体的可信度及其对消费者行为的影响。
2. 理解代言人、证明人、名人、销售人员、零售商和媒体的说服力及可信度。
3. 理解意见领袖传播和口碑的动态性和测量方法。
4. 理解口碑的营销策略以及优缺点。
5. 理解新产品的扩散过程以及不同细分市场的采用者分类。

引 例

参照群体（reference groups）是指作为人们比较观点、价值观和行为的信息源的群体。在包括消费者行为在内的任何情境下，人们总是强烈地受到他人想法和行为的影响。**家庭**（family）是最重要的参照群体，因为它给孩子们提供一个消费者必要的技能、知识、态度和经历。这一过程称为**消费者社会化**（consumer socialization）（见第10章）。其他重要的参照群体包括人们的**社会地位**（social class）（见第10章）、**文化**（culture）（见第11章）和**亚文化**（subculture）（见第12章）。图9—1中金宝汤的广告阐述了家庭是怎样影响孩子们的品牌偏好的。

口碑（word of mouth）是由消费者之间的沟通组成的，满意的消费者告诉其他人自己对一种商业模式、产品、服务和营销活动的喜好程度，尽管有时消费者传递的信息可能是消极的。口碑是所有和购物相关的信息中最被信赖的形式，因为消费者认为不以营利为目的的促销信息是高度可信的。口碑既可能是面对面的也可能是电子形式的。交流的双方既可能互相认识也可能只是网友。口碑无处不在：当邻居隔着篱笆墙聊天或一起喝咖啡时；当朋友一起分享购物经历时；当人们通过邮件、社交网站或网上聊天室交流时，都有可能产生口碑。口碑被认为是最好的广告，因为参照群体例如朋友、邻居、亲戚和在社交网站或推特上遇到的其他消费者，会显著影响个体的消费行为。这种影响之所以显著是因为人们会认为其他消费者在推荐购物经历时是不以营利为目的的。因此消费者会认为参照群体要比广告或者其他促销信息更为可信。图9—2中的广告鼓励母亲们进行口碑传播并对金宝汤的汤产品赞不绝口。

图 9—1 家庭是参照群体：
金宝汤的酱汤

资料来源：Courtesy Campbell's Soup Company.

图 9—2 在母亲中激发口碑传播：
金宝汤的“明星鸡”

资料来源：Campbell's.

首先，我们从对信息源可靠度和参照群体效应的讨论开始本章的学习。然后，关注几个营销者赞助的信息源，比如证明人和代言人。最后，讨论一下意见领袖的口碑传播过程并对如何制定口碑营销策略进行总结。

9.1 信息源可靠度和参照群体

信息源可靠度（source credibility）是指信息来源的说服效果，参照群体具有高度的信息源可靠度。参照群体的可信度源于其被感知到的专业性和可信赖性。当信息源为目标受众所尊重或评价甚高时，其传递的信息就十分容易被目标受众接受。相对而言，来自不可靠的或不可信的信息源的信息则极有可能受到怀疑，不被接受。在讨论可靠度时，我们必须区分正式的和非正式的信息源。**正式信息源**（formal source）是指被组织雇用来提供消费信息的个人或媒介。**非正式信息源**（informal source）是指信息接收方私下认识的个人，比如提供产品信息和建议的父母或朋友以及在网上认识的值得尊敬的网友。

参照群体效应

许多酒店的浴室贴出“标准化”的标识，规劝顾客重复使用酒店毛巾以达到节约资源的目的。一家酒店的标识中写道：“你们中的大多数客人会重复使用他们的毛巾。请帮助我们节约资源并重复使用你们的毛巾。”这种“社会准则式”的信息说服了超过 25%的人重复使用毛巾。在一则更为详尽的社会准则式信息中写道：“在这个房间住过的大多数客人会重复使用他们的毛巾。请帮助我们节约资源并重复使用毛巾。”更多的客人在读到这则信息后会重复使用他们的毛巾。[1]从沟通的观点来讲，“社会准则”信息比“标准化”信息更有说服力。因为“社会准则”信息更值得信赖，而“标准化”信息至少在某种程度上会被消费者理解成酒店降低成本的手段。相应地，能够表明其他人已经遵守要求的信息更值得信赖，因为大多数人都遵守社会准则。人们可能被各种信息源说服，例如其他消费者、媒体和销售人员，但前提是人们必须信任这些信息源。人们会主动拒绝那些不值得信赖或者是有偏见的信息源。

参照群体分为比较参照群体和规范参照群体。**规范影响**（normative influence）包括学习采纳一个群体的规范、价值观和行为。最重要的规范影响源于人们隶属的群体，比如家庭、同龄人以及社团的成员。一般来说，规范影响发生在具有相同社会经济地位的群体成员之间。举个例子，家庭对孩子们有很大的规范影响，因为家庭塑造了孩子们最初的消费观，比如哪些食物是有营养的，在特定场合穿哪些衣服是得体的，怎样以及在哪儿购物，以及哪些消费行为体现了良好的修养等。**比较性影响**（comparative influence）是指个体将自己与其尊重欣赏的人进行对比后，吸取他们的优点或模仿他们的行为的过程。举个例子，一名刚在一家公司谋得职位的大学毕业生崇敬自己的老板并渴望能像自己的老板一样生活，这时老板就对这名大学毕业生产生了比较性影响。

参照群体的概念也可通过比较委婉的形式应用到实践中。刮胡学问（Art of Shaving，剃须刀品牌）的广告中有这样一句口号：“欢迎来到刮胡学问兄弟会。”这句口号背后的思想就是让看到广告的男士们感觉自己属于一个很善于修饰形象的都市美男群体。与其他剃须刀广告不同的是，该广告只出现在杂志上，而不会出现在电视和报纸上，因为电视广告会冲淡该品牌的内在神秘性。[2]

参照群体的类型

如果个体已经或者有资格成为某群体的成员，那么这个参照群体就称为**成员性参照群体**（membership group）。例如，每周定期与某年轻经理打牌的一群人，就是这名经理的成员性参照群体。当然，还有一类参照群体，无论个体怎样模仿其成员的价值观、态度或者行为，都无法加入其中。这种参照群体称为**标志性参照群体**（symbolic group）。例如，职业网球选手就是业余网球选手的标志性参照群体。因为一位业余网球选手即使竭尽所能地模仿某个职业网球选手（如购买与该选手相同的网球拍和网球鞋），也无法获得足够的技术或机会参加职业网球比赛。

表9—1阐述了参照群体类型和参照群体效应之间的关系。

表9—1 **参照群体类型和参照群体效应**

	规范影响	比较性影响
成员性参照群体	群体成员的参照标准具有高度一致性，比如家庭或同龄人。影响者和被影响者具有相同的社会经济地位并能意识到这种影响。	被影响者渴望加入的团体的参照标准具有高度一致性。影响者和被影响者具有相同的或不同的社会经济地位，双方可能认识对方并意识到这种影响。
标志性参照群体	没有显著影响。影响者处在被影响的参照群体之外。被影响者没有意识到影响者的行为准则。	高度影响，尽管被影响者知道他们永远不会加入影响者的团体。从社会层面来讲，影响者和被影响者团体是远离的，但影响者知道他们自己的影响力。

与消费相关的参照群体

与消费相关并影响消费者态度和行为的参照群体包括友谊群体、购物群体、虚拟社区和辩护群体。

友谊群体

追求并保持友谊是大多数人的一项基本诉求。朋友可以满足我们很多需要：给我们提供支持、安全感并一起讨论我们不愿和家人讨论的难题。友谊是一个人成熟和自立的标志，因为它代表一个人脱离家庭，同外面的世界建立起社会联系。友谊通常是在工作中建立起来的。经常在一起工作的人相互认识、相互尊重，并成为各自消费可以信赖的信息源。

购物群体

人们可能组团购物，为的是享受购物经历或者降低认知到的风险。人们可能和对某类产品具有专业知识的人一起购物以降低做出错误消费决策的风险。如果购物团体中的任何人都对当下所考虑的产品不甚了解（比如昂贵的家庭影院），共同决策会让购物群体成员对自己的选择更自信。推荐是购物群体的一个重要属性。比如，一家会员制连锁仓储量贩店（好市多、山姆会员店）可能会奖励为商店带来新会员的老会员，也可能只奖励新顾客或者是双方同时奖励。一项研究表明，尽管老会员和潜在会员更希望得到全部奖励，但只有在新会员交纳了会员费的情况下，老会员才会认为平均分配奖励是合适的。[3]

另一个购物群体的例子是消费者在排队等待时分享购物经历。零售专家说，当身处消费人群中时，消费者会认为自己是在做正确的决定——这被称为“社会证明”。零售商也认识到让消费者等待的价值，因为等待的消费人群能为商家带来更多的销售额。[4]

虚拟社区

很多网站都鼓励消费者发表评论并回复他人的评论。大多数年轻人都会同私下并不认识的网友聊天。在网络上，没有人会在乎你的长相，许多人感觉可以很自由地表达自己的想法，甚至和素未谋面的网友保持亲密关系。网络的隐匿性可以使人们自由表达自己的想法并从他人的观点中受益。一项研究调查了一个名为“美食家”的网络团体。该团体成员会在网上发布关于世界各地美食和餐馆的帖子。研究结果表明，“美食家”非常关注发布信息的准确性并且尽量保证不发布具有误导性的信息。

人们在网上分享兴趣、爱好和观点的事实已经给市场营销者带来了好处。举个例子，60 多年以来，美国电视节目制作方一直在广告费的支持下播放娱乐节目，就好像书和电影，观众并没有参与太多节目内容的设计。一般来说，尼尔森的评分用来检测电视节目是否成功，以此决定播放广告的频率。观看电视节目以后，很多观众都会讨论与节目相关的信息，有些人甚至是边看边讨论。然而节目制作方并没有机会倾听观众们的心声。就在几年前，热心的电视观众建立了一个名为 televisionwithoutpity. com 的网站，该网站为观众们讨论电视节目提供了一个平台。访问网站的人会分享关于节目情节的观点——通常是以幽默的方式——并对节目未来的发展进行猜测；一些人甚至会为节目内容的制作提出自己的建议。因为在网站上发帖的观众对电视节目有很高的涉入度，节目制作方读到这些帖子，就会明白观众们对节目内容的看法。然后编剧们就能把观众们的反馈融入到未来剧集的设定中。因为电视节目会在播放前几周进行拍摄，所以编剧们有时间根据观众们的反馈调整剧集的设定。比如，如果观众们表示他们已经对一条故事主线感到厌烦了，这条故事主线就会被调整或比原计划提前完结。[5]

辩护群体

与消费相关的辩护群体的存在目的是帮助消费者做决策并维护消费者的权利。辩护群体主要分为两类：一种是处理特定消费者纠纷的辩护群体；另一种是处理在较长时期内普遍存在的消费问题的辩护群体。愤怒的父母们联合起来抗议在所在社区的周围开设限制级影片租赁店；邻居们联合起来在当地路政局召开会议，要求在一些特定的拐角处增设交通标志。这些都是特定消费者辩护群体。一个持久的消费者辩护群体的例子是反酒后驾驶母亲协会（Mothers Against Drunk Driving，MADD）。该组织成立于 1980 年，现在仍在美国各州的首府及主要城市运营。MADD 的代表们通过公众咨询委员会的帮助发展当地力量抵制酒驾。此外，该组织还支持相关法律限制酒类饮品广告，抵制任何可能对年轻人产生消极影响的广告。

参照群体效应影响因素

参照群体对个体行为的影响力取决于个体、产品和社会因素。这些因素包括一致性、群体权威性和专业性、个体经验和个性特征以及产品显著性。

一致性

一些营销者尤其是市场主导品牌营销者的目标是提高消费者的一致性。他们经常通过促销中参照群体的影响达到此目的。相反，一些新品牌或非市场主导品牌的营销者则经常说服消费者追求独特性。为了达到影响效果，参照群体必须做到以下几点：

1. 通过告知使个体认识到产品和品牌的存在。
2. 使个体能够比较自己和参照群体态度和行为的差异。
3. 影响个体，使个体采取和参照群体一致的态度和行为。
4. 对个体使用和参照群体一样的产品给予认可。

图 9—3 中 MADD 的广告批评了酒驾这种鲁莽的行为，而这种行为又是年轻人为

图 9—3　参照群体效应引发的不良后果

资料来源：MADD Canada.

了得到同伴的喜欢或者参加“疯狂男子汉气概”之类的聚会时经常采用的。该广告暗示同龄人这个参照群体的影响会让酒驾行为被同伴认可。年轻人会对该广告产生共鸣是因为广告内容是可信的。该广告指出了参照群体效应所引发的悲剧性后果，进而说服年轻人不要再犯同样的错误。表9—2列出了顺从参照群体行为模式的个性特征。

表9—2　顺从者的个性特征

1. 他们感到同群体行为保持一致是正确的行为方式。
2. 他们更喜欢穿有型的衣服并关注其他人的穿着。
3. 他们试图融入社交场合，不希望被排除在外。
4. 他们经常按其他人的期望做事。
5. 在不确定该如何行动的情况下，他们经常遵从别人的引导。
6. 当觉得自己得不到别人的赞许时，他们会改变自己的行为方式。
7. 他们会经常模仿别人的口吻。
8. 他们经常密切关注他人对自己行为的反应。

群体权威性和专业性

不同的参照群体可能会在不同的时间和情况下影响人们的态度和行为。比如，律师事务所的一名年轻员工的穿衣习惯可能会随着地点和角色的变化而变化。白天上班时，她可能会穿正式的职业装，但参加聚会时则可能会穿比较时尚华丽的衣服。

重视他人看法的消费者往往会使用和有地位的群体成员一样的产品。当消费者认可某人或团体的权威性时，他们经常会同该人或团体的行为模式保持一致，以使自己的选择看起来是正确的。然而，和没有权威性的参照群体不一样，“权威性群体”可能会引发个体行为而不是态度的变化。个体可能会服从权威性群体的行为模式，但很可能不会改变自己的态度或从内心认可自己的选择。

相关信息和经验

有切身购物经历或对产品、服务足够了解的消费者一般不会受他人建议的影响。相反，购物经验匮乏又对广告不怎么信任的消费者更有可能寻求他人的建议。一个年轻的公司销售员想给顾客留下深刻的印象，他可能带着顾客去一家他非常喜欢或者备受推崇的餐馆就餐。如果没有这方面的经历，他可能会向朋友或其他销售员征求建议。一项研究利用电子游戏行业的数据验证了产品和个性特征在网络评论对产品销售额的影响中存在怎样的调节作用。结果表明，对比较冷门或玩家网络经验比较丰富的游戏，网络评论的影响更为显著。[6]

产品显著性

参照群体对购买决策的影响力取决于产品显著性。显著产品是指能让使用者脱颖而出的产品，比如昂贵的手表和新发布的数码相机。

私下消费的产品（刮胡膏、洗浴皂）是不怎么引人注目的，消费者在购买此类产品时往往也不会考虑参照群体。表9—3说明了引人注目的产品受参照群体影响比较大，而不怎么引人注目的产品受参照群体影响比较小。比如，参照群体会对人们要不要文身和穿孔以及做什么样式的文身和穿孔产生显著影响，因为文身和穿孔都是特别引人注目的。有些人佩戴珠宝首饰，有些人不喜欢佩戴。因此参照群体会对人们佩戴珠宝首饰的样式产生影响，但不会影响是否要佩戴珠宝首饰的决策。相反，参照群体不会影响人们是否使用牙膏的决策（每个人都会用牙膏），也不会影响人们对牙膏品牌的选择（牙膏是不引人注目的产品）。

在美国逛街，你会发现一些人戴的帽子、穿的T恤衫和夹克衫上印有一些著名球队的标识。类似地，开车的时候，你会看到前面车辆的牌照上印有大学、球队、环保组织或其他机构的标识。研究表明，观看体育赛事时，消费者越支持某支队伍，就越有可能购买该队伍赞助商的产品。[7]有趣的是，技术会影响产品显著性。在电子书出现之前，很多女士都避免在公众场合读书，因为她们担心书封面上的标题，如果被别人看到的话，会给自己带来不好的影响。然而，有了电子书，读者在公众场合阅读色情图书也不会被发现；一些色情图书甚至成了畅销书。[8]

表 9—3　　产品显著性和参照群体效应

	产品	参照群体效应对是否购买的影响	参照群体效应对品牌选择的影响
非常显著	穿孔	+	+
	文身	+	+
	珠宝首饰	=	+
	棒球帽	=	+
	智能手机和 App	=	+
	网络杂志	=	+
	舞蹈俱乐部	=	+
	发胶	—	—
	隐形眼镜	—	—
	内衣	—	—
一点都不显著	牙膏	—	—

说明："+"代表显著影响；"="代表中度影响；"—"代表没有影响。

个性特征

一些个性特征会调节参照群体效应的影响力。顺从的人更容易受到参照群体的影响；具有竞争性的人渴望控制他人并且比较自我，因而不容易受到参照群体的影响。

9.2　证明人、代言人和其他正式信息源的可信度

信息源可靠度（source credibility）是指对广告中证明人、代言人或其他个体的信赖感。代言人可能是消费者、公司雇员、名人或模特。研究者已经识别出了测定可靠度的以下几个维度：专业性、可信性、吸引性和可爱性。消费者明白商业团体（比如制造商、服务商、金融机构和零售商）的目的是盈利，因而相比非正式参照群体更不会去相信市场营销人员。公司可以通过良好的业绩、公司荣誉、产品质量和好的服务建立可靠度。可靠度也会受到代言人形象、零售商品牌和广告媒介的影响。一项关于体育赞助商的研究表明赞助商和受赞助队伍之间的匹配度会增加赞助商产品的可靠度。[9]

有着良好信誉公司的产品会更加畅销。消费者会认为知名品牌是值得信赖的，因此公司会在相同品牌下推出新产品。市场营销人员会通过公司整体的**形象广告**（institutional advertising）来建立商家的良好声誉。

非营利信息源一般来讲会比商业信息源更值得信赖。一些中立的正式信息源——比如《消费者报告》（创立于1936年的美国月刊）、普通的消费报告或者媒体的曝光，要比商业信息源可靠度更高，因为这些信息源对产品的描述是比较客观的。

证明人和代言人

近年来，许多研究开始关注信息的有效性与代言人或证明人之间的关系。以下是这类研究的主要发现：

1. 证明人与广告中的产品和服务的协调是一个重要因素。根据关联学习理论，名人与他们推销的产品密切相关。近期一项研究表明，若名人与其代言的产品特征相匹配，这一代言就会十分有效且经得起考验。例如，对于与美丽有关的产品（如化妆品），一个漂亮的明星代言人能显著提升广告和产品信息的可信度；对于与美丽无关的产品（如照相机），漂亮的代言人只起很小的作用甚至不起作用。一位富有魅力的明星在代言享乐型产品（如价格昂贵的手表）时，比代言实用型产品（如廉价的手表）更具可信度。

2. 当证明人有与目标受众相似的人口统计特征（年龄、社会阶层、种族等）时，便会更加可信和具有说服力。同样，种族认同感较强的消费者更容易被同种族的证明人说服。

3. 证明人的可信度不能取代企业的可信度。尽管证明人的可信度能影响受众对广告的态度，但企业的可信度却决定着受众对产品品牌的态度。因此，市场营销人员需要开发出多种测量方法来评价广告信息的可信度和说服力，以评估消费者对广告的态度、对品牌的态度及购买意图等多项内容。

4. 使用名人来代言产品时，市场营销者必须要确保代言人的言辞是建立在其被认可的能力上的。一个网球明星评论某品牌的止痛药如何减轻肌肉疼痛的广告是值得信任的，但举出医学实例来证明本品牌比其他品牌更具有优越性显然超出了网球选手的专业知识，因此反而可能削弱而不是加强信息可信度。令人吃惊的是，一项针对广告公司的调查发现，被调查的广告公司中没有一家曾制定过关于名人推荐选择的书面战略。而调查者认为，在挑选明星证明人的过程中，需要考虑很多因素，比如名人与目标受众以及产品和品牌的匹配度，名人的整体形象，名人以前的产品代言，名人的可信度、为人熟知的程度、权威性、专业性和外形，以及这位名人是否用过本产品等。[10]

在选择代言人时，市场营销者必须保证明星的可信度、专业性、吸引性与产品之间的匹配度。他们必须考虑明星以前代言的数量，因为消费者会认为经常出现在商业环境中的明星是不值得信赖的。

名人

名人，尤其是电影明星、电视达人、著名艺人和体育明星，属于标志性参照群体并且通常是被高度信赖的。因此，很多市场营销者利用他们推广产品或服务。据估计，在美国25%的商业广告都是利用名人推荐。[11]对粉丝和公众而言，名人拥有很多人梦寐以求的生活。广告公司花费大量的金钱邀请名人推荐，就是希望能收到观众们积极的反应。

广告中的代言人对广告的可信度有重要影响。在名人为公司广告做出的贡献（名望、才华、可信度和魅力）中，可信度是最重要的。这里说的名人可信度是指观众们所感知到的名人专业性（名人对产品的了解）和确定性（名人的诚实度）。[12]当名人只代言一种产品时，消费者很有可能会高度评价并购买该产品。相反，当名人推荐很多产品时，其可信度就会大打折扣，因为此时名人的功利性非常明显。[13]一项关于体育明星代言人对青少年影响的研究表明，体育明星代言人催生了良好的口碑，提高了消费者的品牌忠诚度。研究还表明女性青少年对她们喜欢的体育明星所代言的产品评价更高。[14]世故的消费者会在可靠性方面，对他们喜欢的品牌提出更高的要求。因此，百事可乐对其代言人——碧昂斯（Beyoncé）的广告形象以及演唱会安排等方方面面都作出了综合规划。百事可乐的目的是通过扮演艺术赞助商的角色来提高自己在消费者心目中的美誉度。[15]

营销者一般通过以下几种方式聘请名人：

1. **名人推荐**（celebrity testimonial）——名人基于个人使用经历向公众证明产品或服务的质量。贾斯汀·汀布莱克（Justin Timberlake）参加了一项宣传高尔夫装备的活动，活动的目的是让高尔夫运动更具吸引力，该活动受到了上百万青少年的喜爱。[16]在一则电视广告中，马丁·斯科西斯（Martin Scorsese）代言了新款的 iPhone 手机，展示了 iPhone 手机的安排约会和察看交通路况功能。

2. **名人证明**（celebrity endorsement）——名人向产品或服务出借名字使用权或作为产品代表出席活动，但该名人并不是产品所在行业的专家。比如，查克·诺里斯（Chuck Norris，一位动作演员）代言了艾居乐洗涤剂的广告。图 9—4 中的跆拳道冠军代言了善待动物组织的广告，广告中该冠军坦言动物需要人类的保护。硬汉的代言使得该广告非常可信。

3. **名人出演**（celebrity actor）——名人以出演广告及其他用于营销的作品的形式代言产品。

4. **名人代言**（celebrity spokesperson）——名人在一段较长时期内担任产品或品牌代表。比如，詹姆斯·邦德（James Bond，世界最有名的超级英雄之一）是欧米茄手表和阿斯顿·马丁豪车的代言人。

图 9—4　名人证明

资料来源：Creative Agency：358 Helsinki，Photo：Rami Hanafi，Viewmasters.

不是所有的公司都认为找名人推荐是最好的广告手段。一些公司不找名人推荐，因为他们担心名人会卷入丑闻事件，从而对代言产品的销售产生不良影响。比如，拉什·林堡（Rush Limbaugh，一位保守、好斗的电视脱口秀主持人）因为一名年轻的女学生支持避孕而出言谩骂，之后很多营销者都停止在其节目上做广告。[17]类似地，在约翰·特拉沃尔塔（John Travolta）卷入同性恋丑闻之后，某豪华手表品牌立即停止了他的代言。外遇事件之后，泰格·伍兹（Tiger Woods）失去了很多广告代言的机会。美国家庭人寿保险公司（Aflac Insurance）解雇了一名喜剧演员代言人，因为该演员嘲笑了日本的海啸和地震事件。[18]奥斯卡·皮斯托瑞斯（Oscar Pistorius，刀锋战士）已经为耐克代言了很长时间，但在枪杀女友事件之后，耐克停止了奥斯卡·皮斯托瑞斯的代言。[19]

许多广告利用普通消费者代言。例如，百老汇的电视广告描绘了人们走出剧场被音乐剧所倾倒的场景。一项研究表明，描绘消费者真实生活的广告要比幻想式的广告更加有效。广告中人物的种族和性别会影响消费者对可信度的感知。[20]

销售人员可信度

看起来自信、真诚的销售人员更值得信赖。能够直视顾客的销售人员要比避免和顾客目光交流的销售人员看起来更诚实。对很多产品而言，衣着优雅、座驾豪华的销售人员具有更高的可信度。对另一些产品而言，专家打扮的销售人员更值得信赖。比如，卖家居装饰的销售人员如果穿着像装修工要比穿着像银行家更值得信赖。

零售商可信度

产品零售商的名声对信息的可信度有着重要作用。在具有良好品质保证的商店中出售的产品相当于得到了商店的认可和隐含的品质保证（例如，“如果亚马逊推荐这本书，那么这一定是本好书”）。此外，声誉良好的零售商广告除了能增加自身可信度，也能增加制造商信息的可信度，因此许多全国性品牌的广告会列出售卖该产品的商店的名称。

消费者以前的产品使用经历和购物经历同样对信息可信度有重要影响。若消费者的预期得到满足，那么今后的广告对消费者就更具可信度；相反，若消费者有糟糕的投诉经历或产品使用体验，今后广告的可信度则会减弱。因此，要保证信息的可信度，必须首先保证产品、服务和品牌始终保持一致的品质、价值和消费者满意度。

媒体可信度

媒介的声誉同样能增加广告信息的可信度。例如，*Vogue* 杂志的高端形象使得在杂志上做广告的产品也提高了身份地位。拥有诚实和客观名声的媒体会影响其广告的可信度。消费者相信他们尊重的媒体会拒绝为不了解的产品做广告。另外，由于专注于某领域意味着学识和专业性，因而消费者倾向于认为专业杂志上的广告比普通杂志上的广告更加可信。

信息源可靠度可能会迅速衰减。几十年来，“奥普拉脱口秀”一直是深受美国人信赖的节目。然而在奥普拉脱口秀采访了一位捏造自己悲惨人生经历的作家后，奥普拉的可信度迅速降低。类似地，丹·拉瑟（Dan Rather），一位非常有名的记者，因为在一次报道中引用了错误的事实而被《新闻 60 分》（60 *Minutes*，始创于 1968 年的著名电视新闻杂志）解雇。显而易见，这些消极事件很有可能给节目广告中产品的荣誉带来不良影响；尽管这些影响是暂时的，但营销者必须为这些突发事件做好准备。

时间对信息源的影响

当信息从短时记忆转移到大脑皮层（即大脑存储长时记忆的地方）时，它会逐渐与信息源分离。例如，尽管你知道美国的首都是华盛顿，但你很可能已经不记得是从哪里得知的。这种现象称为**睡眠者效应**（sleeper effect）。因此，尽管高可信度的信息源在最初更具影响力，但是研究表明，高可信度或者低可信度对消费者的影响会在大约六周后逐渐消失。此外，**区别性衰减**（differential decay）理论认为，关于负面线索（例如低可信度的信息源）的记忆遗忘速度要比关于信息本身的记忆遗忘速度快得多，因此最终只留下最初的信息内容。然而，信息源对相似信息的重复会唤起受众的记忆，进而反复实现可信度的作用，从而使高可信度的信息源仍然更具可信度。这提示市场营销者在使用高可信度的代言人时，必须定期重复以维持高说服力。

9.3　口碑和意见领袖传播

起初，研究同龄人交流行为的社会学家把意见领袖对意见寻求者或意见接受者施加影响的过程称为**意见领袖传播**（opinion leadership）。这种影响发生在两人或多人之间，交流方都不是市场营销人员而且也没有人通过提供建议直接受益。意见接受者认为意见领袖是基于自己的爱好提供建议的，因为意见领袖不会有直接的物质回报。因为意见领袖是根据自己的切身经历发表对产品的评论，所以他们的建议可以降低意见接受者在购买新产品时感知到的风险和焦虑。意见领袖还会根据意见接受者对自己推荐的反馈改进自己的建议。

意见领袖既提供产品信息也提供建议。他们分享自身的购物经历并且告诉意见接受者应该购买哪些产品或品牌。意见领袖传达的信息包括应该选择哪些品牌、怎样正确使用产品、在哪购买产品以及其他方方面面。当涉及推荐诸如私人医生、律师、理发师、汽车修理厂、餐馆或旅行社等服务提供商时，意见领袖的作用尤其明显。因为这些小的服务商广告资源有限，它们获取新顾客的主要方式就是现有顾客的推荐。

一般来讲，意见领袖都是术业有专攻的。他们可能对某类产品比较熟悉，可以提供建议，当涉及其他不熟悉的产品类别时，他们可能转而变成意见接受者。一个人可能对汽车比较熟悉，很多人买汽车时都向他征求建议。但当这个人买新的 iMac 时，他可能向懂电脑技术的人寻求建议。

大多数公司都希望自己的产品能够吸引潮流引导者的注意。纽约动漫节（动漫迷和科幻小说迷一年一度的盛会）就汇集了来自美泰、迪士尼、任天堂和其他公司的代表。营销者意识到参加这类活动的人往往也是引导潮流的人。他们会最早使用融入了科幻元素的产品并使这些产品受到更多消费者的青睐。[21]

意见领袖传播是双向的。向他人提供建议的意见领袖很可能会成为后来的意见接受者。比如，一名学生在工作面试前很可能会向已经参加过面试的同学（意见领袖）寻求建议。她会向他们询问穿着、面试题目等方方面面的问题。然而，当这名同学面试完以后，她就会转而向其他同学分享自己的面试心得，成为意见领袖。表 9—4 展示了意见领袖和意见接受者的动机。

表 9—4　意见领袖和意见接受者的动机比较

意见领袖	意见接受者
自我提升类动机	
· 减少购后失调	· 减少知觉风险
· 获得他人的关注	· 减少搜寻和购物时间
· 证明权威性和专业性	
· 体验说服他人的感觉	
产品类动机	
· 表达对产品或服务的满意或不满	· 学习使用某个产品的其他和更有效的方式
	· 获得新产品知识
社会类动机	
· 通过谈论对他人有帮助的产品或服务表达自己的亲切和友好	· 通过购买他人认可的产品获得他人的接纳

意见领袖的特征

但是，到底谁是意见领袖？他们是否拥有某种显著特征？能不能利用某种具体的媒体来影响这群人？市场营销人员一直在探索这些问题的答案，因为如果他们能够找到与自己产品相关的意见领袖，便可以设计出有效的信息来鼓励这些意见领袖影响他人消费。因此，消费者研究人员一直试图寻找出意见领袖的特征。正像之前指出的，意见领袖常常拘泥于某一特定产品类别，因此他们可能在讨论某类特定产品时担任意见领袖，而在讨论其他产品时则成为意见接受者。所以，意见领袖的特征是无法完全脱离产品类别而存在的。一个对电子产品非常了解的人可能会成为这类产品的意见领袖，但是当购买新洗衣机时，这个人很可能会向他人寻求建议。

虽然很难构建一个关于意见领袖的涉及所有产品种类的特征组合，但是，有证据显示，在消费者行为情境下，意见领袖拥有一些普遍特征，如下所示：

1. 他们常常表现出对知识的渴望及对某种产品和服务的强烈兴趣，并很有可能是创新消费者。

2. 他们很愿意与他人谈论产品、服务及其他话题，自信、外向、喜欢交际。

3. 在某个特定领域中，意见领袖比其他人更擅长从非人际沟通中获得信息，因此显得比他人更具专业性。

4. 他们常常与意见接受者有相同的社会经济地位和年龄。

口碑在瞬息万变以及受“社会评价”影响的时装行业非常重要。表 9—5 列出了时装界意见领袖的重要特征。

表 9—5　时装界意见领袖特征

1. 他们对时装的观点会受他人的影响。
2. 当涉及时装时，别人会向他们征求建议。
3. 人们知道他们了解如何挑选时装。
4. 他们经常说服其他人购买自己喜欢的时装。
5. 他们影响人们对服装的看法。
6. 他们认为购物是刺激和新奇的。
7. 他们喜欢和家人、朋友一起购物。
8. 他们会为了找到完美的礼物而享受购物。
9. 他们会为了购买特别的东西而购物。
10. 他们力图跟上时代的潮流。

意见领袖传播的测定

研究者可以通过以下手段测定意见领袖传播的强弱和它对消费行为的影响：（1）自我认定法；（2）社交测量法；（3）关键知情人法。此外，Klout 指数可用来测定人们的社交影响力。

自我认定法

自我认定法（self-designating method）是指受访人员通过自我认定问卷评价自己在多大程度上给他人提供了产品、品牌方面的信息并影响了别人的购买决策。表 9—6 列出了可以用来研究技术性意见领袖的范例问题。相比其他方法，市场营销人员更愿意使用自我认定法，因为这种方法可以很方便地应用到营销调查问卷中。然而，这种方法依托于消费者的自我认定能力，回答者经常会高估自己的作用。

表 9—6　意见领袖自我认定法范例题项

1. 我通常是朋友圈里第一个知道新技术的。
2. 我比多数人都更了解技术。
3. 我对技术的观点受他人影响。
4. 当考虑购买科技产品时，人们会向我征求建议。
5. 我经常影响他人对技术的观点。
6. 人们知道我使用我推荐的产品。
7. 在我的影响下，人们经常购买我喜欢的科技产品。

社交测量法

社交测量法（sociometric method）测定在一个互相熟知的群体（比如大学宿舍、女学生联谊会）里，人与人之间关于产品和品牌的相互沟通。被调查者需要确认以下两点：

1. 他们向哪些特定个体（如果有）提供关于所研究的产品和品牌的建议和信息？
2. 哪些特定个体（如果有）向他们提供相同的产品和品牌的建议和信息？

如果被调查者确认他们向某些个体提供了产品和品牌的建议和信息，研究者就让这些个体对被调查者的意见领导度打分。如果被调查者确认某些个体向他们提供了产品和品牌的建议和信息，研究者就让这些个体对被调查者的意见接受度打分。研究者将两种得分进行比较以确认被调查者是意见领袖还是意见接受者。

社交测量法是辨别意见领袖和意见接受者最有效的方法。然而，这种方法费时费力而且调查结果分析起来比较复杂。另外，这种方法只适用于成员相互熟知且经常交流的群体，不适用于大样本群体。

关键知情人法

研究者可以通过关键知情人来研究意见领导力。**关键知情人**（key informant）是指对一个特定群体的社交特征非常了解的人。研究者通过关键知情人来确认一个群体中的意见领袖。关键知情人不一定属于所研究的群体。比如，一位教授就可能是关键知情人并且可以确认他的学生中谁是某类产品的意见领袖。这种方法相对来说是低成本的，因为研究者只需从一个人那儿收集数据。然而，市场营销人员很少使用这种方法，因为找到符合条件的关键知情人是很不容易的。

Klout 指数

Klout 指数（Klout score）是根据发布信息的能力和帖子的反馈率测定一个人的网络影响力。比如，一个人在网上发布了一张一家新餐馆的图片并收到了其他人的回复，这个人就积累了 Klout 指数。

Klout 指数使用 1～100 分量表测定网络影响力（平均值是 40）。一个人发布信息和分享信息的能力越高，Klout 指数就会越高。Klout 指数是根据人们之间互动的次数打分，而不是发帖数；也就是说，Klout 指数测定的是人们的影响力而不仅仅是活跃度。Klout 公司会把这些信息卖给航空公司或银行等。这些公司会根据这些信息对得分高的消费者提供“神秘”奖品或更有针对性的服务。例如，一家航空公司允许 Klout 指数超过 40 的消费者在一等候机室候机。一些旅馆会向 Klout 指数高的消费者提供额外待遇。[22]

随着 Klout 指数在公司确认消费者意见领袖的过程中所起的作用越来越大，Klout 公司开始扩展信息源。为了更准确地测定现实世界中的影响力，Klout 公司开始利用维基百科。如果一个人出现在维基百科的页面上并且该页面的点击率很高，那么这个人的 Klout 指数就会比较高；如果其他人也被链接到该页面上，那么这个人的得分就会更高。

9.4 口碑营销策略

在营销领域，口碑是由关于产品、品牌、购物经历的建议和其他类型的信息组成的。直到大约 15 年前，任何一名消费者提供的产品信息都只能被很少的人（如该消费者的朋友、亲人、同事或其他所属组织成员）接收。然而今天，一个人对特定的电影、图书、产品、大学、教授，甚至上司的看法，都可以很容易地被放到网上，并迅速被成千上万的受众接收到。另外，新兴技术使人们可以在网络上创造出更为逼真和吸引人的信息，并通过视觉和语言与他人分享自己的购买经历。这种发生在网络上的口头沟通，称为**网络口碑**（e-wom）。与消费相关的网络口碑常发生在网上社交网络、品牌社区、博客和消费者留言板中。

社交网络

在网上，**社交网络**（social networks）是人们与志同道合的人分享信息、建立网络关系的虚拟社区。由于消费行为和购买产品是人们生活的一部分，因此人们在网上的个人信息和讨论都或多或少地涉及购买信息和建议。主要的社交网络有脸书、YouTube、推特和Myspace等。

一项研究指出了三项可用于衡量消费者在网络口碑中参与程度的指标，包括：

1. 联系强度——信息源和信息搜索者间的亲密程度和联系频率。
2. 相似度——群体成员在生活方式及其他个人信息方面的相似程度。
3. 信息源可靠度——信息源在特定领域的专业性被信息搜索者认可的程度。[23]

另一项研究则探讨了消费者对网络口碑中负面评价的反应。研究发现，消费者倾向于将享乐型产品的负面评价归结于评价者的个人原因而非产品原因，因而并不十分相信该评价；但是，对于实用型的产品，消费者则相信负面评价是由于产品本身的原因导致的，并且认为这类产品的负面评价比正面评价更有价值。[24]一项研究研究了网络口碑的类型对消费者转发该信息概率的影响。研究发现高介入度的消费者会接收和转发更理性的产品信息而不是偏感性的产品信息。[25]还有一项研究对具有不同“社会连通性”的消费者参加口头沟通的可能性进行了探索。研究显示，除了与社会高度连通的人群之外，与社会中等程度连通的人群（样本的大多数）也同样愿意参加口头沟通。研究人员指出，这一结果反映出人们拥有提供建议和分享信息的心理需求。[26]

品牌社区

品牌社区（brand community）是针对某种特定产品或品牌建立的网络论坛。某种特定产品的追随者，通常具有怀旧的情绪，而且拥有早已停产的产品。当他们遇到志同道合的人，便会建立起虚拟论坛，以跨越地理、语言和文化的界限，获得归属感。拥有类似社区的品牌产品包括：哈雷-戴维森摩托车、芭比娃娃和PEZ糖果等。市场营销人员试图进入本品牌社区的行为是不明智的，因为品牌社区的成员是为了与其他消费者进行交流而加入该社区的，所以很可能并不欢迎市场营销人员的参与。

博客

多数门户网站允许人们免费、快捷且不受时间、地点限制地发布各种产品的信息。还有为数众多的网页为人们开设可以即时交流的聊天室。在这些网页中，人们可以随意表达自己的看法，描述自己的产品使用经验，提出建议，并阅读他人的产品推荐。另一个网络口碑的媒介是博客。**博客**（blog）是一个由博主管理的私人在线日志。当然，它也包含阅读者的回复。刚开始，大多数博客是由个人和小群体创作的，并且通常只涉及一个主题。今天，大多数博客有多位作者并且由媒体平台、公司和其他利益团体管理。**微博**（microblog）比传统博客内容要少并且允许使用者相互之间交流（大部分通过推特）一些简短的内容——诸如短句、个人图片、视频链接等。**推特**（Twitter）提供了网络社交服务和微博服务，使用者可以交流不超过140字的文本信息。

随着网络博客和微博的迅速发展，博客已经成为交流消费信息最强有力的平台。下面的例子可以充分说明其巨大的影响力：在一位博主宣称Kryptonite公司的U形自行车锁可以用圆珠笔撬开后的几日之内，大量博客转载了演示这一过程的视频。在事发4天之后，Kryptonite发表声明称它的新型自行车锁将更加牢固。但是博主们并未就此罢休。很快，《纽约时报》和美联社（Associated Press）都刊出了关于这一问题的报道。在接下来的10天内，大约180万人阅读了关于Kryptonite的负面新闻，以至于该公司不得不宣布为消费者免费更换出现问题的自行车锁。[27]

在数字化社交网络、品牌社区、在线留言板、聊天室和博客中发生的网络口碑包含着一个有趣的矛盾：尽管事实上市场营销人员无法控制这些载体中的信息，它们却是现代消费者最重要的信息来源。首先，在线资源可以得到即时阅读，不分时间和地点。事实上，“我谷歌了”某个话题、某个人或者某件产品已经成为今天美国人日常语言交流的一部分。这充分显示了互联网是一个使用广泛的重要信息来源。其次，数字平台提供的产品信息比广告更加全面，并被消费者认为更加可信。再次，消费者只需在搜索栏输入产品或品牌名称，就可以在几乎所有的门户网站中比较产品价格、型号和门店。最后，消费者可以在网上找到使用产品的各种新奇方法。例如，如果一个人对自己平日系领带或围巾的方式感到厌倦，便可以到网上去寻找更加新奇的装扮方法。尽管市场营销人员几乎不能控制网络口碑，但它的存在和影响却为市场营销人员提供了一种重要的促销工具。接下来我们会详细讨论这一点。

监测管理网络口碑是非常有好处的。推特和其他社交网站上关于电视节目的评论数量呈爆炸式增长，这些评论甚至影响了节目情节的设定。比如，美剧《邻家女特工》（Covert Affairs）的编剧就是根据推特上观众们对女主角是否会复明的讨论敲定了第二季最后一集的剧情。[28]

激发口碑

市场营销者很早以前就意识到了消费者间口头沟通的强大影响力。他们知道这种沟通比制造商付费的促销信息更加有效。早在网络和网络口碑出现之前，市场营销者就开始在广告中描绘人们进行口头沟通的场景，并用类似“告诉你的朋友你有多喜欢这件产品”* 这样的广告语鼓励消费者进行口头沟通，甚至还设计出“推荐计划”奖励带来新朋友的消费者。例如，Vaseline Clinic Therapy 发起了一次营销活动，鼓励收到免费试用品的女性消费者“随意向你认为有需要的任何人描述这一产品”。有意思的是，这一活动的举办场地选在科迪亚克岛——阿拉斯加州一处天气恶劣的偏远地区。[29]一项研究在知名博主的博客上发布了关于手机的广告并进行了为期数月的跟踪调查。研究发现博主们为了维持自己在社交网络上的声誉加强了广告的促销效果。博主们不是简单地传递营销信息，而是对其进行了转换以适应潜在消费者的需要。[30]

百老汇的广告通常是描绘人们激动地走出剧院，为音乐剧所倾倒并告诉其他人来看表演。也有研究表明，口碑量和票房呈正相关的关系，尤其是在电影上映后的第一周。尽管口头沟通的利用在营销中已经不再新鲜，但是网络口碑的出现却大大增加了口头沟通营销的资金投入和创造性。新的口头沟通营销方式包括：病毒营销和传播代理。

病毒营销

病毒营销（viral marketing）或**病毒广告**（viral advertising）是利用已经存在的社交网络和其他技术鼓励消费者传播电子邮件或其他网络内容以此提高消费者的品牌意识或实现其他营销目标的营销技术。病毒营销类似于电脑病毒的传播，使用自我复制的病毒式过程。病毒营销可以通过多种形式，比如视频片段、Flash 游戏、广告游戏、电子书、品牌软件、图片、文本信息和邮件信息等。比如，一家生产发胶的公司通过幽默的视频片段在网站上宣传自己的产品并鼓励访问者把视频转发给其他人。[31]再如，脸书“挖掘”出会员关于电影的帖子，把这些营销信息传达给会员的朋友并邀请他们从 Netflix 那儿租赁相同的电影。[32]一项研究发现，通过朋友的推荐而关注了

* Stephanie Clifford, “Spreading the Word (and the Lotion) in Small-Town Alaska,” nytimes.com, October 9, 2008.

新的手机服务的消费者，给予该服务积极评价的可能性要比其他情况下高24%。[33]

电子邮件是病毒营销最主要的工具。因为人们每天都会转发很多邮件给他人，并拥有自己特定的信息分享人群。一项关于发电子邮件动机的研究表明[34]：

1. 人们只会接收他们认识的人的电子邮件。邮件的种类包括玩笑、病毒预警、励志故事、投票请求、视频片段和其他网站的链接。

2. 没被转发的邮件的内容往往是过时、愚蠢和不合时宜的。大约1/3的邮件包括发送者的个人信息，并且大多数发送者不会改变邮件内容的原有标题。

3. 发送邮件的主要目的是娱乐和帮助他人。大多数发送者只会发送他们认为接收者会觉得有趣和合适的内容。

以上研究结果表明，使用病毒营销的市场营销者必须创造出最初接收者会觉得有趣和好玩的内容。因为发送的邮件通常保留内容原有的标题，因此在标题的措辞上一定要非常注意。然而，被认为具有侵犯性的病毒营销活动会在博客和论坛上被指责侵犯隐私和制造垃圾邮件。[35]一项关于中国大学生的研究表明他们只会转发朋友也会转发的邮件以及他们认为接收者觉得有趣的内容。[36]

然而，有时候，病毒营销是存在问题的。比如，一个被称为“冰点”的小游戏在大学生中非常受欢迎。该游戏涉及朋友之间利用斯米诺冰纯（Smirnoff's Ice）拼酒。成千上万以“是兄弟就拼酒”为主题的描述人们在婚礼和毕业典礼上的拼酒视频上传到了网站上。斯米诺被指控策划了这次病毒营销活动，但公司方面否认了指控。

市场营销者鼓励消费者成为“电子介绍人”。比如，eBay和亚马逊总是提醒用户把购买和拍卖胜出的消息发送给自己的朋友。当然，介绍活动在网络和电子商务出现很久以前就存在了。健身房会进行诸如“带来一个朋友可延期一个月的会员资格”的促销活动；牙医会对那些向自己朋友推荐的病人减免洗牙的费用。然而，网络和社交网络使介绍活动的发展更为迅速。

传播代理

很多公司邀请消费者担任它们的**传播代理**（buzz agents）。这些代理将会采取各种促销方式促销产品，比如，将产品带至家庭聚会、在公共交通工具上阅读标题显著的产品宣传读物、向未售卖该产品的零售商推荐这一产品，或者在购物过程中劝说他人购买产品。除了可经常获得免费试用产品，这些代理人通常不会从公司获得其他物质回报。但是，担任意见领袖，在同伴面前显示产品知识和提前了解新产品能使他们获得极大的自我满足。[37]

许多促销预算有限的科技创新企业就雇用传播代理作为最初的大学校园代理。比如，玩转四方（Foursquare）——一款可以使朋友们随时保持联络的应用程序，就利用校园代理在同学中进行宣传并把玩转四方的相关信息刊登在校报上。另一名学生成了Stylitics（一个时装类社交网站）的校园代理。这名同学在脸书上发布相关的帖子进行宣传。除了在校园里日益增高的认可度，校园代理们还获得了类似实习的工作经验，有的还获得了可以在零售店进行兑换的“代理分数”。[38]另一个例子是Samsung Nation——一个网络用户忠诚度活动。该活动奖励积极讨论三星的消费者。参加者在网站上玩游戏（该游戏提供三星产品相关的信息），赢得虚拟点数并邀请其他人参与。那些发布关于三星的帖子最活跃的消费者就会赢得“Twitterati”徽章。三星公司会认真研究最活跃用户的相关信息和行为，因为这些人是最有可能成为三星新产品的最初使用者。[39]

许多公司为市场营销者提供传播代理服务。例如，bzzagent.com公司负责招聘传播代理，并帮助客户设计传播代理活动。类似地，宝洁公司创造了一家以青少年及其家人为目标群体的公司，名叫Tremor（www.tremor.com）。Tremor会对前来应聘传播代理的候选人进行筛选，最终聘用那些达到特定标准，被认为有可能成为优秀口头沟通者的人。还有一些市场营销者雇用有名的演员和时尚模特推销产品。比如，在某种新品伏特加的推销中，雇用有名的演员或模特在酒吧或夜店饮用这种新酒搭配马提尼酒。这些演员或模特会像享用一种流行已久的酒一样饮用这种新酒，虽然这一行为的实际目的是创造一种新的饮品。类似地，最近伦敦的一家在线赌博网站利用出租车司机进行宣传。司机诱导乘客讨论关于纸牌的话题，引导他们访问该网站，甚至为表现出强烈兴趣的乘客提供“免费试用”的优惠券。[40]

处理负面传闻

很久以前，市场营销者就已认识到自己不可能控制口头沟通。然而常常以流言形式出现的负面评论却可以迅速在市场中扩散，并毁掉一个产品。近几年让市场营销者望而生畏并严重影响销售的负面流言主要有以下几种：（1）产品是在不卫生的条件下生产的；（2）产品含有有害健康或有悖伦理的成分；（3）产品具有某种负面的抑制或刺激效用；（4）产品含有致癌物；（5）企业被某个形象不佳的外国公司、政府机构或宗教集团所有或影响。

网络是滋生负面流言的沃土。电子技术的发展使不满意的消费者可以很容易地向众多消费者夸张地描述自己糟糕的消费经历。一个不满航空公司服务的乘客，一个不高兴的商店购物者，甚至一个不喜欢教授的学生，都可以在网络上发布自己的经历和看法供他人阅读和讨论。当纽约的两兄弟发现苹果公司正在以200美元的价格回收废旧电池时，他们建了一个名为ipodsdirtysecret.com的网站；对星巴克咖啡不满意的消费者在ihatestarbucks.com上释放自己的怒气。事实上，有成百上千的ihate.com之类的网站。

同积极和中性的评论相比，消极的评论相对来说是不常见的。因此，消费者会对消极的信息更敏感并且避免购买相关的产品。在娱乐界，很多电影、音乐和表演就受到了消极口碑的打击。事实证明相比积极的消费经历，消费者更乐意分享消极的消费经历。

市场营销者刻意制造的负面网络舆论被称为恶意舆论攻击。很多公司都遭受过类似的负面舆论攻击，其中最有名的要数纪录片《超胖的我》（Super Size Me）对麦当劳的攻击。这部影片记录下了一个在30天内只吃麦当劳的人的生活。此外，由于YouTube的兴起，不满的消费者可以用视频的方式影响大批人群。一项研究指出，一些向网络传播令人不快的信息的消费者是想发泄负面情绪或警告他人，其他原因包括：自我提升、曝光、社会利益甚至是获得经济回报。[41]

9.5 新产品扩散：采用者分类

随着时间的推移，积极的口碑会提高满足需求、质量水平高以及有价值的产品的使用率。然而，并非所有的消费者都会同时采用新产品或产品的新版本。**采用者分类**（adopter categories）是根据消费者第一次采用新产品的时间的相对位置关系来对消费者进行分类的一种方法。这种分类最初是由社会学家根据新事物扩散理论开发出来的，主要包括五种类型：创新者、早期接受者、早期多数者、晚期多数者和落后者。在营销领域，每一类别代表一个细分市场，所以市场营销者必须研究每种类型以便制定有针对性的营销策略。

因为采用者分类模型是社会学家开发出来的，所以无法直接用来研究消费者行为。从社会学角度讲，该模型假定一个社会的所有成员最终都会接受新事物。因此，每种类别的人数服从统计学上的正态分布：创新者——2.5%；早期采用者——13.5%；早期多数者——34%；晚期多数者——34%；落后者——15%。

然而，市场营销者不能假定每一个消费者最终都会采用新产品（比如电子书）。因此，他们把“社会”定义为由立刻购买新产品和未来某一阶段购买新产品的消费者组成的市场。市场营销者一般会把某产品所有潜在消费者中的前10%定义为创新者。这个比例源于不同行业的历史数据。然后，再估计剩下每种类别的消费者比例。图9—5以电子书阅读器为例阐述了新产品扩散模型。

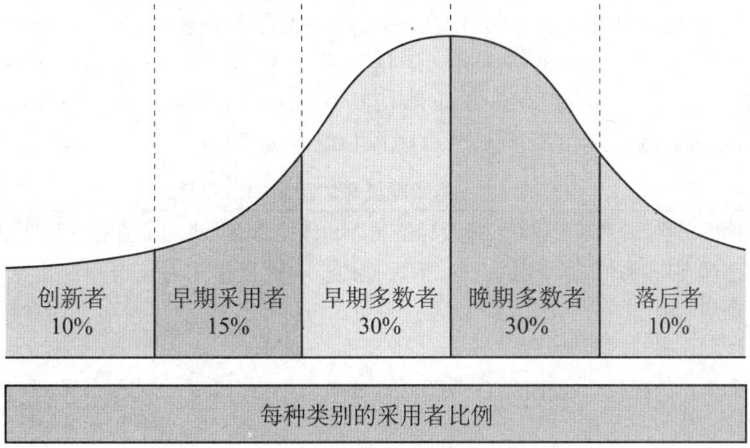

图9—5　假定的电子书阅读器采用者分类

创新者

创新者（innovators）是新产品的最早期消费者。他们愿意冒风险购买有可能存在问题、不合适或者很快会被淘汰的新产品。他们经常愿意为新产品支付更高的价钱，因为他们希望成为第一个拥有新产品的人。对创新者进行营销时，广告应该展示出他们非常炫耀地使用着新产品并被其他人追问关于新产品的问题（如“哪儿买的?”“你喜欢它吗?”“我有旧版的，你认为我应该换新版的吗?”）。许多创新者喜欢和其他人一起购物，表9—7详细描述了时装类创新者的购物特征。

表9—7　时装类创新者的购物特征

1. 他们是圈子里第一个知道最近最火的设计师和流行趋势的人。
2. 他们比自己的朋友在新款时装上的花费更多。
3. 他们是圈子里第一个购买新款时装的人。
4. 他们比大多数人都更了解时装。
5. 如果在商店里发现了新款时装，他们会试穿。
6. 他们以在商店里试穿服装和体验商品为乐，尽管他们可能并不打算购买。
7. 他们不愿意购买无法试穿的服装。
8. 在体验过服装和其他产品后，他们对自己的购买会更加自信。

早期采用者

早期采用者（early adopters）是指在新产品上市后紧随创新者购买新产品的消费者。他们喜欢冒险，有可能进行口碑传播，也有可能帮助其他人作购买新产品的决策。针对这一类型的消费者，广告应该展示出他们对新产品的高度评价。

早期多数者

早期多数者（early majority）是指紧随早期采用者购买新产品的消费者。这部分消费者的数量大于前两种消费者的数量之和。比如，当一款新的电子书阅读器上市后，早期多数者会等着价格下跌，在一部分人购买之后，他们才决定购买这款产品。针对这部分消费者的广告要保证产品很受欢迎并且提供给他们购买动机。

风险厌恶（risk aversion）是指不愿意冒风险或不愿容忍模糊不清的状况。表9—8阐述了风险厌恶消费者的消费特征。早期多数者在某种程度上是厌恶风险的，然而晚期多数者和落后者是高度风险厌恶的消费者。

表9—8　风险厌恶消费者的消费特征

1. 他们总会阅读制造商关于撕毁标签和拆卸产品的警告并且完全按照说明书使用产品。
2. 当涉及药物（包括非处方药）时，他们总是按照说明书服用药物并且仔细了解药物的副作用。
3. 他们不愿意购买他们之前从来没有使用过的产品。
4. 如果产品有装配好的和未装配好的两种形式，他们会愿意购买装配好的产品，尽管价格可能会高一些。
5. 烹饪时，他们不会即兴创作，而是完全照着食谱做。

晚期多数者

晚期多数者（late majority）是风险厌恶者并且对新产品的接受很慢。他们会等到其他大多数消费者都使用了新产品之后才会购买。当购买自己的第一个电子书阅读器时，他们会选择价格较低的老版本并且寻求其他一些保障。如果这些消费者对自己的初期消费满意，他们就有可能转化成早期多数者并有可能购买新版本的电子书阅读器。

落后者

落后者（laggards）是最后采用新产品的消费者。当他们购买自己的第一个电子书阅读器时，创新者和早期采用者已经转换到最新的版本了。落后者是高度风险厌恶者并且也是最后承认新产品价值的消费者。

非采用者

市场营销者经常忽略非采用者，但并非所有的非采用者都是完全一样的，理解非采用者的特点是很重要的。比如，一项研究发现网络银行的非采用者分为两种类型：

1. 潜在采用者，未来有可能转化为消费者。
2. 永久非采用者，永远不会成为消费者。

这项研究认为网络银行应该区分出非采用者中的潜在消费者，而不是把这两类非采用者混为一谈。[42]

小结

在包括消费者行为在内的任何情境下，人们总是强烈地受到他人想法和行为的影响。参照群体是指作为人们比较观点、价值观和行为的信息源的群体。口碑是由消费者之间的沟通组成的，满意的消费者告诉其他人自己对一种商业模式、产品、服务和营销活动的喜好程度，尽管有时消费者传递的信息可能是消极的。

参照群体被感知到的诚实性、客观性、专业性和可信赖性使其具有高的可信度。消费者会认为自己认识的人要比商业促销信息更可信。人们从家庭成员和同龄人处学习行为模式和价值观，也会模仿自己欣赏和尊敬的人的行为模式和价值观。所属群体以及希望加入的群体会影响人们的行为模式。和消费相关的群体会影响消费者的态度和行为。决定人们的行为方式、道德观和消费模式的社会文化群体包括家庭、社会阶层、文化、亚文化和跨文化（对全球消费者而言）。

公司广告中代言人、证明人和其他信息源被感知到的可信度对广告效果有关键作用。代言人可以是消费者、公司员工、名人和模特。公司可以通过优秀的业绩、良好的声誉、过硬的产品质量和到位的服务来传达公司的可信度。制造商被感知到的可信度也受到零售商和广告媒体声誉的影响。市场营销者雇用名人做产品代言人，或在商业广告中扮演角色。

随着时间的推移，消费者会忘记信息的来源而只记住信息的内容。因此，市场营销者必须定期雇用具有高可信度的代言人重复广告以保持广告效果。

意见领袖传播是意见领袖影响意见接受者的过程。整个过程发生在两人或多人之间，而且意见领袖和意见接受者都不会获得商业利益。对某类产品具有专业知识的意见领袖会给购买相同产品的人提供建议并产生影响。他们也是最先购买和尝试新产品的人。意见领袖会表现得自信、随和、友善。

电子口碑产生于网络，诸如社交网络、品牌社区、博客、聊天室和推特等。市场营销者雇用传播代理并在网络上发起病毒营销。传播代理是秘密地促销产品并且一般会收到免费试用产品但没有金钱报酬的消费者。病毒营销是利用已经存在的社交网络和其他技术手段增强消费者的品牌意识或实现其他营销目标。

操控口碑是不可能的。消极的评论（通常是谣言）可以在市场上迅速传播并可以毁掉一个产品。网络是滋生谣言的场所，因为不满意的消费者可以很容易地向许多人夸大描述自己糟糕的消费经历。

随着时间的推移，积极的口碑会导致新产品的广泛采用。然而，不是所有的消费者都会同时采用新产品或者现有产品的新版本。研究新事物接受度的社会学家确认了五种类型的采用者：创新者、早期采用者、早期多数者、晚期多数者和落后者。采用者分类描述了消费者第一次购买新产品的时间的相对位置关系。每种类别代表一个细分市场，所以市场营销者必须研究每种类别以便有针对性地营销。

复习与讨论题

1. 为什么意见领袖比广告更具可信度？有没有广告信息比消费者口碑更具影响力的情况？

2. 什么是参照群体？列举并讨论至少四种对你的消费行为产生影响的参照群体。对每种参照群体，指明其是规范影响还是比较性影响（或者两者兼是）并给出解释。

3. 成员性参照群体和标志性参照群体的区别是什么？列举出一种对你的消费行为产生影响的成员性参照群体和标志性参照群体。

解释哪种参照群体对你影响更大。

4. 公司应该怎样战略性地利用传播代理和病毒营销？举例说明。

5. 比较测定意见领袖传播的不同方法的优缺点。

6. 市场营销者应该怎样利用社交网络、品牌社区和博客锁定新用户并有针对性地进行营销？

7. 列举并讨论影响正式信息源可信度的因素。哪些因素会影响非正式信息来源的可信度？

8. 你是一家软饮料公司的营销副总监。你们公司的广告代理正同一名当红女歌星协商广告代言事宜。讨论在雇用这名女歌星之前你所考虑的参照群体方面的因素。

9. 睡眠者效应在选择代言人和安排广告进程方面对市场营销者的启示是什么？

10. 亚马逊推出了比老版本价格更高但功能更丰富的新款电子书阅读器。公司应该怎样根据采用者分类制定合理的营销策略？

实务练习

1. 拿出纸和笔，花一个小时观看黄金时段的电视节目。记录出现的商业广告数量。对使用名人代言的广告，记下名人的名字、产品或服务的名称以及名人代言的类型（名人推荐、名人证明、名人出演、名人代言）。

2. 各列举两种你作为意见领袖和意见接受者的情况。指明你和同你交流的人之间的关系。你有没有参与过同文中描述的口碑传播类似的情况。

3. 找出鼓励消费者参与口碑传播的广告。

4. 列出你所听说过的关于公司和产品的谣言。

5. 找出一家利用传播代理的网络公司并注册成为该公司的一名传播代理。写日记连续一个月记录你和该公司之间的交流。总结并讨论你是否适合做该公司的传播代理并给出解释。

关键术语

采用者分类（adopter categories）
广告游戏（advergames）
博客（blog）
品牌社区（brand community）
传播代理（buzz agent）
名人出演（celebrity actor）
名人证明（celebrity endorsement）
名人代言（celebrity spokesperson）
名人推荐（celebrity testimonial）
比较性影响（comparative influence）
消费者社会化（consumer socialization）
文化（culture）
区别性衰减（differential decay）
早期采用者（early adopters）
早期多数者（early majority）
网络口碑（e-wom）
家庭（family）
正式信息源（formal source）
非正式信息源（informal source）
创新者（innovators）
公司整体形象广告（institutional advertising）
关键知情人（key informant）
Klout 指数（Klout score）
落后者（laggards）
晚期多数者（late majority）
成员性参照群体（membership group）
微博（microblog）
规范影响（normative influence）
意见领袖传播（opinion leadership）
参照群体（reference groups）
风险厌恶（risk aversion）
自我认定法（self-designating method）
睡眠者效应（sleeper effect）

社会阶层（social class）
社交网络（social network）
社交测量法（sociometric method）
信息源可靠度（source credibility）
亚文化（subculture）
标志性参照群体（symbolic group）
推特（Twitter）
病毒营销（viral marketing）
病毒式广告（viral advertising）
口碑（word-of-mouth）

案例

Keystone Light/Miller Coors

"Canhole"

主导机构：Leo Burnett/Arc Worldwide

战略挑战

夏日是啤酒之季： 数十亿美元唾手可得；啤酒公司之间的竞争激烈异常。

大狗定律： 美乐啤酒、银子弹啤酒（Coors Light）、百威淡啤（Bud Light）、百威啤酒（Budweiser）和科罗娜啤酒（Corna）在夏季称王称霸，这使得二线品牌，如Keystone Light，难以获得分销商和零售商的关注。比较典型的是Keystone Light只能通过店内中央空调下飘动的广告条幅来向客户宣传。

定价的挑战使绩效上涨更加困难： 啤酒商，如米勒康胜（Miller Coors），通过提高低端产品的价格使消费者更乐意购买高端的品牌——这不仅是公司的优势，更是其整体绩效增长的关键。然而，这样的定价策略对Keystone Light并不适用，因为其目标消费者正饱受经济萧条带来的冲击，但是又希望能和伙伴们畅享夏日。

全面挑战： 在夏日大品牌的海洋中，二线品牌如何在零售界占据一席之地？

目标

1. **在便利店渠道避免Keystone Light的销量下滑：** 攫取主要竞争对手，如安海斯-布希（Anheuser-Busch）的低端品牌Natural Light的市场份额、销售量和展示机会。

2. **全面增加品牌参与度：** 确立新品牌Keith Stone的个性和目标市场，提高消费者与产品的互动率和接收度。

观点

公司的目标是有简单之需的简单之人，称之为"巡游者"。这些目标群体没有很多钱，因此学会了物尽其用以自得其乐。

对他而言，一张冰冻墨西哥玉米煎饼、一袋奇多和一份刚出炉的新鲜热狗已算人间美味；他喜欢偶尔开个愚蠢的玩笑，调侃自己的兄弟——因为他妹妹单手（一手放在背后）就能在《光晕》（Halo）游戏里秒杀他；他自我感觉良好，还把友谊放在第一位；他可以顺利地搭建一些啤酒金字塔。

一旦公司了解了巡游者的特点以及其行为方式，下一步需要知道的就是他在夏季的偏好。综合使用定性和定量的研究方法，公司发现他的夏日无非就是"哥们之事"。在夏日，他与更多朋友更频繁地聚会。巡游者重视在那些有创造性社交场合的特殊经历。他喜欢和兄弟聚会、喜欢谈笑风生、做与年龄不相符的事——所有这些事情都要有啤酒相伴。

好主意

箱子里的"哥们之事"。

问题

1. 为了激发巡游者爱玩与善于创造的天性，他们每买一箱Keystone Light，就会得到一整套自娱自乐的"Canhole"游戏。在与朋友们聚会时，巡游者会把箱子上设计的穿孔打通，将压扁的啤酒罐投入洞中。公司将这项游戏命名为"Canhole"。这种促销将如何实现公司目标？

2. 巡游者如何通过"Canhole"同网上

和社交网络中的人建立联系？公司如何鼓励巡游者这么做？马斯洛需要层次理论该如何应用于此种情境？

3. 请用产品涉入度的概念解释“Canhole”的促销方式和第二个营销目标。

4. 为“Canhole”制定交叉销售策略，在巡游者进行“Canhole”游戏时，让相关营销人员参与到这项游戏中。给出解释。

5. 列出并探讨巡游者三个可能的人格特征。

6. 描述巡游者的心理特征。

7. 上网查看PRIZM市场细分法的描述，选择三个可能包含大量巡游者的细分市场并给出解释。

资料来源：Effie Worlwide，Effie Showcase Wineers. Reprinted by permission. Keystone Light is a 2012 Silver Effie Winner. For information on Effie's programs for students，visit the Collegiate Effies at www. effie. org.

第Ⅳ篇　社会和文化环境中的消费者

第10章 家庭与社会阶层

学习目标

1. 理解作为消费者社会代理的家庭。
2. 理解家庭决策及其成员的消费相关角色。
3. 理解家庭生命周期在市场细分中的角色。
4. 理解非传统家庭和非家庭住户的消费模式。
5. 理解社会阶层对消费者行为的影响。
6. 理解怎样衡量社会阶层和据此细分消费者。
7. 理解美国社会阶层的人口特征、生活方式和消费模式。
8. 理解怎样利用地理社会人口统计变量定位消费者。

引　例

本章描述了两个对消费者行为有很大影响的**参照组**（reference group）：家庭和社会阶层。**家庭**（family）由两个或两个以上因血缘、婚姻或领养关系而生活在一起的人组成。在西方社会，有三种家庭类型：已婚夫妇家庭、核心家庭和扩展家庭。**核心家庭**（nuclear family）由夫妻和一个或更多的孩子组成。核心家庭与至少一个祖辈或其他关系的人生活在一起的家庭称为**扩展家庭**（extended family）。

家庭生命周期是一个综合变量，它结合了诸如婚姻状况、家庭规模、家庭成员的年龄（关注最长者和最小者的年龄）和家长的社会工作地位等，从而将家庭划分到一个“典型”的阶段。图10—1中的四则广告描述了迎合不同类型家庭的丰田汽车系列。奥瑞斯（Auris）掀背式汽车是一款跑车。该车的配备包括两边都装有反光镜的“漫射器”，从而拥有时髦的外观。雅力士（Yaris）被宣传为一款可以做“大买卖”的车。逸致（Verso）是一款七座家庭轿车，外形高雅舒适。Avensis可以作为轿车或货车，它有着很好的设计和触控多媒体屏。

每款车各自迎合了家庭生命周期不同阶段的诉求。运动型奥瑞斯适合单身或新婚还没有孩子、希望一同享受新生活的夫妇。而在雅力士的广告中，一对夫妇准备迎接一个新生儿的降临。一对年轻夫妇也许对他们的财务状况感到焦虑（也许母亲离职了），因此他们会寻找价格合理的轿车。接着，一对有两个小孩子的夫妇，看上去有更好的财务状况（比如父亲在

（a）单身或蜜月家庭：丰田奥瑞斯

（b）新婚家庭：丰田雅力士

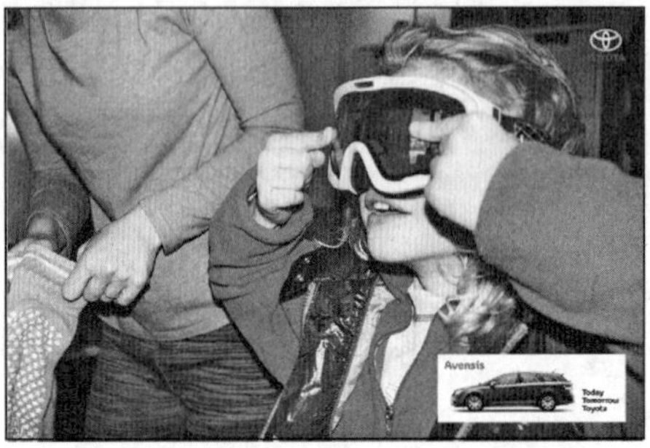

（c）已婚有小孩的家庭：丰田逸致

（d）大家庭：丰田Avensis

图 10—1　面向家庭生命周期不同阶段的丰田车型

资料来源：Andreas Ackerup，Saarti Sweden.

工作上升职，母亲也回去工作），他们可能会买时髦的家庭轿车逸致。最后孩子们长大了，因此（像所有小孩子一样）必须时刻在屏幕前面。假如夫妇的可支配收入增加，现在就可以考虑购买设计时尚、内置多媒体设备的 Avensis。

第一部分将介绍家庭对于家庭成员发展成为消费者的影响，以及家庭作为一个基本的消费单元是如何发挥功能的及其决策的动态性。我们会探索不同家庭的家庭生命周期，其中包括传统和非传统家庭的情况。

每个住户，无论是家庭住户，还是非家庭住户，都属于一个社会阶层。**社会阶层**（social class）指将一个社会成员划分为不同社会地位的连续统一体，每个阶层的成员都拥有与其所属阶层相应的社会地位，而所有其他阶层的成员则有着与其阶层相对应的或较高或较低的社会地位。

第二部分调查了美国社会阶层的人口统计变量和消费模式。描述了怎样衡量社会阶层以及根据社会地位细分和定位消费者。本章还列举了社会阶层如何影响消费习惯、品位和价值观的例子。

10.1　家庭社会化代理

社会化（socialization）指将社会能接受的行为方式教授给个体的过程。在市场营销环境下，无论对孩童还是成人，家庭成员的社会化都是家庭最重要的任务。对于儿童来说，包括传授给儿童与文化相适应的基本的价值观和行为模式。这些价值观和行为模式通常包括道德和宗教信仰、与人交往的技巧、穿衣打扮的标准、恰当的举止和语调，以及选择合适的教育、工作和职业目标。

父母的社会化责任在增加，因为年轻人越来越难以找到好的工作。父母认为他们的孩子必须在小时候就领先于其他人，这种竞争压力导致对许多儿童的日程时间表的管制（例如，每天的学前课程、放学后的功课、玩耍的日期、周末培训，体育和艺术项目）。有人认为密集的模式化活动和持续面对媒介和社交网络让孩子们没有时间去探索自身的创造力。[1]然而，在使孩子社会化的过程中能够为市场营销者提供一个在孩子小时候就建立起与品牌之间联系的机会。这种联系也会经常延伸到青春期、青少年期并最终进入成人期。图 10—2 中李施德林智能漱口水的广告就是市场营销者主动建立品牌和孩子之间联系的例子。

图 10—2　建立孩子与品牌间的关系

资料来源：LISTERINE® is a registered trademark of Johnson & Johnson. Used with permission.

与消费者行为研究息息相关的儿童时期社会化问题即**消费者社会化**（consumer socialization）。消费者社会化被定义为一个过程，通过这一过程儿童获得技巧、知识和作为消费者所必需的态度和经历。有各种不同的研究关注儿童如何提高他们的消费技巧。许多青春期前的儿童通过观察他们的父母和年长的哥哥姐姐来获得他们的消费行为准则。他们的父母和哥哥姐姐起到了角色模范和提供学习消费知识来源的作用。研究指出，年幼的孩子会将家庭视为比广告更值得依赖的信息来源；但是同龄人对青少年的消费行为影响最大。[2]研究同样发现，年龄较小的儿童通常对广告中出现的似乎能成功扮演父母角色的代言人有积极的反应，然而，青少年通常会选择他们的父母不喜欢的那款产品。[3]图 10—3 指出了不同年龄段期间影响孩子社会化的来源，以及说明社会化是一个双向过程。双向箭头说明年幼的孩子在被影响的同时也影响着社会化过程中的其他人。

社会化代理（socialization agent）是指个人或者组织因为与他人的频繁接触或者通过给予个体的奖惩控制而涉入社会化过程。[4]一般认为母亲是比父亲影响更大的消费者社会化代理，因为她们通常与孩子有更多的交流，更可能影响孩子所接触到的商业信息。另外，她们提供消费者需要的技术指导，规定孩子零用钱的多少以及怎样支配。

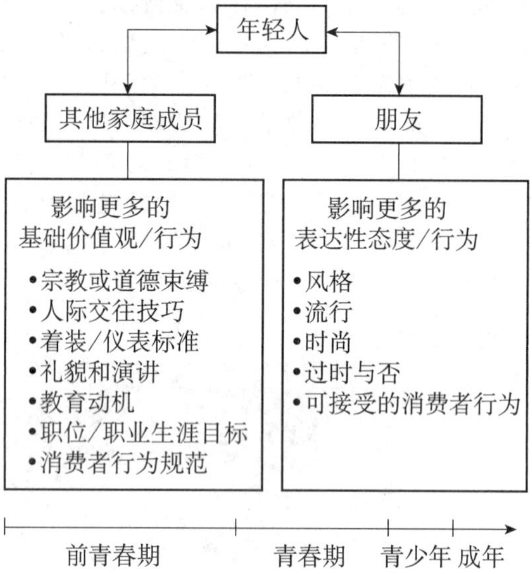

图 10—3　社会化来源

图 10—4 中莫特果汁的广告描述了一个母亲作为社会化代理教育自己的孩子果汁少糖会更健康。表 10—1 描述了根据母亲对市场的不同态度，研究者区分的不同类型的社会化代理。[5]

图 10—4　社会化代理

资料来源：Dr. pepper Snapple Company.

表 10—1　母亲的社会化相关态度

市场容纳者	市场抵制者
·平衡者 已婚并且拥有自己的事业。能同时完成多项任务以及教育自己的孩子怎样成为一个好的消费者。让孩子从实践中学习而且允许购买时犯错。 **·鼓励者** 将精力放在自己的家庭上，经常牺牲自己以满足孩子的需求。信赖知名公司和品牌。 **·女主角** 关注自己，积极寻求他人对自己的接受和关注。她是一个显著消费者。将自己的孩子看成是自己声誉的一部分。经常屈服于孩子的要求而让自己的生活更轻松。	**·保护者** 在所有母亲细分市场中拥有最高的收入和教育水平。理智并且教会自己的孩子有节制地购物和消费。憎恨媒体对孩子的影响。 **·挣扎者** 她的财务状况不允许自己骄纵孩子。一个对于性价比十分关注的购物者。对生活有负面态度。 **·禁欲主义者** 与社会和文化相关。将自己视为照顾者和顾家者。爱自己的孩子但却在情感上与其疏远。谨慎购物。

没有一个通用的模型可用来描述孩子应如何建立消费技巧，理解广告在购买偏好形成中的作用，以及掌握资金、价值和预算限制的关系。接下来，我们描述消费者社会化的三个方面。

父母类型和消费者社会化

几十年前，社会学家开始研究父母类型对孩子成长的影响，后来市场营销者将这些发现应用于消费者社会化当中。图 10—5 从两个维度划分了父母类型：宽容的和相对约束的，认真培养的和不培养的。其中区分了四种父母类型，列出了他们对于广告、消费的态度以及对孩子购买请求的让步情况。四种父母类型包括：**放任型父母**（indulge parents），指在子女的消费者社会化过程中非常和蔼且溺爱纵容的父母；**忽视型父母**（neglecting parents），指在子女消费者社会化过程中，对子女非常纵容但极少或几乎没有提供养育资源的父母；**威信型父母**（authoritative parents），指在子女的消费者社会化过程中对子女非常和蔼但也非常严格的父母；**威权型父母**（authoritarian parents），指在子女的消费者社会化过程中对子女非常严格和冷漠的父母。

学习消费者社会化

儿童在早期学会拥有的重要性，比如看到一则布娃娃的广告或者电视上会动的图片，他就会指着屏幕，叫喊着："我要!"近来对于明尼苏达州的学龄儿童的研究发现，物质主义程度会随着儿童中期（8～9 岁）到青春早期（12～13 岁）而增加，然后到进入青春晚期后会下降（16～18 岁）。这个研究也发现了儿童青春期的自尊程度与物质主义的相反关系（如有着高自尊的儿童或者青春期少年表现出更低程度的物质主义，相反亦然）。[6]而且该项研究指出，与其埋怨向儿童传播物质主义的媒体，还不如找出方法来增加这类群体的自尊程度更可能会起到积极的作用。另外一项研究发现，嘲笑是青少年用来交流什么该买、什么不该买、什么有价值等的信息交换机制，而且嘲笑还用来排斥那些买的东西和大家不一样的人。[7]近来对加拿大的大学生群体（大部分是全日制学生，85%的人和父母住在一起）的研究发现，年龄越大的大学生越容易被他们的父母影响，却不容易被他们的同龄群体和媒体影响。[8]研究中还发现，年龄越大的学生购买意愿越强。

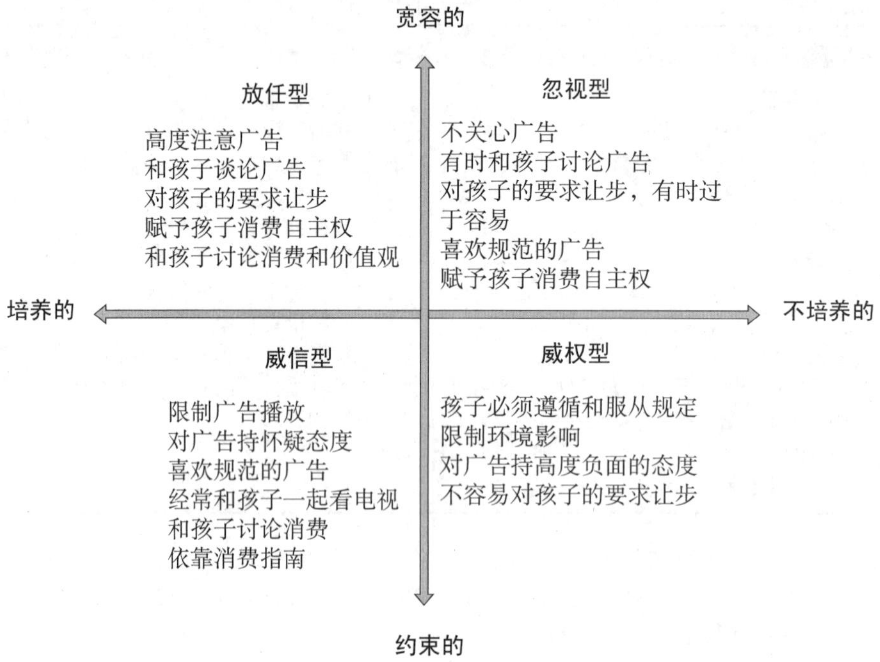

图 10—5　父母类型和消费者社会化

表 10—2 中的模型详细划分了孩子学习成为消费者的阶段，而且区分了不同阶段的信息来源。

表 10—2　　孩子发展为消费者的过程

阶段	平均年龄	描述
和父母购物并从中观察	12～15 个月	孩子注意到所有好吃好玩的东西，开始能记起独特的那个。他们学习如何购买以满足需求。父母会为了奖励孩子的表现而购买东西。
和父母购物时提出要求	2 岁	到了 2 岁，孩子开始接触商店中的广告，随着认知发展而取悦父母。他们用指的方式提出对大多数吃的和玩的的要求。孩子也开始更加注意广告，有一些会坚持看更多电视。
和父母购物时得到选择的许可	3 岁半	孩子们爬上购物车或者走在父母旁边。他们认得大多数麦片、零食、冰激凌和冷冻甜品的品牌，并知道放在哪里。许多孩子有最喜欢的品牌甚至商店，父母开始选择那些孩子喜欢的品牌和商品。
和父母购物时可以独立购买	5 岁半	孩子第一次独立购物一般发生在超市、便利店或百货公司里。孩子们开始理解资金限制，一些孩子会因为东西太贵或质量不好而不得不拒绝一个商品而感到沮丧。
独立购买	8 岁	父母逐渐地且经常不情愿地开始允许孩子自己去商店。第一次独立购物可能发生在便利店。孩子发现了购物的奇妙，在许多选择中作出决定。

成人和代际间的消费者社会化

社会化过程是不间断的，它开始于早期的儿童阶段并持续贯穿一个人的一生。长大成为青少年和成人后，年轻消费者继续学习如何消费，很多人开始怀疑营销中的某些方面。一个研究发现，相比不太富裕的同伴，更富裕的青少年会更少怀疑广告。社会经济地位更低的青少年，比富有同伴拥有的钱少，会更多地批评广告。此外，研究发现网络使用和怀疑态度负相关，也许是因为网民可以跳过广告从而只访问他们感兴趣的内容。[9]

当一对新婚夫妇建立了他们的家庭后，不断调整共同的消费方式就是一个不间断的社会化过程。类似地，决定搬迁到佛罗里达或亚利桑那的一对退休夫妻的调整也是这一不断社会化过程的一部分。甚至迎接一个宠物进入家庭，其家庭中成员也必须面对使宠物社会化，以使宠物适应其家庭氛围这一挑战。最近的调查研究表明宠物的主人通常把宠物当做真正的家庭成员对待。例如，58%的受访者表示他们已从他们的猫狗那里收到或发出节日卡片，78%的受访者承认他们通常用不同的语调对他们的宠物说话并且把它们当做家庭成员。[10]

对某种产品的忠诚或对某品牌的喜爱将从一代传给另一代，有时可能会传递三四代。[11]例如，对产品品牌的喜爱，诸如花生酱、蛋黄酱、番茄酱、咖啡和罐装汤都是惯例性地从一代传到另一代的产品种类。在一些家庭中，比如亚洲的家庭，祖父母不仅在教授年轻人消费技巧时有重要影响作用，而且还参与到所有主要消费决策中。在亚洲，祖父母经常和他们的子孙生活在一起。

家庭的支持性角色

家庭有一些支持性功能，这些功能是社会化过程和消费者行为的一部分。包括经济福利、感情支持和合适的家庭生活方式。

经济福利

家庭最重要的经济功能是为其成员提供经济来源，分配收入以保证成员的财政充裕。表10—3显示了美国家庭的年均花费。最大的开销在住房、运输、居家食品、养老和社会保障、健康护理、非居家食品以及娱乐。[12]

表10—3　　美国家庭如何消费

开支类别	金额（美元）	百分比
居家食品	3 753	8.1
非居家食品	2 619	5.6
酒精饮料	435	0.1
住房	16 895	36.3
服装和服务	1 725	3.7
运输	7 658	16.5
健康护理	3 126	6.7
娱乐	2 693	5.8
阅读	110	0.2
烟草制品	380	0.7
生命和其他个人保险	309	0.8
养老和社会保障	5 471	11.7
其他	1 320	2.8
总计	46 494	

资料来源：U. S. Census Bureau，"Average Annual Expenditures of All Consumer Units by Selected Major Types of Expenditures：1990 to 2009，" Statistical Abstract of the United States：2012，Table 684. http：//www. census. gov/comendia/statab/2012/1250684. pdt. Accessed 6/20/2012.

情感支持

家庭的核心功能之一是为其家庭成员提供爱、情感和亲密感。当大多数母亲没有在外工作时，孩子们更多地从母亲那里获得情感支持。但是随着越来越多的母亲参与工作，有的可能比她们的丈夫事业心更强，此时男人就在抚养孩子的过程中扮演更重要的角色。如果家庭无法在需要时提供足够支持，这时就需要寻找顾问、心理医生或者其他专业人士。大多数社区里有教育和心理中心，以帮助父母提高孩子的学习沟通能力或者更好地适应环境。图 10—6 中 Lever 香皂的广告表现了家庭如何提供情感支持。

图 10—6　家庭提供感情支持

资料来源：Unilever.

合适的家庭生活方式

人们怎样看待“合适”的家庭生活方式反映了他们成长的经历。当他们的父母建立家庭时，会优先考虑孩子的学习教育、娱乐活动、爱好、职业目标、媒体曝光、购买习惯等，孩子们要模仿，或至少达到某些要求。改变生活方式对消费方式影响巨大，例如，妈妈们做家务的时间减少，导致便利产品市场的增加和快餐店的流行。而且由于父母都工作，许多父母与孩子在一起时也更加强调时间质量。

10.2　家庭决策和与消费相关的角色

市场营销者把家庭看作基本的消费行为单元，许多研究者研究了家庭决策的动态性。特别地，市场营销者聚焦在以下方面，如夫妻决策，家庭成员在消费中的相对影响，孩子在家庭决策中的作用，以及家庭成员在购买、使用和维护房屋、产品和服务时的多重作用。

夫妻决策

市场营销者研究了夫妻在消费中的相对影响，区分了夫妻决策的四种类型：

1. **丈夫主导决策**（husband dominated decisions），指决策过程中丈夫影响力大于妻子的购买决策。

2. **妻子主导决策**（wife dominated decisions），指决策过程中妻子影响力大于丈夫的购买决策。

3. **联合决策**（joint decisions），指丈夫和妻子具有平等影响作用的购买决策。

4. **自主决策**（autonomic decisions），指丈夫或妻子中的一人作为主要或唯一决策者的购买决策。

夫妻对特定消费决策的相对影响部分取决于产品和服务的种类。例如，在20世纪50年代购买一辆新汽车绝对是丈夫主导，然而在食品和存款的决定方面更多是妻子主导，但这种模式已经发生了改变。一些研究表明，女士在购买汽车时产生了85%的影响，在美国卖出的45%的车辆由她们独立购买。超过一半的女式车购买者在购车前会从专业渠道寻求建议，她们在购置过程中比男士花费更多时间（17周比15周），而且平均参考三家汽车代理，以寻找最好的价格和优质的服务。[13]

汽车制造商和驾校研究了女性驾驶者的特殊需求。比如，通用汽车公司特别关注配件细节、内饰织物、颜色、车厢、控制面板的形状和位置。另外，储存空间对女性买家很重要，她们需要空间存放杂货、手提包、孩子的玩具、可折叠座椅和汽车增高座椅。许多汽车厂商在设计座椅和方向盘时考虑了女性的高度，同时也设计了门把手以便留长指甲的女性驾驶员更容易抓住。显然男士和女士都喜欢“积极而优雅的”线条，这些线条拥有“没有粗糙边缘且紧致平滑的设计”。和男士一样，女士也需要表现和设计，除此之外她们还想要更多的特性。她们心目中的新特性包括被微光照明的门内把手、配有吸引人的按钮的凹形控制台、数字信息显示器、可以通过按钮调节升降的娱乐系统屏幕。[14]

传统上女性控制着家庭的日常开销，男性负责银行和财务计划的主要决策。但是，一项研究表明，英国女性比她们的丈夫更喜欢挑选银行和安排未来的收支。研究表明，91%的由女性负责财务计划的家庭留有一定存款，但仅有82%的由男性负责财务计划的家庭留有存款。这在年轻夫妇中尤其明显；在有男性年龄超过45岁的家庭，男性倾向于管理财务。研究预测到2020年，大多数各年龄段的女性将负责家庭的主要财政决策。此外，年龄小于45岁的夫妻，主要由女性选择家庭存款银行（52%的家庭）、掌控未来储蓄计划（52%）、支付每日账单以及记录消费（54%）。显然女性更擅长节省；结果显示37%的单身男性没有存款，而单身女性只有30%。女性对家庭财政的更好掌控可以增加家庭存款，因为女性倾向长期存款，更谨慎地支配存款。这也许意味着未来在就业和金融市场，抵押贷款和消费更不容易遭遇动荡。[15]

夫妻决策似乎也与文化影响有关系。研究人员对中国和美国的夫妻决策模式进行对比研究发现，相比美国，在中国的许多家庭购物中绝少是联合决定而更多是丈夫主导。[16]然而，当比较中国城市与农村家庭时，研究表明，在诸如北京这样的大城市中的已婚夫妇比农村的夫妇更多地享有购物平等决策权。在另一项对美国家庭和新加坡家庭的决策研究中，研究者发现联合性的决策是美国家庭的特点，而新加坡家庭更多由丈夫主导决策。[17]

儿童在家庭购买决策中的影响

在过去的几十年间，儿童在家庭购买以及家庭决策过程中发挥着越来越积极的作用。这种影响机制转变的产生主要是因为现在家庭孩子的数目越来越少（意味着每个孩子的影响力上升），更多的双职工家庭能够负担得起孩子作出更多的选择，媒体也鼓励孩子“表达自己”。另外，单亲家庭的住户经常鼓励自己的孩子参与家庭事务，自力更生。举个例子，在超市中陪同父母购物的儿童平均提出的15个购买要求中，几乎一半能够得到同意。[18]

一项包括访谈父母和他们的孩子的研究聚焦于关于度假的家庭决策中孩子的影响力。研究者指出尽管孩子们认为他们在这项决策中有很大影响力，但他们的父母却认为影响力有限。[19]另一项研究探索了孩子们的策略，这些策略用在希望父母给他们买东西或在家庭决策中按他们想法来做的时候。研究将孩子们使用的策略分为以下几点：

1. 施压：儿童提出要求，使用威胁，试着恐吓父母。
2. 交换：儿童提出做一些事情（如“好好表现”或整理房间）作为交换。
3. 理性：儿童使用有逻辑的论点以及事实论据。
4. 咨询：儿童让父母参与决策。
5. 讨好：儿童在要求你答应一个请求之前，会努力让你有好心情。[20]

一项研究调查了一组“少年网络专家”——花相当多时间在互联网上、知道如何搜索和寻找信息以及能够对于他人的要求作出信息反馈的少年。研究显示，少年网络专家相信自己在搜索和评估家庭决策中起着显著的作用，他们的父母也认可这个结论。[21]

儿童的三个市场

一位儿童营销专家指出儿童可细分为三个独立的市场，如表10—4所示。市场营销者可以运用这个框架锁定儿童市场的不同分类。比如，当把儿童看作影响者，食品和度假领域的市场营销者就应该在决策时考虑儿童的参与，但必须要采用微妙的方式以及不能表现得像是儿童对父母购物施加压力。另外，要确认儿童很早形成的品牌偏好，市场营销者应当突出儿童对于父母买特定品牌产品的感激。

表10—4　　儿童的三个市场

角色	描述	例子
儿童作为影响者	儿童在和父母外出购物或在家时提出购买需求	他们的东西（玩具、电子产品、衣服）。家庭需要的东西（家具、食物和偏好的饮料）。整个家庭的服务（度假、餐厅）。
儿童作为主要市场	独立购物的儿童和父母一起购物或用自己的钱购物	最常购买的产品包括零食/甜点、玩具、游戏、衣服、电影、体育项目、演唱会、游戏。
儿童作为未来消费者	儿童开始考虑未来的购物：“等我长大了，我会自己买……”	未来消费者很注意品牌，市场营销者要注意与他们建立联系。

度量家庭决策

度量家庭决策是复杂的，因为家庭成员在购买决策时对自己的相对影响力和其他人的观点不能达成一致，因此也不能同时访问他们。尽管如此，表10—5给出了一个用来度量家庭决策的工具。

表 10—5 关于度假的家庭决策的度量

1. 关于你的家庭
   两对配偶________
   一对配偶或父母________母亲________父亲________
   12 岁或以下孩子的数量________
   有其他成人住在你的家庭中吗？请说明________

2. 你的家庭怎样作出有关度假的决策？下面的问卷列出了一些必须进行的典型讨论，请告诉我们家庭中的每个成员对每个问题的影响力有多大。比如，如果妻子在决定怎样去度假目的地（乘飞机还是开车）最有影响力，请在“妻子”一列以及“怎样去目的地”问题后（在左边第一列）“最有影响力”一行做上标记。空下那些不符合情况的格子（如没有青少年的家庭）。

决策	影响力	丈夫	妻子	12 岁及以下的孩子	青少年
是否去度假	最有影响力 很有影响力 有一定影响力 很少影响力 没有影响力				
度假花费多少	最有影响力 很有影响力 有一定影响力 很少影响力 没有影响力				
什么时候度假	最有影响力 很有影响力 有一定影响力 很少影响力 没有影响力				
度假类型（迪士尼、国家公园、骑行、露营）	最有影响力 很有影响力 有一定影响力 很少影响力 没有影响力				
目的地	最有影响力 很有影响力 有一定影响力 很少影响力 没有影响力				
怎样去目的地（开车或乘飞机）	最有影响力 很有影响力 有一定影响力 很少影响力 没有影响力				

家庭成员角色

表 10—6 提供了有关家庭决策的另外一个视角，即区分在购买决策中成员的角色。举个例子，许多父母都是看门人，他们通过掌控电视、电脑和其他通信装置的内容，来控制家里的儿童可以接触到的信息。如前文提到的，放任型父母和威信型父母是细心的看门人。当面对这些父母时，电子制造商需要强调产品复杂的信息控制功能。公司在销售多功能汽车时应当确认儿童也许是家庭购买新型号时的一个影响者，尽管他们既不是家庭轿车的决定者也不是购买者。来自双职工家庭的孩子经常是食品的决策者、购买者和准备者，因此食品方面的市场营销者应当学习在这个领域内儿童在家庭消费中的角色。比如，儿童要能够安全容易地打开包装，要能够理解度量单位以及准备说明。因为作为维护者的儿童，经常需要自己承担家务活，如真空吸尘器的制造商就应当观察儿童如何使用自己的产品，以保证他们能够安全地使用。

表 10—6　　家庭成员的消费角色

角色	描述
影响者	给其他成员提供产品和服务信息的家庭成员
看门人	控制产品和服务信息的家庭成员
决策者	决定买什么以及在哪里购买产品的家庭成员
准备者	实际购买产品和服务的家庭成员
使用者	使用服务和产品的家庭成员
维护者	维修产品保证功能完整的家庭成员
处理者	开始或执行产品处置，终止服务的家庭成员

10.3 家庭生命周期

家庭生命周期（family life cycle）代表一个典型家庭的不同生活阶段。家庭生命周期是一个综合变量，它结合诸如婚姻状况、家庭规模、家庭成员的年龄（关注最长者和最小者的年龄）和家长的社会工作地位，从而将家庭划分到一个“典型”的阶段。父母的年龄和与此相关的可支配收入通常能够从家庭生命周期阶段推测出来。如本章开头所说，丰田汽车的各种型号就是考虑了家庭生命周期设计的。尽管由于非家庭住户的出现以及家庭不再明确划分各个阶段，美国家庭不再那么典型，家庭生命周期仍然被广泛用于对家庭的划分，而且它也经常被用来分析不能完全契合该工具的家庭的消费情况。

家庭生命周期始于单身时期并经过这一时期到婚姻（建立一个基本的家庭单元），随着孩子的出生带来家庭的成长，接着当孩子们离开家庭，家庭规模缩小。最后由于一对配偶的死亡而使基本单元消亡，家庭生命周期结束。家庭生命周期可划分为以下几个阶段。

单身期

单身期（bachelorhood）指单身男性和女性的状态，他们大多已从学校毕业，拥有可以支撑他们离开家去建立自己家庭的收入。越来越多的毕业生继续住在家里，为了省钱以准备购买自己的房子。单身的人主要把自己的收入花在衣服、汽车、旅行和娱乐上。市场营销者需要区分住在家里（和他们的父母住在一起）的单身者和已经离开家的单身者。图 10—7 和图 10—8 中的广告就是面向那些可以支付起昂贵家具和度假的单身富裕的女性。

图 10—7　面向单身期的女性：高价家具

资料来源：Ligne Resorts.

图 10—8　面向单身期的女性：独自度假

资料来源：RockResorts LLC.

蜜月期

蜜月期（honeymooners）指刚结婚的年轻夫妻的状态。受过教育的、已订婚的夫妻拥有共同的可支配收入。如果都迈入了职业轨道，他们的收入就会稳步增长。回到毕业学校的夫妇通常是为了节约开支和过更普通的生活。拥有可观可支配收入的人是市场营销人员主要的目标人群。许多夫妻在婚礼上会超支。因此，他们是家具、旅行、财务规划服务的目标市场。因为许多年轻夫妻都在工作，拥有两份收入可以允许他们在攒钱和投资的同时有更多随意购物的机会。

蜜月期的人在购置新房时会有可观的启动资金。他们必须找到住处，购买家具，装饰自己的家庭。他们是许多行业的市场营销者的主要目标，包括咨询杂志（如《美好家园》）、装潢师、设计师、建筑师和财务规划师。

父母期

父母期（parenthood）指至少有一个孩子生活在家中的夫妇的状态。这是家庭生命周期中最长的阶段。图 10—9 中帮助孩子提高认知的玩具广告就是以年轻父母为对象的。

图 10—9 面向年轻父母

资料来源：Ads created by Revolve，CA for Brain Candy Toys，CA.

父母期（有时也称作满巢期）通常持续超过 20 年。由于它是一个长期阶段，这个阶段可划分为几个较短的部分：学前、小学和初中、高中和大学。在整个父母期，家庭成员相互影响，家庭结构逐渐变化，此外当父母一方（或双方）在职位上得以提升或当抚育和教育孩子的担子逐渐增加时，当孩子可以自谋生路时和最后这一责任逐渐减少时，家庭的经济来源也发生显著的变化。

许多杂志将父母和不同年龄段的孩子作为目标，有时结合在一起，有时单独对待。例如，有许多特殊兴趣的出版物，《矮胖》（*Humpty Dumpty*）是为刚会阅读的幼童设计的；《士林杂志》（*Scholastic Magazine*）是为小学生设计的，《男孩》（*Boy's*）是为男孩设计的，《美国女孩》（*American girl*）、《17 岁》（*Seventeen*）、《魅力》（*Glamour*）、《小姐》（*Mademoiselle*）是为追求时尚的 10 多岁女孩和年轻女性设计的。此外，一本叫 *Cookie* 的相对新的杂志将如下一类父母作为目标，他们是超过 2 200 万的美国家庭中年收入高于 75 000 美元并且有一个年龄小于 10 岁的孩子的父母。[22]

后父母期

后父母期（post-parenthood）指年龄更大的并且没有孩子住在家里的父母。由于父母期延续了很多年，这一时期的开始（所谓“空巢期”）对于某些父母是痛苦的，而对于另外一些父母来说则是解放。对很多父母而言，这一时期给了他们机会可以做当孩子在家或上学时他们不能做的所有事情。

在这个时期，大多数夫妇经济有保障，有很多闲暇时间。他们利用更多的假期频繁地旅游，并且可能在更温暖的地方买第二套房子。由于储蓄和投资，他们有更多的可支配收入和较少的花费（没有贷款和大学学费账单）。他们期望成为祖父母，基于这种原因，后父母期的家庭是奢侈品、新车、昂贵的家具和远途旅游的重要市场。第 12 章将讨论退休后的消费者行为。

消亡期

消亡期（dissolution）指家庭中夫妻只剩一人在世的情况。当活着的配偶健康状况良好、正在工作或有足够的储蓄和有支持他的家庭和朋友时，这一调整时期是较容易度过的。活着的配偶（通常是妻子）通常倾向于一种更经济的生活方式。许多夫妇中活着的一方为了获得陪伴而相互寻觅，有些人会因此步入第二次（或第三次甚至第四次）婚姻。第 12 章将讨论老年消费者的特征。

家庭生命周期总结

传统生命周期的概念阐述了一个家庭可能在每一个阶段感兴趣的产品和服务种类。而这些讨论也对探索家庭生命周期概念是如何在这一时期对单个产品和服务造成影响提供了可能性。例如，在丹麦的一项定性研究指出，家庭生命周期阶段会影响人们在假期中所追寻的经历。如单身的人选择非传统的度假，在欧洲做背包旅行，而结婚有孩子的家庭则更传统，如在加勒比海小岛上的旅馆里度假。[23]

10.4　非传统家庭和集体住户

当目标细分市场不能代表“典型”的家庭和住户，市场营销者就要区分两类群体：

1. **非传统家庭**（nontraditional family）：不能轻易划分家庭生命周期的家庭。

2. **非家庭住户**（non-family households）：非法律上定义的家庭的居住状态（如已经同居但没有结婚的伴侣）。

最常见的非传统家庭形式和非家庭住户形式如表 10—7 所示。这种形式的家庭和住户曾经相当稀少，因而市场营销者会忽略他们。但是所谓的“典型”家庭和住户已经随着时间发生了改变。举例来说，在 1970 年，传统家庭在所有美国住户中占比 81%，到 2010 年这一比例降到 66%。由夫妻和小于 18 岁的孩子组成的家庭数量从 1970 年的 40%减少到 2010 年的 20%。“没有结婚，没有孩子”的住户（如非家庭住户）的数量从 1970 年的 19%升至 2010 年的 34%。[24]在同一时间内，家庭住户中没有配偶的比例从 11%升至将近 18%，独自居住者的比例从 1970 年的 17%升至 2010 年的将近 27%。而且，在 1970 年，年龄达到 18 岁或更大的 65%的男性和 60%的女性已经结婚，但在 2010 年，减少为 53%的男性和 50%的女性。[25]图 10—10 说明了美国非家庭住户的重要性。随着人们年龄的增长，出现更多非家庭住户，而且因为预期寿命的增加，非家庭住户越来越多，市场营销者不能再忽视他们。图 10—11 显示，在不同年龄组中，在非家庭住户中女性明显比男性多，而且这一比率随着年龄增加愈发显著。[26]

表 10—7　　非家庭住户说明

非传统家庭	
没有孩子的夫妇	许多夫妇，尤其是年轻时为了事业而晚婚的人，选择不要孩子
30 多岁甚至更晚结婚的夫妇	许多职业导向的男性和女性生活在一起许多年，即使已经结婚，也只要一个孩子
离婚的单身父母	高离婚率导致更多单身父母家庭
“筑巢者”——孩子又回到父母身边的家庭	年轻单身成年人回家是为了避免在立业时居住的费用。离婚的女儿或儿子，有时带着自己的孩子回家和父母住在一起。体弱的父母搬去和孩子住。新婚的人为了省钱在建立家庭前和父母住在一起。
非家庭住户	
不结婚的伴侣	选择住在一起，有孩子或没有孩子的人
单身父母	收养或选择独立抚养孩子的女性（大多数）或男性
同性恋伴侣（结婚或没结婚）	美国几个州允许同性婚姻，一些州认可同居伴侣关系。许多同性恋伴侣收养孩子，或者和异性恋者（不参与抚养）育有孩子。

资料来源：Compiled from data at：U. S. Census Bureau，Census 2010 Summary File 1 counts shown in American Fact Finder. http：//www. comsus. gov/prod/cen2010/briefs/c2010 br-14/ Accessed 6/21/12.

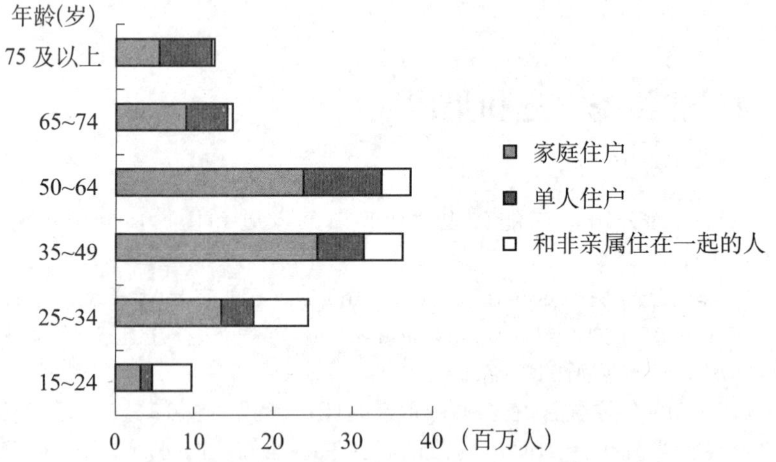

图 10—10　按年龄划分的家庭和非家庭住户的数量

非传统家庭和住户的消费者行为

一些研究聚焦于非传统家庭和非家庭住户。研究显示，结婚后的情侣更倾向于单独决策，而同居的未婚情侣则通常一起作决策。[27]当住户经历了状态变化（如离婚、休职或失业、新成员加入家庭、家庭成员的死亡），他们的消费模式和偏好就会改变。

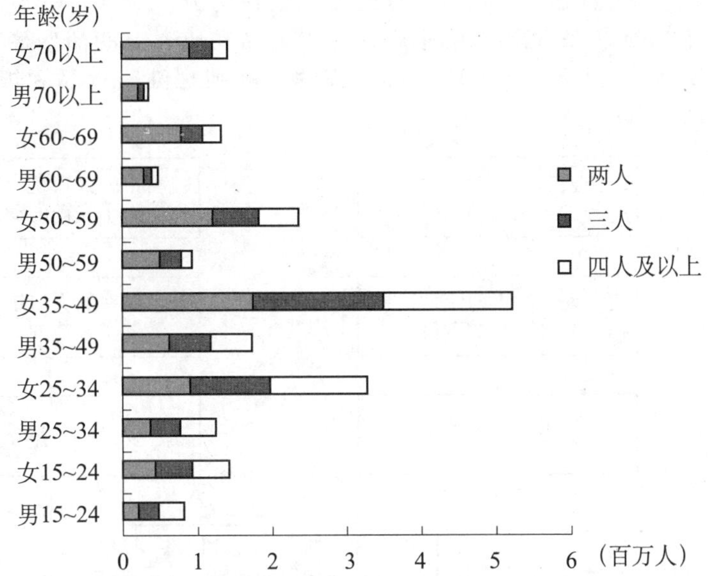

图 10—11 非家庭住户的数量：根据性别、年龄和家庭规模划分的无配偶组

有时，这些住户代表着利润市场。比如，离婚经常需要以前配偶的一方（或双方）寻找一个新的住所，购买新家具，也可能寻找一份新工作。因此离婚者可能需要与房地产代理商联系，去家具商店，也可能接触人事机构或职业顾问。另外，刚离婚的父母必须根据探望孩子的需要调整居住和购物模式，这些孩子在购买上的影响力会随着离婚而改变。研究指出单亲家庭的孩子在购买大件物品、度假时比来自完整家庭的孩子拥有更大的影响力。[28]

针对非传统住户的广告

表 10—7 中描述的目标消费者代表着营销的难题。一方面，许多产品的市场营销者需要承认非传统住户组成部分的存在；另一方面，一些传统家庭成员也许会因为宗教信仰的是非观念，而对非传统住户作出消极反应。市场营销者需要提出吸引两类住户而不冒犯其中一方的广告。例如，如果一款婴儿食品广告只描绘了孩子由年轻父母抚养，那么那些未婚的、单身的、年龄较大的父母就不觉得有说服力。而且一些抚养孩子的年轻父母也许会认为广告对单身者或离婚父母有所冒犯。因此婴儿食品应该关注孩子的快乐、健康、与抚养者的亲密关系，而不是向受众传递对家庭的定义。

有一则广告描述了一个场景，两位职业女性正在讨论啤酒，其中一人说："他喜欢我的孩子，他喝某品牌的啤酒。"这意味着正在说话的女性可能离婚了或者有一个非婚生子女。尽管很多年轻时髦的人会觉得这则广告很聪明，但这也许会冒犯更多传统的人。多年来，越来越多的广告表现了离婚者、单身父母、未结婚的伴侣和同性恋伴侣。在一些场合，保守团体会公开指责这类广告甚至会联合抵制广告中的产品。尽管市场营销者不能再忽视那些也许有人会反感的细分市场，但他们必须设计出有吸引力但不太可能引起争议的广告。

双职工家庭介入住户分类系统

图 10—12 显示了叫做"双职工家庭介入"的分类系统，这个系统由基于职

业组合和“职业相关动机”划分的八类住户构成。例如，双方职位都很低和妻子没有工作、丈夫职位较低的家庭在垃圾食品和快餐上的消费最高、在健康食品上的消费最低。相反，双方职位都很高的家庭则是健康食品和饭店的主要消费者，很少消费快餐。[29]

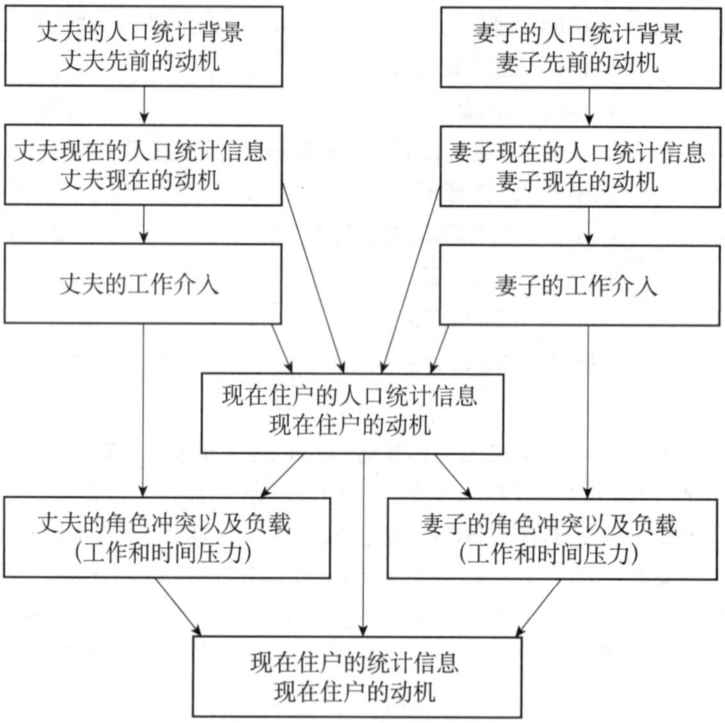

图 10—12　双职工家庭介入

10.5　社会地位和消费者行为

社会阶层是将一个社会成员划分为不同社会地位的等级制度，每个阶层的成员都拥有与其所属阶层相应的社会地位，而所有其他阶层的成员则有着与其阶层相对应的或较高或较低的社会地位。阶层结构（社会阶层）的形成贯穿于整个人类历史。在一定社会时期，受教育人士或有威望的人比同一社会其他成员拥有更高地位。属于某个社会阶层也同样反映了和其他社会阶层的价值观、态度和行为（包括消费者行为）的不同。社会阶层通常是将住户的社会成员分配到一个阶层的连续统一体，社会阶层是基于住户在这个社会中的相对威望进行分配的。

社会阶层与社会地位

通常，社会阶层的衡量是从**社会地位**（social status）的角度进行的，即根据与其他社会阶层成员相对而言所拥有的社会地位级别来评定每个社会阶层。社会地位由几个方面组成，包括财富（经济资产额）、权力（对他人的影响力）和从他人得到的尊重。一个人拥有的财物越多或者越昂贵，这个人的社会地位就会越高。此外，职业地位和受教育程度是衡量社会地位的其他两个人口统计变量。

社会阶层有等级之分且常用于细分消费者

社会阶层类别是按由低到高的等级制度划分的。某一特殊社会阶层的成员认为其他社会阶层的成员有比他们或高或低的社会地位。当涉及消费时，人们会寻找一些线索，这些线索显示出其他人或与他们平等（处于同一阶层），或优于他们（处于更高阶层），或劣于他们（处于更低阶层）。市场营销者经常运用社会阶层细分消费者，因为同一社会阶层的人共享价值观、态度、对生活各方面的优先顺序，包括消费者行为。

社会阶层的等级性体现在消费模式中。消费者购买产品是因为该产品受同阶层或高阶层人士的青睐（如高价格的瑞士手表），也可能排斥某些产品，因为它们属于“低档次”产品（如不知名的运动鞋或者成衣）。产品使用和社会阶层成员间的关系存在于所有的西方社会。例如，德国人将速溶咖啡看作高端产品，但法国消费者却视之为低端产品。[30]许多研究发现社会阶层经常决定了消费者必须接受或拒绝特定产品的态度，而且显著影响了他们对产品形式、服务和品牌的购买。

10.6　社会阶层的衡量

决定一个人的社会阶层的人口统计因素包括收入（经常指家庭收入）、财富（储蓄和流动资产）、收入和财富来源（继承或自力更生）、职业和受教育程度（正规教育年限或最高学历）。社会阶层可以进行主观衡量和客观衡量。

主观衡量与客观衡量

主观衡量（subjective measures）要求个体估计他们自己的社会阶层位置。典型的衡量方式包括下面几个问题：

“下列类型中，哪一个最能描述你的社会阶层：下层、下中层、上中层、上层？”

下层　[ ]
下中层　[ ]
上中层　[ ]
上层　[ ]
不知道/拒绝回答　[ ]

当研究者使用社会阶层的主观衡量方式时，许多人会错误地将自己归类为中层。实际上，不论是美国还是其他国家和文化中的许多人，都倾向于将自己归为中层。例如，在日本，每年的“国民生活”（Life of the Nation）调查都会要求公民将他们自己归入五类社会阶层中的一类：上层、上中层、中中层、下中层和下层。20 世纪 50 年代，70％的回答者将他们自己归入三类中层中的一类，这个比例一直在增加，直到今天，将近 90％的人将他们自己归为中层。[31]

许多研究者认为，对主观衡量的响应代表着参与者的个人认知以及同属于或区分于其他人的感觉，而不是同其他社会团体成员的比较。因此主观衡量实际上反映了一个人的**社会阶层感知**（social-class consciousness），即一个人对指定社会阶层的识别能力。

客观衡量（objective measures）包括一些人口统计变量，询问调查对象有关他们自己、家庭及住所的真实问题。社会阶层的客观衡量包括一个或多个以下变量：职业、收入、受教育程度以及其他相关因素（如收入来源）。这些数据通常并入地理人口统计、邮政编码及群居信息，用于定位具有一定收入、教育水平以及其他社会人口特征的消费者（见第2章）。

市场营销者和地理人口统计数据的提供者十分依赖美国人口普查局提供的社会经济数据。社会阶层包括个人教育、职业和收入，这些几乎是所有家庭中的相关变量。在衡量一个家庭的社会地位时，职业和受教育程度是由家庭成员指定的户主决定的。分别检查三种人口统计数据后，我们会结合他们的社会阶层指标进行一些讨论。

职业

人们的职业反映了他们相对于同一社会其他成员的社会地位。职业经常被认为是社会阶层和地位最好的测量工具，体现在人们经常会问“你从事何种职业?”在初次见面时，我们通常用这个问题的答案判断某个人，形成第一印象。职业声望衡量一个社会的优先级和道德。例如，在犹太教和基督教的传统中，人的生命是最重要的，因此在西方国家，医生和护士是有声望的职业。与之相反，崇尚集体主义的社会中，个人主义是不受欢迎的。例如，在苏联，医疗职业不是有声望的职业，因此该国的医疗水平和设施远落后于西方国家。在集体主义下，那些大而统一、无吸引力、块状、灰白的建筑被认为是“集体意志”的体现，这些建筑的工程师和建造者会受到很高的尊敬。因此在集体主义下，成为医师很容易，但只有被选拔的一部分人获准进入工程学院。在西方国家，获准进入医学院以及成为一名医师是很困难的，因为人们对生命和健康很敬畏，希望保证那些护理者是技艺高超和受过教育的。

不同于收入和教育程度，职业声望不能客观评定（或者说数字化）。职业排名反而是基于公众的观点，公众的观点是通过向较大的国民样本（1 000～3 000人的规模）进行调查来衡量的。社会排名阶梯是一项可以测量职业声望的方法，这个方法是指发放给被调查者写有100个左右职业列表的索引卡，让他们将这些卡片按照职业声望从高到低进行排列。另外一个方法是直接询问被调查者。例如，哈里斯民意调查（见图10—13）的结果就是基于对一个问题的回答，这个问题是：“我将要读一些不同的职业。对每个职业，请你告诉我你认为这个职业是非常有声望、比较有声望、有一些声望还是完全没有声望?”

职业声望排名（occupational prestige ranking）代表着社会对各种职业的社会价值和需求的集体信仰，主要是从职业所需知识（例如教育水平）和职业提供的物质回报（例如收入）进行评判的。有趣的是，声望排名反映了社会历史事件以及经济变化，这一点可以从图10—13中的有关职业声望的哈里斯民意调查中看到（2007年的调查）。从图中可以看到，消防员、警察、军官的声望从“9·11”恐怖袭击后稳步上升，随之增加的是海外地区参军的数量。商业管理者的声望较低，原因也许是过去十年发生的内幕交易和会计丑闻。许多调查表明，因为2008年的经济危机以及随后的经济不景气，银行家和股票经纪人的声望因而继续下降。尽管有关医疗成本的争论以及在美国最突出的健康保险覆盖的问题持续不断，医生的声望仍然稳步上升。在哈里斯民意调查中，超过1/4的被调查者认为“几乎毫无声誉”的职业包括股票经纪人、工会领导人、房地产经纪人以及演艺人员。

另外一个测量职业声望的工具是职业相关道德和诚实度。作为我们的行为标准，道德和诚实是我们文化中最重要的行为准则。源自圣经时代的黄金法则要求你“希望别人

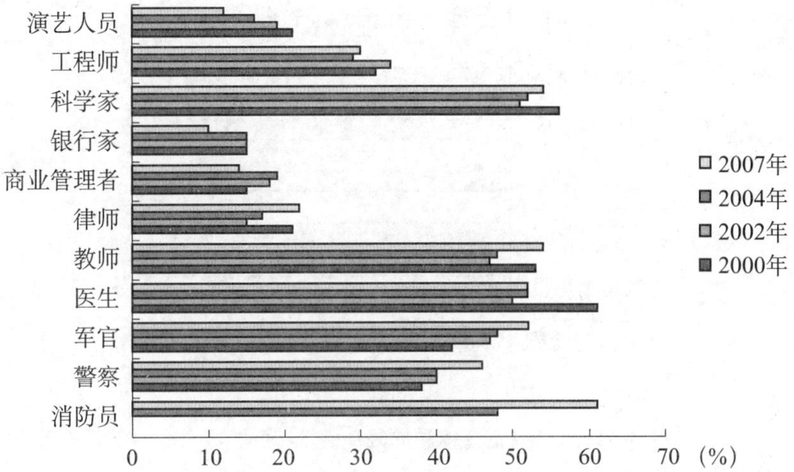

图 10—13　职业声望排名：认为职业“非常有声望”所占比例

资料来源：The Harris Poll ＃86，August 4，2009 By Regina A. Corso，Director，The Harris Poll，Harris Interactive.

怎么对待自己，就要怎样对待别人”，乔治·华盛顿（George Washington）说“我不能说谎”，林肯总统“知恩图报”的美名都是我们幼年教育的一部分，诚实被认为是一种美德。哈里斯民意调查继续用以下问题衡量人们对流行职业的诚实度和道德的认知：“请告诉我你如何评价这几个领域的人们的诚实和道德标准——非常高、高、一般、低、非常低?”图 10—14A 列出了最高诚实和道德标准的职业（超过 50%的被调查者选择），图 10—14B 列出了标准最低的职业。

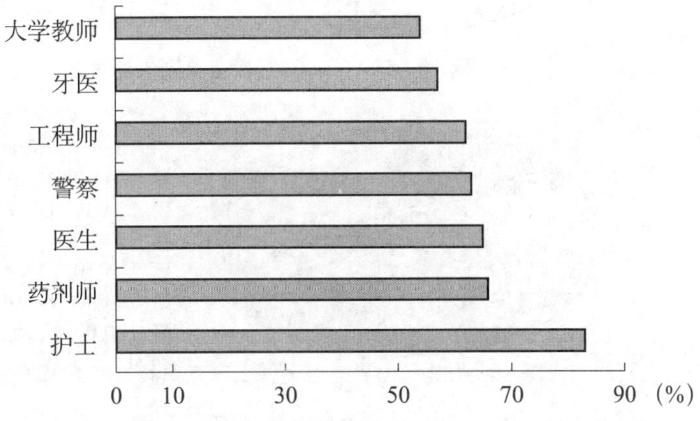

图 10—14A　高道德和忠诚：回答“高”或“非常高”的百分比

资料来源：Based on Gallup，Honest and Ethics Poll.

受教育程度

一个人所受教育越多，所得的报酬可能就越多，进而获得更有声望的职业，从而比其他低受教育程度的人享有更高的社会地位。根据美国人口普查局最新的数据，美国现在有 1.14 亿个家庭，平均每个家庭有 2.59 个成员。图 10—15 表明了受教育程度和家庭收入金额的关系。[32]饼状图代表不同的受教育程度和与之对应的收入。受教育程度提高，收入随之增加。例如，代表性收入介于 25 000 美元和 34 999 美元之间

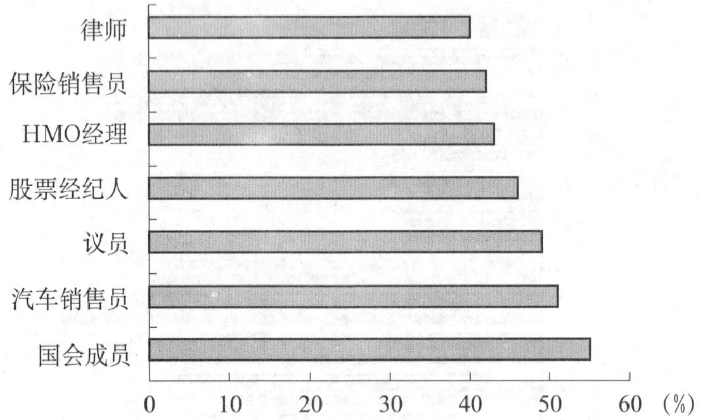

图 10—14B　低道德和忠诚：回答“低”或“非常低”的百分比

资料来源：Based on Gallup, Ethics and Honesty Poll.

的人，他们属于高中毕业的情况（见图10—15D）显然比上了高中但没有毕业的情况（见图10—15C）多。代表性收入达到或超过100 000美元的部分占据了硕士或更高学位人群饼状图的45%（见图10—15G），这说明学校教育让人们更加富裕。

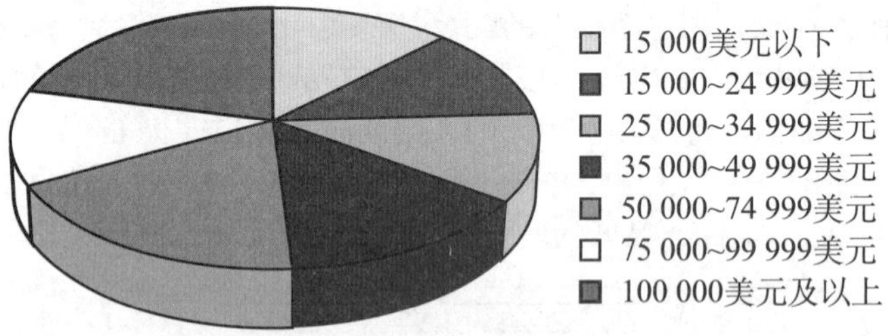

图 10—15A　25岁或以上美国人的收入

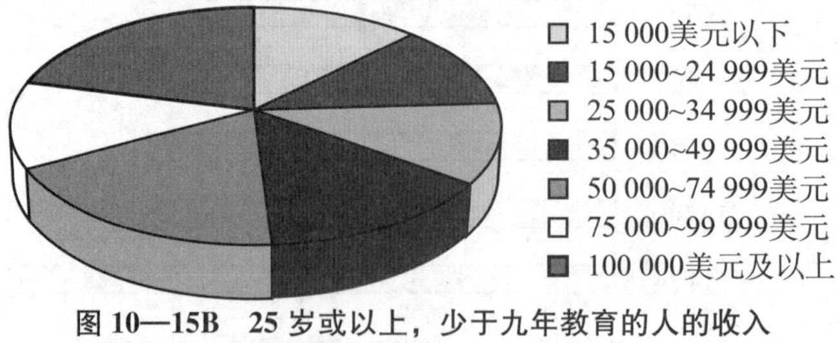

图 10—15B　25岁或以上，少于九年教育的人的收入

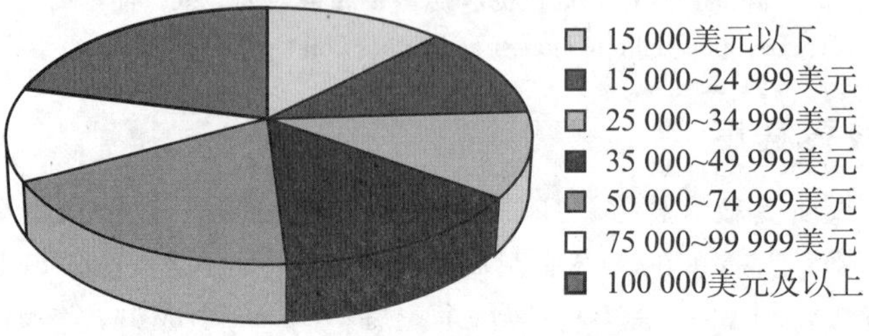

图 10—15C　25岁或以上，上高中但没有毕业的人的收入

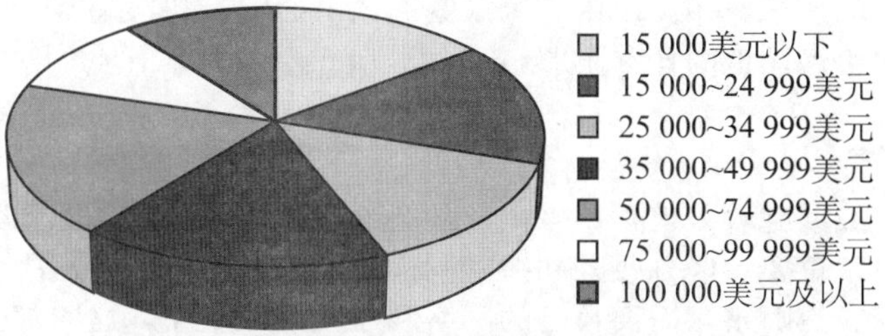

图 10—15D　25 岁或以上，高中学历的人的收入

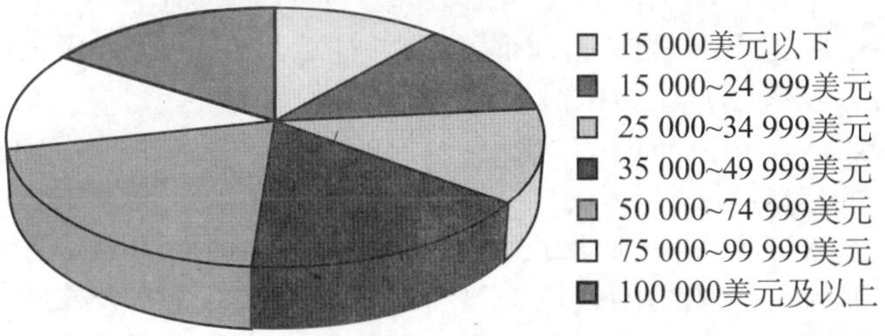

图 10—15E　25 岁或以上，上过大学但没有毕业的人的收入

资料来源：U. S. Census Bureau，Statistical Abstract of the United States，2012；census. gov/prod/2011 pubs/12 statab/income Accessed 6/21/2012.

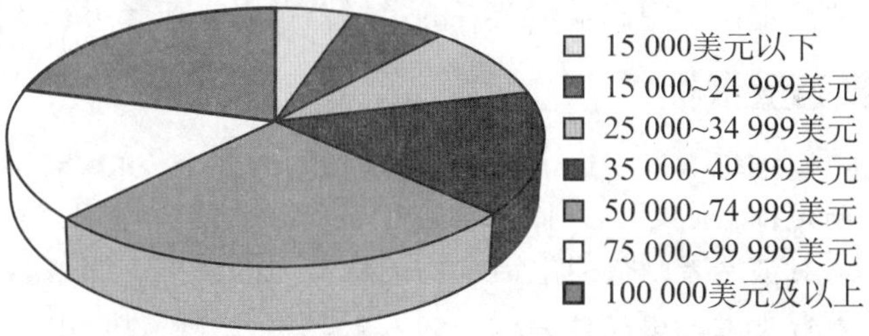

图 10—15F　25 岁或以上，拥有大学学历的人的收入

资料来源：U. S. Census Bureau，Statistical Abstract of the United States，2012；cenus. gov/prod/2011 Pubs/12 statab/income Accessed 6/21/2012.

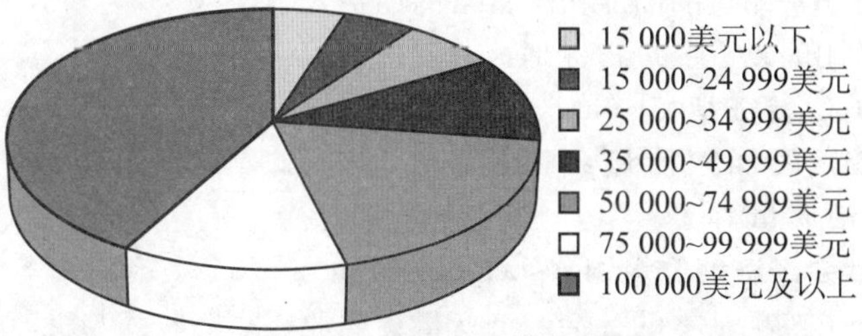

图 10—15G　25 岁或以上，拥有硕士或更高学位的人的收入

一个人的教育水平通常反映其社会阶层资格。例如，一个国家最具竞争力的大学的学生经常是校友和美国高社会地位者的子女，但是低社会阶层的孩子经常被鼓励去“找一份好工作”。在一系列有关社会阶层的文章中，曾引用了一位其父亲是工人的 50 岁老人的话：“生命的全部意义在于你应该在工厂获得一份较好的工作……如果我说想去上大学，就好像在说我想长出鳃然后在水里呼吸一样可笑。”[33] 几乎 1/3 的美国人在 25 岁左右从大学辍学（20 世纪 60 年代晚期为 1/5），其中大部分人是贫困的工人家庭的孩子。相反，中上等家庭的孩子通常有机会待到大学毕业，“因为他们几乎不会想去做其他的什么事”。[34]

收入

个人或家庭收入也常用来衡量社会地位。研究收入来源和数量在使用收入作为衡量手段时很重要。区分收入和财富同样重要。财富是由储蓄决定的，包括继承所得在内，为了获得财富，需要自己的网络和建立人际联盟，这些都会随着代际增长。收入仅仅代表可以消费多少的能力，但资产净值（如财富）可以用来创造更多的财政资源。过去几十年，美国的资产净值分布变得明显的不平衡。在2001年，1%最富有的家庭占有了将近34%的资产净值，90%社会底层的家庭仅占有28.5%的资产净值。于是，富人越来越富，穷人越来越穷。[35]

尽管收入是很流行的衡量社会地位的指标，但并非所有消费者研究人员都认为它是最合适的标准。一些人反驳，一位蓝领电气工人与一位白领银行经理可能都有87 000美元的年收入，但因为教育和职业的不同他们的消费方式也不同。同样，一位优秀的医师和一位成功的管道承包商都可能有200 000美元的年收入。收入的多少代表着消费的能力，但如何花钱取决于人们的优先级，反映了他们的教育水平、职业和社会交往水平。

杂志是接触不同收入、受教育水平、职业细分消费者的很好的媒介。例如，因为《美酒美食》（*Wine and Food*）杂志的大多数读者都是年轻、受过教育、从事管理职位的人，那些定位于中高端消费者的市场营销者就要考虑在这个杂志上投放广告。[36]

复合变量指标

复合变量指标（multivariable index）包括多个人口统计变量，综合一些社会经济因素来衡量社会阶层。人们认为它们比单变量指标能更好地反映社会阶层的复杂性。例如，对消费者邮件或电话购物的认知力的调查表明，通过衡量综合收入、职业地位与受教育程度，更高社会地位的人更愿意选择邮件、电话购物而不是通过商店购物。[37]研究还发现，下层消费者更乐于去商店购物而不是通过产品目录或电话购物。因此主要面向工人阶层消费者的零售商如凯马特、沃尔玛，应当使用直接营销，谨慎使用目录营销。相反，专注上层消费者的零售商，如尼曼与萨克斯，则能有效利用产品目录将非常昂贵的商品卖给富裕的消费者。

最常用的复合变量指标是：

1. **地位特征指标**（index of status characteristics，Warner's ISC）是对以下社会经济变量的加权衡量：职业、收入来源（非收入额）、住所类别与居住环境（邻里生活质量）。[38]

2. **社会经济地位级别**（socioeconomic status score，SES）由美国人口普查局开发，综合了三项基本的社会经济变量：职业、家庭收入与受教育程度。[39]

10.7 社会阶层的特征和消费者行为

对于应用多少个不同阶层去描述美国人口结构的问题并没有形成定论。很多早期研究将美国人分为五到六个社会阶层群体。一些其他研究则分别使用了九种、四种、三种甚至两种等模式。关于到底应该划分为几个阶层的问题，研究人员认为主要取决于在解释消费者态度或行为的研究中需要多少细节。

生命周期、消费模式、休闲活动、爱好、媒体曝光以及其他方面都是社会阶层中同构或异构的因素。表 10—8 表明将美国人口划分为七个社会阶层，图 10—16 列出了美国人口的社会阶层分布。

表 10—8　美国社会阶层的特征

上上层——继承财富和特权
- 也称作“上流社会”、“白人新教徒”、“贵族血统”
- 和新富人群一共只占据 1%的人口
- 继承的声望、财富和信托基金
- 地位和财富代代相传（房产、信托基金）
- 多代财富和领袖位置（比如总统、参议员、法官）
- 作为受托人在大学、医院和慈善机构担任董事长
- 掌握和拥有很大一部分美国公司
- 主要金融机构的领导者，有悠久历史企业的拥有者
- 在高级寄宿学校和常春藤大学上学
- 参加高级俱乐部，一起度假，和“门当户对”的人结婚
- 由于拥有财富，所以花钱并不在意
- 认为购买“玩物”（如游艇）炫富是粗俗的
- 爱好是打猎、航海、帆伞运动、高尔夫和骑马

新富——金钱至上
- 也称作“下上层”、“超级富豪”、“资产阶层”
- 和上上层人群一共只占据 1%的人口
- 拥有千万美元的资产但很少继承财富
- 有一些人教育水平较低（如演艺明星）
- 有一些是上过顶尖大学的企业家（常常是科技领域）
- 常因为保镖和大批随从而和他人隔离
- 经常见诸小报、八卦专栏和公众丑闻
- 努力加入上上层（如联姻），但大多未能成功
- 高度炫耀性消费——越庸俗越好
- 热衷于流行（通常短暂的）时尚和室内设计趋势
- 雇用大量员工——大厨、营养师、女仆、保姆、个人助理

上中层——成功的专业人士
- 关键特点是高学历和在专业上的成就
- 占据将近 15%的人口
- 职业导向，工作高度自主的受过高等教育的专业人士
- 公司经理、企业所有者、医生、律师、教授
- 大学毕业，很多有更高的学历
- 在专业领域、团体和社会活动中很积极
- 卫生健康，环境问题的意见领袖
- 对拥有“更美好的生活”有强烈的愿望
- 房子、汽车和旅游是他们成功的标志
- 消费经常引人注目，但并不庸俗
- 有一些人以孩子为导向

下中层——忠心的追随者
- 半专业人士和拥有平均生活水平的手艺人
- 占据约 30%的人口
- 主要是非管理类的白领工人或高报酬的蓝领工人
- 大多数是受过大学教育的白领

· 希望获得尊重并被视为好公民
· 希望他们的孩子表现很好和成为好公民
· 具有宗教价值观，经常参加相关社会活动
· 价值和价格意识强，避免时尚和热门款式

上下层——安全意识

· 也称作“工人阶层”，主要是蓝领，没有接受过大学教育
· 占约30%的人口
· 高中学历
· 从事常规化工作的办事员和大多数蓝领工人
· 生活宽裕程度取决于收入多少
· 为安全而努力（有时从联盟成员处获得）
· 将工作视为一种“购买”娱乐的方式
· 希望小孩能适当地表现
· 这个群体中的高工资者可能发生冲动性消费
· 对改善他们娱乐时间的东西感兴趣（如电视机、打猎装备）
· 丈夫多有强烈的男子气概
· 男性是体育迷、烟迷和啤酒爱好者

贫穷者——不稳定

· 也称作“下层”
· 占据约12%的人口
· 服务员、办事员和一些蓝领工人
· 社会阶梯中处在比较低的位置
· 具有经济不稳定性和贫困风险
· 有一些人是高中学历

下下层——最低点

· 也称作“下下层”
· 占据约12%的人口
· 受限或不是劳动力，受教育少、技能差的劳动力
· 没有政治或社会权利，无法改善他们的团体
· 依赖政府，经常失业和没有健康保险
· 小孩得不到好的待遇
· 过着过一天算一天的生活

资料来源：Based on MRI Spring 2012，www. fwmedia. com，accessed July 16，2012.

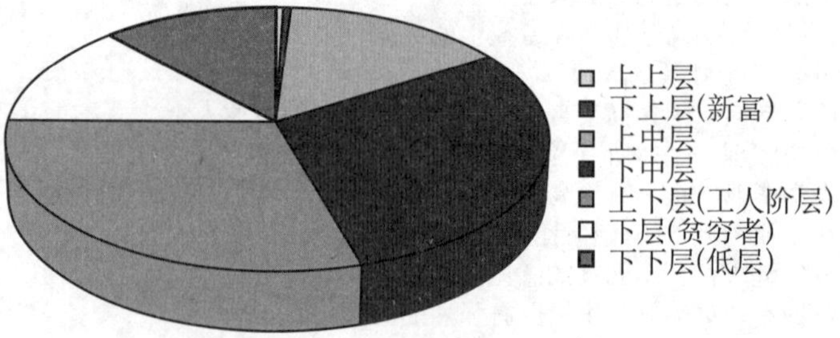

图10—16　美国社会阶层分布

向上流动

美国的社会阶层划分不像在其他国家与文化（如英国和印度）中那样固定。美国人传统上相信**向上流动**（upward mobility），因为教育资源丰富（例如有昂贵的顶级学校，同时也有不贵的州立和城市大学提供高质量的教育）以及自由企业和资

本经济提供的机会，他们有机会从低社会阶层迈向高社会阶层。事实上，一个身无分文的孤儿最终取得事业与生活双丰收的故事是美国小说、电影以及电视剧的主题。

因为美国社会普遍可以实现向上流动，社会地位低但野心勃勃的年轻人通常以社会阶层高的人作为参照人群。如管理实习生试图穿得像上司，中产阶层经理热衷于加入有社会地位的城市俱乐部，社区大学毕业的人节衣缩食把儿子送往耶鲁就读。

认识到个人往往追求高阶层人士享受的生活方式与拥有的财富，市场营销者在给中层或低层消费者做广告时会向他们展示高层人士的产品和符号。例如，拉夫劳伦开在纽约麦迪逊大道的旗舰店坐落在莱恩兰德大厦，这幢大厦建于一个世纪前，属于法国文艺复兴时期的风格，暗色而优质的古典家具配有深色地毯，显示其传承的财富。马球商标同样代表社会上层，因为这个阶层的许多人都打马球而且所属俱乐部都赞助马球比赛。许多拉夫劳伦的衣服上都会配上好像象征着欧洲贵族的徽章标识。

大约一个世纪前，一个社会学家提出了**涓滴效应**（trickle-down effect）这个概念。这个概念最初用于时尚领域，指低阶层人士会接受高阶层人士的时尚，即便高阶层人士已经放弃了这类时尚。高阶层人士放弃的时尚由于被所有人接受而变得不再具有独占性。为了保持独占性，高阶层人士会接受新的时尚，随后被低阶层人士仿效，周而复始。涓滴效应和采用者分类模型（见第9章）是相互匹配的。接受时尚或产品的人越多，就会出现越多的供应者从而导致价格下降。比如整形手术原来只提供给电影明星或其他富有的消费者。现在即使是低社会阶层的人也可以很容易地找到他们可以负担得起的整形外科医生。

富裕消费者

富裕家庭有大量的可支配收入，是众多产品有吸引力的目标市场，包括奢侈的巡游、外国跑车、滑雪、第二居所、名贵首饰以及艺术品等其他产品。总的来说，富裕的人更加健康，有更高的生活预期，比不太富裕的人更符合市场营销者所说的“为了健康而消费”。[40]但是有研究显示，富裕家庭的孩子有物质依赖、焦虑和抑郁的概率更高，这可能是由取得成就的压力和父母的远离（身体上和情感上）带来的。[41]

20世纪90年代，美国的财富得到了明显的增长，这部分归因于美国历史上最长的股市增长时段。2002—2004年，北美“高净值个人”的数目，即拥有的个人净值不低于100万美元的人的数目增长了9.7%，总计达到270万人。2006—2007年，这一数目从290万人增加到超过300万人，累计增长了3.7%。[42]实际上，尽管北美只占世界成人人口的6%，它却拥有了世界个人财富的34%。[43]

30年来，Ipsos Mendelsohn（一个市场调研公司）每年都开展**富裕市场**（affluent market）调研，调研中将其定义为年收入等于或高于10万美元的家庭。该调研将富裕市场分成三个部分：

1. **小富阶层**（least affluent）：年收入在10万～14.9万美元之间的家庭（数目占所有家庭的12%，总收入合计达1.7万亿美元）。

2. **中富阶层**（middle affluent）：年收入在15万～24.9万美元间的家庭（数目占所有家庭的6%，总收入合计达1.3万亿美元）、

3. **最富阶层**（most affluent）：年收入等于或高于25万美元的家庭（数目占所有家庭的2%，总收入合计达1.6万亿美元）。

尽管这部分市场只占整个家庭数目的20%，但是这些富裕细分市场的收入却占到美国所有家庭收入的一半以上。这些消费者的平均家庭收入已达到19.56万美元，平均流动资产达到50.09万美元。[44]据估计，900万美国家庭拥有至少100万美元的净资产。Ipsos Mendelsohn对“富裕”和“财富”做了定义的区别。将有充足财富的家庭定义为拥有价值至少100万美元的流动资产（现金或现金等价物，如信用违约掉期、对冲基金、股票和债券等）的家庭。根据这个定义，在美国2 330万个富裕家庭中有300万被认为是有充足财富的。另外，超过100万的家庭既拥有100万美元以上的财富，年收入也达到了至少25万美元。[45]

富裕者的媒体习惯不同于普通大众。[46]相比不富裕家庭，年收入超过10万美元的家庭每天花在电视上的时间更少，看更多的报刊，以及收听广播。表10—9列出了富裕消费者喜欢的杂志。[47]

表10—9　　面向年收入等于或超过10万美元的住户的杂志

杂志	读者总数（千人）	平均年龄	平均住户收入（千美元）	平均净资产（千美元）
《倾城》(*Allure*)	1 267	39.7	142.7	641.7
《建筑文摘》	1 389	52.4	152.5	869.0
《巴伦周刊》	414	53.7	163.3	1 015.0
《骑行》(*Bicycling*)	685	44.0	148.6	636.4
《雪茄迷》(*Cigar Aficionado*)	276	48.8	168.5	613.0
《时尚》	3 179	32.6	142.0	565.8
《精华》(*Essence*)	1 087	44.9	135.5	470.9
《男性健康》(*Men's Health*)	3 179	41.8	152.0	483.4
《国家地理》(*National Geographic*)	6 281	50.5	146.1	680.8
《人物》(*People*)	8 328	46.7	144.7	574.8
《罗博报告》(*Robb Report*)	175	50.7	187.4	1 077.5
《滚石》(*Rolling Stone*)	1 557	39.5	150.5	543.8
《美国科学》(*Scientific American*)	1 002	48.8	158.4	697.9
《时代杂志》(*Time Magazine*)	4 904	51.5	149.3	850.1
《名利场》(*Vanity Fair*)	1 602	48.0	155.8	768.8
Vogue	2 211	42.7	147.7	690.4

资料来源：Based on 2011 Survey Ipsos Mendelsohn.

富裕消费者们也不尽相同，可以根据消费习惯和生活方式进行划分。上层消费者是指在美国人口中收入排名前10%的消费者，他们包括几个细分部分（见表10—10）。市场营销者可以在很多方面运用这些细分。例如，“没有被拴住”的群体可能对享受剧院表演表现出更大的兴趣，“可以请保姆”的细分市场更愿意去参加一场音乐会，而“美好生活”的成员可能对观看鸟类动物感兴趣。[48]

表10—10 上层细分市场

名称	规模	描述
精美的家	占上层的37.3%	这些家庭中至少有一位高收入者，有小孩。
没有被拴住	占上层的35.1%	这些家庭中至少有一位高收入者，无小孩。
可以请保姆	占上层的8.3%	这些家庭中有两个或两个以上的人有收入，但没有高收入的，有小孩。
双职工	占上层的9.4%	这些家庭中有两个或两个以上的人有收入，但没有高收入的，无小孩。
美好生活	占上层的10.0%	这些家庭是高度富裕的，没有人工作或者家庭中的主要人物是不工作的。

中产阶层的消费者

“中产阶层”并没有标准的定义，商人和社会学家对其的定义也不相同。许多社会学家将中产阶层分为两层：“上层或专业中产阶层”包括高学历、薪酬不错的专业人员和管理者（约占美国人口的15%～20%）。“下中层”包括大多数准专业人员、熟练工人以及初级管理者（约占人口的1/3)。社会学家将中产阶层人士描述为具有舒适生活条件、经济有保障、具有维持生活方式的技能。很多时候，大学教育是中产阶层的关键指标。另外一些人聚焦在普遍存在于中产阶层的职业性质，保证他们的独立、遵从内在动机、不墨守成规和创新性。

“中产阶层市场”有时被定义为家庭收入排在中间50%的家庭，即收入介于25 000～85 000美元之间的约5 700万户家庭。[49]不同的是，有调查显示，90%或者更多的美国人认为他们自己属于“中产阶层”或者“上层中产阶层”或者“工人阶层”。[50]市场营销者普遍认为中产阶层包括了其中的下中层和中中层。许多学者认为美国的中产阶层正在缩减，中产阶层的消费者不断涌向上中层，而另一部分则失去优势沦落到工人阶层。[51]

宝洁公司是个人和家庭护理产品（全球）的全品牌制造商，它将中产阶层定义为年收入在50 000～140 000美元之间的家庭（占美国家庭的40%)，并将其作为自身业务的核心。因为2008年秋的经济危机带来的经济停滞仍然在持续，这些家庭的购买力持续下降，宝洁公司意识到它的核心客户不愿过多支付标志性的高价产品（如帮宝适和汰渍）。因此公司推出更低价格的产品选择，比如价格仅为Dawn Hand Renewal香皂一半的Gain香皂。[52]

低层消费者

工人阶层和蓝领群体是指年收入不到40 000美元的家庭，他们占据了30%以上的美国家庭总收入，是重要的细分市场。一些研究指出这类消费者对品牌更加忠诚，因为他们不愿承受转向不熟悉的品牌所带来的损失。相比中层消费者，低层消费者将收入花在食品上的比例更大。

面向工人阶层的营销可以很微妙。例如，一项在英国进行的实验表明，一些品牌通过宣传“高端市场”的转型来取悦蓝领家庭，因为研究显示人们想逃离“工人阶层”，对有的人来说甚至意味着轻蔑。研究同样指出比萨快递（Pizza Express）是工人阶层最流行的品牌，主要是因为它的消费者很少前往提供餐桌服务的餐厅。[53]对于很多工人阶层消费者来说，食品是让他们“放纵自己”的领域，有时可能会导致不良后果。一位不列颠的作者意识到了英国提供的超大份快餐潮流，指出“不是富裕的中产阶层，而是贫穷、不了解饮食健康的下层民众在遭遇肥胖的威胁”。[54]事实上，英国（和美国）的研究确认了来自较低阶层的孩子比相对富有的孩子更容易肥胖。[55]

服装、时尚和购物

一位希腊哲学家说：“首先弄清楚你自己是谁，然后据之来装扮自己。”[56]不同社会阶层有不同的时尚、品位和优雅诉求。例如，一些工人阶层消费者经常穿戴带有标识、商标、偶像或乐队名称的T恤和帽子。与之相反，上层消费者选择没有明显标签、颜色柔和、样式实用的衣服（如宾永（L. L. Bean）和布克兄弟。

美国上流社会阶层通常被认为是“学院风格”并经常被更低社会阶层的人效仿。富裕人士（无论男女）都会选择实用、舒适、经典的服饰而不是追求流行。他们的服饰上很少有名牌标志而且有继续减少的趋势。可机洗的卡其布短裤和中性服装很流行，因为惯例是卡其布面向富裕的人而粗斜纹棉布面向低阶层人士。帽檐在女性中非常流行，因为它能帮助女性免受阳光伤害，而且适合打网球。装饰有动物和海洋生物的服装常常很流行，比如绣有螃蟹的游泳裤，就像装饰有俱乐部标识的T恤。任何穿主题服装的理由都是可接受的，如在7月4日的节日派对上穿红白蓝三色衣服。polo衫是无明显设计师标志规则的例外，实际上，富裕人士在polo衫成为设计师标签很久以前就在穿它。学院风最初起源于被称为白人新教徒的上层社会（盎格鲁-撒克逊人）。导购常常劝导以男性为主的消费者去购买昂贵的名牌服装以“看上去像个白人新教徒”，比如购买昂贵的名牌白色巴克鞋，白人新教徒常会对这样的情形感到厌恶。许多富家子弟都会有这样一双鞋，大多是几年前从Johnston & Murphy（以130美元的价格）购买的。更重要的是，富家子弟只会在诸如婚礼和鸡尾酒派对等特定场合穿白色巴克鞋，而不是在星期六下午外出办事的时候穿。[57]

品牌的社会阶层标志是一个棘手的问题。尽管从未公开承认，一些记者定期报告诸如天伯伦（Timberland）和宾永等被认为是上层社会白人的典型选择的公司，困扰于它们的产品（尤其是男鞋）在市中心少数群体的年轻人中流行。显然，这些市场营销者认为这些“不受欢迎”的客户会损坏产品形象。相反，一些时尚却发源于居住在低收入人群中的青少年和年轻人。比如，几年前，一些设计师在观察了低阶层的孩子后，开始推广一长一短可同时将一个穿在另一个外面的男士短裤，这种新的时尚非常成功。购物时，人们倾向于避免去与自己的社会阶层格格不入的商店。但精明的商人可以取悦多个阶层的消费者。例如，Gap公司主要向中层消费者提供高质量服装。Gap公司同样开办了老式海军服装店给那些习惯从大型零售商那里购买休闲服的工人家庭。这些大型零售商包括凯马特、沃尔玛或塔吉特。Gap公司同样拥有香蕉共和国，它起步于旅游主题类服装，现在已经被定位为高端商店。

储蓄、消费和信用卡

对财政资源的管理和社会阶层紧密相关。上层消费者更具未来导向，他们对自己的财务判断充满信心。他们投资于保险、证券和房地产。与之形成对比的是，下层消费者一般更关注“当前的满意”；当他们储蓄时，他们主要是对安全感兴趣。当讨论银行信用卡的使用时，下层消费者主要是利用银行信用卡完成分期付款的购买，而上层消费者每个月都会最大量地使用信用卡。换句话说，下层购买者倾向于使用信用卡购买“现在购买稍后支付”的东西，这些东西不会是他们支付不起的，而上层购买者则是将信用卡当作现金的便利替代物。

一项在澳大利亚的研究聚焦于工人阶层和年轻职业者（25～30岁）的财政管理和效能感的不同。该研究发现，年轻的职业者认为自己拥有足够的能力实现自己的愿望，他们富有学识，以结果为导向。而工人阶层则相反，他们觉得自己是普通人，会表达自己的失望（例如“我从来都没法完成这件事情”）和对未来感到彷徨。[58]

沟通

谈到各自的日常生活时，下层社会成员通常以一种个人化且具体的方式来描述，中层社会成员会用不同的语言风格，上层社会成员也有自己的词典。下面关于“你通常在哪里给汽车加油”的回答反映了这种不同：

上中层的答案：“埃克森（Exxon）或太阳石油（Sunoco）。”

下中层的答案：“第七街和波斯特大道的加油站。”

下层的答案：“在查理的加油站（Charlie's）。”

从社会学层面看，语言分析表明，中层消费者的世界观更为广阔，而下层消费者的世界观较为狭隘与个人化，从而通常以自己的经历来评价世界。不同地区的用词也不尽相同。比如儿童游戏跳房子（参与者将小东西投掷在几个画在地上的长方形格子里，然后单脚越过或跳过格子取到东西）在曼哈顿叫做“potsy”，在芝加哥则叫做“blue sky”。

各社会阶层对大众媒体的选择有所不同。在看电视时，高层社会成员倾向于时事报道与戏剧，而下层社会成员趋向于肥皂剧、谜语竞猜与情景喜剧。高层消费者比低层消费者更关注杂志与报纸，低层消费者则可能注重那些刊登影视、电影名人、浪漫故事与生活方式的刊物。比如，《真实故事》（*True Story*）杂志的主要诉求对象就是蓝领阶层或工人阶层的女性，她们乐于了解其他人遭难、成名或发达的报道。中层消费者比低层消费者更偏好基于事实、信息翔实的杂志和报纸，喜欢电影和午夜剧场。[59]

向下流动现象

在美国，通常下一代比上一代生活得更好。但有迹象表明**向下流动**（downward mobility）正在发生，也就是出现了所谓的向下移动现象而不是社会阶层的向上移动。实际上，许多人预测现在“经济潮一代”的年轻人，生存条件并不如他们的父母。

具体来说，研究者发现，能够在 40 岁时达到中层社会水平的年轻人比率在缓慢下降，不管是什么样的种族、教育水平和父母的收入如何。[60]例如，美国住户的收入 1969—1979 年增长了 1 869 美元，1979—1989 年增长了 2 855 美元，1989—2000 年增长了 3 888 美元，而 2000—2007 年家庭住户的收入则减少了 324 美元。[61]

另外，收入的不平等自 19 世纪 80 年代——镀金时代以来不断加大，而且自 1970 年以来富人与穷人之间的差距不断扩大。尽管在 1979—2000 年间排名前 50 的住户的收入增长了 70%，但最后 50 名的收入只增长了 6.4%。尽管大多数美国人认为收入不平等是正常的，但是只要存在社会流动，就有迹象表明社会流动性正在下降。近来对 2 749 名配对父子的研究结果显示，有很少的后代能获得往上发展的机会。另外一些数据显示，42%的出生在最贫困的后 50 名家庭的个体完全没有机会翻身，而另 24%的个体则只能往上走一小步，进入临近的社会群体。只有 10%的出生在底层 1/10 家庭中的成年男性有机会进入前 1/4 群体。[62]

10.8　地理社会人口统计和社会阶层

市场营销者运用地理社会人口统计区分属于不同社会阶层的消费者的地理位置。这种方式隐含的合理理由就是“物以类聚，人以群分”。也就是说，有类似社会经济背景的家庭倾向于住在相同的社区，互为邻居。**地理社会人口细分**（geo-demographic segmentation）是指根据邮编和美国人口普查局、州以及地方政府提供的数据来区分和记录的家庭群体。

最先进的地理社会人口统计分类是尼尔森的**以邮政区划为基础的市场潜在评级指数**（PRIZM）（www. MyBest Segments. com），这个方法可以将社会经济（教育、收入、职位、家庭生命周期、种族、住所以及城市化）和人口统计因子（消费者购买行为、媒体使用习惯以及市场营销者用于定位拥有相同生命周期和购买行为的消费者数据）结合起来。这个框架将每一个美国家庭划分到66个细分市场中的一个（见表2—3）。图10—17A描述了这66个细分市场是如何根据城市密度和财富分类的。如图10—17B所示，PRIZM将所有美国家庭分为11个“生命阶段”。

许多市场营销者研究一些PRIZM细分市场中的家庭使用产品的情况、使用媒体

图10—17A　PRIZM的14类财富群体

资料来源：Copyrighted information of The Nielsen Company，licensed for use herein.

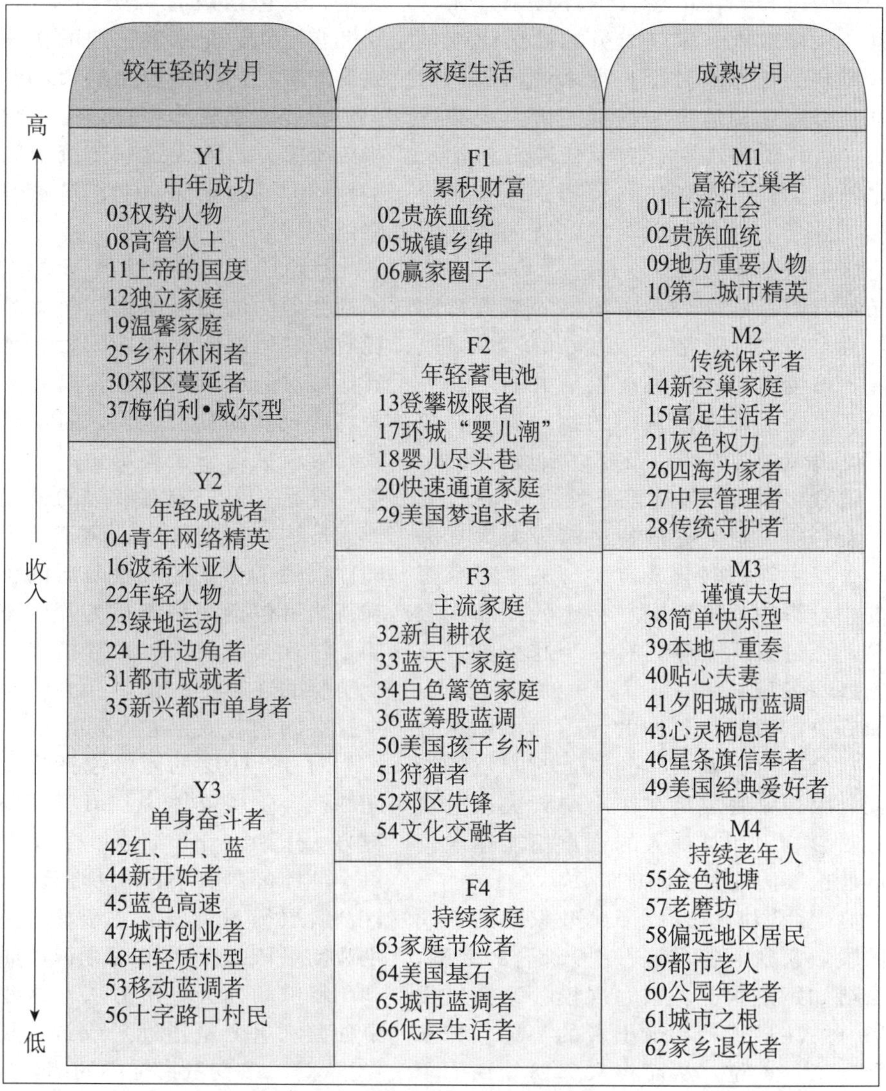

图 10—17B　PRIZM 的 11 类生活方式群体

资料来源：Copyrighted information of The Nielsen Company，licensed for use herein.

情况以及其他的消费因素，这些细分市场喜欢购买他们的产品和服务。例如，投资服务应当注意那些“富豪”经常访问的财经网站，以观察消费者认为什么样的投资机会有吸引力。高端度假和名贵奢侈品的市场营销者应当研究“年轻的新富”。但是这些市场营销者不能聚焦于“老牌的富豪”，因为这些人拥有“祖传的财富”，他们回避购买名贵奢侈品，因为他们认为这样是“品位差”和“炫耀”财富的行为。

小结

家庭是许多态度和行为的最初的参照群体。家庭对于许多产品和产品种类来说也是首要的营销目标。作为最基本的成员群体，家庭被定义为由两个或两个以上的由于血缘、婚姻或生活在一起的收养关系的人组成。社会化指将社会能接受的方式表现行为举止教授给个体的过程。在市场营销环境下，无论是对幼儿还是成人，家庭成员的社会化都是家庭最重要的任务。对于儿童来说，包括传授给儿童与文化相适应的基本的价值观和行为模式。这些价值观和行为模式通常包括道德和宗教信念、与人交往的技巧、穿衣打扮的标准、恰当的举止和语调，以及选择合适的教育、工作和职业目标。

市场营销者把家庭看作基本的消费行为单元，许多研究者研究了家庭决策的动态性。特别地，市场营销者聚焦在以下方面，如夫妻决策、家庭成员在消费中的相对影响、孩子在家庭决策中的作用以及家庭成员在购买、使用、维修房屋、产品和服务时的多重作用。多数消费者研究把家庭消费决策分类为丈夫主导、妻子主导、联合或自主。夫妻对家庭决策的相对影响程度取决于特定的产品或服务类型。在过去几十年，有一个趋势是，孩子在家庭购买和家庭决策过程中的作用变大。衡量家庭决策过程是复杂的，因为市场调查问卷只适合某个被调查者的某个时间点的情况。而且因为家庭成员在作出购买决策时自己的相对影响力和其他人的观点不能达成一致，因此也不能同时访问他们。

家庭生命周期代表一个典型家庭的不同生活阶段。家庭生命周期是一个综合的变量，它结合诸如婚姻状况、家庭规模、家庭成员的年龄（关注最长者和最小者的年龄）和家长的社会工作地位，从而将家庭划分到一个“典型”的阶段。父母的年龄和与此相关的可支配收入通常能够从家庭生命周期阶段推测出来。

家庭生命周期始于单身时期并经过这一时期到婚姻（并建立一个基本的家庭单元），婚姻带来家庭的成长（伴随着孩子的出生），接着家庭规模缩小（孩子们离开家庭）。周期最后结束于家庭基本单元的消亡（由于一对配偶的死亡）。

有一些居住方式并不典型。如有一些不符合家庭生命周期的家庭，包括没有孩子的配偶、晚婚者、继续和父母居住或搬出后又重新回家的年轻人、离婚者。还有一些包括非法律意义状态的家庭（如同居但未婚者），这些家庭包括没有结婚的伴侣、单身父母、同性恋配偶。非家庭住户的快速增加带来营销上的困难：许多产品的市场营销者必须意识到非传统家庭的存在，但同时不能冒犯那些传统家庭，因为这些传统家庭可能会由于宗教信仰等因素而对非传统家庭的一些特征感到不满。

社会阶层是指将一个社会成员划分为不同社会地位的等级制度，每个阶层的成员都拥有与其所属阶层相应的社会地位，而所有其他阶层的成员则有着与其阶层相对应的或较高或较低的社会地位。阶层结构（社会阶层）形成贯穿于人类历史。在一定的社会时期，受教育人士或有威望的人比同一社会其他成员拥有更高地位。属于某个社会阶层也同样反映了和其他社会阶层的价值观、态度和行为（包括消费者行为）的不同。社会阶层是将社会成员——通常指将住户分配到一个阶层的连续统一体，社会阶层是基于在这个社会的相对威望进行分配的。

对社会阶层的衡量包括将个体划分到不同的社会阶层群体中。市场营销者将社会分类方法作为区分和细分目标市场的有效方式，每个群体都具有不同的价值。有两种基本的社会阶层衡量方法：主观衡量和客观衡量。主观衡量依赖个人主观意识，而客观衡量则利用特殊的社会经济方法，这些方法或者是单独型（单变量指标）或者是复合型（多变量指标）。多变量指标中的诸如地位特征和社会经济地位的得分，都是结合了一些社会经济因素从而形成对社会阶层水平的整体衡量。

生命周期、消费模式、休闲活动、爱好、媒体曝光以及其他方面都是社会阶层中同构或异构的因素。对于应用多少个不同阶层去描述美国人口结构的问题并没有形成定论。很多早期研究将美国人分为五到六个社会阶层群体。一些其他研究则分别使用了九种、四种、三种甚至两种模式。关于到底应该划分为几个阶层的问题，研究人员认为取决于在解释消费者态度或行为的研究中需要多少细节。本书划分为七个社会阶层：

1. 上上层——继承财富和特权。
2. 新富——刚刚富裕。

3. 上中层——高学历和高声望。

4. 下中层——半专业人士、非管理人员、平均生活水平的手艺人。

5. 上下层——蓝领、常规化工作、稳定收入。

6. 贫穷者——社会阶梯中处在比较低的位置，经济不稳定。

7. 下下层——经常失业、依赖政府。

市场营销者运用地理社会人口统计区分属于不同社会阶层的消费者地理位置。这种方式隐含的合理理由就是"物以类聚，人以群分"。也就是说，有类似社会经济背景的家庭倾向于住在相同的社区，互为邻居。地理细分是指根据邮编和美国人口普查局、州以及地方政府提供的数据来区分和记录的家庭群体。最先进的地理社会人口统计分类是尼尔森的PRIZM。

复习与讨论题

1. 家庭怎样影响孩子的消费者社会化？电视广告在消费者社会化中起到什么作用？

2. 作为一名销售顾问，你被迪士尼公司聘请设计一份调研家庭怎么制定假期计划的报告。在家庭成员中，你将会与谁会面？会问哪些问题？怎样才能估算出每个家庭成员在作出决策时的相对力量？

3. 在以下的产品和服务中，传统家庭生命周期的五个阶段中哪一种包含最奢侈的部分？（a）有线电视服务订购；（b）地中海俱乐部的假期；（c）达美乐比萨；（d）iPod；（e）共同基金；（f）汽车之家。解释你的答案。

4. 营销研究者一般采用客观方式来衡量社会阶层，而不是主观方式。为什么研究者会偏好客观方式？

5. 在什么情况下你会认为收入是一个比复合社会阶层衡量（基于收入、受教育程度和职位）能更好地预测消费者行为的变量？什么时候你会认为复合社会阶层衡量方式更好？

6. 如下几个与社会地位相关的变量——职位、受教育程度或收入——哪一个最适合作为下列细分的基础？（a）昂贵的度假；（b）歌剧预订；（c）《人物》杂志订阅；（d）瘦身产品；（e）个人电脑；（f）移动电话；（g）健身俱乐部。

7. 考虑劳力士手表，它的零售价格从不锈钢手表的4 500美元到镀金手表的上万美元不等。劳力士公司如何在其营销工作中利用地理人口聚类呢？

8. 你是两家家具商店的老板，一家是针对上层消费者的，另一家是针对下层消费者的。社会阶层的差异如何影响到每一家商店的：（a）产品线和风格；（b）广告媒体选择；（c）广告中使用的文本与沟通风格；（d）支付政策？

实务练习

1. 在本章，我们已经研究了父母和兄弟姐妹等是如何影响孩子、弟弟妹妹以及成人等消费者的社会化过程的。但是，我们还没有确定孩子（尤其是儿童和少年）对于父母的社会化影响。列出10种你影响父母社会化的方式。

2. 在电视连续剧中找出一个传统家庭和非传统住户，把传统成员归类为传统家庭生命周期，把非传统家庭归类为表10—7所描述的种类之一，比较一下两个家庭的特点和消费模式。

3. 复制图10—13中的职位列表，让非营销专业的同学（包括商学院和非商学院的学生）对这些职位的相对声望进行排序。这种排序的差异和他们所学的专业有关吗？请解释。

关键术语

富裕市场（affluent market）
威权型父母（authoritarian parents）
威信型父母（authoritative parents）
自动决策（automatic decision）
单身期（bachelorhood）
消费者社会化（consumer socialization）
消亡期（dissolution）
向下流动（downward mobility）
扩展家庭（extended family）
家庭（family）
家庭生命周期（family life cycle）
地理社会人口细分（geo-demographic segment）
蜜月期（honeymooners）
丈夫主导决策（husband-dominated decision）
地位特征指标（index of status characteristics，Warner's ISC）
放任型父母（indulge parents）
联合决策（joint decisions）
小富阶层（least affluent）
中富阶层（middle affluent）
最富阶层（most affluent）
多变量指标（multivariable index）
忽视型父母（neglecting parents）
非家庭住户（non-family households）
非传统家庭（nontraditional families）
核心家庭（nuclear family）
客观衡量（objective measures）
职业声望排名（occupational prestige ranking）
父母期（parenthood）
后父母期（post-parenthood）
以邮政区划为基础的市场潜在评级指数（PRIZM）
参考群体（reference group）
社会阶层（social class）
社会地位（social status）
社会阶层感知（social-class consciousness）
社会化（socialization）
社会化代理（socialization agent）
社会经济地位级别（socioeconomic status score，SES）
主观衡量（subjective measures）
涓滴效应（trickle-down effect）
向上流动（upward mobility）
妻子主导决策（wife-dominated decisions）

第11章 文化对消费者行为的影响

学习目标

1. 理解文化的角色、动态性、发展和对消费者优先顺序和行为的影响。
2. 理解文化是如何通过语言、符号和仪式表达的。
3. 理解如何衡量文化对消费者行为的影响。
4. 理解美国人的核心价值观以及怎样利用它们进行说服性沟通。
5. 理解绿色营销和生态责任消费。

引　例

文化（culture）综合了价值观、习俗、规范、艺术、社会制度以及一个社会的智力成就。文化价值观代表集体法则、标准和群体的优先级。世界上的许多促销信息都在一定程度上反映了目标消费者的文化价值观。例如，美国人推崇个人成就，喜欢通过炫耀物质财富来显示他们的成功。道奇汽车广告告诉消费者通过驾驶道奇向其他消费者做一个“大胆的声明”，这则广告反映和加强了人们炫耀自己财富的渴望。美国人同样推崇效率和进步，尤其是在面对技术创新时。戴尔公司做推销一款小巧纤薄但功能耐久强劲的超极本广告时，广告语“所有乃至更多”迎合了美国人认为技术进步让他们的工作和生活管理更加高效的信念。本章后面提到，成就、成功、效率、进步都是美国人普遍持久的和消费相关的优先考虑因素和核心价值，它们经常决定了人们买什么以及为什么买。

本章讨论文化的社会角色和动态性，解释文化价值观如何满足需求，探索人们怎样学习、表达和判断。最后，讨论了美国人的十个核心价值观，将其与广告和促销主题相联系，并通过对绿色营销的讨论结束本章。

11.1　文化的角色和动态性

我们经常认为文化是一双“看不见的手”，指导着一个特定社会中人的行为。当消费者研究人员问到人们为什么会选择做某些特定的事情时，通常的回答是“因为事情就应该这样”。这个回答反映了文化对我们行为影响的深入性，它深深植根于对我们行为的影响中。通常只有当我们访问其他国家，观察到当地的价值观和行为后时才会意识到文化是如何塑造了我们的行为。例如，当去过法国或意大利的餐厅后，许多美国人会意识到他们吃得太多而且经常吃零食。此外，如果我们在美国旅游，也会看到亚文化在标准和偏好上的不同。例如，居住在美国东北部的消费者历来会在汉堡上放番茄酱，而其他地区的人则喜欢芥末，或者是芥末混合番茄酱（见第 12 章）。

一些研究者定义了不同“水平”的文化规范：

1. 超国家层面，它反映的是影响多种文化或者不同社会的文化基本组成要素（即跨国家或者跨文化边界）。比如，它可能反映地域特征（如生活在南美特定地域几个国家的人），或者种族和宗教的相似点和不同点，或者相同或不同的语言。

2. 国家层面，反映共有的核心价值观、习俗和那些代表着特定国家公民所具有的“国民性”核心的个性。

3. 群体层面，群体层面因素关注的是一个国家或社会多样的细分群体。它们可能包括亚文化、其他参照群体的影响等。[1]

对于跨越国家边界的超国家层面文化，研究者开发了一种面向全球 14～24 岁青年的生活方式模型，包括四个部分：

1. 小圈子型：这是关于特权和强化的世界，进行交流需要寻求批准。偏好于耐克和阿贝克隆比 & 费奇等传统品牌来支持传统。

2. 流行的独行其是型：口头沟通很快速，强调激情、个性和即时满足。他们偏好于能够个性化的品牌，如 Diesel 和阿迪达斯。

3. 网络知识分子型：他们是在线社会网络的中心，革新、创造和重建充满了他们的世界。他们偏好能够增加他们模糊感的崇拜品牌，如 Vespa 和范斯（Vans）。

4. 狂热的反叛者型：他们与声名狼藉、肾上腺素和无政府这些词语相联系（法律和秩序是不存在的）。[2]

文化的持续演化

市场营销者必须经常关注文化的变化，从而发掘新机会和放弃那些因为文化改变而“萎缩”的市场。为达到这个目的，市场营销者需要定期考虑一些问题，包括为什么消费者是这样行动的，服务的购买者和使用者是谁，他们什么时候购物，他们怎样与媒体接触，以及他们需要什么样的新产品和新服务。比如，美国的文化改变逐渐增加了女性的职业选择。现在，大多数女性都在外工作，而且经常是做那些以前只能由男性主导的工作。在本章后面，我们将解释为什么成就和个人成功是两个核心的美国价值观，还会探讨市场营销者怎样在广告中运用它们。尽管成就以前常和男性联系在一起，尤其是男性业务主管，但因为女性越来越多地参加本科和毕业生（其他学院）商业项目，而且也获得了高级的商务职位，因此成就对女性而言也越来越重要。女性现在也出现在以前被男性占据的行业（如医药、工程、科学）。因此，现在面向女性的广告开始描述其成就和成功，而不是像以前那样只是将她们设定为母亲和家庭主妇。

一个纵向研究调查了近年来女性在广告中是怎样被描述的，研究证明了促销信息中存在性别角色的变化。特别是女性作为“主要人物”（如印刷广告中的焦点）的数量相比男性增长了四倍，女性作为商务专业人士的数量也显著增加。[3]

文化信仰反映消费者需求

文化表达和满足了社会需要。通过满足人们的生理需要、个体需要和社会需要这些久经实践证明的需要，文化为人们提供了在解决问题的各个阶段所需的秩序、方向感和指导。例如，文化提出以下标准：何时用餐（不是在两顿正餐之间）；在哪里用餐（大多时候，餐厅拥挤的原因是食物不错）；早餐（薄煎饼），午餐（三明治），晚餐（好好吃一顿热腾腾的营养餐），快餐（能迅速补充能量的食物，但不会有太多卡路里）；如何招待客人：晚宴（正式围坐在一桌的晚餐），野餐（烤肉串和汉堡包），婚宴（香槟）。同样，文化也与社会成员的喜恶相关，哪些是必需品，哪些是奢侈品。例如，以前移动电话（最早被称作车载电话）昂贵且不多见，但现在因为越来越少的人使用传统付费电话而使得移动电话变成了必需品。

文化也为出席不同场合的着装提出了要求（在家穿什么，上学、工作、去教堂穿什么，去快餐店或影剧院穿什么）。如今着装标准已发生很大转变，美国人在那些以前要求穿正装的场合也开始穿得更加休闲。比如只有很少大都市中的饭店和俱乐部有穿职业装的要求。随着着装标准的宽松化，在企业工作环境中，男士穿西服、打领带的越来越少，女士穿制服、套装和连裤袜的越来越少。员工转而选择休闲装、运动装、牛仔裤，甚至是衬衣和 polo 衫。

有一些习惯却不太可能改变。软饮料公司更希望消费者早上用于提神的咖啡因是从它们的产品中摄取的，而不是从咖啡中摄取。因为大多数美国人认为苏打水并不适合作为早餐饮料，软饮料公司面临着来自文化和其他早餐饮品竞争厂商的双重挑战。茶、软饮料，甚至含有咖啡因的矿泉水，都挑战着咖啡作为传统早餐饮品的地位，但大多没有成功。实际上，咖啡之所以在我们的文化中根深蒂固不仅仅因为它是早餐饮品，而且是“咖啡时间的”核心。咖啡生产厂商并不只是依赖于文化优势，它们通过推出精制咖啡和调味咖啡，以及面向年轻人的诸如意式浓缩咖啡、卡布奇诺咖啡以及摩卡咖啡等手段对竞争对手进行反击。

当某一特定标准不能再满足社会成员的需求，那么，这个标准就会被修正或替代。例如，以前我们从未听说饭店会提出关于个人的问题。现在我们经常回答服务员有关食物过敏和其他药物、食物限制相关的问题。有时社会集体利益同新兴文化相矛盾。比如，年轻的美国人可以通过电子设备随时随地沟通，因为发短信和打电话而分心造成了更多交通事故。图 11—1 就是政府用来劝阻分心驾驶的两个广告。

图 11—1　劝阻分心驾驶

资料来源：(Left & Right) National Highway Traffic Safety Administration.

11.2 文化价值观是习得的

信仰和习惯必须被社会的很大一部分所共享才能成为一种文化价值观，因为文化实质上是指导个人和群体行为以及连接个人和群体的一系列规范。通常来说，社会成员通过共同的语言共享价值观和习俗，尽管也有一些文化包含了不止一种语言。

学习形式

我们大多从家庭和同伴那里学习文化规范和习俗，从很小的时候开始懂得哪些行为是正确的而哪些不是。人类学家将文化习得分为三种不同形式。**正式习得**（formal learning），指家长、年长的亲人和其他家庭成员教育家里的小孩子“怎样为人处世”。**非正式习得**（informal learning），主要指小孩模仿某些特定成员的行为，如家人、朋友或电影明星。**技术性习得**（technical learning），指在教育环境中由老师教导孩子在社会和个人行为中，哪些事应该做，具体该怎样做，以及为什么要这样做。我们的道德价值观（如友善、诚实和责任的重要性）也是在小时候通过父母、老师和其他有影响的成年人言传身教而形成的。[4]

文化习得和文化适应

人类学家会区分自身文化的习得和新文化的习得。**文化习得**（enculturation）指自身文化的习得。**文化适应**（acculturation）指对新文化或国外文化的习得。在第13章，我们会说明文化习得对在多国市场做生意的市场营销者的重要性。在这种营销中，市场营销者必须研究其潜在目标市场的文化，确定他们的产品是否能够被目标市场接受，如果能够被接受，该如何更好地将产品特征传达给目标市场才能说服其购买。

消费者可能在自己的国家扮演一个“外国人”的角色。一项研究追踪了一组在曼谷（泰国首都）读书的外地女性。第一个学期刚开始，她们就迅速组成了一个外地人群体。她们往往选择固守她们的小群体，而不是和曼谷学生及曼谷的社会场景融为一体。她们在曼谷生活得越久，就越显得抵制成为曼谷的文化，坚持她们的外地人自己的价值观。[5]

一个人习得文化的关键是家庭以及**消费者社会化**（consumer socialization）的过程（见第10章）。这个过程包括将与消费相关的价值观和技能教给孩子和年轻的成年人，比如金钱的意义和价值、如何评价产品质量、样式和偏好、产品使用以及促销信息的意思和对象。[6]除了家庭之外，教育和宗教组织也向年轻人传递着文化价值观。教育机构则传授有关艺术、科学、公民和专业特殊技能等知识。宗教组织经常会提供对行为产生很大影响的精神和道德指引以及价值观的塑造。

营销影响文化习得

媒体、广告和营销的内容反映了文化价值观并将其有效传递给社会成员。美国人广泛接触印刷、广电和在线媒体，促销信息成为传递文化价值观的有力工具。几乎一天24小时，我们都会面对许多营销信息，这些信息传递和加强了文化信仰和价值观。例如在竞争激烈的移动通信行业，供应商都宣传自家产品具有低掉线率、高覆盖面和灵活的资费计划等。在看了几年这些广告后，移动电话用户习得了从移动设备中寻求广泛的利益，期望水平也因为更复杂手机的频繁宣传而进一步加强。

在广告中，文化价值观不仅体现在广告文案上，而且体现在图像、颜色、移动、音乐和其他非语言元素上。[7]许多产品成为美国的标志以及国家文化价值观的有形表达。例如，空前流行的棒球帽为戴它的人带来文化标识。棒球帽可以起到纪念品的功能（作为参与运动和旅行的证明）。有一些品牌则因属于某一文化范畴而可以作为自我声明标签（如哈雷-戴维森摩托车的所有者）或自我表达的工具（如高度定制的哈雷-戴维森摩托车）。可口可乐和迪士尼是最知名的美国商标，世界上几乎所有地方都有人穿着印有它们标识的衣服（和仿冒品）。

市场营销者同时会传递很多信息以促使消费者表达和分享文化价值观。例如，在*Vogue*、*Bon Appetit* 等精美的杂志上做广告，《建筑文摘》指导读者应该如何装扮、装修房子以及怎样招待客人。人们在网上建立有关产品的虚拟社区，交换和学习产品相关的习惯。社交媒体成为传递和分享文化价值观的关键因素。人们在推特上关注有影响力的人和同伴，在博客上写一些关于活动、兴趣和观点的博文。因此，越来越多的人加入到市民团体和人道主义事业中。他们的行动传达了个人成就和人道主义的重要性，而这两者都属于核心价值观（在本章后面讨论）。

语言和符号

文化价值观体现在语言、符号、交流以及工艺品中。**符号**（symbol）指代表其他事物的语言或非语言事物。文字是语言符号，因此广告中的文本是符号的组成部分。非文字交流包括通过运用诸如数字、颜色、图形甚至质地来进一步表达印刷广告或电视广告、商标、包装或产品设计的意义和内涵。许多符号既有语言意义又有心理意义。“飓风”一词指代天气情况中的一种，但也经常会使我们在情感上受到干扰，引发恐惧和需要保护和安全的感觉。类似地，“凯迪拉克”一词有如下象征意义：对某些人意味着质量优良的豪华轿车；对其他人意味着财富和地位（例如，“这是冰箱中的凯迪拉克！”这个语句可能被用来表示某冰箱是它所在产品类别里最好的冰箱）。

一个符号可能具有矛盾的意义，例如，广告商使用商标描述某一老工匠来代表精良的制作工艺，相反，传达的含义也可能是过时的方法，且缺乏风格。使用俚语吸引年轻消费者的营销者要特别小心；被误用或过时的俚语将使营销公司和产品同样受到影响，还可能冒犯一些人。

价格和分销渠道也是营销者和产品的重要象征符号。例如，服装店的位置（以及单品价格）是质量的重要象征。实际上，营销组合的所有因素——产品、促销、定价和出售商店——都是向潜在消费者传达质量等级的符号。

仪式

除了语言和符号，文化还包括仪式化行为。**仪式**（ritual）是指一种由一系列步骤组成的具有象征意义的活动，该步骤以固定顺序出现并且随时间重复出现。[8]仪式可能是公开的、复杂的、礼仪性的（如婚礼）或常规的（如日常清洁）。仪式化行为通常是正式的，按书面流程进行（如某宗教仪式或法庭上得体的举止行为），它也可能重复出现（如比赛前唱国歌）。

许多仪式包括了人造物品，并且有的产品就是用于特定的仪式。比如，火鸡、填物和小红莓就是感恩节仪式的一部分。毕业典礼、周末的纸牌游戏以及去美容院等仪式中都涉及一些人造物品。表11—1列出了不同场合下合适的人造物品。

表 11—1 特定仪式和相关的人造物品

特定仪式	典型人造物品
婚礼	白色婚纱（旧的、新的、借的）
小孩出生	美国储蓄基金，银制儿童汤勺
生日	生日贺卡，礼物，带蜡烛的蛋糕
结婚 50 周年纪念日	纪念晚会，贺卡，礼品，两人一起生活的照片
毕业	钢笔，美国储蓄基金，贺卡，腕表
情人节	糖果，贺卡，鲜花
新年前夜	香槟酒，晚会，搞怪服装
感恩节	为家人和朋友准备火鸡餐
健身	毛巾，运动服，水，iPod
周日足球赛	啤酒，薯片，脆饼
超级碗聚会	与周日足球赛相同，不过量更大
开始新工作	理发，买些新衣服
获得工作上的晋升	与同事吃饭庆祝，收到纪念礼物
退休	公司晚会，手表，纪念章
去世	发送卡片，以去世者的名义捐钱给慈善基金

仪式化行为（ritualistic behavior）是仪式中的行为和一系列步骤。例如，一个打高尔夫球的人在打球之前会有几次预备性的身体摆动，这就是一个仪式化行为。个人护理活动经常是仪式性的，表 11—2 描述了一个女性日常面部护理时的一系列仪式化行为。

表 11—2 一位年轻电视广告销售代表的面部美容过程

1. 用发带将头发固定到后面。
2. 用欧莱雅眼部卸装液卸除所有彩妆。
3. 然后，用小巧的海绵重新涂抹眼部以确保所有眼部彩妆卸除干净。
4. 用 Noxzema 洗面奶洗脸。
5. 用倩碧润肤露涂抹面部和颈部。
6. 如果面部有暗疮，我会用 Clearasil 抗痘软膏来涂抹该部位。
7. 每个星期，我都会用棉球将倩碧 2 号清洁乳液涂抹到脸部和颈部以祛除死皮。
8. 每 3 个月我会去一次专业的美容院做面部护理以深层清洁毛孔。

11.3 测量文化价值观

文化反映了社会的价值观、习俗和仪式，同时反映了人们怎样生存和交流。用于测量文化价值观的最广泛的方法包括内容分析、现场观察和价值观测量。

内容分析

内容分析（content analysis）是指注重研究包括促销信息在内的口头、书面和图画交流的内容。内容分析法可以用于营销、性别和年龄问题、社会学和政治学、心理学以及许多其他领域。在其他概念中，内容分析可以：

1. 识别个人、群体或组织的意向、焦点和传播趋势。
2. 描述人们对沟通交流的态度和行为反应。

3. 决定个人或群体的心理和情绪状态。[9]

内容分析可用作判定特定社会或和其他文化相比发生了何种社会和文化变革。对出现在8期《十七岁》杂志（其中4期在日本发行，4期在美国发行）中的250则广告进行内容分析，研究人员得到的结论是在两国发行的杂志对年轻女性的刻画是不同的。美国年轻女性通常被联想成独立并有决断力，日本年轻女性更多地被描述为快乐，孩子般爱玩儿的形象。[10]另一个内容分析研究——比较美国和中国针对儿童的电视商业广告——表明82%的中国广告重在销售食品，而56%的美国广告重在销售玩具。[11]

现场观察

研究某特定社会时，人类学家经常醉心于通过**现场观察**（field observation）研究文化，选择一部分人群，仔细观察他们的行为。在观察的基础上，研究者可以得出被研究对象所处社会的价值观、信念和习俗。例如，如果调研者对女性如何挑选牛仔裤感兴趣，他们可能安排经过训练的观察者在百货商店和服装店观察哪款以及多少次这款牛仔裤被购买者拿起、打量和试穿。

现场观察：

1. 发生在自然环境中。
2. 一般情况下被观察者无知觉。
3. 注重观察行为。

因为重点放在自然环境和可观察的行为上，涉及消费者行为的现场观察通常侧重店内行为而不是居家消费行为。

在某些情况下，调研者成为**参与性观察者**（participant observers），他们成为其研究环境的积极一员，他们研究并投入到相同的行为、仪式和习俗中。例如，当调研者对研究消费者如何选择洗衣机感兴趣时，他们可能在电器商店的销售柜台，从销售者角度直接观察，甚至在交易过程中与消费者有互动。进行现场观察的专业研究者会对观察对象录像，包括工作场所、居家、汽车或是公共场所。例如，研究人员问年轻人为何购买某一款T恤，年轻人可能会给研究人员听起来明智的答案。相反，观察正在购物的年轻人，听听他们和其他买家或店员的交谈，就可以知道更多年轻人的购买动机。日产在20世纪90年代设计英菲尼迪轿车时采用的就是这种调研，公司派出两个人装扮成学生，在洛杉矶地区两个家庭租房居住，以此观察“典型”美国人和汽车相关的行为偏好，整个过程没有被家庭成员发现。其他调研发现，日本和美国消费者对豪华轿车的看法完全不同：日本人追求简单，而美国人疯狂追求可见的奢华。[12]

除了现场观察，**深度访谈**（depth interview）和**焦点小组**（focus groups）（见第16章）也经常被市场营销者用来研究社会和文化变革。在焦点小组讨论中，消费者倾向于表露出行为和价值观的变化，例如对新产品或服务的市场接受程度。焦点小组研究被用于产生加强消费者忠诚和客户维系策略的方案。研究发现现有消费者，尤其是服务领域（如投资和银行服务）的消费者，想通过个性化服务形式建立其忠诚度。因此一些公司建立满足消费者特殊需求的忠诚（或购买频率）项目。

一项关于食品符号意义的研究，针对年龄范围在22～71岁的对象，包括15名男性，15名女性，进行了共计30个深度访谈，每个用时1.5～2.5小时不等。研究揭示食物消费的社会和文化范畴可以分解为7个类别：符号食物（如家常食物和爽口食物），个体食物（如健康食物），社会食物（如与家庭成员共享的食物），文化食物（如被认为增强性欲的食物），仪式食物（如怀旧食物），内容食物（如约会食物和茶歇食物）和体验食物（如来自其他文化的不熟悉食物）。[13]

价值观测量

人类学家传统上习惯于观察特定社会中成员的行为并由此推断该社会潜在的主导价值观，但是同时也会使用结构化、自我测量的问卷去测量个体文化价值观，如洛基奇价值观调查、**价值观和生活方式**（values and lifestyles，VALS）（见第 2 章）、戈登个人和人际关系价值观调查。

洛基奇价值观调查

洛基奇价值观调查（Rokeach values survey）是具有两部分自我管理价值观的清单：

1. 18 项**终极性价值观**（terminal values），指反映目标和生存（即终点）需求状态的价值观（如开心、快乐、自由、自尊）。

2. 18 项**工具性价值观**（instrumental values），指作为达到最终目标的途径的价值观（如野心、诚实、礼貌、责任）。

被调查者回答对他们来说每个价值观在生活中作为“指导标准”的重要性。

在每组价值观中，都有两个子集：一些有关个人方面的终极性价值观（如舒适或兴奋的生活、快乐、内部和谐），还有一些有关人际方面的（如世界和平和美丽、国家安全）。工具性价值观包括胜任力（如野心、才智、责任）和道德价值观（如原谅、帮助和礼貌）。

从文化导向的角度，根据洛基奇分类，人们可以被分为四类。表 11—3 描述了每个类型以及适用的宣传主题。

表 11—3　洛基奇方法和说明性宣传主题

		终极性价值观：目标和生存需求状态	
		个人价值观：关于个人	社会价值观：关于交往
工具性价值观：达到终极性价值观的行为和方法	胜任力价值观，包含野心、才智、责任。一旦违反，会觉得羞愧和不足	促销信息应该反映消费者对成就和自尊的追求，以及对舒适生活和独立性的奋斗	不仅仅描述关心，信息应该表现帮助别人以及有能力帮助别人的作用
	道德价值观，包含原谅、帮助和礼貌。一旦违反，会觉得内疚	促销信息应该关注社会问题以及发现其原因的强烈信念	大多数美国人。信息应该强调一致、关心他人和社会意识

作为例子，我们假设一项研究使用洛基奇价值观调查去区分一个人群。第一类人群极其关注“世界和平”，其次是“内部和谐”和“真正的友谊”。这一组成员被发现尤其乐于从事家庭导向的活动（如园艺、读书、与家人外出访友）。由于他们不是物质至上和享乐主义导向的，这类人也可能不愿意尝试新产品。与之相反，另一组成员以自我为中心，关注如“自尊”、“舒适生活”、“快乐”、“兴奋的生活”、“成就”、“社会认同”。他们很少关心与家庭和其他人相关的价值观，比如友谊、爱、公平。因为他们以自我为中心，以成就为导向，是愉悦寻求者，他们喜欢新奇而时尚的服装，享受冒险的生活方式，愿意尝试新产品。

戈登个人和人际关系价值观调查（Gordon’s survey of personal and interpersonal values）用于测量个体在应对日常生活时所展现的价值观。[14]它的两部分调查包括**个人价值观**（personal values）和**人际关系价值观**（interpersonal values），表 11—4 描述了相关内容以及体现每个价值观的特点。戈登价值观调查反映了美国核心价值观，这些将在后面讨论。

表 11—4　　戈登调查适用于营销的价值

个人价值观	人际关系价值观
成就	**领导力**
享受挑战、发展、成就。知道要想实现就要表现得出色。	作为领导，拥有权威和权力。不用服从命令。领导团体。带领其他人工作。
目标导向	**认可**
喜欢定义明确的目标和完成任务。知道一个人要追求什么。	受人尊敬，被别人认为重要而受到敬仰。受到人们的好评，引人注意。
多样性	**一致**
不喜欢惯例，喜欢新体验。访问新地点。尝试不同的新东西。有很多的经历，旅行过许多地方。	做正确的事，守规矩。做那些被人接受和合适的事情。服从规则和道德标准。

11.4　美国核心价值观

在这一部分，我们将确认一些既影响又反映了美国社会特点的**美国核心价值观**（American core values）。首先，美国是一个多元化国家，包括大量亚文化，每种亚文化对社会基本信仰和价值观的理解和反映都不相同（见第 12 章）。其次，美国是有活力的社会，在相对短暂的历史中经历了巨大变化，在过去 20 年生活的各个方面都因为科学技术的发展而发生变化。最后，美国社会中存在着互相矛盾的价值观。例如，美国人在社会上追求自由选择，但在与同伴在一起时，很多美国人倾向于和社会其他成员保持一致（穿着、家具和时尚方面）。在消费者行为方面，美国人喜欢有广泛的产品选择，偏好能够表达其个人独特风格的产品。但是，通常又会因为同伴的压力而在消费行为上保持一致。

我们在选择和指定核心价值观时遵从以下标准：

1. 价值观的广泛性。该价值观必须被相当一部分美国人所接受并作为其态度和行动的指导准则。

2. 价值观的持久性。该价值观必须能够在相当长的一段时间内（区别于短期趋势）影响美国人的行为。

3. 价值观的消费者相关性。该价值观必须能够帮助我们理解美国人的消费行为。

核心价值观包括成就和成功、时间和活动、效率和实用性、进步、物质享受（舒适和快乐）、个人主义和一致、自由选择、人道主义、年轻化、健身和健康。

成就和成功

美国人认为喜欢挑战和竞争的人是优秀的。比如，小孩子被鼓励在学习和体育中好好表现并超越别人。自由企业是美国经济系统的核心，这让美国人更具创造力，使得他们比其他国家享有更好的生活方式。成就是典型的美国式价值观，具有历史根源，可追溯到新教工作伦理，即认为努力工作是有益的，精神上是受益的，并且本身就是合适的成果。实际上，有大量研究证据表明成就导向与技术发展和整体美国社会经济增长密切相关。[15]视“成就感”为重要个人价值观的个体通常是努力追求成功的成就者。

研究发现在“成就感”上得分高的人更倾向于使用互联网来学习或收集信息、预约或研究旅行、完成工作和商业任务、购买食物和服务、查看股市行情和参与网上拍卖活动。但相反的是，包括网上冲浪、在聊天室内和其他人交流和收集产品或零售店信息的网络活动，并不与更高的“成就感”相联系。[16]

成功和成就紧密相关，但二者并不相同。特别是，成就感本身就是一种直接的回报（对个体是内在的满足），而成功则意味着外在的奖赏（如奢侈品、经济补偿或高地位）。一项对大学新生选择专业的调查发现，对男性来说，最重要的因素是专业的职业发展潜力和高薪酬水平，对女性来说，最重要的影响因素是对专业的态度和兴趣。[17]

成就和成功都会影响消费，它们都为产品和服务的购买提供理由。例如“你值得拥有它”、“你为它而工作”、“你理应购买”都是广告上用来诱导消费者购买其产品的通用价值观主题。市场营销者知道成就导向者通常更喜欢引人注目的消费，因为这样他们就可以展示个人成就（如劳力士手表）。

时间和活动

美国人很重视时间（如“时间就是金钱”、“时间不等人”），许多从外国来的游客经常讨论美国人看了多少次手表以及他们对截止时间和准时的重视。我们之所以重视时间是因为如果利用好时间，保持忙碌而不浪费时间就可以完成更多且更有效率。美国人不喜欢“浪费时间”和“坐在一起什么都不做”，他们喜欢制定计划并完成计划，有时候会像是被时间表控制了。他们经常谈到要准时、节省时间、聪明地利用时间和不浪费时间。

美国人很重视“积极”或者“加入”。保持忙碌被广泛认为是美国生活方式中必要的组成部分。“不要站在那里，去做些什么”这句话被人们经常使用，表现了美国人喜欢行动而非无所作为。休闲活动只占据美国人生活的一小部分，他们不工作的日子（节日、休假、度假）比欧洲人少至少1/3。因为比起意大利人和法国人，美国人更看重工作时间的价值而不是闲暇时间。美国人经常用自己的职业定义自己，如人们通常会在第一次见到陌生人时问“你是做什么的”这个问题。

重视时间对美国社会既有积极作用也有消极作用。例如人们对节约时间的需求促进了快餐行业的发展和增长，但同时这种消费普遍导致了健康问题。因为美国人全神贯注于时间，他们认为时间有限且希望事情快点发生（他们讨厌排队等待和到货等待的时间）。许多广告宣称自己的产品可以帮助消费者管理自己的时间。

效率和实用性

美国人认为自己很有效率且重视实用性。许多企业经理人员并不重视理论场景，他们更愿意反复试验，对一个问题会尝试几种方法然后选择最有效的那个。实用主义导向让美国人比其他国家的人有更多发明。而且，美国人将“实用”法则（如管理、经济、法律和医学）看得比哲学、人类学、艺术、教育和其他方面更为重要。

美国的实用主义体现在美国人的语言中：“这个冒险是否值得?”“它能赚回来吗?”“这对我有什么好处?”美国人不是从情绪化和主观角度进行思考，而是对能够从自身出发进行判断感到自豪。美国人容易接受新产品从而让他们更有效率。例如，很多产品大类的生产商有可能在很大范围内向公众提供可更换的组件。因此，消费者能够以合理的价格自己设计个性化的瓷砖（如宜家）、电脑、墨镜和其他品类。图 11—2 中 3-In-One 润滑剂的广告描述了一个有许多用途的高效率产品。

图 11—2　聚焦于产品效率的诉求

资料来源：(Left & Right) 3-IN-ONE® is a registered trademark of WD-40 Company.

进步

美国人渴望改变，因为改变标志着（个人和社会）发展、提高和成长。传统文化常认为改变是破坏性的，因此倾向于避免改变以保证价值观的稳定和持续。比如在美国，个人财富比所继承的财富更重要，但是在欧洲社会，情况却是相反的。同节约时间、实用主义、努力工作以做出成绩、创新、成长等观念一样，美国人认为改变（很多时候）经常能带来更好的未来。因为推崇进步，美国人喜欢提到有关进步的信息。在消费导向的社会，进步意味着新产品和新服务可以满足以前无法被满足的需求，或者是变得更有效率。因此，人们经常购买宣称“新的”、“提升的”、“更好的”、“更持久的”、“更快的”、“更流畅的”、“更强大的”、“更聪明的”产品。

物质享受（舒适和快乐）

美国人对物质享受的欲望并不是什么新鲜事。在一篇刊登在 1924 年《大西洋月刊》（*Atlantic Monthly*）上的标题为“事情正失去控制”的文章中，萨缪尔·斯特劳斯（Samuel Strauss）新创了“消费主义”一词。他把消费主义定义为“推动人们不断使用东西的科学”。斯特劳斯觉得这正在改变美国的属性，“美国公民对这个国家的重要性，不再首先体现在他是这个国家的公民，而体现在他的消费者身份上。”[18] 对于大多数美国人来说，从很小的时候开始，物质享受和财产就表示获得“高质量生活”，即包括新车、洗碗机、空调、热水器以及几乎所有其他舒适导向和能够提供享受的产品和服务。美国人经常对比自己和其他人的财富，趋向于认为如果通过比较能显示他们比其他人富有，那么他们就更可能感到满足。但是正如很多流行歌曲中所唱到的，拥有物质财富并不一定导致幸福感。例如许多拥有很多财富的人有着失败的婚姻。但并不具有讽刺意味的是，“最后拿到玩具最多的人是赢家”的说法仍然被广泛认可。

其他国家的人带有成见地认为美国人过于物质主义，大多数美国人认为物质是值得的，因为就像成就的标志一样，它们代表着对自己工作的奖励。相比其他国家的人，美国人中的大多数的确更重视财富，在某种程度上，获得、持有、保持财产也比发展和享受人际关系更重要。**物质主义**（materialism）一般指“更大量的东西”或者“更多的东西”。但是，最近出现了一个明显的变化，人们的观点由“越多越好”转向“越好越好”，这个观点强调更高的质量和更好的设计。一些人将这个趋势称为“设计经济”，它是基于四个因素的交互作用：持续繁荣、先进科学技术、文化对变化的接受度以及营销专家。[19]购物的活跃性在我们的生活中扮演着越发重要的角色，现在涉及我们的“购物文化”和“消费者文化”。一个被广泛引用的文章说道：“我们在生活中通过购物创造价值。”[20]而且因为网上购物的便利（不同于不能总是营业的实体店），我们现在在浏览产品上花了更多时间，从而也会买更多我们实际不需要的东西。

巧克力是世界上历史最久、最独特的产品之一。巧克力和爱、奢侈相联系，因为科学发现它会对人的大脑活动产生影响，从而产生快乐和满足。表11—3中的德芙巧克力广告鼓励消费者感受快乐，享受特殊时刻，甚至是“成为明星”的感觉。

图11—3　聚焦于舒适和快乐的诉求

资料来源：DOVE, M&M'S, the M&M'S Character and SNICKERS are registered trademarks of Mars, Incorporated. These trademarks and advertisements are used with permission'Mars, Incorporated is not associated with Pearson Education, Inc.

个人主义和一致

美国人很注重“做自己”。自我依赖、自我利益、自信心、自重和自我满足都是表现个性的常用词语。追求个性似乎与拒绝依靠他人相联系；也就是说，靠自己比靠他人强。确实，个人主义的对立面是集体主义，集体主义意味着成为群体中的一员，这是人们基本的追求，因而自我概念就包含在群体成员身份中*；集体主义还和共产主义相联系，共产主义是一个不同的经济系统。[21]美国人“顽强的个人主义”是基于对自我依靠和竞争的观念。用超越同辈的方式来努力满足人们的需要和目标。个人主义者认为相对于团体合作而言，个人表现更加重要，任务应该单独完成，胜利应该独自赢得。[22]广告的目的是能够吸引个性的诉求点，说服消费者购买既反映个性又强调个性的产品或服务。例如，最新款式服装和化妆品广告通常承诺其产品将增强消费者某专有或个别方面的需求，从而将消费者和其他人分开。营销概念和个人主义是一致的。基本营销概念建立在理解消费者需求的基础之上，从而制造那些使得消费者相信能够满足他们需求的产品。比如写作是一个经常需要鼓励的个人追求。图 11—4 中的广告隐含着用 Cross Morph 笔写作可以激发和开发个人想象力。

图 11—4　聚焦于想象力和灵感的诉求

资料来源：Reprinted with Permission，A. T. Cross Company；A. T. Cross.

个人主义和一致共存，尽管美国人骨子里强调选择自由和个性，但他们也接受一致性的现实。个人主义—集体主义悖论同样出现在产品选择中。一方面，标准化产品因大量生产而成为现实，反映了一致性；另一方面，网购的增加使得人们可以更容易（经常也不贵）地定制自己的产品（如运动鞋、墨镜和衣物），便于表达他们的个人主义精神。

在追求个性和接受一致性的“乒乓”关系中，一个有趣的例子是对工作环境中穿休闲装的普遍接受。男性和女性管理者都放弃旧时代的工作穿衣风格，他们不再选择职场装束转而穿休闲裤、运动衫以及运动夹克。职场人士（包括律师和会计人员）开始寻求更多舒适的工作服装，而且也对自己选择休闲但适合的衣服的能力越发有自信。如今在许多公司，男性身着蓝色运动衫和灰色便裤，女士身着相同类型的衣服，成为一种新的“商务装”和标准。

---

* N. Schwartz “Individualism and Collectivism” *Journal of Consumer Psychology* 14：4（2006）324.

自由选择

自由作为美国人的核心价值观源于国家基本原则：言论自由、表达自由、集会自由、宗教自由。美国人喜欢甚至期望能够在生活的方方面面都有很多选择，如在超市、专门店、药店和其他商店的货架上有很多竞争品牌和多种产品。显然在美国以外的地方这种多样性是不多见的。一位住在曼哈顿中城（许多游客的观光地）的作家看到在很多场合下，游客对药店里数量众多的洗发水、肥皂、刮胡膏和其他护理产品感到兴奋（甚至会拍照）。对于很多产品，消费者能够从各种各样的号码、颜色、味道、特色、式样甚至特殊原料中选择。

人道主义

美国人经常愿意而且慷慨（甚至渴望）帮助有需要的人。他们支持许多人道和慈善事业，他们怜惜那些必须克服困境才能继续的前行者。他们对境况不如自己的人也心怀同情并且乐意帮助。表11—5列举了乐善好施者的态度。[23]

表11—5　　对给慈善机构捐款的态度

1. 愿意帮助那些需要帮助和不幸的人。
2. 不需要帮助的人对需要帮助的人应该仁慈。
3. 需要帮助的人应该从其他人那里得到支持。
4. 捐献给慈善机构的钱应该妥善使用以帮助那些真正需要的人。
5. 慈善机构在帮助需要的人时要有效率。
6. 慈善机构是有用的。

资料来源：Inspired by Deborah J. Webb, et. al. "Development of and Validation of Scales to Measure Attitudes Influencing Monetary Donations to Charitable Organizations," *Journal of the Academy of Marketing Science*, 28 (Spring 2000): 299-309.

另一项调查研究了给院际运动会捐款的校友的动机，发现了四种从捐赠中获得的好处：

1. 归属感——隶属组织并对组织忠诚，帮助建立一个成功的运动项目并延续传统。
2. 信任——对协会领导能力和远见的信心。
3. 社会实践动机——开发社会和职业关系，获得体育项目和减免税额的优先权。
4. 声望——以支持著名机构和运动队为荣。[24]

基于以上动机，大学和学院可以根据所需利益划分潜在捐赠者，制作针对不同动机的说服信息。美国的人道主义也影响了他们的消费和投资行为。例如一些投资者拒绝为雇用童工（在国外）、污染环境和制造武器的公司投资，对关注社会问题的投资目前已经变得很普遍。一项研究发现，圣诞节期间，表示倾向从"支持慈善事业"的零售商那里进行购买的消费者的人数正在平稳增长。[25]人道主义的另一种表现形式体现在美国人有关集体责任和尊重的观念上，比如在别人遇到伤害时站出来。图11—5中的广告鼓励被虐待的女性——作为弱势群体（如很少有机会赢的人）——采取行动，举报虐待的事实。

年轻化

美国人关注年轻人。这种对年轻人的重视与传统的欧洲和亚洲社会形成对比，这些地方的老人会因为岁月积累的智慧和经验受到尊敬。不过，年轻化不应与年轻混淆，年轻描述的是一个年龄组。美国人无论实际年龄如何，都想要看起来显得年轻。对美国

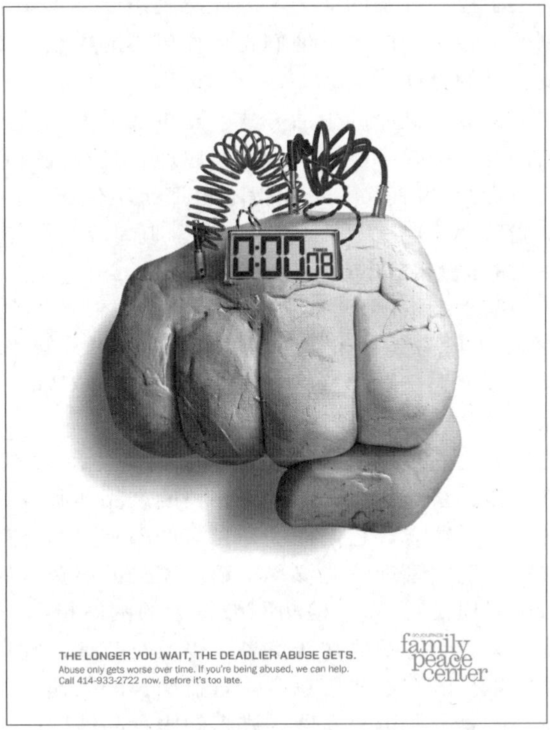

图 11—5　聚焦于人道主义的诉求：帮助弱势群体

资料来源：Photo copyright Curtis Johnsona.

人来说，年轻化是一种心态，有时被表述为“内心年轻”、“精神年轻”、“外表年轻”。

大量广告直接创造出一种保持青春和防止衰老的感觉。护手霜广告强调“年轻的双手”；护肤品广告强调“我害怕 30 岁的到来”；香水和化妆品广告强调看起来“性感而年轻”或“看不出你的年龄”；洗衣粉广告向受众发问“你能将他们的手和年龄联系起来吗?”这类广告的主旨都是保证消费者能够变得更年轻，反映出美国人越来越多地投资于使自己看起来更年轻的产品。

健身和健康

健身和健康作为核心价值观也出现在美国人生活的方方面面：健身俱乐部和健身相关产业链，包括瑜伽和类似的身心调节活动；不断涌现的新兴健身设备（经常出现在电视购物节目中）；健身中心和一些公司活动；许多城市的骑行和跑步线路；更多有机、低脂或无脂食物以及少盐低糖的食物；许多健身杂志；众多维生素和其他营养补给物，辅之以积极支持的广告；各种饮食计划、权威以及专门用于减肥的锻炼设备，健身时用于测量心率、脂肪和卡路里的仪器；以“活跃”和“冒险”为主题的度假日益流行（如 backroads. com）；不吸烟者的健康保险和参加健康计划的人的减少。以上这些都是因为美国人对健身和健康的重视而产生的典型产品和服务。

健身和健康现在也体现于我们的俗语之中，如“你吃什么就将成为什么”，“健身是一种生活方式”，“均衡饮食”，“健身文化”，“健康方案”，“不辛苦，无收获”。还有一些其他流行语：“行动或放弃”，“为什么放弃好感觉”，“戒烟为好”，“承诺健康”，“不要孩子气，燃烧那些脂肪”，“跑完一段休息一会儿”。

许多调查研究探讨了为什么在美国健身和健康越来越重要。一项研究指出，美国人认为他们失去了控制环境的能力，因此感到焦虑、不安全，并自我怀疑。感知缺乏外部自我控制的人会转而向内，他们觉得如果不能控制这个世界，至少可以通过锻炼来控制和改变自己的身体。[26]

许多美国人接受了健康的生活方式，至少在有些时候会挑选健康食物。[27]几乎所有食品生产商都至少修改了一些产品方案以迎合具有健康意识的消费者。冷冻晚餐已经变得更具营养，“垃圾食品”也变得不再那么不健康。高卡路里和低营养的零食制造者推出“低脂”、“无脂”、“低盐”、“不含胆固醇”、“不含防腐剂”、“不含反式脂肪”的产品。《进步食品零售商》（*Progressive Grocer*，一个领先的美国食品零售领域刊物）上的一篇文章指出，“未来 5～10 年最有利可图的消费者趋势”将是“健康和良好”，现在基于价格、口味和便利进行食品零售店购物决策的消费者，将把“健康利益升到第一或第二优先考虑的位置”。[28]消费者对居家保健产品的关注也持续升温，如杀菌家庭清洁产品。[29]

网络成为最流行的提供健身和健康信息的地方。数不清的网站致力于健身和健康，提供锻炼技巧、营养信息、与健身相关的产品和服务等。另外，许多网站由定位于消费品市场的公司建立，它们提供和自家产品有关的健身和健康信息（如清洁产品厂家提供有关家庭卫生管理的建议；墨镜厂家告诉消费者如何在没有戴墨镜的情况下保护眼睛不被阳光损伤）。一个检测网络行为的网站指出，在一定时期内，大多数网络用户会寻找有关健康主题的在线信息，以及对节食、健身、药品、健康保险、治疗方法和特别的医生与医院这些信息有着日益增长的兴趣。[30]

尽管健身和健康产业迅速发展，许多健康食品被生产出来，却有 2/3 的美国人超重。疾病控制和预防中心（CDC）报告，36％的美国成人、17％的年龄在 2～19 岁的孩子是肥胖者（临床）。按照这个比率，未来 15 年内将会有 44％的美国人变成肥胖者。肥胖相关的医疗成本会达到现在 15 亿美元的两倍甚至三倍。[31]（第 15 章将讨论市场营销者对肥胖率的影响。）减肥和吃得更健康已经成为几十年来美国人的新年决心（通常之后才是摆脱负债或省钱）。[32]

11.5　绿色营销

绿色营销（green marketing）是指生产并推销可重复利用、生态友好型产品。在过去将近 20 年的时间里，几乎所有的公司都进行了一些环境友好的实践，以应对全球关于气候变化和对星球及居住环境造成的潜在影响。例如，由于汽车尾气排放是环境恶化的原因之一，汽车制造厂商开始生产对环境无害的汽车。广告商告诉消费者它们正在使用可重复利用、清洁、可持续的能源和可再生、无污染的材料。

生态责任消费

许多美国人将购买对环境无害的产品视为消费者的责任和社会文化要素。尽管许多消费者宣称要变得“绿色”和支持生态事业，研究表明态度不总是能体现在保护环境的行为中。人们言行之间会不相符。[33]而且消费者的生态意识是善变的，在经济衰退期间，可回收厕纸、有机食品以及混合动力汽车的销量也出现急剧下滑。[34]意外的是，哈里斯民意调查显示“绿色”态度和行为在过去三年中有所减少。图 11—6 和图 11—7 列出了哈里斯民意调查的关键结果。[35]

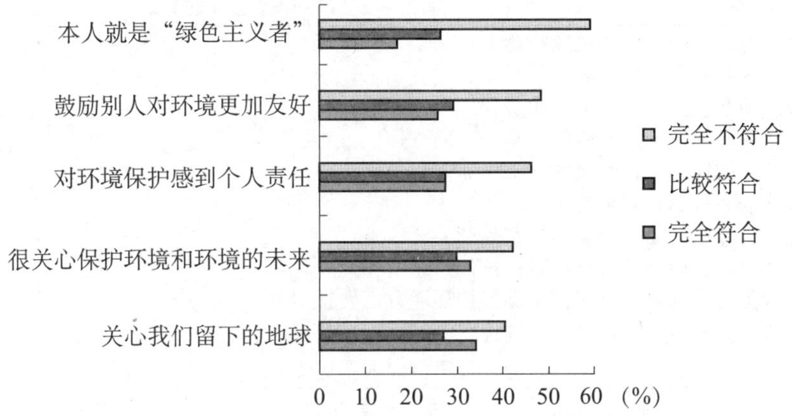

图 11—6　美国人的“绿色”态度

资料来源：Based on Maryam Banikarim, “Seeing Shades in Green Consumers,” *ADWEEK*, April 19, 2010.

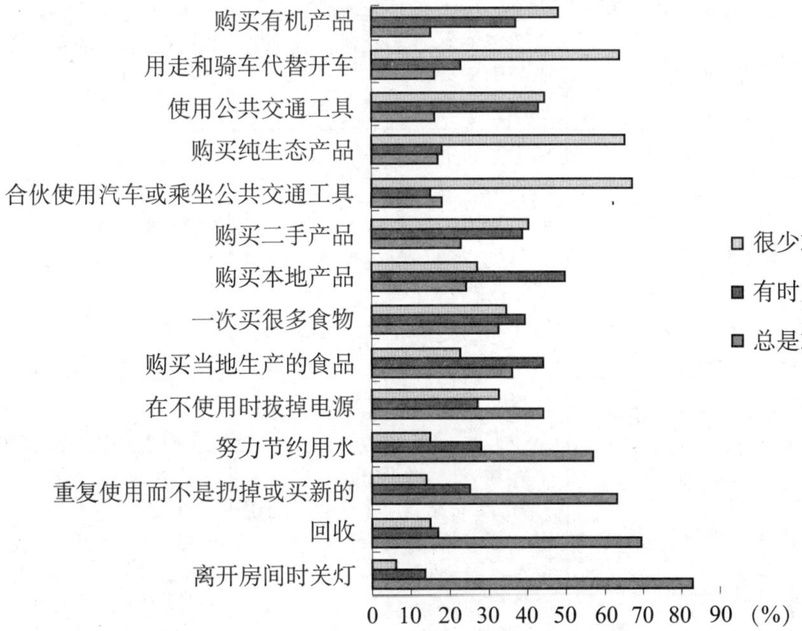

图 11—7　美国人的“绿色”行为

资料来源：Data from Maryam Banikarim, “Seeing Shades in Green Consumers,” *ADWEEK*, April 19, 2010.

还有一些研究是关于消费者购买环保安全产品的可能性。一项研究调查了消费者用合理价格购买这类产品的意愿，开发了一套测量消费者对绿色产品和产品制造商态度的量表（见表 11—6）。[36] 另一项研究发现大多数消费者并不知道减缓全球变暖的最好方式是生活方式的改变。[37] 研究者同样发现消费者觉得环保标签很难理解，而这增加了他们对绿色环保产品的价格敏感性。[38] 另一个研究表明，即使有环境意识的消费者也会在正确识别绿色产品（不同于清洁产品）方面存在困难，也可能发现不了绿色营销的魅力。[39] 总的来说，这些研究表明市场营销者需要增加对绿色产品的推销。识别绿色消费者的内容参见第 2 章。

表11—6 测量消费者对绿色产品态度的量表

我认为说公司带来环境风险是太夸张了。
我认为政府在竭尽所能保护环境。
我认为我们需要减慢工业化步伐以保护环境。
我认为环境安全是政府而不是公民的责任。
我认为政府在保护环境的立法方面做得足够。
我认为名牌总是安全的。
我认为环保产品的质量不如其他产品。
我认为环保产品的价格一般比其他产品贵。
我认为澳大利亚的公司在帮助保护环境方面做得很好。
我认为公司应该花更多的力气去减少污染而不是增加利润。
我认为即使在业务面临风险时，公司也应该花更多的力气去减少污染而不是增加利润。

资料来源：Maryam Banikarim, "Seeing Shades in Green Consumers," ADWEEK, April 19, 2010.

表11—7总结了美国核心价值观以及说明性宣传主题。

表11—7 美国核心价值观以及说明性宣传主题

核心价值观	定义	说明性宣传主题
成就和成功	成功源于努力工作和在其他方面的优秀表现	“真相：我们的顾客体验得更多” “你值得拥有” “给那些拥有最好的但仍不满足的人”
时间和活动	在工作和生活中保持忙碌和活跃，拓展个人视野	“新的日常挑战——我很幸运” “做好今天，为了明天”
效率和实用性	发现节约时间和精力的实用品和解决方法。更少的理论，更多的实践	“你想要的口味，你需要的能量” “很简单，即使成人也可以打开货柜”
进步	寻找和接受新事物，代替落后	“小进步带来新局面” “4分钟带来完美家庭餐”
物质享受（舒适和快乐）	积累财富以确保更加舒适和快乐的生活	“带上家人一起：建个后院” “不富裕？从明天开始储蓄”
个人主义和一致	个人主义：做你自己，契合“走自己的路”，而不是追随组织规范、和别人一样 一致：渴望相符	个人主义：“在学校走自己的路，现在在工作中挑战新职位怎么样？” 一致：“小心驾驶” “尊重他人” “参与进来：在11月投票”
自由选择	拥有选择和表达的自由	“头上的颜色比头发多” “美国就是选择出来的”
人道主义	帮助不幸和需要帮助的人	“没有孩子应该挨饿” “我们用任性对抗疾病”
年轻化	除去生理年龄，看上去年轻和保持“年轻心态”	“永远不要再次看你的年龄” “保持年轻。一种开放心态”
健身和健康	关心个人健康和进行体力活动的能力	“放松——这是优质脂肪” “塑造你的完美身形”
生态责任	关心环境，购买“绿色”产品	丰田普锐斯混合动力汽车；高乐氏绿色吸尘器；来自Arm & Hammer、棕榄等公司的多个产品

小结

文化综合了价值、习俗、规范、艺术、社会制度以及一个社会的智力成就。文化价值观代表集体法则、标准和群体的优先级。世界上的许多促销信息都在一定程度上反映了目标消费者的文化价值观。文化通常是不断发展的，市场营销者需要检测社会文化环境以更有效地营销已有产品和推出与文化趋势一致的新产品。理解文化变化不是简单的任务，因为一个社会中的许多因素都会带来文化变化，包括新技术、人口迁移、资源短缺和其他文化习俗。

信仰和习惯必须被社会的很大一部分共享才能成为文化价值观，因为文化实质上是指导个人和群体行为以及连接个人和群体的一系列规范。通常来说，社会成员通过共同的语言共享价值观和习俗，尽管也有一些文化包含了不止一种语言。我们大多从家庭和同伴那里学习文化规范和习俗，在很小的时候开始懂得哪些行为是正确的而哪些不是。人类学家将文化习得分为三种不同形式：正式习得、非正式习得、技术性习得。我们的道德价值观也是在小时候通过父母、老师和其他有影响的成年人言传身教而形成。人类学家会区分自身文化的习得（学习自己的文化）和新文化的习得（学习新的或外来文化）。媒体、广告和营销的内容反映了文化价值观并将其有效传递给社会成员。美国人广泛接触印刷、广电和在线媒体，而且因为内容获取的便利性和形式的趣味性，媒体和广告成为传递文化价值观的有力工具。

文化价值观体现在语言、符号、交流以及工艺品中。符号指代表其他事物的语言或非语言事物。符号可以是文字的，也可以是非文字的。文字是语言符号，因此广告中的文本是符号的组成部分。除了语言和符号，文化还包括仪式化行为。仪式是指一种由一系列步骤组成的具有象征意义的活动，该步骤以固定顺序出现并且随时间重复出现。

用于测量文化价值观的最广泛的方法包括内容分析、现场观察和价值观测量。内容分析是指注重研究包括促销信息在内的口头、书面和图画交流的内容。研究某特定社会时，人类学家经常通过现场观察研究文化，选择一部分人群，仔细观察他们的行为。在观察的基础上，研究者得出被研究对象所处社会的价值观、信念和习俗。人们同时也会使用结构化、自我测量的问卷去测量个体文化价值观，如洛基奇价值观调查、价值观和生活方式、戈登个人和人际关系价值观调查。

通过运用广泛性、持久性、消费者相关性等标准，我们确认了11个既影响又反映美国社会特点的美国核心价值观。包括成就和成功、时间和活动、效率和实用性、进步、物质享受（舒适和快乐）、个人主义和一致、自由选择、人道主义、年轻化、健身和健康、生态责任。这些价值观经常出现在广告中，用来促进营销策略。

绿色营销是指生产并推销可重复利用、生态友好型产品。几乎所有的公司都进行了一些环境友好的实践，以应对全球关于气候变化和对星球及居住环境的潜在影响。许多美国人将购买对环境无害的产品视为消费者责任和社会文化要素。研究表明态度不总是反映在保护环境的行为中。研究者同样发现消费者觉得环保标签很难理解，不知道保护环境的最好方式是生活方式的改变。

复习与讨论题

1. 区分信念、价值观与习俗。说明习俗是如何影响一个人在不同时间或不同场合的着装的。

2. 一个生产无脂格兰诺拉燕麦棒的厂商考虑针对学龄儿童市场，将其产品定位于健康、营养的快餐食品。请考虑如何将习得文化三种形式的理解用于针对目标市场的有效战略开发。

3. Citrus Growers of America 公司正在设计一个广告活动，目标是让消费者用橙汁和柚子汁替代软饮料，从而作为午后的“糖水混合饮料”。描述机构应该怎样使用洛基奇调查和戈登量表来计划这个活动。

4. 针对下列产品和活动：

a. 识别与选择最相关的核心价值观，并解释你的选择；

b. 描述每个价值观会鼓励还是阻止他们购买产品或参加活动。

（1）献血；

（2）参加日光浴沙龙；

（3）购买电子书阅读器；

（4）购买 GPS 设备；

（5）喝瘦身软饮料；

（6）去国外旅游；

（7）使用防晒产品；

（8）购买光波炉；

（9）在网上购买一双运动鞋；

（10）紧跟时尚。

5. 为什么公司会加速推出绿色产品，参加生态友好的实践？

6. 消费者对绿色产品的反应是什么？

实务练习

1. 找出一个你喜欢的歌手或乐队，讨论其穿着的象征性作用。

2. 思考你的日常例行程序，选择一个你所认为的仪式。描述它并给出原因。假设你同意市场调研者到你家观察你的所有仪式。说明你所使用产品的市场营销者怎样利用观察所得设计一个广告，从而让你更换品牌。

3. a. 总结一段你常看的电视系列节目。描述该节目是如何传递文化信念、价值观与习俗的。

b. 选择并描述节目中播出的三次商业性活动。阐述这些商业性活动怎样反映了文化价值观。

4. a. 找出两个除臭剂品牌广告。利用内容分析法对它们的文字和图形方面进行分析。说明价值观是如何描绘这些广告的，解释你的选择。

b. 讨论每个广告中的符号怎样传达产品形象与特征。

5. 找出五个宣传绿色产品和活动的广告，说明你是否认为这些广告有效。

关键术语

文化适应（acculturation）
美国核心价值观（American core values）
消费者社会化（consumer socialization）
内容分析（content analysis）
文化（culture）
深度访谈（depth interview）
文化习得（enculturation）
实地观察（field observation）
焦点小组（focus group）
正式学习（formal learning）
戈登个人和人际价值观调查（Gordon's survey of personal and interpersonal value）
绿色营销（green marketing）
非正式学习（informal learning）
工具性价值观（instrumental values）
人际价值观（interpersonal values）
物质主义（materialism）
参与性观察者（participant-observers）
个人价值观（personal values）
仪式（ritual）
仪式化行为（ritualistic behavior）
洛基奇价值观调查（Rokeach Values Survey）
符号（symbol）
技术知识学习（technical learning）
终极性价值观（terminal values）
价值观和生活方式（VALS）

第12章 亚文化与消费者行为

学习目标

1. 理解美国的亚文化及其与美国价值观的关系。
2. 理解国籍和种族亚文化对消费者行为的影响。
3. 理解宗教信仰对消费者行为的影响。
4. 理解地理特征对消费者行为的影响。
5. 理解年龄和世代对消费者行为的影响。
6. 理解性别对消费者行为的影响。

引 例

亚文化（subculture）是拥有一定信仰、价值观、习俗，存在于一个更大社会中的群体。亚文化源于种族、宗教、地理位置、年龄或者性别。因为美国人口的老龄化率高于出生率以及人口预期寿命的延长，老年消费者（代表基于年龄的亚文化）成为一个可盈利的细分市场。聪明的公司通过改造自己的产品满足老年消费者的特殊需要。比如，科勒（Kohler）——厨卫产品制造商——推出了提供更安全和独立的 Elevance 系列产品（见图12—1）。Elevance 可升降墙浴缸配有宽敞的开放空间、可调整椅子高度的座位、集成扶手杆、易于上下的升降墙。一个人要进入浴缸，先坐在舒服的座位上，转向水面，将腿放入浴缸，轻松升起墙面直到锁紧（墙面有双层密封以保证水不会漏出）。

科勒公司的高级内部设计师戴安娜·斯科拉奇（Diana Schrage）说："人的身体和心理从出生那一刻起就有很大不同，而不仅仅受年龄影响。明白不完美的视觉、听力损害以及行动能力受限都是生活的一部分是很重要的。对于患有关节炎的人和孩子，水龙头需要设计得易于转动。扶手杆可以给肌肉力量不足的老龄用户提供稳固的支撑，也可以防止孩子在湿滑的环境下摔倒。针对老年人设计的产品同时也面向大众市场，我们需要确定的是：人们使用我们的产品时获得的最佳体验是什么？怎样让人们愉悦地使用产品？怎样让最好的设计、最佳功能的产品满足消费者的洗浴需求？"[1]

科勒的网络视频宣称："Elevance 帮助你获得想要的独立"，"触手可及"，"传统步入式洗浴的时尚选择"，"自然的洗浴体验"。这些描述没有提到诸如安全性等特殊难题，而是集中在解决方法上。它强调了产品的好处以及相比传统浴缸的优点。产品的独特功能可以给不同年龄段的所有人带来好处。尽管年长的人更体弱，更容易在洗澡时摔倒，年轻人同样可以受益于更安全的洗浴环境。

图 12—1 科勒的 Elevance

资料来源：Kohler Co.

12.1 文化和亚文化

本章讨论由共享信念、价值观和习俗在更大的美国社会子群体中所创造的市场机会。亚文化基于社会文化和人口统计变量，如国籍、宗教、地理位置、种族、年龄和性别。当市场营销者进入某一特定亚文化群体时，他们有时需要改造自己的产品，以更好地满足目标消费者的需要。他们经常需要改变营销信息以更好地匹配特定亚文化群体的价值观和偏好。例如，面对西班牙裔亚文化群体时，公司经常会将英语广告变为西班牙语广告，这样能更有效地面对这个快速增长的细分市场。

社会文化包括两个因素：（1）特定亚文化群体成员遵循的特定信念、价值观和习俗；（2）不考虑特定亚文化群体，多数社会成员遵从的核心文化价值观和习俗。图12—2 描绘了两个亚文化群体之间关系的简单模型（西班牙裔美国人和亚裔美国人）以及更大或“更广泛”的文化。正如图 12—2 中所描述的，每一种亚文化都有自身的独特之处，但是两种亚文化群都具有整个美国文化的主要特征。

大多数美国人不只属于一个文化群体。例如，一个 10 岁的女孩可能同时是非裔美国人、浸信会教友、得克萨斯人。每个不同的亚文化成员将具有特有的信仰、价值观、态度和习俗。亚文化分析使市场营销者得以鉴别一定规模的亚文化细分市场。亚

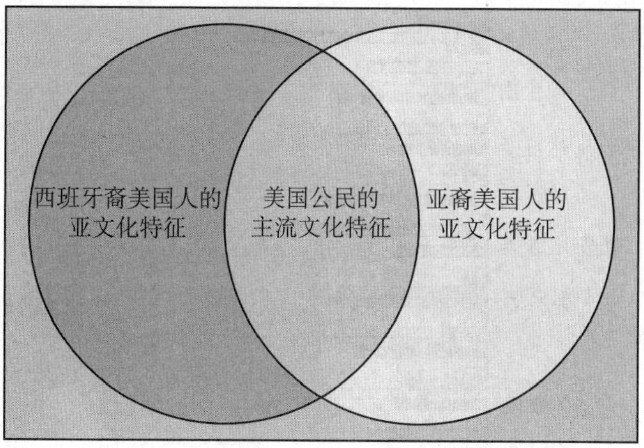

图 12—2　文化和亚文化

资料来源："2008 Hispanic Fact Pact" A supplement to Advertising Age July 28，2008，49.

文化是动态的——例如，组成美国人口的不同宗教群体在规模和经济实力方面已经发生变化。美国白种人在 2011 年占美国总人口的 72%，预计 2050 年将减少到总人口的 46%。[2]美国人口普查局估计到 2042 年，美国人中定义自己是西班牙裔、黑人、亚裔、美国印第安人、土著夏威夷人和太平洋岛国人的总人数将超过非西班牙裔白人。[3]常被称为"美国未来之窗"的加利福尼亚州的州内多文化或组合的少数族裔人口已经占该州总人口的大多数。

以下将分别探讨源于国籍、种族、宗教、地理位置、年龄和性别的几个亚文化分类。

12.2　国籍和种族亚文化

美国移民带来了他们的文化价值观和生活方式，并将其融入到美国文化中（如"大熔炉"观念）。各种文化血统的融入在一定程度上增加了美国的多样性，这也被许多人认为是国家的核心能力。2010 年美国人口普查局发现，在 2000 年到 2010 年之间，约 13%的美国人是在国外出生的（5.6%是公民，7.3%目前是非公民）。[4]皇后区（组成纽约市的五个大区之一）是美国最具多元文化的地区，有 46%的居民是在美国境外出生的。[5]当涉及消费者行为时，这种"对祖先的自豪感"最强烈地体现在种族食品的消费、"回乡之旅"以及购买大量的文化纪念品（民族服装、艺术品、音乐、外语报纸）上。三个主要的种族亚文化群体分别是拉丁裔或西班牙裔美国人、非裔美国人、亚裔美国人。

聪明的公司会在目标消费者中识别亚文化群体。比如，在一场宣传活动中，凯马特插播了刻画非裔美国人、亚裔美国人、西班牙裔美国人、英裔美国人以及多种族家庭的广告。[6]图 12—3 描绘了美国几个大城市的种族构成。市场营销者必须考虑各种族的媒体使用模式。图 12—4 呈现了一项研究中所发现的人们在观看电视方面的明显不同之处。

拉丁裔（西班牙裔）消费者

2010 年美国人口普查局发现，53%的国外出生的美国居民来自拉丁美洲，占到

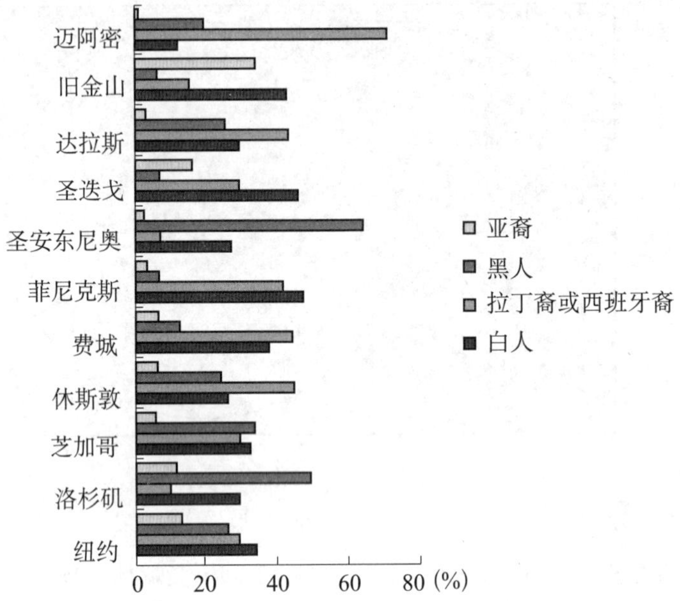

图 12—3 美国几个大城市的种族构成

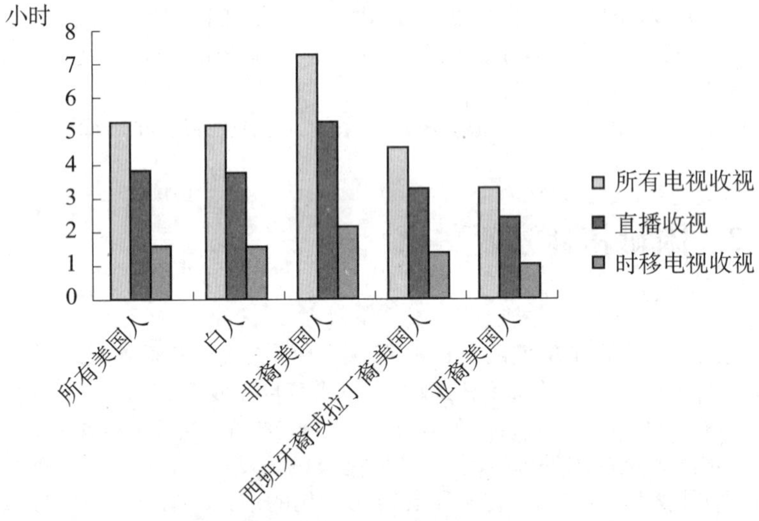

图 12—4 种族和每日电视收视情况

美国总人口的15%，估计在2050年之前人数会达到总人口的30%（约1.33亿）。[7]预计2011年，他们的购买力将达到1.2万亿美元，400万西班牙裔美国人年收入达到或超过75 000美元。[8]相对于其他美国人口细分群体而言，西班牙裔美国人较年轻。2006年，大约有34%的西班牙裔在18岁以下，而同期美国人中只有25%在18岁以下。西班牙裔的平均年龄大概是27岁，而美国人的平均年龄是36岁。[9]西班牙裔美国人家庭也趋向于有更多的家庭成员，他们也更可能几代人住在一起。西班牙裔美国人比美国人或其他美国白人有更多的孩子，而且会花更多的时间照顾他们的孩子。[10]

预计到2020年，在国外出生的第一代西班牙裔美国人将仅占34%，美国出生的第二代西班牙裔美国人将达36%，而美国出生的第三代西班牙裔美国人会占到

30%。[11]考虑到文化适应因素，近年来移民到美国的西班牙裔/拉丁裔人口中，仅有20%只说西班牙语；在其余的80%中，有20%只说英语，60%既说英语又说西班牙语。超过4 400万拉丁裔美国人中，有77%的人居住在拥有西班牙裔人口100万以上甚至更多的7个州（即加利福尼亚、得克萨斯、纽约、佛罗里达、伊利诺伊、亚利桑那和新泽西）。尽管西班牙裔占新墨西哥州总人口的42%，是所有州中最高的比例，但在北卡罗来纳、佐治亚、艾奥瓦、阿肯色、明尼苏达和内布拉斯加的一些县，西班牙裔也占到了人口总数的6%～25%。[12]

一些人认为，所有的拉丁裔人因为共同的语言可以作为一个亚文化。但是美国有12种西班牙裔美国人亚文化群体。最大的三个分别是墨西哥裔美国人（占美国拉丁裔人口的67%）、波多黎各裔美国人（8%）和古巴裔美国人（4%）。这些亚文化群体在地理分布上非常集中，其中70%居住在加利福尼亚、得克萨斯、纽约和佛罗里达；洛杉矶一个市就是占总数1/5的西班牙裔美国人的聚居地。而且，超过60%的墨西哥裔美国人（最大的西班牙裔群体）在美国出生，72%的古巴裔美国人出生在古巴。

西班牙裔消费者对著名品牌有很强的偏好，而且传统上偏好于在较小的商店购物。但是随着西班牙裔的文化适应，他们的品牌忠诚度降低，购买行为发生了变化。[13]尽管超市的价格可能更低，但在纽约商业区，西班牙裔消费者将他们的很大一部分预算花在坐落在西班牙裔居住区的杂货店（相对小的食品专卖店）。不过，随着对美国习俗的接纳，大多数在美国的西班牙裔消费者从小店转向超市。西班牙裔年轻人更重视流行式样，并且和其他美国人一样热衷于名牌。一项研究发现，与非西班牙裔女性相比，西班牙裔女高中生明显表现出一种更高的“对独特性的需要”。因此，市场营销者可以借助基于独特、独立等概念的广告来吸引这些客户。[14]拥有能够接入互联网的电脑的西班牙裔家庭每年都在增加。[15]事实上，78%的只说英语的西班牙裔和76%的既说英语又说西班牙语的西班牙裔都属于互联网使用者。[16]证据表明，西班牙裔偏好反映家乡文化的网络内容。年长的拉丁裔美国人不是冲动型的顾客，他们经常对市场营销者表示怀疑。

面向拉丁裔美国人的市场营销者必须意识到识别西班牙裔消费者是非常复杂的。许多人将自己视为拉丁美洲人是因为他们的姓以及西班牙语是他们的第一语言。从营销角度看，面对西班牙裔市场的最佳方式是基于个人族裔身份的群体认同程度。许多市场营销者用西班牙语迎合拉丁裔美国人。例如，福特为了宣传Flex交叉车型，将其作为Telemundo（美国排名第二的西班牙语电视网）一部22集短片中的主角。福特所要传播的信息是针对被称为“新拉丁人”（Nuevo Latino）的一种新类型的西班牙裔消费者，这类消费者年龄在30～39岁，是既遵循传统的西班牙规范，又接受主流社会的价值观的双语使用者。[17]近几年，美乐啤酒将足球作为吸引西班牙裔啤酒饮用者的主要方法，包括赞助墨西哥足球甲级联赛的瓜达拉哈拉队（Chivas de Guadalajara）。[18]

Jeep作为一家代表美国身份和悠久历史的公司，用“家族”的观念面对西班牙裔消费者。

非裔美国消费者

据美国人口普查局的调查，美国的非裔人口有4 200万，预计2050年将达到7 000万。[19]这将大约占到美国人口的13.6%。非裔美国消费者目前构成了美国第二大少数族裔群体（排在拉丁裔美国人之后）。据估计，非裔美国人的购买力达到1万亿美元。超过一半的非裔美国消费者年龄小于 35 岁。[20]一般情况下，非裔美国消费者的消费能力是由他们的社会地位而非种族决定。然而，相较于所有美国消费者，非裔美国消费者偏好流行或领先品牌，他们是品牌忠诚者，而且不太会购买自有品牌和普通产品。有研究发现几乎 2/3 的非裔美国人愿意支付更多以换取“最好”，即使品牌并不广为人知。研究同样发现，成功的非裔美国人会通过购买非常时髦的产品和名牌产品作为成功和社会进步的象征。[21]非裔美国人在美发方面的花费，占到了这个总额为 40 亿美元市场的 30%以上，他们在电话服务上，要比其他任何消费者细分群体的花费都更多。此外，他们每年平均花费 1 427 美元为自己购买衣服，这比总体美国消费者的平均花费多出 458 美元。[22]类似地，非裔青少年在购买衣服和电子游戏方面要比总体美国青少年的平均花费多，而且对品牌更忠诚。[23]

广播一台（Radio One）的调查（《今日美国黑人》（Black America Today））发现 64%的非裔美国人喜欢能够回报黑人社区的生意，49%的人偏好购买那些尊重黑人文化的品牌，33%的人喜欢迎合他们文化的品牌。[24]广播一台《今日美国黑人》的报告确认了用于描述非裔美国人市场的 11 个细分市场。[25]例如，属于“黑人就是更好”的消费者每月会在杂货店、便利店和价格俱乐部购物；而属于“新中产阶层”的消费者在购物时，则比其他非裔细分群体在网上花更多的时间。

在每年针对非裔美国人的总额为 17 亿美元的广告花费中，大约有 4 亿美元投向了杂志广告，包括如 *Black Enterprise*，*Ebony*，*Essence*，*Jet* 和 *Vibe* 这样的出版物。鉴于“黑人媒体”对非裔美国人的重要性，许多市场营销者除了常规的广告支出外，还直接在专门针对非裔美国人的杂志、报纸和其他媒体上投放广告作为辅助。此外，非裔美国人的互联网使用状况和总体美国人的使用状况大体一致（有 68%的非裔美国人上网，总体美国人上网的比例是 71%），有 2/3 的非裔美国人在网上购物。[26]

表 12—1 表明英裔白人、非裔美国人和西班牙裔美国人在购买、拥有和使用不同种类产品方面存在明显差异。[27]结果支持了运用国籍和种族作为划分标准的正确性。

表 12—1　　英裔白人、非裔美国人和西班牙裔美国人家庭的购买模式对比

产品/活动	英裔白人	非裔美国人	西班牙裔美国人
口气清新剂	95	128	105
爽身粉	93	157	99
短信/过去 6 个月	105	70	80
嚼口香糖	96	117	113
喝冰茶	90	149	121
汽车租赁——商用	96	127	78
自有行李箱	108	74	67
冷冻菜肴	108	87	72
玩宾果游戏	102	111	91
养热带鱼	103	107	72
宗教团体成员	105	107	65
每月看电影 2～3 次	93	118	132
打篮球	89	165	102
骑自行车——山地	113	36	80
钓鱼——内河	115	50	52
武术	90	138	105
打保龄球	102	116	74

续前表

产品/活动	英裔白人	非裔美国人	西班牙裔美国人
拥有枪支	119	31	52
个人原因的国外旅行	90	74	137
去国外度假或蜜月旅行	104	55	99

资料来源：Based on Mediamark Research and Intelligence. Doublebase 2007 Report.

亚裔美国消费者

目前亚裔美国人大约有 1 700 万，占据美国人口的 5.6%。他们是增长最快的美国少数族裔群体，预计这一数字到 2050 年将达到 3 500 万。1990 年，有 690 万亚裔美国人，到 2000 年，已经达到 1 190 万。根据 2010 年的统计显示，亚裔美国人中最多的族裔包括华裔（379 万人）、菲律宾裔（341 万人）、印度裔（318 万人）、越南裔（173 万人）、韩国裔（170 万人）、日本裔（130 万人）。因此和拉丁裔美国人不同，亚裔美国人之间没有共同的语言，他们是高度不同的细分市场。亚裔美国人群高度城市化，将近 75%的人住在人口超过 250 万的大都市区。三个亚裔美国人口最多的大都市区域包括大洛杉矶地区、纽约都会区、旧金山港湾区（见图 12—3）。高水平的教育是亚裔美国人的重要特点。如图 12—5A 和图 12—5B 所示，所有美国人中拥有学士学位及以上的比例显著低于亚裔人口。

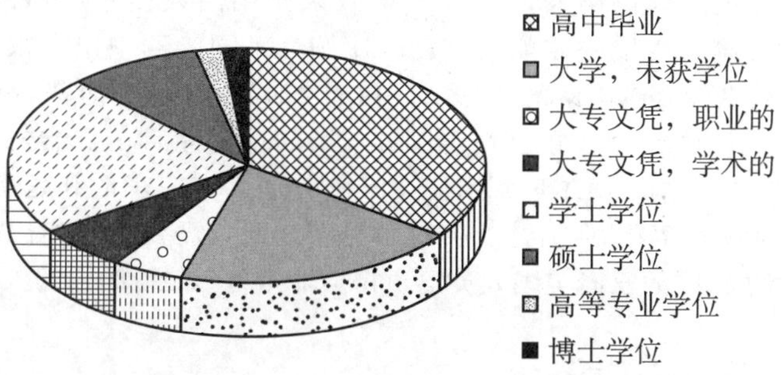

图 12—5A　所有美国人的受教育状况

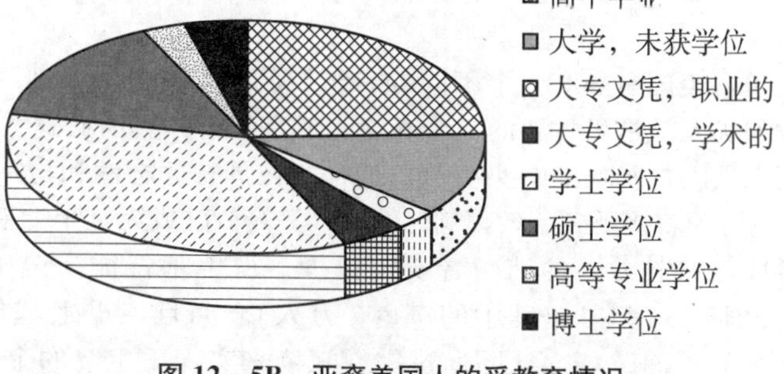

图 12—5B　亚裔美国人的受教育情况

亚裔美国人具有大家庭导向，非常勤奋，具有极强的要达到中产阶层的生活方式的动力。他们对越来越多的市场营销者来说是非常具有吸引力的市场。近年来，亚裔美国人家庭的平均收入为 65 637 美元，是美国家庭中最高的平均收入。两年内，这一数字将增加到 67 022 美元。根据教育水平不同，亚裔美国人的经济实力也不尽相同。美国人口普查局的数据显示，拥有学士学位的白人男性一年大约收入 66 000 美元，相同情况的亚裔男性一年收入 52 000 美元。

在人均基础上，相较于非亚裔美国少数族裔，更多的亚裔美国人拥有自己的企业，那些没有自己企业的人大多数在专业、技术或管理领域就职。另外，很多亚裔美国人是年轻人，大部分生活在高收入家庭。亚裔美国人也趋向于比大部分人口拥有更多的计算机知识。

讲英语的亚裔美国人比其他美国人更有可能通过网络获得新闻和所需信息。此外，亚裔美国人相对于西班牙裔和非裔美国人，更有可能上网。[28] 20 世纪 90 年代，亚裔美国人社区的购买力上升了 125%，达到 2 500 亿美元以上，有人预计已达到 5 300亿美元。[29] 亚裔美国人注重质量（通常与知名品牌相联系）。他们一般是更忠诚的消费者，作出消费决策时更多以男性为主导，且欢迎那些将他们视为目标客户的零售商。

亚裔美国人来自不同的文化背景。因此，尽管亚裔美国人有很多相似之处，市场营销者仍应避免将整个亚裔市场作为一个独立的市场，因为这个市场绝对不是同质的。例如，越南裔美国人更可能遵循传统的购买模式，而且男性在大宗购买中拥有决策权；但是华裔美国消费者更多的是妻子和丈夫共同决策。由于文化原因，越南裔美国人认为欠钱是不妥的，所以他们不愿意使用信用卡。相反，韩国裔美国人和华裔美国人中很多已到美国多年，像美国人一样接受了信用卡。

为进入到该细分市场，使用亚裔美国人模式做广告是有效的。研究表明，使用亚裔模式所做的立体扬声器广告的市场效果比用白人模式所做的同一广告效果好。另外，亚裔美国人中偏好非英语广告的比例在不同族群中也有很大不同。例如，93%的越南裔消费者偏好越南语的广告，而仅有 42%的日本裔消费者在接受这类信息时偏好日语。[30] 意识到持续增加的亚裔美国人市场的重要性后，宝洁公司建立了它的第一个亚裔美国人广告机构，沃尔玛开始使用汉语普通话、广东话和越南语进行电视广告销售，还采用了菲律宾语印刷广告。[31] 不过，尽管如此，需要着重指出的是，根据最近的统计数据，大约 80%的亚裔美国人英语讲得“非常好”，有 20%的人表示他们只说英语。

12.3 宗教亚文化

据报道，美国有 200 多个不同的有组织的宗教团体（或亚文化）。其中，新教、罗马天主教和犹太教是最主要的三个有组织的宗教群体。所有这些组织的成员都时常可能作出受到宗教因素影响的购买决策。通常，在具有标志性和与宗教节日相关的产品购买中，消费者行为直接受到宗教影响。例如，圣诞节已成为全年中主要的购买礼物的时间。

尽管关注宗教方面的消费者研究很少，重生基督徒是美国增长最快的宗教团体（他们占美国 2.35 亿基督徒中的 7 200 万人）。而且，重生基督徒一般被定义为“遵循《圣经》的书面解释，认同通过宗教皈依来实现重生”的个体。从市场营销者的角度来看，重生基督徒倾向于极其忠诚于那些支持他们宗教事业和观点的品牌。[32]

一项针对美国犹太人的研究发现：就品牌忠诚和口碑而言，美国犹太人和非犹太人之间没有显著的差异。[33] 宗教的要求或惯例有时具有超越宗教本身目的的意味。例如，对一个虔诚的犹太家庭来讲，饮食律例代表着一项义务，因此就出现了牙膏和人造甜味剂作为逾越节期间使用的洁食。食物包装袋上标记的 U 和 K 表示这种食物满足犹太饮食律例的规定。但是，对不那么虔诚的犹太人和越来越多的非犹太人来说，这些标志通常表示这种食物是纯的和健康的——就像“经过犹太人好管家的批准”。犹太食品的包装和印刷广告上经常会有一个里面有字母 K 或者 U 的圆圈标记，有时会写有“parve”字样，这个词是为了告诉购物者这个产品是符合犹太教规的，可以和肉或者奶制品一起食用（但不能与肉和奶制品两者一起）。

由于清洁可食的食品证明具有广泛的意义，大量全国性品牌，如库尔斯啤酒和 Pepperidge Farm 小甜点，已获得清洁可食的食品证明。一家位于曼哈顿的获得犹太认证的牛排店 Prime Grill 宣称，其主顾大约一半是非犹太人。但提供的菜单“刚好是符合犹太教规要求的洁食”。[34]

对特定的宗教群体制定不同的营销方案非常有利可图，例如，Shaklee 公司是 Shaklee Performance 系列饮品的经销商，它从大量不同的宗教群体（如哈西德教派犹太人、阿米什人、门诺派教徒）招募推销员，希望能将产品卖给不同宗教社区的消费者。[35]

12.4 地区亚文化

美国是一个幅员辽阔的国家，拥有不同的气候和地理条件。考虑到美国的面积和地理多样性，很多美国人有一种“地区认同感”并用这种认同感描述他人，这种情况就不足为奇了（如“他真是个南方人”）。任何在美国旅行过的人都很可能注意到在消费行为，尤其是食品和饮料方面，存在很多的地区差异。例如，黑咖啡是西部的典型代表，而加了糖和奶的咖啡在东部受到偏爱。人们在消费诸如面包类的主食方面也存在地理差异。尤其是在南部和中西部地区，松软的白面包受到偏爱，而在东西海岸地区，人们偏好比较硬的面包（黑麦、全麦以及法国和意大利面包）。地区差异还包括品牌偏好。你为什么会认为 Skippy 在东海岸和西海岸都是最畅销的花生酱品牌，在南方 Peter Pan 销售最佳，而在中西部地区 Jif 销得最好？

一项研究调查了大城市地区之间产品购买、拥有和使用水平方面的差异，市场营销者可以利用这一差异锁定目标消费者。[36]

1. 纽约：
- 最少购买/饮用功能饮料；
- 最多购买/食用冻酸奶；
- 纽约都会区排名第一（通过目录、邮购、电话和互联网等方式进行购物）。

2. 波士顿：
- 过去六个月最少购买/使用按摩；
- 看电影；
- 最多购买/食用冻比萨；
- 参加成人教育课程、观看棒球比赛、看电视。
- 波士顿都会区排名第七（通过目录、邮购、电话和互联网等方式进行购物）。

3. 芝加哥：
- 每一项都不是最低；
- 最多购买/使用功能饮料和棋类游戏；
- 芝加哥都会区排名第四（通过目录、邮购、电话和互联网等方式进行购物）。

4. 亚特兰大：

● 最少购买/参加成人教育课程；

● 最多购买/使用漱口水；

● 亚特兰大都会区排名第六（通过目录、邮购、电话和互联网等方式进行购物）。

5. 旧金山：

● 最少购买/使用棋类游戏和电子游戏；

● 过去六个月最多购买/使用按摩、回收物品；

● 旧金山都会区排名第七（通过目录、邮购、电话和互联网等方式进行购物）。

6. 洛杉矶：

● 最少购买/饮用功能饮料；

● 最多购买/食用冻酸奶；

● 旧金山都会区排名第一（通过目录、邮购、电话和互联网等方式进行购物）。

全国性品牌（national brand）指在一个国家的所有地区都适用的品牌，即使在不同地理区域的市场占有率有很大的差异。一家啤酒公司的网站上这样写道："美国啤酒市场是由一系列更小的、差别很大的市场来运作的，公司应根据每一市场的不同条件来调整营销策略。"[37]这些不同地域市场中市场份额的差异，可能是如营销实务中经常采取的在销售量大的区域投入更多资金等因素的结果。[38]进一步地，扫描机数据的使用可以使市场营销者在各地域间配置资源（如在全国范围内转移存货和调整广告费用），以提高他们品牌的盈利性。[39]

尽管对于美国的许多消费品品牌而言，销售额和市场份额的地域差异是很常见的事情，但对于地域面积相对较小国家的品牌而言，往往并未呈现出类似的地区差异。[40]然而，在一些更大和更多样化的国家，比如大的亚洲国家，确实表现出不同类型的地域或地区差异，如在中国大陆进行的一项研究发现，城市孩子与农村孩子相比，对广告更持一种怀疑态度。[41]另一项研究发现，农村消费者把食物看作他们最喜欢的产品，而城市消费者把电脑看作他们最喜欢的产品。[42]一项有关印度消费者的研究发现，地区差异受到由地域多样因素、拓扑学因素和包括价值观、动机与生活方式在内的文化因素的影响。这些既是消费行为的重要决定因素，也是非消费行为的重要决定因素。[43]

12.5 世代（年龄）亚文化

根据美国人口普查局的数据，美国有3.17亿人口。图12—6显示了美国人口的世代划分以及每个世代的人口比例。因为每个世代的成员都有不同的偏好和消费模式，所以每个世代都是一个独特的亚文化和细分市场。例如，你听的音乐、穿衣打扮、阅读的杂志、喜欢看的电视剧与你的父母和祖父母难道不是不同的吗？很明显，在个体从一个不能独立的儿童到一个退休的老年人的过程中，对某种特定产品和服务的需求将发生重大变化。在本部分，我们将描述在以下几个年龄（或者世代）亚文化中不同的消费模式和技术影响：Z世代、Y世代、X世代、"婴儿潮"一代和老年人。

技术现在是引导消费者行为的主要力量。如图12—7和图12—8所示，各个世

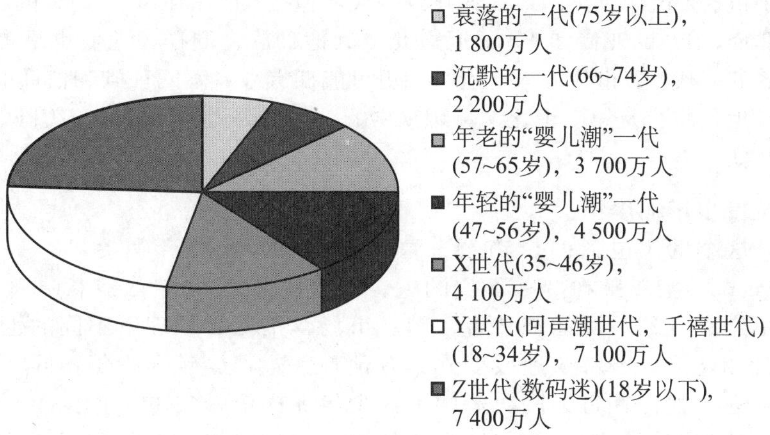

图 12—6　美国的世代划分

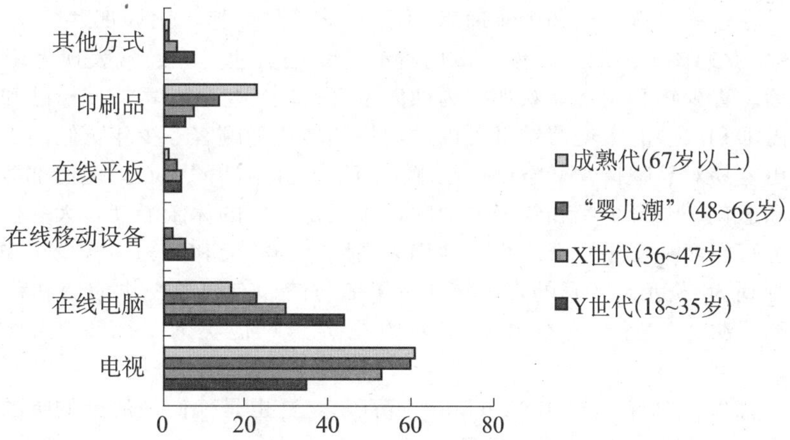

图 12—7　年龄和新信息的来源

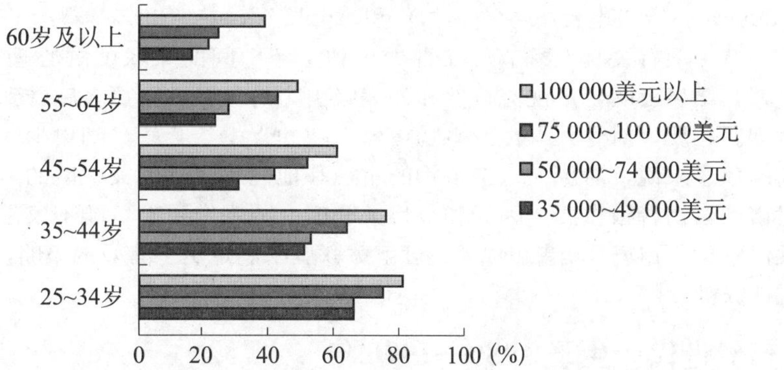

图 12—8　智能手机的使用：年龄和家庭收入

代的美国人都将技术融入到生活中。本章将会讨论各个世代在技术使用上的不同。

Z 世代：生于 1997 年至今

Z 世代（Generation Z）（数码迷）是指出生在 1997 年以后的一群人。Z 世代的成员间高度"联系"，终身接触、使用沟通和媒体技术，如互联网、即时通信、短信和手机。Z世代是美国最多元化的一代，包括54%的白人、24%的西班牙亚裔、14%的非裔、4%的亚裔和4%的混血儿或其他种族。同样，他们也是美国最后的以白人为主的一代。Z世代的人比老一代更可能拥有来自不同种族和信仰的社交圈。专家预测Z世代将会是第一个比父母赚得少的一代，因为他们成长于美国财富分配巨大变化的时期。

青少年和少年

这个世代包括两个市场：**青少年**（teens）指年龄在13～17岁的人，**少年**（tweens）指年龄在8～12岁的人。向青少年和少年营销意味着向有利可图、捉摸不定、变幻莫测的消费者营销。市场营销者必须理解不同的生活状态，在角色中自如转换，能够快速改变并具有预判性。青少年和少年不同。青少年的行为更加独立，他们在每天的决策中不像少年那样依赖父母。青少年开始逐渐形成成人的特征和行为，但少年仍然和比他们小的兄弟姐妹有着相同的性格。家庭对少年更加重要。

在过去，青少年和少年通常和小孩子合在一起，比如那些年龄在6～11岁或是5～12岁的孩子。因此，许多市场营销者疏远了他们，经常表现为用居高临下的语气说话。青少年和少年喜欢那些为他们量身打造信息的公司。使产品和品牌满足目标市场需求和渴望的市场营销者可以成功将其转化为顾客。少年更倾向于品牌忠诚而青少年更容易对品牌持怀疑态度。技术是两组人群生活的中心，他们都能完全接受技术创新和退化。在青少年和年轻人中间，上网是主要的休闲活动。大多数青少年和少年在网上写东西和使用社交网络。他们去商城参与社交和购物。青少年和少年平均每周总共赚到30美元，30%的青少年和少年参与诸如有线电视供应商和移动电话服务等家庭购买决策。所有青少年每年大约花费1.6亿美元，而少年的购买力大约是其1/4。[44]

青少年中有64%用YouTube听音乐，这也是他们最流行的听歌方式。电台排在其次，占56%。排在后面的还有iTunes（53%）、CD（50%）、Pandora（35%）。在成人中，最流行的听音乐方式依次是电台（67%）、CD（61%）、YouTube（44%）、Pandora自定义电台服务（32%）和Apple iTunes（29%）。[45]

有一项有关真人秀节目在青少年和少年中间的关联度的心理人口统计变量的研究，其结果表明，重视流行性和外表吸引力的年轻人会更多感受到和真人秀节目的关联度。相反，对令人兴奋的事物更感兴趣的青少年会感受到更少的关联度。对青春期前的孩子来说，对令人兴奋事物的重视和他们感受到的关联度的多少无关。这些结果对市场营销者很重要，因为和节目关联度高的观众更有可能不仅是看节目，而且时刻关注它们。市场营销者可以通过理解关联度来制定更多有效的策略，而不仅是依靠人口统计资料。[46]

Y世代：生于1980—1996年

Y世代（Generation Y）（回声潮世代、千禧世代）是指出生在1980年到1996年之间的人。这个群体中有时包括20世纪70年代末和20世纪90年代末的人。Y世代的人伴随着技术而成长并欣然接受它。他们易被更高水平的刺激吸引并容易觉得无聊。他们比其他世代的人处在相同年龄段时更自信，因为他们成长于以孩子为中心的家庭、面向青年的社会以及强调自尊的时代。作为消费者，许多人希望设计自己的产品，创建和管理自己的社交网络和对产品的评价。

Y 世代的人是手机和短信的最大用户。研究发现有 63%的 Y 世代成年人使用短信，相比之下，仅有 31%的 X 世代人使用。在今天的手机市场上，76%的 15～19 岁消费者和 90%的 20 岁出头的消费者定期使用手机发短信、定制铃声和玩游戏。与之相比，只有 18%的 40 多岁和 13%的 50 多岁的手机使用者定期使用这些功能。[47] Y 世代成年人对营销的反应与他们的父母不一样。他们大多喜欢接受那些出现在他们熟悉环境里的营销信息，比如网络和有线电视。[48]他们使用即时通信工具、博客、聊天室和社交网站等，这些都是 Y 世代虚拟空间里的实体。[49]图 12—9 显示了 Y 世代成员的主要线上活动。[50]

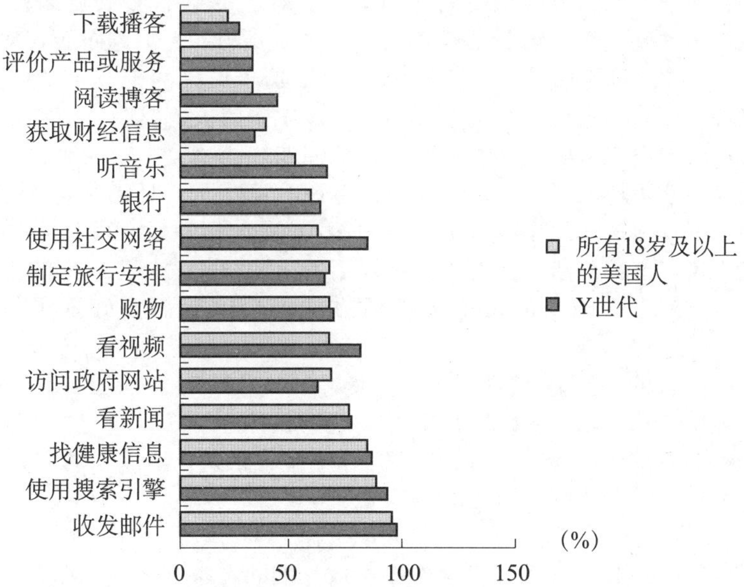

图 12—9　Y 世代上网情况

资料来源：Based on http：//pewinternet. org/Reports/2010/Generations-2011. aspx (accessed August 9，2012).

和其他世代一样，Y 世代的群体内部在价值观和优先顺序上并不一致。一个研究者将其分为六个部分：

1. 嬉皮士世代：他们相信可以影响世界并使其变得更好。他们知道世界发生了什么，给慈善捐款，定期搜索信息。他们阅读社交媒体的内容，但并不创建内容。

2. 千禧世代母亲：她们喜欢旅游，保持体形，像自己小时候一样对待“孩子”(娇贵)。她们很自信，家庭导向，精于技术。参加在线社交，对同龄群体很有归属感。

3. 反千禧世代：他们最关心自己的生意和家庭，避免成为千禧世代的样子。他们不像大多数千禧世代的人一样购买绿色食品。他们寻找舒适而不是改变，但大多数千禧世代的人乐于参加不同活动让生活更有趣。

4. 小玩意高手：他们总是在寻找下一个小玩意，例如苹果产品，他们经常会为了最快买到而排队。他们很任性、精力充沛、自由且散漫。他们经常创建在线内容且一直泡在推特上。小玩意高手大多是单身男性，因为他们生活在自己的世界里。

5. 清洁绿色千禧世代：他们照顾自己并支持别人。他们被社会原因、经济问题、慈善事业和人生观驱动。

6. 老学校千禧世代：他们不接受很多典型的千禧世代习俗，如在就餐时刷新脸书。他们宁可亲自见到别人而不是通过网络或短信，他们喜欢读书而不是看博客。他们独立且自我导向，而大多数千禧世代的人需要导师和不断的反馈。

X世代：生于1965—1979年

X世代（Generation X）由在1965—1979年出生的大约5 000万人构成。作为消费者，他们代表着消费能力超过1万亿美元的市场。他们不喜欢品牌，愤世嫉俗，而且不想被单独挑选出来作为营销对象。与其父母不同（“婴儿潮”一代），他们不急于结婚、成家，或为得到高薪而超额工作。对于X世代消费者来说，工作满意度显然比薪水更重要。有一句话是这样说的：“‘婴儿潮’为工作而活，X世代为了生活而工作！”X世代不赞同那些年纪较大的、为了追求更高的工资和事业发展而忽视家庭的价值观，而且很多目睹了父母在多年忠诚工作后被迫离职。因此，他们对长时间受雇于一家公司没有特别的兴趣，相反，他们偏好能够提供较灵活职业生涯并能为工作环境带来一些乐趣的公司。X世代明白金钱的重要性，但是并未将薪水视为留在一家公司的足够理由——工作本身的质量和建立在工作之上的关系是更重要的因素。对X世代来说，享受生活，拥有自由和灵活的生活方式才是更重要的。

以下列出一些其他特征和生活方式来帮助我们更好地了解X世代的本质和构成[51]：

- 62%的人已婚。
- 2 970万人已经为人父母。
- 51%的未满18周岁的孩子生活在X世代人作为家长的家庭里。
- 31%的X世代人拥有大学学位。
- 81%的X世代人有全职或兼职工作。
- 37%的X世代人的母亲在孩子成长期间在家庭之外工作。

X世代成员都是老练的消费者。尽管他们并不一定是享乐主义者，但他们的确购买名牌，而不注意设计者标签。他们想让市场营销者视为是拥有自主权的群体而非迷你“婴儿潮”一代的市场。因此，针对这一群体的广告必须强调他们在音乐、时尚和语言方面的风格。市场营销者的关键在于真诚，X世代不反对广告，只是反对不真诚。

针对“婴儿潮”一代和X世代的媒体形式是不同的。举例来说，65%的50～64岁和55%的30～49岁的成人定期读报，但只有39%的年轻成年人（X世代中较年轻的）定期读报。[52]X世代是MTV电视的一代，并且使用互联网的频率比其他任何年龄群都要高。比如，60%的X世代人已经尝试过网上银行，而只有38%的Y世代人尝试过网上银行。[53]

由于X世代旅行者已经成为增长最快的旅馆主顾，因而连锁旅馆正在改变它们提供的服务以更好地吸引X世代旅行者。例如，万豪正在改造其旗下酒店的房间，为其配置平面液晶电视、高速网络端口、符合人体工程学的桌椅和结实的床单等。[54]此外，X世代人通常不满意目前的大部分购物中心——他们想要的不仅仅是购物。X世代人希望能在购物中心找到合适的可以坐下来吃饭的地方，而不是在餐饮区“匆匆地吃完”。

上网对X世代的人来说轻而易举。他们成长于电脑技术进步的时代，花时间上网和寻找信息是他们生活的重要部分。他们将电脑、手机和技术视为管理时间的“友好”工具，认为互联网对社会有着显著的正面影响。图12—10描述了X世代成员的

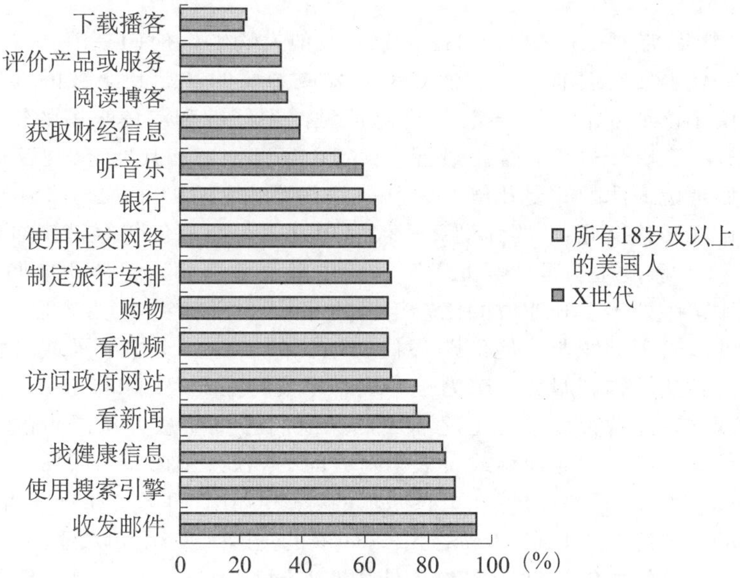

图12—10　X世代上网情况

资料来源：Based on http：//pewinternet. org/Reports/2010/Generations-2011. aspx (accessed August 9, 2012).

网上活动。

“婴儿潮”一代：生于1946—1964年

“婴儿潮”一代（Baby Boomers）是指出生于1946—1964年的人。这部分“婴儿潮”时期出生的人共7 800万人左右，代表美国成年人口总数的40%以上。他们因此成为市场细分追求的对象。但是在“婴儿潮”之后的19年，仅有6 600万美国人出生（指20世纪70年代的“生育低谷”）。

除了这个时代的人数规模，“婴儿潮”一代成为市场营销者最佳目标市场的原因有以下几点：

1. 他们中专业和管理层人士大约占50%，而且其中至少一半以上具有学士学位。

2. 他们是庞大而独立的年龄类别（“婴儿潮”一代可能是第一个拥有独立统一名称的美国世代）。

3. 他们时常作出相同的购买决策，影响了所有品类的消费品。

4. 他们中包括引领趋势的、地位上升的专业人士，影响着各年龄层的消费品位。

5. 占据将近一半的包装消费品支出和美国地区65%～75%的可支配收入。[55]

6. 到2010年，美国全部成年人中的1/3，也即全部成年人中的9 710万人，将达到50岁及以上。美国退休者协会（AARP）估计处在这个年龄范围的美国消费者将拥有全美金融资产的80%。[56]

越来越多的健身俱乐部会员以及维生素和健康产品的销售额猛增，都证明了这些消费者正在努力使自己看起来或感觉更“年轻”。他们不想优雅地变老，而是要通过各种可能的手段与变老作斗争。他们希望像广告那样塑造成自己眼中的样子——活泼而有吸引力。[57]对于理解这部分人群的市场营销者而言非常重要的一点是，这部分人群有钱，他们想要把钱花在他们感觉能够提升他们生活品质的东西上。

“婴儿潮”一代喜欢给自己、家人或他人购物，他们是消费导向的。随着“婴儿潮”一代消费者逐渐变老，他们最需要或想要的产品和服务的性质发生了改变。例如，由于该细分市场的老龄化，“舒适型”牛仔裤和双焦眼镜的销售额显著上升，同样上升的还有步行用的鞋。最近，银行市场营销者和其他金融机构也更加注意帮助刚刚开始考虑退休的“婴儿潮”一代，圣约瑟夫阿司匹林（St. Joseph Aspirin），已将目标市场转移至此。“婴儿潮”一代思想开明，愿意像年轻消费者那样尝试新产品和新服务。“雅皮士”是“婴儿潮”一代中最受关注的亚组群，他们是“婴儿潮”一代中在城市中处于上升地位的比较年轻的部分。他们经济实力较强，受教育程度高，从事专业或管理类职业。他们购买代表地位的名牌，比如宝马或者雷克萨斯混合动力车、普拉达的鞋和服装、劳力士手表、昂贵的探险假期和装备。

现在，随着很多雅皮士逐渐成熟，他们已将注意力从昂贵的地位性产品转向旅行、健身、第二职业规划或者人生新方向的规划。确实，他们从渴望财产转向渴望体验——“婴儿潮”一代现在更感兴趣的是做事情，而不是拥有东西。此外，“婴儿潮”一代的人熟悉电脑，有 70%的 55～64 岁的美国人使用互联网（与此相比，在西班牙同样的年龄组群体只有 11%的人使用互联网）。[58]

退休后生活

一些“婴儿潮”一代的人并不着急退休。这与他们对退休生活的展望和职业生涯的满意度、积累的金融资源、健康状况有关。研究者调查了“婴儿潮”一代的工作满意度和面对退休的态度之间的关系。表 12—2 描述了对退休持有的四种态度。表中还加入了我们对“市场机会”的思考。[59]市场营销者通常将“婴儿潮”一代分为两个群体：老一代和较年轻一代。图 12—11 显示了两组人群的网上活动。[60]

表 12—2　　退休后细分群体和市场机会

退休后细分群体	市场机会
未获报偿者：“在职业生涯未获报偿”的人期望退休。他们将其视为新的开始，并因有机会从事在以前无法从事的活动和追求以前无法满足的兴趣而受到鼓舞。然而，他们也许在做什么事情上需要一些帮助。	退休人员可以接受专业退休咨询服务（本地的基督教青年会或大学），获得如何适应退休生活和探索新生活的建议。他们对建议持积极态度，接受爱好、旅行和非学位课程的练习。
混合感受者：对职业生涯满意的人对退休有着复杂感受。一方面，他们不愿意离开自己的工作，另一方面，他们想把更多时间放在休闲活动上。	退休人员寻找可以解决生活状态难题的建议：旅行、在教育机构学习非学位/学位课程。他们旅行、参加研讨会以获得选择合适爱好和课程的指导。
愤怒者：被迫退休的人（在固定年龄强制退休）将退休视为丢掉自尊和身份。	退休人员可以从提供退休优缺点分析的咨询中获益，包括之前提到的内容。
减速者：退休意味着开始变老和减速。	退休人员已经规划好了退休生活。可以从为他们设计的适应和参与休闲活动的训练课程中获益。

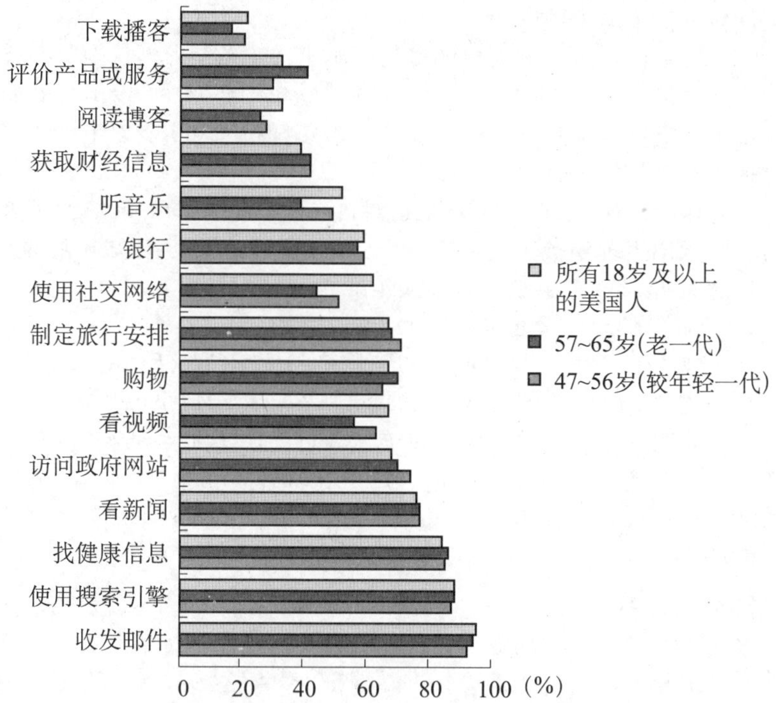

图 12—11　“婴儿潮”一代上网活动

资料来源：Based on http：//pewinternet. org/Reports/2010/Generations-2011. aspx（accessed August 9，2012）.

老年消费者

美国社会正在老龄化。很多“婴儿潮”一代的人已步入 60 岁，在下个十年还会有更多的人进入。美国有 4 300 万人口超过 65 岁，到 2050 年，预计将有 8 800 万美国人（占总人口的 20%）达到 65 岁及以上。[61]此外，从 20 世纪初到 20 世纪末，美国人的期望寿命从大约 47 岁增长到 77 岁。在 1900 年，一个 65 岁的美国人平均而言可能期望自己再活 12 年，而到了 2002 年，一个 65 岁的美国人会期望再活 18 年。[62]

还应牢记，对于大多数消费者来说，“晚期成年”（也就是那些 50 岁或以上的）是最长（也就是通常能够持续 29 年或更长）的成年阶段，这与“早期成年”（也就是那些年龄在18～34岁之间的人）和“中期成年”（即那些年龄在35～49岁之间的人）相对，其中“早期成年”持续 16 年，“中期成年”持续 14 年。需要记住的是，美国成年市场中 50 岁以上的人口占了 1/3。

有一些错误观念认为老年消费者的经济资源不甚丰富、健康状况普遍较差，而且有大量空闲的人口。事实上，在65～69岁的人群中，有超过 30%的男性和超过 20%的女性仍在就业，年龄在70～74岁之间的人群，有 19%的男士和 12%的女士仍在工作。另外，上千万老年人每天要照顾孙子或孙女，而且很多还从事志愿者工作。这部分人的年可自由支配收入占美国可支配收入的 50%，并且这些年纪较大的消费者是诸如汽车、酒、度假产品和金融产品这些奢侈品的主要购买者，他们每年花费 2 000 亿美元在这方面。65 岁以上的美国人现在控制着美国家庭净资产的 70%。[63]

认知年龄和生理年龄

三个因素促进了老年人口的增长：出生率下降、“婴儿潮”一代老龄化和改善的医疗诊断和治疗。在美国，官方定义的“老年”是从 65 岁生日开始的（或者说该类人具备了享受社会保险和医疗保障的资格）。但是，60 岁以上的人通常认为自己比实际生理年龄要年轻 15 岁。

认知年龄（cognitive age）是指对自己年龄的知觉。市场营销者发现人们对自己年龄的知觉比生理年龄更能决定行为。一项研究区分了认知年龄的几个维度：

1. 感觉年龄——感觉上有多大年龄。
2. 视觉年龄——看起来有多大年龄。
3. 行为年龄——对自己所在的年龄组成员所参与活动的参与度。
4. 兴趣年龄——他们的兴趣和自己所在年龄组成员的兴趣的相似程度。

结果表明，年长的消费者更可能认为自己比实际生理年龄年轻（拥有较年轻的感知年龄）。[64]对于市场营销者来说，这些发现强调了在向成熟消费者提出诉求时，透过实际生理年龄看到感知年龄或觉察年龄的重要性，以及感知年龄用于细分成熟市场的可能性。[65]

细分消费者

老年人并不是同质的亚文化群体。老年病学家认为老年人在兴趣、观点和行动方面比其他成年人口细分组群更具多样性。[66]尽管这与普遍的认为老年人在态度和生活方式方面更加一致的传统观点不符。老年病学家和营销学者已经反复证实，年龄并不是决定老年消费者对营销活动反应的关键因素。一个细分方法是将老年人细分为三个实际年龄群：

1. 较年轻的老年人——65～74 岁。
2. 老年人——75～84 岁。
3. 较老的老年人——85 岁及以上。

一项研究根据老年消费者的“生活质量导向”确定了一组被称为“新一代老年人”的特定老年群体。[67]新一代老年人是指那些以比自己实际生理年龄年轻的感知年龄进行感觉、思考和行动的老年人。他们比其他老年人更晚退休，更能掌控生活。他们在消费者决策中很自信，将自己视为更有知识和警觉性的消费者。他们中的许多人“选择性创新”，只接受那些真正改善生活的创新。他们在新领域和新事物中寻找新的体验和挑战。他们对生活满意而且感到财务安全。对市场营销者来说，这些发现说明在面向老年消费者时使用认知年龄而不是生理年龄的重要性。

老年消费者和技术

尽管有些人可能认为年纪较大的美国人是那些仍旧使用拨号电话并且普遍抵制变化的个体，但这种陈词滥调远非事实。年纪较大的消费者很少惧怕新生科技，而且年龄在 50 岁以上的网络使用者人数高于年龄在 20 岁以下的使用者。研究发现，那些 55 岁以上的消费者比一般成年人更可能使用网络购书、购买股票和计算机设备——92%的老年冲浪者有过网上购物的经历。[68]事实上，对美国互联网市场而言，老年互联网使用者（年龄在 65 岁及以上）是增长最快的人口群体。美国人中，58%的 66～74 岁的老年人和 30%的 75 岁及以上的老年人定期上网。图 12—12 显示了美国老年人的上网活动。[69]

老年人发现网络是与住在其他州的亲朋好友，包括上大学的孙子孙女交流的好方法。他们还发现网络是获取有关股票价格、健康和医疗信息、娱乐和社区归

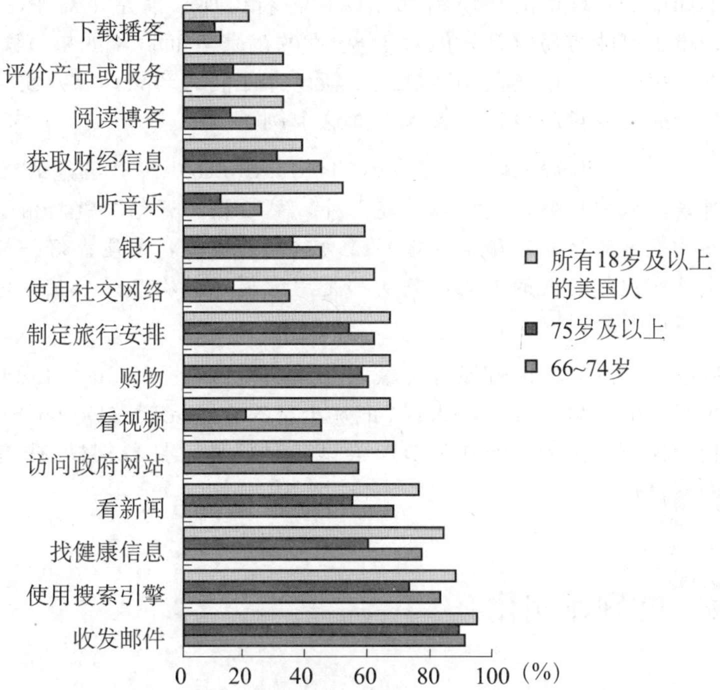

图 12—12　美国老年人的上网活动

资料来源：Based on http：//pewinternet.org/Reports/2010/Generations-2011.aspx（accessed August 9，2012）.

属感的渠道。年纪较长的成年人在网上花的时间和他的外出机动性（使用网络可能作为外出的替代）之间存在关系。拥有一台电脑和上网权的老年消费者能够重新获得由于身体或社会退步所失去的控制权。例如，消费者可以网上付款、购物和给朋友发邮件。这可能是美国退休者协会宣称其会员中有 200 万人使用计算机的部分原因。[70]

针对年长消费者的促销

年长消费者的确想要被作为营销对象，但仅限于“合适的”产品和服务，并且使用“合适的”广告表现。例如，年纪较大的模特在广告中未被充分利用，或者经常被视作不强壮或者很孱弱。一些该主题的作者认为，部分原因在于创作这些广告的专业人员通常是二三十岁的年轻人，他们对年长消费者缺乏理解或同情。年长者通常想要获得承认，不是因为他们过去的成就，而是因为他们将来可能作出的成绩。年长者将退休或移居到阳光社区视为生活新篇章的开始，而不是从生活中静静地退出。在相同的心境下，较年长老年人中参加游轮度假和健康俱乐部的人数的增加表明他们对保持身体机能年轻的强烈追求。研究同样发现，当面向年长者做广告时，较年长老年人对情感诉求的广告有更强的喜好和更好的可回忆性（而稍年轻的老年人则对理性诉求的广告有更强的喜好和更好的可回忆性）。[71]

对于一些产品和服务，年长消费者表现出不同于年轻消费者的购物习惯。比如，在选购汽车时，年长消费者较少考虑品牌、样式和经销商。此外，他们倾向于选择经营持久的汽车品牌。[72]年长消费者比年轻消费者更具对商店的忠诚，特别是对超市的忠诚。另外，如商店位置（如离家的距离）等因素往往因与年长消费者的健康状况相关而变得格外重要。对消费者来说，变老的日子里可能会有很多困难。许多年老的消费者不如他们年轻的时候听得那么明白，看得那么清楚。对于 30 岁的消费者来说，瓶子和罐子可能容易打开，但对于 80 岁的消费者而言，如果试图打开这些东西就有些困难。尽管一些市场营销者已经重新设计他们的产品，以方便年长消费者，但还是有很多产品需要重新设计。考虑下面这个例子。

> 当 80 岁的玛莎·史密斯（Martha Smith）想要用她的微波炉煮开一杯水的时候，她把按钮调到“爆米花”处，然后按“开始”键。由于不能容易地调整设备的数字管理器，她需要重复三次这样的操作，才能煮好一杯茶。玛莎已经成为多种微波炉食谱的专家，每次都是用需要多少次“爆米花”设置来衡量烹制食物要用的时间。[73]

科勒公司的高级内部设计师戴安娜·斯科拉奇（Diana Schrage）建议设计师在设计产品时能够尽量惠及老年人：“把凡士林涂在一元店（Dollar Store）的眼镜上体验设限制的视野，把胶带缠在关节上尝试各种操作，拄着拐杖/扶着学步车搬东西，参观护理室。”[74]

12.6 性别亚文化

一项研究报告了男性和女性面对同一则印刷广告时会有不同的反应。女性对文字的、和谐的、复杂的、类别导向的广告表现出很强的购买意愿。与之相反，男性对比较的、简单的、属性导向的广告表现出很强的购买意愿。因此，对男性和女性采用不同的广告是有利且可行的。性别在购物动机中有很重要的影响作用。女性购物者的动机倾向于独特性和分类寻求、社会互动和浏览。相较于男性同伴，女性对本地商家更加忠诚。这说明本地商家应该利用这一点去制作具有性别独特性的广告。同样重要的一点是，女性通常掌握着很大一部分的家庭消费和支出。正因为如此，女性通常是家庭的“首席采购官”和“首席财务官”。

消费者产品和性别角色

在任何一个社会中，发现与某类性别成员完全相关或很大程度上相关的产品是一件很常见的事情。例如，在美国，剃须用品、雪茄烟、短裤、领带和职业装过去都是男性用品；手镯、发胶、吹风机和香水通常被认为是女性用品。如今，这些产品大多已经失去了这种性别角色联系。比如，尽管女性一直是维生素产品的主要市场，但男性也更多地使用专门针对男性的维生素产品。此外，在过去几年里，男性表现出更多的对个人健康的兴趣，在个人关怀方面缩小了与女性的差距。市场营销者发现，过去几十年家里主要负责到食品杂货店购物的男性数量稳定增长。相对于更老的男性，60 岁以下的男性更可能把杂货店购物看作性别无差异的活动，而很多 40 岁的男性更可能认为购买科技产品（如电脑、手机和数码相机）是性别无差异活动。[75]

媒体和广告中所刻画的女性形象

许多女性感觉媒体和广告所创造的对美丽的期望是大部分女性永远不能实现的。因此，她们希望改变对美丽的“定义”。多芬进行了一场旨在挑战“对美的传统描绘”的广告运动，提供了对女性的现实描绘。事实上，女性对反映“真实女性”的广告反映非常积极——有着灰白头发，脸上有皱纹，皮肤有瑕疵。重要的是，这场广告运动让女性明白了各种形体和年龄都可以是美丽的。而且这避免了出现在大多数其他美妆公司广告中的结论——用多芬产品的女性会开始成为美丽（图片被大量修饰过的）的模特。

职业女性

市场营销者热切地注视着职业女性市场，尤其是已婚职业女性。他们认识到外出工作的职业女性是一个巨大且不断增长的市场，且该市场需求与其他不外出工作的女性（通常被称作“家庭妇女”）不同。正是职业女性市场的规模使得该市场具有如此大的吸引力：大约 60％的美国女性（16 岁及以上）属于劳动阶层，孩子在 1 岁以下的妇女只有一半多一点在工作，超过 3/4 的女性都是和孩子待在家里的母亲。把一个职业女性在每日必须要完成的每件事情（如工作、看孩子、购物和做饭）上所花的时间加到一起的时候，就组成了很长的一天。

为了给市场细分提供更加丰富的框架，市场营销者已经开发出了区分职业女性和非职业女性购买动机的分析框架。例如，大量研究已将女性人口划分为四个细分市场[76]：

1. 居家主妇。
2. 准备外出工作的家庭主妇。
3. 一般职业女性。
4. 事业型职业女性。

“一般职业女性”和“事业型职业女性”的区别尤其重要。“一般职业女性”工作的主要动机似乎是家庭需要这份薪水，而“事业型职业女性”更倾向于在所在领域取得成功。

越来越多的女性大学毕业生开始工作，有竞争力的、事业型职业女性人数快速上升。预计将会有越来越多的女性会成为大中型公司的主要管理者。

通过前面的讨论，我们可以发现让更多女性追求包括公司总裁在内的管理职位的主要原因有：

1. 女性更加努力地成为大公司的总裁，她们在这个位置的成就来得更快，这是一个受欢迎的选择。

2. 现在将近 40％的在职母亲比她们的丈夫挣钱多（女管理者的成功进一步显示越来越多的女性具备成为好管理者的能力）。

3. 生育控制（1960 年避孕药出现）的增加促使女性寻找工作，延迟结婚和生孩子。

4. 现在女性占美国大学注册人数的 60％，取得了比男性更多的硕士和博士学位。[77]

表 12—3 总结了一份将职业女性分为三类的研究成果。[78]

表 12—3　职业女性细分

独立的女性

- 单身，28～34 岁，平均收入 33 200 美元，大学学历。
- 忙于且热爱自己的事业。推迟结婚和生孩子是因为她们不愿向其他人负责。
- 不想在 25 岁结婚。
- 喜欢工作到很晚，晚归，来去自如。
- 准备组建家庭时将婚姻视为派对而不是责任，甚至未婚先孕。
- 时尚是成功的标志。渴望购买有关旅行、衣服、珠宝和轿车的奢侈品牌（香奈儿，普拉达，丽思-卡尔顿，宝马）。喜欢讨价还价。
- 认为虚拟形象比实际形象更重要。重度社交媒体使用者，经常使用移动设备。

有成就的母亲

- 职业母亲，35～45 岁，平均收入 75 000 美元。

- 事业成功，管理层。
- 运用专业知识和道德做一名母亲。
- 不愿离开工作（一到周一立马回去工作）。
- 愿意多付一半的钱换取和孩子多一半的时间。
- 在自己身上花很多钱，大多花在名牌美容产品和服务。买什么在很大程度上受网上评论的影响。
- 购买高档产品前花很少时间研究，但也同样节约和寻找打折网站。

阿尔法女神

- 职业母亲，55～64 岁，平均收入 69 000 美元。
- “年龄带来智慧”。知道自己要什么，有资源得到它。
- 喜欢给家人礼物，但最贵的东西是给自己的（名贵汽车、旅行、处方药）。
- 购买名贵的香水，受名人代言的影响。
- 无论结婚、寡居、离婚还是未婚，都对自己的关系感到自信。不认为单身生活是羞耻的。
- 接纳新技术，尤其是手机。有一些人利用网络资源寻找数据和新关系。
- 比其他年龄组看更多的电视，但不是忠实观众。一边看电视，一边网上购物、发短信、看书或杂志。
- 不会为了获得承诺关系而对爱或魅力妥协。

小结

亚文化分析使市场营销者能够细分市场，以满足某一亚文化群体成员共有的特殊需求、动机、知觉和态度。亚文化是一个独立的文化群体，作为整体存在于一个更大更复杂的社会中。亚文化成员拥有可以将他们和社会中其他成员相区分的信仰、价值观和习俗。同时，他们坚持整个社会的主导信仰。美国的主要亚文化类别涉及国籍、种族、宗教、地理位置、年龄和性别。每个亚文化都可以划分为更小的细分市场，从而可以被有选择的媒体接触到。在一些案例中（如老年消费者），产品特征需要满足细分市场的特殊需要。因为消费者可能同时是几个亚文化群体的成员，市场营销者需要决定亚文化群体成员互动如何影响消费者对特定产品和服务的购买。

三个构成特殊细分市场的美国主要种族亚文化群体是拉丁裔（或西班牙裔）美国人、非裔美国人、亚裔美国人。

拉丁裔美国人占到美国总人口的 15%，估计在 2050 年之前人数会达到总人口的 30%。他们的购买力预计达到 1.2 万亿美元，他们的家庭也趋向于有更多的家庭成员，可能几代人住在一起。

美国的非裔人口有 4 200 万，2050 年预计达到 7 000 万。据估计非裔美国人购买力达到 1 万亿美元。需要注意的是，超过一半的非裔美国消费者年龄小于 35 岁。一般情况下，非裔美国消费者的消费能力由他们的社会地位而非种族决定。

亚裔美国人大约有 1 700 万，占美国人口的 5.6%。他们是增长最快的美国少数族裔群体，预计这一数字到 2050 年将达到 3 500万。亚裔美国人口中最多的族裔包括华、菲律宾、印度、越南、韩国、日本。亚裔美国人没有共同的语言，他们是高度不同的细分市场。亚裔美国人群高度城市化，三个亚裔美国人口最多的大都市区域包括大洛杉矶地区、纽约都会区、旧金山港湾区。高水平的教育是亚裔美国人的重要特点。

美国有 200 多个有组织的宗教亚文化。其中，新教、罗马天主教和犹太教是最主要的三个有组织的宗教群体。所有这些组织的成员都时常可能做出受到宗教因素影响的购买决策。通常，在具有标志性和与宗教节日相关的产品购买中，消费者行为直接受到宗教影响。

美国是一个幅员辽阔的国家，拥有不同

的气候和地理条件。美国人有一种地区认同感，并用这种认同感描述他人。这些标签帮助我们形成头脑中的印象，帮助我们通过问题形成对一个人的“印象”。在消费主食和品牌偏好方面也存在地理差异。全国性品牌指所有州都适用的品牌，即使在不同地理区域的市场占有率有很大的差异。

尽管对于美国的许多消费品品牌而言，销售额和市场份额的地域差异是很常见的事情，但对于地域面积相对较小国家的品牌而言，往往并不呈现出类似的地区差异。然而，一些更大和更多样化的国家，比如大的亚洲国家，消费者行为确实表现出地域或地区差异。

根据美国人口普查局的数据，共有3.17亿美国人。每个世代都是一个独特的亚文化和细分市场，因为每个世代的成员都有不同的偏好和消费模式。当个体从一个不能独立的儿童转变为一个退休的老年人的过程中，对某种特定产品和服务的需求将发生重大变化。可用于市场细分的主要年龄群是Z世代、Y世代、X世代、“婴儿潮”一代和老年人。

Z世代是指出生在1997年以后的一群人。Z世代的成员间高度“联系”，终身接触、使用沟通和媒体技术。Z世代是美国最多元化的一代，是美国白人最多的一代。Z世代的人比老一代更可能拥有来自不同种族和信仰的社交圈。专家预测Z世代会是第一个比父母赚得多的一代，因为他们成长于美国财富分配巨大变化的时期。

Y世代是指出生在1980—1996年的人。Y世代的人伴随技术成长并欣然接受它。他们被更高水平的刺激吸引并容易觉得无聊。他们比其他世代的人在相同年龄时更自信，因为他们成长于以孩子为中心的家庭、面向青年的社会以及强调自尊的时代。作为消费者，他们希望更快的产品换代、个人相关的促销信息和互动式市场平台。许多人希望设计自己的产品，创建和管理自己的社交网络和对产品的评价。接触千禧世代的人的最有效方式是通过网络和有线电视。他们是手机和短信的最大用户。

X世代由在1965—1979年出生的大约5 000万人构成。作为消费者，他们代表着消费能力超过1万亿美元的市场。他们不喜欢品牌，愤世嫉俗，而且不想被单独挑选出作为营销对象。与其父母不同，他们不急于结婚、成家，或为得到高薪而超额工作。对于X世代消费者来说，工作满意度显然比薪水更重要。因此，他们对长时间受雇于一家公司没有特别兴趣，相反，他们偏好能够提供较灵活职业生涯并能为工作环境带来一些乐趣的公司。他们想要被市场营销者视为是拥有自主权的群体而非迷你“婴儿潮”一代的市场。

“婴儿潮”一代是指出生于1946—1964年的人。这部分“婴儿潮”时期出生的人共7 800万人左右，占美国成年人口总数的40%以上。这使他们成为市场细分追求的对象。他们中专业和管理层人士大约占50%，而且其中至少一半以上具有学士学位。他们是庞大而独立的年龄类别（“婴儿潮”一代可能是第一个拥有独立统一名称的美国世代）。他们时常作出相同的购买决策，影响了所有品类的消费品。他们中包括引领趋势的、地位上升的专业人士，影响着各年龄层的消费品位。他们占据将近一半的包装消费品支出和美国地区65%～75%的可支配收入。到2010年，美国全部成年人中的1/3，也即全部成年人中的9 710万人，将达到50岁及以上。美国退休者协会估计在这个年龄范围的美国消费者将拥有全美金融资产的80%。

美国社会正在老龄化。很多“婴儿潮”一代的人已进入60岁，在下个十年还会有更多的人进入60岁。到2050年，预计将有8 800万美国人（占总人口的20%）达到65岁及以上。此外，从20世纪初到20世纪末，美国人的期望寿命从大约47岁增长到77岁。老年消费者不是统一的群体，他们在身体灵活性、健康、财政来源、对退休和变老的态度上存在不同。认知年龄是指对自己年龄的知觉。市场营销者发现人们对自己年龄的知觉比生理年龄更能决定行为。

性别角色是重要的文化组成部分，在亚文化类别中考虑性别是适合的。所有社会都会倾向于把特定的特征角色放在女性和男性身上。考虑到角色差异，女性一般被认为是负责带孩子的家庭主妇，而男性被认为是支撑家庭经济的人。由于这些特征和角色不再与个体紧密相关，市场营销者为消费者提供了更广的性别相关的角色选择。同样，“性别差距”在以前有很强性别联系的领域、产品和行为上在逐年减小。市场营销者尤其重视职业女性社会细分群体，在这一细分群体中发现了多个子群体。

复习与讨论题

1. 为什么说亚文化分析在美国这样的国家很重要？

2. 讨论亚文化细分对食品市场营销者的重要性。找出一种食品，它的营销组合应该是按照地理进行划分的。解释营销组合为什么以及应该如何在美国随地理区域而变化。

3. 下列产品的市场营销者应如何应用本章中所探讨的内容来开发促销项目，以扩大在非裔、西班牙裔、亚裔美国消费者市场上的市场份额？这些产品是：

a. iPod；

b. 即食谷类食品；

c. 由设计师设计的牛仔裤。

4. 亚裔美国人在美国人口中占很小的比例。他们为什么是很重要的细分市场？个人电脑的市场营销者应如何有效地针对亚裔美国人开展营销呢？

5. 当看到50岁以上消费者市场在增长时，一家领先的化妆品公司开始重新评估其畅销的女性面部保湿乳的营销战略。这家公司是否应该在向年长女性营销该产品的同时，开发年轻市场（低于50岁）？它是否应该针对50岁以上的女性市场开发新的品牌和方案，而不是用一种产品来满足两个年龄群？解释你的答案。

6. 市场营销者意识到同样年龄的人会展现出非常不同的生活风格。利用本章中所给出的证据，讨论退休公寓的开发商应如何根据老年美国人的生活方式更加有效地细分他们的市场。

7. a. 市场营销者应当如何向职业女性促销他们的产品或服务？他们应该采用什么诉求？解释原因。

b. 作为宝马汽车的销售商，你将针对职业女性采用什么样的营销策略？

实务练习

1. 找出在你所在的大学中可以被视为一种亚文化的群体。

a. 描述该亚文化成员的规范、价值观和行为。

b. 访问5位该亚文化成员，询问他们对于使用信用卡的态度。

c. 你的发现对你向该亚文化群体营销信用卡有什么启示？

2. 就汽车购买，各访问一位“婴儿潮”一代和Y世代的消费者。准备一份关于他们的态度差异的报告。你的结论支持本书中所得出的结论吗？解释原因。

3. 你的很多关于价格的看法会和你的父母、祖父母不一样。研究者把这种差异归为代沟效应，这种效应主要是基于他们早年的消费模式的假定。因此，在年轻时经历不同的经济、政治和文化环境的个体，成年以后的消费类型很可能是不同的。描述那些你被父母或祖父母反对甚至批评的购买行为。描述用以解释在这些不同意见中的各方所处位置的代沟效应。

4. 找出两个直接针对老年消费者的好广告与差广告。这些广告老套到何种程度？它们描述了感知年龄吗？利用本章中所提到的针对老年消费者的指南，这些广告可以做哪些改进呢？

关键术语

"婴儿潮"一代（Baby Boomers）
认知年龄（cognitive ages）
X 世代（Generation X）
Y 世代（Generation Y）
Z 世代（Generation Z）
全国性品牌（national brand）
亚文化（subculture）
青少年（teens）
少年（tweens）

第13章 跨文化消费者行为：国际视角

学习目标

1. 理解如何研究不同文化下的价值观和风俗以制定有效的营销策略。
2. 理解如何作出为全球市场提供定制化产品或标准化产品的决策。
3. 理解如何识别全球营销机会。
4. 理解如何将消费心理学应用于细分跨国市场。

引　例

百达翡丽是世界上最好的瑞士制表商之一。它的表价从 1.5 万美元到 100 多万美元不等，并且它所拥有的1 928款表中的一款曾以 360 万美元的高价售出。百达翡丽是**世界品牌**（world brand），因为不论销售给任何国家，它的表都是以完全相同的方式进行制造、包装和定位。百达翡丽创造了一个以不同的语言来展示广告文案的全球宣传活动，但是广告中传达的信息是一样的：百达翡丽不仅是个独特的表，还是个传家宝。它是从一代传到下一代的永恒的工艺品。它是独家的、不可或缺的，代表着父母与孩子之间深厚的、持久的联结，这种联结是普遍的，在不同文化之间是相通的事实。就像所有的百达翡丽的广告宣传活动一样，标语“开启你自己的传统”起源于百达翡丽的品牌基础：“你从不曾真正拥有百达翡丽，你只是在为下一代照看它而已。”

不是所有的产品、服务或者公司都会采用全球营销策略。实际上，表 13—1 给出了四种营销策略，公司可运用这些策略向不同国家和文化的消费者销售产品。**全球营销策略**（global marketing strategy）包括在全球范围内以相同的定位策略和沟通方式销售相同的产品。**本土化营销策略**（local marketing strategy）包括对每个独特市场都采用定制化的产品和沟通策略。位于这个连续集合中的是**混合营销策略**（hybrid marketing strategy），包括将产品或广告信息中的一项标准化，然而对另一项采取定制化的策略。

表 13—1 中的四格代表着市场增长机会。为了选择最佳的策略，市场营销人员必须进行跨文化的消费者分析来获得消费者对不同产品和促销主题的反应。例如，美国的休闲食品巨头——菲多利一直在世界范围内采用标准化的促销信息来宣传它的薯片，但同时会向不同的市场提供不同口味的薯片。对于不同的国家和文化，最好的薯片口味有：

1. 乐事的酸奶油洋葱味（风靡世界）；

2. 莳萝泡菜味（加拿大和北美）；
3. 蘑菇味（英国），番茄味和烤肉味（全世界的孩子们）。
4. 胡椒味（墨西哥、美国中部、德国和西欧）。
5. 经典原味，酸辣味（亚洲国家）。
6. 印度的薄荷、柠檬味（撒有柠檬汁，广受孩子们喜欢）。
7. Ruffles 沙拉酱薯片。

表 13—1　全球营销策略

产品策略	沟通策略	
	标准化沟通	定制化沟通
标准化产品	全球策略：相同的产品/相同的信息	混合策略：相同的产品/定制的信息
定制化产品	混合策略：定制的产品/相同的信息	本土化策略：定制的产品/定制的信息

本章探讨了跨文化的消费者行为以及对全球消费者行之有效的营销策略。

13.1 跨文化分析和文化适应

在消费者行为领域，**跨文化分析**（cross-cultural analysis）被认为是致力于寻找两国或两国以上消费者相似或不同的程度。这种分析有助于市场营销者理解国外目标消费者的心理、社会及文化特征，由此他们可以为目标市场设计出有效的营销战略。表 13—2 列出了在跨文化分析中应该考虑的研究问题。跨文化消费者分析也可以包括单个国家的亚文化群体（见第 12 章）对比（例如英裔和法裔加拿大人，古巴裔和墨西哥裔美国人，北爱尔兰的新教徒和天主教徒）。

表 13—2　跨文化分析

因素	例子
语言和意义的差异	字或概念（如“个人支票账户”）在两个不同的国家可能有不同的含义
市场细分机会的差异	两个国家之间的目标顾客的收入、社会等级、年龄和性别可能存在很大差别
消费方式的差异	两个国家在消费或使用产品或服务（如邮购目录）的水平上可能有巨大差异
产品和服务感知利益的差异	两个国家可能以非常不同的方式使用或消费相同的产品（如奶酪）
产品和服务评价标准的差异	从服务中得到的利益（如银行卡）会因不同国家而有所差异
经济、社会状况和家庭结构的差异	家庭决策的风格在不同国家可能会有非常不同的表现
营销研究和营销状况的差异	零售店和直邮列表的种类和质量可能会因国家不同而变化
营销研究可能性的差异	专业消费者研究人员的可获得性可能会因国家不同而不同

跨文化消费者分析的一个目的就是研究处于两个及两个以上社会形态下的消费者的异同。比如，表 13—3 展示了中美文化特点间的差异。[1]类似中国和墨西哥这样的国家具有集体主义（“我们”）的文化倾向，而美国和英联邦则具有个体主义（“我”）

文化倾向。在加拿大蒙特利尔进行的一项针对个人主义和集体主义的消费者调查显示，集体主义消费者在建立他们对服务的期望时，更加依赖口头传播，倾向于从信赖、熟悉的信息来源接收信息（该调查选取了航空服务作为调研对象）。与此相反，个人主义消费者则更加依赖清晰的口头或书面的描述，并更为看重（该服务作出的）显性和隐性的承诺以及来自第三方的评价。[2]另一项调查针对澳大利亚（个人主义国家）和新加坡（集体主体国家）的消费者做了研究，研究发现，在假定的购买情境下，与澳大利亚消费者相比，新加坡消费者的购买决策会更多地受到社会因素的制约。而且，比起澳大利亚消费者，新加坡消费者具有更强的外部导向性。这使得澳大利亚消费者往往把每次作出好或不好的消费决策的原因归咎于自己。[3]

表 13—3　　中美文化对比

中国文化的特点	美国文化的特点
• 以儒家学说的家庭关系为中心	• 以自我为中心
• 服从权威	• 极力强调自我信任
• 崇拜祖先	• 憎恨等级区别
• 通过寻找与自然的和谐被动接受命运	• 积极地统治人与自然的关系
• 强调感受的内在体验	• 关注外在经历和整个世界
• 封闭的世界观	• 赞赏稳定与和谐开放的世界观，强调变化和运动
• 停留于亲属关系的文化和有历史倾向的传统	• 以理性主义为主要信仰并注重未来
• 注重垂直人际关系	• 注重水平人际关系
• 重视个人对家庭、民族、国家的责任	• 重视个人

资料来源：Alexander Josiassen，“Consumer Disidentification and Its Effects on Domestic Product Purchases：An Empirical Investigation in the Netherlands，” *Journal of Marketing*，Vol. 75（March 2011）：124－140.

对于国家间异同的理解对于跨国市场营销者是很重要的，因为他们必须为特定的国外市场的消费者设计合适的战略。如果国家之间的相似性越大，在各个国家使用比较相似的市场战略的可能性就越大。相反，如果目标国家在文化信仰、价值观和习俗方面表现出较大的差异，就得针对特定国家的市场分别制定个性化的市场战略了。比如，宜家家居除了设有英文界面的全球官网，还建立了一系列使用特定语言的地区官网，以及使用更多国家语言的迷你网站，这些网站专门提供联络信息。

在中欧的四个国家（克罗地亚、捷克共和国、匈牙利和波兰）进行的一项研究表明，尽管这些国家处于同一地理区域，但由于巨大的国家间差异，仍然不能在这四个国家采用同样的广告内容和图片。[4]然而，与该研究结果相反的是，其他关于亚洲区域品牌概念的消费者研究发现，一些市场营销人员已经有能力赋予品牌以多元文化个性，使品牌具有跨国界影响力。他们通过塑造“城市化、现代化、多元化”的亚洲消费者形象达到这样的效果。[5]

一个公司在各个国家经营产品和服务的成功很可能受不同国家使用产品的那些消费者的信念、价值观和习俗的相似程度的影响。比如，一些重要的国际航空公司（美国航空、英国航空（British Airways）、大陆航空（Continental Airlines）、法国航空（Air France）、德国汉莎航空、澳洲航空、瑞士航空（Swissair）和联合航空）的全球性商业电视广告和杂志广告倾向于向国际旅行者描述商务舱和头等舱的豪华和享受。它们表现出类似的跨文化诉求的原因是这些商业广告的对象是世界范围内相同类型的个体——顶级的国际商业旅行者——他们拥有很多相似之处。

一项最新研究调查了美国、英国、法国和德国的消费者在消费方式方面的差异性

（也就是说，消费者在完成购买和消费体验的过程中，表现出的态度、信仰、价格决策基准、价值观等的差异性）。[6]表 13—4 描述了来自以上四个国家的受访者表现出的一些消费方式差异。根据消费方式的不同，调查员将消费者分为四个群体：（1）价格敏感型消费者；（2）多样化寻求型消费者；（3）品牌忠诚型消费者；（4）信息寻求型消费者。表 13—5 描述了这四类群体。例如，由于德国消费者比其他三国的消费者具有更低的品牌忠诚度和更高的价格敏感性，很自然地品牌忠诚消费者群体中德国受访者占据的份额较小，价格敏感型消费者中德国消费者则占据较大份额。[7]

表 13—4　　四国消费者消费方式的差异

德国消费者
- 较低的品牌忠诚度。
- 对价格更敏感。
- 极少寻求产品多样化。
- 常把自己视为潜在消费者。
- 通常比较喜欢购物。

美国消费者
- 与法国和德国消费者相比，更加追求产品的独特和新意。
- 与法国和德国消费者相比，更愿意从广告中获取信息。

英国消费者
- 与法国和德国消费者相比，更加追求产品的独特和新意。
- 与法国和德国消费者相比，更愿意从广告中获取信息。
- 认为广告是无礼的。

法国消费者
- 认为购物毫无乐趣。
- 声称通常会比较性购物，但不太会购买打折产品。

表 13—5　　四国消费者细分自评（%）

群组	法国	德国	英国	美国
价格敏感型消费者	27.5	38.7	19.3	21.0
多样化寻求型消费者	22.0	19.4	22.4	23.3
品牌忠诚型消费者	30.4	20.0	36.2	22.2
信息寻求型消费者	20.1	21.9	22.1	33.5

跨文化领域问题的测量

一些架构可用来评价与消费相关的文化差异，其中，有一项研究发现了跨文化研究应该解决的维度[8]：

1. 关于一个国家产品质量的评价。
2. 购买一国产品的意愿。
3. 民族中心主义——购买外国制造产品的意愿（见第 3 章）。
4. 对于一个国家的消费文化的感知。
5. 文化适应——认同一个国家的文化。
6. 民族自我认同。
7. 国家自我认同。

另外一项研究探讨了消费者对本土产品和全球产品的态度之间的相互关系，并且发现了以下这些测量态度的相关维度（对于每一项的“同意/不同意”量表都给出了样例描述）[9]：

1. 休闲娱乐：“相较于在自己的国家流行的传统休闲娱乐活动，我更喜欢在世界上许多国家流行的娱乐项目。”

“我既喜欢在自己的国家流行的传统休闲娱乐活动，也喜欢在世界上许多国家流行的娱乐项目。”

2. 家居：“相较于在世界上许多国家流行的家居陈设，我更喜欢自己国家的传统的家居陈设。”

“我既不喜欢自己国家的传统的家居陈设，也不喜欢在世界上许多国家流行的家居陈设。”

3. 食物：“相较于自己国家的传统食物，我更喜欢在世界上许多国家流行的食物。”

“我既喜欢自己国家的传统食物，也喜欢在世界上许多国家流行的食物。”

4. 生活方式：“相较于和世界上许多国家消费者类似的生活方式，我更想拥有自己国家的传统的生活方式。”

“老实说，我认为自己国家的传统的生活方式和世界上许多国家的消费者类似的生活方式都不是非常有趣。”

5. 品牌：“相较于只在自己国家销售的本土品牌，我更喜欢购买世界上许多国家的消费者购买的品牌。”

“我既喜欢购买只在自己国家销售的本土品牌，也喜欢购买世界上许多国家的消费者购买的品牌。”

另外一个研究发现了可以用在跨文化测量中的个人的文化取向（对于每个维度都有一个关于“同意/不同意”的量表陈述）[10]：

1. 独立：“我宁愿依赖自己而不是别人。”

“对于我来说，独立于他人的个人身份很重要。”

2. 相互依赖：“小组成员的幸福对我很重要。”

“当我和小组成员合作时，我感觉很好。”

3. 权力：“我更容易顺从地位比我高的人的意愿而不是我自己的意愿。”

“我很难拒绝级别比我高的人对我提出的要求。”

4. 社会不平等：“一个人的社会地位反映了他/她在社会中的位置。”

“对于每个人来说，知道自己在社会中应有的地位很重要。”

5. 风险规避：“我尽量避免与陌生人说话。”

“相较于充满变化、不可预测的生活方式，我更喜欢常规的生活方式。”

6. 歧义容忍度：“没有明确的方向和指导，我很难执行。”

“相较于宽泛的行动纲领，我更喜欢具体的指导。”

7. 男子气概：“女性往往比男性更有同情心。”

“男性往往比女性有着更加强壮的身体。”

8. 性别平等：“男性偶尔情绪化没什么不妥。”

“男性不必成为家里面唯一的养家糊口的人。”

9. 传统：“我为自己的文化而自豪。”

“对我来说，尊重文化很重要。”

10. 谨慎：“我相信长远的规划。”

“我为了未来的成功努力工作。”

11. 消费者民族中心主义："我们不应该购买外国产品，因为这会有损我们的经济。"

"只有那些我们国家没有的产品才应该从外国进口。"

12. 消费者创新："相较于已有的产品，我对购买新产品更感兴趣。"

"我喜欢购买新的、不同的产品。"

文化适应

文化适应（acculturation）是指市场营销人员通过跨文化分析学习其他文化的价值观、信仰和风俗，并把学到的知识应用于在国际上营销产品的过程。事实上，文化适应是个双重学习过程：首先，市场营销人员必须学习目标市场中与产品和产品种类相关的一切，然后，他们必须说服，或者"教"社会成员打破他们传统的做事方式，从而让他们接受新产品。为了使在国外社会推广的带着全新文化意味的产品被消费者真正接纳，市场营销人员必须开发一种战略来鼓励那个社会的成员修改甚至打破原有的传统（改变他们的态度甚至是行为）。正是基于这样的出发点，一项为了鼓励发展中国家的消费者为他们的孩子接种小儿麻痹疫苗的计划，需要进行两步文化适应。首先，市场营销人员必须掌握这一社会关于疫苗及相关概念的现有态度和习俗。然后，市场营销人员必须设计出宣传战略来说服目标市场的成员为他们的孩子接种疫苗，即便这样做需要对现有观念加以改变。

很多市场营销者在预期国际扩张时相信如果他们的产品受到本土消费者的欢迎，就会受到所有人的欢迎，这种想法导致了战略上的错误。这种偏激的看法增加了在国外营销失败的可能性。它反映出对于差别明显的文化的独特心理、社会、文化和环境特性缺乏重视。他们必须学习所有的相关事宜，包括其产品在目标国家的用途、潜在用途和所属商品类别。以中国文化为例。西方市场营销者为了在中国取得成功，对中国国情的考虑极其重要，也就是说要考虑中国的实际情况和特性。对于西方市场营销者而言，中国国情的一个实例就是独生子女政策。对这种政策的重视意味着外国商人应该了解中国家庭会为他们的独生子女（或"小皇帝"）购买高质量的儿童用品。

消费者研究的难点

在国外着手跨文化消费者研究是一件困难的事情。例如，在信仰伊斯兰教的中东国家进行西方式的市场研究是非常困难的。在沙特阿拉伯，在街上拦截行人是违法的，焦点小组访谈的调查方式更是不实际，因为聚集四个或以上的人是被禁止的（除非是家庭或宗教集会）。在俄罗斯经营的美国公司根据消费者和市场统计，已经发现了很多限制性信息。类似地，在中国的营销研究信息是不够充分的，而且询问私人问题的调查会引起怀疑。所以市场营销者只好试着用其他方法得到他们所需的答案。比如，Grey广告公司给中国儿童发放照相机，让他们拍下自己喜欢或不喜欢的东西，而不是让他们向一个陌生人进行解释。此外，AC尼尔森公司在酒吧和儿童游戏室而不是会议室进行焦点小组访谈，李奥贝纳广告公司（Leo Burnett）向中国派出研究员直接联系消费者。

国际营销研究的另一个问题是测量时使用的量表。在美国，使用5分或7分量表就足够了，但在某些国家，可能需要用10分甚至20分量表。另外，在有些国家可能并不具备调查设施，如电话调查设备。为了避免出现这样的研究测量问题，针对作为潜在市场的国家，研究者必须熟悉该国可以开展的各项研究方式，并知道要怎样设计调查才能获得有用的信息。研究者也必须牢记，文化差别可能使标准研究方法论变得不适用。

13.2 本土化和标准化

正如本章开篇所述，美国公司为提供适合其他国家的产品开展海外营销时，也可以采取与国内相同的营销方法。例如，麦当劳就试图在它的每一个运营的文化市场中采用本土化的广告和其他的营销沟通方式。

为当地文化定制的产品和服务

在日本，Ronald 麦当劳更名为 Donald 麦当劳，因为日语中不包含“R”的发音。另外，麦当劳在日本的菜单已经本土化，加入了玉米汤以及绿茶奶昔。[11]在瑞典，麦当劳采取了一种使用木刻说明和柔性设计的新型包装用于满足该国消费者对食品价值和户外饮食的需求。每个法国人一天大概要吃 150 克的面包，那么一年大概 55 千克。法国人每一餐都会食用某种形式的面包，他们将面包视为刀叉的延伸，用来移动盘子上的食物。在法国，麦当劳引入了法棍汉堡——McBaguette，它由传统的法式面包以及用法国著名的夏洛来牛肉、法国制造的瑞士（多孔）干奶酪和芥末制成的汉堡这两部分组成。[12]菲律宾人喜欢吃炸鸡配米饭或者意大利面，肯德基和麦当劳都在为他们提供这样的菜肴。

对比来看，当竞争对手必胜客进入中国市场的时候，它的母公司百胜餐饮集团选择将必胜客定位为休闲餐饮，并且在菜单和餐厅主题设计方面与芝士蛋糕工厂非常相似，其中有很多的美式食物可供选择，如排骨、意大利面、牛排和拿铁咖啡等。然而，达美乐餐厅却不提供餐桌服务，即使这是当地人的习惯。这家公司以经实践检验的比萨外卖的商业模式进入世界各地的新市场。相较而言，这家连锁店的美国竞争者——必胜客为进入中国、印度和其他新兴的市场对自己进行了重塑，以迎合显著不同的消费者的需要。[13]

星巴克调整了它在许多欧洲国家提供的产品。例如，英国人喜欢喝外卖咖啡，星巴克就计划在英国开设上百家得来速销售点。许多英国人觉得星巴克的咖啡太过无味，所以英国的星巴克门店近来开始提供额外的免费浓咖啡。尽管 60%的法国人喜欢浓咖啡，但是很多人却抱怨星巴克的浓咖啡尝起来有煳味。为此，星巴克在巴黎推出了轻度烘焙的黄金烘焙浓咖啡。在伦敦，星巴克曾开展一个实验，它将顾客的姓名和他们的点单连在一起，当咖啡做好的时候会呼叫顾客的名字。参加实验的顾客可以得到一份免费咖啡，但是其他人就会在推特上抱怨星巴克是佯装出来的美国式的与顾客之间的“亲密无间”。在阿姆斯特丹，星巴克开辟了一个引人注目的当地的小树林以及前卫的建筑，还包括一个诗歌朗诵的舞台，这使得星巴克更像一个时髦的街区购物店。[14]

专为雷朋、拉夫劳伦以及普拉达等品牌生产太阳镜的制造商开始在中国市场上专门为中国人定制眼镜。它们的战略中还包括对眼镜进行技术调整以更好地适应亚洲人的脸型，如低鼻梁，这个特点使得他们的眼镜是戴在脸上以及突出的颧骨上的。雷朋、奥克利和 Vogue 也都推出了针对亚洲的特别款。[15]然而，在了解到中国的父母希望女孩子以勤奋好学的孩子为榜样而不是玩玩具，美泰便关闭了在中国的芭比娃娃店。然后，美泰决定主要向中国市场销售有教育意义的玩具。家得宝公司则关闭了它在中国一半左右的店，并决定对中国市场采取新的战略，因为它发现中国人对自己动手制作并不感兴趣。[16]

语言障碍

在非英语国家，许多美国品牌名称和广告语必须要经过调整或者完全改变。对于进行全球扩张的公司来说，语言障碍或许是它们面对的最具挑战性的因素，如以下例子所示：

1. “Chevy Runs Deep”（雪佛兰驰骋至深）这句广告语对某些语言来说并不好翻译。于是公司就把它换成了“Find New Roads”（寻找新的征程），因为对不同的人来说，汽车象征着不同的事物，而新广告语的主题能够引起全世界消费者的共鸣。[17]

2. 当通用汽车在北美引入雪佛兰 Nova 时，很明显并没有意识到“no va”在西班牙语里的意思是“不走”。当公司了解到该款汽车销量差的原因之后，就将它在西班牙裔市场的汽车重新命名为 Caribe。

3. 当派克笔公司向墨西哥市场推出圆珠笔的时候，它的广告语本想传达“它不会在你的口袋中漏墨水，使你陷入尴尬的境地”。然而，公司误以为西班牙语的“embarazar（怀孕）”就是“embarrass（尴尬）”。相反，广告实际传达的是“它不会在你的口袋里漏墨水，使你怀孕”。

4. 维克斯（Vicks）在德国市场上推出止咳药片时，发生了一件让它懊恼的事情，它误以为德国人对“v”的发音就是“f”，结果对止咳药片的命名等同于德语发音中的“性行为”。

5. 在中国台湾，百事的广告语“Come alive with the Pepsi Generation”译成中文是“活灵活现的百事一代”。

快速成长的中国市场代表着更加困难的文化和语言挑战。Coca-Cola 早期在中国的译名作“蝌蚪啃蜡”。然而，直到上万个标志被印刷出来后，可口可乐公司才发现译名的意思是“蝌蚪啃蜡”或者“蜡制的母马”（根据方言的不同）。可口可乐公司研究了4 000多个中国汉字，最后发现了一个语音极为一样的“可口可乐”，大致的翻译是“好喝、快乐”。一些品牌，如凯迪拉克或者希尔顿都是音译过来的，在中文里没有任何含义。然而，一个真正的中国名字可以传达很多关于产品特点的东西，从而引起消费者对品牌的依恋。例如[18]：

1. Snicker's 的中文名是“士力架”，字面意思是“光荣的、强有力的支持。”
2. Tide 洗涤剂的中文名是汰渍，除了与 Tide 音似，还意味着“去除污渍。”
3. Colgate 的中文名是高露洁，意思是“显露最高的洁白。”
4. Mr. Muscle 的中文名是威猛先生，字面意思是“强壮的先生。”
5. Citibank 的中文名是花旗银行，字面意思是“星条旗银行。”
6. Lays 的中文名是乐事，意思是“快乐的事情。”

促销诉求

促销诉求必须反映本土的价值观和生活优先权。例如，当某调查显示在全球范围内，可口可乐比百事可乐更加意气风发时，百事可乐公司提出了一个新的广告，标语是“活在当下”，然后变成了“定义当下的人”，并且它的广告选择著名的唱片师、名人和艺术家为代言人。百事有着悠久的在广告中运用具有开创性的流行文化艺术家（如麦当娜、迈克尔·杰克逊）的历史。[19]一项研究显示，英国和希腊的幽默广告之间有显著的差异。与美国相比，英国的幽默广告更冒险、更激进、更有感染力。然而，希腊的幽默广告比较偏向中立，且广告诉求不太有冒犯性。此外，与英国相比，希腊的印刷广告中使用幽默诉求的比例很低。[20]另外一项研究发现，许多西方国家的香水广告以明显的性诉求为特色。然而，在亚洲国家，特别是对于那些伊斯兰教信徒或佛教信徒，广告商不应以性感角度来描绘女性。[21]

一项对南亚文化的研究发现，澳大利亚、中国和美国的消费者对于同一个广告会形成截然不同的态度。然而，他们对广告中品牌的购买意愿却没有显著差异。尽管一般假设都认为中国消费者会更加不喜欢性诉求广告，该研究发现他们对这类广告的态度和美国消费者类似，且比澳大利亚消费者的态度要更加积极。[22]一项关于中国 X 世代（18～35 岁，有着高收入和高学历）消费者的研究发现，个人主义和集体主义的广告诉求对他们有同样的说服力，然而对于年长的消费者，集体主义的广告诉求比个人主义的广告诉求更具说服力。[23]一项关于中国葡萄酒消费者的研究发现，有些消费者将红酒和柠檬水混合在一起，并且更喜欢有着软木塞的红酒瓶（而不是拧开的或者有螺旋帽的）。这项研究也发现了红酒消费和传统中药的理念。有趣的是，一些西药的理念也认为红酒能够降低胆固醇。[24]

对比广告在美国的运用要比其他国家多得多。然而，一项关于美国和泰国消费者的研究发现，对比广告在两类人群中的说服力和两个人格特质有关：**自我建构**（self-construal），指个体如何感知、领悟和解读其周围世界，特别是他人对自己的行为或举动；**认知的需要**（need for cognition）（见第 3 章）。[25]另外一项研究比较了美国和韩国的消费者，证明了相较于人们对非对比广告的反应，人们对对比广告的反应更加受文化价值观的影响，认知的需要也会影响对比广告在两个国家消费者群中的说服力。[26]这些研究以及其他一些研究都认为，如果运用恰当且用在了合适的情境中，对比营销是个非常有效的定位策略。

法律障碍

有时候，地方法律会迫使美国市场营销人员改变销售的产品。以下是一些例子：

1. 澳大利亚国会通过了一项限制烟草包装上的商标、品牌、颜色和促销文本的法律。品牌名称必须以标准的颜色和位置、普通的字体及大小出现在深橄榄褐色的包装上，这些都是经政府研究发现的对烟民最不具吸引力的特点。此外，健康警示要包含吸烟有害的图片显示，并且要占据包装正面面积的 75%。[27]

2. 新加坡加强了对赌场广告的限制，以限制度假酒店对城市文明程度的社会影响，赌场必须遵守政府对所有赌场广告、促销和媒体有关的活动以及赞助等方面的规定。[28]

3. 英国广告标准局（Advertising Standards Authority）向公平办公室起诉了 Groupon 公司——一个团购网站公司，原因是该公司违背了英国广告准则。很明显，Groupon 没有弄清相关条目和要求的规定，无法提供有关销售许可的证据，并且夸大了节省力度的声明，导致它未能进行公平促销。[29]

4. 中国的监管者禁止在电视剧中间插播广告，这对那些加大了广告投入以期获得不断增长的消费者阶层的市场营销者来说是个很大的打击。新规定限制商业广告打断电视剧的剧情，只允许在节目之间插播广告。[30]

5. 迈克尔·乔丹曾起诉乔丹运动（Qiaodan Sports）品牌，因为这个公司的名称音似乔丹。然而，其所属公司说它对乔丹（Qiaodan）商标有专有权，并且是按照中国法律来合法运营的。[31]

世界品牌和本土品牌

有着广阔或众多市场需求的产品的市场营销者同样也拥护世界品牌战略。比如，通用汽车、吉列、雅诗兰黛、联合利华和菲亚特等跨国公司都从本土化战略转为全球化战略。研究人员对2 500个台湾广告中运用的西方模特和英文品牌名进行研究之后发现，不到一半的广告是“类全球化的”。[32]雅诗兰黛公司——拥有的知名品牌有雅诗兰黛、倩碧和芭比波朗——引入了一种东西方混合美容产品Osiao（发音为O-Shao）。Osiao的专门配方中含有中国的植物，如人参。为了将品牌的进口地位传达给消费者，瓶子上的产品名称是以英文呈现的。[33]

一项在12个国家开展的消费者调查显示，人们眼中的全球品牌与本土品牌是不同的。世界各地的消费者都会将全球品牌与三个特征联系起来：

1. 质量信号：消费者认为有越多人购买的产品质量越好（这也是全球品牌价格较高的原因）。同时，消费者相信全球品牌开发新产品和技术创新的速度比本土品牌快。

2. 全球神话：消费者将全球品牌看作一种“文化理想”，购买和使用全球品牌的产品让消费者觉得是世界公民的一分子，并且给与他们身份的认同感（例如，“本土品牌展示我们是谁；全球品牌展示我们想成为谁”）。

3. 社会责任：全球公司与更高的社会责任紧紧联系在一起，人们期待它们通过销售的产品解决相应的社会问题。

在被研究的12个国家中，这三个因素的重要程度是一致的，并对消费者对全球品牌的偏好变化有60%以上的影响力。该研究还发现根据一个国家的公民如何看待全球品牌，可以将其国内的消费者进行细分[34]：

1. 全球公民（占全部受访者的55%）：将企业在全球范围内的成功看作产品质量和创新的暗示，并很在意企业是否承担社会责任。

2. 全球梦想家（23%）：认为全球品牌的产品质量很好，但并不特别关心社会责任问题。

3. 反全球化者（13%）：认为全球品牌的产品质量更好，但他们不喜欢宣扬美式价值观的品牌，也不相信全球公司的责任感。因此，他们总是试图避免购买全球品牌。

4. 全球不可知论者（8%）：对全球品牌和本土品牌一视同仁。[35]

一项对来自八个国家的消费者的研究发现，运用以下两种方式展示的广告会更受消费者喜欢。首先，自我提升广告强调品牌传达的是个人的地位和精致的品位。其次是强调率真的广告，即倡导人们以令人兴奋的方式追求自己的目标。[36]一项对美国和韩国青少年的对比研究发现，与韩国青少年相比，美国青少年把知名品牌的可得性看得更为重要，并且美国青少年更愿意为知名品牌的衣服支付高价格。然而，一个可能的原因是韩国的知名品牌都很贵，许多青少年买不起。有趣的是，美国青少年主要的动机是获得社会的赞成和认可，然而韩国青少年的主要动机是通过他们追求的时尚来表达自我。[37]

有时候在其他国家分销商品是不太可能的。例如，南非的一家雀巢公司代理商只带着打出租车的钱、两部手机和一个装着订单的手提箱就进入了位于约翰内斯堡一个高犯罪率的地区——这是大多数代理商都不愿意去的地方。他的目的是去小商店分销雀巢产品，如独立包装的婴儿食品和非乳制的奶精。很明显，许多南非的消费者对价格很敏感，他们在更小的商店购买更小包装的产品，而不是去大型超市。[38]

图 13—1 展示了作为全球品牌的百达翡丽手表的四则广告。这些广告用不同的语言表达了相同的主题。表 13—6 列出了最著名的全球品牌，表 13—7 描述了部分品牌的全球诉求。[39]

图 13—1　百达翡丽是全球品牌

资料来源：Patek Philippe.

表 13—6　　世界上最具价值的 20 个品牌

排名	品牌	2012 年品牌价值（10 亿美元）
1	可口可乐（Coca-Cola）	77.8
2	苹果（Apple）	76.6
3	IBM	75.5
4	谷歌（Google）	69.8

续前表

排名	品牌	2012年品牌价值（10亿美元）
5	微软（Microsoft）	57.9
6	通用电气（GE）	43.7
7	麦当劳（McDonald's）	40.1
8	英特尔（Intel）	39.4
9	三星（Samsung）	32.9
10	丰田（Toyota）	30.3
11	梅赛德斯-奔驰（Mercedes-Benz）	30.1
12	宝马（BMW）	29.1
13	迪士尼（Disney）	27.4
14	思科（Cisco）	27.1
15	惠普（Hewlett-Packard）	26.1
16	吉列（Gillette）	24.9
17	路易威登（Louis Vuitton）	23.6
18	甲骨文（Oracle）	22.1
19	诺基亚（Nokia）	21.0
20	亚马逊（Amazon）	18.6

资料来源：Both tables are based on："Best Global Brands 2012," Interbrand Report, http://www.Interbrand.com/en/news-room/press-releases/2012-10-02-7543da7.aspx.

表13—7　部分全球品牌的简介

品牌	简介和全球诉求
可口可乐	比其他品牌更加举世公认，因为它让人们体会到快乐、自由和活力。品牌有强大的怀旧感，它将喜欢可乐的各世代联结起来，并加强消费者和品牌之间的紧密关系。它不断开展前沿的活动来拓展边界。为了强化价值，可口可乐借助125周年纪念（"分享快乐"）以及伦敦奥运会（"随着节拍舞动"）开展了庆祝式推广活动。
麦当劳	麦当劳以其独特的品牌管理、重要的全球地位、传递始终如一的质量以及可支付性脱颖而出。为了回应外界的批评，该公司还增加菜单中健康饮食的数量，有效地向消费者和雇员传递其为可持续发展作出的努力，并将节约能源和减少浪费加入员工激励。
路易威登	路易威登持续的成功可以归功于它始终如一地坚持核心价值观，且忠于以旅行为中心的传统。路易威登还改善了它的网络广告形象——包括在脸书上记述自己的历史推出一个能让消费者分享旅行经历的应用。该品牌还扩展了新市场，并且在中国成为高档礼品品牌。
亚马逊	亚马逊的目的是让消费者在该网站上找到任何他们想买的东西。它通过定期扩张产品和服务来实现目的，这一做法使得亚马逊成为消费者服务的领导者。亚马逊的Kindle品牌保持着持续的成功，它将原始的电子书阅读器延伸成为合法的iPad替代品，并在175个国家引入了Kindle Touch和Kindle Fire。
H&M	随着越来越多的竞争者进入全球消费者市场，以及更多大零售商进入低成本快时尚模式，H&M一直在寻找新方法维持行业领导者地位。它持续与知名设计师、名人和知名度高的超级名模合作，这样的策略很明显能够引起那些精于时尚、追随流行文化的目标顾客的共鸣。
迪士尼	对于全世界成千上万的各个年龄段和各种社会背景的人来说，它是丰富的、有意义的且值得珍惜的遗产。随着受众行为的变化、习惯性消费内容的改变以及旧事物让位给新事物，娱乐世界也在持续转变。一直以来，迪士尼面对变化时总是能保持弹性。

续前表

品牌	简介和全球诉求
苹果	尽管许多人认为是苹果的产品定义了苹果品牌，但它确实是一种思想、一套价值观以及渗透在苹果所做的所有事情中的人情味，这也是为什么我们和这个品牌的关系超越了商业。
谷歌	面对搜索引擎市场上极小的份额增长空间，谷歌不断把自己变成一个更广泛的信息技术公司。它的新产品和服务包括谷歌眼镜（一款增强现实型头戴式演示设备）、谷歌电视和谷歌驱动（一项云计算服务）。
微软	微软也以它的平板电脑进入了硬件市场，并参与到融合的软件/硬件生态系统的全球市场竞争中，这个举动很可能决定该品牌的未来。
丰田	除了有可靠数目的回头客，丰田还在加强品牌对年轻消费者的吸引力。该品牌强化了激励推动并减少了批量销售，这为消费者提供了一笔划算的好买卖，同时他们可以获得转售汽车的价值。丰田普锐斯的顾客在不断加深与丰田投资组合的关系，而普锐斯的阵容也带来了新涌入的消费者。
eBay	eBay 的大部分增长来自移动零售和 PayPal，而不是核心电子商务业务。超过 9 000万用户下载了 eBay 的移动应用，并且移动和 PayPal 的下载数量将会倍增。然而，eBay 在移动电子商务领域并不孤单。亚马逊的顾客也在使用移动应用，这个领域的竞争将会继续强化。
耐克	耐克通过不断的创新增加品牌力量。作为“伏击营销者”而非伦敦奥运会的官方赞助者，耐克巧妙地吸引了公众关注，凸显了新产品，并且和以往一样成功地将世界知名运动员和它最新的产品联系在了一起。作为长期增长策略的一部分，耐克宣布了剥离 Cole Haan 和 Umbro 业务的想法，这将有利于耐克把资源主要用在带动耐克、乔丹、匡威和 Hurley 品牌的增长。耐克还巧妙地运用社交媒体创造消费者知晓和蜂鸣效应，并继续通过事件营销和竞赛活动吸引公众的注意。

资料来源：Both tables are based on：“Best Global Brands 2012，” Interbrand Report，http：//www. Interbrand. com/en/news-room/press-releases/2012-10-02-7543da7. aspx.

品牌分享和延伸

所有的公司都不断扩展着自己的品牌在国内和国外市场上的份额。欧睿国际（Euromonitor International）是最有名的品牌份额数据库，它涵盖了全世界几乎所有的产品品类。表 13—8 是宝洁和联合利华成功渗透的四个重要的洗发水市场。海飞丝占据了世界上最大的市场——美国和中国的洗发水市场，其他的宝洁品牌也有大量的业务。对比来看，德国的本土品牌往往占据着最大的市场份额，而宝洁洗发水只取得了有限的成功。有趣的是，在这四个国家，很大一部分市场都是由不太知名的品牌占领。

表 13—8　四大全球市场上的前十洗发水品牌

排名	美国		中国		德国		巴西	
	营销者	品牌	营销者	品牌	营销者	品牌	营销者	品牌
1	宝洁	海飞丝（14.8%）	宝洁	海飞丝（18.5%）	汉高（Henkel AG&Co KGaA）	施华蔻（17.9）	联合利华	夏士莲（19.9%）
2	宝洁	潘婷（1.2%）	宝洁	飘柔（13.5%）	宝洁	潘婷（9.6%）	联合利华	清扬（10.2%）
3	联合利华	Suave（12%）	宝洁	潘婷（9%）	欧莱雅	欧莱雅（7.4%）	欧莱雅	巴黎欧莱雅（8%）

续前表

排名	美国		中国		德国		巴西	
	营销者	品牌	营销者	品牌	营销者	品牌	营销者	品牌
4	欧莱雅	卡尼尔（7.6%）	联合利华	清扬（6.6%）	联合利华	多芬（6.7%）	欧莱雅	卡尼尔（8%）
5	宝洁	伊卡璐（6.7%）	联合利华	力士（5.6%）	拜尔斯道夫	妮维雅（6.5%）	高露洁-棕榄	棕榄（7.4%）
6	联合利华	丝美	拜尔斯道夫	舒蕾	花王公司	Guhl	宝洁	潘婷
7	联合利华	多芬	江苏隆力奇	隆力奇	宝洁	海飞丝	联合利华	丝美
8	强生	露得清	联合利华	多芬	欧莱雅	卡尼尔	联合利华	多芬
9	Vogue	Organix	拉芳国际	拉芳	强生	Terzolin	Niely do Brasil	Niely Gold
10	欧莱雅	巴黎欧莱雅	汉高	丝蕴（syoss）	宝洁	伊卡璐	Natura Cosmeticos SA	Natura

资料来源：Brands'market shares（in percentages）from Euromonitor International are available for te top five brands（to lower-tier subscriptions to the service）.

本土品牌有时可以超越成熟的美国品牌。中国是宝洁的第二大市场，有着60亿美元的销售额。然而，尽管在纸尿裤、洗衣和洗发用品领域，宝洁在中国市场的份额有所上升，但在口腔护理、沐浴和护肤品领域，其市场份额却出现了下降。尽管中国针对敏感牙龈的中草药牙膏售价是宝洁同类产品价格的两倍，中国消费者还是明显偏爱本土品牌。尽管中国本土品牌正缩小与外国产品之间感知质量的差距，在购买某些产品时，消费者不再对两者进行区分。一项针对中国较小城市（在这些城市，消费者在家庭和个人护理产品上的花费急剧增加）的消费者研究发现，70%的消费者认为宝洁Ariel洗衣液是个本土品牌。[40]

成为一个具有全球品牌并不代表全球的消费者对于品牌的延伸持相似反应。一项研究考察了在西方文化（美国）和东方文化（印度）中的品牌延伸。这项研究假设东方人的整体性思维（重视事物间的关系）和西方人的分析性思维（重视事物的属性或某些部分）会对消费者对品牌延伸匹配度的判断产生不同的影响。研究结果证实了这一假设：低匹配度的延伸（麦当劳巧克力和可口可乐爆米花）在东方主体间获得了更高的评价，而中匹配度的延伸（柯达贺卡和奔驰手表）则在东西方主体间获得了相同评价。对于来自东方文化的参与者，对可口可乐产品的喜爱，以及知道可口可乐爆米花是一种可以和可口可乐同时食用的补充产品，便足够让他们接受这种品牌延伸。相反，美国主体却并不认为可口可乐和爆米花之间有任何联系。[41]接下来的这些研究者重复了之前的研究，继续调查了印度裔美国人是否比美国白人更具整体思维。研究结果显示，东方人可能比西方人更常通过一些因素（如公司声誉）来判断品牌延伸的匹配是否合适。[42]

或许是因为英语网站在互联网中占据了大多数，非英语欧洲国家似乎倾向于通过将网站设计成反映自己国家的独有特征和文化，从而与其他国家区别开来。因此，德国的网站总会采用明亮的颜色和几何形的布局让自己有“德国的感觉”；法国的网站可能会用一个黑色的背景；而斯堪的纳维亚国家的网站总包含各种自然美景。一项研究在调查了美国各全球品牌的欧洲（英国、法国、德国和西班牙）网页标准化情况后发现，尽管这些网站在颜色、标识和布局上基本保持了一致，但文本内容和视觉形象却因国家而异。此外，同传统广告媒体一样，耐用消费品营销的标准化水平高于一般消费品。[43]

梦工厂动画的中国电影项目是有关品牌延伸的有趣案例：《藏地密码》（Tibet Code）讲述了一个印第安纳·琼斯（Indiana Jones）式的探险故事，它是根据一部极为流行的描写9世纪中国西藏的系列小说制作的。公司坚称《藏地密码》不带有任何政治目的。[44]

13.3 全球营销机会

越来越多的公司开始在全球销售产品，原因很多。首先，“跨国热”持续升温，跨国市场有着巨大的吸引力，这些都使得来源于一国的产品或服务被销售到世界上的其他国家。其次，许多美国公司意识到当它们的国内市场饱和时，海外市场代表着未来增长的机会。这个意识促使它们开阔视野，在全世界的市场上寻找消费者。此外，全球消费者都希望尝试其他遥远地区的流行的“外国”产品。

全球市场是动态的，新的市场机会也在持续不断地出现。例如，中国消费者一直回避具有炫富性质的奢侈品，如精致手表和名牌手提包，因为奢侈品是腐败和贫富差距加剧的象征。[45]随着个人可支配收入的增加，俄罗斯成为美国快餐连锁有利可图的市场。麦当劳于1990年在普希金广场开设了第一家店，现在在俄罗斯有279家店。汉堡王在两年内开了22家店，大部分位于购物商场的美食街。卡乐星公司（Carl's Jr.）在圣彼得堡和新西伯利亚有17家店。温迪开设了两家店，并计划到2020年在俄罗斯开设180家店。赛百味三明治连锁已在俄罗斯开设了200家店。除了旗下的肯德基、必胜客和塔可钟等品牌，百胜集团还在俄罗斯经营了一个目前已有350家店、名为Rostik's-KFC的联营的小餐厅连锁，在意大利的食品行业里名为Il Patio。[46]

年轻的欧洲人正接受着美国的时尚。受美国的电视剧如《绯闻女孩》（Gossip Girl）、《欢乐大合唱》（Glee）、《吸血鬼日记》（Vampire Diaries）的影响，许多欧洲青少年把香奈儿夹克衫和丝巾换成了量身定做的美式休闲运动裤和做旧的牛仔裤。阿贝克隆比&费奇在巴黎的香榭丽舍大街已开设分店，其他的美国时尚公司也在追随这个趋势。[47]尽管日本有着常人难以想象的强大的民族文化，但是由于收入的下降，以及对福岛核辐射的担心，越来越多的消费者放弃了对昂贵的优质国产大米的忠诚。相反，他们开始购买中国、澳大利亚和美国的更加便宜的大米。[48]巴黎有一家每年都以圣诞橱窗展示被大家翘首以待的高端百货的商店——春天百货，它在圣诞节期间展示的却是亚洲男性和女性舞蹈演员的形象，因为现在商店的大部分消费者都是亚洲人。源于美国的啤酒公司Molson Coors在18个月内向加拿大市场引入了很多新产品，甚至比过去15年在美国市场引入的产品还要多。很明显，加拿大人接受利基产品而回避大众产品。该公司引入了Molson Canadian 67 Sublime——一种混合了柠檬和酸橙的低热量啤酒，这种酒以及其他产品被定位为精致且好喝。该公司还发现新产品能够将喜欢葡萄酒和烈酒的消费者吸引到啤酒市场。[49]

消费能力和消费方式

识别全球市场机会的最重要的标准是一个国家消费者的消费和增长前景。图13—2展示了多个国家或地区消费者的总收入、可支配收入和消费支出。尽管挪威有着最高的总收入，挪威人的可支配收入却并不比美国人高，因为挪威的税率比美国的高。美国消费者可支配收入和消费支出之间的微小差距反映了国民中等的储蓄率。希腊消费者的支出高于可支配收入，这意味着希腊人进行着超出自身收入的消费，这可能是由欧元在希腊未来的不确定性导致的。图 13—3 是对 2020 年以前消费者支出增长百分比的预期。很明显，增长最多的是亚洲和南美，而欧洲的增长率较低。

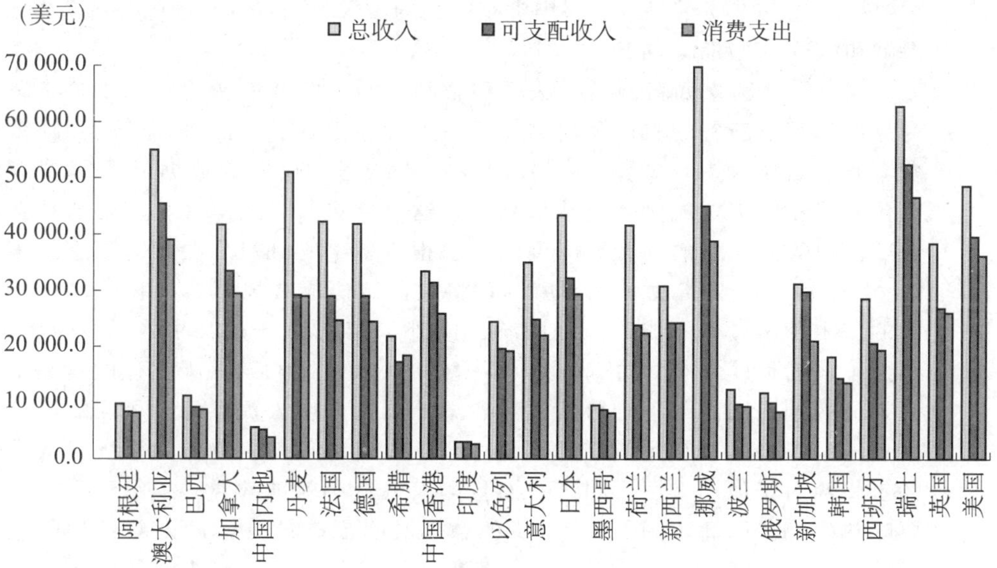

图 13—2　消费能力和消费支出

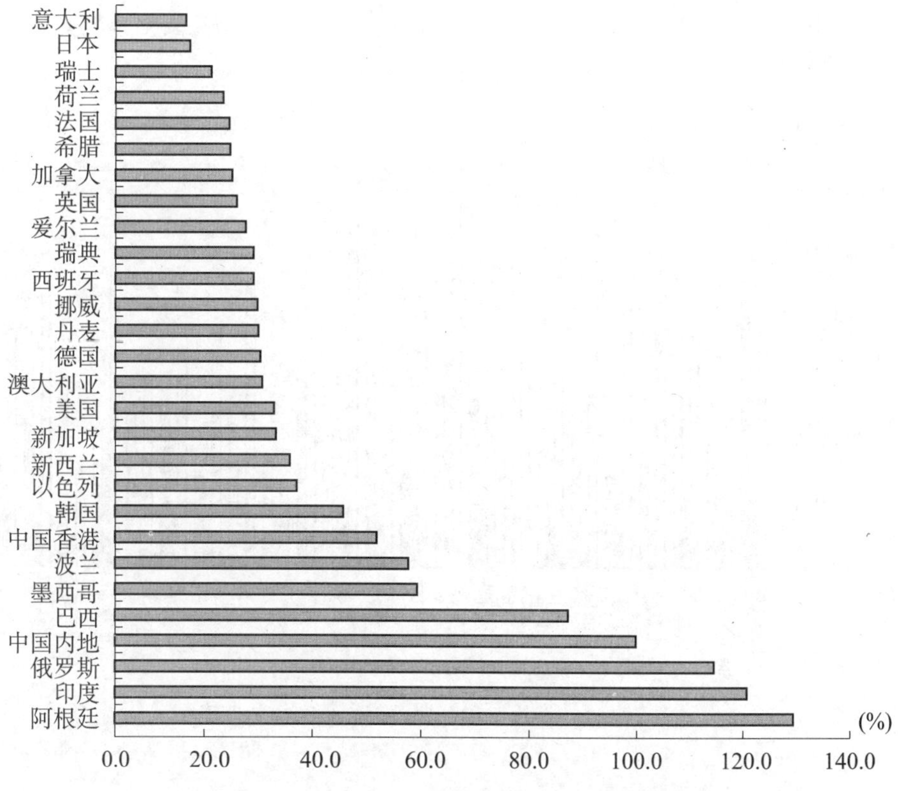

图 13—3　2012—2020 年消费者支出增长预测

以下五张图表描述了主要国家或地区的消费者用在必需品上的花费占可支配收入的百分比。图13—4A说明了服装是俄罗斯人和中国香港消费者的主要支出。世界上最富有国家或地区的公民——瑞士人和挪威人的主要支出在个人护理产品上，由于进口税，这些产品都很贵（这两个国家不是欧盟成员，因此不享有降低的或免除的进出口壁垒）。俄罗斯人和波兰人对肉类有很大的需求，而日本和中国香港消费者喜欢吃海鲜和鱼类（见图13—4B）。

只有少数国家如新西兰、法国和德国等的消费者消费的水果要多于蔬菜，因为这些国家以新鲜的农产品出名。另一方面，巴西、墨西哥、印度和阿根廷的消费者吃的蔬菜较多，如图13—4C所示。图13—4D中的数据显示印度消费者对面包和谷物的消费比例是全球最高的，这需要更深入的解释。印度的消费者以道萨斯薄饼等开始新的一天，印度的早餐很丰盛，吃到最后会有饱腹感。家乐氏在20世纪90年代将谷物引入印度，并将它们定位成常规早餐的替代品，但是家乐氏的玉米片早餐并不能给人饱腹感。此外，印度的早餐以种类繁多闻名（例如，根据不同的地区，有30多种道萨斯薄饼），通常人们某一天吃过的食品种类在接下来的两到三周内都不会再次放到餐桌上。给印度人提供每天相同的以玉米片为主食的早餐显然抵触了他们的文化。印度人以麻辣的食物作为早餐，加入凉牛奶的玉米片对于他们来说太甜了。而且印度人从小就被教导必须每天喝牛奶，而且要喝热牛奶。因此，图13—4D中的数据其实反映的是印度人对各种面包而不是谷物的喜爱。图13—4E显示了墨西哥、印度和巴西的消费者是世界上购买瓶装水等最多的人群，因为干净、新鲜的水在他们国家很稀缺。

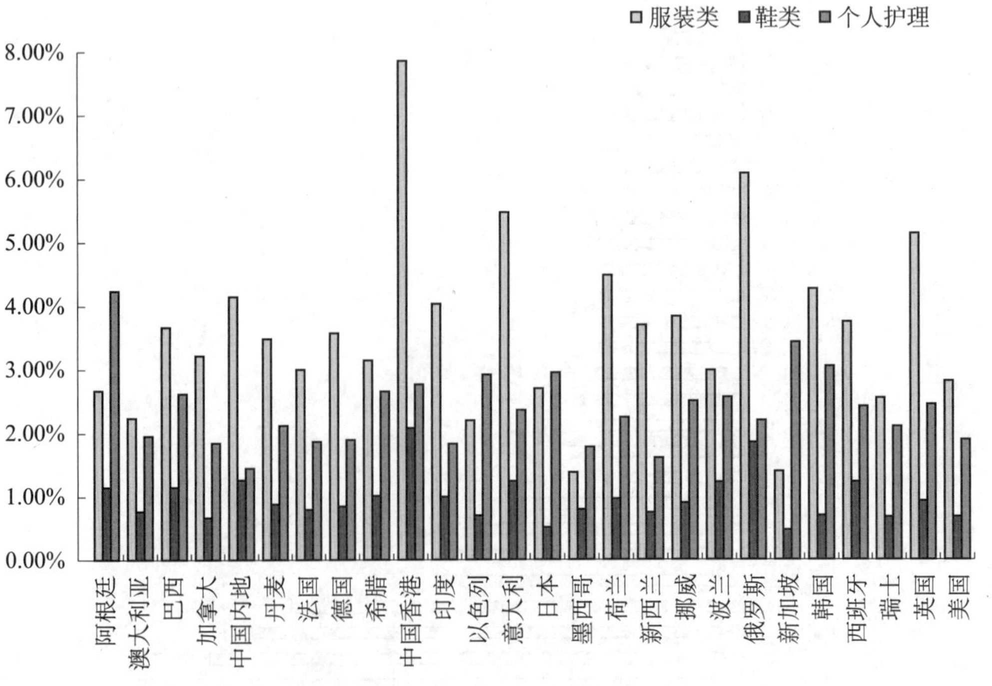

图13—4A　服装类、鞋类和个人护理

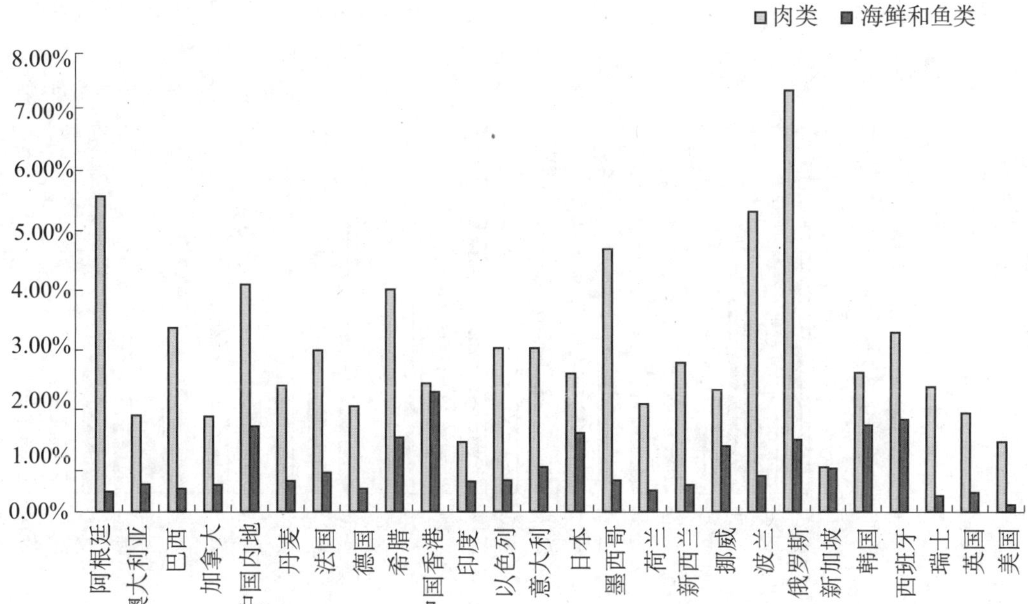

图 13—4B　肉类、海鲜和鱼类

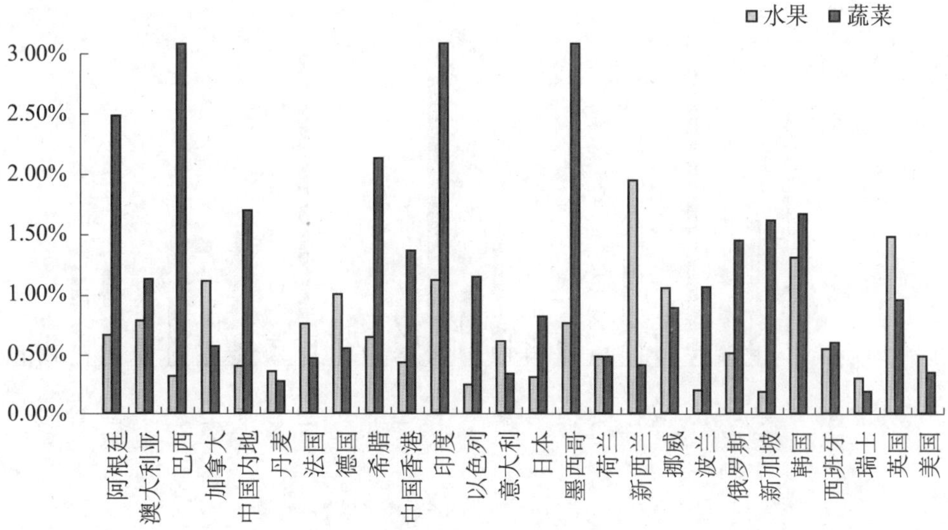

图 13—4C　水果和蔬菜

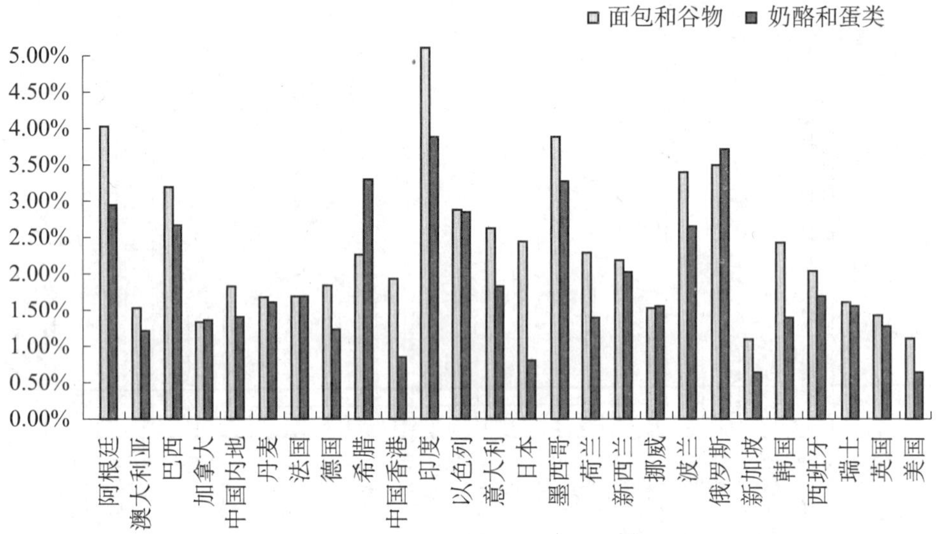

图 13—4D　面包和谷物、奶酪和蛋类

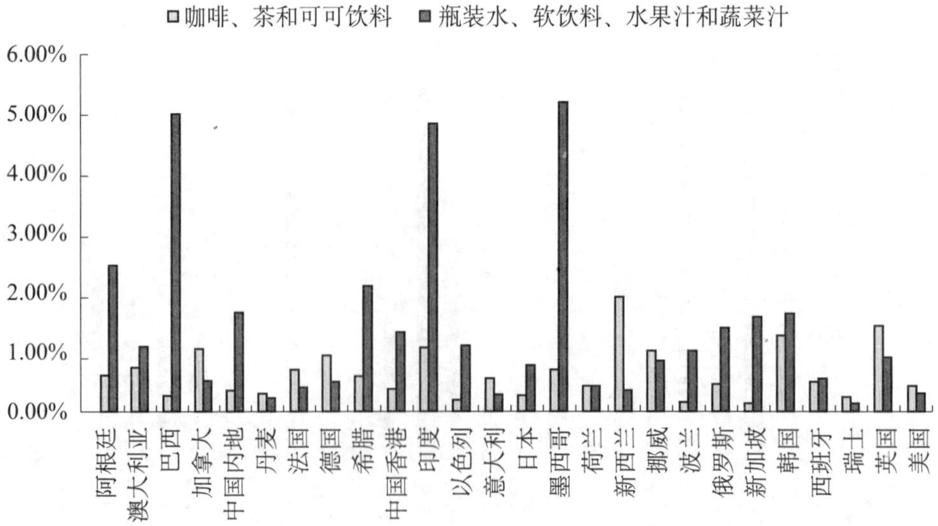

图 13—4E　饮料

全球中产阶层的成长

最新预测表明，在未来的十年内，全球人口会增加10亿，而中产阶层人口会增长18亿，其中有6亿是中国人。而且，截止到2020年，中产阶层占据世界人口的比例会从现今的30%增长至52%。到2025年，中国会拥有世界上最多的中产阶层人口，印度的中产阶层人口会是目前的10倍。[50]发展中国家中产阶层的成长对于那些急于为自己的产品寻找新顾客的全球营销者而言是一个很有吸引力的目标群体。在像中国这样的国家，虽然人均收入可能较低，但是消费者的收入中大部分是可支配收入，仍然拥有巨大的购买力（由于政府对基本需求的补贴），这是中产阶层迅速扩张的基础，新闻媒体已经对此给予了相当乐观的报道。事实上，南美、亚洲和东欧的部分地区也出现了这一中产阶层成长的一般模式。

中产阶层的飞速成长吸引了很多享有盛誉的品牌，这些品牌在发现它们的本土市场饱和之后，将其他国家中产阶层的成长视为另一个销售契机。1960年，全世界2/3的中产阶层分布在工业化国家，到2000年，约83%的中产阶层由发展中国家的人组成。这些变化有力地证明了这样一个现状：更多的人寿命延长，过上了更加健康和富裕的生活。在过去的50年里，发展中国家文化水平也大幅上升，这些国家具有读写能力的人口比例已经从过去的1/3发展到如今的2/3。[51]

虽然成长中的中产阶层可以为像巨无霸和薯条这样的产品提供市场，但是要永远记住同样的产品在不同国家意义是不同的。比如说，一个美国消费者希望他的快餐能很快，而一个韩国消费者更可能把这顿饭当成一次社会或家庭联系的经历。结果，在一个韩国消费者看来，增加消费时间的便利舒适要比缩短服务时间更有价值。在中国，虽然传统观念里很强调食物的“新鲜”（使用刚刚采摘的蔬菜或是新宰杀的鱼等作为食材），但对于逐渐富裕起来的新兴中产阶层，在时间紧迫的情况下，仍然愿意以外出就餐代替下厨做饭。[52]

全球青少年市场

总的来说，世界各地的青少年（以及他们年长一些的哥哥姐姐——所谓的年轻成人细分市场）在兴趣、需求和消费行为方面表现出极大的相似性。因此，针对这一现象，消费者研究人员调查分析了这类群体的成分、构成以及行为。一项研究调查了美国、日本和中国的青少年对潮流的关注程度。[53]调查结果显示，美国和日本青少年具有高度的相似性，除了日本青少年更加倾向于为了款式而舍弃舒适度（也许是因为在日本这样一个儒学主导的社会，符合集体的期望尤为重要）。相反，中国的青少年则不那么关注潮流，这一结论有力地佐证了青少年的潮流关注度在发达国家和欠发达国家存在显著差异的观点。[54]

一家著名的广告公司在《全球青少年研究》（World Global Teen Study）报告中指出了世界青少年的一个重大转变。[55]天联广告公司（BBDO）的研究表明，20世纪90年代，最“酷”的青少年只出现在美国，而如今创意十足的最“酷”青少年却出现在调查涉及的所有13个国家和地区。具有创意的青少年占据了所有青少年的30%，在西欧比例更高（而只有23%的美国青少年被看成是富有创意的）。表13—9显示了富有创意的青少年和所有青少年的首要价值观和最低价值观。请注意，虽然13%的青少年认为传统的性别角色很重要，创意青少年中却只有1%这么认为。[56]

表 13—9 青少年的创意价值观

创意的首要价值观			创意的最低价值观		
	所有青少年	创意青少年		所有青少年	创意青少年
自由	55%	66%	社会形象	30%	17%
诚实	49%	61%	地位	22%	12%
平等	39%	50%	财富	23%	11%
学习	37%	47%	外形好	25%	9%
环保	31%	45%	传统的性别角色	13%	1%
好奇	34%	40%	信仰	19%	2%
创意	29%	36%			

13.4 跨文化细分

由于共享沟通媒介的发展，世界一体化不断加强，全球市场也随之出现。例如，当你读到此处的时候，你可能正坐在宜家座椅或沙发上（瑞典制造），喝着伯爵茶（英格兰），戴着斯沃琪手表（荷兰），穿着耐克运动鞋（中国）、高尔夫马球衬衫（墨西哥）以及 Dockers 长裤（多米尼加共和国）。一些全球市场细分，如青少年倾向于购买同类型产品，而不论产品来自哪个国家：他们喜欢流行的、休闲的、形象导向的产品。这种全球“同一性”使得运动鞋市场营销者可以使用相同的全球广告宣传活动以吸引不同国家消费者对某款运动鞋的关注。然而，跨文化差异迫使市场营销者调整供应的产品以适应国外市场。例如，麦当劳提供的核心利益就是通过在美国每个门店采用标准化甚至完全一致的菜单来表现一致性和价值。麦当劳不得不调整统一的产品供应以满足全球消费者文化的需要。因此，在印度，麦当劳不提供牛肉产品；在沙特阿拉伯，麦当劳门店里有专为男性和专为女性设置的用餐区。

在第 2 章，我们讨论了美国最著名的生活方式细分系统——VALS 框架。其他一些国家创造了它们自己的 VALS，例如，日本的企业就运用日本的 VALS 框架来监督消费者环境、产生新产品创意、将消费者细分到潜在目标市场、区分品牌，并形成有效的定价、分销和促销策略。日本的 VALS 来源于消费者的主要动机和创新程度，其中创新程度是以对社会变迁的态度来测量的。主要动机包括传统、成就和自我表达。如图 13—5 所示，日本的消费者依创新程度的不同被分类，其中整合者是最具创新力的，而维持者是最不具创新力的。

调查研究发现了很多跨文化差异，这些差异使得市场营销人员可以进行国外市场的细分。比如，虽然超过 50%的日本女性和美国女性在外工作（这增加了对许多便利品和省时产品的需求），但是日本职业女性的思想解放程度远不及美国女性。从这点上看，是否将一种省时清洁装置作为全球品牌营销就成为一个关键的战略决策。一些公司可能会采用全球化品牌战略，而其他公司可能会采用独立、本土化的市场战略——区别对待日本和美国女性。

全球心理研究时常显示文化差异对于市场营销者的重要性。比如，Roper Starch Worldwide 公司（一家重要的跨国市场研究公司），为了鉴定共同的价值观，不考虑国界，面谈了来自 35 个国家的35 000位消费者。这一研究希望通过探求人们的基本

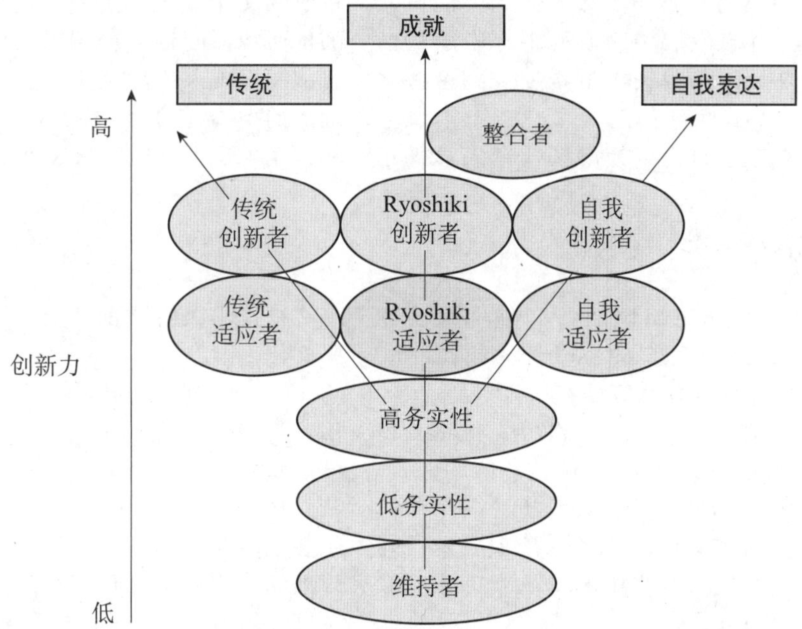

图 13—5　日本的 VALS

价值观揭示人们态度和行为的动机。在完成北美、南美、亚洲和欧洲的面谈后，六组全球性价值观被揭示出来：

1. 努力——野心和物质至上主义。
2. 诚恳——责任感、谦恭、守礼。
3. 利他主义——全心全意为他人、社会和未来着想。
4. 亲密——重视社会关系和家庭。
5. 娱乐——年轻、享受冒险和美妙的时光。
6. 创造——追求知识和见识，热爱图书和新媒体。

小结

在消费者行为领域内，跨文化分析是指寻找两国或两国以上消费者相似或不同的程度。这种分析有助于市场营销者理解国外目标消费者的心理、社会及文化特征，由此他们可以为目标市场设计出有效的营销战略。理解国家之间的相似点和不同点对于跨国市场营销人员来说至关重要，他们必须设计出合适的策略以到达具体外国市场的消费者。跨文化分析中的问题包括：语言、消费方式、需求、产品使用、经济和社会特点、营销特点和市场调研机会等方面的差异。文化适应是指市场营销人员通过跨文化分析学习其他文化的价值观、信仰和风俗，并把学到的知识应用于在国际上营销产品的过程。

国家之间越相似，在这些国家实行相似的营销策略就越可行。当具体目标市场所在国家的文化信仰、价值观和风俗差别很大的时候，就需要对每个国家采用高度个性化的营销策略。在决定是否根据当地文化定制化产品时，营销人员必须考虑当地的价值观、语言障碍和法律问题。

由于各种各样的原因，越来越多的公司开始在全球范围内销售商品。很多公司都意识到当国内市场饱和时，国外市场将是企业未来增长的重要机会。这种意识促使它们拓宽视野，并在全球市场上寻找消费者。此外，全球消费者都希望尝试来自其他遥远地方的流行的“外国”产品。越来越多的消费者开始与其他国家的物质产品和人们的生活方式产生关联，并且发展中国家的中产阶层的数量正在增加，市场营销人员希望找到这些新顾客并把产品销售给他们。

全球心理学研究可为市场营销人员揭示重要的文化差异。消费心理学能够发现共同的价值观，而且不受国界的限制。大部分研究试图发现人们生活中的基础价值观，从而理解消费者态度和行为背后的动机。VALS就是用来识别其他国家心理细分的研究方法。

复习与讨论题

1. 既然公司走出国门要面临那么多问题，为什么还有那么多的公司选择国际扩张？扩张到国外到底有什么好处？

2. 在消费者行为方面，世界文化正变得更加相似还是更加不同？讨论这一问题。

3. 什么是跨文化消费者分析？一个跨国公司怎样使用跨文化消费者分析来决定针对国外市场的营销组合当中的每一个因素？举例证明你的观点。

4. 全球营销策略的优点和不足是什么？

5. 本土化营销策略的优点和不足是什么？

6. 试举三个关于公司在全球营销中面对的语言问题的例子，并说明如何避免这些问题。

7. 试举三个关于公司在全球营销中面对的产品问题的例子，并说明如何避免这些问题。

8. 一家美国公司打算在日本推出酸奶，那么在作出决定之前，这家公司应该考察哪些文化因素？

9. 可口可乐打算在巴西推出超小瓶可乐，价格比瓶装水便宜，讨论该公司是否应该这么做。

10. 如之前所述，中国香港的消费者在服装上的花费要高于其他地区。请研究一下香港的文化和地理位置，解释为什么消费者会这么做。

11. 查看之前本章呈现的图表，选择一个国家的消费者消费最多的产品。研究这个国家的文化和地理位置，描述该国的消费者成为所选产品的重度消费者的原因。

12. 查看之前本章呈现的图表，选择一个国家的消费者消费最少的产品。研究这个国家的文化和地理位置，描述该国的消费者成为所选产品的轻度消费者的原因。

实务练习

1. 你曾经到美国之外的国家旅游过吗？如果去过，请说出你所注意到的那个国家的人和美国人之间在价值观、行为和消费方式方面的不同。

2. 采访一名来自别国文化的学生，他是否：（1）使用信用卡；（2）在快餐店就餐；（3）使用洗发水；（4）穿运动鞋。比较你和那个学生消费行为的区别，并讨论你所发现的相同和不同。

3. 选择下列国家中的一个：墨西哥、巴西、德国、意大利、以色列、科威特、日本或者澳大利亚。假设在你选择的国家中有许多人希望到美国旅游并且有此经济条件。现在，想象你是你们州旅游办事处的顾问，并且你正在为吸引该国旅行者而构思促销战略。在你学校的图书馆选择和阅读有关该国人生活方式、习俗和消费行为的文章。对这些文章进行分析，并在此基础上提出一个说服该国游客来你们州旅游的促销战略。

关键术语

文化适应（acculturation）

跨文化分析（cross-cultural analysis）

全球营销策略（global marketing strategy）
混合营销策略（hybrid marketing strategy）
本土化营销策略（local marketing strategy）
认知需求（need for cognition）
自我建构（self-construal）
世界品牌（world brand）

案例

美国LG移动/LG电子移动通信

“发短信之前，请思考一下”

主要机构：Young & Rubicam/VML

特约机构：TRU，Mindshare，Smith & Jones

战略挑战

移动短信骚扰绝非玩笑

对于青少年来说，发短信就像是说话，这与他们交流和社交的方式联系在一起。LG的研究揭示了成年人和媒体认为“短信恐吓”在青少年的生活中是根深蒂固的，然而对于青少年来说这却是正常的交流中应有的一部分。但是移动短信骚扰确实是影响上百万青少年的一个严重问题。有41%的青少年曾经发出、收到或者转发关于某个虚拟人物的文本笑话，有400万青少年曾收到恐吓短信，然而1 000万以上的青少年承认他们发送过“SEXT”信息。500万青少年坦白自己曾在男性朋友或者女性朋友的压力下发送过含有裸照的短信，还有60%的孩子说他们曾经遭受电子恐吓，但是没有告诉父母。

通过改变青少年的态度传递LG品牌承诺的机会

随着越来越多的孩子可以通过手机上网，以及数据流量套餐也变得可负担得起，手机滥用有升级的趋势。虽然这个问题得到了媒体的关注，而在行动方面，非手机载体，如美国的制造商或者商业广告成为手机滥用的反对者。

LG的品牌特性的核心“生活是美好的”是对世界产生积极影响的承诺。鼓励青少年有责任感地发信息是继续传递该承诺的一个有效方式，最重要的是，这是LG作为科技领导者应该做的事。尽管减少短信欺辱是LG的高尚目标，广告机构却意识到由于该行为在年轻人中很流行，要完全禁止它是不可能的。但是，一场有效的商业运动能够改变孩子们对于问题的严重性和重要性的态度。运动的目标是引起青少年对一个无意识行为的意识。

广告机构团队认为如果运动能够有效改变态度，这将对LG的业务产生积极的影响。

战略挑战：LG移动如何帮助青少年改变对发送卑劣短信的态度？

目标

目标是开展一个能够积极影响青少年对短信欺辱的态度的活动，同时能够促进目标人群对LG移动的品牌感知、相关性和思考。

考虑到LG从来没有开展过此类活动，因此很难设立参照标准，但是LG认为活动的成功能改变15%的态度，以及10%的品牌相关度和品牌思考。LG还期望增加品牌价值和参与，并获得免费的媒体报道。

运动有两类目标：

1. 以基准为基础的。

态度改变——改变青少年对短信欺辱的态度和感知。在运动前的市场调查基准的基础上增加15%。

品牌相关度和思考——在运动前的市场调查基准的基础上增加10%。

2. 其他绩效指标。

品牌价值——增加LG移动作为有社会责任感的公司在青少年群体中的价值。

品牌参与——激励青少年和LG品牌的互动。

免费的媒体报道——考虑到运动只需最少的媒体投资，LG希望获得免费的媒体报道以赢得目标群体对该问题以及LG移动势头给予更多的关注。

好主意

激励青少年思考发送卑劣短信的个人后果。

青少年戒不掉短信

LG的研究（2009年7月）发现青少年认为分享流言是“OK”的，因为当他们拍摄了一个处于弱势地位的小孩，他们觉得仅仅是在报告一个事实，就像新闻记者一样。他们无法体会当事者的感受，但是所有人都能够描述他们希望自己没有发过某条短信的情形，这个时候分享短信是有个人后果的，还可能会事与愿违。一个女孩想取悦她的男朋友，于是给他发了自己的半裸照，但是当他们分手的时候，她的男朋友会把照片传给其他的朋友。他们都理解这件事，并且希望避免。

一个成功的运动应该引起人们对滥用手机所造成的个人后果的关注。这里的好主意就是激励青少年思考发送卑劣短信的个人后果，这是广告机构明确提出的“三思而后发短信”。

第Ⅴ篇　消费者决策、营销伦理和消费者研究

第14章 消费者决策与创新扩散

学习目标

1. 理解消费者决策过程。

2. 理解礼物购买的动态过程。

3. 理解创新产品如何获得细分市场的认可，以及个体消费者如何决定是否尝试和接受某一特定的创新产品或服务。

引 例

本章将到目前为止讨论到的概念整合成一个阐述消费者如何作决策的框架。消费决策千差万别。例如，图14—1中的广告突出了美国宝石学院（GIA）的特色，这是宝石行业中的一家非营利教育机构。广告语“理解你所购买的东西”定位于打算购买钻石的消费者。在消费者决策中，购买一颗钻石代表着**扩展的问题解决**（extensive problem solving），因为消费者并不是频繁地购买钻石，且没有确定的评价标准。GIA的广告则告知了购买者钻石的评价维度：克拉重量、净度、颜色、切工和其他一些特征。对比来看，图14—2中的Advil广告展示了**常规的反应行为**（routinized response behavior），因为消费者有购买非处方止痛药的经历，不需要设立评价的标准。更重要的是，钻石本身没有品牌的烙印，而Advil品牌有质量信誉，并且能够被全世界上百万的消费者立即识别。在商店里，消费者往往会不假思索地选择Advil。同时，广告也说明Advil的声誉使得该品牌能够使用**家族品牌**（family branding），即在同一个品牌下营销不同版本的产品（见第5章）。

当消费者建立了评价一个产品或服务的标准，但是仍需要其他信息以理解品牌差异的时候，他们就会进行**有限的问题解决**（limited problem solving）。这种决定出现在消费者购买曾经购买产品的升级版本的时候。升级产品通常具有一些特征，例如，购买一个新的有多个输入设备的平板电脑，其中有些特征是之前版本不具有的（如微型硬盘槽或者一个USB接口）。

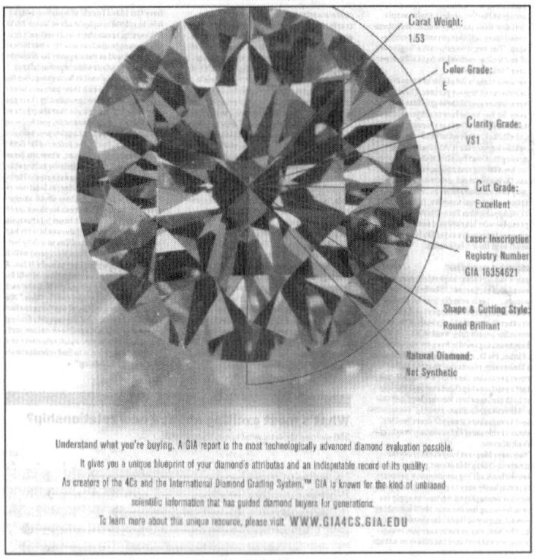

图 14—1　购买决策：扩展的问题解决

资料来源：Gemological Institute of America.

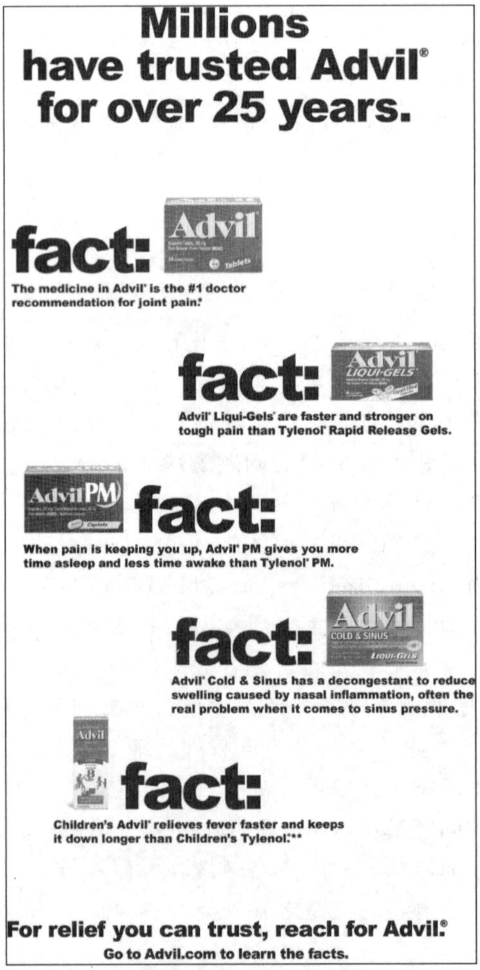

图 14—2　购买决策：常规的反应行为

资料来源：Pfizer，Inc.

14.1　消费者决策模型

图 14—3 展示了消费者决策模型，它将贯穿于本书的有关消费者决策和消费行为的知识连接在一起。该模型并不提供消费者决策制定的复杂性的详细描述，而是将相关的概念有机整合到一起形成有意义的整体，该模型包括三个组成部分：输入，处理，输出。

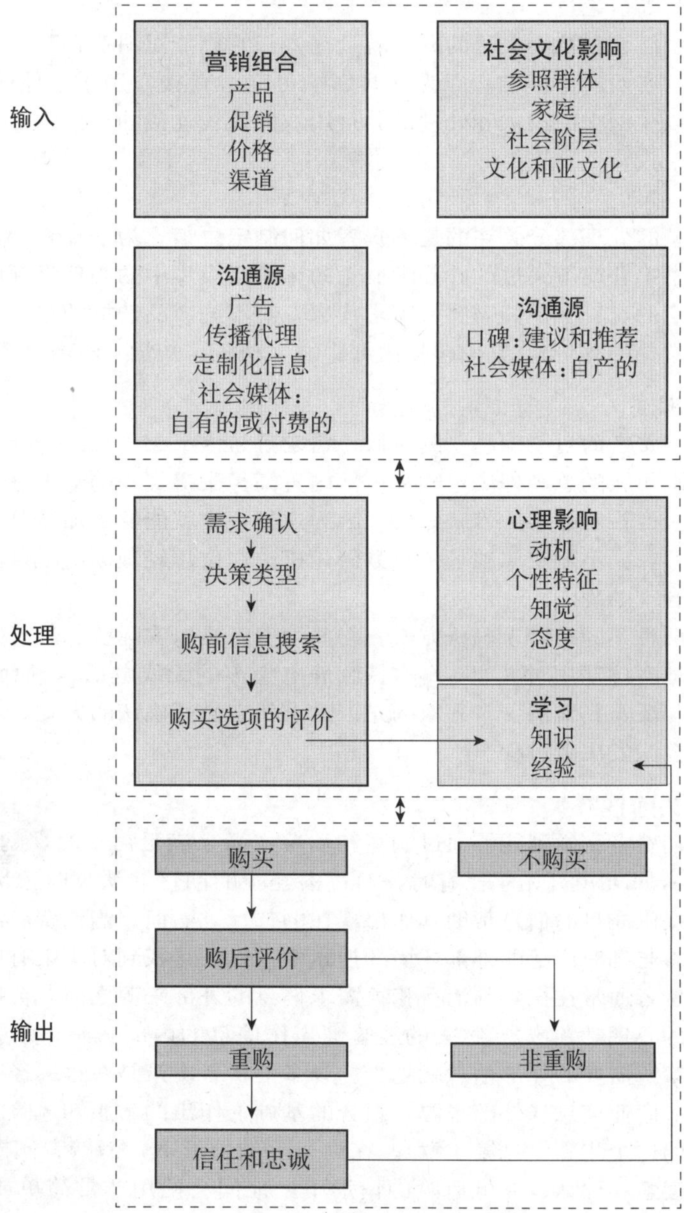

图 14—3　消费者决策模型

决策：输入

消费者决策制定模型的输入部分包括三类外部影响：

1. 营销组合通过设计策略以接触、告知和说服消费者重复购买它们的产品。包括产品本身；广告和其他促销努力；定价政策；分销渠道的选择，以使产品从制造商那里传递到消费者手中。

2. 社会文化影响包括消费者的家庭、朋友、社会阶层、参照群体、文化，以及本书第9章和第Ⅳ篇讨论的亚文化。

3. 输入还包括沟通，这是向消费者传递营销组合和社会文化影响的机制，在本书的第Ⅲ篇讨论过。

营销组合和社会文化的影响就是输入，它们能对消费者购买什么和怎样使用他们所购买的东西产生影响。因为这些影响可能会直接作用于个体或被个体主动地搜寻到，所以模型中的输入和处理部分是用双向箭线连接的（见图14—3）。

决策：处理

模型的处理部分关注的是消费者如何制定决策。为了理解这种处理，我们必须要回顾本书第Ⅱ篇考察过的心理学概念的影响。模型中的心理学领域代表了影响消费者决策制定的过程（他们需要或需求什么，对不同产品选择的意识，他们的信息收集活动和对选择的评价），其中包括内部影响（动机、知觉、学习、个性特征和态度）。

需求确认

当消费者面对“问题”的时候，**需求确认**（need recognition）就有可能发生。例如，一个年轻的总经理决定购买一部内置高像素摄像头的新手机。他认为手机内置的高像素摄像头能够给他带来好处，因为这样一来就能够更加简单方便地拍摄到生动逼真的照片，而不需要单独带一台数码相机。这位总经理确认了自己的需求，并且找到了一个合理的理由。

有两种不同的需求确认方式。一些消费者是以实际状态进行确认，当产品没有令人满意地发挥功用时（如一个有持续静电噪声的无线电话），他们就会感知到问题的存在。相反，其他消费者采取的是以需求状态进行确认的方式，对他们来说对新事物的需求会激发决策过程。[1]

购买前搜索

当消费者察觉到能够通过购买和消费产品来满足需求时，**购买前搜索**（pre-purchase search）就开始了。有时，对过去经验的回忆（从长时记忆中提取的）能够给消费者提供充足的信息帮助其作出现在的选择。然而，当消费者没有购买经验时，就可能要参与到对广泛的外部环境的搜索中，以便寻找到对决策有用的信息。

消费者通常在探寻与消费相关需求信息的外部来源之前，会搜索他的记忆（模型中描述的心理学领域）。过去的经验被当作信息的内部来源。相关的经验越多，消费者作决策所需要的外部信息就越少。许多消费者决策是在过去经验（内部来源）和营销以及非商业信息（外部来源）组合的基础上作出的。感知风险的程度也会影响到决策过程的这个步骤（见第4章）。在高风险的情形下，消费者倾向于进行复杂和广泛的信息搜索和评估；在低风险的情形下，他们会使用非常简单或有限的搜索和评估手段。

购物行为是外部信息的重要形式。根据一项消费者研究，在人们对购物的反应方面，男性和女性存在很大不同。多数男性不喜欢购物，多数女性声称喜欢购物体验；多数女性发现购物是放松并愉悦的，但是多数男性并不这么觉得。[2]

一项对与不同产品类别购买相关的外部搜索努力的研究发现，随着总体搜索努力的数量的增加，消费者对购物的态度变得更加积极，并且花更多的时间购物。这并不奇怪，对有着最少产品类别知识的消费者来说，外部搜索努力是最大的。[3]由此可知，若消费者对一种产品类别了解得越少，且这次购买对他们越重要，他们的购买前搜索活动的范围就会越大。相反，主观知识（对他们知道多少有关产品类别信息的一种自我评估）多的消费者更多地依赖他们自己的评估，而不是其他人的推荐。

同样重要的是，网络对购买前搜索有很大影响。消费者不必再通过去商场寻找产品或者访问制造商来索取小册子，制造商的网站能提供给消费者许多他们需要的与他们考虑中的产品和服务相关的信息。例如，许多汽车公司网站提供产品分类、标价和经销商成本信息、评论，甚至还包括与竞争车型的比较。在沃尔沃的网站（www. volvocars. com）上，你可以“设计”你自己的汽车，比如可以更换颜色，并且知道它看起来如何。一些汽车公司网站甚至列出了某一特定汽车经销商新车和二手车库存的清单，也有一些网站可以让女性定制大量的化妆品和美肤产品。

在讨论通过互联网进行信息收集时，一位消费者在最近的一项调查中这样说：“我喜欢使用网络，因为通过网络搜寻信息非常方便，简便易行。信息就在我的指尖，我再也不需要跑到图书馆里去查阅资料。”[4]但是，Roper Search Survey 公司的一项调查发现，在互联网上搜寻时，平均而言，一个人会在大约 12 分钟时变得沮丧；其他研究同时认为，虽然互联网能够减少体力付出，但仍然存在“认知挑战”限制消费者进行网上信息搜索。[5]

如果搜索失败将会发生什么？根据一项对搜索后悔的研究，搜索后悔是指“因一次不成功的购买前搜索所导致的搜索后的失调”。[6]此外，这项研究还发现搜索后悔能对零售商造成损害。然而，商家可以通过提供充足信息来减少脱销情况，适当训练销售人员来减少甚至消除搜索后悔。[7]

一个顾客可以收集到多少信息同样取决于一系列环境因素。如表 14—1 所示，有一系列因素可能会增加顾客购买前的信息收集工作。对于一些产品和服务而言，顾客可能会根据已有的经验来判断采取何种购买行为（例如高尔夫选手总是会购买一套“更好的”高尔夫球具），或者有些购买本身就是可以判断的（而不是一个必需的步骤），因此不需要急着作出决定。

表 14—1　影响购买前信息搜索的因素

产品因素

购买间隔时间较长（耐用品或者是不经常使用的产品）。

风格经常改变，时尚性较强。

价格波动频繁。

大量购买（一次购买大量产品）。

价格偏高。

可替代品牌较多。

产品特征不稳定。

环境因素

经验：首次购买；由于是新产品，因此缺乏相应的购买经验；过去在购买相同大类产品时有不满意的购买经历。

社会接受性：购买产品作为礼品；产品具有高的社会曝光度。

相关的价值因素：购买行为具有很强的随意性而且非必需；所有的替代性购买都会带来期望的以及不期望的结果；家庭成员在产品需求以及替代性购买方面有不同意见；产品的使用偏离重要的参照群体；购买行为涉及生态方面的考虑；有大量相互冲突的信息来源。

消费者因素

消费者的人口统计特征：受过良好的教育；有较高的收入；从事白领职业；35岁以下。

个性：不循规蹈矩；较低的知觉风险（使用广泛的产品类别）；其他的个性因素，例如较高的购买介入度，以及对购物和信息收集的偏好。

在线搜索与传统搜索

研究人员对网络如何影响消费者决策的探讨已经有一段时间了。通常的观点认为，由于消费者处理信息的能力有限，他们会形成线上搜索信息的策略。这个策略依靠个人（如知识、个人特征、人口统计）和情境因素（决策任务的特点）。三个已被广泛研究的主要的情境因素分别是[8]：

1. 任务的复杂性——替代品的数目和每个替代品的可获得信息量。
2. 信息组织——展示、形式和内容。
3. 时间限制——消费者花费在决策上的时间。

评价过程中考虑的品牌集合和属性

在消费者决策的情境中，**参考集合**（evoked set），也称为**备选集合**（consideration set），是指消费者在某一特定产品类别中，进行购买选择时所考虑的一系列特定品牌（或者样式）。**不满意集合**（inept set）里包含了一系列不在消费者购买考虑范围之内的品牌（或者样式），因为这些产品让消费者感到难以接受或者被认为是“劣质的”。**惰性集合**（inert set）是由对于消费者来说无所谓的品牌（或者样式）构成的，因为在消费者看来，该集合中的产品没有什么特别吸引人之处。虽然在某一产品类别中总的品牌（或者样式）数目是很庞大的，但是进入消费者参考集合中的产品数量却极其有限，通常只有3～5个品牌（或者样式）。

参考集合由消费者熟悉、记得，同时觉得可以接受的少数品牌组成。图14—4把参考集合描绘成某一产品大类中所有可选品牌的子集。为了让消费者在购买前可以想到公司的产品，市场营销人员必须确保他们的产品能够进入消费者的参考集合。而被排除在外的产品包括：

1. 消费者不知晓品牌或者样式，其原因可能在于广告媒体的选择性，或者是广告刺激只针对有限受众，导致部分消费者没有机会接触到产品信息。

2. 消费者认为品牌（或者样式）是难以接受的，其原因可能是产品质量低下，特征或属性不明确，或者是广告以及产品个性特征方面定位紊乱等。

3. 消费者认为品牌（或者样式）不会给他们带来特别的利益。

4. 产品因定位不够清晰而被忽略。

5. 品牌不能满足预期需要，因此顾客不选择该品牌。

以上这些例子都暗示市场营销人员应该设计一些促销手段向目标消费者传递他们更愿意了解的，或者说与产品形象具有更强相关性的信息。也许还需要在产品特征方面作出改变（增加更多更好的产品特征）。一个可供选择的方案是邀请目标顾客参与公司产品的推广活动，这些消费者属于公司某个特别的细分市场，从而增加顾客将公

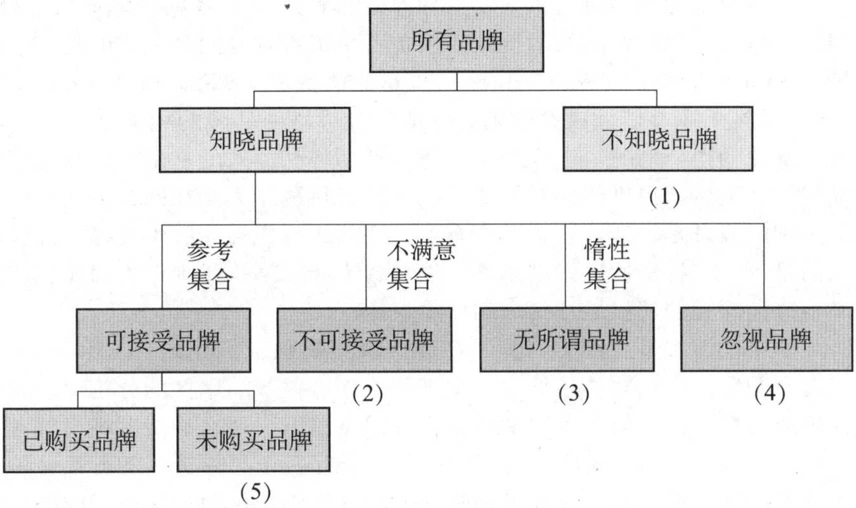

图 14—4　评价过程中考虑的品牌集合

司产品归入参考集合的可能性。

研究同时指出，广告中空白区域的使用和字体的选择会影响到顾客对产品的印象。例如，简单、自然、空白区域和带有立体感的字体给人以吸引力、温暖的感觉，能积极传递质量、声誉、可信度、对品牌的态度和购买意向等信息。[9] 同时还需要指出，消费者不会立即将所有可能的选项都加入到参考集合中，反而会在单一决策过程中进行若干决策。在信息搜索之前，消费者会对选项进行筛选，以减少不合适的候选方案，并且将决策的复杂性降到易操作程度。[10]

实际上，消费者用来评价参考集合中可供选择产品的标准通常是由使用产品的主要属性来表示的。除了价格，消费者还用以下产品属性评价产品：

1. 电子书阅读器：大小、重量、触摸屏、电池寿命、内存大小、与手机信号的兼容性。

2. 橙汁：果肉量、甜度、味道的浓淡、颜色和包装。

3. 手表：提示功能、防水性、走时准确性和表盘的规格。

当公司知道消费者将会在替代品之间作出评价时，有时会采取这样一种广告策略，即强化消费者用于评价产品和服务的关键性因素。我们也许都曾有过这样的经验，在比较和评价了不同的品牌或者样式之后，总会发现其中一个无论是在感觉还是外观等方面“都不错”。有意思的是，调查人员发现当消费者谈论到这些“都不错的”产品时，很少或者根本不会提到价格；产品通常能反映出消费者的个性特征，或者唤起消费者童年的记忆；这类产品通常是消费者“一见钟情”。在一项研究中，调研参与者“感觉不错”的有 Big Bertha 高尔夫俱乐部，经典皮具公文包，即时贴，以及本田雅阁（Honda Accord）。[11]

有研究分析了品牌可信度（包括信任和专长）在品牌选择中扮演的角色，发现品牌可信度提高了一个品牌被纳入考虑集合的可能性。影响品牌可信度的三个因素是：品牌的感知质量、品牌关联的感知风险和决定购买品牌以及结束信息搜索所节省的信息成本。[12] 该研究进一步指出，当进行选择时，信任要比专长更加重要。

消费者决策规则

消费者决策规则是指消费者用来简化品牌选择或者其他与消费相关内容选择的程

序。这些决策规则通过提供一些指导性或者程式化的规则来降低信息处理的复杂性，减轻消费者作出复杂决策的负担。消费者决策规则有两种主要的类型：**补偿性决策规则**（compensatory decision rules）和**非补偿性决策规则**（noncompensatory decision rules）。在采用补偿性决策规则时，消费者从每种品牌的相关利益入手，计算其权重并得到总的得分情况，以作为评价每一种品牌和样式的基础。计算得到的分数反映了品牌能为消费者提供的相对利益，这些品牌将被作为潜在的购买选择。采用补偿性决策规则的假设是，消费者将在所有参与评估的替代性品牌中选择得分最高的。与之不同的是，在非补偿性决策规则下，消费者不能在某一品牌某方面属性的积极性评价与其他方面属性的消极性评价之间作出权衡。

非补偿性决策规则有三类。在**连接决策规则**（conjunctive decision rule）下，消费者会制定一个独立的最低接受水平，作为每种产品属性的分割点。如果某个特定的品牌或者样式的任何一个属性降到了分割点以下，那么消费者将不再考虑该品牌。由于在采用连接决策规则时，其最终结果可能是几个可供选择的替代性品牌，如果出现了这种情况，消费者就需要增加附加的决策规则，从而作出最后的决定（例如决定接受第一个满意的品牌）。连接决策规则对于迅速降低可供选择的替代品数量十分有效，之后消费者就可以通过一些更细化的决策规则作出最终的选择。

在使用**字典决策规则**（lexicographic decision rule）时，消费者首先要按照匹配性或重要性将产品属性分级，之后对各种不同替代品的最重要单一属性进行比较。如果某种选择在最重要属性（不考虑它在其他属性上的得分）上得分足够高的话，消费者将选择这种产品同时结束选择过程。当出现两种或更多种可替代选择时，在次重要属性上重复上述过程（以此类推），直到消费者作出最终选择，这样的决策过程保证了某产品在某种特定属性上超越了所有其他的可替代选择。

使用字典决策规则时，最重要属性的确定同个人基本的消费（或者购买）导向具有一定的联系。例如，“只买最好的”可能揭示该消费者是质量导向型，“购买最有名的”可能暗示该消费者是地位导向型，而“购买最便宜的”则可能揭示该消费者是经济导向型。

有一系列决策规则是非常具有普遍意义的。根据一项消费者调查的结果，有90%的消费者在去商店购买日常消费品时有一套省钱的特别策略[13]：

1. 品牌忠诚者——只购买特定品牌或产品以节约成本的消费者。

2. 最低价格购买者——只购买最低价格的产品，而很少考虑或者根本不考虑品牌的消费者。

3. 随机转换者——在参考集合内随机选择发放折扣优惠券或者正在促销产品的消费者。

4. 最佳交易搜寻者——总是寻找最优交易而不具备品牌忠诚的消费者。

我们只是分析了消费者决策规则中最基本的几种。我们所介绍的大多数决策规则都可以混合使用，从而形成各种新的变化和组合形式，例如连接—补偿决策规则，连接—字典决策规则，以及非连接—字典决策规则等。但可能的情况是这样的，对于大多数购买决策过程而言，消费者长期以来已经在记忆中形成了一种对品牌的整体评价和印象，当然这些品牌已经存在于他们的参考集合中，这使得消费者没有必要再对品牌的单独属性作出评价。相反，消费者只需采用**情感参照决策规则**（affect referral dicision rule）选择整体评价最高的品牌就可以了，它被认为是所有规则中最简单的一种。

表14—2将决策规则应用到了电子书阅读器的购买中。

表14—2 决策规则在购买电子书阅读器中的应用

决策规则	心理语言
补偿决策规则	"在权衡了好的等级评分和差的等级评分之后，我所选择的这款电子书阅读器是最好的。"
连接决策规则	"我选择了一款没有差的特性的电子书阅读器。"
非连接决策规则	"我选择了一款至少在某一方面出类拔萃的电子书阅读器。"
字典决策规则	"我确定了对我而言最重要的电子书阅读器特征，然后选择了在这方面得分最高的品牌。"
情感参照决策规则	"我选择了总体评价最优的品牌。"

决策规则与市场营销战略

了解消费者在选择某种特定产品和服务时所采用的决策规则，对于市场营销者制定促销计划是十分有益的。对占主导地位的决策规则熟悉的市场营销者可以恰当地准备并提供促销信息，并保证信息提供的方式便于消费者进行进一步的信息处理过程。促销信息甚至可以引导潜在消费者如何决策。例如，最新手机的广告可以告诉潜在消费者"在特征丰富的新手机中寻求何种利益"。这些信息可能会特别地提醒消费者，要关注较长的电池续航、高分辨率的屏幕、高分辨率的视频录制以及高质量的内置摄像头。

信息不对称以及替代品间的不可比性

消费者在许多情形下的选择都面临决策信息不对称的问题，因此必须使用替代性策略以处理信息缺失的问题。缺失的信息可能源于只提供产品某些特定属性的广告或者包装袋，消费者自己记错了相关产品的属性特征，或者是因为某些特定属性属于体验型，只有在消费者使用过产品之后才能对其作出评价。在处理缺失信息时，消费者至少可以使用以下四种可相互替代的策略：

1. 消费者可以推迟决策行为直到获得缺失信息。

2. 消费者可以忽略缺失信息而继续采用目前的决策规则（例如补偿决策规则或者非补偿决策规则等），仅仅使用目前可得的产品属性方面的有关信息。

3. 消费者可以改变决策方式，而采用一种能更好地处理缺失信息的决策方式。

4. 消费者可以自己推断（"构造"）出缺失信息。

在讨论消费者的决策规则时，我们假设选择是在参与评价的品牌（或者样式）之间作出的。当然，消费者也有可能会得出这样的结论，即所有的替代品都不能为其提供足够的利益以形成购买决策。如果这种情况发生在如家用热水器这种必需品的购买上，消费者可能会降低其预期，在可供选择的替代品中选择一个最好的，或者继续搜寻有关其他品牌的信息，寻找一种更接近于预定标准的品牌。相反，如果这种购买具有很强的随意性（如一双新鞋），消费者可能会推迟购买行为。在这种情况下，上述搜寻所获得的信息将被转换为长时存储，等消费者再次对同样的购买行为产生兴趣时，这些信息就会被重新开发出来作为投入（见第5章）。

决策：输出

消费者决策模型的输出部分包括购买行为和购后评价。消费者一般会进行三种类型的购买。若消费者首次购买某种产品（或者品牌），同时购买的数量又少于通常数量，那么这种购买行为就可以看作试探性的。因此，试探性购买是一种探索性的购买行为模式，消费者试图通过直接使用来对产品作出评价。例如，当消费者购买了一种不太熟悉的新牌子的洗衣粉时，他们可能选择只购买很少的数量，至少远远少于他们所熟悉的品牌。市场营销人员可以通过发放免费样品、折价购物券以及打折促销等促销策略吸引消费者尝试新产品。

当消费者通过试用发现某种特定产品大类（饼干、麦片或者酸奶）中的一个新品牌给他们带来更多的满足感，或者比其他品牌更好，消费者就会倾向于重复这种购买行为，重复购买行为代表着**品牌忠诚**（brand loyalty）。重复购买和尝试性购买是不同的，在尝试性购买中，消费者只是在很小的范围内使用产品，且不包含任何承诺。重复性购买通常是建立在已经确认产品满足消费者要求，得到消费者认可，愿意再次大量使用的基础上。

试探性购买并不一定都是可行的。例如，对大多数耐用消费品（如冰箱、洗衣机以及类似的电器用品）而言，消费者通常从评价阶段就直接到了长期忠诚阶段（通过购买行为），而没有机会真正试用。对于一位刚刚购买了一辆崭新的 VW Beetle 汽车的消费者而言，如果在他等待公司送车的时间里能够收到一封为其专门定制的邮件，那么消费者会感觉到“温暖”，邮件的内容可以是一个叫做“总体视觉形象”的车型卡片，而卡片上的车型和颜色正是消费者要订购的那一款。[14]

此外，购后评价发生在消费者试用产品之后，并且在消费者对产品期望的情境下进行。当产品的实际表现与消费者的预期相匹配，消费者持中立态度；当产品的实际表现超出预期，会发生**积极性预期不匹配**（positive disconfirmation of expectations），从而引起消费者的满意；当产品的实际表现低于预期，结果是**消极性预期不匹配**（negative disconfirmation of expectations），消费者不满意。

认知失调（cognitive dissonance）发生在消费者试图安慰自己作出了明智的决策时（见第 6 章）。为了达到这个目的，消费者可能将决策是明智的命题进行合理化；可能会搜寻广告信息以支持自己的决定，同时避免竞争品牌的广告宣传；可能会试图去说服朋友或者邻居购买相同的品牌（通过这种方式坚定自己的选择）；或者也可以到一些满意的使用者处寻找安全感。

消费者购后分析的程度取决于购买决定的相对重要性，以及在使用产品过程中所获得的经验。当产品满足消费者期望时，消费者可能会再次购买。如果产品令人失望，或者说不能满足期望，他们就会转而寻找更加合适的替代品。因此，消费者的购后评价是对其心理学领域所谓经验的一种“反馈”，同时会对他们将来的决策产生影响。研究发现，顾客维持率是品牌声誉作用的结果，特别是对于那些消费者难以评价的产品。[15]研究还发现，年轻的消费者对服务品牌有着更高的介入度和期望，并且在购买后经常会经历认知失调。[16]

一个满意的消费者认为他获得了“价值”。作为可估价的判断的结果（即消费者购买他的参考集合中的一个品牌或一款），价值指交易所获得的利益——购买产品的特征——同为购买它付出代价（产品价格）的比较。[17]早在 1911 年已有人提出“投票式的消费”，就像消费者通过投票影响政治选举，消费者通过他们的购买行为影响环境和社会。[18]

14.2 消费者赠礼行为

礼品一直是消费者决策制定中很有意思的一部分。礼物比普通的“日常”购买具有更强的代表性，由于它们的代表性含义，礼物总是同一些重要的事件（例如母亲节、生日、订婚、结婚、毕业典礼，以及很多其他给人以成就感或具有里程碑意义的事件）联系在一起。**赠礼行为**（gifting behavior）是在赠予者和接受者之间的礼物交换。其定义在本质上是很宽泛的，既包括主动的礼物赠予行为（“只是想让你知道我在牵挂着你”），也包括责任性的礼物赠予行为（“我必须得送他一份礼物”）。[19]它既包括赠予和从别人那里接受礼物，也包括送给自己礼物（自我赠予）。但是在被我们称作“礼物”的产品中大多是自我购买式的。

赠送礼物还是一种象征性的交流行为，它具备的含义从祝贺、表达爱意、内疚到责任感和支配感。礼物赠予者和接受者之间关系的本质决定着礼物的选择，并且能够对赠予者和接受者之后的关系产生影响。[20]礼物的类型有[21]：

1. 社会团体之间互赠礼物，是指一组人群与另一组人群之间互换礼物（例如一个家庭与另一个家庭之间）。同样，赠予家庭的礼物和赠予家庭中单个成员的礼物也是不同的。例如，赠予新娘和新郎的“普遍”的结婚礼物可以是一些家居装饰品之类，而不应是专给新娘或者新郎使用的个人用品。

2. 不同团体类别之间互赠礼物，可以是单个人送给一组人的礼物（某个朋友送给一对夫妇一套结婚纪念品），也可以是一组人送给单个人这种情况（几个好朋友联合起来送另外一位朋友生日礼物）。礼物选择的技巧是“为联合接受者购买”或者“和一些人共同购买”（产生不同团体类别之间的礼物互赠），当涉及接受者的情况很复杂时（比如说遇到“似乎没有什么东西能令她特别满意”之类的情况），这些小技巧就显得十分有用。如果是在美国传统上需要相互赠予礼物的圣诞节期间，消费者需要购买大量的礼物，为了减少购物的时间压力，也可以应用上述提到的小技巧。例如，一位顾客可以选择为五对叔叔婶婶挑选礼物（不同团体类别之间互赠礼物），而不是购买 10 件单独的礼物，分别送给 5 个叔叔和 5 个婶婶（个体成员之间的礼物互赠）。通过这种方式可以节省更多的时间，同时也可以将金钱和购买过程的努力扩大化。[22]

3. 社会团体内部成员之间互赠礼物，可以用“我们把这些送给我们自己”来描述；也就是说，一个组织买礼物送给组织自身或者是组织内部成员。例如，双职工家庭的工作时间表可能安排得非常紧凑，没有多少在一起过二人世界的休闲时间。因此，一份去拉斯韦加斯度假的结婚纪念日礼物（送给我们自己的）就是社会团体内部成员之间互赠礼物的典型代表。这份礼物可能会对夫妻间没有多少共同时间的问题加以补偿。与之不同的是，个体成员之间互赠礼物仅发生在两个单独的个体之间，一个礼物的接受者，还有一个礼物的给予者。由于这种赠予形式本身所具有的特点，它为礼物赠予者提供了一个向礼物接受者表达内心感受的机会，因此，个体成员之间互赠礼物可以说是一种“隐私行为”。而成功的礼物是指那种能够表达赠予者知道并且了解接受者，以及他们之间关系的产品。例如，送给朋友的一对样式、大小刚合适的耳环可以看作“她真的了解我”的表达方式。与此形成鲜明对比的是，在情人节，接受者通常希望能收到更加“隐私性”的一些礼物，如果赠予者送电动开罐器的话，那么可能就意味着两者关系的破裂。

研究发现，无论是男性还是女性，在赠予同性礼物时感觉更加轻松；当涉及为异性挑选礼物时，赠予者都会感到更加紧张。[23]而且，虽然女性可以从礼物赠予中感受到更多的乐趣，同时大部分交换礼物的行为都发生在女性之间，但是无论是男性还是女性都会受强烈的责任感驱使。更进一步的研究发现，个人之间的礼物赠予行为可能会导致“礼物赠予紧张”，无论是在赠予者、接受者方面，还是在赠予过程本身方面。

对礼物赠予过程中性别差异的了解有益于市场营销者开展营销工作。当消费者在考虑为异性接受者挑选礼物时，销售人员可以提供一些额外的支持和帮助，这在销售现场（一般是商场中）通常会非常有效。

一项关于网上礼品购买的研究表明，**多样化追求**（variety seeking）（见第5章）可以延伸到礼物赠予行为中，当买礼物给其他人时，一个有着多样化追求特征的个体会考虑更加广泛的产品类别。[24] 香港的一项研究确定了礼物接受者的连续体："爱情关系"、"亲密朋友"和"普通朋友"。例如，一个送给"浪漫的他（或她）"的礼物包含着很高的情感预期，但是一份送给朋友的礼物，其情感预期就要低得多。[25]

自我赠予，或者说送给自己的礼物，通常发生在赠予者与接受者是同一个个体时。[26] 自我赠予是一种"精神状态"。如果消费者把购买行为看成是"购买一些我需要的东西"，那么这只是简单的采购行为。但是，如果同样的消费者把同样的购买行为看作"自我赠予"，那么这件产品一定有其特殊性，具有特别的含义。消费者慰劳自己的自我赠予品可以是产品（衣服、化妆盒或者珠宝）、服务（发型设计，在饭店的一顿特别大餐，或者参加美容俱乐部），或者是一些经历（和朋友一起参加社会活动）。例如，在为其他人购买假期礼物时，消费者可能会发现他们进了完全陌生的商店，如果不是为了购买礼物他们根本不会到这里来，或者发现自己在看他们一直想要，但是通常情况下却不会购买的产品（例如一条大披肩）。

礼物赠予过程以"我是否应该送X礼物"这个问题开始。根据情况（例如关系、场合）不同，答案可能为"是"，也可能为"否"。如果答案为"是"，礼物赠予者继续思考"我应该送X什么礼物?"这引发了下一个问题："我想送X他想要的东西吗?"（即我是否要花费"真正的"努力来寻找礼物?）如果答案为"是"，赠予者面对的问题是"我如何知道X想要的东西?"有两个选择：猜测或者直接询问被赠予者的希望。如果"我想送X他想要的东西吗"这个问题的答案为"否"，（根据模型）赠予者有两个选择：（1）送他可能喜欢的东西（即"设身处地"）；（2）根据赠予者自己的爱好来给他礼物（即"识别施加"）。礼物接受者往往并不重视与礼物相联系的象征信息。如果猜测偏好，而不是直接询问，礼物将包含惊喜的成分。另外，如果赠予者懒得去了解获赠者的喜好，结果可能也会是一个惊喜，但不是多好的惊喜。[27]

14.3 创新扩散和采用

创新扩散（diffusion of innovations）是指创新（如新的产品、新的服务、新的想法或者新的实践）在一定时期内被社会系统（市场细分）中的成员接受的宏观过程。这个过程包括四个基本要素：

1. 创新：新产品、模型或服务。
2. 沟通渠道：正式或非正式、非个人或个人群体。
3. 社会系统：市场细分。
4. 时间。

创新采用过程（innovation adoption process）是个微观过程，它重点关注个体消费者决定接受或拒绝一个新产品所经历的阶段。

创新类型

产品制造商和营销策略制定者对于"新产品"的定义存在分歧。从消费者的视角看，**创新**（innovation）代表着所有消费者认为是新的东西。许多市场营销人员认为可以根据新产品要求消费者改变目前消费行为和购买模式的程度将新产品分成三类：

1. **持续创新**（continuous innovation）对已建立的消费行为的影响最小。它主要是引进一个改进的产品而不是一个全新的产品。例如重新设计的苹果笔记本电脑，最新版本的微软办公软件，低脂的奥利奥甜饼，好时可可巧克力（如黑巧克力），美国运通礼品卡，邦迪创可贴，欧乐 B 的 Advantage Glide 牙刷。图 14—2 就是持续创新的例子。

2. **动态的持续创新**（dynamically continuous innovation）比持续创新更有影响力，但仍不会改变已经建立的消费行为。它主要是新产品的创造或者对现有产品的改进，例如数码相机、数码摄像机、MP3、数字视频录像机、U 盘、一次性尿布。

3. **间断的创新**（discontinuous innovation）要求消费者采用新的行为方式。例如飞机、收音机、电视、汽车、传真机、个人电脑、录音机、医用自我检测工具和互联网。

影响创新采用的产品特征

不是所有的新产品都能够有效地被消费者接受。有的产品可以一夜之间（如无线电话）流行起来，而有的产品要花很长时间才能被接受，或者有的产品从来不会被广大消费者接受（如电动汽车）。扩散研究者发现了五类影响消费者接受新产品的产品特征，我们将在下文进行具体阐述。[28]

相对优点（relative advantage）是指潜在消费者认为新产品比现存的替代品优越的程度。例如，手机使用者可以在全世界范围内进行交流，而且他们不仅能接电话、打电话，还可以发送文本信息。传真机是另一个提供使用者重要的相对优点的创新例子，主要是指它们交流的能力。一个文件可用 15～18 秒的时间传送出去，可能只需要快递服务的 1/10 的成本，而快递到第二天才能将文件送到。（当然，文件可以通过电子邮件附件发送，不需要任何费用，而且还像传真一样几秒钟就能送达。）

适应性（compatibility）是指潜在消费者觉得新产品与他们现在的需求、价值观和实践相适应的程度。例如，3M 公司的 Scotch 弹出式胶带的优点是在某些情形（如包装礼品），它们比卷带更易使用，但对使用者来说，它代表不用学习新的东西。类似地，在剃须用品领域，不难想象几年前，当吉列引进 Fusion 剃须刀时，一些人从便宜的抛弃式刀片转到了新产品，而其他一些人从有竞争力的非抛弃式刀片（包括吉列自己的锋速Ⅲ刀片）转换过来。对许多人来说，这种刀片是与建立起的湿着剃须的习惯相适应的。但是，很难想象男士剃须刀转换成一种新的用来去掉脸部毛发的脱毛膏。虽然用起来很简单，但是膏体就与多数男性现在的每日剃须习惯不相适应。

适应性在不同文化间存在差别。例如，尽管耐储藏的牛奶（不需要冷藏的牛奶，除非牛奶已被打开）已经在欧洲成功销售好多年，但是到目前为止美国还在普遍抵制有防腐包装的牛奶。

复杂性（complexity）是指一个新产品难以了解或使用、影响产品被接受的程度。很明显，产品越容易了解和使用，它就越容易被接受。例如，方便食品，如法式的冻炸鸡、即食布丁和微波餐的被接受是由于它们的准备和使用都很简单。有意思的是，虽然在多数美国家庭中都能见到 DVD 机，很多成年人仍需要孩子来帮助他们用这个设备来录电视节目。内置式数字视频录像功能帮助减少了目前的挑战，可以很容易录制电视节目。一项关于电子商务（如通过移动设备或者无线通信完成直接或间接的商务交易）采用的研究发现，“感知到容易使用”对产生采用意愿有积极的效果。[29]

当试图让高科技消费品赢得市场的接受时，复杂的问题就尤为重要。四种典型的“技术恐惧”成为新产品被接受的障碍：（1）对技术复杂性的恐惧；（2）对很快就过时的恐惧；（3）对被社会淘汰的恐惧；（4）对身体伤害的恐惧。在这四者中，技术复杂性是创新消费者最关心的问题。[30]

可试用性（trial ability）指一个新产品能够在有限的基础上被试用的程度。尝试一个新产品的机会越多，消费者就越容易评估它并最终接受它。总的来说，频繁购买的家居用品相对更容易被试用，如购买小包装或者“试用装”。因为电脑程序无法被压缩得更小，许多电脑程序公司为其最新的程序提供免费的运行模型（演示版本），以鼓励电脑使用者尝试这个程序然后购买这个程序。

认识到了试用的重要性后，新的超市产品的市场营销者通常发放大量优惠券或者免费样品让消费者有直接的产品经历。另一方面，耐用消费品如冰箱或微波炉，没有重要的承诺的话是很难被试用的。这能解释为什么《消费者报告》这样的出版物被广泛地咨询，因为它们对人们不经常购买的耐用消费品作评估。

可观察性（observability），或者**可交流性**（communicability），是产品的利益或者属性能够被潜在消费者观察、想象或描述的容易程度。有很高社会可见性的产品如时尚物品，比那些私人用品（如新型号香体剂）更容易被传播。类似地，有形产品比无形产品（如服务）更容易被促销。

采用过程

创新采用过程包含潜在消费者决定尝试或不尝试一个创新产品所经历的五个阶段，分别是：

1. **知晓**（awareness）：消费者知道创新的存在。
2. **兴趣**（interest）：消费者对创新的产品或服务产生兴趣。
3. **评价**（evaluation）：消费者对创新产品进行“精神试用”。
4. **试用**（trial）：消费者试用创新产品。
5. **采用**（adoption）：如果试用满意，消费者会决定重复使用这个产品。

虽然传统的采用模型简单而且具有洞察力，但是它没有充分反映消费采用过程的复杂性。一方面，它没有充分指出，在具有选择或解决方案的意识之前，消费者经常要面对一个认知需求或问题的阶段（在知晓阶段之前的需求认知）。另外，并不一定在每一个阶段后，尤其是试用后，采用过程都会提供对新产品或新服务的评价和拒绝的可能性（即消费者可能在试用后拒绝了产品或者永远不再使用这个产品）。最后，它没有明确地包含采用后或购买后的评价，这些都有可能导致忠诚度的加强或者作出不继续使用的决定。

小结

不是所有的消费者决策环境都需要同样程度的信息搜索。当消费者没有一个确定的标准去评价某个产品类别里的产品时，就会用到扩展的问题解决；当消费者有评价产品类别的基本标准，但是需要更多关于品牌和产品样式的信息时，就会用到有限的问题解决；当消费者有购买某个产品类别或品牌的经验，并且经常习惯性购买某产品时，就会用到常规的反应行为。消费者决策模型将贯穿于本书的消费行为联系在了一起，它包括：输入、处理和输出。

礼物具有比普通的日常购买更强的代表

性，由于它们的代表性含义，礼物总是同一些重要的事件联系在一起。赠礼行为是在赠予者和接受者之间的礼物交换。其界定在本质上是很宽泛的，既包括主动的礼物赠予行为，也包括责任性的礼物赠予行为。它既包括赠予和从别人那里接受礼物，也包括送给自己礼物（自我赠予）。但是在被我们称作“礼物”的产品中大多数都是自我购买式的。

创新扩散是指创新（如新的产品、新的服务、新的想法或者新的实践）在一定时期内被社会系统（细分市场）中的成员接受的宏观过程。这个过程包括四个基本要素：(1) 创新（新产品、模型或服务）；(2) 沟通渠道（正式或非正式、非个人或个人群体）；(3) 社会系统（市场细分）；(4) 时间。

创新采用过程是个微观过程，它重点关注个体消费者决定接受或拒绝一个新产品所经历的阶段。

复习与讨论题

1. 什么样的营销和社会文化输入会影响 (a) 高清晰度电视机，(b) 浓缩液和 (c) 无脂冰激凌的销售？给出相应的解释。

2. 请说明决策过程中三种不同类型的问题解决方式的不同点。在以下领域中，你觉得大部分消费者会采用哪种决策过程进行新产品或品牌的第一次购买？(a) 口香糖；(b) 糖；(c) 男性须后水；(d) 地毯；(e) 纸巾；(f) 智能手机；(g) 豪车。给出相应的解释。

3. 假设这个暑假你打算花一个月去欧洲游玩，并且想买一部高级数码相机。(a) 列出你在评价各种数码相机时用作购买标准的产品属性；(b) 如果你采用补偿的与非补偿的决策规则，区分可能出现在决策过程中的差别。

4. 苹果如何利用有关消费者预期的知识为新的 iPad 设计营销战略？

5. 消费者如何减少购后认知失调？市场营销人员如何为消费者提供购后的积极强化以减少失调？

6. 索尼正推出 65 英寸超高清电视，它的分辨率比其他电视的都要高，并且有着先进的信号处理技术。电视的引入价格是 10 000美元。

a. 哪些人会是索尼最初的目标市场？目标消费者的地理统计和心理统计特征是怎样的？

b. 你如何发现该产品的创新采用者？

c. 这个新模型是持续创新、动态的持续创新，还是间断的创新？给出相应的解释。

7. 描述索尼如何使用影响创新采用的五类产品特征加速新型电视的扩散。

实务练习

1. 说出最近你或你的朋友采用的产品、服务或方式。辨别它是什么类型的创新，并描述迄今为止它的扩散过程。最先采用它的人的特征是什么？什么类型的人没有采用它？产品、服务或方式的什么特征有可能决定它最终的成功或失败？

2. 列出五个最近购买新型智能手机（拥有一些他们认为“新”的特点）的朋友。采访每个人，问他们下面的问题：

a. 为什么选择这款手机而不是其他看过或考虑过的手机？

b. 你现在喜欢这款手机的原因和以前购买手机的原因是一样的吗？或者你发现有其他的原因使你喜欢它吗？

c. 如果对这款手机的下一型号提建议，你有哪些改进意见？

d. 在结束采访后，和其他同学讨论一下采访的结果。找出相似点和不同点。

3. 描述你最近购买一罐软饮料之前的需求确认过程。这与购买一双新鞋前的过程有何区别？如果有区别，广告在你的需求确认过程扮演着什么角色？

4. 列出三所你会考虑上的大学，以及你评价它们的标准。描述你如何获得对你来说重要的不同属性下不同大学的信息，以及你是如何作出决策的。请具体阐述你使用了补偿性的还是非补偿性的决策规则。

5. 选择一个为消费者提供作出购买决策的策略的报纸或者杂志广告，评价所选广告的效果。

关键术语

采用（adoption）
情感参照决策规则（affect referral dicision rule）
意识（awareness）
认知失调（cognitive dissonance）
兼容性（compatibility）
补偿性决策规则（compensatory decision rules）
复杂性（complexity）
连接决策规则（conjunctive decision rule）
持续创新（continuous innovation）
创新扩散（diffusion of innovation）
间断的创新（discontinuous innovation）
动态的持续创新（dynamically continuous innovation）
评价（evaluation）
参考集合（evoked set）
扩展的问题解决（extensive problem solving）
家族品牌（family branding）
赠予行为（gifting behavior）
不满意集合（inept set）
惰性集合（inert set）
创新采用过程（innovation adoption process）
创新（innovation）
兴趣（interest）
字典决策规则（lexicographic decision rule）
有限的问题解决（limited problem solving）
需求确认（need recognition）
消极性预期不匹配（negative disconfirmation of expectations）
非补偿性决策规则（noncompensatory decision rules）
可观察性（observability）
积极性预期不匹配（positive disconfirmation of expectations）
购前搜索（pre-purchase search）
相对优势（relative advantage）
试用（trial）
试用性（trial ability）
多样化追求（variety seeking）

第15章 营销伦理和社会责任

学习目标

1. 理解营销伦理和社会责任的意义。

2. 理解市场营销者如何通过定位于儿童、鼓励过度饮食以及其他无责任心的购买形式来利用消费者。

3. 理解存在道德问题的实践，如隐性营销、操控广告的曝光，以及广告的真实性问题。

4. 理解煽动性广告的本质和造成的后果。

5. 理解市场营销者如何滥用消费者的隐私，以及可以阻止该行为的措施。

6. 理解市场营销者如何通过倡导社会利益、劝阻有害行为以增进社会利益。

引　例

营销伦理（marketing ethics）是管理市场营销人员的道德准则。就个人而言，这些准则表达了正确行为和错误行为之间的区别，人性的善与恶。大多数非营利组织和消费者权益保护团体的目标是促进好的、对社会有利的行为，如向慈善机构捐赠，负责任地使用能源，减少不利的行为，如吸毒、歧视以及开车的时候发信息或者酒驾。例如，几十年来，善待动物组织（PeTA）一直宣传反对皮货商，以及使用动物毛皮或者羽毛的时尚设计师，倡导消费者不要使用以动物做测试而生产的化妆品，鼓励人们对出现在院子里或者家里的老鼠、松鼠、浣熊及其他野生动物采取人道的解决方法。

为什么以赚钱为目标的市场营销人员需要关注伦理问题？因为毕竟各州和当地政府制定了很多联邦消费者保护法和规章制度，这些法律法规指导着市场营销人员能做哪些，不能做哪些，并经常约束他们做广告、进行定价和分销产品和服务的方式。例如，一些城镇禁止在公共场所和学校附近摆放香烟和垃圾食品的自动售货机。另外一个例子是，纽约市政府一直在考虑设立一项法律促使所有的餐馆在每一个菜品旁边贴上所含热量的信息，并禁止餐馆销售超大瓶的苏打水。此外，一些城市不允许在酒吧（或者其他地方）售烟，并要求零售商检查那些买香烟的年轻人的年龄证件。说到对儿童的利用，有关法律限制儿童电视节目期间的广告数量。在以上这些例子中，市场营销人员的行为是受控的。那么，为什么市场营销人员需要关心什么是合乎伦理的行为？归根究底，一个普遍适用的法律标准一定适用于某个特定的行为情境吗？即“所有不被禁止的都是被允许的吗？”

市场营销人员必须关注伦理问题，因为不是所有被允许的都符合社会的最佳利益，或者市场营销人员的目标。明显与社会利益背道而驰的营销实践经常会导致尴尬的局面和顾客的流失，而且往往会引起管制的加强。简而言之，这样的行为会导致顾客的流失、利润下降，并降低消费者对促销信息和产品的信心。在本章，我们主要关注的是不道德的营销策略。我们是营销和消费者行为领域的专家而绝不是反营销方面的专家，我们对此研究领域感到自豪，并充满热情。在以下的讨论中，我们遵循著名的当代作家斯宾塞·约翰逊（Spencer Johnson）的语录："正直是告诉自己真相；诚实则是告诉其他人真相。"

15.1 社会营销观念：乌托邦还是现实

正如本书开篇所述，市场营销的本质是比竞争者更有效地满足目标消费市场的需求。然而，有时这个观念会与社会幸福和社会最大利益相违背。例如，烟草、酒精类产品能够满足消费者"需求"，但却对其有害，许多产品（例如，使用舒适但用不可回收物包装的产品，干洗店所使用的单一用途的遮罩物）用起来方便，但易造成环境恶化和气候变化。我们还必须考虑广告对消费者行为的总体说服效果。例如，在广告中描绘晒成完美古铜色皮肤的人可能会导致人们进行过度的日光浴或者紫外线曝晒，因为不可否认的是，这样的行为会明显增加皮肤癌的发生概率。许多研究发现促销信息中非常瘦的"理想的"人物形象重复曝光在消费者视野中会导致消极的自我感知（尤其是对女性），并且会导致饮食失调的增加。患饮食失调和癌症的人越多就意味着越高的公共健康支出，这会导致生活水平的降低。市场营销者知道广告通常会把焦点放在美丽和吸引力上，尤其是当他们想强调这些属性对于个人的重要性时，这些广告很可能会受到媒体及消费者权益保护团体的审查。因此，现在许多广告中会采用外表更加真实的模特，美容产品广告则强调尽管个人的外貌很重要，但真正的自我价值或者"真正的美"来源于"内在"。一项对于广告中女性的性客体化研究发现，尽管包含此类写照的广告有所增加，女性却很少被这些形象冒犯，即这样的广告对女性的购买意向几乎没有影响。[1]

事实上，公司的繁荣与社会的繁荣是息息相关的，公司应该将社会责任纳入营销决策之中。**社会营销观念**（societal marketing concept）是对传统营销观念的更加合适的概念化，它倡导平衡社会需要与个体和营销组织的需要。社会营销观念要求所有的市场营销者遵守产品和服务营销过程中的社会责任原则；即他们应当试图以持续促进消费者和社会整体福利的方式满足目标市场的需要和需求，同时实现组织目标。按照社会营销观念，快餐店应当开发低卡路里、高营养的食物。此外，市场营销者不应以过量食用的方式向年轻群体宣传食品，也不应该在酒精和烟草类广告中使用专业运动员，因为名人效应通常会引起年轻群体的模仿，从而导致该类产品使用者的低龄化和过度消费。

采用社会营销观念的主要阻碍是大多数商业管理者在追逐市场份额和企业利润增长过程中的短期倾向。这种短期倾向起源于管理绩效评估通常建立在短期结果的基础上。因此，有雄心的年轻广告执行人可能通过使用脸色苍白、性情孤僻、过分消瘦的女性来达到震撼效果，从而大幅度提升产品销量而无视广告可能带来的消极影响，如广告有可能导致年轻女性群体中饮食失调的增加。社会营销观念倡导长期的视角，它认为公司在更强大、健康的社会中会得到更好的发展，并且在商业行为中表现出社会责任、社会道德的企业能长期吸引并维持消费者的拥护。

研究消费者行为的目的是理解消费者作出购买决策的原因和方式。这使得市场营销者能够设计出更加有效的营销策略，特别是先进的技术允许收集更多关于消费者的数据，更加准确地定位消费者。一些人认为对消费者行为的深度理解使得不道德的市场营销者有机会在市场中利用人类的脆弱性，并采取其他不道德的营销实践以达到公司的业务目标。

为了回应公众的批评和忧虑，许多代表市场营销者的贸易协会开发了全行业的伦理准则。它们意识到全行业的自我约束对市场营销者的最佳利益是有好处的，因为这防止了政府对行业设立规章制度。许多公司将具体的社会目标纳入公司使命中，而且支持这些目标的计划也是整体战略计划的一部分。许多公司还意识到参与社会责任活动能够改善它们在消费者、股东、金融界及其他相关公众组织中的形象。它们还发现有关社会道德和社会责任的实践都是很好的投资，不仅能提升形象，最终还能增加销售额。相反，人们对公司缺乏社会责任感或者不道德营销策略的感知会消极地影响消费者的购买决策。图 15—1 是消费者权益保护团体写给麦当劳的一封信。这封信指责麦当劳没能遵守食用油中不含反式脂肪的承诺，并且明确指出了无社会责任感的行为对公司形象造成的损害。

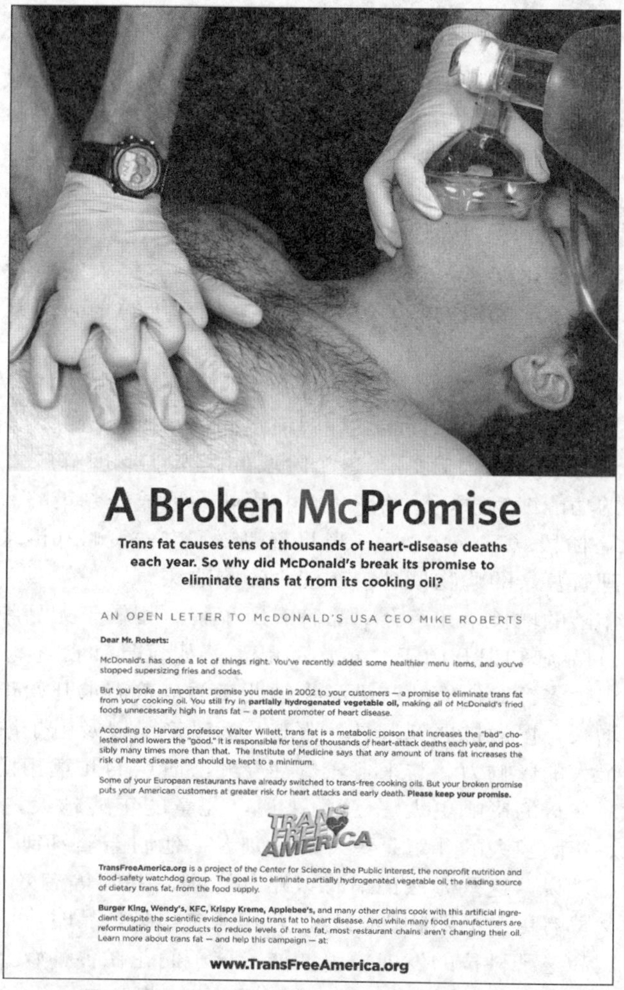

图 15—1　无责任感的营销会损害公司的形象

资料来源：Center for Science in the Public Interest.

尽管许多公司都采取了更加有责任感的营销实践，其他公司却没有。例如，可口可乐拓宽了低热量饮料的分销，并承诺会在世界范围内将热量信息放在引领包装的前面，这是它回应含糖饮料导致肥胖的指责所作出的全球努力的一部分。该公司还承诺赞助体育活动，并且不把饮料卖给12岁以下的儿童，但是它没有具体说明如何实施。[2]而其他一些公司的实践都是违背社会利益的。例如，FDA发现食品制造商会在糖果、薯片、华夫饼和其他食品里加入咖啡因。例如，一包箭牌活跃能量的咖啡因口香糖中所含的咖啡因与四杯咖啡等量，或者说大约320毫克咖啡因。尽管包装上有“儿童和对咖啡因敏感的人群请勿食用”的警示，FDA还是想让食品公司自主控制对咖啡因的使用。[3]

在本章中，我们描述了一些不道德的营销形式，并给出了如何避免的建议。这里涉及的话题包括剥削型营销、狡猾的（即不诚实的）营销沟通、煽动性营销和滥用消费者隐私。我们从积极的一面探讨以社会责任为主的营销形式。

15.2 剥削型营销

很多目标细分群体比其他消费者更加脆弱，因此更容易被剥削和利用，如教育水平低、年纪大、低收入以及无政治权力的人群。接下来，我们将探讨两种类型的剥削型营销：定位于儿童以及鼓励过量饮食和无责任心的购买。

儿童营销

消费者社会化（consumer socialization）是年轻人获取技能、知识以及他们在市场中作为消费者形成相关态度的过程。一项25年的全面回顾研究发现了消费者社会化的三个阶段：

1. 知觉阶段（3～7岁），这个阶段的儿童开始能够区分广告和节目，将品牌名称和产品类别联系起来，并且能够理解消费的基本概念。

2. 分析阶段（7～11岁），这个阶段的儿童能够理解广告的劝说意图，开始处理有关产品的功能性信息，开始产生购物影响并形成谈判策略。

3. 反省阶段（11～16岁），当儿童理解了广告策略和诉求，他们会对广告产生质疑，能够理解复杂的购物概念，有能力影响购买。[4]

随着年龄的增长，儿童会对品牌有所了解。相较于无品牌产品，他们更喜欢有品牌的产品。[5]品牌知识开始于儿童产品品类，如玩具和食物。到了8岁的时候，儿童就能够说出很多针对他们的产品品类。儿童的消费需求开始于与食物有关的产品，随着年龄的增长，慢慢扩展到玩具、服装、运动产品以及电子游戏。儿童对儿童类产品品类有着最大的影响力。与来自较低社会经济阶层的儿童相比，来自较高社会经济阶层的儿童对父母的影响更大。[6]总的来说，儿童的年龄越大，他对家长购物行为的影响就越大。年龄较大的儿童是更好的谈判者，他们会学习到一些谈判策略，如和父母讨价还价、劝说，这些方法比情感策略如乞求、哭闹等有效得多。[7]一些儿童甚至认为自己比父母有更多的购物影响力，尤其是在购买食品时。[8]

互联网和电子科技的发展显著增加了孩子们花在各种媒介形式上的时间。一项研究报告，从2004年至2010年，8～18岁的孩子花在电子设备上的时间增加了1小时17分钟。一些研究表明，孩子们每天花在电视机、电脑、iPod、手机或电子游戏上的时间是 7 小时 38 分钟。如果把其他媒介接触形式也考虑进来，孩子们每天花在媒介内容上的时间是 10 小时 45 分钟。此外，研究还发现，一半以下孩子称父母规定了他们接触媒介的时间。[9]

越来越多的媒介消费为市场营销者提供了更多的机会来设计针对儿童群体的营销信息，从而影响他们的购物行为。由于对儿童饮食和健康的巨大影响，食品和饮料营销一直是备受关注的公共政策。儿童、青少年饮食和食品营销委员会的一项研究发现，电视广告会影响 2～11 岁的儿童，并且大多数促销信息都是与肥胖有关的高热量、低营养的食品。[10]公共利益科学中心（Center for Science in the Public Interest）发起的研究发现，定位于儿童的高热量、低营养的食品营销一直在急剧增长，并且更加放肆和复杂。[11]报告称，如此营销削弱了父母在食品消费中的权威，需要针对孩子的食品营销进行限制。在没有规章制度的情况下，父母在孩子的消费和媒介接触中只能扮演中介的角色，因此，他们可能会十分支持公共政策制定者的干预。

儿童广告需要依据商业促进局理事会（Council of Better Business Bureau）下属的儿童广告审查机构（Children's Advertising Review Unit，CARU）所制定的准则进行自我约束。该准则特别指出，在产品的介绍或声明中不允许以产品功能、效用误导儿童，引发儿童想象以及不切实际的期望，而且产品需在安全的环境中展示，广告不能鼓励不适合儿童的行为。因为根据刺激反应理论，儿童能够轻易地在刺激和反应间建立联系，该准则要求市场营销者避免广告：（1）鼓励儿童迫使父母购买广告宣传的产品；（2）给儿童一种拥有特定产品就更易被同龄人接受的错觉。考虑到像儿童俱乐部、奖品、竞赛之类的忠诚度建立方式，CARU 准则承认儿童并不总是能理解这些方式的真实目的，要求市场营销者保证自己的顾客忠诚度培养计划不会影响到他们。[12]

CARU 出版的刊物中说明了许多儿童广告中的误用以及自我约束的有效性。例如，为了回应 CARU 对儿童广告的常规控制以及 CARU 的后续要求，一家销售棉花糖机的店商同意修改它的一则商业广告。广告中一个孩子在没有父母监护的情况下，边打电话边操作一台电子棉花糖机。在另一个案例中，一个四岁大小的孩子在看完一则将奥利奥饼干放入烤面包机制成了 KoolStuf 糕饼的广告之后，将奥利奥饼干放入烤面包机并试图用剪刀取出。孩子的母亲向 CARU 提出抗议，随后便引起了奥利奥营销人员的注意，奥利奥最终同意修改广告。宝洁公司同意修改其关于品客的一则电视商业广告，因为 CARU 认为这则广告会鼓励零食的过度消费。[13]

关于营销对儿童行为影响的主要顾虑是食品市场营销者是否会“教会”儿童食用过量食物从而导致年轻消费者中肥胖和健康问题的增加。市场营销者在美国儿童饮食上平均每年花费约 100 亿美元。与此同时，超重儿童的数量在过去的 15 年里增长了约一倍，并且还在持续惊人地增长。在过去几年中，一些立法者呼吁对儿童食品广告进行立法，也许是为了避免该类管制，几家公司主动调理了自己的营销策略。例如，卡夫食品公司停掉了几则食品广告，增加了无糖饮料和小包装饼干的广告。麦当劳一直被指责销售高脂肪和低营养的垃圾食品，于是它停止销售一些“超大体积”的品种，转而销售更多的沙拉。它甚至开始将苹果作为高热量派的替代品进行销售。最近，麦当劳开始了一项为学习优异的儿童提供食品奖励的项目；这个项目被刊登在书的封面上，但遭到了来自父母和消费者保护群体的指责甚至媒体的嘲笑，最终并没有进行下去。[14]

奥巴马政府提出的一项将在 2016 年生效的规章规定，销售给儿童的食品中不能含有反式脂肪，而且每次食用量中只能含有 1 克以下的饱和脂肪以及 13 克以下的添加糖。此外，每份食品里的钠含量不得超过 120 毫克。到 2021 年对于钠的限制将会更加严格。此外，食品必须是对健康饮食有利的，要至少包含一类主要的健康食品品类，如水果、蔬菜、全谷物、鱼、蛋和豆类。该规章还将“孩子”的传统定义从 12 岁以下扩展到 2～17 岁，尽管这样一来对于青少年的最终规章“在范围上更窄，且有可能限制在校园营销活动和社会媒体的范围内”。当很多专家认为规章还远远不够的时候，广告商一直不停地进行积极的斗争，但是将所有的规章都变成法律条文是不可能的。[15]

尽管如此，自我监管率在加速上升。纽约开始限制每份含糖饮料的量，且其他城市对含糖饮料开始征税之后，为了阻止市政厅的反苏打水政策，苏打水制造商开始在自动售货机上显示饮料中所含热量，并且引导消费者选择低糖饮料。[16]麦当劳也开始在所有的菜单上标注热量值，这样的举措会迫使其他快餐店也采取同样的行为。同时它还推出一些附加菜单，目的是让销售的食品看起来更健康。其中包括鸡蛋松饼、欢乐餐的烤鸡，以及时令水果或蔬菜（如蓝莓和黄瓜）。迪士尼公司宣布所有在儿童电视频道、电台和网络上做广告的产品必须符合一套新的营养标准。多年前，迪士尼大量减少了对糖、盐和脂肪含量较高的食品名称和文字的使用。米老鼠也不再出现在流行果馅饼（Pop-Tarts）的盒子上，巴斯光年和其玩具总动员的朋友们也从麦当劳的欢乐餐中消失。Nickelodeon 和 Discovery Kids 也在此后不久制定了类似的规则。[17]

想要更有社会责任感并不总是可行，也并不容易。通用磨坊将它的大部分儿童谷物里的糖量从每份 15 克降低到每份 10 克。然而，调查显示为了让孩子们喜欢吃谷物，谷物燕麦不仅尝起来要足够甜，还必须要在牛奶中悬浮至少 3 分钟。公司知道每份燕麦中含 9 克糖的甜度已不能够让一个孩子定期地食用。因此，公司一直在逐渐减少谷物中的含糖量，这样，消费者就会慢慢适应一点一点降低的甜度（见第 4 章中对**最小可察觉差**（JND）的讨论）。[18]

加利福尼亚通过了一项禁止向未成年人销售或租借暴力电子游戏的法律。然而，最高法院推翻了该法律，因为它不符合宪法，尽管它是用来保护儿童的。[19]和暴饮暴食一样，儿童缺乏体育运动也在很大程度上导致了较高的超重和肥胖率。

有观点认为，包括过度饮食在内的所有消费行为的责任都在于成年人消费过度油腻的食物且允许儿童食用，而并不在于食品制造者或市场营销者，这个观点有一定的可取性。但是，我们需要记住儿童是一个弱势群体。由于以上这类问题以及担心“麦当劳使我变胖”之类诉讼的增加，食品公司开始寻求立法保护以防肥胖者因为个人伤害而控诉它们。[20]

关于儿童广告，有舆论认为即使儿童理解促销信息的目的，市场营销者仍应注意控制儿童看电视和上网的时间。总的来说，美国对儿童广告的管理比欧洲国家宽松。对儿童营销的管理并没有得到完全的贯彻实施。表 15—1 是一些禁止在儿童网站中出现的广告行为。[21]还有一个滥用儿童隐私的例子。《华尔街日报》开展了一项研究，该研究调查了 40 个流行且免费的方便儿童使用的应用，结果发现将近一半的应用传输了设备的 ID 号，这是一个主要的追踪工具。大约 70%的应用传输了被追踪者如何使用应用的信息，在一些情况下，还具体化到使用者点击了哪个按钮以及点击的顺序。尽管联邦贸易委员会（FTC）规定不允许从针对 13 岁以下且没有父母监管的儿童的应用和网络服务上收集信息，FTC 却没有严格定义该项规章。[22]

表 15—1 **规范儿童网络营销**

A 部分：联邦或自我规范中通常禁止的网络儿童食物营销行为

1. 宣传低营养的产品；没有提供详细营养成分；误导性的营养成分声明。
2. 在游戏中植入食品广告，促使儿童消费广告中的食品。
3. 创造广告中的“蜂鸣”，鼓励儿童向他们的朋友发送广告（即病毒式营销）。
4. 向儿童提供离开网站后可使用的品牌相关物品，并努力通过其他线上广告展示。
5. 没有包含对“广告时段”以及所观看内容为广告的提示。
6. 向注册网站的儿童提供对他们来说不合适的机会或奖品。
7. 直接刺激购买（例如，进入神秘地点）。

B 部分：联邦或自我规范在对儿童网站的规范上获得的有限成功的说明

研究分析结论	目前的指南和约束努力
64%的网站鼓励儿童向他们的朋友发送欢迎或邀请到该网站的邮件。	广告不应该促使儿童要求父母或其他人来购买产品。(CARU)
53%的网站提供各类电视广告。	每小时广告时间不得超过 10.5～12 分钟。(Children's Television Act of 1990 [47 U. S. C. § 303])
76%的网站提供一个品牌的“额外”产品，52%提供两个及以上；43%提供彩票；31%提供促进销售的奖品。	市场营销者在使用该类促销时应格外小心，防止利用儿童的不成熟心理。(CARU)
39%的网站允许特别购买奖励，例如游戏奖品。	在儿童广告中应避免给儿童带来压力。(CA-RU)
18%的网站对广告内容有“广告时段”的提示。	联邦通信委员会（The Federal Communication Commission）要求在儿童电视节目中有“广告时段”提示。
47%的网站允许在电影和电视节目进行品牌植入。	电视广告不应利用电视节目的特征（现场或录制的）。(CARU 和联邦通信委员会)

资料来源：Part A. *Journal of Public Policy and Marketing*. Elizabeth S. Moore, American Marketing Association, 2007. Part B. *Journal of Public Policy and Marketing*. Kathryn Seiders, American Marketing Association, 2007.

鼓励过度饮食和不负责任的消费

营销是说服的一种形式。为了解如何说服消费者购买一个产品或者进行消费，市场营销者仔细研究了影响购买决策的情境因素。例如，人们在寒冷的环境下更加饥饿，因此超市里面温度总是很低（一些营养师建议消费者吃过饭之后直接去购买食品）。市场营销者知道消费者在商店停留和逛的时间越久，就会买更多的东西。因此，超市和其他商店的商品陈列是可以系统移动的，这也可以解释为什么你经常会发现上一次在超市里看到谷物陈列的过道发生了移动。男性比女性更可能不按购物清单以及先前的消费计划进行购物。这也是为什么超市会让销售人员跟随在男性购物者的周围，并随时提供帮助。最近，许多网络零售商注意到它们的销售额会在晚上 6：30～10：30 之间出现跨时区的峰值。很明显，正在饮酒的消费者有着更少的购物抑制力，他们会更加无忌地购物。因此，许多线上零售商开始在这个时间段提供特价商品以及发送促销邮件。[23]

设计出让消费者过度食用的食品是个科学过程。例如，市场营销者知道一些加工食品实际上会让消费者吃过之后感觉更饿。研究发现了消费者“幸福点”，如甜度。产品的甜度较低或较高，消费者都不喜欢。市场营销者一直在运用关于人类对口味反应的知识设计食品以让消费者对该食品产生最高水平的渴望。加工食品的基本原则是“如果拿不准，就加糖”。奥斯卡·梅耶（Oscar Mayer）引入了娱乐包形式的Lunchable甜点，其中除了包括一根腊肠和白面包，还包括一条士力架、一包M&M's巧克力豆以及一份含糖饮料等。[24]

一份基于疾病预防控制中心（CDC）数据的报告预测，到2030年美国的肥胖率至少会达到40%，有13%的州肥胖率会达到60%。肥胖增加了无数疾病发生的风险，从Ⅱ型糖尿病到子宫内膜癌，这意味着将来会有更多病人以及更高的医疗成本。疾病负担的加重将在每年与肥胖相关的医疗成本中增加约660亿美元，从而将现在1 470亿美元的成本提高到2 100亿美元。另外一项研究发现，到2030年，会有42%的美国成年人面临肥胖问题，这将增加5 500亿美元的卫生保健支出。[25]

对于美国人下降的体育运动量以及大量不合理地食用不健康和无营养的食品，市场营销者负有直接责任。一项关于享乐性进餐的研究证明了消费者相信越不健康的食物越好吃，并且消费者会更加享受，这些食物也更被人们喜欢。[26]为了让我们吃得更多，市场营销者详细研究了我们的饮食习惯，并且将研究的结果应用到产品包装和每份大小的设计上。市场营销者还利用他们的感知设计产品的包装和产品呈现的形式，从而增加消费者的食用量。例如，研究发现[27]：

1. 当果汁的容器是短而宽的瓶子而非细长的瓶子时，孩子和成年人都会喝得更多。

2. 放在透明罐子里的糖果比不透明罐子里的糖果吃得更快。

3. 透明包装的三明治比不透明包装的带来更多的消费。

4. 食物的能见度和香气会带来更多的消费。

5. 以有组织的形式展示食物可以让人们吃得更多，如放碗里（或“手抓袋”）、自助餐、百乐餐或晚餐桌上的分类。

6. 不同形式的大小分类或重复种类，如多种产品口味、多种派对小吃、重复的快餐线，以及有着多种菜品的家庭聚餐都能够促进饮食。

7. 当食物有不同的选项和每份的量时，在尺寸上存在微小差距的碗能使人们吃得更多。

8. 人们通常不记录自己吃了多少食物。当被告知时，他们往往会对自己的食用量大吃一惊。

9. 家里大量囤积食物会增加人们认为的一顿饭的合适食用量。

10. 小包装不一定会导致消费的下降，有时反而会增加消费量。负责任的公司应该单个销售小包装产品，而不是用一个大包装进行捆绑销售，因为多个小包装产品的能见度会导致过度消费。

另一个鼓励不负责任消费的形式是银行瞄准了青少年和大学生群体，并向他们提供方便使用的信用卡，这会使得他们陷入多年的财政困难。例如，由于向大学生过度销售信用卡，大学生的贷款债务一直在上升：离开学校的时候，平均每个毕业生有多达1.8万美元的信用卡负债，并且经常有很低的信用评级。[28]一项研究发现，学生获得第一张信用卡的平均年龄是18岁（有些低至15岁）。其中10%的学生有5张以上的信用卡。这些年轻人中大部分都不保存信用卡收据，也不会核查与消费对应的月报表，并且意识不到银行向他们收取的手续率；大概有10%的学生每个月只支付最低的应交还款额。[29]由于向大学生营销信用卡的现象越来越严重，并且违背了社会的最佳利益，许多州通过了或者正在制定限制银行和信用卡公司向大学生推销信用卡的规章制度。为了回应批评，许多银行开始限制针对学生的信用卡促销。[30]

一项研究发现了许多导致学生滥用信用卡的个性特征，并且提出了市场营销者可以用来激励学生们更加有责任心地使用信用卡的促销诉求。[31]有趣的是，易冲动和唯物主义这两个重要的个人特征，与冲动购买和沉迷倾向是相关的。[32]这项研究指出，市场营销者和公共政策制定者必须教育年青一代的消费者避免进入滥用信用卡的陷阱。

被操控的或无效的营养标签

在美国销售的所有食品包装上都会有营养标签。然而，许多人批评指出当前的标签形式不清晰，并且是被操控了的。例如，标签只列出关于“每份”食品的基础信息。然而，FDA 规定制造商在设计每份包装食用量大小的时候需要有分寸。例如，家乐氏冷冻麦片提供 3/4 杯的食用量。康之选鸡肉玉米汤（微波炉碗）提供一杯的食用量，丽兹（Ritz）饼干提供 5 片饼干的食用量。然而，大多数消费者能做到只吃1/4 的奶油曲奇，而把剩下的放起来改天再吃吗？一大包多力多滋的量是 1 盎司，或者大概 12 根薯条，但是当消费者从袋子里掏薯条的时候是不可能去数薯条的数量的。尽管 160 卡路里和 2 克饱和脂肪听起来好像只用花很少的钱就能够享受到一份奥利奥曲奇饼干，从技术上讲，一份产品里面只有 3 片曲奇饼干。[33]列出来的食物份量小，市场营销者就可以少报道一份食物里所含的热量、脂肪、糖以及碳水化合物，这会使得消费者消耗掉比他们自认为更多的热量。一项研究发现，消费者对营养信息的关注焦点在于热量信息而非食物份量。另外，操控食物份量可以减少消费者“与消费相关的负罪感”。[34]

面对越来越多的指责，FDA 一直处于迫使市场营销者在食品包装上列出实际食物份量的压力之下。根据消费者权益保障团体——公共利益科学中心（CSPI）的说法，食物量比值管理最差的是罐装汤、冰激凌、咖啡冰激凌以及不粘锅的烹饪喷雾的标签，这些食品总体上少报了正常人食用时所消耗的热量、钠以及饱和脂肪。例如，一份金宝汤 Chunky 经典鸡肉面条汤的份量是一杯，不到半罐，并且含有 790 毫克钠。在一项对 1 000 名消费者的国民调查中，仅有 10%的人喜欢吃一杯的量。大概 64%的人说自己可以一次吃掉一整罐，摄入 1 840 毫克钠。大约 2 300 毫克的 80%是建议的每天食盐摄入量的上限，卫生官员称超过 1 500 毫克的食盐摄入量就会导致高血压。61%的人说他们也能喝完一整罐浓汤，就像金宝汤鸡肉面条汤，每罐大概有 2.5 份食物量。而单份包含了 890 毫克钠，一整罐则包含了 2 390 毫克钠。大概 27%的调查对象说自己一次只能喝半罐。金宝汤推出的 Healthy Request 产品线由每份钠含量低于 480 毫克的汤组成。然而，根据 CSPI，人们消耗一整罐所摄入的钠是很多的。[35]

加州大学伯克利分校新闻学院的一个项目开展了一个重新设计食品包装的竞赛，其中最好的两个设计见图 15—2 和图 15—3。* 图 15—2A 和图 15—2B 的设计运用了彩色的盒子描述产品中各成分的相对比重。不仅视觉效果很好，而且对颜色的运用很巧妙。然而，这对于复杂食品不太适用。图 15—3 的设计用每包或者每瓶的总卡路里数取代了每份的卡路里数。它重新将食品的成分用加粗的、彩色的长方形来展示食物里的各种成分占多少比重。各色的色标编码系统分别代表着合理的、可疑的以及不健康的碳水化合物或脂肪量。这样的标签很吸引人，但是可能会在食品包装上占用太多的空间。[36]

* 图 15—2 和图 15—3 中的各种颜色，由于本书为单色印刷无法明确体现。——译者注

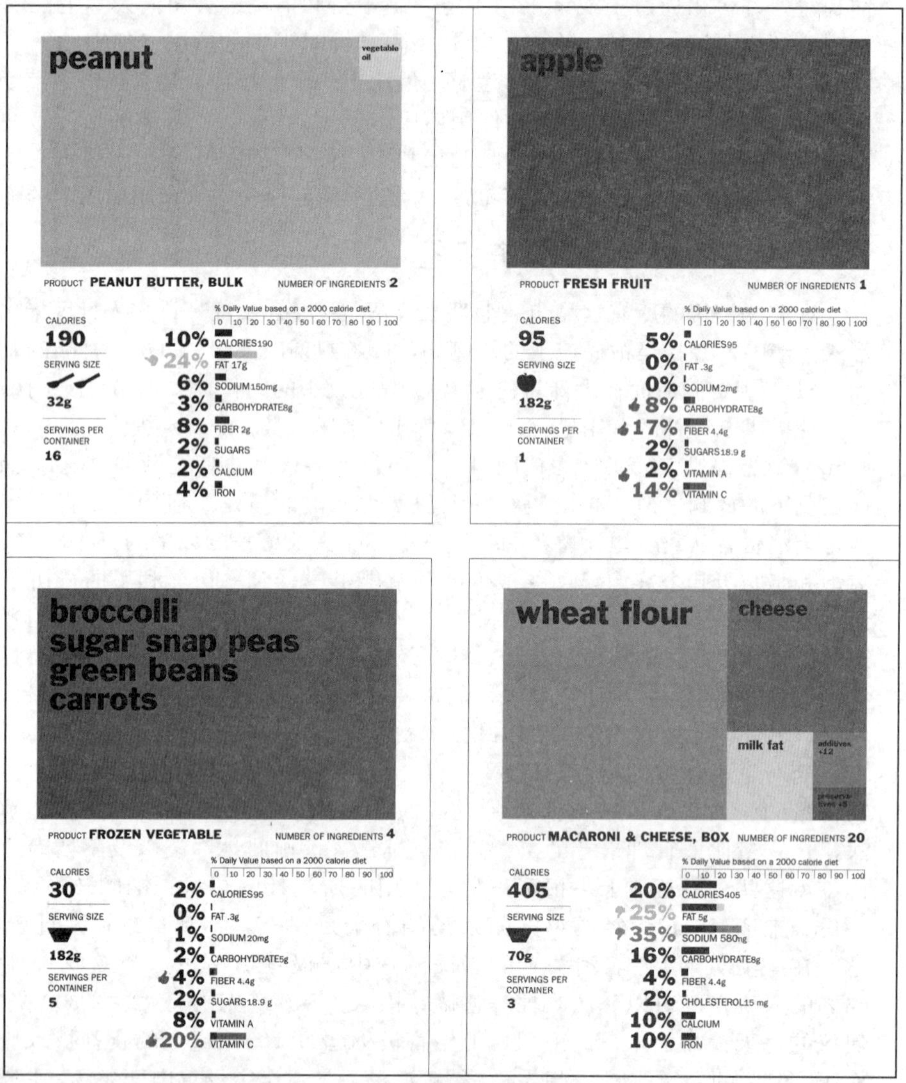

图 15—2A　彩色盒子设定的成分

资料来源：Creator：Rence Walker. Project managers：Lily Mihaik and Diana Jou，Universt Jou，University of California，Berkeley School of Journalism.

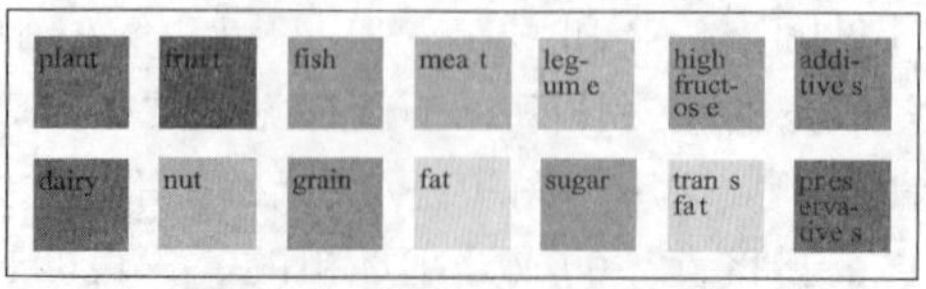

图 15—2B　食品族关键词

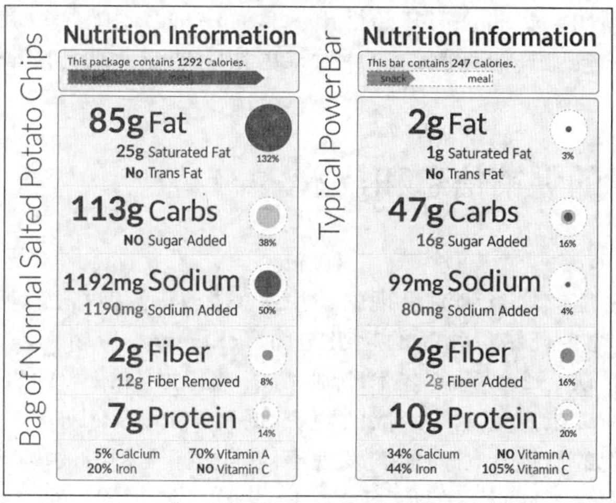

图 15—3　总热量而非每份的热量

资料来源：Creator：Joe Brunelle. Project managers：Lily Mihalik and Diana Jou，University of California，Berkeley School of Journalism.

用在营养标签里的定义并不总是符合常理的。例如，标着“有机”的食品必须满足联邦政府设定的可验证的标准，然而标着“天然”的却不需要受这样的限制。具有讽刺意味的是，尽管“有机”和“天然”食品的成本比其他食品高，它们的销量却一直在增长，调查发现消费者更喜欢那些标有“天然”的食品而非标着“有机”的食品。在一个案例中，天然山谷食品的产品线称自己是“天然的”，尽管产品项目中含有很高的果糖玉米糖浆、麦芽糖玉米糖浆和麦芽糖糊精（一种可以让食物微甜的增稠剂）。这些成分都是人工合成的，在自然中并不存在，并且在非严格定义下也不能被视为天然的。根据一些研究，这些成分能够导致儿童的多动症和注意力缺失症。由于“高果糖玉米糖浆”的负面影响，玉米精加工协会要求 FDA 允许将营养标签上的成分名改成“玉米糖”，但是 FDA 否决了此要求。[37]

另外一个有趣的标签战曾在生物工程公司如孟山都（Monsanto）和杜邦（DuPont）之间展开，它们投入上百万美元对抗加利福尼亚州关于要求在产品包装上标示转基因食品的公民投票。奇怪的是，美国最大的有机品牌——Kashi，Cascadian Farm 以及 Horizon Organic 的市场营销人员也加入到了这场反标签战役，并且为了对抗民意投入了不少的资金。相反，一些相对较小的独立的企业和农场，如 Kashi 最大的竞争者 Nature's Path——大部分消费者购买有机桃子或者洗发水的时候会想到它，却一直极力支持针对标签的公民投票。[38]

药物对消费者的直接销售

面向消费者的药物广告自 1997 年得到批准，之后各类药物的消费量都增长了。在研究中，消费者坚信他们从电视广告中，而不是他们的医师那里，得到了更多关于药物的信息。[39]认识到面向消费者的广告变得过于激进，制药产业自发制定了关于营销方式的限制。参议员多数党领袖呼吁新药延期两年宣传；一家大型制药公司自愿决定在第一年不对新药进行宣传。[40]网络搜索引擎使药物直销进一步复杂化。近期，FDA 强烈要求制药公司在公司搜索广告，即出现在谷歌搜索结果旁边的简短文字中包含关于药物的危险信息；但是由于谷歌将这类广告限制在 95 个字符以内，这个要求尚没有具体的执行方式。[41]因为它们可以直接向消费者销售产品，随着专利期限和产品通用版本可得性的临近，药品公司比以往更加迫切地延续那些消费者最喜欢产品的生命周期。例如，辉瑞公司开始推出一款“伟哥”咀嚼片；其他公司则开始测试能够在口中融化，且比其他吞服的药片效果更快的治疗性功能障碍的药物。[42]

15.3 狡猾的促销信息和技术

市场营销者能够通过刺激呈现的情境来操控消费者对营销刺激的解释。例如，在QVC 公司销售稀少且昂贵物品的超级购物（extreme shopping）期，消费者在看过众多昂贵的产品后认为 200 元的艺术印刷品属于合理定价。[43]此外，市场营销者还可以影响新闻及其他以信息为主的广播的内容和持续时间。例如，许多市场营销者会仔细地筛选信息呈现的情境，因为他们发现当广告插播在积极的电视节目中时，消费者对广告的感知也积极。因此，他们不会把广告插在新闻广播或者涉及严肃问题的节目中，如战争和饥饿问题，因为这些问题的内容大多是令人不愉快的。因此，在广告收益驱动下，媒体公司可能会选择缩短关于严肃、不愉快话题的节目时间。

狡猾的营销策略是完全合法的，这种策略是指市场营销者减少产品的包装量，但是产品的价格保持不变。他们这样做是因为利润率下降（如由于更高的原材料价格），但他们又不愿意提价。市场营销者意识到，相较于食品、饮料和家居产品低于最小可察觉差（JND）的包装量的减少，消费者更可能注意到价格的上升。尽管是合法的，这样的约束还是可以被视为误导的且具有操控性质。例如，近年来，许多谷物盒和薯片袋的内容物的量越来越轻，许多公司称之为“量出”。一个士力架棒从 2.07 盎司减少到了 1.86 盎司（玛氏说这样做可以将热量降到每条 250 卡路里），纯果乐 Pure Premium 橙汁的瓶子大小从 64 盎司降到了 59 盎司。金佰利克拉克推出了一种比原先少了 13%纸张数量的盒装舒洁纸巾，称之为“减张”。公司说最新款的舒洁纸巾在体积上增加了 15%，并且只需较少的纸巾就能解决问题。同样，Cottonelle 不同的厕纸产品也从每卷 176～230 张减少到了每卷 166～216 张。[44]

隐性营销

隐性营销（covert marketing）（又称为**蒙面营销**（masked marketing）和**隐形营销**（stealth marketing））中传递的营销信息和促销材料表面上看是来自独立的团体，实际上是来自市场营销者。有人认为隐性营销策略违反了美国联邦贸易委员会（FTC）关于虚假广告的界定、认可准则和其他相关规定，并相信 FTC 应该设立更加清晰的规章以减少欺骗性广告的出现。[45]另外有人认为隐性营销的广泛使用损害了消费者为避免广告所作的努力，会导致对产品信息的进一步不信任；特别值得关注的是，越来越多的公司正在倡导和设计名副其实的口头沟通。[46]

隐性营销的流行方法包括：

1. 演员伪装成普通消费者或者做调查的研究人士解释产品的优点，并给潜在的消费者检验、体验和使用产品的机会。

2. 买通酒保，让其称赞酒精饮料，并推荐给顾客。

3. 员工在线上如聊天室、博客等伪装成消费者，散播关于产品的积极口碑，甚至提供样品。他们还鼓励人们告诉其他人他们得到的产品小样。

4. 伪装成“紧急”信息或个人感谢信的邮件。

5. 如第 4 章讨论的（消费者知觉），将广告信息插入电视节目中，或者将广告信息伪装成娱乐信息。

产品植入：广告在娱乐中的嵌入

市场营销者越来越多地使用技术来模糊**主角与背景**（figure and ground）之间的区别，使消费者难以从娱乐信息中区分广告（见第 4 章）。例如，针对希望避免电视广告的快速倾向消费者，市场营销者逐渐转向**产品植入**（product replacements），在这种广告中电视节目和广告之间的界限几乎不存在。六瓶装的激浪（Mountain Dew）被颁发给“幸存者”节目中个人挑战赛的获胜者，“美国偶像”节目中的评委手边都有可口可乐。汉堡王新开发的一款产品在进入电视剧《学徒》后迅速热销，该系列的另一集是为多芬清凉保湿沐浴露拍摄广告。另外，一些新闻节目包含了产品植入，娱乐访谈节目中也包含了促销信息。虽然有预测指出，公司会逐渐增加在品牌植入节目中的支出，但一个新成立的消费者权益保护群体（Commercial Alert），在游说立法机构要求广告商提前披露为产品设计的植入广告。

市场营销者还通过使电视广告变得类似于节目故事主线来实现促销与电视节目内容的融合，以致观众常常看了很久后才意识到。因为这是儿童广告中的一个要素，美国联邦贸易委员会严格限制这项技术的使用。现在，电视明星和卡通人物也被禁止用于在儿童节目中促销产品。**软文**（advertorial）是另外一个潜在的关于主角与背景滥用的问题，通常出现在印刷广告上，和编辑问题有点类似。在广电媒体中，**电视购物节目**（infomercials）是指 30 分钟（或者更长）的商业广告，对于普通观众来说有点像纪录片，因此它比明显的商业广告需要更多的细心观察。

许多调查研究了电影中的产品植入对品牌知名度、态度和购买意愿的影响。然而，没有证据表明在电影中植入广告是有效果的。[47]一些研究发现，明显的植入更会被记住，但对消费的影响却很小。然而，有些不显眼的植入尽管不容易被记住，但却对消费有很大影响。因此，如果市场营销人员想继续采用这个战术，就必须设计出既能强烈影响记忆又能影响行为的植入。[48]

虚假广告或误导广告

广告伦理问题集中于所提供信息的准确性和推广信息中产品功效可能产生的误用。就准确性而言，声称“A 品牌最好”的牙膏广告一般被认为是“夸大”广告的可接受形式。因为消费者通常知道所谓“最好”是没有具体标准来衡量的。另一个牙膏广告声称由“美国牙科协会认证”则是客观阐述，因为其中的信息是很好确认的。但是，声称该品牌“与其他品牌相比，提供更好的口腔保护”是可接受的夸大广告还是虚假广告呢？答案由大多数的理性消费者如何反应决定。他们是否相信有一个科学方法来测量口腔保护程度，该品牌的制造者针对市场上所有牙膏品牌进行了科学研究并且研究结论支持了广告中的声明？很明显，确定大多数理性消费者如何对广告作出的反应十分复杂，因此，对“在什么程度上夸大变成欺骗”并没有明确的答案。正如第 7 章所说的，幽默是最受欢迎的广告诉求点。一项研究发现，在 3/4 的幽默广告中都存在欺骗行为，幽默往往被用来掩盖欺骗。[49]

真实广告法（truth-in-advertising laws）保护消费者免受虚假广告伤害。近期，美国联邦贸易委员会制定了**虚假广告**（deceptive advertising）构成要素的指南，使市场营销者担负起鉴定广告中存在的对消费者潜在误导的责任。虽然美国联邦贸易委员会负责阻止虚假广告或误导广告，但这类广告仍然存在。例如，美国联邦贸易委员会的网页上有一个“红旗”按钮提示消费者“误导性瘦身广告无处不在”，同时提醒消费者要小心宣传功效过好的瘦身广告。例如，一些广告声称“无论吃多少都能够大幅减轻体重”，承诺“不需要运动或节食，连续一个月平均每周减肥两磅以上”。[50]美国联邦贸易委员会鼓励消费者投诉并调查被投诉虚假广告的企业，但是仍建议消费者将瘦身产品广告当作无法完全阻止误导广告的例子。美国联邦贸易委员会还有权要求误导消费者的公司制作**更正广告**（corrective advertising）。例如，多年前李施德林被要求更正产品能够预防感冒的声明。一项研究指出，更正广告有时会导致消费者对该公司其他产品或其他无关市场营销者销售类似产品的不信任，更正信息可能并不能达到预定目标。[51]

除了美国联邦贸易委员会，美国全国广告审查理事会（NARC）也是处理来自企业和消费者关于广告真实性投诉的自我规范组织，经常决定广告能宣称和不能宣称的内容。例如，NARC 判定高露洁-棕榄宣称的 Oxy-Plus 系列产品比宝洁的 Ultra Dawn“更快去除牙垢”是有证据支持的，但是认为葛兰素史克宣称的 Super PoliGrip“永远保持最强劲状态”是没有依据的，后者最终撤销了这条广告。NARC 还以“化疗并不适合每一个人”支持对宣传癌症治疗的挑战。[52]在某些情况下，实力强大的公司能够劝说媒体停止播放它们认为具有欺骗性的广告。例如，安海斯-布希公司劝说美国广播公司（ABC）、哥伦比亚广播公司（CBS）和美国全国广播公司（NBC）停止播放米勒啤酒公司制作的描述消费者比较啤酒后说米勒啤酒公司制作的有更多风味的广告，这个比较很明显是虚假的。[53]表 15—2 给出了欺骗的或虚假的促销声明的例子。[54]

表 15—2　　欺骗的或虚假的促销声明

产品	问题	描述
达能酸奶（Dannon Yogurt）	对健康有益的声明	为了满足消费者对产品中所含活性菌的需求，达能在对益生菌饮料——Activia and DanAcitive 的广告中声明细菌可以预防感冒以及减轻消化问题。FTC 强制达能撤销该广告，因为它不能声明其产品可以减轻消化问题，除非同时提出必须每天食用三份才能达到这样的效果。FTC 允许达能声明 Activa 帮助调节消化系统，DanActive 有益于免疫系统。
雀巢（Nestlé）	对健康有益的声明	FTC 停掉了雀巢的广告，因为它声明它的 Boost Kids Essential 饮料能够帮助孩子避免感冒，减少缺课。
Pom Wonderful	对健康有益的声明	市场营销者称这款昂贵的石榴汁可以降低患心脏病、前列腺癌和阳痿的风险。FTC 控诉市场营销者制造虚假以及未被证实的声明。
宝洁奈奎尔（Nyquil）	被禁的产品属性	宝洁曾打算在它的 Vicks 感冒方案中加入维生素 C，FDA 不允许在药品中加入营养保健品，因为这会使消费者觉得这些药是被 FDA 评估过且被批准的。
思凯捷塑身鞋（Skechers Toning Shoes）	虚假声明	公司声称它的鞋子可以帮助消费者塑造肌肉、减肥。一个广告语称：“不踏进操场半步即可塑形。”该公司被 FTC 罚款 5 000 万美元。
Ab Circle Pro	虚假声明	Ab Circle Pro 制作的一群人在圆盘上来回摆动的广告中声明每天 3 分钟的锻炼等于 100 个仰卧起坐，并且可以让消费者在 2 周内减掉 10 磅。FTC 要求公司给消费者退款。

续前表

产品	问题	描述
兰蔻	可疑声明	欧莱雅集团的兰蔻声称它的一款产品可以“活跃基因并产生年轻蛋白质”。这意味着产品可以影响人体运作的方式，然而这个标准是用来分类新药品的，而非化妆品。FDA 斥责了该公司。
推特	充分披露	FTC 说推特广告应该充分披露，就像电视和印刷广告。例如，广告应该包含减肥奶昔的平均效果或者标出为推销产品而支付给名人的钱。在推特上为这种文本腾出 140 字的空间不太现实，但是可以考虑其他实现完全披露的方式。

资料来源：Amy Schatz and Ilan Brat，“Dannon Settles Complaints Over Yogurt Ads，” December 16，2010 online. wsj. com；Edward Eyatt，“Regulators Call Health Claims in Pomjuice Ads Decptive，” nytimes. com September 27，2010；Associated Press，“FDA Warns P & G for Adding Viamin C to Nyquil，” nytimes. com October 14，2009；Brent Kendall，“Sketvhers Settles With FTC Over Deceptive-Advertising of Toning Shoes，” online. wsj. com May 16，2012；Anemona Hartocollis，“Dispute Over City's Ads Against Sodas，” nytimes. com October 28，2010.

很明显，药品营销中出现了很多违反规定的促销行为。一项研究发现了三个主要的违反类型[55]：

1. 未证实的效果声明：表明药品的效果比已有证据显示的更好；显示药品的适用范围比已有研究证据表明的更广。

2. 省略的风险信息：只说明如何正确使用药品而未揭示风险；未展示副作用信息；以含糊的语言陈述风险。

3. 未证实的优势声明：尽管没有证据支持，仍显示自己的药品比其他的更有效、更安全。

什么是“欺骗性的”？

通常很难确定“误导”广告或“欺骗”广告的构成。例如，珠宝销售商斯特林（Sterling）采取法律措施阻止了它的竞争者扎莱（Zale）在广告中宣扬自己的产品线是“世界上最灿烂的钻石”。广告可以包括主观的陈述，如“我们的酒是红酒之中口味最独特的”。然而，斯特林声称钻石的璀璨可以被系统、可靠且科学地测量，因此“最灿烂的钻石”这个说法不是主观的声明。法庭是支持扎莱的，因为没有客观的标准测量钻石的“切工”或“璀璨度”。其他有关珠宝的完全合法的主观声明有：“被证实的视觉上最亮的第一颗钻石”以及“拥有世界上最完美切工的钻石”。[56]纽约卫生部门开展了一项关于“一天一罐苏打水，一年之后胖十磅”的媒体运动。尽管很少有人认为苏打水是有营养的，大量证据表明肥胖症的上升和消费含糖饮料之间有很强的相关关系，一些健康专家质疑直接将消费含糖饮料和体重的增加联系在一起的科学效度，因为有很多不同的原因会导致体重的增加。[57] Organix 是一家生产头发护理产品的制造商。尽管公司从来没有声明过它的产品是有机的，仍有批评者认为它的名字是误导的。此外，当 Organix 的母公司 Vogue 开始销售产品的时候，潜在消费者表现出了对 Organix 品牌的疑虑。[58]

15.4　煽动性营销

很遗憾的是，太多的营销信息传达了不良的社会刻板印象和形象。几年前，美国制造业的代表——G. I. Joe公司的市场营销者引进了一款肌肉更加强壮的玩偶，随后便因支持青少年使用健美药物而遭到指责。类似地，芭比娃娃——一款越来越瘦、胸部更加丰满的玩偶——的制造者则因为向年幼的女孩子传递不现实的身体形象而被指责。有些引发争议的广告的出发点可能是好的。例如，纽约市的一家非营利组织为了提高公众对儿童失眠、焦虑、饮食疾病等的关注进行了一系列广告推广活动。广告以“敲诈信”为主题，说明了这些疾病是如何掌控儿童的。虽然许多人同意就推广目标而言，这次活动十分有效，但受到这些疾病困扰的部分家长和儿童认为广告过于煽情，因此推广活动并没有进行下去。社交媒体如推特和脸书的流行使得人们对煽动性广告的抱怨更容易发生病毒性传播，许多市场营销者会在超级碗比赛开始之前测试观众对他们植入到超级碗比赛中的商业广告的反应。一家专门从事**神经营销学**（neuro-marketing，研究广告对人脑活动的影响）的调研公司和多个超级碗广告商进行了合作。公司通过在焦点小组参与者的头上绑电极来观察不同的大脑部位对商业广告的反应。虽然一些专家质疑该调研的效度，但仍有越来越多的市场营销者开始使用这个技术。[59]

为说明有的广告会无意中引发不良行为，新泽西州的一位教授向他的学生们展示了杂志上的一则以有着黄色出租车、行人和建筑物的纽约城为背景的一个健壮、微笑的年轻男性的广告。广告中大红色的标题写着“一天只需一次！”（Just once a day!），为避免看出实际的宣传产品，广告中其他元素都被遮住了。当教授让他的学生猜测广告推广的是哪类产品时，大家的共识是这是某类药物广告，也许是某种维生素。事实上，广告宣传的是用于艾滋病阳性患者治疗的某种药物。由于视觉图像十分具有说服力，广告中健康的年轻男性形象和大红色的字“一天只需一次！”难道不会向年轻人传递艾滋病阳性是一个能够非常容易处理的情况，人们能够在无防护措施的情况下进行性行为这种信息吗？虽然该广告的确会产生这种错误感知，但市场营销者能做的却很少。很明显，在用来控制严重疾病的药物广告中使用不健康的形象是没有效果的。FDA已经提醒艾滋病药物市场营销者，在广告中使用健康形象的模特可能会传达药品能够恢复或保持健康的信息，从而暗中鼓励了不安全的性行为。

有许多研究关注广告中所使用的事物。例如，一项关于儿童电视广告的研究认为相对于白人来说，其他种族多样性代表不足，应增加儿童广告中的种族多样性。这是一个很重要的建议，因为伴随着儿童收看电视逐渐增加，广告中种族形象会影响到他们对于社会种族问题的观点。[60]一项关于冒犯消费者的促销元素的研究发现，对儿童而言不合适的图像和语言引发了最多的消费者投诉，其次是脏话。研究还发现相对于产品、服务和广告概念，消费者对广告主题更加敏感。同时，消费者认为植入式媒体广告较其他媒体广告更具侵犯性。[61]表15—3涵盖了煽动性广告的例子。[62]

表15—3　煽动性营销的例子

产品	违反行为	描述
Blast by Colt 45	吸引未成年饮酒者	Blast by Colt 45——一种水果口味的软饮料——由说唱歌手史诺普·道格（Snoop Dogg）代言，他还在他的一首歌中提到过这个品牌。甜味的酒精饮料有时还称作“训练轮上的鸡尾酒”，年轻饮者则称之为“波普饮料”。
Four Loko	伪装成“能量饮料”的致命组合	该公司向大学生销售混合了12%的酒精和咖啡因的果汁口味的麦芽饮料。一些饮酒者最终被送到医院就医。鉴于FDA的追究，该公司去除了产品中的咖啡因。

续前表

产品	违反行为	描述
阿迪达斯	在两个国家以不同的价格销售相同的产品	阿迪达斯销售的新西兰橄榄球队的球服以不到新西兰一半价格的价位在美国的网上进行销售。
妮维雅护肤品	卑劣的广告	有一则广告描述了一个黑人拎着一颗头发蓬松且留着胡须的断头。广告的标语是："重新教化自己。"
高朋（Groupon）	非敏感广告	它的一则广告调笑了濒临灭绝的物种。
Wodka伏特加	广告中消极的丑化	Wodka——在纽约布鲁克林销售的廉价伏特加——在一则广告中称："圣诞节的质量，光明节的价格"，广告中还有一只戴着圆顶帽的狗以及一只戴着圣诞老人帽子的狗。另外一则广告宣称："护卫者的质量，妓女的价格。"
贝纳通	有创意但令人反感	以颇具创意且高度清晰的广告而闻名的贝纳通提出了一个"UNHATE"广告活动，广告中描绘了世界上一些领导人亲吻他们反对的其他领导人人，以如奥巴马总统亲吻委内瑞拉领导人，以色列的总理亲吻巴勒斯坦的领导人。

资料来源：WSJ Staff，"Oh，Benetton. You and Your Controversial Ad Campaigns，" online. wsj. com November 16，2011；Jonathan Hutchinson，"The Price of a Jersey Sets Rugby Fans Against Adidas，" NYTIMES. com August 24，2011；Andrew Newman，"A Line of Brews Draws a Star Endorser，" nytimes. com April 17，2011；Abby Goodnough，"Caffeine and Alcohol Drink Is Potent Mix for Young，" nytimes. com October 26，2010；Sarah Nir，"Nivea Pulls Ads After Online Outcry，" nytimes. com August 12，2011.

市场营销者不断赞助一些（或者很多）消费者认为含有令人反感的、错误的价值观或行为的广告使得公共审查的重要性不容忽视。例如，在一届超级碗比赛的转播中，许多广告有低级趣味的内容，这遭到了许多人的批评（在半场休息时，一位女表演者的"更衣室事件"被放大）。结果，在下一届超级碗比赛的转播中，广告商在制作广告时更倾向于传统和主流。这并不是一件容易的事情，因为超级碗的广告一直被认为充满创造性和独特性，是美国广播业中最经得起分析的广告。[63]近年来，市场营销者开始提前在不同的公众群中对超级碗广告进行测试，并对任何有可能引起争议的元素进行修改。

15.5　滥用消费者的隐私

随着市场营销者通过先进的媒体和复杂的跟踪技术识别越来越小的受众群体，消费者隐私的泄露成为一个日益严重的伦理问题。这种信息的收集和散播带来了很多隐私问题，不同的政府部门也提出了确保消费者隐私的措施。例如，一些参议员提出了商业广告隐私法案，但是议案没能够说服企业提供有关消费者的数据，尽管企业很容易做到。[64]

一些零售商开始测试通过跟随消费者智能手机的Wi-Fi信号来追踪消费者行踪的新技术。零售商收集了店内消费者行为的数据，并使用视频监控、手机信号以及应用程序来判断消费者的性别，它们在糖果廊道花了多长时间以及购买之前用了多久查看商品。零售商还可以识别回头客，因为移动设备搜寻网络的时候会发送独特的识别码。当顾客发现自己被追踪的时候，他们会抱怨并且感觉在监视下购物时“走的步子很大”，“很怪异”。[65]

电子比分（e-score）是能够评估消费者的购买力和价值的数字估算。然而，这些分数基本上是不向大众公开的。得益于谷歌分析，美国社会的数字排名与电子比分出现之前的结果相比都不太一样。然而，不像个人信用报告，消费者无法得知自己的电子比分是多少。[66]

美国联邦贸易委员会推出了一个与“勿打扰电话”注册类似的“勿追踪”机制。它还提出了用来约束数据经纪人的法律，这些经纪人编写了大量的来自线上线下几百万消费者的个人数据和金融数据，并以此进行交易。该法律的实行将会使得消费者有权接触与自己有关的信息，且可以修改或更新这些数据。另外一个提案是让消费者选择是否希望自己浏览网页和购物的习惯被监控。[67]数字广告联盟——一群数字广告交易组织——在它的横幅广告右上角设计了一个绿松石三角。AdChoices 图标允许用户点击绿松石三角来选择是否允许自己的线上行为被追踪。该组织的网站收到了 10 万多个关于图标的问询。面对国会呼吁对移动和数字隐私进行管制的法案，以及越来越多对儿童广告的限制，该组织还开展了一个有关绿松石三角的消费者教育运动。[68]

在网上，市场营销者能够较消费者认识或者允许的程度更为精确地掌握追踪消费者信息。例如，脸书有一个名为“信标”的程序。这个程序能够监测使用者的去向并向他的朋友发送检测到的他购买的物品和阅览网页的提示。在公众的强烈抗议后，脸书加入了允许使用者自愿退出的程序。[69]最近，在全球拥有 500 万用户的脸书相继出台了一系列控制方案以帮助人们了解自己在网上分享的内容、分享的对象，并简化了它的退出系统。[70]根本上来说，一些较新版本的浏览器带有自动启用的“勿追踪我”选项。在安装过程中，定制化菜单上会出现一个提醒让消费者选择保持默认设定的“勿追踪”选项还是将其关闭。[71]Adlock 是一个软件的名称，它允许消费者在上网过程中阻止一些广告的出现，但是不会错过那些他们想看的广告。[72]阿姆斯特丹隐私发布会上的一项调查发现，大部分参与调查的美国人都不希望自己浏览网页过程中的任何信息被收集，而且他们不觉得网络广告有用。将近 90%的人说他们从来没有听说过美国联邦贸易委员会出台的“勿追踪”机制的提案，该提案允许用户选择不把自己的个人信息提供给特定的广告。[73]

必须要指出的是，“勿追踪”机制的流行威胁到了易货制度，即消费者允许网站和第三方广告网络收集他们的网上活动信息，以此来交换对地图、邮箱、游戏、音乐、社交网络及其他网上应用的公开访问权。市场营销者一直努力保持着这项制度，因为收集消费者数据可以增强针对消费者偏好的广告的有效性。另一方面，较小的网站可以利用定制广告而繁荣发展，并提供丰富的广告内容。产业群互动广告局总理事会称，消除相关广告会降低网络的多样化、弱化网络经济的成功，并明显降低网络的趣味性。[74]此外，尽管消费者在网上失去了很多隐私，但这并不是常态。在使用“第一方”行为广告的网站上，收集消费者信息的网站是为了在自己的网站上播出有针对性的广告，而不会把任何信息分享给第三方。而**语境广告**（contextual advertising）则很少涉及或者没有任何数据存储，它主要根据消费者浏览的网页或者所做的搜索查询而形成有针对性的广告。

发现并了解网站的隐私政策是不容易的。因为网站发布者如何收集并使用数据向访客展示广告的信息深深隐藏在充满法律术语的隐私政策里。PrivacyChoice 是一家分析并索引了上百个网站的隐私政策数据的公司，根据网站如何收集并使用个人数据，它开发了一个从0到100的网站排名的量表。网站和用户可以很容易地比较不同网站的隐私措施，并根据他们自己的数据作出更明智的决策。这个工具还可能会使网站和追踪公司加大对隐私措施的保护。[75]

上百万智能手机上安装的不知名软件引起了越来越多的关于从移动设备上收集何种数据、数据流往何处以及数据用途的质疑。Carrier IQ公司的数据包收集了安装有谷歌公司安卓操作系统的智能手机持有者的数据。由于软件对消费者来说是不可见的，它可以收集消费者按动按钮的行为以及有关短信内容的个人数据。然而，谷歌声明它并不依赖于Carrier IQ。[76]

就算没有专门软件，手机也会泄露隐私。市场营销者不仅可以了解你是谁（例如，你的个性特征）和你的购买经历，同时也能够了解你在任意给定时间的位置，因为你的手机、移动电子邮件收发设备、车载GPS和运动手表都充当了监控你移动的“电子手镯”。如果你拥有带漫游功能的手机，当你出国旅游时，在你到达目的地的一瞬间，你的手机会向你发送一条含有目的地信息以及针对旅行者的附加服务的欢迎信息。很明显，在不久的将来，当你驾驶着装有GPS和收音机的汽车时，你所听到的商业信息也许会提醒你，距此处两个出口处有家麦当劳；另外一个在不同位置但收听相同广播电台的司机会听到不同的广告。在几个大城市，广告商正尝试在出租车上安装GPS和广告板来提供即时更新的广告信息；这种变动广告根据出租车经过的地方所处的商业环境而改变（有的出租车内部屏幕也有广告）。

在未来恐怖系列电影《2054》中，男主角经过了美国运通卡的广告板，在扫描了他的视网膜后，广告板变成了一幅全息图（假设只有他可见），上面有他的照片和个人信息并强迫他使用这张卡片。然后他进入了一家Gap店，有人叫他的名字向他打招呼，询问他对前一次购买的感觉，并基于前一次的购买向他推荐相应的产品。新形式的优惠券可以从网上打印或者发送到手机上，其中包含了使用者的信息，顾客可以拿着该优惠券到购物中心。优惠券看起来有一致的标准，但是优惠券上的条形码经常包含着消费者的鉴别信息、他的网址、脸书网页信息，甚至是顾客寻找优惠券时首先输入的搜索条目。在购物中心，如果一位男士走进Filene's Basement商店买一件婚礼礼服，并出示他在网上取得的优惠券，该公司的营销部门在该客户购买之前就可以知道他当时搜索的条目是“Hugo Boss西装”还是“打折的婚礼服装”。在一些情况下，优惠券不仅可以追踪一名匿名的购物者，还可以追踪一个明确身份的人：零售商能够知道艾米·史密斯（Amy Smith）在周五下午1：30搜索了Ebates.com上的家电折扣之后打印了一张15%折扣的优惠券，并且在当天下午就可以到店里兑现。[77]

总之，专家指出，由于消费者每天向互联网传送大量的信息流，没有普适的法律保护人们的网上隐私是令人难以置信的。当人们在网上冲浪的时候，公司就可以收集数据，将数据组合成详细的文件，然后未经许可就把数据卖给广告商或者其他人。由于没有统一的国际法处理违反网络隐私的行为，也没有专门的管理人员监控侵犯消费者网络隐私权的潜在行为，因此，对于政府的规章或自愿的措施是否能够减轻这种担忧还未达成一致意见。[78]

15.6　推广社会事业

包括消费者权益保护组织在内的众多非营利组织所建立的首要目标是推动社会公

益行为，例如慈善捐赠，能源合理利用和减少诸如吸毒、歧视、酒驾这样的消极行为。为了与社会营销观念相适应，许多企业尝试通过成为“良好企业公民”增加企业信用，将社会所倡导的行为融入日常运营中。例如，迪士尼决定在迪士尼出品的电影中将不会出现任何吸烟形象。[79]一项研究指出，社会营销项目能够极大地促使消费者对赞助公司产生积极态度。[80]另外一项研究发现，消费者对赞助公司和公益事业之间牢固的感知匹配能够增强消费者参与公益事业和购买意愿的涉入度。[81]

倡导有益的行为，摒弃有害的行为

许多非营利组织的首要目标是推广社会公益行为，阻止产生消极结果的行为。例如，广告协会（The Advertising Council）——成立于第二次世界大战期间，致力于通过广告推广社会公益事业的团体——近期进行了阻止对个人性倾向使用贬损语言的社会推广活动。这次推广活动的标题是“三思而后说”，它的目标是减少青少年中男同性恋、女同性恋、双性恋和变性人所受到的骚扰和欺凌（见图 15—4）。[82]伴随着青少年群体中“电子骚扰”的增加，广告协会进行了名为“这并不酷”的推广活动，提醒年轻成年人过度的不受欢迎的短信会很快变成非法跟踪。[83]另外，克里斯托弗·里夫基金会（Christopher Reeve Foundation）是一家致力于为脊髓受损的人筹集资金进行治疗、寻找治疗方法的非营利组织；最近这家组织发起了口号为“今天的关心，明天的治愈”的广告推广活动。[84]

图 15—4 使用贬损语言：“三思而后说”

资料来源：Courtesy of GLSEN, the Gay, Lesbian & Straight Network and the Ad Council's “Think Before You Speak” campaign.

有时候甚至政府也会尝试促进它们认为适当的公众行为。例如，很多电视剧和电影都在美国的大街上进行拍摄，对于由于拍摄带来的对街道和人行道的关闭、堵塞，有些忙碌的纽约市民变得越来越恼怒。市长办公室进行了一项请求纽约市民勉为其难以主人翁态度对待电影班组成员的推广活动，广告以在电影工业中的纽约人为主体，强调了电影产业的强大为纽约市带来的重大经济利益。[85]

过去几年内，最不被提倡的有害行为之一是驾驶的时候发短信或使用手机。手机运营商一直在研发一种能够让手机在移动的车中不再运作的技术。[86]很多非营利组织、公司和当地政府都一直反对这个高危且经常致命的手机使用行为，相关广告如图 15—5 所示。

有价值的社会事业的数量一直在增加。表 15—4 包含了一系列不太知名的社会公益事业的近期推广活动。

图 15—5　驾驶时禁止发短信

资料来源：Ad Council.

表 15—4　推广对社会有价值的事业

组织	事业	运动的描述
演员乔·潘托里亚诺（Joe Pantoliano）	对精神疾病的认识	建立基金会，并通过销售他导演的纪录片 DVD 筹款和筹集个人出场费。
得克萨斯中部血液中心	献血	幽默地宣传献血的善举可以抵消每天的恶行。
纳什维尔联合卫理公会	消除疟疾	“人们团结起来对抗一个不必要的杀手。”
保持加州（非营利组织）	保持加州海滩的清洁	以幽默的方式拍摄了 20 世纪 60 年代曾拍摄“沙滩毯”电影的海滩，该商业广告讽刺了电影中的年轻人。
广告委员会	鼓励父母和孩子一起阅读	“今天读给你的孩子听，激励对阅读的终身喜爱。”运动以一个出现在一系列儿童图书中的标志性猴子形象——好奇的乔治（Curious George）为主要特征。
美国心脏协会	只需用手的心脏复苏术	电视广告中的一个“交响乐手”主题。该运动的网站不仅允许用户自己创造交响乐手，还为智能手机用户提供心脏复苏术的应用工具。
广告委员会	父辈更多地参与到孩子的生活中	针对印度裔、亚裔和西班牙裔的标语是“每天花点时间当爸爸”。研究发现那些“缺少父亲陪伴”的孩子在学校表现较差，并且自尊水平很低。

善因营销

有些公司参加了**善因营销**（cause-related marketing）；采取这种营销策略的公司会把某种产品获得利润的一部分抽出来捐献给对社会有益的以及被美国公众支持的事业。时尚服装设计师阿玛尼（Armani）和拉尔夫·劳伦（Ralph Lauren）将他们的部分销售收入捐赠给艾滋病研究和其他慈善活动。为了提醒 10 月份是全美乳腺癌宣传月，许多美容化妆品公司将部分“粉丝带”产品的销售收入捐赠给乳腺癌福利机构。几年前，亚洲东南部海啸之后，一些设计师销售海啸—救济 T 恤；许多其他设计师鼓励消费者为他们建立的帮助海啸遇难者的基金捐款，他们甚至在自己的网页上给出了链接。公司赞助的其他种类的特殊事件还包括路演、烟花燃放、游行、激光表演、街头艺人表演等。

这些赞助向消费者传递的信息本质是："我们是一家伟大的（仁善的、本质良好的、具有社会责任的）公司，我们值得您投资。"一项研究揭示了被赞助项目与企业定位战略相吻合的重要性，低的吻合度会损害企业形象。[87]另一项研究中，含有公益性活动信息的广告更能引起消费者的积极反应。[88]然而，还有一项研究表示在相关的消费者中，带有公益信息的广告效果更好。[89]

消费者伦理

实施伦理战略的市场营销者主要是出于"做正确的事"以提高顾客心目中的形象，减少审查，减少政府规范可能的目的。一项研究关注了消费者对于面临剥削第三世界、动物实验、破坏环境和回收问题的公司的看法和感知。研究人员开发了一套用来测量消费者对存在商业伦理问题、但采取了正确伦理战略的公司的看法的量表。量表包括了个人、社会、金钱各个方面的伦理观点以及这么做的积极和消极影响（见表 15—5）。[90]

表 15—5　　测量人们关于营销伦理意识和忧虑的量表

回答者使用了一个从"强烈同意"到"强烈反对"的 7 分量表。

个人正面
我的朋友都很关心这个问题。
和我关系密切的人将因为我关心这个问题而尊敬我。
这是我喜欢关心的问题。
如果采取一些行动反对存在这个问题的公司，我会对自己感觉更良好。
社会正面
如果人们支持能够解决这个问题的产品，长期来看会对每一个人都有利。
如果人们从致力于这个问题的公司购买产品将会有帮助。
将侵犯这个问题的产品去除，社会将会受益。
如果人们意识到哪个公司对这个问题有更高的伦理标准，人们将会作出更公平的选择。
个人负面
仅仅从不侵犯这个问题的公司购买产品会非常麻烦。
惩罚忽略这个问题的公司并不是我的责任。
如果仅仅从支持这个问题的产品中选择的话将会丧失购物的乐趣。
如果仅仅从支持这个问题的产品中选择的话会使购物不便。
社会负面
人们如果被强迫关注这个问题将会很烦恼。
现今人太忙了以至于没有时间考虑这个问题。
人们可能会想试图在这个问题上影响大公司是浪费时间。
考虑这个问题会使购物不太方便。
钱的问题
在购物的时候考虑这个问题没有使我花更多的钱（分析的项目发生逆转）。
在购物的时候考虑这个问题使我花得更多。

资料来源：With kind permission from Springer Science+Business Media："Motivations of the Ethical Consumer"，*Journal of Business Ethics*，79（2008）：Oliver M. Freedstone and Peter J. McGoldrick.

消费者伦理的另一个方面是购买者在市场中的不诚实行为。例如，鉴于部分消费者购买产品、使用产品然后退还产品获得退款的行为，许多超市开始收取退货费，严格退货制度，追踪不正常的退货行为（有些商店遇到过窃贼试图退还偷盗产品的情况）。另外，数码世界的软件盗版行为也是问题。一项关注减少消费者盗版行为的研究发现，增加被抓到的可能性并不能减少盗版行为，反而会增加盗版程度。这项研究还发现如果网站提供附加价值，例如珍贵的记录、可供下载的铃声和视频等，消费者会更愿意为软件支付费用，而不是使用盗版。[91]

航空公司在不经意间鼓励了很多形式的“创新”——可能是不道德的消费者行为。例如，为了避免托运行李费，一些乘客会在随身携带的包里面放真空密封袋。当用抽气机把里面的空气吸出来的时候，这种袋子会缩成一个小型密封袋，使得乘客能够在随身携带的包里放置比一般情况下更多的东西。其他人则会购买特殊的风衣、背心以及其他有很大内置口袋的服装，从而可以携带类似于从衬衫到 iPad 等物品。当航班因天气原因被取消的时候，一些乘客会和朋友一起向航空公司出示已预订的昂贵酒店的账单表达不满。丢了行李的乘客会说包里面有皮草、电脑以及女装等。一些托运轮椅或者电动滑板车的乘客会抱怨他们放在货舱里的设备在飞行的过程中发生了破损。[92]

小结

有时营销观念与社会幸福和社会最大利益相违背。社会营销观念要求所有的市场营销者遵守产品和服务营销过程中的社会责任原则。由于公司的繁荣与社会的繁荣是息息相关的，公司应该将社会责任纳入营销决策之中。采用社会营销观念的主要阻碍是大多数商业管理者在追逐市场份额和企业利润增长过程中的短期倾向。

对消费者行为的研究有助于市场营销者理解消费者作出购买决策的原因和方式，同时也使得不道德的市场营销者有机会在市场中利用人类的脆弱性，以及采取其他不道德的营销实践。这样的实践主要涉及弱势的消费者，如儿童、青少年、老年人以及教育水平低的消费者，这些人可能没有评价促销的产品或服务、产品使用的潜在负面后果的知识或经历。

市场营销者能够通过刺激呈现的情境来操控消费者对营销刺激的解释。隐性营销包括传递的营销信息和促销材料，这些表面上看是来自独立的团体，实际上是来自市场营销者。有人认为隐性营销策略违反了 FTC 关于虚假广告的界定、认可准则和其他相关规定，并相信 FTC 应该设立更加清晰的规章减少欺骗广告的出现。FTC 推出了关于欺骗性广告构成的指导方针，市场营销者对广告是否潜在地误导了消费者负有责任。尽管 FTC 有责任停止虚假的或者误导性广告，并且该机构鼓励和调查消费者对公司虚假或误导性广告提出的抱怨，但它并不能找出并停掉所有的误导性广告。FTC 还有权要求误导消费者的公司更正误导性的广告。

太多的营销信息传达了不良的社会刻板印象和形象，其中，有些是鼓励冒险的或非法的行为或创造不真实的感知。很多研究关注广告中对客观主题的使用，并发现对于特定人群或者物品的消极描述会影响消费者的感知。

伴随着市场营销者通过先进的媒体和复杂的跟踪技术识别越来越细分的受众群体，消费者隐私的泄露成为一个日益严重的伦理问题。这种信息的收集和散播带来了很多隐私问题，不同的政府部门提出了许多保护消费者隐私的措施。“勿追踪”和退出机制、对数据经纪人和信息获取者的制约以及保证消费者有更多的信息权，这些都是对通过网络、手机和优惠券进行隐性追踪的有效措施。

许多非营利组织，包括消费者权益保障团体存在的主要目的是推广对社会有益的行为，许多公司通过成为“好的企业公民”来增加消费者对它们的信任度，并且将对社会有益的实践融入公司的运营之中。有些公司采取了善因营销，它们把从某种产品中获得利润的一部分抽出来捐献给对社会有益的以及被美国公众支持的事业。公司和公益事业之间的良好关系对公益运动的效果至关重要。

复习与讨论题

1. 有人认为瞄准任何有意愿并有能力购买产品的消费者群体就是好的营销。例如，向儿童宣传过甜和令人发胖的糖果是完全没问题的，因为儿童喜欢吃糖果，当家长为儿童购买糖果时，儿童和家长的需求均得到了满足。你对这个观点的看法是什么？

2. 一家软饮料公司向低收入地区的青春期前儿童派发手机。手机会定时接收到该饮料广告。面对指责，公司说这些弱势儿童拥有手机的好处（例如，安全）超过了任何“探索性的目标市场选择”的考虑。你同意这家公司的说法吗？为什么？

3. 当消费者可以使用复杂的“时间转移”装置来避免广告信息时，市场营销者不断增加植入广告（也称为品牌植入）。在你看来，这是不是一个明智的选择？解释你的观点。

4. 是否应该直接向消费者宣传处方药？为什么？

5. 为什么研究消费者伦理很重要？

6. 被公司掌控的在线消费者隐私的含义是什么？

实务练习

1. 寻找并在课堂上讨论包含下列信息的广告：

   a. 对儿童的剥削型目标市场选择；
   b. 过度激进营销广告；
   c. 直面消费者的药物广告；
   d. 善因营销；
   e. 非营利组织的社会营销；
   f. 营利性组织的社会营销；
   g. 社会不良表现。

2. 在网上寻找三个嵌套在娱乐内容中的广告案例，并进行讨论。

3. 整理你认为不道德的消费者行为。解释你认为每种行为之所以错误的原因。另外，对于每种行为，讨论消费者用来说服自己的可能理由。

4. 访问 www.caru.org 的更新部分。选择三篇新闻稿（本章讨论过的除外），说明它们是如何描述利用学习和知觉理论定位儿童市场这种不道德行为的（见第4章和第5章）。

关键术语

软文（advertorial）
善因营销（cause-related marketing）
消费者社会化（consumer socialization）
语境广告（contextual advertising）
更正广告（corrective advertising）
隐性营销，蒙面营销，隐形营销（covert, masked or stealth marketing）
欺骗广告（deceptive advertising）
电子比分（e-score）
主角与背景（figure and ground）
电视购物节目（infomercials）
最小可察觉差（JND）
营销伦理（marketing ethics）
神经营销学（neuromarketing）
产品植入（product placements）
社会营销观念（societal marketing concept）
真实广告法（truth-in-advertising laws）

第16章 消费者研究

学习目标

1. 理解如何制定研究目标。
2. 理解如何收集二手资料。
3. 理解定性研究和定量研究。
4. 理解如何将定性研究和定量研究进行结合。
5. 理解如何分析数据和汇报研究结论。

引 例

迪士尼的灰姑娘是闻名世界的人物角色之一。正如其他公司一样，迪士尼公司需要新的创意和配套商品来开拓市场，特别是在迪士尼公司不再只通过电影和主题公园，而开始利用多媒体向儿童传播其内容的背景下。此外，灰姑娘的故事元素起源于古希腊，已经无法充分地符合现实。因此，一支由儿童心理学家、社会学家和故事专家组成的团队花费五年时间创造出了一个崭新的皇室女孩角色：小公主索菲亚（Sofia the First）。

索菲亚这个角色是经过多年研究的产物，包括访谈、观察儿童玩玩具的行为、与父母探讨角色模型、测试新公主出现在生活中这样的故事主线等。这些努力都可以归类为**消费者研究**（consumer research），即用于研究消费者行为的过程和工具（参见图16—1）。当研究有所推进后，迪士尼公司公布了研究结果，现在2～5岁的儿童期待出现一个在很多方面都与灰姑娘大相径庭的现代公主角色。为了避免成为那种等待王子来拯救自己模式下的女孩，索菲亚不能再是一个寻找男人的年轻女子。恶毒继母也不能出现在故事中。索菲亚是未婚鞋匠米兰达（Miranda）的女儿，住在Enchancia王国的一个小村庄里。米兰达与Enchancia王国国王罗兰德（Roland）一见钟情并结为夫妻。索菲亚被迫去适应皇家生活方式，以及面对新学校和两个新姐姐。

在开发团队编写草稿之前，开发团队在学前班儿童群体中测试了故事主线。在检验一个故事情节时，研究人员发现孩子们不理解“睡衣派对”的含义，于是他们马上将此集名字更换为“在朋友家过夜”。当孩子们在听故事时，研究人员会对孩子们进行录像和记录以备随后研究之用。节目制作人将索菲亚设计成一个单身母亲的孩子，原因在于这样的设计可以帮助孩子们更好地理解索菲亚遇到的生活新变化。此外，编写者们引入了多文化的家庭互动：虽然米兰达不是Enchancia王国的原住民，但她嫁给了国王。不过，索菲亚仍然是一位迪士尼公主。她漂亮美丽，穿着礼服住在城堡里，甚至在第一集就得到了前来造访她的灰姑娘的建议。[1]

本章从回顾探索性研究和二手资料入手，对**初始研究**（primary research）进行定义，即为现有研究收集信息，设计特别的新研究。关于消费者行为的初始研究分为两类：**定性研究**（qualitative research），包括焦点小组、深度访谈和投射技术；**定量研究**（quantitative research），包括观察性研究、实验法和调查研究。

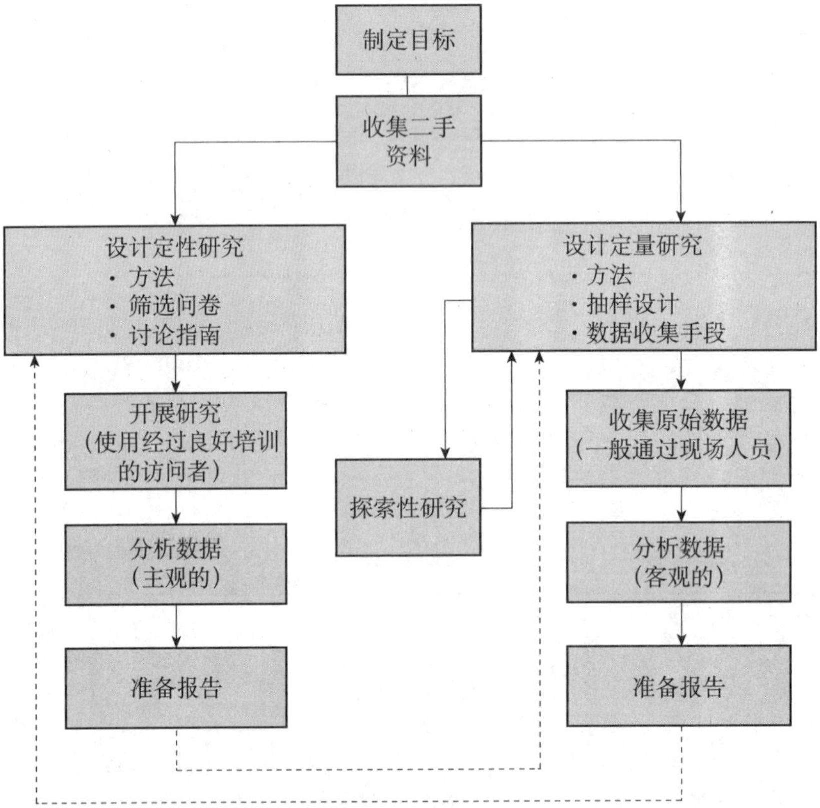

图16—1 消费者研究过程

16.1 制定研究目标

认真制定研究的目标是消费者研究的第一步也是最困难的一步。是为了细分高清电视机市场？还是为了弄明白消费者对于在线购物的态度？抑或是弄清楚网购食品的家庭比例？无论研究的关键问题是什么，在这些初期的研究目的与目标上达成一致，对于营销经理与研究者来说都很重要，这可以确保研究设计的合适性。如果没有这种认识，核心研究问题是否已在信息需求者与获得信息的研究人员之间进行了有效沟通是值得商榷的。一份经过充分思考的目标陈述书可有助于定义所需的信息的类型与水平。

如果一个研究的目的在于提出针对产品或促销活动的新观点，那一般会采用定性研究。定性研究包括焦点小组或一对一深度访谈。例如，如果研究目的是致力于弄清楚有多少消费者符合目标市场的人口统计特征和心理图式，或者界定购买指定品牌的消费者的特征，不管他们对品牌是否具有忠诚度，市场营销者一般都会进行定性研究。

市场营销者通常会在大规模定量研究前进行定性研究，因为定性研究的结论会帮助市场营销者制定研究目标。

16.2　收集二手资料

消费者研究过程的第二步就是收集可用的**二手资料**（secondary data）。根据定义，二手资料是为了某种目的而根据原始数据生成的，它并不是为了现行研究的目的。对二手资料的研究具有重要意义，它能帮助解答是否现有资料能部分甚至全部解决研究问题。在还没判断出是否有可利用资料至少能够支持良好的起点前，就花费大量的金钱和努力去搜寻新信息是不明智的。换言之，如果二手资料能够部分或全部解答问题，那么新的直接研究就可削减甚至避免。二手消费者相关资料可以从公司或组织机构的网站，或是免费或付费的外部资料中获得。下面主要介绍二手资料。

内部二手资料

内部二手资料由以往为其他目的而收集的内部信息构成。它们原本可能作为销售审计的一部分，或来自过去的客户服务电话、消费者的调查信件，抑或是通过保单获得的资料。许多公司越来越多地利用内部二手资料去估算**顾客终身价值概况**（customer lifetime value profiles），以便进行不同的顾客细分。这些概况包含顾客购置成本（同顾客建立关系所需要的资源），向每个顾客销售所得的利润，处理客户订单的成本（某些顾客的订单复杂而多变，这样会耗费更多成本）和期望维持关系的成本。

外部二手资料

外部二手资料来自公司外部或组织。它们有许多不同的形式。其中一些能从公共图书馆免费获得，另外一些信息只需付象征性费用，然而仍有一些信息的获得是十分昂贵的。接下来将讨论几种类型的由企业外部提供的消费者行为二手资料。

政府二手资料

政府机构或其代理部门收集此类资料，一般只需付象征性费用就可使用。例如，在美国，这种资料主要来自联邦政府，它出版了大量的政府机构收集的有关经济、商业以及美国人口统计等方面的信息。获取这部分可用于营销应用的数据的最好方法是访问美国联邦政府统计信息网 FedStats、美国人口普查局和美国中央情报局（CIA）的网上电子出版物 World Factbook。美国及许多其他国家的政府以及美国各州政府所从事的研究，都非常有利于对所选择的消费者行为主题开展研究。

网上搜索服务提供的期刊和文章

来自期刊、报纸及图书的相关商业二手资料很容易通过大量网络搜索引擎获得。两个应用非常广泛的搜索引擎是 Proquest 和 LexisNexis。这两个搜索引擎能够接入《华尔街日报》和《纽约时报》这样的主要报纸；《商业周刊》、《福布斯》、《财富》和《哈佛商业评论》（*Harvard Business Review*）这样的商业杂志；《广告时代》（*Advertising Age*）、《品牌周刊》（*Brand Week*）、《营销新闻》（*Marketing News*）、《市场营销杂志》（*Journal of Marketing*）、《市场营销研究杂志》（*Journal of Marketing Research*）、《消费者研究杂志》（*Journal of Consumer Research*）等关注营销的杂志。这些材料在公共和私人图书馆尤其是商业类的图书馆里都可以找到。

辛迪加商业营销和媒体研究服务

在提供消费者信息的商业领域，辛迪加调研服务公司向它们的订阅者定期提供两种研究数据：一种是辛迪加数据，另一种是基于订阅者的研究数据。例如，Claritas 公司提供每个邮政区域的居民的人口统计和生活方式数据。Ipsos Mendelsohn 公司向广告商及其广告代理机构提供大量的媒体调查报告。Mediamark 调研公司收集关于杂志读者的信息。针对消费者的媒体曝光的未来研究将通过利用数字有线电视机顶盒对消费者进行监控来进行。

最近数字机顶盒主要用来向消费者的电视传输信号，使消费者能够根据需要选择影片。然而，数字机顶盒还能够轻松地记录消费者观看的所有节目，当然也包括消费者的选台搜索、试图避免商业广告和使用数字录像机录制可以晚一些时候观看的节目的行为。到目前为止，有线电视公司因为隐私问题不愿意使用这些数据。然而，一些公司正在开发在保护消费者隐私的同时，能够将从数字机顶盒中得到的数据转变为可以用于准确选择目标消费者的信息。[2]

消费者反应研究小组

几十年来，市场营销者一直在购买二手资料提供者提供的来自家庭或**消费者反应研究小组**（consumer panels）的资料。这些消费者反应研究小组成员根据他们购物和媒体观看行为的记录获得报酬，然后这些记录和由美国人口普查局收集的成千上万个家庭的数据合并在一起，由数据提供商进行分析研究。市场营销者和广告机构向消费者反应研究小组提供者定期支付费用，以获得报告和研究发现的定期交流。通常，它们不仅向订阅者提供个人或家庭购买本公司产品方面的信息，同时还提供关于竞争对手品牌方面的同样信息。

今天，在线科技让消费者反应研究小组研究公司能越来越多地从回答者中收集信息。例如，一个定制滑雪板制造商已发现有 10 000 名滑雪爱好者利用其网站的论坛讨论他们的爱好和购买习惯，以及对不同设计的滑雪板进行分级。然后滑雪板市场营销者开始将其从在线研究小组所收集的数据卖给其他市场营销者——他们的目标是年轻人，主要是在线讨论滑雪板时激情四溢的男性。类似地，汽车制造商从独立研究小组公司购买关于最近买车的消费者反应研究小组资料。而且，关于市场营销者自己的品牌或其他品牌的信息，以及和其他品牌相比购买其产品的家庭人口差异的信息，对于开展有效且富于竞争力的营销活动具有重要价值。

在开展初始研究前获得二手资料有几点好处。二手资料可提供所研究问题的解决方案，这样就无须再进行初始研究。即便不是这样，在探索性研究中使用二手资料也能帮助重新定义研究目标，使目标更加清晰，并提供选择研究工具的新思路和发现在全面研究中可能遇到的困难。

虽然二手资料的获取比一手资料的获取更快更便宜，但是它有一些限制。首先，这些信息的分类单位可能与研究者所要寻找的不同（例如，将消费者聚类于 15～20 岁及 21～25 岁的小组，这对于对 17～24 岁消费者感兴趣的研究者而言是无用的）。一些二手资料因收集数据或初始分析时出现错误，可能不准确，或是为支持某种观点而进行带有偏见的收集。而且，二手资料很可能会过期。

16.3　设计初始研究

如图 16—1 所示，考虑二手数据的收集之后分成两条路线，右边的路线为定量研究路线，左边为定性研究路线。路线分裂反映了研究方向和目的（换言之，偏好两条路线中的一条或另一条）的不同。如果是为了获得新想法（例如，为了定位或重新定位一个产品），通常采用定性研究；如果寻找描述性和定量的信息，那么应当采用某些形式的定量研究。采用定性和定量研究测量方式的好处将在以下内容中进行描述。

定性研究

当代消费者定性研究的兴起是基于消费者并非理性决策者这一前提。理性决策者会客观评价所接触的产品和服务，并以最低的成本选择那些给予他们最高效用（满意度）的商品。定性消费者研究人员也称为动机研究者。其研究的指导思想是消费者并不总是能自觉意识到为何作出选择。甚至当消费者意识到自己的基本动机时，也不总愿意向其他人表达他们的真实意愿，甚至是向他们自己。

动机研究运动的领导人是维也纳著名的精神分析学家欧内斯特·迪希特博士。他在 20 世纪 30 年代末来到纽约之后，开始应用定性的弗洛伊德精神分析技术来揭示消费者隐匿或无意识的动机。[3]到 20 世纪 50 年代末至 60 年代早期，这个研究导向已经十分流行了，许多广告机构及消费品公司采用焦点小组和深度访谈作为常规研究工具，以更好地理解消费者的需求及动机。今天，焦点小组及深度访谈作为完善的研究工具仍然很常用，这不仅是为了确保对消费者的基本需求和动机的深入理解，而且是为了得到消费者对于新产品开发的看法（包括新产品创造以及广告信息）。[4]由于访谈的样本量通常都较小，其发现的结果不能用于更广泛的人群。尽管如此，定性研究仍然普遍有助于为广告信息提供新思路和开发新产品，并且其最终结论可以通过多种定量研究方法得到进一步的完善。

为设计和实施定性研究的研究方案，研究人员必须考虑研究目标，能够提供这种研究目标的最佳访谈者类型，以及获取所需信息的资料工具类型。虽然具体的研究方法可能有所不同，但大多数定性研究的问题根植于心理分析和临床心理学。具体来讲，他们倾向于采用开放式和自由回答的问题，并配合视觉材料去激励回答者释放他们内心的想法和信念。

开展定性研究的主要方法是深度访谈和/或焦点小组。

深度访谈

深度访谈（depth interview），通常指一对一式的访谈，是受访者与专业采访者之间的一次较长（通常是20分钟到1个小时）的非结构化访谈。专业采访者在确立要讨论的主题之后应该尽量减少自己的参与，以便消费者更好地解释自己的想法或行为，以及对特定的口头或视觉材料作出反应（例如，模拟一个虚拟的媒体或活动）。为了让消费者提供有价值的见解，研究者还应当构建一种让消费者感觉轻松和开放的气氛。在很多案例中，研究者的角色是通过激励受访者更自由地回答关于研究的品类或/和品牌的情况来探索消费者。

一般来讲，深度访谈应在经专业布置的访谈房间中进行。这些房间中应提供录音和录像设备以及一面单向镜，以便能让客户在不打扰访谈的情况下观看访谈（研究者应告诉参与者他正在被观察）。

深度访谈为市场营销者提供产品设计或重新设计产品的宝贵意见，以及提供定位或再定位的见解。正如所建议的，作为深度访谈项目的一部分，要提供一系列刺激材料，以加强研究者与受访者之间的交流。这些材料可以采取书面描述的形式（描述一个新产品创意），新产品照片或图片，实际产品的样本，或粗糙的表演、印刷广告或电视节目录像带。

对于每一种“刺激材料”的应用，其目的是帮助受访者表达其内心的想法，从而激发出对于所调查问题的更精确或准确的回答。开展深度访谈时，研究者可根据每个访谈的长度，在一天中进行5～8小时不等的深度访谈。深度访谈的探索性短语案例参见图16—2。

详尽描述的请求：“请告诉我更多有关……”

“给我一个……的例子。”

定义的请求：“你说……是什么意思?”

“那个措辞对你意味着什么?”

说明的请求：“它怎样区别于……”

“在什么环境下你会……”

对比的请求：“……怎样与……相似?”

“X或Y,哪个花费更多呢?”

分类的请求：“它是否适合于……?”

“在……类别中还有其他什么吗?”

“无声”探索:这是一种非语言探索,如表情或行为——扬起眉毛或作出手势,例如用右手画圈意味着“告诉我更多”。

图16—2 深度访谈的不同探索性选项

资料来源：Naomi R. Henderson, “The Power of Probing,” *Marketing Research* (Winter 2007): 39.

焦点小组

一个讨论小组或**焦点小组**（focus group）由8～10名受访者组成，与一名访谈主持者一同“聚焦”或“探索”某个特定产品或品类（或者其他有研究兴趣的话题或主题）。在焦点小组交流期间（通常持续2小时），参与者被鼓励讨论消费者对产品或服务的概念以及新的广告或市场营销传播活动的反应。

因为焦点小组一般需要2小时来完成（有时能持续3小时或更久），一个研究者一般一天内能开展2个或3个焦点小组（总计大约30位受访者）访谈，然而由相同的研究者开展30个独立的深度访谈则要5～6天。对于深度访谈和焦点小组的回答的分析，需要研究人员具有大量的专业技术。像深度访谈一样，焦点小组也需要录音及录像辅助分析，同时也是为了给客户提供一个关于访谈的可信记录。如同深度访谈一样，焦点小组访谈通常在一个安有单向镜的经过特殊设计的房间内进行，这可让市场营销者和广告机构人员能在不被打扰或不约束受访者的情况下观察访谈过程。

至于焦点小组（同样适用于深度访谈），其受访者在详细填写所谓的**筛选型问卷**（screener questionnaire）的基础上经招聘而来。筛选的目的是确保合适的人报名参加了调查研究，以及那些非目标市场的人没有受邀。谁将参与和谁不被邀请的规则由客户来制定。让一个合适的受访者参与研究过程需要支付其100美元甚至更多。在组织焦点小组讨论时，有时将使用公司品牌的用户集中在一个或多个焦点小组，将他们的回答和另一部分非使用者作对比。图16—3展示的是用于招聘受访者的筛选型问卷，问卷涉及蔬菜汤产品系列可能招募的焦点小组研究对象。设计筛选型问卷的目的是定义被邀请参加焦点小组的全部男性或女性目标消费者。注意那些被“剔除”（研究术语叫做“终止”）的个人是不符合参与标准的。

一些市场营销者更偏好焦点小组，因为他们觉得比起深度访谈，在焦点小组中与参与者的互动交流更利于得到更多的新观点或见解。而且，时间有时是十分关键的。在这种情况下，焦点小组可能被再次选择，因为完成一系列焦点小组访谈比完成一个独立的深度访谈项目耗费的时间更少。另外一些市场营销者（以及广告机构的专业人士）倾向使用个体或深度访谈，因为他们相信个体受访者在不承受群体压力的情况下，会更少给出社会可接受（未必真实）的回答。此外，个体参与者在整个访谈过程中更会表现出持续关注。而且，因为接受了持续的个人关注，他们也更有可能表达个人的思想。

讨论指南

讨论指南（discussion guide）是一个循序渐进的大纲，包括研究人员需要在深度访谈中所提出的一系列问题，或是在焦点小组中的一组应答。有些主持研究者希望按部就班地（一个接一个地问问题）按照讨论指南的顺序进行，而另一些主持研究者喜欢“随波逐流”，并允许单个受访者或焦点小组的参与者转到那些结果证明是对他们十分重要的方向。令人惊讶的是，一个好的研究员，无论是“一个接一个地问问题”，还是“随波逐流”，往往都能得到比客户预期的更多的信息。事实上，通过定性研究，获得在实地研究之前没有预期到的重要战略思想是很常见的。这种“特别”的见解是深度访谈和焦点小组访谈所带来的特殊好处，即它们可以提供宝贵的和预期之外的信息。图16—4提供了一个审查焦点小组讨论指南的机会。其中给出了以开发优质的蔬菜汤产品为目的，特别为两个焦点小组的初步或第一轮讨论定制的讨论指南。可见，筛选型问卷的目的是招揽焦点小组会议的目标参与者，讨论开发优质的蔬菜汤产品系列，而讨论指南是为了帮助主持人引导和管理讨论的主要议题或问题。

食物偏好研究筛选问卷

请年龄在 18～35 岁之间的家庭成员作答。选定正确受访者后请介绍你自己。

您好，我是________，来自________。我们正在进行一项关于食品感受和偏好的研究。请您相信本项研究没有“推销”目的。请允许我问您几个问题。

1. 第一项检查
   女性 ……………………………………（ ）—1 组候选人
   男性 ……………………………………（ ）—2 组候选人

访问员：通过问题 1 招募 12 名男性和 12 名女性。

2. 您在如下哪个年龄段？（读选项）
   18 岁以下 ……………………………………（ ）—终止作答
   18～24 岁 ……………………………………（ ）
   25～29 岁 ……………………………………（ ）
   30～35 岁 ……………………………………（ ）
   35 岁以上 ……………………………………（ ）—终止作答

访问员：通过问题 2 确保良好的年龄跨度组合。

3. 您家庭中有成员在如下商业领域工作吗？（读选项）

	否	是
市场研究公司或机构 ……………………	（ ）	（ ）—终止作答
公关或广告公司 ……………………	（ ）	（ ）—终止作答
销售、制造或运送任何种类食品的公司 ……………………	（ ）	（ ）—终止作答

4. a. 您曾经参与过深度访谈、焦点小组或小组讨论吗？
      是 ……………………………………（ ）—问第 4 题 b 项
      否 ……………………………………（ ）—跳至第 5 题
   b. 您上一次参与深度访谈、焦点小组或小组讨论是什么时候？
      在 6 个月内 ……………………………………（ ）—终止作答
      6 个月以前 ……………………………………（ ）—继续

5. 为进行分类，请让我了解您完成正式学业的情况。（请勿读选项）
   大学本科以下 ……………………………………（ ）—终止作答
   至少大学本科 ……………………………………（ ）

访问员：问题 5 使所有的受访者都必须是大学本科学历以上。

6. 仍然是为了进行分类，请告诉我您家庭的总收入是多少？（读选项）
   25 000 美元以下 ……………………………………（ ）—终止作答
   25 000～49 999 美元 ……………………………………（ ）
   50 000 美元以上 ……………………………………（ ）

访问员：问题 6 使所有受访者至少有 25 000 美元以上的收入。

7. 您在过去 5 天内吃了如下哪种食物？请读全部选项。

	是	否
比萨 ……………………	（ ）	（ ）
包装好的冷餐肉 ……………………	（ ）	（ ）
包装好的切片乳酪 ……………………	（ ）	（ ）
罐装汤 ……………………	（ ）	（ ）
土豆片 ……………………	（ ）	（ ）
罐头水果 ……………………	（ ）	（ ）
花生酱 ……………………	（ ）	（ ）
冷冻蔬菜 ……………………	（ ）	（ ）

访问员：问题 7 中罐装汤的回答必须为“是”，否则终止作答。

8. 在问题7中，对于汤或其他食物类别，回答“是”（“吃过”）的，问：
   a. 一周中您吃该种食物的频率是______，次数是______。
   b. 一周中您喝汤的频率是______，次数是______。

访问员：问题8的回答必须是“至少2次”，否则终止作答。

9. 现在，请您设想。如果您可以为过去的一位名人准备晚餐，您会选择谁呢？您将准备些什么？

访问员：问题9是一个清晰度问题。受访者应表现出“创造力或好的想象力”，而且能够参加小组讨论。

10. 作为研究的一部分，我们将开展一个8～10人的讨论。讨论叫做“焦点小组”。在访问期间，您将有机会表达自己的观点，并和其他参与者一起讨论不同的生活方式和食品消费的话题。焦点小组将持续**2小时**，您可获得100美元作为您花费时间和路费的报酬。

    我们邀请您参与焦点小组会议，它将是一次有趣和愉快的会议。焦点小组将要在（设施名称）的（给出详细地址）进行。时间是（给出时间）。

    我们能将您纳入参与成员吗？
    是 ……………………………………………………………（ ）报告参与者信息，报告日期、时间，以及给予交通指南
    否 ……………………………………………………………（ ）—终止作答

    谢谢您同意参与，我们将在召集您的前一天给您致电。

    记录：一名**女性**参与者，招募到6：00PM的焦点小组______
    　　　一名**男性**参与者，招募到8：00PM的焦点小组______

图16—3　为一项消费者研究招募受访者的筛选问卷示例

#1轮　焦点小组：开发优质的蔬菜汤产品系列
讨论指南

1. 介绍
- A. 介绍自己和自己的角色。
- B. 告诉参与者他们的角色。
- C. 告知录音录像系统和单向镜。
- D. 让每个参与者都介绍自己——简单谈谈工作、家庭构成以及兴趣/爱好。
- E. 描述焦点小组讨论的基本目的——开发优质的蔬菜汤产品系列。

2. 汤的背景：最早的记忆
- A. 当你成长时，你最早的关于喝汤的记忆是什么？还有别的吗？
- B. 你对蔬菜汤有什么特殊看法呢？在“汤的世界”里，与其他汤比较而言蔬菜汤好在哪？你怎么认为？
- C. 当你想到“蔬菜汤系列”时，你想到了什么？有六种或更多不同的蔬菜汤吗？
- D. 你现在最喜欢的蔬菜汤是什么？
- E. 在过去的日子里，你最喜欢的蔬菜汤改变过吗？以什么方式？
- F. 从你童年到长大成人后，你最喜欢的蔬菜汤有什么变化吗？是怎样变化的？
- G. 你认为一个相当好的餐馆做的蔬菜汤以及家庭烹制的蔬菜汤有何差异？你更喜欢哪一种？为什么？

3. 汤的消费环境
- A. 对你而言，汤是“一餐”还是“一餐的一部分”？为什么？
- B. 汤作为“一餐”或“一餐的一部分”有何不同？还有什么不同吗？
- C. 有这样的一种“汤人”吗？描述这样的人。给我一个“汤人”的形象。“汤人”与那些不喝汤的人有何不同呢？还有其他想法吗？

4. 对汤的选择和决策
A. 在你家，购买和食用何种品牌的汤的决策是如何作出的？（探索家庭选择和影响的不同方面。）
B. 有你全家都赞同的某个汤类品牌吗？是什么品牌？为什么？
C. 你选择汤的方法是什么？你会把自己考虑成：一个专家、一个实验者还是一个习惯性购买者？
D. 你对“汤类鉴赏家”的看法是什么？描述一下这样的一种人。还有更多的吗？
E. 在食品商店售卖的汤中，你最喜欢的是哪种？为什么？
F. 就你而言，完美的汤是什么样的？

5. 品汤练习
介绍：“我们今晚会为你们每个人提供五种汤加以品尝。”
品尝每一种汤之后，我希望你们在便笺簿上写下你们对每一种特定汤的看法。
A. 你对我给你品尝的**第一种**（每一种都重复）汤的反应是什么？还有其他的想法或感受吗？
B. 你想要怎样向一个没有品尝过它的人描述它呢？
C. 如果这种汤在零售店可以买到，你会买吗？为什么？
D. 你认为怎样改进汤可以使其更美味？
E. **对下一种汤进行上述重复，直到五种汤的每一种都进行了取样。**
F. （**在你的便笺簿上写下**）五种汤中你最喜欢的一种，最不喜欢的一种。再次将你的回答写在便笺簿上。
G. （**环顾房间**）所以，哪一种是最好的呢？
H. 写下你对于五种汤的反应。
I. （**在你的便笺簿上写下**）考虑这五种蔬菜汤，还有哪些与众不同的蔬菜可以加进汤里以使整体效果最优呢？

6. 任何最终的感受/想法
A. 关于优质蔬菜汤产品系列有何最终感受/想法吗？
B. 你觉得应该怎样改进它？还有吗？
C. 你希望从哪里购买这样的蔬菜汤系列产品呢？

图 16—4 焦点小组讨论指南

主持研究者在没有讨论指南的情况下进行深度访谈或焦点小组访谈是十分罕见的。讨论指南就像是某种需要覆盖到每个深度访谈或焦点小组讨论全过程的话题的“议程”。但定性研究很像“爵士乐”，其专长是即兴的能力，即根据采访对象和会议议程不同而即兴发挥。

投射技术

投射技术（projective techniques）是一项从心理分析理论和实践借鉴来的有效工具，可以用于发掘个体潜在动机，并有助于理解消费者隐瞒或压抑自己的想法，或是一些无意识的反应。投射活动由一系列隐蔽的、包含各种不明确的刺激物的“测试”组成，如未完成的句子、无标题的图片或漫画、墨迹、字词联想测试以及对别人的描述。它们的设计目的都是为了帮助消费者更好地表达自我和释放他们内心的动机。投射技术有时用作焦点小组访谈的一部分，但更多用于深度访谈。某些定性研究人员经常使用的能“梳理出”消费者真实感受和想法的方法见表 16—1。

表 16—1　投射技术

	描述	应用
词语联想	研究人员有一个词语清单，其中一些是要进行研究的，另外一些只是为了“填充”。研究人员让受访者一次一个地在本上写下他们脑海中浮现的第一个词，并解释这些词语间的关联。	市场营销者利用词语联想来获知某些特定的词语（或短语）对消费者而言意味着什么。这种练习用于判断这个字或词对于产品是否有足够积极的意义或关联，或者甚至可以成为产品的名字或描述。
完成句子	研究人员有一系列未完成的句子需要受访者用词语或短语去补充完整。	完成句子练习是词语联想练习的替代选择（它们出于同样目的）。在现实中，完成句子比词语联想更加容易，也更利于提供关于消费者见解的有用信息。
看照片/视觉材料讲故事	研究人员创建/选择一系列消费者的照片、不同品牌的产品、一些印刷广告作为刺激物。受访者被要求讨论或者讲述他们基于这些照片或其他视觉刺激物的故事。	消费者的观点或产品完全来自照片/视觉材料的回答，通过“自由联系”或“讲故事”来揭示参与者关于话题、品牌或照片或是其他视觉形式（例如，卡通）背景中的感受。其结果是可以得到新产品观点或新宣传主题。
角色扮演	与讲故事非常相似；然后，给予参与者特定情境并要求其“扮演”角色而不是讲故事，这些场景通常是与产品或品牌相关的，或是特别的销售场景。	角色扮演可以用在焦点小组环境中，其中不同的参与者可扮演不同但相互影响的角色。

在线焦点小组

在过去的 5～10 年间，研究者对在线焦点小组或深度访谈的兴趣和试验一直在持续增加。然而，所谓的“在线焦点小组”其实有很大差异。一方面，它们在性质和质量方面与传统的焦点小组类似，即在一个地方举行焦点小组讨论，与会者在一起互动。在这种情况下，它们往往是真正的焦点小组会议，被“传送”到单个客户的笔记本电脑上或客户所在地的“姐妹”研究设施，并被一群客户观察。另一方面，可以选择一个在线的专业研究公司，如哈里斯互动公司，从它们庞大的备选的可参与消费者的数据库中获取在线焦点小组服务。此外，哈里斯互动还具有为客户提供“虚拟版的传统焦点小组”的能力。具体而言，它可以提供一个“虚拟焦点小组房间”的环境——消费者和一位主持人可以登录到网上参与焦点小组会议，它类似于定期离线焦点小组会议。

定量研究范围

市场营销者利用定量研究了解不同产品或某特殊品牌的被接受程度，以及一些促销行为对消费者的影响效果。此外，定量研究也用于帮助市场营销者准确定位消费者对于某种产品、服务、经销商以及零售商的满意程度，甚至可以帮助他们更好地预测未来的消费者需要或行为。定量研究主要包括观察性研究、调查法、观察法。调查结果是描述性和经验性的，而且，如果研究结果依据的是随机样本，那么这一结果可推广应用。因为原始数据是定量的，所以这些数据需要精确的统计分析。定量研究中的三类基本设计是：观察性研究、实验法（在实验室或者现场，例如在一家零售店）与调查法。

观察性研究

仔细观察消费者的购买和消费行为，尤其是在现实环境里的消费行为（例如在便利店、商场，甚至在消费者自己家中），可以十分有效地了解到什么对于消费者来说是有价值有意义的。**观察性研究**（observational research）是消费者研究的一种重要方法，因为市场营销者认识到深刻了解人和产品之间的关系的最好办法就是在购买与使用产品的过程中对消费者进行观察。[5]通过观察人与产品的相互作用，研究者可以了解到某种产品对消费者的象征意义，并且使其更深入地了解到产品和消费者之间的联系，即品牌忠诚度的实质。观察性研究也可以帮助发现产品的问题。很多大公司和广告代理商让一些经过训练的研究者/观察者去观察、记录，有时甚至在商店、商业街或者消费者自己家里录像。例如，在研究消费者对一种新型的薄荷味漱口水的反应时，市场营销者雇用了一家研究公司，在纽约的37个家庭的盥洗室里安装了摄像机，以记录他们对漱口水的使用。研究发现，Scope漱口水的消费者在使用产品时会发出嗖嗖声，并喷吐出来。另一方面，新李施德林漱口水的使用者含漱口水的时间长很多（有一个观察对象甚至在他离开房间时将水含在嘴里，然后进了汽车，直到驾驶了两个街区才吐掉）。[6]宝洁公司在世界各地的大量家庭里派驻了摄像工作人员，这让宝洁在辛辛那提的市场研究人员得以观察到在泰国母亲如何喂养宝宝。研究人员发现母亲在喂宝宝的同时总在做其他事情，如不时看看电视。了解到这一行为后，可以让宝洁改进它的产品和包装，从而赋予其在同类市场中强大的竞争优势。一些公司倾向于采用机械性观察法取代受过训练的专业观察员，来观察消费者。[7]

机械性观察法是运用机械设备或者电子设备来记录顾客的行为或是对营销刺激物的反应。例如，Duane Reade是纽约市的一家连锁药店，它想要选址开一家新店，公司使用电子束或电子手来记录不同时间和不同天气条件下路过的人数。[8]政府的规划部门利用E-ZPass装置收集过往车辆的数据以决定哪些道路需要拓宽，银行采用安全照相机监测使用自动取款机的用户。

越来越多的消费者购买了电子设备，因为这些设备可以使消费行为变得更为便利，而且会因使用它们而获利。比如说，频繁使用购物卡的消费者在超市的收银台可享受零售商特地为他们准备的促销性折扣。在网上订电影票的观众，可以在电影院的类似自动取款机的设备上检票，从而避免在售票口排队。当然，当消费者使用越来越多的高便利性的技术如信用卡、自动取款机、E-ZPass、频繁购物卡、移动电话与在线购物，也就有了更多关于他们消费方式的电子记录。这些记录并不是匿名的，精明的市场营销者开始收集这些数据并加以利用，有时是立即用来影响消费者的行为。通过电子设备收集的非匿名数据中所产生的道德与隐私问题，引起广泛的公众讨论。

开发一个系统来追踪在消费者到访中各阶段所收集的数据，并将它们与那些消费者以前到访时所收集到的数据进行比较（包括开销的使用情况），在这方面，赌场是走在最前面的。它们利用这些数据，基于游客的“忠诚水平”将游客划分为不同的类别，以便立即提供相应的报酬。例如，每天有大约50 000人去康涅狄格州的福克斯伍德度假村赌场。他们中很多人都有一种带芯片的“频繁娱乐卡”，灵敏的电子网络系统可检测所有游客的娱乐风格、进餐习惯与房间偏好。当一名游客在桌旁坐下来时，赌场的经理在几秒钟之内就能从屏幕上读出客人的历史记录，包括酒精饮料偏好与娱乐风格。因为每一名游客所持卡片的芯片上都有电子标记，所以当他离开座位时，数据就会立即更新，并且该游客在整个娱乐过程中的每一个接触点上的数据都是可得的。因此，赌场可以给它们认为是有利的顾客提供额外优惠，可能是免费用餐，或者是房间的升级，或者是邀请他们到贵宾室娱乐。这些顾客都很喜欢这种"频繁娱乐卡"，因为这种卡能追踪他们的消费；赌场也从这种卡中获益，因为这种卡能提供关于顾客的更多信息。赌场有两套用来识别的计算机系统，如果需要的话，可以立即做备份，以避免在无法使用计算机的很短时间内失去成千上万美元的资金。[9]更多赌场正在采用一种更为灵敏的软件，这种软件可以针对那些短期顾客设计一种实时的个人化奖励，这些顾客下注金额相对较小，大约每次 50～100 美元，但他们频繁光顾。赌场已经意识到，尽管这些顾客每次光顾的消费金额不高，但他们视赌博为其首选娱乐活动。因此，观察他们的消费行为，并且立即利用观察到的数据去鼓励他们更多地消费，可以增加赌场的盈利。[10]

账目审计是能够监测产品的销售情况的另一种类型的机械观察。沃尔玛竞争力的关键部分是它在产品审计方面使用的先进技术。在任何时候，公司都可以知道哪种产品正在销售、销售的速度以及还有多少库存。保持一定的库存和快速的产品周转能够降低产品的价格，吸引更多的消费者。沃尔玛的惊人利润来自每一件产品的低利润乘以快速卖出的数以亿计的产品，以及能将产品快速转移到想要购买该产品的消费者那里。例如，观察到飓风到来前，草莓果塔销售得最快，而之前销售最快的是啤酒，沃尔玛快速地往飓风即将到来的地方运送大批的草莓果塔。[11]

市场营销者还使用**生理观察**（physiological observation）设备来监测应答者的信息传递类型。例如，电子眼录像机可以用来监测被试在观察各种各样的产品广告时眼球的运动，放置在被试头上的电子感应器可以监测其观察每个广告时脑部的活动和注意力水平。神经科学家在消费者观看不同产品的商业广告时，通过监测其脑部 12 个区域来考察消费者的认知功能。他们声称收集来的数据能够反映回答者的注意力水平和对促销信息的解码与回忆。[12]

实验法

实验法用于探索因素间的因果关系。例如，可用它来测量诸如包装设计、价格、促销提供物或广告文案主题等许多变量的相关销售吸引力，以探究因果关系。在这种实验中，只可控制一种变量（称为自变量），其他因素则保持不变。这种**控制实验**（controlled experiment）确保任何结果（称为因变量，通常是销量）的不同是因为在研究中变量的处理方式不同，而不是外来因素造成的。比如，一项研究分别使用有吸引力的与无吸引力的代言人对销售两类产品的有效性开展对比测试，这两类产品是：用来提高个人吸引力的产品（如男士古龙香水）与不能提高个人吸引力的产品（如钢笔）。代言人是一个虚构的名叫菲尔·约翰逊（Phil Johnson）的人，他被描述成美国奥林匹克水球队的成员。用来描述这位富有吸引力的代言人的图片来自一名有吸引力的男运动员的图片，而用来描述那位缺乏吸引力的代言人的图片也是同一张图片，只是做了一些修改以降低吸引力。受访者观看了每种产品与代言人的合成物各 15 秒钟（模拟真实的印刷广告），然后填一份测量他们对该广告产品的态度与购买意图的问卷。在这项研究中，将产品（能/不能提高个人吸引力的产品）与代言人（有吸引力/无吸引力的代言人）如何组合搭配是可控的处理（就如自变量），而对产品的态度与购买意图的组合则是因变量。这项研究发现，有吸引力的代言人对促销两类产品都更有效。[13]

因果研究的主要应用是**测试营销**（test marketing）。甚至在深度访谈、焦点小组访谈和问卷调查之后，市场营销者意识到，对于那些即将全面投放市场的产品、服务以及营销传播项目，在全面投放前仍需更多的现实市场的反馈。在这种情况下，最适当的下一步措施应该是市场测试。典型的市场测试包括选择一个有代表性的独立的市场领域，并且仅在此市场领域内做市场介绍，从而测试在真实的全面市场投放的情况下，消费者对于这种营销方式的真实反应。营销公司希望通过这种测试方式，既能了解到整个市场对其营销努力即将作出的反应，又不必承担不做市场测试，直接全面投放带来的损失。此外，调研公司可以在客户中小范围测试其对于备用营销策略的反应。很多营销行为，例如选择新产品、重新设计包装、改变产品价格或实行一种新的营销活动等，都得益于这种事先的小范围测试。在这些测试中，按可控性设定操作变量，以预测销售量或是市场对该产品可能有的反应。

不同于现实中的市场测试，今天，很多研究者采用虚拟现实的方法。例如，在一项市场测试中，被试可以在电脑屏幕上看到超市货架上的很多产品，也包括同一产品的不同形式，通过点击图片“拿起”一件，通过一个触球旋转图片来审视它，如果决定购买的话，就将它放入购物车中。研究者观察被试花费在观察产品、审视包装等各个方面的时间，以及购买的产品与购买产品的顺序。[14]

调查法

如果研究者想询问消费者的购买偏好和消费体验，他们可以通过邮件、电话或在线的方式亲自调查。这些调查方法各有优缺点，研究者在选择时要加以权衡。

个人访谈调查（personal interview surveys）（面对面的）通常在公共场所和零售店里进行，例如在购物商场的公共空间，或者是在购物商场里租来的办公室。近来，商业街的拦截访谈比家庭访谈运用得更广泛，因为职业女性不在家的情况很多，而且很多人并不愿让陌生人进入家中。

电话调查（telephone interview surveys）也是用来收集消费者数据的。然而只有在晚上或者周末才能接触到电话受访者，他们的反应可能很冷淡——甚至是敌对的——他们会觉得你打断了其晚餐、看电视和休闲的时间。找到那些没有列在电话簿上的电话号码是很困难的，但是这可通过随机电子拨号来解决，广泛的电话调查的成本可以通过使用免费电话降低。然而，随着接听装置与来电显示使用的增加，其他的问题又出现了。一些市场调查公司已经尝试着使用自动电话调查，但是与和人交谈相比，许多受访者并不愿意与电子声音相互交流。表16—2对调查方法进行了对比。[15]

表16—2　邮件调查、电话调查、个人访谈调查与在线调查的优劣势比较

	邮件调查	电话调查	个人访谈调查	在线调查
成本	低	中等	高	低
速度	慢	即时	慢	快

续前表

	邮件调查	电话调查	个人访谈调查	在线调查
回应率	低	中等	高	自我选择
地理适应性	优秀	好	困难	优秀
访问者偏见	无	中等	有问题	无
访问者监督	无	容易	困难	无

邮件调查（mail surveys）的操作是把问卷直接寄到个体家中。邮寄问卷的主要问题是回收率低，但是研究者已经开发出许多技术以提高回收率，例如，装入一个已贴上邮票、写好回信地址的信封，使用刺激性的问卷，预先发出通知，然后再发问卷。许多专门从事消费者研究的商业调查公司已经建立了消费者座谈小组，这种小组的成员可获得一定数目的象征意义的酬金，同意定期完成调查公司的邮寄问卷。有时座谈小组成员还会被要求写下他们的购买日记。[16]

电子邮件调查（e-mail surveys）。电子邮件逐渐取代普通邮件成为更流行的向目标消费者发放问卷的途径。电子邮件的主要优势在于它更加方便快捷，甚至可以向全世界发放调查问卷。而且，只需要一份准确的邮件地址名单，发放的成本十分低廉。可以预见，未来网络会成为社交主要的途径，电子邮件调查也将随之增长。

此外，越来越多的消费者对于参加**互联网调查**（Internet surveys）感兴趣。在线广告或者指定目标的邀请电子邮件将引导潜在调查对象登录市场营销者或调研公司的网站，因此样本带有自我选择性，这样的结果不能广泛应用。大多数计算机民意测验要求被调查者完成一组人口统计学的问题，以便研究者能够对被调查者回答的大量关于产品和服务的问题进行分类。

定量研究数据收集工具

收集数据的工具是作为项目总研究设计的一部分开发出来的，它使收集的数据系统化，并确保所有的被调查者按照相同的顺序回答相同的问题。收集数据的工具包括调查问卷、个人清单、态度量表、为获得定性数据而编写的讨论指南。数据收集工具通常要做预调查和“修改有缺陷的部分”，以保证研究的效度与信度。如果一项研究在其第一阶段收集到了足以回答该研究所陈述的问题或目标的适当数据，则其具有**效度**（validity）。如果对于相似的样本，同样的问题产生了相同的结果，则其具有**信度**（reliability）。通常一个样本结果被系统地分为两半，每一半都来自同一份问卷。如果这两半的结果相似，则认为这一调查具有分半信度。

问卷

对定量研究而言，问卷是收集数据的主要工具。问卷可通过邮局寄给挑选出来的自我管理型的被调查者，或者通过个人访谈或电话访谈的形式完成。为了激励被调查者花时间完成调查，研究者已经发现，制定的问卷必须有趣、客观、不含糊，容易完成，一般不会令人难以接受。为改进分析并利于将结果归入有意义的类别，问卷应该包括与研究目的有关的实质性问题和人口统计学问题两个部分。问卷由两种类型的问题组成：

1. **开放式问题**（open-ended questions），要求被调查者用自己的语言回答（例如论文式试题）。

2. **封闭式问题**（closed-ended questions），要求被调查者从选项中选择适当的答案（例如多项选择题和判断正误题）。

开放式问题可产生更多的有深刻见解的信息，但是其编码与分析也相对困难；封闭式问题相对容易编码和分析，但是所提供的选择性答案受到较大的限制（如问卷设计者的已有见解）。

问卷的措辞是问卷设计的最大挑战。表16—3包含了清晰和有效问题的撰写指南。问题的顺序也很重要：开放式问题必须有趣，足以“吸引”回答者参与，所以必须按逻辑顺序排列；人口（分类）问题应放在最后，这样他们更有可能回答。问卷设计、措辞以及问题顺序影响到回答的准确性，在邮寄问卷的情况下，还影响到回收的数量（回收率）。

表16—3　　问题措辞指南

1. 避免引导问题。诸如“你常常在史泰博（Staples）这样的节约成本的商店购物吗”或“你今天难道不满意史泰博的服务吗”这样的问题会把偏见引入调查中。

2. 避免将两个问题合二为一。例如，“在你看来，你上次去史泰博的时候，你省了钱并获得良好服务了吗?”显然，这里把两个问题合起来了，而它们应该分别陈述。

3. 问题必须清晰。例如，“你通常在哪里为你的家庭或办公室采购”这样的问题是不清晰的，因为其语句含糊。

4. 用消费者日常使用的词语。例如，不要使用动词“纠正”，而使用动词“改正”。

5. 问题对于受访者来说是可回答的。例如，任何人似乎都不能回答诸如“在过去的一个月中，你看了多少则关于史泰博的电视或报纸广告”之类的问题。

6. 问题对于受访者来说是愿意回答的。关于金钱、健康问题、个人卫生或性取向等问题会令受访者尴尬，他们也不愿回答。有时，问些不针对个人的问题能获得更多回答。例如，研究人员不能直接问老人是否失禁，而是应当向老人这样提问：“数以万计的美国人都有某种程度上的失禁。你或者你知道的任何人经历过这种困难吗?”

在开展消费者研究时，有很多常用的问卷类型。其中一种消费者调查形式就是**杂志读者调查**（magazine readership survey），如《地球杂志》（*EARTH Magazine*，一本科幻杂志）在图16—5中展示的那样。此类调查的开展旨在为出版商、编辑和发行总监提供消费者反馈以及为营销和销售人员提供信息，这使他们能够以更有说服力的营销手段向潜在的广告商或广告机构销售广告页面。特别要注意的是，对于从杂志读者关系调查中所获得数据的使用，其标准方式应是为客户准备一份关于出版物读者情况的文件，这样潜在的广告客户才能判断杂志的读者群是不是最能积极回应广告的消费者群体。

态度量表

研究者经常向受访者展示一系列产品属性，要求他们说出自己的相对感觉与评价。这种经常用来收集评估数据的工具叫**态度量表**（attitude scales）。最常用的态度量表是李克特量表、语义差异量表、行为倾向量表和等级顺序量表。

李克特量表（Likert scale）是最流行的态度量表形式，因为这种量表易于研究者编制、解释与抽样。受访者只要在那些描述调查对象的一系列态度中，选择或者写出对应“同意”或“不同意”的程度的数字就行了。这种量表中，处于中立态度两边的同意/不同意的选项一样多。李克特量表最主要的好处就是研究者有了这样一种选择：他们可以考虑是单独参考每一个陈述的答案还是将这些答案加总得出一个分数。

《地球杂志》：Ipsos Mendelsohn 读者调查

关于你和《地球杂志》

1. 你是在哪里购买这期《地球杂志》的？
   当地书报摊 ………………… □1
   机场候机厅书报亭 ……… □2
   书店（例如，博德斯(Borders)、巴诺(Barnes & Noble)） …… □3
   其他 ……………………………………………………………… □4

2. 你为什么买这期《地球杂志》？
   对大标题或封面包装感兴趣 ……………………… □1
   被封面艺术所吸引 ……… □2
   对某些特别的文章好奇……□3
   知道杂志的途径
   口头沟通 ………………… □4
   印刷媒体 ………………… □5
   广电媒体 ………………… □6
   互联网 …………………… □7
   关于固定专栏
   索引 ……………………… □1
   笔记 ……………………… □2
   阅读 ……………………… □3
   猜谜 ……………………… □4
   调查结果 ………………… □5
   注释 ……………………… □6
   评论 ……………………… □7
   论坛 ……………………… □8
   关于固定专栏（续）
   图片文章 ………………… □1
   小说 ……………………… □2
   政治报告 ………………… □3
   海外报道 ………………… □4
   非小说类叙事 …………… □5
   个人文章 ………………… □6

3. 你在过去的 12 个月中从书报摊/书店买了多少期《地球杂志》？
   1 期 ……………………… □1
   2～3 期 ………………… □2
   4～5 期 ………………… □3
   6～7 期 ………………… □4
   8～9 期 ………………… □5
   10～11 期 ……………… □6
   12 期 …………………… □7
   无 ………………………… □8

4. 你阅读《地球杂志》多长时间了？
   少于 6 个月 …………… □1
   7～12 个月 …………… □2
   1～2 年 ……………… □3
   2 年以上 ……………… □4

5. 最近 4 期的《地球杂志》中你读了多少期呢？
   4 期 ……………………… □1
   3 期 ……………………… □2
   2 期 ……………………… □3
   1 期 ……………………… □4
   一期都没有 …………… □5

6. 看一期典型的《地球杂志》，你一般花多长时间呢？
   少于 1 小时 …………… □1
   1～2 小时 …………… □2
   2～3 小时 …………… □3
   3～4 小时 …………… □4
   多于 4 小时 ………… □5

7. 《地球杂志》上的广告曾经促使你购买产品吗？
   是 ………………………… □1
   否 ………………………… □2

8. 与其他出版物相比，你对《地球杂志》的评价如何？
   我最喜欢的之一 ……… □1
   非常好 ………………… □2
   好 ……………………… □3
   平均水平 ……………… □4
   差 ……………………… □5

《地球杂志》网站

1. 你在过去的 12 个月中曾访问过《地球杂志》网站吗？
   是 ………………………… □1
   否 ………………………… □2→请跳至问题 4

2. 你访问《地球杂志》网站的频率如何？

每个月 1 次 ……………… □1	每周 1 次 ……………… □3	每周 4～5 次 ……………… □5
每周少于 1 次 …………… □2	每周 2～3 次 …………… □4	每周多于 5 次 …………… □6

3. 你每次访问《地球杂志》网站平均停留多长时间？

少于 5 分钟 ……………… □1	10～19 分钟 ……………… □3	30～59 分钟 ……………… □5
5～9 分钟 ……………… □2	20～29 分钟 ……………… □4	多于 1 小时 ……………… □6

4. 如果《地球杂志》网站可以让你阅读直到 1950 年的往期《地球杂志》，你愿意付费吗？

愿意 ………………………… □1　　不愿意 ……………… □2→请跳至“个人信息”部分

5. 你愿意花多少钱去阅读往期《地球杂志》呢？

1～9 美元 ……………… □1	20～29 美元 ……………… □3	40～49 美元 ……………… □5
10～19 美元 …………… □2	30～39 美元 ……………… □4	50 美元及以上 …………… □6

个人信息

1. 你是：　　男士…………□1　　女士…………□2

2. 请选择你的年龄段：

21 岁以下 ……………… □1	35～44 岁 ……………… □3	55～64 岁 ……………… □5
21～34 岁 ……………… □2	45～54 岁 ……………… □4	65 岁及以上 …………… □6

3. 你是：

已婚 ……………………… □1	单身 ……………………… □3	分居 ……………………… □5
同居 ……………………… □2	鳏寡 ……………………… □4	离异 ……………………… □6

4. 请选择你的最高教育水平：

高中肄业 ……………… □1	大学肄业 ……………… □3	研究生在读 …………… □5
高中毕业 ……………… □2	大学毕业 ……………… □4	研究生学位 …………… □6

5. 请说明你的工作状态：

全职员工（每周 35 小时或更多）　…… □1　　目前无工作…………□3 ⎤ 跳至问题 6
兼职员工（每周少于 35 小时）　……… □2　　退休……………………□4 ⎦

你的职位名称、地位或等级是什么？（请具体说明：例如，合伙人，首席执行官，副主席等）________
你做什么工作？（请具体说明：例如，会计，簿记员，律师，建筑师等）________

6. 你的家庭去年税前全部收入是多少？

少于 50 000 美元…………□1	500 000～749 999 美元………□1	2 500 000～2 999 999 美元…□1
50 000～99 999 美元………□2	750 000～999 999 美元………□2	3 000 000～3 999 999 美元…□2
100 000～199 999 美元……□3	1 000 000～1 499 999 美元……□3	4 000 000～4 999 999 美元…□3
200 000～299 999 美元……□4	1 500 000～1 999 999 美元……□4	5 000 000 美元及以上………□4
300 000～499 999 美元……□5	2 000 000～2 499 999 美元……□5	

请加入我们！《地球杂志》读者咨询小组是由《地球杂志》读者组成的专门小组。通过未来的调查，你对于消费者趋势的愿景——来自科技革新、文化和旅游——将对你所阅读的《地球杂志》产生直接影响。如果你想要加入《地球杂志》读者咨询小组，请在以下横线填写你的电子邮件地址：

你的电子邮件地址：______________________@______________________

非常感谢您！

请将完成的调查问卷放在所附的回邮信封内寄回。

图 16—5　杂志读者调查

资料来源：EARTH Magazine Readership Survey (New York, Ipsos Mendelsohn, 2008).

与李克特量表一样，**语义差异量表**（semantic differential scales）也相对容易编制与管理。这种量表由一系列典型的两极性的形容词组成（比如好/坏、热/冷、喜欢/厌恶或者昂贵/便宜），这些词语被放在一个连续的奇数列（如 5 级或者 7 级）的两端。受访者被要求基于这些属性来评估某个概念，并在该连续的数字列上指出他们认为最能反映他们的感觉与观念的点。必须注意，一定要变换正面的与负面的词语在量表左右两端的位置，以避免消费者被访时的偏见。语义差异量表的一个重要特征就是它能用图形来勾勒消费者对某个被研究概念的认识。语义差异量表也可用来比较消费者对竞争性产品的认知，当进行对现有产品与对“理想”产品的认知的对比衡量时，它可用来指明产品需改进之处。

行为倾向量表（behavior intention scale）测量的是消费者在未来以某种方式行动的可能性，如再次购买产品或将产品推荐给朋友。这些量表都很容易编制，即要求消费者对他们将来的行为作一个主观的判断。

使用**等级顺序量表**（rank-order scales）时，要求被访者根据一定的标准按其偏好对一些项目进行排序，比如产品、零售店或网址，这里所说的标准为整体质量或金钱的价值。等级顺序量表能提供重要的竞争信息，它能使得市场营销者识别在产品设计与产品定位中需改进的地方。图 16—6 中提供了这些在消费者研究中常用量表的示例。

李克特量表

针对下列陈述，在下列答案中选择最能描述你对每一陈述赞成或反对的程度的答案。

1. 强烈赞同　2. 赞同　3. 既不同意也不反对　4. 反对　5. 强烈反对

________网上购物是有趣的。

________我不敢在网上给出我的信用卡号码。

消费者满意度测量

从总体上看，你对 X 银行的网上银行服务有多满意？________

1. 非常满意　2. 满意　3. 既不满意也不是不满意　4. 不满意　5. 非常不满意

重要性量表

下面给出了一些和网上购物相关的功能。对于每一功能，选出最能表达其对你的重要性的选项。

1. 相当重要　2. 重要　3. 既不重要也不是不重要　4. 不重要　5. 一点也不重要

________下载订单表格的速度。

________能在网上注册。

语义差异量表

对于下列这些特性，选出一个最能表达你对该特性在网上银行应用情况的印象的选项。

有竞争的 |—|—|—|—|—|—| 无竞争的

可靠的 |—|—|—|—|—|—| 不可靠的

注意：同一个语义差异量表可以应用于两项竞争性的服务，如网上银行与一般的银行。依据量表中的两极性的形容词，很容易对两个选择以图形勾勒和表示出来。

行为倾向量表

在以后的 6 个月内，你有多大可能继续使用 X 银行的网上银行服务？________

1. 肯定会　2. 可能　3. 也许会也许不会　4. 可能不会　5. 肯定不会

你有多大可能将 X 银行的网上银行服务推荐给朋友？________

1. 肯定会　2. 可能　3. 也许会也许不会　4. 可能不会　5. 肯定不会

等级顺序量表

我们想了解你对银行服务方式的偏好。请在下列你最喜欢的方式前标 1，次喜欢的方式前标 2，直到标完所有的方式。

______在银行里面　　______在线银行　　______电话银行服务

______ ATM　　______邮件银行服务

图 16—6　态度量表

顾客满意度测量

测量顾客满意水平与主要决定因素对每个公司来说都很重要。市场营销者可以使用这些数据来维持顾客，销售更多的产品和服务，提高其提供物的质量与价值，以及更有效率和更富有成效地运作。**顾客满意度测量**（customer satisfaction measurement）包括定量的与定性的测量，以及一系列和顾客联系的方法。

顾客满意度调查（customer satisfaction surveys）是为了衡量顾客满意度，并调查顾客的满意程度与产品或服务的相关属性，以及这些属性的相对重要性（使用一个重要性的量表）。一般来说，顾客满意度调查使用5级语义差异量表，从“非常不满意”到“非常满意”。研究显示，那些表示“非常满意”（通常是满意度量表中的5分）的顾客比那些“满意”（4分）的顾客的盈利性与忠诚度要高得多。因此，那些仅仅追求顾客“满意”的公司正在犯致命的错误。[17]一些研究者研究得出一套量表来测量所接受的服务与两种期望水平的对比：充分的服务与要求的服务，这也能测量对于购买服务的消费者未来的意愿。[18]这种方法比标准的顾客满意度测量更切合实际，产生的结果也更能用来为未满足顾客期望的产品和服务提供纠正措施。

神秘顾客（mystery shoppers）是专业的观察者，佯装成顾客去调查，参考公司的服务标准对运行服务进行无偏见的估测，以识别提高产能与效率的机会。例如，一家银行让神秘顾客在与职员就其他事情接触时留下买房或寻求大学助学贷款的信息，然后就开始计时职员要多久才能快速有效地将银行的相关产品与服务介绍给他们。一家公司要求销售人员检查那些购买含暴力内容音像制品的青少年顾客的身份证，他们会雇用神秘顾客去检查他们的销售人员是否做到了这点。

分析顾客抱怨对改进产品和顾客服务十分关键。分析顾客抱怨研究表明，事实上只有一小部分不满意的顾客会抱怨。大部分不满意的顾客不会说什么，而是转向竞争对手。一个好的**抱怨分析**（compliant analysis）系统应该鼓励：

1. 顾客抱怨不满意的产品或服务。
2. 顾客对服务改进提供建议，因此应不断询问顾客：“每件事都怎么样？”
3. 设立“反馈处”，例如热线，专门配备员工倾听顾客的评论或者主动找顾客来评论（如酒店大堂或结账处）。

由于每一个抱怨本身只能提供一点点信息，公司必须有一个先将抱怨分类然后进行分析的系统。

分析顾客流失包括弄清楚顾客离开公司的原因。高顾客忠诚度是一项重要的竞争优势，因为维持现有顾客的成本比开发新顾客的成本要低得多。因此，公司必须找出为什么顾客会离开（例如，通过离开访谈）并在顾客考虑离开的时候进行干预。比如说，一家每年会流失20%客户的银行发现，在解读流失数据时，根据地理与家庭生命周期来细分流失的顾客是无效的。这家银行将500名忠诚客户的交易记录与500名流失客户的交易记录进行了对比，比较了交易的数量、交易频率和平均波动情况。这家银行发现交易方式可能会导致未来的顾客流失，它开始关注那些潜在的流失者，并鼓励他们留下来。[19]

抽样与数据收集

因为取得全部人口中每一个人的信息是不可能的，研究人员必须使用样本。**样本**（sample）是用来估计整个人口特征的部分人口。因此，样本必须是研究总体的代表。尼尔森公司最近发现，对样本可能不是它的总体的代表的怀疑会危及所有收集到的数据的可信性，因此必须及时予以处理。尼尔森几十年来一直用收视率来估计电视观众和计算广告费用，但最近客户指责说，尼尔森的样本已不再是美国人口的代表，因为它没有准确反映美国人口结构的改变，以及消费者中谁在使用诸如 TiVo 设备进行“时移”，并在逃避直播和录制节目中的广告。针对这些批评，尼尔森已经重新设计了样本，包括显著增加种族构成的比重和努力反映出他们看电视习惯的改变。[20]

抽样计划是研究设计中必需的部分。抽样设计强调三个问题：调查谁（样本单位）、调查多少（样本量）以及如何选择他们（抽样程序）。决定调查谁要求对所要收集数据的市场的领域与边界有清晰的认识，以便可以选择一个合适的样本（例如，有工作的母亲）。样本量取决于预算的大小与市场营销者对该研究的信度的要求。样本量越大，受访者在研究中就越可能反映整个领域的情况。有趣的是，通常小样本也能提供可靠的结果，这取决于所选择的抽样程序。

有两种类型的抽样。在**概率抽样**（probability sample）中，研究中所有人口的每一个成员均有非零的中选机会。在**非概率抽样**（nonprobability sample）中，所研究的人数以非随机的方式预先决定，它是基于研究人员的判断或决定在一个特定的群体中选择一定数量的回答者。表 16—4 总结了各种概率抽样与非概率抽样设计的特点。

表 16—4　抽样的类型

概率抽样
简单随机抽样：每个人都有相同的被抽取的机会。
系统随机抽样：随机选择一组人群，然后，每隔一定的距离抽取一个单位构成样本。
分层随机抽样：人群被分成几个互斥的集合（例如年龄组），从每一组中抽取随机样本。
整群（区域）抽样：人群被分为几个互斥的集合，然后，研究人员从某一组中抽取样本。
非概率抽样
便利抽样：研究人员从最可能接近的人群获得想要的信息（例如，教室里的学生）。
判断抽样：研究人员使用自己的判断来选择能获得准确信息的人群（例如，相关领域的专家）。
配额抽样：研究人员在每一个类别中采访规定的人数（例如，50 位男士和 50 位女士）。

数据收集

抽样选择之后的步骤是数据收集。正如前面所述，定性研究通常需要专业的社会学家来收集数据。定量研究一般使用现场成员，他们要么是由研究者直接招募与培训的，要么是从公司里面抽调出来参与现场访问的。每种情形下，都需要证实访谈是否真正进行了。这项工作有时是采用给受访者邮寄明信片的方式，让受访者证实他们在问卷上所记录的时间接受了调查。完成的问卷要依据研究过程的基本原理加以审核，以确保记录的结果清晰、完整、易读。

16.4　结合定性研究与定量研究

研究人员会根据研究目的的不同选用不同的研究方法。例如，如果研究的目的是为一套新在线约会交友系统设计细分测量，研究人员会收集人口特征（例如在选定的城市区域在线的男女的年龄范围、婚姻状况和职业）等二手数据。然后，研究人员会和营销经理共同界定目标研究人群（例如单身、大学教育程度、年龄在 18～45 岁之间、住在波士顿城市区域的男女）的范围（例如定义抽样单位）。定性研究（例如焦点小组法）会首先用于收集目标群体对约会网友、特殊兴趣和希望在线约会交友系统提供的功能等的态度和看法。研究结论应该对目标群体的特定年龄组和所提供的服务给出一个探索性概括。

营销经理随后会指导研究人员完成定量研究，目的在于确认和附加数字等硬性资料至焦点小组访谈得到的结论中。第一阶段研究应该为设计研究内容和直接开展大规模调查提供有效的观点。但是，如果对研究设计的因素仍心存怀疑，例如问题措辞或形式，营销精英和研究者应该首先进行一个小规模探索性研究。然后，对问卷和研究设计中的其他任何因素进行修正后，他们会利用概率抽样方法展开大规模定量调查，以保证研究结论对单身群体的总体适用性。市场分析应根据社会文化、生活方式特征、媒体使用习惯、态度和地理人口细分特征对在线约会服务的潜在顾客进行市场细分。

营销者经常会完成包含定性和定量元素在内的研究项目。例如，他们利用定性研究探索新想法，开发促销策略。他们利用定量研究评估以特殊方式（即积极或消极）给予反馈的消费者数量。通常，从定性研究中得到的想法要经过定量研究的实证检验。通过定量研究验证的预测与通过定性研究提供的理解相结合，产生一个更加详细的对消费者行为的分析。

在现实中，许多消费者研究同时或顺序进行相互关联的定性和定量研究，或者在一个或一个以上的定性研究与一个或一个以上的定量研究间轮回进行。本书第一作者在为 AT&T 公司开展的许多研究中，在使用国内消费者数据库，或在专业公司通过邮件、电话问卷调查收集数据进行定量分析之后，使用焦点小组或深度访谈调查研究是很常见的。重要的是应记住，对于以市场为导向的企业，消费者研究并不只是由单一的研究组成，而是由一系列的研究——往往是定性研究（最常见的焦点小组和/或深度访谈）和定量研究（最常见的调查研究形式如消费者反应研究小组数据或者实验法）混合组成的。通常来讲，从某轮特定研究中得出的见解都将被评估，以确定是否需要更多的研究，如果结果为“是”，那么其他研究的宗旨和类型应当是什么。混合研究的结果能够使市场营销者设计出更有意义和更有效的营销策略。表 16—5 比较了定量研究和定性研究设计。

表 16—5　定量研究与定性研究设计元素比较

	定性研究	定量研究
研究目的	定性研究提供关于新产品的见解和确认对于目标市场的定位战略。隐含的观点应由定性研究发现。定性研究也常用于提炼定量研究的目标和措辞。	定量研究用于描述一个目标市场——它的特征以及各部分对市场营销组合要素的可能反应。其结果用于市场营销战略及市场营销决策。
问题类型和数据收集方法	主持人或访谈者提出开放式的、非结构化的问题和压力测试。定性研究还运用投射技术，包括伪装问题和对图片或原型的回答。	定量研究通常由封闭式问题组成，它们的回答是预先设定好的选项以及有限的需要编码的开放式问题。

续前表

	定性研究	定量研究
主要方法	焦点小组和深度访谈。	包括量表和非伪装问题的调查问卷。定量问卷通常由自我管理式调查，或由研究人员开展的通过电话、电子邮件或在线的调查组成。其他的定量数据收集方法包括消费者观察、实验法、消费者反应研究小组等。
抽样方法	小型非概率抽样；其结果不能作为所研究对象总体的代表。	大型概率抽样。如果资料收集工具有效和可靠，其结果可视作研究对象总体的代表。
数据分析	资料包括录音带和口头回答的副本。数据分析由熟练的研究人员执行。研究人员要设法识别出来自参与者的重复回答的“主题”。	数据被收集后，在数据库中录入并编码。研究人员使用大量统计方法进行数据分析，并估计其结果多大程度上代表总体。

16.5　数据分析与报告研究结果

在定性研究中，主持人或者测试管理者通常要分析收到的结果。在定量研究中，研究者主管分析。自由随意回答的结果首先要编码并量化（如转化成数值分数）；然后所有这些结果都要经过精密的程序进行计算与分析，用选择的变量将它们相关联，再用选择的人口统计特征将它们聚类。

在定量与定性研究中，研究报告包括一个关于结果的简短总结。研究报告中要不要对营销行为提供建议取决于营销管理者的安排。报告的主体包括对使用的研究方法的完整描述，对定量研究而言，还要有支持结果的表格与图片。

小结

在消费者研究过程中，准确地制定研究目标是第一步也是最重要的一步。如何细分电子书阅读者市场？如何检验消费者对在线购物的态度？多少家庭会在网上购买食物？不论关键研究问题是什么，对于研究人员和营销经理而言，重要的都是针对特定研究目的和研究对象如何制定统一的开始。将研究目标具化到纸面上可以保证需要的信息被收集好，并避免成本错误。

二手资料是为了一个最初研究目的收集的现存信息，而不是为了现有研究。二手数据研究的目的很简单，即确定利用现有信息是否能够解答或部分解答研究问题。花费金钱和精力，并在尚未确定是否有可利用信息的前提下收集新信息看上去并不明智。

二手资料的第一个来源是起初另有他用的现有国内信息。它可能最初从销售统计、过去的消费者服务电话记录、消费者投诉信或保修卡中收集而来。

二手资料的第二个来源是组织或公司的外部信息。它们形式各异。一些可以通过图书馆免费获得，另一些可以通过交纳象征性收费获得，但仍有一部分需要花费巨大才能获得。外部二手资料的主要来源包括：政府、流行出版物和职业出版物以及学术出版物的文章、辛迪加商业资源。

如果研究目的在于为产品或促销提供新创意，研究人员应该利用定性研究。定性研究包括焦点小组、深度访谈和投射技术。

如果研究目的在于发现有多少消费者符合目标市场的地理人口统计特征或心理特征，或者发现购买指定品牌的消费者特征和他们是否具有品牌忠诚市场，营销人员应该利用定量研究。定量研究包括观察法、实验法和调查法。

市场营销人员经常完成将定性研究（包括焦点小组和/或深度访谈等）和定量研究（包括调查法等）相结合的研究项目。例如，他们利用定性研究结论来产生新创意和开发促销策略，利用定量研究评估以特殊方式（即积极或消极）给予反馈的消费者数量。通常，从定性研究中得到的想法要经过定量研究的实证检验。通过定量研究验证的预测与通过定性研究提供的理解相结合，产生一个更加详细的对消费者行为的分析。

在定性研究中，研究主持人通常要分析收到的结果。在定量研究中，研究者主管分析。在定量研究与定性研究中，研究报告都包括一份关于结果的简短总结。研究报告中要不要对营销行为提供建议取决于营销管理者的安排。

复习与讨论题

1. 你是否做过市场营销调查研究的受访者？如果做过的话，你是如何被引导的？你知道是如何被选中的吗？你是否知道或者是否猜测过该调查的目的？在整个调查中你是否知道公司或品牌的名称？

2. 原始数据研究与二手资料研究之间有什么差别？在哪些情况下，二手资料研究可使原始数据研究变得不必要？有哪些主要的二手资料来源？

3 使用二手资料的优势和局限是什么？

4. 一家企业生产了一款用于洁齿的新产品，这家企业想了解包装设计和商标信息在消费者产品感知和购买意愿上的效果。你会建议这家企业使用观察性研究、实验法还是调查法？请解释你的选择。

5. 研究者为什么倾向于使用焦点小组而不是深度访谈呢？深度访谈在什么时候会更受欢迎？

6. 如果研究者采用的是概率抽样，而不是非概率抽样，那么研究结果是如何得到转换并被加以解释的？解释你的答案。

7. 为什么观察性研究成为消费者研究中一个更重要的部分？描述能够用于观察消费行为的两种新技术，并解释为什么对于相同的消费者行为，使用它们比直接向消费者提问更好。

实务练习

1. 露得清公司是一家年轻成人个人护理产品制造商。这家公司打算扩展它的洗面奶产品线。围绕这个目标，为这家公司设计：（1）一个定性研究计划；（2）一个定量研究计划。

2. 以焦点小组访谈、深度访谈（包括图16—2和图16—3）为基础，开发一个关于研究大学生手机品牌和类型的讨论指南。

3. 使用图16—6中的态度量表，创建一种工具去测量你的同学对大学中的技术支持服务的看法。

4. 运用图16—6中的量表，根据如下指南，设计一份问卷，用来调查学生对于本门课程教师的态度。

a. 通过李克特量表，准备测量学生态度的5个陈述。

b. 准备一个5级语义差异量表来测量学生的态度。

c. 同一个侧面能够用不同的量表技术来测量吗？解释你的答案。

关键术语

态度量表（attitude scales）
行为倾向量表（behavior intention scale）
封闭式问题（closed-ended questions）
整群（区域）抽样（cluster（area）sample）
抱怨分析（complaint analysis）
消费者反应研究小组（consumer panel）
消费者研究（consumer research）
控制实验（controlled experiment）
便利抽样（convenience sample）
顾客终身价值概况（consumer lifetime value profiles）
消费者满意度测量（customer satisfaction measurement）
消费者满意度调查（customer satisfaction survey）
深度访谈（depth interview）
讨论指南（discussion guide）
电子邮件调查（e-mail surveys）
实验法（因果研究）（experiments（casual research））
探索性研究（exploratory study）
焦点小组（focus group）
互联网调查（Internet surveys）
判断抽样（judgment sample）
李克特量表（Likert scale）
杂志读者调查（magazine readership survey）
邮件调查（mail surveys）
动机研究者（motivational researchers）
神秘顾客（mystery shoppers）
非概率抽样（nonprobability sample）
观察性研究（observational research）
开放式问题（open-ended questions）
个人访谈调查（personal interview surveys）
生理观察（physiological observation）
初始研究（primary research）
概率抽样（probability sample）
投射技术（projective techniques）
定性研究（qualitative research）
定量研究（quantitative research）
配额抽样（quota sample）
等级顺序量表（rank-order scale）
信度（reliability）
样本（sample）
抽样方案（sampling plan）
筛选型问卷（screener questionnaire）
二手资料（secondary data）
语义差异量表（semantic differential scale）
简单随机抽样（simple random sample）
分层随机抽样（stratified random sample）
系统随机抽样（systematic random sample）
电话调查（telephone interview surveys）
测试营销（test marketing）
效度（validity）

案例

皮马航空航天博物馆

"伟大的纸飞机项目"

主导机构：BBDO San Francisco

辅助机构：Hunter Public Relations

战略挑战

藏身于靠近图森的广阔的亚利桑那大沙漠，皮马航空航天博物馆（Pima Air and Space Museum）内有 300 余架飞机和 125 000件古器物。博物馆的展览目的在于展示和解释宇宙航空的历史。2011 年 7 月，超过 50%的博物馆访客是 60 岁以上的航空历史狂热粉。博物馆意识到它应该吸引新一代来保证未来发展。管理层明白因为展览内容的特殊性，他们应该抓住父母和孩子作为突破点。

目标

1. 将皮马航空航天博物馆放在"地图"

上。皮马航空航天博物馆藏身于沙漠中的世界级目的地。为了增加关注度，博物馆必须使自身的媒体曝光率超过图森。

2. 通过吸引年轻游览者来转换受众人口统计特征。理想中的年轻游览者应该是25～50岁的年轻父母。

观点

通过与带小孩的年轻妈妈的访谈可以发现，许多妈妈把皮马航空航天博物馆视为过度杀戮的标识，而非英雄式的纪念。皮马航空航天博物馆馆藏的许多飞机是军队历史的标志，但很多证据显示航空起源于应用数学、物理学、设计学和环境科学。

皮马航空航天博物馆的镇馆之宝是一架洛克希德SR-71“蓝鸟”，这架飞机在20世纪60年代制造，是当时先进的远程战略空中侦察机。在执行侦察任务时，SR-71可以高速精准地打击目标。如果飞行员侦察到地对空导弹，会加速并使飞机的飞行速度快于导弹。SR-71于1964—1998年在美国空军服役。一共制造了23架SR-71飞机，12架在事故中报废，却没有一架被敌军击毁。

好主意

皮马航空航天博物馆通过提供设计、制造和试飞世界上最大的纸飞机这一实务操作课程，吸引年轻的新一代航空粉丝。

实施

博物馆在当地学校举办纸飞机大赛，邀请390余名当地教师并提供如何折纸飞机，如何让飞机起飞、降落等定制课程计划。200多名当地学生参加了竞赛，获胜者的飞机最多可以飞90英尺远。

通过与专家团队的合作，获胜者的飞机被制造成世界上最大的纸飞机。然后，45英尺长的飞机被直升机吊到亚利桑那沙漠的3 000英尺高空，随后进行它第一次也是唯一一次的放飞。经过短暂的自由降落，飞机达到了98米/小时的最高飞行速度。在不是很完美的落地后，这个世界上最大的纸飞机被收藏进博物馆供大家参观，并辅以一份对竞赛和飞机制造的说明文件。

问题

1. 在设计纸飞机竞赛的时候，心理因素、社会文化因素和沟通因素各是什么？

2. 探讨博物馆所面临的定位问题。

3. 制造和放飞世界上最大的纸飞机是一次性活动。它如何能为博物馆带来连续的媒体曝光量？

4. 你如何衡量博物馆是否已经达到了它的目标？

5. 假定博物馆吸引了新的消费者，它应如何维系他们并提高重复访问率？

资料来源：Effie World，Effie Showcase Winners. Reprinted By Permission. Pima Air And Space Mueum Is A 2013 Gold Effie Winner. For Information on Effie's Programs For Students，Visit The Collegiate Effies At Www. Effie. Org.

术语表

绝对感觉阈（absolute threshold） 个体能体验到感觉的最低水平。这个水平是个体区分“有”和“无”的感知界限。参见差别感觉阈。

文化适应（acculturation） 对一种新文化的学习。参见文化习得。

成就需要（achievement need） 将个人成就视为自信、乐于承担预期风险的产物。

实际自我形象（actual self-image） 个体对于自我的知觉。参见社会自我形象和理想自我形象。

定址广告（addressable advertising） 商家根据收集的个体消费者过往购物经历和网上浏览记录，推送给个体消费者的定制化信息。

采用者分类（adopter categories） 一种分类系列，用来描述一个消费者与其他消费者相比购买一种创新品（例如新产品或新型号）时的先后顺序。参见早期采用者、创新者、早期多数、晚期多数和落后者。

采用过程（adoption） 创新采用的最后一个阶段。创新采用是指消费者考虑是否采用创新产品的决策过程。当消费者对创新产品感兴趣并试用后，会采用（购买）创新产品。如果满意，消费者会重复购买创新产品。如果不满意，则不会发生重复购买行为。参见创新采用。

广告植入式游戏（advergames） 在家里、商场、网上玩的电子游戏中嵌入特定的产品品牌。

广告疲劳（advertising wear-out） 对重复性广告曝光过度，使得个体产生厌倦，他们的注意力与记忆力也因而下降。

情感参照决策规则（affect referral decision rule） 一种决策规则，即消费者所作出的产品决策是基于他们先前已建立起来的对所考虑品牌的总体评价，而不是基于具体属性。参见补偿性决策规则。

情感要素（affective component） 三要素态度模型中的第二要素。它代表个体对于态度对象的感觉和情绪，这种感觉和情绪被视为一种评价，因为它们捕捉个体对于态度对象的总体评估（亦即个体对态度对象“喜欢”或“不喜欢”的程度，“好”或“坏”的程度）。参见李克特量表、语义差异量表和三要素态度模型。

归属需求（affiliation need） 一种类似于社会需求的心理需求，反映个体对于友谊、接纳和归属感的渴望。

富裕市场（affluent market） 细分市场的上层，由收入高于100 000美元（根据大多数定义）的家庭组成。然而，“富裕”程度因地理位置不同而有所差异。参见社会阶层。

攻击性（aggression）当遭遇挫折时以攻击性回应来面对。参见防御机制。

好战型个体（aggressive individuals） 是卡伦·霍尼（一位新弗洛伊德学派学者）定义的三种个体类型之一，是喜欢对抗他人，喜欢表现自我，赢得他人尊重的人。参见顺从型个体和独立型个体。

爱达模式（AIDA） 受广告商青睐的一种认知学习模型的缩写，指与产品相关的学习过程经历四个阶段：集中注意力，产生兴趣，形成欲望，促成购买。参见认知学习。

辅助性记忆（aided recall） 一种认知测试，用于测量学习和沟通的有效程度。具体是指先给消费者展示一则广告，然后询问他们是否记得或见过此广告，是否能够回忆起任何特点。参见非辅助性记忆。

环境媒体广告（ambient advertising）参见体验营销。

埋伏营销（ambush marketing） 将广告置于消费者没期望看到且无法轻易避开的场所。

美国核心价值观（American core values） 影响并反映美国社会特征的行为准则和规范。主要包括普适性（例如相当高比例的美国人已经接受它们）、持续性（例如不同于时尚，它们已经在相当长的时间内影响美国人的行为方式）以及与消费行为相关（例如本书的情境）。参见文化。

人类学（anthropology） 针对人类社会的文化和发展进行的比较研究。参见内容分析、文化和现场观察。

拟人论（anthropomorphism） 将人类的特征赋予到一个物体上。参见品牌人格化。

趋近目标（approach objects） 引导行为朝向的积极目标。参见回避目标。

应用程序（apps/applications） 安装在个人电脑、平板电脑或智能手机上的软件，可以用于游戏、获取在线资源和社交。

态度（attitude） 一种习得的倾向，将使得针对给定的对象表现出一贯的喜欢或不喜欢的行为。

行为导向的态度模型（attitude-toward-behavior model） 该模型认为消费者针对某种特定行为的态度是他相信这种行动会产生特定结果的程度的函数（或者是赞同的，或者是不赞同的）。

对象导向的态度模型（attitude-toward-object model） 该模型认为消费者对产品或品牌的态度是该产品或品牌呈现的某种属性以及消费者对该属性评价的函数。

广告导向的态度模型（attitude-toward-the-ad model） 该模型认为消费者所形成的各种感觉（情感）和判断（认知）是接受广告的结果，这也反过来影响消费者对广告的态度和对品牌的信念与态度。

归因理论（attribution theory） 这种理论关注的是人们如何将因果关系归于事件，以及如何以他们对自己及他人行为的评估结果来形成或改变他们的态度。

威权型父母（authoritarian parents） 在子女的消费者社会化过程中对子女非常严格和冷漠的父母。参见威信型父母、放任型父母、忽视型父母。

威信型父母（authoritative parents） 在子女的消费者社会化过程中对子女非常和蔼但也非常严格的父母。参见威权型父母、放任型父母、忽视型父母。

自主决策（autonomic decision） 一项购买决策要么是丈夫，要么是妻子最后作出。参见丈夫主导决策、联合决策和妻子主导决策。

回避目标（avoidance object） 引导行为远离的消极目标。参见趋近目标。

知晓（awareness） 是创新采用的第一阶段。创新采用是指个体是否采用创新技术的决策过程。在这一阶段，消费者开始意识到创新技术可以使用。参见创新采用。

"婴儿潮"一代（Baby Boomers） 在1946—1964 年之间出生的人。参见亚文化。

单身期（bachelorhood） 在家庭生命周期情境下，未婚或是无子女的状态。参见家庭生命周期。

行为倾向量表（behavioral intention scale） 一种用来测量消费者未来某种行为的可能性的量表，比如他们是否会再次购买某种产品或者推荐给朋友。参见定量研究。

行为数据（behavioral data） 通过直接询问（或观察）消费者得到的行为细分数据，利用人口统计特征等可测量的客观标准进行分类。主要包括：(a) 消费者固有特征（例如年龄，性别，婚姻状态，收入和教育）；(b) 消费行为（例如购买产品数量，进行休闲活动的频率或购买特定产品的频率）。参见认知因素。

行为学习（behavioral learning） 该理论基于这样一种假设：学习是作为对外部刺激的可观察到的反应而发生的。也称作刺激反应理论。参见经典条件反射。

行为的目标市场选择（behavioral targeting） 向消费者发送个人定制化的促销信息，并在合适的时机向他们传达高度相关的信息。与传统的市场细分手段相比，这样更加准确高效。

利益细分（benefit segmentation） 基于消费者在产品和服务中所追寻的利益种类而做的细分。

博客（blog） 由分立的条目（帖子）组成，用于讨论或传达资讯的在线日志。

品牌社区（brand communities） 由对一个品牌形成品牌依恋的消费者组成的在线论坛。

品牌资产（brand equity） 品牌名称的固有价值，是基于消费者对品牌优势的知觉，使用品牌产生的社会声望，以及消费者对品牌的信任和定义。

品牌忠诚（brand loyalty） 衡量消费者购买特定品牌的频率，是否会转换品牌以及如果发生品牌转换，频率是多少，以及消费者愿意定期购买特定品牌的程度。

品牌人格化（brand personification） 在广告中赋予一个品牌以人的特征。参见拟人论。

品牌植入（branded entertainment） 将产品植入娱乐内容中，或根据要推广的品牌设计娱乐内容。参见产品植入。

宽泛产品类别者（broad categorizers） 对于低风险感知者而言，因为宁愿接受错误选择的后果也不想缩减限制选择范围，所以更愿意从相当宽泛的选择范围内进行决策。参见狭窄产品类别者、知觉风险和风险厌恶。

传播代理（buzz agent） 被商家雇用来暗中促销产品的消费者，通常是为获得免费的产品样品。参见口碑。

受控式广告屏（captive advertising screens） 将促销信息放置在消费者消磨时间（通常不希望看到广告）的地方，例如电梯、电影院、零售商店、餐馆、酒吧、健身房，大学校园和交通运输工具。参见隐性营销。

善因营销（cause-related marketing） 商家将一定比例的特定产品获利捐献给贫困群体，例如帮助绝症患者或遭受灾难的难民。

名人出演（celebrity actor） 出演某产品的商业广告的名人。

名人证明（celebrity endorsement） 使用名人的名字或形象来保证或担保某产品或服务，该名人可能是这方面的专家，也可能不是。

名人代言（celebrity spokesperson） 在一段持续的时间使用一个名人来代表一个品牌或公司。

名人推荐（celebrity testimonial） 在使用过的基础上，一个名人宣称证实一个产品或服务的质量。

中心说服路线（central route to persuasion） 一种促销理论，认为高介入度的消费者最好通过以产品特殊属性为核心的（中心路线）广告来接触。参见精细可能性模型和外围说服路线。

组块（chunking） 由消费者重新编码熟悉的、较大量信息的加工过程，会导致消费者回忆起相关的信息。

经典条件反射（classical conditioning） 行为学习的一种形式，是指动物或人类可以通过重复练习在动作和刺激之间形成联系。一些学者将其描述为通过对刺激的反复曝光形成的“膝跳”（或自动）反应。

完整（closure） 将感知的信息碎片组合成一个完整画面或感觉的本能。如果个体感知到这一刺激是不完整的，他们会不由自主地去探索它的完整含义。

整群抽样（cluster sample） 一种概率抽样方法。将人群划分成彼此独立的群组（例如街区），研究人员再选取群组中的一个样本进行研究。参见概率抽样。

认知年龄（cognitive age） 个体的感知年龄，并非实际年龄。

认知关联学习（cognitive associative learning） 一种学习理论，将经典条件反射视为事件之间的关联学习，可以帮助消费者预测事件，而不是一个反射动作。

认知要素（cognitive component） 三

要素态度模型中的第一要素。它代表个体对态度对象特征的认识和知觉，这种认识和知觉共同组成针对对象是否拥有特定属性的看法。参见李克特量表、语义差异量表和三要素态度模型。

认知失调理论（cognitive dissonance theory） 一种由于冲突信息所导致的消费者感受到的不愉快的情绪。参见购后失调。

认知因素（cognitive factor） 通过对心理因素的测量聚集起来的细分数据。主要包括：(a) 消费者固有特征（例如人格特质，文化价值观，对消费行为和社会问题的态度）；(b) 消费态度，消费行为和消费偏好，从产品中寻求的效用，以及针对消费的许多方面的态度。参见行为数据。

认知学习（cognitive learning） 当遇到需要解决的问题时，个体通过对信息进行有次序的心智处理来完成学习过程。参见创新采用和三要素态度模型。

沟通（communication） 传达或交流信息的过程。在消费者行为情境下，它是指通过媒体（交流渠道）将信息从发送者（信息源）到接收者（消费者）的传递过程。参见正式信息来源、非人际沟通、非正式信息来源和人际沟通。

沟通反馈（communication feedback） 接收者对于沟通信息的反馈，告知发送者沟通信息是否被收到。参见回忆测试和识别测量。

对比广告（comparative advertising） 商家宣称其产品优于广告中的竞争品牌的一种广告形式。参见全面信息。

比较性影响（comparative influence） 个体将自己与其尊重欣赏的人进行对比后，吸取他们的优点或模仿他们的行为的过程。参见规范性影响和参照群体。

适应性（compatibility） 影响消费者是否接受一个新产品的五大决定因素之一，指潜在消费者将新产品与自己现有需求、价值观和实际情况匹配后的一致程度。参见其他四个因素：复杂性、可观察性、相对优点和可试用性。

补偿性决策规则（compensatory decision rule） 一种消费者就每一相关属性评价各个品牌，然后选择评价得分最高品牌的决策规则。参见非补偿性决策规则。

抱怨分析（complaint analysis） 为发现产品不足和提高产品或服务的质量，从不满意的顾客处收集抱怨并对此加以分析。

复杂性（complexity） 影响消费者是否接受一个新产品的五大决定因素之一，指新产品难以被了解或使用的程度。参见其他四个因素：适应性、可观察性、相对优点和可试用性。

顺从型个体（compliant individuals） 是卡伦·霍尼（一位新弗洛伊德学派学者）定义的三种个体类型之一，是指顺从他人，渴望被爱、被需要、被欣赏的人。参见好战型个体和独立型个体。

强迫消费行为（compulsive consumption） 指那些对买东西上瘾或失控的消费行为，这种行为经常对消费者本身和周围的人造成破坏性结果。

行为意图要素（conative component） 三要素态度模型中的第三要素。它代表个体将对态度对象实施特定的举动。在消费者行为中，行为意图要素被视为是消费者购买意向的表达。参见行为倾向量表和三要素态度模型。

条件反射（conditioned response） 对于条件刺激的反应。参见条件刺激。

条件刺激（conditioned stimulus） 在重复刺激下，与特定事件或感觉相联系的刺激。参见经典条件反射、条件反射和非条件刺激。

连接决策规则（conjunctive decision rule） 一种非补偿性决策规则，消费者为每个评估的属性建立一个最低可以接受的限度，那些任何一种属性在限度以下的品牌都将不被进一步考虑。参见非补偿性决策规则。

消费者行为（consumer behavior） 消费者寻找、购买、使用、评估和处理他们预期能够满足需求的产品、服务的行为研究。

消费者意象（consumer imagery） 指

消费者对产品、服务和品牌的所有要素的知觉，以及消费者如何评价商家所提供的物品。参见知觉。

消费者介入（consumer involvement） 产品或购买与消费者的个人相关程度。参见高介入购买和低介入购买。

消费者学习（consumer learning） 消费者从产品使用经历和观察他人消费过程中获得知识，并将其运用到相应的购买经历中。参见学习。

消费者反应研究小组（consumer panel） 让一组人有报酬地在日记中记录他们每天的购买行为和媒体观看习惯，然后编制和分析这些记录以用来判断消费趋势。参见消费者研究和初始研究。

消费者研究（consumer research） 用来研究消费者行为的方法论。参见定量研究和定性研究。

消费者社会化（consumer socialization） 儿童获得作为消费者的技能、知识、态度和经验的过程。参见社会化和社会化代理。

内容分析（content analysis） 为揭示特定社会的组成成员的价值观，对其口头或图像沟通内容进行系统分析的方法。这种方法常用于人类学和社会学的研究。

内容关联广告（contextual advertising） 根据消费者正在浏览的网页或搜索查询的内容而形成的目标广告。

持续创新（continuous innovation） 一种不是推出全新产品而是对现有产品进行改进或修改的新产品进入方式。持续创新对于已建立的消费格局产生的破坏性影响最小。参见间断的创新和动态的持续创新。

连续强化（continuous reinforcement） 工具性条件反射的一种方法，指当预期动作发生时都会被强化。参见工具性条件反射和强化。

控制实验（controlled experiment） 一种实验形式，旨在确保任何结果（例如销量，因变量）的差异是因为在研究中变量（例如价格，自变量）的处理方式不同，而非外来因素（例如收入）造成的。参见实验法。

便利抽样（convenience sample） 一种非概率抽样方法，研究人员选择最容易接触到的人作为研究样本（例如教室里的学生）。参见非概率抽样。

更正广告（corrective advertising） 在联邦政府或当地政府的强制要求下，当一个公司在广告中制造虚假信息或误导性诉求时，必须发布的一种正式否认声明或澄清的广告形式。

隐性营销（convert marketing） 又称蒙面营销和隐形营销，指市场信息和促销资料好像被不相干的人带来的，实际上却是由市场营销者发送的。参见埋伏营销。

贪婪的品牌忠诚（covetous brand loyalty） 消费者并未持续购买某品牌产品，但仍然对某品牌存在很强烈的依恋和喜爱。

跨文化消费者分析（cross-cultural consumer analysis） 将不同社会的成员的消费模式予以对比的研究方法。

跨屏营销（cross-screen marketing） 通过电脑、智能手机和平板电脑来追踪锁定消费者，进而商家根据观察到的他们的兴趣爱好发送定制化的广告。

线索（cues） 直接驱动行为的刺激。参见学习。

文化（culture） 特定社会的价值观、习俗、社会规范、艺术、社会制度和智力成果的总称，代表其规则、标准和优先顺序。参见美国核心价值观、内容分析和实地观察。

顾客终身价值概况（customer lifetime value profile） 一种预测性估计，描述特定客户在其与卖主的所有交易中，将会在一个特定产品或者服务提供者处花费多少金钱。

顾客维持（customer retention） 将与个别消费者的交易发展成长期顾客关系。

顾客满意（customer satisfaction） 顾客对产品/服务的表现与其期望相比后的知觉。

顾客满意度测量（customer satisfaction measurement） 判断顾客满意度和其决定因素的定量和定性方法。

顾客满意度调查（customer satisfaction survey） 参见顾客满意度测量。

顾客价值（customer value） 顾客感受到的利益（例如经济上的、功能性的和心理上的）和获取这些利益的所付出的成本（例如金钱、时间、精力和心理）之间的比值。

数据整合公司（data aggregators） 数据整合是一个信息挖掘的过程，通过搜索和收集信息，将整合后的信息卖给需要定位目标顾客的商家。数据整合公司是利用各种数据库（包括网上的浏览记录或缓存）的信息来分析解读消费者，并通过精密分析对个体消费者或家庭的情况进行概括。

隔日回忆测试（day-after recall test） 一种对广告吸引力和说服力的测量方式。电视观众或广播听众在观看或收听一则特定节目后，隔天接受测试，要求他们描述所能回忆起的商业广告。参见非辅助性记忆。

幻想（daydreaming） 通过想象未满足的需要得到满足这种方式来应对沮丧情绪。参见防御机制。

虚假广告（deceptive advertising） 以欺骗方式进行不真实的广告宣传。

防御机制（defense mechanisms） 个体受挫时，为保护自尊而采取的认知和行为方式。参见攻击性、幻想、认同、投射、合理化、倒退、抑制和回避。

防御归因（defensive attribution） 消费者趋向于得到成功时接受赞美（内部归因），失败时指责别人或产品（外部归因）。参见自我知觉归因。

人口统计细分（demographic segmentation） 根据年龄、性别、民族、收入和财富、职业、婚姻状态、家庭类型和规模、地理位置将消费者进行细分。这些划分依据是客观的、实证的，可以通过询问或观察轻易获得。

深度访谈（depth interview） 被设计用来揭示消费者潜在态度和/或动机的长时间的非结构化访谈。参见讨论指南和定性研究。

独立型个体（detached individuals） 是卡伦·霍尼（一位新弗洛伊德学派学者）定义的三种个体类型之一，是指顺从他人，渴望被爱、被需要、被欣赏的人。参见好战型个体和顺从型个体。

区别性衰减（differential decay） 一种认知现象，个体对于低可信度的信息源的遗忘速度要快于关于信息本身的遗忘速度。参见睡眠者效应。

差别感觉阈（differential threshold） 两个对象之间的可被察觉的最小差别，也叫最小可察觉差。参见绝对感觉阈和韦伯定律。

创新扩散（diffusion of innovations） 探索消费者通过社会系统接受新产品的普及情况的框架。参见采用者分类、扩散过程、创新和创新采用。

间断的创新（discontinuous innovation） 一种引人注目的改变现有消费行为、建立新的消费习惯的新产品推出。参见持续创新和动态的持续创新。

讨论指南（discussion guide） 在深度访谈或焦点小组访谈中，研究人员用来向被访谈者进行提问的大纲。参见深度访谈和焦点小组。

消亡期（dissolution） 家庭生命周期的最后一个阶段，指配偶中只有一人存活的状态。参见家庭生命周期。

分布学习（distributed learning） 指持续一段时间的学习。参见密集学习。

教条主义（dogmatism） 一种人格特质，与观念开放相反，指一个人对于与自己观念相反的意见或信息的认知僵化程度。

逐步降级技术（door-in-the-face technique） 这种方法是先向他人提出一个很大的、花费高的或者高的要求，在对方拒绝之后，紧跟着提出一个更实际的、花费少的要求。参见逐步升级技术。

向下流动（downward mobility） 就工作、住房、可支配收入水平、存款而言，那些社会阶层水平比他们父母低的消费者。参见社会分层和向上流动。

动态的持续创新（dynamically continuous innovation） 是指一种具有足够创新能力的、可打破已建立消费习惯的新产品面市。参见持续创新和间断的创新。

电子分数（e-score） 用于测量消费者购买力的电子数值计算。

网络口碑（e-WOM） 存在于社会网络、品牌社区、博客、聊天室、微博的网上口碑

早期采用者（early adopters） 采用者类型之一，是指在产品引入市场后相当短的时间内就实施购买行为的消费者，但其稍晚于创新者。参见采用者分类、创新者、早期多数、晚期多数和落后者。

早期多数（early majority） 采用者类型之一，是指在早期采用者之后对创新产品进行购买的消费者。参见采用者分类、创新者、早期采用者、晚期多数和落后者。

额外社交媒体（earned social media） 非自有媒体、不受商家控制、独立的在线媒体渠道。

自我防御功能（ego-defensive function） 态度转变的功能手段的组成部分，消费者用安全感和信任代替内在的怀疑情绪。参见功能方法。

自我（ego） 弗洛伊德学派提出的概念，是指个人对于本我的冲动需求和超我的社会文化约束进行平衡后的产物，是以内部监测的形式对自我意识进行控制的结果。

自我需要（egoistic needs） 通过自我接受、自尊、成功、独立、威望、地位和他人评价表现出来的心理需要。

精细可能性模型（elaboration likelihood model） 是指态度的改变可以借由两种不同的说服途径（中心说服路线和外围说服路线）中的任意一种实现，利用不同路径对信息进行处理的认知加工过程是不同的。参见中心说服路线和外围说服路线。

电子邮件调查（e-mail survey） 利用电子邮件对消费者进行调查。

情感联系（emotional bonds） 指消费者超越交易关系，对于一个公司及其产品的高度认同和深度依恋。参见交易联系。

编码（encoding） 人们选择或指定一个单词或可视图像去表达感知到的目标或观念的过程。

文化习得（enculturation） 对自己所在社会文化的学习。参见文化适应。

民族中心主义（ethnocentrism） 指个人对于是否购买外国制造的产品的倾向。

评价（evaluation） 创新采用的第三个阶段，是指影响消费者是否会采用创新产品的过程。在这个阶段，消费者对创新产品进行评估并决定是否要试用。参见创新采用。

参考集合（evoked set） 在一个特殊的产品种类中作出购买选择时，消费者所考虑的特定品牌。参见不满意集合和惰性集合。

体验营销（experimental marketing） 通过让消费者与产品实际接触，或让消费者能体验产品带来的部分感官输入（例如气味），刺激消费者产品感官体验。

实验法（experimentation） 一种研究消费者的技术，用来探索影响购买行为因素之间的因果关系。参见控制实验、定量研究和测试营销。

探索性研究（exploratory study） 在进行市场全面调查前需完成的研究。

扩展家庭（extended family） 一个由丈夫、妻子、孩子以及其他至少一个有血缘关系的人构成的家庭。参见核心家庭。

扩展的问题解决（extensive problem solving） 指消费者没有先验标准去评价产品、不经常发生的购买情境。参见有限的问题解决和常规的反应行动。

消退（extinction） 已习得的反应不再受到强化，刺激和预期奖赏之间的联系消失的现象。参见遗忘。

外部线索（extrinsic cues） 产品外部的（例如价格、促销或包装）线索。参见内部线索。

家庭（family） 因为血缘、婚姻或抚

养关系而住在一起的两人或两人以上的组合。参见核心家庭和扩展家庭。

家族品牌（family branding） 将同一产品线的产品以同一品牌名称进行营销，是刺激类化的一种营销应用。参见刺激类化。

家庭生命周期（family life cycle） 包括婚姻状态、家庭规模、家庭成员年龄（关注最年长或最年幼的孩子的年龄）和家庭主要经济来源在内的复合变量，据此可将家庭划分成不同的阶段。参见单身期、蜜月期、父母期、后父母期以及消亡期。

现场观察（field observation） 在人类学和社会文化研究中使用的一种研究方法，是指通过观察社会成员的日常举动来了解其信仰、价值观和习俗。参见人类学、文化、参与型观察者和社会学。

主角与背景（figure and ground） 一种知觉要素，是指刺激物本身（例如主角）和其出现的环境或情境（例如背景）之间的相互关系。

固着消费行为（fixated consumption） 是指个体持续购买与其兴趣或爱好相关的物品，并将其向朋友或其他收藏者展示的行为。

定比强化（fixed ratio reinforcement） 在工具性条件反射中使用的一种方法，是指每第 n 次发生预期行为时（例如预期行为每发生第三次）都进行行为强化的方法。参见工具性条件反射和强化。

焦点小组（focus group） 一种定性研究方法。由8～10个人组成的小组在研究主持人员的帮助下，对一种特定产品或产品类别（或是其他研究问题或研究对象）进行非结构性小组访谈的方法。

逐步升级技术（foot-in-the-door technique） 一种转变态度策略，认为可以通过让个体先认可一个小请求，则有利于让个体同意一个大请求。参见逐步降级技术。

遗忘（forgetting） 在长时间内因为缺乏实际购买而导致刺激物和预期奖赏之间的连接点的消失。参见消退。

正式学习（formal learning） 是指父母、大孩子和其他家庭成员教育年幼成员如何行为举止的过程。参见非正式学习和技术培训。

正式信息来源（formal sources） 一种代表一个公司的沟通信息来源信息，例如代言人、新闻发言人或广告商。参见沟通、非正式信息来源和信息源可靠度。

弗洛伊德理论（Freudian theory） 无意识的需要或冲动，特别是生理和性方面，都是人们人格和动机的核心。参见自我、本我和超我。

沮丧（frustration） 追求目标过程中遭遇失败的感觉。参见自我防御机制。

功能方法（functional approach） 通过改变能影响态度的因素（或动机）来改变态度的方法，其中的影响因素被称为"功能"。参见自我防御功能、知识功能、实用功能和价值表达功能。

X世代（Generation X） 在1965—1979年出生的那代人。

Y世代（Generation Y） 也称为回声潮世代或千禧世代，是指1980—1996年出生的人。有学者认为出生于20世纪70年代末和90年代的人也应该是Y世代。

Z世代（Generation Z） 也称网络世代，是指1997年至今出生的人。

一般目标（generic goals） 个体用来满足他们生理和心理需要的通常的目标种类。参见特定产品目标。

地理细分（geo-demographic segmentation） 以地理人口变量为标准进行的市场细分。

地理人口聚类（geodemographics） 一种混合的细分方法，假定住址相近的人会具有相似的经济来源、品位、偏好、生活方式和消费习惯（正如谚语所说，"物以类聚"）。

地理栅栏（geofencing） 当消费者走近或走入商店时，如果消费者选择这项服务，则会收到相应的促销信息。

格式塔心理学（Gestalt psychology） 德语Gestalt，意思是外形或形式，用来表达各种知觉组织原理。参见知觉。

赠礼行为（gifting behavior） 馈赠礼物的消费行为。

全球化营销战略（global marketing strategy） 用相同的产品定位和市场推广方式向全球市场售卖相同产品。参见混合营销策略和本土化营销策略。

目标（goals） 寻求动机行为的结果。参见动机。

谷歌分析（Google Analytics） 由谷歌公司提供的一项服务，帮助广告商评价自己网站的有效性和完善用户资料。

戈登个人和人际价值观调查（Gordon survey of personal and interpersonal value） 一种市场调查方法，用于测量个体在应对日常生活时所展现的价值观。参见人际价值观和个体价值观。

分组（grouping） 个体趋向于自动地将刺激分类以形成统一的图像或印象。参见知觉。

光晕效应（halo effect） 建立在事物的一个或几个积极特征上的评价。从语言学角度而言，光晕是指光、荣誉和光荣。因此在营销学上，是指具有市场威望的产品会影响同一名称下的其他产品。

半球偏侧化（hemispheric lateralization） 也叫裂脑理论，是一种学习理论，其基本假设是大脑的左半球和右半球专门处理不同种类的信息。左半脑是语言中心，是大脑的内里，负责阅读、言谈和推理。右半脑是空间知觉中心，掌管非语言部分，负责想象和愉悦。参见被动学习。

高介入购买（high-involvement purchases） 对于消费者非常重要且会产生许多知觉风险的购买，需要消费者解决大量问题和处理大量信息。参见消费者介入、扩展的问题解决、低介入购买和知觉风险。

蜜月期（honeymooners） 在家庭生命周期情境下，指新婚年轻夫妇。

丈夫主导决策（husband-dominated decisions） 是指决策过程中丈夫影响力大于妻子的购买决策。参见自主决策、联合决策和妻子主导决策。

混合市场策略（hybrid marketing strategy） 进行海外销售时，对产品或广告信息二者之一进行标准化，对另外一个实施本地化。参见全球化营销策略和本土化营销策略。

本我（Id） 个体基本的需要和冲动，包括饥饿、口渴和性等基本生理需要。这是个体需要立即得到满足且不关注满足方式的需要。参见自我、弗洛伊德理论和超我。

理想自我形象（ideal self-image） 个体希望感知自我的方式。

社会自我形象（ideal social self-image） 消费者希望别人看待他们的方式。

非人际沟通（impersonal communication） 商家（正式沟通信息源）制定并通过市场部门、广告、公关公司或代言人传达的信息。参见沟通、正式的信息源和人际沟通。

基于印象的目标市场选择（impression-based targeting） 广告商通过对在线消费者特征的分析，进行实时竞价，以获得对这些消费者的接触机会。被接触的消费者被称为一个“眼球”或“印象”。基于印象的广告经常会跟踪在线消费者并不断提醒他们其感兴趣的产品。参见实时竞价和基于细分的目标市场选择。

地位特征指标（index of status characteristics） 把职业、收入来源、住房类型、居住地合并成一个单一社会阶层地位指数的社会阶层复合测量方法。参见多变量指标。

放任型父母（indulge parents） 是指在子女的消费者社会化过程中非常和蔼且溺爱纵容的父母。参见威权型父母、威信型父母和忽视型父母。

不满意集合（inept set） 因为被认为无法接受且是次优品、消费者不做购买考虑的品牌。参见参考集合和惰性集合。

惰性集合（inert set） 一些被认为无特殊优势的、消费者不感兴趣的品牌。参见参考集合和不满意集合。

惯性品牌忠诚（inertia brand loyalty） 是指消费者出于习惯和便利持续购买同

一品牌，而非出于任何感情因素。参见品牌忠诚。

电视购物节目（informercials） 因为时间长更像是纪录片而非广告的商业广告。

非正式学习（informal learning） 是指儿童模仿特定人的行为的学习过程，例如家庭成员、朋友或电视电影角色。参见正式学习和技术培训。

非正式的信息源（informal source） 为信息接收者认识的人，如父母、朋友，或在网上认识的人。他们对信息接收者提供产品信息与建议。参见沟通、正式的信息源和信息源可靠度。

信息超载（information overload） 消费者面临过多信息，对其无法处理或存储的现象。

自我主见型消费者（inner-directed） 依靠他们自己的内在价值观或标准去评价新产品和可能成为创新者的消费者。参见他人支配型消费者。

创新（innovation） 参见持续创新、创新扩散、间断的创新和动态的持续创新。

创新采用（innovation adoption） 一种认知学习形式，由创新扩散的研究者们提出，是指个体决定是否采用创新产品的决策过程，共由五个阶段构成。参见知晓、兴趣、评价、试用和采用。

创新采用过程（innovation adoption process） 参见创新采用。

创新决策过程（innovation decision-making） 一种认知学习形式，由创新扩散的研究者们提出，指学习使用新产品并通过知识、说服、决策和确认来决定是否采用创新品。过程与创新采用非常相似。

创新意识（innovativeness） 消费者愿意在了解新产品或服务后迅速使用它的程度。参见创新者。

形象广告（institutional advertising） 一种设计用来提升公司整体形象而非特定产品形象的广告。

工具性条件反射（instrumental conditioning） 一种建立在试错基础上的行为学习理论，在这一过程中，由特定行为产生的积极经验（强化）导致习惯的构成。参见行为学习和强化。

工具性价值观（instrumental values） 根据洛基奇价值观调查，指作为达到最终目标的途径的价值观。参见洛基奇价值观调查和终极性价值观。

互动电视（interactive TV，iTV） 电视节目和网络互动的结合体。通过电视、计算机或移动设备传递信号。

兴趣（interest） 创新采用的第二个阶段。创新采用是指个体对于是否采用创新品的决策过程。在这个阶段，个体开始对创新品产生兴趣。参见创新采用。

内部营销（internal marketing） 将成员视为内部顾客，将组织向组织成员进行营销，使组织成员在面对真正顾客时做更多的努力。

互联网调查（Internet surveys） 通过在线网络完成的研究调查。

人际沟通（interpersonal communications） 通过正式的信息源（例如实体零售店的售货员）或非正式的信息源（例如顾客之间通过电子渠道或面对面的交流）传达的信息。参见沟通、正式的信息源、人际沟通和非正式的信息源。

人际价值观（interpersonal values） 根据戈登个人和人际价值观调查，用于测量个体成就需要、目标导向和追求新鲜经历的程度。参见戈登个人和人际价值观调查。

内在线索（intrinsic cues） 用来影响消费者对产品质量感觉的产品物理属性（如型号、颜色、口味）。参见外部线索。

最小可察觉差（just noticeable difference，JND） 参见差别感觉阈。

联合决策（joint decisions） 丈夫和妻子具有平等影响作用的购买决策。参见自主决策、丈夫主导决策和妻子主导决策。

判断抽样（judgment sample） 一种非概率抽样方法，指研究者根据自己的判断来挑选被试。参见非概率抽样。

关键资料收集法（key informant method） 一种测量意见领袖力的方法，包括从对特定群体的交流特性非常精通的个体处收集信息。参见意见领袖。

Klout 指数（Klout score） 一种评分系统，用于测量个体参与网上发帖而产生的在线影响力。

知识功能（knowledge function） 态度转变理论中的功能方法的一种，认为消费者有强烈的需要去认识和理解他们将要接触的人和事物。参见功能方法。

落后者（laggards） 创新采用中最后一阶段的消费者。参见采用者分类、创新者、早期采用者、早期多数和晚期多数。

晚期多数（late majority） 指在大多数消费者购买创新产品后才进行购买的消费者。参见采用者分类、创新者、早期多数和落后者。

学习（learning） 个体获得可被应用到将来购买或消费行为中的知识和经验的过程。参见动机、线索、反应和强化。

字典决策规则（lexicographic decision rule） 一种非补偿性决策规则。消费者首先根据重要性对产品属性排名，然后根据最重要的属性来比较品牌，如果一个品牌的得分高于其他品牌，就选这个品牌，如果不是，就会继续比较第二级属性，以此类推。参见非补偿性决策规则。

许可（licensing） 刺激类化的一种应用，指允许将品牌名称附在另一个制造商的产品上。参见刺激类化。

李克特量表（Likert scale） 一种最普遍的态度测量方式，消费者将他们的偏好按程度排序。从“同意”到“不同意”，两级之间有不同的数字刻度。参见定量研究。

有限的问题解决（limited problem solving） 消费者购买之前购买过的产品的新版本时会用已设定的标准评价产品。参见扩展的问题解决和常规的反应行为。

本土化营销策略（local marketing strategy） 进行海外销售时，对产品和市场推广策略都实施本地化。参见全球化营销策略和混合营销策略。

长时存储（long-term store） 在脑中信息被保存较长时间的区域。

低介入购买（low-involvement purchase） 对于消费者不重要的购买决策，关联度较低，知觉风险较低，因此需要极有限的信息处理过程。参见消费者介入、高介入购买、知觉风险和常规的反应行为。

杂志阅读调查（magazine readership survey） 一种消费者调查方法。参见斯塔奇读者广告研究。

邮件调查（mail survey） 通过邮寄问卷进行的调查研究。

市场研究（market research） 利用信息将商家和消费者、公众联结在一起的过程，目的在于分析市场机会和问题，评价市场行为和市场策略效果。

市场细分（market segmentation） 根据消费者共同的需要或特征将市场分为几个子市场。每一个子市场都代表具有与其他子市场完全不同的市场需要的消费群体。

营销（marketing） 指一切致力于创造、沟通、传递和交换对于消费者、客户、合作者和社会具有价值的事物的活动、组织和过程。

市场营销观念（marketing concept） 认为营销活动应满足消费者需要、创造价值和维系消费者，公司应当生产其认为消费者会购买的产品。

营销伦理（marketing ethics） 引导商家行为的伦理准则。

营销组合（marketing mix） 也称4P，是指包含四大营销变量：产品（或服务）、价格、渠道（或分销）的营销计划。

营销短视（marketing myopia） 只关注产品本身而忽略产品应满足的需要。

马斯洛的需要层次理论（Maslow's hierarchy of needs） 一种由人类五种层级需要组成的动机理论，根据重要程度从低层次（生理的）需要向高层次（心理的）需要递进。理论认为个体在满足高层次需要之前应满足低层次需要。

密集学习（mass learning） 将人们聚集在一起统一教授。参见分布学习。

物质主义（materialism） 一种人格特

质，指个体沉迷于购买、炫耀非必需且奢侈的商品的程度。

媒介（media） 进行沟通的渠道。参见沟通。

媒体曝光效应（media exposure effects） 测量接受到曝光信息的人数及其性格。

成员性参照群体（membership group） 如果个体已经或者有资格成为某群体的成员，那么这个参照群体就被称为成员性参照群体。参见参照群体和标志性参照群体。

信息（message） 希望传送给目标受众的想法、主意、图像或其他信息，以文字形式（口头或书面）、非文字形式（相片、说明、符号）或两者的结合进行传送。

微博（microblog） 与传统博客相比，内容更少的网站，允许用户利用推特交换内容中的部分要素，比如短句、个人图片和视频连接。参见博客。

移动广告信息（mobile ads） 参见移动广告。

移动广告（mobile advertising） 将促销信息发送到消费者手机、iPad、电子书阅读器和其他便携设备。

动机（motivation） 推动人们采取行动的内驱力。

动机研究（motivational research） 是指由欧内斯特·迪希特于1950—1960年间完成的定性研究，用于揭示消费者在购买情境下隐藏或无意识的动机。参见定性研究和投射技术。

多属性态度模型（multi-attribute attitude models） 根据选择的产品属性或信任度考察消费者态度构成的态度模型。

多变量指标（multivariable index） 对社会阶层的测量，结合几种人口统计变量划分社会阶层。

神秘顾客（mystery shoppers） 专业观察员以顾客的身份出现，为提升产品和生产效率为公司提供关于公司服务人员的客观评价。参见消费者研究。

狭窄产品类别者（narrow categorizers） 风险规避者更倾向于将可选范围锁定在几个安全备选而非面对错误决定带来的后果。参见宽泛产品类别者、知觉风险和风险厌恶。

窄播媒体（narrowcasting） 厂商向特定的细分市场发送可寻址的、定制的、互动的和更多可测量回应的信息的渠道。

全国性品牌（national brand） 在美国50个州内都可以购买到的品牌。

认知需要（need for cognition） 用来衡量一个人对思考的渴望或喜欢程度的个性因素。

娱乐需要（need for humor） 一个人对于娱乐的享受、参与和渴求程度。

自我实现需要（need for self-actualization） 个体对于发挥其潜能以实现个人目标的需要。参见马斯洛的需要层次理论。

独特性需要（need for uniqueness） 个体通过产品将自己与其他人区分开以强化其个人和社会身份的需要。

需求确认（need recognition） 消费者确认和面对一个可以通过购买产品或服务来解决的问题时，进行购买决策的第一步。

需要（needs） 渴望得到的事物或环境，并引导驱动力量。参见动机。

消极性预期不匹配（negative disconfirmation of expectation） 产品表现低于预期，消费者产生不满意的情境。参见积极性预期不匹配。

反面信息框架（negative message framing） 强调因未使用产品而导致的利益受损的促销信息。参见正面信息框架。

负强化（negative reinforcement） 消除使人不愉快的刺激。参见正强化。

忽视型父母（neglecting parents） 在子女消费者社会化过程中，对子女非常纵容但极少或几乎没有提供养育资源的父母。参见威权型父母、威信型父母和放任型父母。

新弗洛伊德人格理论（neo-Freudian personality theory） 一种认为社会关系影响人格发展的心理学派，与弗洛伊德理论有关。

神经营销（neuromarketing） 研究广告对大脑活动的影响。参见生理测量法。

新媒体（new media） 指在线渠道、社会网络和移动电子设备等。与传统媒体不同，这些渠道允许商家将定制化信息发送给能够立即回应的消费者。

非家庭住户（non-family households） 非法律上定义的家庭的居住状态。

非补偿性决策原则（non compensatory decision rules） 一种消费者决策规则，认为对一种品牌某种属性的积极评价不能抵消相同品牌在其他属性上的消极评价。参见补偿性决策原则。

非概率抽样（nonprobability sample） 基于研究者判断用非随机的方式选择实验被试。参见整群抽样、便利抽样、判断抽样和配额抽样。

非传统家庭（nontraditional family） 不能轻易划分入家庭生命周期的家庭。参见家庭生命周期。

规范影响（normative influence） 学习采纳一个群体的规范、价值观和行为。参见比较性影响和参照群体。

核心家庭（nuclear family） 由丈夫、妻子和至少一个后代组成的家庭。参见扩展家庭。

客观衡量（objective measures） 利用以下一个或多个变量对社会阶层进行分类：职业、收入、教育和其他相关因素（例如收入来源）。参见多变量指标和主观衡量。

可观察性（observability） 是影响消费者采纳新产品的五大因素之一，指产品效用或属性可被观察、想象或向潜在消费者描述的难易程度。参见适应性、复杂性、相对优点和可试用性。

观察学习（observational learning） 个人观察并模仿他人行为的过程。

观察性研究（observational research） 商家通过观察消费者购买和使用产品的过程，对消费者和产品间关系进行深入了解的一种研究工具。

职业声望排名（occupational prestige ranking） 代表社会对各种职业的社会价值和需求的排名，主要是从职业所需知识（例如教育水平）和职业提供的物质回报（例如收入）进行评判。参见社会阶层和社会地位。

片面信息（one-sided message） 忽略竞争产品的信息。

在线陈列式广告（online display ads） 在网站上的固定横幅广告。

意见领袖传播（opinion leadership） 指一个人（意见领袖）以非正式的方式影响他人（可能是意见寻求者或意见接受者）消费行为及态度的过程。这种影响可以发生在两个或更多的人之间，其中参与者们不代表商家且不从中获利。参见传播代理和口碑传播。

最佳刺激水平（optimum stimulation levels，OSL） 用来衡量人们在个人经历中寻找的新奇性及复杂性水平和程度的个性特征。OSL 水平高的消费者比 OSL 水平低的消费者更倾向于接受具有冒险性及新奇性的产品。

他人支配（other-directed） 倾向于从他人那里寻求是否合适等方面的指导的消费者，不可能成为消费创新者。参见自我主见型消费者。

户外媒体（out-of-home media） 定位于移动客户的促销工具，比大众媒体更具创新性，更吸引人，互动性更强。

自有社交媒体（owned social media） 指商家控制的在线沟通渠道。参见付费社交媒体。

付费社交媒体（paid social media） 指商家付费使用的在线沟通渠道。参见自有社交媒体。

父母期（parenthood） 指在家庭生命周期理论中，由已婚夫妇和至少一个在家生活的孩子组成的家庭。参见家庭生命周期。

参与性观察者（participant-observers） 参与到正在研究的环境中，而不让被观察者知晓的研究人员。参见现场观察。

被动学习（passive learning） 参见半球偏侧化。

知觉价格（perceived price） 消费者认为他（她）从购买中可以获得的价值。参见知觉。

知觉风险（perceived risk） 当消费者不能预见购买决策的后果时产生的不确定性。知觉风险的类型包括功能、身体、金钱、心理和时间上的风险。参见知觉。

知觉（perception） 个人选择、组织和理解外界刺激，形成对客观世界有意义的相互联系的图像的过程。可以被描述成“我们如何看待我们周围的世界”。

知觉防御（perceptual defense） 一种认知活动，消费者对于他们发现的心理上感到威胁和损害的刺激物所产生的潜意识的屏蔽，甚至刺激有时已经发生。参见知觉、选择性注意、选择性曝光和阈下知觉。

知觉图（perceptual mapping） 根据相关产品属性，代表消费者对竞争品牌知觉的图像型表格。知觉图向商家说明：（1）与竞争对手相比，消费者如何看待商家的品牌；（2）影响更改消费者品牌知觉的方向；（3）在“未拥有”的知觉区域内为新产品或品牌寻找市场空白。参见知觉。

外围说服路线（peripheral route to persuasion） 对未介入的消费者，可通过外围的广告暗示如模特或者环境（外围路线）来吸引他们。参见中心说服路线和精细可能性模型。

个人访谈调查（personal interview surveys） 研究者和消费者面对面的访谈。

个人价值观（personal values） 根据戈登个人和人际价值观调查，用于测量个体领导力、被认可的需要和从众程度。参见戈登个人和人际价值观调查。

个性（personality） 决定或反映一个人对自己周围环境如何思考和反应的内部心理特征。

说服效果（persuasion effects） 测量信息是否被正确接收、理解和解释。

生理测量法（physiological measures） 追踪身体对刺激物的反应的电子设备。

生理需要（physiological needs） 指维系着生物存在的内在的（生物的，本源的）动机力量，包括对食物、水、空气、保护身体免受外界环境影响和性的需要。参见心理需要。

生理观察（physiological observation） 参见生理测量法。

便携式个人收视记录器（portable people meters） 内装GPS的小型设备，消费者可以将其别在腰带上并全天携带（可因此获得金钱奖励）。设备监视消费者接收到的音频编码并捕捉消费者接收到的屏幕图像和书面材料。

定位（positioning） 商家为其产品、服务和品牌创造一个在消费者意识里具有区别性的形象。这个形象将商家的产品、服务和品牌与竞争对手相区分，并通过与目标受众的交流使其感知到商家的产品、服务和品牌更能满足他们的需要。参见再定位。

积极性预期不匹配（positive disconfirmation of expectations） 指当产品表现超出预期，消费者表示满意的情况。参见消极性预期不匹配。

正面信息框架（positive message framing） 强调因使用特定产品而受益的促销信息。

正强化（positive reinforcement） 对一种特定行为的赞同与支持性结果，这种支持会增强那种行为重复的可能性。参见负强化。

后父母期（post-parenthood） 在家庭生命周期中，夫妇年老且孩子已长大离家的家庭。参见家庭生命周期。

购后失调（post-purchase dissonance） 发生在购买后的认知失调。参见认知失调。

权力需要（power need） 一种心理力量，与自我中心主义需要高度相关，反映个体对所处环境、他人和物体的控制欲望。

购买前搜索（pre-purchase search） 这是消费者决策制定过程中的一个阶段，在这个阶段消费者感受到一种需要，然后积极地寻求有助于满足这种需要的有关产品的信息。

预测性分析（predictive analytics） 基于过去购买信息和其他数据，预测消费者未来的购买行为，并据此评价定制化促销信息的效果。

高度品牌忠诚（premium brand loyalty） 指通过持续的重复购买建立起的对品牌高度依恋和认可。参见品牌忠诚。

价格/质量关系（price/quality relationship） 一种衡量产品质量指标的价格知觉，价格越高，对该产品质量的感知就越高。参见知觉。

首因效应（primacy effect） 与后展示的材料相比，先展示的材料更容易被记住且说服力更强。参见近因效应。

初始研究（primary research） 为现有研究收集信息，特别设计的新研究。参见定性研究和定量研究。

以邮政区划为基础的市场潜在评级指数（potential rating index by zip market，PRIZM） 由尼尔森公司设计发明、根据地理人口指标进行细分的一种机制，根据邮政编码将市场划为 66 个细分市场，帮助商家能尽快锁定目标消费者。

概率抽样（probability sample） 按照人口中的每一个成员都有一个已知的、非零的机会被抽中这一原则进行抽样的方法。参见简单随机抽样、分层随机抽样和系统随机抽样。

产品知名度（product awareness status） 消费者对产品和其特性的知觉程度，以及是否会尽快购买。

产品观念（product concept） 认为消费者需要的是质量最好、性能最佳和有最多特性的产品。

产品形式延伸（product form extensions） 指用相同品牌以不同形式引进原有产品，是对刺激类化的一种营销应用。参见刺激类化。

产品线延伸（product line extensions） 一种对刺激类化的营销应用，在已有品牌下增加相关产品，因为在具有知名度和信任度的品牌名称下新产品更容易被消费者接受。参见刺激类化。

产品植入（product placement） 一种促销形式，指商家将产品（即主角）融入到电视剧集、电影或其他娱乐内容中（即背景），或围绕产品设计娱乐内容。参见品牌植入、主角与背景。

特定产品目标（product-specific goals） 消费者所追求的结果，这种结果借由使用既有的产品或服务来达成。参见一般目标。

生产观念（production concept） 认为消费者对价格低廉的产品最感兴趣，故营销目标应保证低廉价格、高效生产和产品密集分销。

投射（projection） 通过将失败责任投射给他人或事物来面对失败。参见自我防御机制。

投射技术（projective techniques） 基于消费者会“反应”或“投射”其潜意识或动机到模糊的刺激这一假设，要求参与者解读缺乏明确含义的刺激的研究方法。参见定性研究。

心理图式（psychographics） 根据包含消费者活动、兴趣和观念的生活方式对消费者进行市场细分。参见生理需要。

心理需要（psychological needs） 从父母、社会环境和与他人互动中学习到的动机力量。参见生理需要。

心理噪声（psychological noise） 影响促销信息接受的竞争性广告信息或干扰意见。

心理学（psychology） 研究人类头脑和影响行为（即需要、个性特征、知觉、习得经验和态度）的心理因素的学科。

定性研究（qualitative research） 挖掘消费者潜意识或隐藏动机的研究。研究方法包括焦点小组、深度访谈、动机研究和投射技术等。参见深入访谈、焦点小组、动机研究和投射技术。

定量研究（quantitative research） 收集分析统计数据的研究。研究方法包括观察研究法、实验法和调查法、参见行为倾向量表、电子邮件调查、实验法、互联网调查、李克特量表、邮件调查、观察法、个人访谈调查、语义差异量表、等级顺序量表和电话调查。

配额抽样（quota sample） 一种非概率抽样方法，指研究者从每一个细分种类中抽取预先设定数量的样本（例如50个男性和50个女性）。参见非概率抽样。

等级顺序量表（rank-order scale） 一种研究技术，要求研究样本根据对一些标准（例如总体质量或性价比）的重视程度对事物（例如产品）进行排序。参见定量研究。

合理化机制（rationalization） 通过寻找不能达到目标或目标不值得追求的理由来面对失败。参见防御机制。

实时竞价（real time bidding） 帮助广告商在恰当地点、恰当时间接触到恰当用户的技术，允许广告商为每一个“眼球”或“印象”（即每一个接触到的用户）设定价格。参见基于印象的目标市场选择。

回忆测试（recall test） 参见非辅助性记忆测试。

近因效应（recency effect） 与先展示的材料相比，后展示的材料更容易被记住且说服力更强。参见首因效应。

倒退（regression） 用幼稚不成熟的行为应对失败。参见防御机制。

心理排演（rehearsal） 通过对短时记忆中存储的信息进行心理重复，将其转化为长时记忆的过程。

强化（reinforcement） 在学习过程中，特别是工具性条件反射中，对特定行为给予愉悦、享受和其他利益等奖励。在消费者行为研究中，指消费者从所购买的产品中获得利益、愉悦和效用。参见连续强化、定比强化、负强化、正强化和变率强化。

相对优点（relative advantage） 影响消费者接受新产品的五大因素之一，指潜在消费者感知新产品比现存的替代品有优势的程度。参见可适应性、复杂性、可观察性和可试用性。

信度（reliability） 指用同一个问题测试一个相近的个体会得到同样的结果。参见效度。

重复（repetition） 在消费者学习过程中，用于建立并保持品牌和未满足的需要之间联系的机制。参见经典条件反射和工具性条件反射。

再定位（repositioning） 指商家对其产品、服务或品牌的区别性形象和特征进行战略性调整的过程。参见定位。

抑制（repression） “强迫”将无法达成目标的失败逐出意识来面对失败的情况。参见防御机制。

回应（response） 对驱动或信息的反应。参见学习过程。

重定向（retargeting） 消费者已经在线观看过的针对特定产品的广告，会在消费者用同一台电脑上线时重复播放给消费者。

提取（retrieval） 个人从长时记忆存储中获得信息的信息处理阶段。

风险厌恶（risk aversion） 厌恶承担风险，对模糊情境容忍力低。

仪式（ritual） 通常有固定顺序并反复发生的由一系列步骤组成的象征性行为。

洛基奇价值观调查（Rokeach values survey） 由两部分价值观组成的自我管理调查表。参见终端价值观和工具型价值观。

常规的反应行为（routinized response behavior） 基于预定标准之上的习惯化的购买行为。

安全及保障需要（safety and security needs） 一种心理力量，不仅关注个人安全，而且包括对秩序、稳定、常规、亲密的需要，以及对生活的控制感。参见马斯洛的需要层次理论。

销售效果（sales effects） 对广告是否增加产品销售量的测定。

样本（sample） 用于预测总体特征的人口子集。

筛选型问卷（screener questionnaire） 一种问卷设计，保证合适的个体被邀请参与研究，非目标市场的个体被筛选出去。

搜索引擎广告（search advertising） 将在线广告置于搜索引擎的搜索结果页面。

二手资料（secondary data） 基于某种原因，而不是为了目前特定研究项目而收集的数据。

基于细分的目标市场选择（segment-based targeting） 一种策略方法，广告商针对在媒体上（例如杂志或电视节目）的广告位价格事先进行谈判协商，而这些媒体的受众大部分（并非全部）符合广告商想锁定的潜在顾客群体特征。

选择性注意（selective attention） 消费者根据其对商业刺激物的注意作出大量的选择，对那些能够迎合他们的需要和兴趣的刺激物增强关注，对那些和自己需要无关的刺激物降低关注。

选择性曝光（selective exposure） 消费者主动寻求他们感到愉悦或合意的信息，主动避免他们感到痛苦和危险的信息。

自我建构（self-construal） 一种人格特质，指个体如何感知、领悟和解读其周围世界，特别是他人对自己的行为或举动。

自我认定法（self-designating method） 一种通过采用自填式问卷测量意见领导能力的方法，主要通过要求被调查者评价自己向他人提供关于产品或品牌的信息，或影响他人决策的程度来进行测量。参见意见领袖。

自我形象（self-image） 参见实际自我形象。

自我知觉归因（self-perception attribution） 一种心理解释方法，反映人们过去的事件形成因果关系时，他们看待自己的方式，包含内部归因与外部归因。参见防御归因。

自我汇报式动机测量（self-reported measures of motives） 一种测量方法，要求被调查者评判每一条书面陈述与其相关的程度。

推销观念（selling concept） 商家应将焦点放在售卖产品上，通过向消费者大规模推销和促销已生产的产品来实现。

语义差异量表（semantic differential scale） 一种调查工具，由一系列有两极的形容词组成（好/坏、喜欢/讨厌）的连续量表。

感觉（sensation） 感觉器官对简单刺激（如颜色、光亮、声音、光滑度）迅速的、直接的反应。

感觉寻求（sensation seeking） 被定义为追求变化、新奇和复杂的感觉和经历，并愿意为此承担身体和社会风险的意愿的特性。

感觉适应（sensory adaptation） 已经习惯于某种感觉，对刺激的一定水平变得适应。

感受器（sensory receptors） 接收感觉输入的人类器官（眼睛、耳朵、鼻子、嘴、皮肤）。它们的功能是看、听、闻、尝和触。参见感觉和刺激。

感觉存储（sensory store） 将所有感觉输入只保存 1 至 2 秒的大脑部位，如果没有对感觉输入进行即时处理，则全部遗失。参见长时存储和短时存储。

服务品质测量量表（SERVQUAL scale） 通过对可靠性、回应性、保证性、同理性和有形性五个维度测量消费者对服务的预期和实际服务知觉之间的差距。这五个维度可划分为两组：一是结果维度，关注核心服务是否得到可靠传达；二是过程维度，关注核心服务如何得到可靠传达（即员工在面对顾客时的回应性、保证性和同理性），以及服务的有形性方面。

行为塑造（shaping） 在期望的消费者行为实际发生之前的强化作用，提高期望行为发生的概率。

短时存储（short-term store） 存储信息时间非常短的大脑部位。参见长时存储、感觉和感觉存储。

展厅现象（showrooming） 消费者通过利用智能手机扫描实体店商品的条码与线上价格进行对比，以找到最低价格。

简单随机抽样（simple random sample） 一种概率抽样方法，指总体中每一个个体都有已知的平等的概率被选中。参见概率抽样。

睡眠者效应（sleeper effect） 个体对于信息源的记忆会随着时间而消失，导致只能记住信息内容却遗忘信息源。参见区别性衰减。

社会阶层（social class） 把一个社会的成员划分为地位存在差别的阶层，使得每一阶层的成员比其他阶层的成员拥有或高或低的地位，同一阶层的成员地位相同。参见职业声望排名、社会阶层感知和社会地位。

社交媒体（social media） 人们在虚拟的社团及人际网络中创造、分享、交换信息和意见的途径。依靠移动技术和网页技术，通过个体间和社团间分享、共创、讨论和调整用户设计的内容等方式，创造高度互动的平台。

社会需要（social needs） 对于爱、归属感和接纳的心理需要。参见马斯洛的需要层次理论。

社交网络（social network） 人们与兴趣相近、在虚拟空间建立联系的他人分享个人信息的虚拟社团。

社会自我形象（social self-image） 消费者对他人看待自己方式的感受。参见真实自我形象。

社会地位（social status） 一个社会阶层的成员所拥有的与其他社会阶层的成员相对应的地位，包括财富（资产数量）、权力（影响他人的能力）和受他人敬重的程度等七大因素。参见职业声望排名和社会阶层。

社会阶层感知（social-class consciousness） 个体对一个给定社会阶层的认同程度。参见客观测量。

社会化（socialization） 个体学习如何以他人能接受的方式表现行为举止的过程。参见社会化代理。

社会化代理（socialization agent） 拥有共同基本价值观和行为的一群人或组织，主要是因为他们非常相近和使用同样的奖励或惩罚的控制方法。参见消费者社会化。

社会营销观念（societal marketing concept） 要求市场营销者在追求自身商业目标、满足目标顾客需要之外同时能够提高、保护、增加社会福祉的观念。

社会经济地位级别（socioeconomic status scores，SES） 美国人口普查局使用的一种多变量的社会阶层衡量方法，这种方法将职业地位、家庭收入、受教育程度综合起来确定社会阶层地位。参见多变量指标。

社会学（sociology） 针对人类社会的发展、架构、功能和问题的研究。参见内容分析法、文化和实地观察。

社交测量法（sociometric method） 测量意见领袖力的方法，记录在成员间彼此知道对方姓名的团体里，人与人之间关于产品或品牌的交流。参见意见领袖。

信息源可靠度（source credibility） 信息源的说服影响力，来自于其专业性与可信度。

斯塔奇读者广告研究（Starch Readership Ad Study） 一种评价杂志广告有效性的方法，测量三个变量：注意到广告、将广告和品牌相联系和广告介入度（指阅读广告的大部分内容）。参见学习。

刻板印象（stereo types） 个体对于刺激含义的偏差理解。当面对这些刺激时，个体会将偏差理解附加到他们的所见所闻并产生扭曲印象。参见知觉。

刺激（stimulus） 对任一感官的任一单位的输入。参见感觉和感受器。

刺激辨别（stimulus discrimination） 与刺激类化相反，根据感觉到的差异，从相似刺激中选择出特定刺激的能力。目的在于帮助产品或服务从竞争环境中有效地被区别出来。参见定位、刺激和刺激类化。

刺激类化（stimulus generalization） 对具有轻微差别的刺激感受不到其差异性。参见刺激和刺激辨别。

分层随机抽样（stratified random sample） 一种概率抽样方法，将总体分为相互独立的子群体（例如年龄群体），从每个子群体中进行随机抽样。参见概率抽样。

亚文化（subculture） 源自宗教、地

理位置、年龄或性别，共享特定的信仰、价值观和习俗的群体，同时隶属于一个更大的社会。

主观衡量（subjective measures） 要求人们评价个体所在的社会阶层。参见客观衡量和社会阶层感知。

阈下知觉（subliminal perception） 个体接收到在其知觉意识底限（即绝对感觉阈）之下的刺激。参见绝对感觉阈、知觉和感受器。

超我（superego） 弗洛伊德学派提出的概念，指个体对于“合适”或“正确”的行为的社会道德准则的内在表达。超我是指个体以社会接受的方式满足自己需要。因此，超我是一种“刹车”，遏制本我的冲动力量。参见本我、弗洛伊德理论和自我。

符号（symbol） 代表其他一些事物的语言或非语言的事物。

标志性参照群体（symbolic group） 尽管将来不可能成为同一群体的成员，但个人仍然以接纳它的价值观、态度、行为的方式来认同的群体。参见成员性参照群体和参照群体。

目标市场选择（targeting） 选择潜在客户群，并追踪他们。

技术知识学习（technical learning） 教师指导儿童如何在社会和个人环境中表现和做事的过程。参见正式学习和非正式学习。

青少年（teens） 年龄在 13 岁至 17 岁之间的年轻人群体。

电话调查（telephone interview surveys） 通过电话完成的调查研究。

终极性价值观（terminal values） 根据洛基奇价值观调查，反映目标和生存（即终点）需求状态的价值观。参见洛基奇价值观调查和工具性价值观。

测试营销（test marketing） 为检验在真实市场环境中消费者的反应，将新产品（即所有的营销组合要素）引入一个能基本代表其他市场的地理细分市场。参见实验法。

理性行为理论（theory of reasoned behavior） 一种研究态度的方法，测量影响个体行为倾向的主观规范，包括他（她）对相关群体（例如家庭、朋友、室友、同事）会如何看待个体预期行为的信念。

尝试消费理论（theory of trying-to-consume） 一种研究态度的方法，主要研究尽管个体面对的个人和环境障碍会妨碍预期结果的出现，但积极态度依然引导行为的情况。

三次击中理论（three-hit theory） 广告需要三次曝光以帮助消费者完成学习过程，一是使消费者对产品产生认识；二是向消费者展示产品的关联性；三是提示消费者可以从产品中获得的效用。

时移（time shifting） 通过电子设备帮助消费者在直播节目中利用暂停和继续播放功能跳过商业广告，或是将节目录制下来稍后观看。

传统媒体（traditional media） 非个人化的交流渠道，一般分为印刷媒体（报纸、杂志、公告牌）和广电媒体（广播、电视）。受众接受到同样的（单向）信息且无法与信息发送者进行互动。

特质理论（trait theory） 一种个性理论，关注于利用实证方法测量出那些能区分个体的特殊心理特质。

交易联系（transactional bonds） 在顾客和商家之间形成的交易相关的联系。参见情感联系。

三要素态度模型（tri-component model） 由三个要素构成的态度模型。参见认知要素、情感要素和行为意图要素。

试用（trial） 创新采用的第四阶段，创新采用是指个体决定是否采用新产品的决策过程。当对创新品产生兴趣并进行“心理试用”（或评价）后，消费者通过购买（当有能力予以归还）或接受免费样品的方式对创新品进行试用。参见创新采用。

可试用性（trial ability） 影响消费者采用新产品的五大因素之一，指新产品能被有限尝试使用的程度。参见适应性、杂性、相对优点和可观察性。

涓滴效应（trickle-down effect） 起

源于时尚界，指下层群体效仿上层群体的流行时尚，并在上层群体已抛弃这些时尚后依然保持它们，可能因为它们不再反映上层群体的独占性。为保持它们的独占性，上层群体会采纳新的流行时尚，下层群体随即效仿之，循环得以继续。

真实广告法（truth-in-advertising laws） 保护消费者免受虚假广告陈述之害的法律。

少年（tweens） 年龄在8岁至12岁之间的人。

推特（twitter） 一种提供在线社交网络和微型博客的服务，帮助用户发送和阅读140字以内的文字信息。

全面信息（two-sided message） 承认竞争对手产品的信息。参见对比广告和片面广告。

保护伞定位（umbrella positioning） 描述一个公司的提供物所普遍具有的优势的陈述或口号。参见定位。

非辅助性记忆（unaided recall） 一种衡量学习和沟通有效性的回忆测试。询问消费者是否阅读过特定的杂志或者电视节目以及是否能回忆起任何广告和广告中的特点。参见辅助性记忆。

非条件刺激（unconditional stimulus） 在给定情境下自然发生的刺激。参见条件刺激。

向上流动（upward mobility） 借助教育资源和自由市场，从低社会阶层向高社会阶层移动的机会。

使用情境细分（usage occasion segmentation） 一种根据使用产品的不同特定场合进行细分的策略。

使用率细分（usage rate segmentation） 根据消费者对某特定产品、服务和品牌的使用量的差别进行细分。诸如轻度使用者、中度使用者、重度使用者。

实用功能（utilitarian function） 这是态度转变理论中的一种功能性方法，认为消费者坚持某种态度部分是因为品牌效用。

效度（validity） 测量工具能正确反映被测量对象的程度。

价值观和生活方式（VALS） 是“价值观和生活方式体系”的缩写，代表一个广泛使用的细分方法，即将美国成年人总体分为八个相互区别的子群体：创新者、思考者、成就者、享乐者、信任者、奋斗者、休闲者和挣扎者。

价值观表达功能（value-expressive function） 态度转变理论中的一种功能性方法，认为态度反映了消费者一般的价值观、生活方式和人生观。

变率强化（variable ratio reinforcement） 在工具性条件反射中采用的方法，指对预期行为进行随机强化。参见工具性条件反射和强化。

多样化和新颖性追求（variety and novelty seeking） 探索性购买行为（例如将购买品牌转换成新的、不同的、可能更好的备选品牌）、替代探索（例如搜索一个新的不同的备选项信息并尝试购买）和采用创新（用一种新的或创新的方式使用现有产品）。

语言信息者（verbalizers） 一些对那些提供详细描述的产品或使用语言或文字信息促销的产品反响更好的消费者。参见可视信息者。

病毒营销（viral marketing） 利用社交网络鼓励个体传送邮件信息或其他内容来提高品牌认知的营销方法。

可视信息者（visualizers） 一些由于其个性对高度视觉化的广告或可视产品的广告反响更好的消费者。参见语言信息者。

网页搜索广告（web-search ads） 消费者在线搜索行为产生的广告。

韦伯定律（Weber's law） 初始刺激越强，对第二个刺激的可感知差异的需要强度越大。参见差别感觉阈和最小可察觉差。

网络视频短片（webisodes） 围绕一个特定品牌而进行的娱乐式的在线录像短片。

妻子主导决策（wife-dominated decisions） 主要由妻子主导作出的消费决策。

参见自主决策、丈夫主导决策和联合决策。

退出（withdrawal）　通过从现有情况中撤出来面对失败。参见防御机制。

字词联想法（word association method）　一种投射式研究方法，每次向被调查者展示一个单词，然后要求被调查者说出想到的第一个单词。

口碑（word-of-mouth）　高满意度的顾客用口头或书面的形式向他人说明其对一个公司、产品、服务或事件的喜爱程度。参见代理传播和意见领袖。

世界品牌（world brand）　指在全球范围被广泛售卖并认知的品牌。

中国人民大学出版社工商管理类翻译版教材

序号	书名	作者	定价	出版年份	ISBN 978-7-300-

(一) 工商管理经典译丛

序号	书名	作者	定价	出版年份	ISBN 978-7-300-
1	管理学(第11版)	罗宾斯(Stephen P. Robbins)	69	2012	15795-5
2	罗宾斯《管理学(第11版)》学习指导	罗宾斯(Stephen P. Robbins)	35	2013	17932-2
3	管理学(精要版第9版)	孔茨(Harold Koontz) 韦里克(Heinz Weihrich)	58	2014	18405-0
4	管理学(第3版)	贝特曼(Thomas S. Bateman)	58	2014	20098-9
5	商学精要(第8版)	埃伯特(Ronald J. Ebert)	55	2013	17581-2
6	管理经济学(第4版修订版)	彼得森(H. Craig Petersen)	69	2009	11367-8
7	管理经济学(第11版)	赫斯切(Mark Hirschey)	69	2008	09287-4
8	管理经济学——决策者的经济学工具(第7版)	基特(Paul G. Keat)	65	2015	20416-1
9	组织行为学(第14版)	罗宾斯(Stephen P. Robbins)	72	2012	16663-6
10	组织行为学(第9版)	格林伯格(Jerald Greenberg)	75	2011	13603-5
11	战略管理:概念与案例(第10版)	希特(Michael A. Hitt)	59	2012	16621-6
12	战略管理:概念与案例(第13版·全球版)	戴维(Fred R. David)	68	2012	15855-6
13	战略过程:概念、情境、案例(第4版)	明茨伯格(Henry Mintzberg)	69	2012	16331-4
14	人力资源管理(第12版)	德斯勒(Gary Dessler)	79	2012	15723-8
15	会计学(第8版)	亨格瑞(Charles T. Horngren)	79	2010	12543-5
16	公司理财:核心原理与应用(第3版)	罗斯(Stephen A. Ross)	76	2013	18161-5
17	项目管理:管理新视角(第7版)	梅雷迪思(Jack R. Meredith)	78	2011	12977-8
18	MBA运营管理(第3版)	梅雷迪思(Jack R. Meredith)	49.8	2007	08650-7
19	运作管理(第10版)	海泽(Jay Heizer)	89	2012	14890-8
20	运作管理(精要版第3版)	蔡斯(Richard B. Chase)	59	2014	18408-1
21	供应链管理(第5版)	乔普拉(Sunil Chopra)	65	2013	16974-3
22	市场营销原理(第13版)	科特勒(Philip Kotler)	65	2010	11854-3
23	营销管理(第14版·全球版)	科特勒(Philip Kotler)	79	2012	15310-0
24	营销管理(第13版·中国版)	科特勒(Philip Kotler)	75	2009	10459-1
25	管理信息系统(精要版·第9版)	劳东(Kenneth C. Laudon)	59	2012	16254-6
26	质量管理与质量控制(第7版)	埃文斯(James R. Evans)	65	2010	12027-0
27	数据、模型与决策(第4版)	埃文斯(James R. Evans)	59	2011	13605-9
28	电子商务导论(第2版)	特伯恩(Efraim Turban)	59	2011	13747-6
29	电子商务——商务、技术与社会(第7版)	劳东(Kenneth C. Laudon)	72	2014	18478-4
30	商务与经济统计学(精编版第5版)	威廉斯(Thomas A. Williams)	69	2014	19503-2
31	商务统计学(第5版)	莱文(David M. Levine)	65	2010	12492-6
32	管理沟通——以案例分析为视角(第4版)	奥罗克(James S. O'Rourke)	49	2011	12920-4
33	商务谈判(第5版)	汤普森(Leigh L. Thompson)	55	2013	17837-0
34	管理思想史(第6版)	雷恩(Daniel A. Wren)	62	2012	14821-2
35	企业管理研究方法(第10版)	库珀(Donald Cooper)	79	2013	17645-1
36	商业伦理:概念与案例(第7版)	贝拉斯克斯(Manuel G. Velasquez)	52	2013	17376-4
37	企业伦理学——伦理决策与案例(第8版)	费雷尔(O. C. Ferrell)	49	2012	16016-0
38	职业生涯发展与规划(第3版)	里尔登(Robert C. Reardon)	39	2010	11843-7
39	商业法律环境(第4版)	库巴塞克(Nancy K. Kubasek)	69	2007	08187-8
40	基础统计学(第4版)	拉森(Ron Larson)	52	2013	18479-1
41	商法(第7版)	亚当斯(Alix Adams)	59	2014	20311-9

(二) 工商管理经典译丛·市场营销系列

序号	书名	作者	定价	出版年份	ISBN 978-7-300-
1	市场营销学(第9版)	阿姆斯特朗(Gary Armstrong)	65	2010	12524-4
2	市场营销学基础(第18版)	佩罗(William D. Perreault, Jr.)	65	2012	15644-6
3	营销管理(第5版·全球版)	科特勒(Philip Kotler)	39	2012	15367-4
4	营销管理(亚洲版·第5版)	科特勒(Philip Kotler)	75	2010	11369-2

5	营销管理：知识与技能（第10版）	彼得（J. Paul Peter）	65	2012	15751-1
6	战略营销：教程与案例（第11版）	凯琳（Roger A. Kerin）	65	2011	13868-8
7	战略品牌管理（第3版）	凯勒（Kevin Line Keller）	72	2009	10655-7
8	服务营销（第6版）	洛夫洛克（Christopher Lovelock）	68	2010	12155-0
9	消费者行为学（第10版）	所罗门（Michael R. Solomon）	68	2014	18249-0
10	消费者行为学（第11版）	希夫曼（Leon G. Schiffman）	69	2015	20402-4
11	消费者行为学案例与练习（第2版）	格雷厄姆（Judy Graham）	20	2011	14211-1
12	营销调研（第6版）	伯恩斯（Alvin C. Burns）	55	2011	13336-2
13	营销渠道（第7版）	科兰（Anne T. Coughlan）	59	2008	09525-7
14	营销渠道：管理的视野（第8版）	罗森布洛姆（Bert Rosenbloom）	68	2014	18654-2
15	网络营销（第5版）	斯特劳斯（Judy Strauss）	55	2010	12425-4
16	网络营销实务：工具与方法	米列茨基（Jason I. Miletsky）	45	2011	12687-6
17	广告学：原理与实务（第9版）	维尔斯（William Wells）	75	2013	17868-4
18	广告与促销：整合营销传播视角（第9版）	贝尔奇（George E. Belch）	78	2014	19002-0
19	组织间营销管理（第10版）	赫特（Michael D. Hutt）	59	2011	13027-9
20	零售管理（第11版）	伯曼（Barry Berman）	79	2011	13093-4
21	专业化销售：基于信任的方法（第4版）	英格拉姆（Thomas N. Ingram）	48	2009	11219-0
22	销售管理（第9版）	科恩（William L. Cron）	48	2010	11849-9
23	销售管理——塑造未来的销售领导者	坦纳（John F. Tanner Jr.）	48	2010	11767-6
24	营销战略与竞争定位（第5版）	胡利（Graham Hooley）	65	2014	18597-2
25	基于Excel的营销调研（第3版）	伯恩斯（Alwin C. Burns）	58	2014	18621-4

（三）工商管理经典译丛·会计与财务系列

1	会计学：管理会计分册（第23版）	里夫（James M. Reeve）	36	2011	13552-6
2	会计学：财务会计分册（第23版）	里夫（James M. Reeve）	65	2011	13783-4
3	会计学原理（第19版）	怀尔德（John J. Wild）	65	2012	14820-5
4	成本与管理会计（第13版）	亨格瑞（Charles T. Horngren）	79	2010	12594-7
5	中级会计学（上、下册）（第12版）	基索（Donald E. Kieso）	168	2008	09457-1
6	高级会计学（第10版）	比姆斯（Floyd A. Beams）	69.8	2011	14636-2
7	审计学：一种整合方法（第14版）	阿伦斯（Alvin A. Arens）	72	2013	16828-9
8	公司理财	伯克（Jonathan Berk）	89	2009	11220-6
9	中级财务管理（第8版）	布里格姆（Eugene F. Brigham）	69	2009	10427-0
10	财务报表分析（第10版）	苏布拉马尼亚姆(K. R. Subramanyam)	59	2009	10826-1
11	跨国公司财务管理基础（第6版）	夏皮罗（Alan C. Shapiro）	59	2010	11779-9

（四）工商管理经典译丛·运营管理系列

1	运营管理：创造供应链价值（第6版）	拉塞尔（Roberta S. Russell）	59	2010	11613-6
2	运营管理：供需匹配的视角（第2版）	卡桑（Gerard Cachon）	55	2013	17106-7
3	供应链设计与管理（第3版）	辛奇-利维（David Simchi-Levi）	55	2010	11614-3
4	当代物流学（第9版）	墨菲（Paul R. Murphy）	49	2009	10975-6
5	物流管理与战略——通过供应链竞争（第3版）	哈里森（Alan Harrison）	39	2010	11612-9
6	项目管理：流程、方法与经济学（第2版）	施塔布（Avraham Shtub）	69	2007	08677-4
7	IT项目管理（第3版）	马尔海夫卡（Jack T. Marchewka）	49	2011	13481-9
8	质量管理：整合供应链（第4版）	福斯特（S. Thomas Foster）	59	2013	17142-5
9	供应管理（第8版）	伯特（David Burt）	68	2012	15794-8

（五）人力资源管理译丛

1	人力资源管理：赢得竞争优势（第7版）	诺伊（Raymond A. Noe）	79	2013	17773-1
2	人力资源管理基础（第2版）	德斯勒（Gary Dessler）	65	2014	19505-6
3	薪酬管理（第九版）	米尔科维奇（George T. Milkovich）	68	2008	09561-5
4	战略薪酬管理（第五版）	马尔托奇奥（Joseph J. Martocchio）	49	2010	11213-8
5	绩效管理（第3版）	阿吉斯（Herman Aguinis）	45	2013	18106-6
6	雇员培训与开发（第三版）	诺伊（Raymond A. Noe）	45	2007	08186-1

7	国际人力资源管理（第 5 版）	赵曙明 道林（Peter J. Dowling）	45	2012	14734-5
8	组织行为学（第六版）	克赖特纳（Robert Kreitner）	78	2007	08573-9
9	组织中的人际沟通技巧（第 3 版）	杰纳兹（Suzanne C. De Janasz）	49	2011	13824-4
10	谈判与冲突管理	科尔韦特（Barbara A. Budiac Corvette）	39.8	2009	10388-4

（六）工商管理经典译丛·国际化管理系列/国际商务经典译丛

1	国际贸易（第 15 版）	普格尔（Thomas A. Pugel）	49	2014	19001-3
2	国际金融（第 15 版）	普格尔（Thomas A. Pugel）	42	2014	19329-8
3	全球商务	彭维刚（Mike Peng）	65	2011	12819-1
4	国际商务（第 9 版）	希尔（Charles W. L. Hill）	75	2013	10660-1
5	国际商务谈判	塞利奇（Claude Cellich）	42	2013	18404-3
6	全球营销学（第 4 版）	基根（Warren J. Keegan）	69	2009	10662-5
7	国际企业伦理（第 2 版）	克兰（John M. Kline）	39	2013	18089-2
8	跨文化商务沟通（第 6 版）	钱尼（Lillian H. Chaney）	42	2014	19139-3

（七）管理科学与工程经典译丛

1	数据、模型与决策（第 10 版）	泰勒（Bernard W. Taylor Ⅲ）	78	2011	14005-6
2	管理科学（第 2 版）	劳伦斯（John A. Lawrence）	75	2009	10318-1
3	管理信息技术（第 5 版）	图尔班（Efrain Turban）	69	2009	10976-3
4	制造计划与控制（第 5 版）	沃尔曼（Thomas E. Vollmann）	69	2009	09952-1
5	创新管理——技术变革、市场变革和组织变革的整合（第 4 版）	蒂德（Joe Tidd）	59	2012	15657-6
6	工程经济学（第 5 版）	帕克（Chan S. Park）	75	2012	16014-6
7	管理信息系统（第 15 版）	奥布赖恩（James A. O'Brien）	65	2012	16779-4
8	管理信息系统案例（第 4 版）	米勒（M. Lisa Miller）	49	2013	18076-2
9	现代数据库管理（第 10 版）	霍弗（Jeffrey A. Hoffer）	68	2013	17076-3
10	知识管理：一种集成方法（第 2 版）	贾夏帕拉（Ashok Jashapara）	48	2013	17172-2
11	管理科学	史蒂文森（William J. Stevenson）	55	2013	17681-9
12	现代系统分析与设计（第 6 版）	霍弗（Jeffrey A. Hoffer）	69	2013	15844-0

（八）工商管理经典译丛·简明系列

3	创业学（亚洲版）	弗雷德里克（Howard H. Frederick）	55	2011	13506-9
2	战略管理	韦斯特三世（G. Page West Ⅲ）	45	2011	13607-3
3	战略管理精要（第 5 版）	亨格（J. David Hunger）	45	2012	15161-8
4	管理学（第 8 版）	舍默霍恩（John R. Schermerhorn）	50	2011	14220-3
5	管理学原理（第 6 版）	罗宾斯（Stephen P. Robbins）	62	2009	09989-7
6	创业学（第 2 版）	卡普兰（Jack M. Kaplan）	48	2009	09957-6
7	商务沟通——数字世界的沟通技能（第 12 版）	伦茨（Kathryn Rentz）	49	2012	15331-5

（九）工商管理经典译丛·旅游管理系列

1	旅游学（第 10 版）	格德纳（Charles R. Goeldner）	65	2008	09156-3
2	旅游服务业市场营销（第 4 版）	莫里森（Alastair M. Morrison）	54	2012	16351-2
3	饭店经营管理（第 2 版）	海斯（David K. Hayes）	52	2013	17035-0
4	饭店业战略管理（第 3 版）	奥尔森（Michael D. Olsen）	45	2013	18013-7
5	饭店前厅管理（第 5 版）	巴尔迪（James A. Bardi）	49	2014	18628-3
6	休闲与旅游研究方法（第 3 版）	维尔（A. J. Veal）	48	2008	09019-1

（十）工商管理经典译丛·创业与创新管理系列

1	中小企业创业管理（第 3 版）	卡茨（Jerome A. Katz）	75	2012	14271-5
2	创业学（第 9 版）	库拉特科（Donald F. Kuratko）	52	2014	20022-4

（十一）其他教材

1	组织行为学经典文献（第 8 版）	奥斯兰（Joyce S. Osland）	65	2010	12919-8
2	战略管理：解决战略矛盾，创造竞争优势	德威特（Bob de Wit）	39	2008	09299-7
3	案例学习指南：阅读、分析、讨论案例和撰写案例报告	埃利特（William Ellet）	39	2009	10202-3

图书在版编目（CIP）数据

消费者行为学：第11版/希夫曼等著；江林等译．—北京：中国人民大学出版社，2014.12
（工商管理经典译丛．市场营销系列）
ISBN 978-7-300-20402-4

Ⅰ.①消…　Ⅱ.①希…②江…　Ⅲ.①消费者行为论　Ⅳ.①F713.55

中国版本图书馆 CIP 数据核字（2014）第292972号

工商管理经典译丛·市场营销系列
消费者行为学（第11版）
利昂·希夫曼
约瑟夫·维森布利特　著
江　林　张恩忠 等　译
Xiaofeizhe Xingweixue

出版发行	中国人民大学出版社		
社　　址	北京中关村大街31号	**邮政编码**	100080
电　　话	010－62511242（总编室）		010－62511770（质管部）
	010－82501766（邮购部）		010－62514148（门市部）
	010－62515195（发行公司）		010－62515275（盗版举报）
网　　址	http://www.crup.com.cn		
	http://www.ttrnet.com（人大教研网）		
经　　销	新华书店		
印　　刷	涿州市星河印刷有限公司		
规　　格	185 mm×260 mm　16开本	**版　　次**	2015年2月第1版
印　　张	29 插页1	**印　　次**	2018年12月第5次印刷
字　　数	708 000	**定　　价**	69.00元

Pearson

尊敬的老师：

您好！

为了确保您及时有效地获得培生整体教学资源，请您务必完整填写如下表格，加盖学院的公章后以电子扫描件等形式发我们，我们将会在2～3个工作日内为您处理。

请填写所需教辅的信息：

采用教材				□ 中文版 □ 英文版 □ 双语版
作　者			出版社	
版　次			ISBN	
课程时间	始于　年　月　日		学生人数	
	止于　年　月　日		学生年级	□ 专科 □ 本科 1/2 年级 □ 研究生 □ 本科 3/4 年级

请填写您的个人信息：

学　校			
院系/专业			
姓　名		职　称	□ 助教 □ 讲师 □ 副教授 □ 教授
通信地址/邮编			
手　机		电　话	
传　真			
official email（必填） （eg：×××@ruc. edu. cn）		email （eg：×××@163. com）	
是否愿意接受我们定期的新书讯息通知：　□ 是　□ 否			

系/院主任：____________（签字）

（系 / 院办公室章）

____年____月____日

资源介绍：

——教材、常规教辅资源（PPT、教师手册、题库等）：请访问 www. pearson. com/us/higher-education。（免费）

——MyLabs/Mastering 系列在线平台：适合老师和学生共同使用；访问需要 Access Code。（付费）

地址：北京市东城区北三环东路 36 号环球贸易中心 D 座 1208 室（100013）

Please send this form to：copub. hed@pearson. com

Website：www. pearson. com

教师教学服务说明

中国人民大学出版社工商管理分社以出版经典、高品质的工商管理、财务会计、统计、市场营销、人力资源管理、运营管理、物流管理、旅游管理等领域的各层次教材为宗旨。

为了更好地为一线教师服务，近年来工商管理分社着力建设了一批数字化、立体化的网络教学资源。教师可以通过以下方式获得免费下载教学资源的权限：

在中国人民大学出版社网站 www. crup. com. cn 进行注册，注册后进入“会员中心”，在左侧点击“我的教师认证”，填写相关信息，提交后等待审核。我们将在一个工作日内为您开通相关资源的下载权限。

如您急需教学资源或需要其他帮助，请在工作时间与我们联络：

中国人民大学出版社　工商管理分社

联系电话：010-62515735，82501048，62515782，62515987

电子邮箱：rdcbsjg@crup. com. cn

通讯地址：北京市海淀区中关村大街甲 59 号文化大厦 1501 室（100872）